Breuer
Insolvenzrechts-Formularbuch

Insolvenzrechts-Formularbuch

mit Erläuterungen

von

Wolfgang Breuer

Rechtsanwalt in Köln

2., völlig neu bearbeitete Auflage

C.H. Beck'sche Verlagsbuchhandlung
München 1999

Die Deutsche Bibliothek - CIP-Einheitsaufnahme

Insolvenzrechts-Formularbuch [Medienkombination] : mit
Erläuterungen / von Wolfgang Breuer. – München : Beck
ISBN 3-406-44882-8

Buch. – 2., völlig neu bearb. Aufl. – 1999

CD-ROM. – 2., völlig neu bearb. Aufl. – 1999

ISBN 3 406 44882 8

© 1999 C. H. Beck'sche Verlagsbuchhandlung (Oscar Beck), München
Satz: Jung Satzcentrum Lahnau
Druck: Kösel GmbH & Co, Kempten
Gedruckt auf säurefreiem, alterungsbeständigem Papier
(hergestellt aus chlorfrei gebleichtem Zellstoff)

Vorwort zur 2. Auflage

Die Insolvenzordnung ist am 1. 1. 1999 in Kraft getreten, nicht ohne daß der Gesetzgeber noch am 28. 12. 1998 ein weiteres Änderungsgesetz verkündet hat.

Die positive Aufnahme der zwischenzeitlich vergriffenen ersten Auflage und die Anregungen aus dem Leserkreis haben den Verfasser veranlaßt, eine unter Berücksichtigung der jüngsten Gesetzgebung, Rechtsprechung und Literatur überarbeitete 2. Auflage der Formularsammlung vorzulegen.

Da künftig Insolvenzverfahren nur noch nach der Neuregelung abgewickelt werden, wurde die Darstellung der noch in der 1. Auflage mitabgehandelten Konkurs- und Gesamtvollstreckungseröffnungsverfahren entbehrlich. Da das alte Recht allerdings auf alle Insolvenzverfahren anzuwenden ist, deren Eröffnung vor dem 1. 1. 1999 beantragt wurde, bestand aus der Sicht des Verfassers nach wie vor Veranlassung, auch diese „Altverfahren" zu berücksichtigen. Diese wurden jedoch nicht mehr in einem gesonderten Teil abgehandelt, sondern in die formularmäßige Darstellung des eröffneten Insolvenzverfahrens integriert. Wegen ihrer Besonderheiten sind das Insolvenzplanverfahren, die Restschuldbefreiung sowie das Schuldenbereinigungsverfahren nach wie vor eigenständig dargestellt.

In der Neuauflage sind Verbesserungsvorschläge und Anregungen aus dem Kreis der Benutzer enthalten. Für diese ist der Verfasser dankbar und hofft erneut auf ein wohlwollendes wie auch kritisches Interesse.

Widmen möchte ich die 2. Auflage der Formularsammlung meiner kürzlich geborenen Tochter Ann-Kristin.

Köln, im Februar 1999   Wolfgang Breuer

Inhaltsübersicht

Übersicht

Inhaltsverzeichnis

A. Insolvenzeröffnungsverfahren

Inhalt

Inhalt

Inhalt

Inhalt

Inhalt

Inhalt

Abkürzungsverzeichnis

a. A.	anderer Ansicht
a. a. O.	am angegebenen Ort
Abs.	Absatz
a. E.	am Ende
AFG	Arbeitsförderungsgesetz
AG	Aktiengesellschaft; Amtsgericht
AktG	Aktiengesetz
Alg	Arbeitslosengeld
allg. M.	allgemeine Meinung
Alt.	Alternative
Anh.	Anhang
Anm.	Anmerkung
AO	Abgabenordnung
AP	Arbeitsrechtliche Praxis
ArbG	Arbeitsgericht
ArbGG	Arbeitsgerichtsgesetz
Art.	Artikel
Aufl.	Auflage
BA	Bundesanstalt für Arbeit
BAG	Bundesarbeitsgericht
BayObLG	Bayrisches Oberstes Landesgericht
BB	Der Betriebs-Berater
Bd.	Band
Begr.	Begründung
BetrAVG	Gesetz zur Verbesserung der betrieblichen Altersversorgung (=Betriebsrentengesetz)
BetrVG	Betriebsverfassungsgesetz
BFH	Bundesfinanzhof
BGB	Bürgerliches Gesetzbuch
BGBl.	Bundesgesetzblatt
BGH	Bundesgerichtshof
BGHSt	Entscheidungen des Bundesgerichtshofs in Strafsachen
BGHZ	Entscheidungen des Bundesgerichtshofs in Zivilsachen
BMJ	Bundesministerium der Justiz
BRAGO	Bundesrechtsanwaltsgebührenordnung
BR-Drucks.	Bundesrats-Drucksache
BSG	Bundessozialgericht
Bsp.	Beispiel
BStBl.	Bundessteuerblatt
BT-Drucks.	Bundestags-Drucksache
BVerfG	Bundesverfassungsgericht
bzw.	beziehungsweise
DB	Der Betrieb
ders.	derselbe
DtZ	Deutsch-Deutsche Rechts-Zeitschrift
EGInsO	Einführungsgesetz zur Insolvenzordnung
EGInsOÄndG	Gesetz zur Änderung des Einführungsgesetzes zur Insolvenzordnung und anderer Gesetze (vom 19. 12. 1998, BGBl. I S. 3836)

Abkürzungen

EInsO . . . . Referentenentwurf für ein Gesetz zur Reform des Insolvenzrechts
EStG . . . . Einkommensteuergesetz
etc. . . . . et cetera
EWiR . . . . Entscheidungen zum Wirtschaftsrecht
EzA . . . . Entscheidungen zum Arbeitsrecht

f., ff. . . . . folgende (Singular und Plural)
FG . . . . Finanzgericht
FGG . . . . Gesetz über die Angelegenheiten der Freiwilligen Gerichtsbarkeit
FGO . . . . Finanzgerichtsordnung
Fn. . . . . Fußnote
FS . . . . Festschrift

GBO . . . . Grundbuchordnung
gem. . . . . gemäß
GenG . . . . Genossenschaftsgesetz
GesO . . . . Gesamtvollstreckungsordnung
GG . . . . Grundgesetz für die Bundesrepublik Deutschland
GKG . . . . Gerichtskostengesetz
GmbH . . . . Gesellschaft mit beschränkter Haftung
GmbHG . . . . Gesetz betr. die Gesellschaften mit beschränkter Haftung
GmbHR . . . . GmbH-Rundschau
GUG . . . . Gesetz über die Unterbrechung von Gesamtvollstreckungsverfahren
GVG . . . . Gerichtsverfassungsgesetz

HGB . . . . Handelsgesetzbuch
h. M. . . . . herrschende Meinung

i. d. F. . . . . in der Fassung
i. d. R. . . . . in der Regel
InsO . . . . Insolvenzordnung
InsVV . . . . Insolvenzrechtliche Vergütungsverordnung
i. S. d. . . . . im Sinne des
i. V. m. . . . . in Verbindung mit

Kaug . . . . Konkursausfallgeld
KO . . . . Konkursordnung
KostVerz . . . . Anlage 1 zum GKG
KSchG . . . . Kündigungsschutzgesetz
KStG . . . . Körperschaftsteuergesetz
KTS . . . . Zeitschrift für Konkurs-, Treuhand- und Schiedsgerichtswesen
KWG . . . . Gesetz über die Kreditwesen

LAG . . . . Landesarbeitsgericht
LAGE . . . . Entscheidungen der Landesarbeitsgerichte
LM . . . . Nachschlagewerk des Bundesgerichtshof,
hrsg. von Lindenmaier, Möhring u. a.
LöschG . . . . Löschungsgesetz

MDR . . . . Monatsschrift für Deutsches Recht
MünchKomm. . . . . . Münchener Kommentar
m. w. N. . . . . mit weiteren Nachweisen
MuSchG . . . . Mutterschutzgesetz

n. F. . . . . neue Fassung
NJW . . . . Neue Juristische Wochenschrift
NJW-RR . . . . NJW-Rechtsprechungs-Report

Abkürzungen

Nr.	Nummer
NZA	Neue Zeitschrift für Arbeitsrecht
NZI	Neue Zeitschrift für das Recht der Insolvenz und Sanierung
oHG	offene Handelsgesellschaft
OLG	Oberlandesgericht
OLGZ	Entscheidungen der Oberlandesgerichte in Zivilsachen
PSV	Pensionssicherungs-Verein
RegE	Regierungsentwurf
RFBl	Amtsblatt der Reichsfinanzverwaltung
RFH	Reichsfinanzhof
RG	Reichsgericht
RGZ	Entscheidungen des Reichsgerichts in Zivilsachen
Rpfleger	Der Rechtspfleger
RpflG	Rechtspflegergesetz
Rz.	Randziffer
s.	siehe
S.	Seite
SchwG	Gesetz zur Sicherung der Eingliederung Schwerbehinderter in Arbeit, Beruf und Gesellschaft
SGB	Sozialgesetzbuch
SozplG	Gesetz über den Sozialplan im Konkurs- und Vergleichsverfahren
SprAuG	Sprecherausschußgesetz
StGB	Strafgesetzbuch
str.	streitig
u. a.	unter anderem
UmwG	Umwandlungsgesetz
UStG	Umsatzsteuergesetz
u. U.	unter Umständen
v.	von, vom
Verf.	Verfasser
VersR	Versicherungsrecht
vgl.	vergleiche
VglO	Vergleichsordnung
VO	Verordnung
Vorbem.	Vorbemerkung
WM	Wertpapier-Mitteilungen
WZG	Warenzeichengesetz
ZAP	Zeitschrift für die Anwaltspraxis
z. B.	zum Beispiel
ZGR	Zeitschrift für Unternehmens- und Gesellschaftsrecht
ZHR	Zeitschrift für das gesamte Handels- und Wirtschaftsrecht
Ziff.	Ziffer
ZInsO	Zeitschrift für das gesamte Insolvenzrecht
ZIP	Zeitschrift für Wirtschaftsrecht
ZPO	Zivilprozeßordnung
ZuSEG	Gesetz über die Entschädigung von Zeugen und Sachverständigen
ZVG	Gesetz über die Zwangsversteigerung und die Zwangsverwaltung

Literaturverzeichnis

Baumbach/Lauterbach/
Albers/Hartmann . . . .   Zivilprozeßordnung 56. Auflage 1998

Baumbach/Hueck . . . .   GmbH-Gesetz 16. Auflage 1996

Bork . . . .   Einführung in das neue Insolvenzrecht 1995

Burgermeister . . . .   Der Sicherheiten-Pool im Insolvenzverfahren 1990

Eickmann . . . .   Kommentar zur Vergütung im Insolvenzverfahren
nebst Nachtrag 1989,1995

Frotscher . . . .   Steuern im Konkurs 3. Auflage 1990

Gottwald . . . .   Beck's ches Insolvenzrechts-Handbuch 1990
mit Nachtrag Gesamtvoll-streckungsordnung 1993
(zitiert: Insolvenzrechts-Handbuch)

Haarmeyer/Wutzke/Förster . . . . . .   Gesamtvollstreckungsordnung 4. Auflage 1998

Haarmeyer/Wutzke/Förster . . . . . .   Handbuch zur Insolvenzordnung InsO/EGInsO,
2. Auflage 1998

Haarmeyer/Wutzke/Förster . . . . . .   Vergütung in Insolvenzsachen (InsVV. VergVO),
Beck'scher Kurz-Kommentar, 2. Auflage 1999

Hachenburg . . . .   GmbH-Gesetz 8. Auflage 1991 ff.

Häsemeyer . . . .   Insolvenzrecht 2. Auflage 1998

Hess . . . .   Kommentar zur Konkursordnung 5. Auflage 1995

Hess/Binz/Wienberg . . . .   Gesamtvollstreckungsordnung 2. Auflage 1993

Hess/Fechner . . . .   Sanierungshandbuch 2. Auflage 1991

Hess/Knörig . . . .   Das Arbeitsrecht bei Sanierung und Konkurs 1991

Hess/Obermüller . . . .   Die Rechtsstellung der Verfahrensbeteiligten
nach der Insolvenzordnung 1995

Hess/Pape . . . .   InsO und EGInsO - Grundzüge des neuen
Insolvenzrechts 1995

Holzapfel/Pöllath . . . .   Recht und Praxis des Unternehmenskaufs
7. Auflage 1994

Irschlinger/Dambach . . . .   Die Abrechnung von Kaug und Alg in der
Insolvenzpraxis 2. Auflage 1994

Literatur

Jaeger/Henckel	Konkursordnung mit Einführungsgesetzen 9. Auflage 1. Lieferung 1977 2. Lieferung 1980 3. Lieferung 1982 4. Lieferung 1991
Jaeger/Lent	Konkursordnung Kommentar 8. Auflage 1958
Jaeger/Weber	Konkursordnung 8. Auflage Bd. II Halbbd. 1 und 2 1973
Kilger/K. Schmidt	Insolvenzgesetze KO/VgZO/GesO 17. Auflage 1997
Kölner Schrift zur Insolvenzordnung 1996	
Kuhn/Uhlenbruck	Konkursordnung 11. Auflage 1994
Leipold	Insolvenzrecht im Umbruch, KTS-Schriften zum Insolvenzrecht, Bd. I 1991
Lüke	Persönliche Haftung des Verwalters in der Insolvenz 1994
Lutter/Hommelhoff	GmbH-Gesetz 14. Auflage 1995
Marotzke	Gegenseitige Verträge im neuen Insolvenzrecht 2. Auflage 1998
Meilicke/Graf v. Westphalen/ Hoffmann/Lenz	Partnerschaftsgesellschaftsgesetz 1995
Mohrbutter/Mohrbutter	Handbuch der Insolvenzverwaltung 7. Auflage 1996
Münchener Kommentar zum BGB .	3. Auflage 1992 ff.
Münchener Kommentar zur Zivilprozeßordnung	1992
Münchener Vertragshandbuch	Bd. 4, Bürgerliches Recht, 1. Hbbd. 3. Auflage 1992
Obermüller	Insolvenzrecht in der Bankpraxis 5. Auflage 1997
Picot	Unternehmenskauf und Restrukturierung, 2. Auflage 1998
Schaub	Arbeitsrechtshandbuch 8. Auflage 1996
K. Schmidt	Handelsrecht 4. Auflage 1994
K. Schmidt	Gesellschaftsrecht 2. Auflage 1991
Scholz	Kommentar zum GmbH-Gesetz 8. Auflage 1992/1995
Smid	Grundzüge des neuen Insolvenzrechts, 3. Auflage 1999

Literatur

Smid/Rattunde . . . . Der Insolvenzplan 1998

Stein/Jonas . . . . Kommentar zur Zivilprozeßordnung
20. Auflage 1977 ff.

Uhlenbruck/Delhaes . . . . Handbuch der Rechtspraxis, Bd. 3, Konkurs- und
Vergleichsverfahren 5. Auflage 1990

Zeller/Stöber . . . . Zwangsversteigerungsgesetz 14. Auflage 1993

Zöller . . . . Kommentar zur Zivilprozeßordnung 20. Auflage 1996

A. Insolvenzeröffnungsverfahren

1. Antrag auf Eröffnung des Insolvenzverfahrens[1] über das Vermögen einer juristischen Person am Beispiel einer GmbH (Eigenantrag)

An das
Amtsgericht[2] ......
– Insolvenzgericht –

in ......   (Ort, Datum)

In meiner Eigenschaft als alleinvertretungsberechtigter[3] Geschäftsführer der Firma A-GmbH[4] beantrage ich,

> das Insolvenzverfahren über das Vermögen
> der Gesellschaft zu eröffnen.

Die Gesellschaft wurde am ...... gegründet und ist im Handelsregister des Amtsgerichts unter Nr. ...... (Angabe der Registernummer) eingetragen. Sitz der Gesellschaft ist ...... (Ort).

Die Gesellschaft ist zahlungsunfähig[5]. Aufgrund erheblicher Umsatzeinbrüche in den letzten Monaten mußten die Zahlungen nunmehr eingestellt werden. Die in Kürze fälligen Löhne und Gehälter können nicht mehr gezahlt werden[6].

Die Gesellschaft ist auch überschuldet[7]. Die Vermögensübersicht sowie das Gläubiger- und Schuldnerverzeichnis[8] werden überreicht.

Pfändungen wurden bislang nicht ausgebracht. Es bestehen nicht abgetretene Außenstände in einer Größenordnung DM ...... Auch sind Teile des Warenbestandes sowie der Betriebs- und Geschäftsausstattung frei von Rechten Dritter. Eine die Kosten des Verfahrens deckende, verfügbare Masse ist daher vorhanden[9].

Meine Alleinvertretungsberechtigung ergibt sich aus dem anliegenden Handelsregisterauszug.

(......)
Geschäftsführer   *Anlagen*

Anmerkungen

Es handelt sich um ein formelles Antragsverfahren (§ 13 Abs. 1 S. 1 InsO).   **1**
     Für den Antrag selbst besteht kein Formzwang. Er kann schriftlich oder zu Protokoll der Geschäftsstelle des Amtsgerichts gestellt werden. Den Bestrebungen des Bundesrates, § 305 Abs. 1 S. 1 InsO dahingehend zu ändern, daß im Falle der Verbraucherinsolvenz der Schuldner den Insolvenzantrag grundsätzlich schriftlich einzureichen hat, ist der Gesetzgeber mit dem EGInsOÄndG vom 19. 12. 1998

(BGBl. I S. 3836) gefolgt. Auch wurde in § 305 Abs. 5 InsO eine Ermächtigung für
das Bundesministerium der Justiz zur Einführung eines Vordruckszwangs vorgesehen. Die Länder haben zum Teil schon Vordrucke eingeführt. Es ist davon auszugehen, daß sich die Länder in Kürze der vom BMJ erwarteten Vordrucke bedienen
müssen. Ein Muster-Formblattsatz des Landes Nordrhein-Westfalen ist etwa abgedruckt bei Hoffmann, Verbraucherinsolvenz und Restschuldbefreiung, S. 148 ff.

Der Antrag kann bis zum Wirksamwerden des Eröffnungsbeschlusses bzw. der
rechtskräftigen Abweisung mangels Masse jederzeit zurückgenommen werden (§ 13
Abs. 2 InsO).

Antragsberechtigt sind nach § 13 Abs. 1 S. 2 InsO die Gläubiger und der Schuldner. Nach der Begründung des Regierungsentwurfes soll sich allerdings eine Verengung aus dem in § 11 Abs. 1 InsO vorgesehenen Erfordernis des rechtlichen Interesses ergeben (vgl. die Begründung zu § 16 RegE, BT-Drs. 12/2443, S. 113).

Hiervon zu unterscheiden ist die Insolvenzantragspflicht. Diese besteht gesetzlich
für juristische Personen (§§ 42 Abs. 2, 48 Abs. 2, 86, 89 Abs. 2 BGB), für die AG
und KGaA (§§ 92 Abs. 2, 94, 268 Abs. 2, 278 Abs. 3, 283 Nr. 14 AktG), für die
GmbH (§§ 64 Abs. 1, 71 Abs. 4 GmbHG), für die oHG und KG, bei der kein persönlich haftender Gesellschafter eine natürliche Person ist (§§ 130a, 177a HGB), für
Erben und Nachlaßverwalter (§§ 1980, 1985 Abs. 2 BGB), für die fortgesetzte Gütergemeinschaft (§§ 1489 Abs. 2 i. V. m. 1980 BGB) und die eingetragene Genossenschaft (§ 99 GenG). Der Insolvenzantrag ist ohne schuldhaftes Zögern, spätestens
aber 3 Wochen nach Eintritt der Zahlungsunfähigkeit oder nachdem sich eine
Überschuldung ergeben hat bzw. im Falle des § 99 Abs. 2 GenG eine Überschuldung nach pflichtgemäßem Ermessen anzunehmen ist, zu stellen (§ 130a Abs. 1 S. 3
HGB, 64 Abs. 2 GmbHG, § 99 Abs. 2 GenG). Die Antragspflicht beginnt mit Eintritt der Insolvenz, d. h. dem objektiven Vorliegen von Zahlungsunfähigkeit und/
oder Überschuldung, unabhängig davon, ob die organschaftlichen Vertreter Kenntnis vom Vorliegen des Insolvenzgrundes haben (*Kuhn/Uhlenbruck* § 103 Rdn. 11 ff.).
Die schuldhafte Verletzung der Antragspflicht kann zu einer Strafbarkeit des organschaftlichen Vertreters wegen Insolvenzverschleppung (§ 130b HGB, § 84 GmbHG,
§ 401 AktG, § 148 GenG) und zu zivilrechtlichem Schadensersatz führen (vgl. etwa
Kuhn/Uhlenbruck § 103 Rdn. 18 ff.; *Altmeppen*, ZIP 1997, 1 ff.). Dabei können nach
der neueren Rechtsprechung die sog. Neugläubiger, die nach Eintritt der Insolvenz
in Geschäftsbeziehungen zur Gesellschaft getreten sind, nach § 823 Abs. 2 BGB
i. V. m. § 64 Abs. 1 GmbHG Ersatz des vollen negativen Interesses oder Ersatz des
Vertrauensschadens wegen c.i.c. verlangen (BGH ZIP 1995, 124, 125; BGH NJW
1994, 2220, 2223 f.; BGH ZIP 1993, 1543, 1544 f.; BGH ZIP 1993, 763, 767). Dabei sind sie so zu stellen, sie wie stehen würden, wenn sie zur insolventen Gesellschaft vertragliche Beziehungen nicht begründet hätten. Die organschaftlichen Vertreter haften dabei persönlich auf Ersatz der Differenz, die zwischen ihrer
insolvenzmäßigen Befriedigung und dem entstandenen Vertrauensschaden liegt
(vgl. hierzu *Karoluss*, ZIP 1995, 269 ff.; *Uhlenbruck*, ZIP 1994, 1153 ff.). Demgegenüber haben die Altgläubiger, deren Ansprüche noch vor der Insolvenz entstanden
sind, lediglich einen Anspruch auf Ersatz des Schadens, um den sich ihre Quote
durch die Fortführung des Geschäftsbetriebes verringert hat, sog. „Quotenschaden"
(vgl. hierzu grundlegend BGHZ 29, 100 ff. sowie zuletzt BGH ZIP 1997, 1542 ff.).
Der Anspruch kann bei Eröffnung des Insolvenzverfahrens als sog. Gesamtschaden
nur noch vom Insolvenzverwalter geltend gemacht werden (§ 92 InsO).

2 Die örtliche und sachliche Zuständigkeit des Amtsgerichts ergibt sich aus § 2 und
§ 3 InsO.

Örtlich zuständig ist ausschließlich das Insolvenzgericht, in dessen Bezirk der Schuldner seinen allgemeinen Gerichtsstand hat. Liegt der Mittelpunkt der selbständigen Tätigkeit an einem anderen Ort, so ist ausschließlich das Insolvenzgericht zuständig, in dessen Bezirk dieser Ort liegt (§ 3 Abs. 1 InsO). Maßgeblich ist der Ort der Hauptniederlassung, d. h. der Mittelpunkt des geschäftlichen Lebens („centre d'affairs"), nicht auch eine Zweigniederlassung. Bei Kaufleuten ist die Eintragung ihres Sitzes im Handelsregister weder erforderlich noch maßgeblich; sie begründet allenfalls die Vermutung, daß die gewerbliche Niederlassung sich am eingetragenen Sitz befindet. Nur in Zweifelsfällen gilt als Geschäftszentrum des Schuldners bis zum Beweis des Gegenteils der Ort des satzungsmäßigen Sitzes (*Kuhn/Uhlenbruck* § 71 Rdn. 3; *Kilger/K. Schmidt* § 71 Anm. 3). Stellt das Gericht seine Unzuständigkeit fest, hat es den Antragsteller darauf hinzuweisen und ihm Gelegenheit zu geben, einen Verweisungsantrag zu stellen (§ 281 ZPO). Die Verweisung ist – bis auf wenige Ausnahmen – für das Gericht, an das das Verfahren verwiesen wird, bindend. Zur internationalen Zuständigkeit vgl. Art. 102 EGInsO sowie *Bork*, Rdn. 440.

Für das Insolvenzverfahren sachlich zuständig ist das Amtsgericht, in dessen Bezirk ein Landgericht seinen Sitz hat (§ 2 Abs. 1 InsO). Es handelt sich hierbei um eine ausschließliche Zuständigkeit, die nicht abbedungen werden kann. Nach § 2 Abs. 2 InsO sind die Landesregierungen ermächtigt, zur sachlichen Förderung oder schnelleren Erledigung der Verfahren durch Rechtsverordnung andere oder zusätzliche Amtsgerichte zu Insolvenzgerichten zu bestimmen und die Bezirke der Insolvenzgerichte abweichend festzulegen. Funktionell für das Verfahren zuständig ist grundsätzlich der Rechtspfleger (§ 3 Nr. 2e RpflG). Ausgenommen hiervon sind die Entscheidung über die Verfahrenseröffnung und die Ernennung des Insolvenzverwalters (§ 27 InsO) sowie die Entscheidung über die Versagung der Restschuldbefreiung (§§ 289, 296, 297, 300, 303 InsO), die entsprechend dem Richtervorbehalt des Art. 92 GG als rechtsprechende Tätigkeit dem Richter zugewiesen sind.

Auch bei einem Eigenantrag muß der Antragsteller seine Legitimation zur Stellung **3** des Insolvenzantrages darlegen und nachweisen. Organschaftliche Vertreter haben diese durch Vorlage eines Handelsregisterauszuges zu belegen, wobei eine Bezugnahme auf die beim gleichen Gericht geführten Registerakten ausreicht (*Uhlenbruck/Delhaes* HRP Rdn. 181).

Der Insolvenzantrag ist nur zulässig, wenn der Antragsteller bzw. die von ihm vertretene juristische Person insolvenzfähig ist. Nach § 11 Abs. 1 S. 1 InsO kann ein Insolvenzverfahren über das Vermögen einer jeden natürlichen und juristischen Person eröffnet werden. Zum Kreis der natürlichen Personen zählt jede rechtsfähige Person, somit auch Minderjährige oder aber Geschäftsunfähige. Führt eine natürliche Person ein Unternehmen, findet ein einheitliches Insolvenzverfahren statt. Eine Trennung zwischen Privatvermögen und Unternehmen erfolgt nicht, da der Schuldner insgesamt mit seinem Vermögen haftet. Nach § 304 InsO ist auch der Verbraucher insolvenzfähig. Zu den juristischen Personen zählen die Aktiengesellschaft, die Kommanditgesellschaft auf Aktien, die GmbH, die GmbH & Co. KG sowie die Genossenschaft mit beschränkter Haftung. Insolvenzfähig sind weiterhin der eingetragene und damit rechtsfähige Verein und nunmehr auch der nicht rechtsfähige Verein sowie die Stiftung (§§ 19, 11 Abs. 1 S. 1 InsO). Nach § 11 Abs. 2 Nr. 1 InsO kann auch über das Vermögen einer Gesellschaft ohne Rechtspersönlichkeit ein Insolvenzverfahren eröffnet werden. Hierunter fallen die offene Handelsgesellschaft, die Kommanditgesellschaft, die Partenreederei und die Europäische wirtschaftliche Interessenvertretung. Zur Insolvenzfähigkeit einer Vorgründungsgesellschaft und Vorgesellschaft vgl. die Übersicht bei *Kuhn/Uhlenbruck* Vorbem. D. § 207 Rdn. 4 ff. Hervorzuheben ist, daß nunmehr auch über das Vermögen einer Gesellschaft Bürgerlichen Rechts ein selbständiges Insolvenzverfahren stattfinden kann(vgl. hierzu *Prütting*, ZIP 1997, 1725 ff.). Nach der Gesetzesbegründung soll damit aber keine Aussage über die Rechtsnatur der Gesamthand verbunden sein (vgl. die Begründung zu § 13 RegE, BT-Drs. 12/2443, S. 113 sowie den Bericht des Rechtsausschusses zu § 13 RegE, BT-Drs. 12/7302, S. 156). Bezogen auf die Insolvenzfähigkeit einer Gesellschaft Bürgerlichen Rechts erscheint es sachgerecht, diese auf die Fälle einer unternehmenstragenden GBR zu beschränken (vgl. *K. Schmidt*, Gesellschaftsrecht, § 8 III, § 58 IV). Nach § 11 Abs. 2 Nr. 2 InsO kann ein Insolvenzverfahren auch über einen Nachlaß, über das Gesamtgut einer fortgesetzten Gütergemeinschaft oder über ein von Ehegatten gemeinschaftlich verwaltetes Gesamtgut durchgeführt werden.

Die Insolvenzfähigkeit juristischer Personen des öffentlichen Rechts regelt § 12 InsO. Danach ist zunächst das Insolvenzverfahren über das Vermögen des Bundes oder der Länder unzulässig. Juristische Personen des öffentlichen Rechts sind ferner dann nicht insolvenzfähig, wenn sie der Aufsicht des Landes unterstehen und für sie das Landesrecht die fehlende Insolvenzfähigkeit ausdrücklich statuiert. Im übrigen ist grundsätzlich eine Insolvenzfähigkeit gegeben, allerdings je nach Lage des Einzelfalles zu prüfen, wobei eine bestehende Finanzgarantie eine solche regelmäßig ausschließen dürfte (vgl. BVerfGE 89, 144, 152 ff.)

5 Materielle Voraussetzung für die Eröffnung des Insolvenzverfahrens ist allgemein die Zahlungsunfähigkeit (§ 17 Abs. 1 InsO), diese ausschließlich, wenn der Schuldner eine natürliche Person oder eine Gesellschaft ohne Rechtspersönlichkeit ist (oHG, KG mit wenigstens einer natürlichen Person als persönlich haftendem Gesellschafter, Gesellschaft Bürgerlichen Rechts, Partenreederei, Europäische wirtschaftliche Interessenvertretung). Der Insolvenzgrund der Zahlungsunfähigkeit findet auch Anwendung bei der Insolvenz eines rechtsfähigen und nicht rechtsfähigen Vereins sowie bei der Nachlaß- und Gesamtgutinsolvenz.

Die bisher herrschende Meinung definierte Zahlungsunfähigkeit als das auf einen Mangel an Zahlungsmitteln beruhende dauernde Unvermögen des Schuldners, seine fälligen Geldschulden im wesentlichen zu berichtigen (vgl. BGH ZIP 1991, 39; BGH ZIP 1991, 1014; BGH WM 1985, 396; *Kuhn/Uhlenbruck* § 102 Rdn. 2 m. w. N.). Dem ist der Gesetzgeber im wesentlichen durch eine vereinfachte Legaldefinition in § 17 Abs. 2 S. 1 InsO gefolgt. Danach ist der Schuldner zahlungsunfähig, wenn er nicht in der Lage ist, die fälligen Zahlungspflichten zu erfüllen. Obgleich nicht ausdrücklich im Gesetz aufgenommen, wird man auch nach neuem Recht fordern müssen, daß die Zahlungsunfähigkeit eine dauernde sein muß. Für das alte Recht war streitig, ob das Kriterium der Dauer erfordert, daß eine Zeitpunkt- oder Zeitraumilliquidität vorliegen muß (vgl. *Kuhn/Uhlenbruck* § 102 Rdn. 2; *Kilger/K. Schmidt* § 102 Anm. 2). Der Gesetzgeber ist dem prognostischen Modell der Zeitraumilliquidität nur partiell gefolgt, indem er in § 18 InsO den Eröffnungsgrund der drohenden Zahlungsunfähigkeit eingeführt hat. Daraus folgt im Umkehrschluß zu § 17 InsO, daß entscheidend die Zeitpunktilliquidität ist, d. h. im Moment der Entscheidung über den Insolvenzantrag muß der Schuldner die zu diesem Zeitpunkt fälligen Verbindlichkeiten nicht mehr erfüllen können (so zutreffend *Bork*, Rdn. 87).

Von der dauernden Zahlungsunfähigkeit zu unterscheiden ist die bloße Zahlungsstockung. Eine solche liegt vor allem dann vor, wenn der Schuldner erwarten kann, die Forderungen der Gläubiger innerhalb eines Zeitraumes, der nach Auffassung des

Verkehrslebens den Mangel an bereiten Zahlungsmitteln nur als vorübergehend erscheinen läßt, erfüllen zu können, z. B. verzögerter Forderungseinzug, unerwarteter Ausfall einer größeren Zahlung etc. (*Uhlenbruck/Delhaes* HRP Rdn. 136). Die Abgrenzung ist teilweise schwierig. Indizien für eine Zahlungsunfähigkeit sind der Erlaß von Mahn- und Vollstreckungsbescheiden wegen nicht ausgeglichener Lieferantenverbindlichkeiten, Pfändungen, insbesondere durch das Finanzamt und die Sozialversicherungsträger, Aufforderung zur und Abgabe der eidesstattlichen Versicherung, Kreditkündigungen, rückständige Löhne und Gehälter von mehr als einem Monat etc. (vgl. hierzu die instruktive Übersicht bei *Haarmeyer/Wutzke/Förster*, GesO, § 1 Rdn. 99 ff.). Das Unvermögen, die fälligen Geldschulden zu berichten, muß weiterhin wesentlich sein. Eine konkrete Definition dieses Merkmals findet sich nicht. Denkbar ist die Relation des Verhältnisses der verfügbaren Mittel zu den insgesamt fälligen Zahlungsverpflichtungen oder das Verhältnis sonstiger Zahlungen zu den offenen Verbindlichkeiten. In der Literatur werden hierzu Verhältniswerte von 10% bis 25% vorgeschlagen (*Kuhn/Uhlenbruck* § 102 Rdn. 2a). Die stärkste Form der Zahlungsunfähigkeit ist die Zahlungseinstellung (§ 17 Abs. 2 InsO). Diese liegt nur dann vor, wenn der Schuldner wegen eines voraussichtlich dauernden Mangels an Zahlungsmitteln seine fälligen und von den jeweiligen Gläubigern ernsthaft eingeforderten Verbindlichkeiten im allgemeinen nicht mehr erfüllen kann und wenn dieser Zustand mindestens für die beteiligten Verkehrskreise erkennbar wird (*Kuhn/Uhlenbruck* § 102 Rdn. 2 f.).

Grundsätzlich darf das Gericht aufgrund der Schuldnerangaben das Insolvenzverfah-   **6** ren nur dann eröffnen, wenn es von deren Richtigkeit überzeugt ist und diese den Insolvenzgrund erfüllen; anderenfalls ist das Gericht von Amts wegen zu weiteren Ermittlungen, ggf. durch Einsetzung eines Sachverständigen, verpflichtet (§ 5 Abs. 1 InsO). Bei einem Eigenantrag ist eine Glaubhaftmachung des Insolvenzgrundes nicht erforderlich (*Jaeger/Weber* § 104 Rdn. 1; *Kilger/K. Schmidt* § 104 Anm. 2). Eine Ausnahme gilt allerdings dann, wenn der Antragsteller für ein Sondervermögen handelt und weitere Antragsberechtigte vorhanden sind, etwa in Fällen der §§ 317 Abs. 2, 318 Abs. 2, 333 Abs. 2, 15 Abs. 2 InsO, § 63 Abs. 2 GmbHG und § 100 Abs. 2 GenG. Wird der Antrag hier nicht von allen Antragsberechtigten gestellt, so sind die Insolvenzgründe i. S. des § 294 ZPO glaubhaft zu machen und die übrigen Verfahrensbeteiligten anzuhören (§§ 208 Abs. 2 S. 2, 210 Abs. 3 S. 1, 217 Abs. 2 S. 2, 236a Abs. 3 S. 3 KO, § 63 Abs. 2 GmbHG, § 100 Abs. 2 S. 2 GenG).

Neben der Zahlungsunfähigkeit ist die Überschuldung Insolvenzgrund bei Kapital-   **7** gesellschaften (AG, KGaG §§ 19 InsO, GmbH § 63 GmbHG), Versicherungsvereinen auf Gegenseitigkeit, Genossenschaften, bei denen die Genossen keine Nachschüsse zu leisten haben (§ 98 Abs. 1 Nr. 3 GenG), aufgelösten Genossenschaften (§ 98 Abs. 1 Nr. 3 GenG), sonstigen juristischen Personen, der GmbH & Co. KG und allen oHGs/KGs, bei denen keine natürliche Person als persönlich haftender Gesellschafter vorhanden ist (§ 130a HGB), beim rechtsfähigen und nicht rechtsfähigen Verein (§§ 11 Abs. 1, 19 InsO) sowie bei der Nachlaß- und Gesamtgutinsolvenz (§§ 320, 332, 333 InsO). Bei einer Genossenschaft, bei der die Genossen Nachschüsse bis zu einer bestimmten Höhe zu leisten haben, ist neben der Zahlungsunfähigkeit die Überschuldung dann Insolvenzgrund, wenn diese ¼ des Gesamtbetrages der Haftsumme aller Genossen übersteigt (§ 98 Abs. 1 Nr. 2 GenG).
    Nach der Legaldefinition des § 19 Abs. 2 S. 1 InsO liegt eine Überschuldung vor, wenn das Vermögen des Schuldners seine Verbindlichkeiten nicht mehr deckt, wenn also das auf der Aktivseite der Bilanz ausgewiesene Vermögen kleiner ist als

die auf der Passivseite ausgewiesene Verbindlichkeit (vgl. § 92 Abs. 2 S. 2 AktG, § 64 Abs. 1 S. 2 GmbHG, § 98 Abs. 1 Nr. 2 GenG sowie *Kuhn/Uhlenbruck* § 102 Rdn. 3; *Uhlenbruck/Delhaes* HRP Rdn. 139). Für die Feststellung der Überschuldung ist nicht die nach § 240 HGB aufzustellende Handelsbilanz maßgeblich, sondern es ist eine gesonderte Überschuldungsbilanz (Überschuldungsstatus) zu erstellen, in der die Aktiva nach ihren wahren, d. h. ihren realisierbaren Verkehrswerten unter Auflösung der stillen Reserven anzusetzen und bei den Passiven, die echten, also real bestehenden Verbindlichkeiten einzusetzen sind (BGH BB 1987, 1006; *Kuhn/Uhlenbruck* § 102 Rdn. 3). Bei den Aktiva sind im Anlagevermögen die immateriellen Vermögenswerte oder Grundstücke mit ihrem Verkehrswert zu berücksichtigen. Bei den technischen Anlagen und der Betriebs- und Geschäftsausstattung sind die oftmals noch vorhandenen stillen Reserven aufzudecken. Bei Finanzanlagen ist der Ertragswert entscheidend. Im Umlaufvermögen sind die Roh-, Hilfs- und Betriebsstoffe sowie die Halb- und Fertigprodukte unter Liquidationsgesichtspunkten mit ihrem Marktwert anzusetzen. Forderungen aus Lieferungen und Leistungen sind nach dem Vorsichtsprinzip des § 252 HGB zu bewerten. Bei den sonstigen Vermögensgegenständen sind alle übrigen Forderungen, etwa solche gegen Gesellschafter wegen gewährter Darlehen, Kautionszahlungen etc., aufzulisten. Aktive Rechnungsabgrenzungsposten, wie etwa bereits geleistete An- und Vorauszahlungen, sind mit dem voraussichtlichen Erstattungsanspruch zu aktivieren. Bei den Passiva sind sämtliche Verbindlichkeiten, auch solche, die noch nicht fällig oder gestundet sind, einzusetzen. Rückstellungen (§ 249 HGB) sind dann zu passivieren, wenn mit einer Inanspruchnahme ernstlich zu rechnen ist. Eigenkapitalersetzende Gesellschafterleistungen (§ 32a GmbHG) sind, obgleich sie am Insolvenzverfahren lediglich als nachrangige Insolvenzforderungen (§ 39 InsO) teilnehmen, im Überschuldungsstatus grundsätzlich als Verbindlichkeiten aufzunehmen, es sei denn, der Gesellschafter hat einen Rangrücktritt erklärt.

Dieser allein rechnerische Überschuldungsbegriff entspricht allerdings nicht mehr den wirtschaftlichen und betriebswirtschaftlichen Erfordernissen. Überschuldung ist danach nicht nur ein rechnerischer Begriff, sondern ihre Feststellung erfordert eine Prognose im Hinblick auf die Liquidationswerte in Bezug auf die Fortbestehensfähigkeit des Schuldners bzw. schuldnerischen Unternehmens, sog. zweistufiger Überschuldungsbegriff (BGH ZIP 1992, 1382,1386; *Scholz/K. Schmidt* § 63 GmbHG Rdn. 13ff.; *Kuhn/Uhlenbruck* § 102 Rdn. 3a). Dem hat der Gesetzgeber in § 19 Abs. 2 S. 2 InsO Rechnung getragen. Danach ist bei der Bewertung des Vermögens des Schuldners die Fortführung des Unternehmens zugrundezulegen, wenn diese nach den Umständen überwiegend wahrscheinlich ist. Die zweistufige Überschuldungsprüfung erfolgt danach wie folgt: Zunächst ist die rechnerische Überschuldung nach Liquidationswerten zu ermitteln. Ergibt sich danach eine Überschuldung, ist auf der zweiten Stufe eine Fortführungsprognose zu stellen. Ist diese negativ, verbleibt es bei der festgestellten rechnerischen Überschuldung. Ist sie demgegenüber positiv, d. h. ist das Unternehmen wirtschaftlich lebensfähig und in absehbarer Zeit kostendeckend wirtschaftend, schlägt dies auf die Bewertung mit der Folge zurück, daß im Überschuldungsstatus Fortführungswerte ("Going-concern-Werte") eingestellt werden können. Ergeben diese immer noch eine Überschuldung, ist der Eröffnungsgrund gegeben, andernfalls ist der Antrag, sofern nicht weitere Insolvenzgründe vorliegen, zurückzuweisen.

8 Eine dem § 104 KO entsprechende Vorschrift, wonach der Schuldner bei einem Eigenantrag ein Verzeichnis der Gläubiger und Schuldner sowie eine Übersicht der Vermögensmasse einzureichen hat, ist in der InsO nicht vorgesehen. Da das Insolvenzgericht nach § 5 Abs. 1 InsO von Amts wegen alle Umstände zu ermitteln hat, die für das Insolvenzverfahren von Bedeutung sind, insbesondere was die Feststellung der Eröffnungsgründe anbelangt, wird man auch zukünftig die Vorlage der entsprechenden Unterlagen zu fordern haben. Dies folgt auch aus § 20 InsO, wonach der Schuldner im Eröffnungsverfahren verpflichtet ist, dem Insolvenzgericht die Auskünfte zu erteilen, die zur Entscheidung über den Antrag erforderlich sind.

Das Vermögensverzeichnis muß so beschaffen sein, daß es einen vollständigen Überblick über die Vermögenslage des Schuldners gewährt. Der Rechnungslegungszweck erfordert, daß in der Übersicht sowohl die Aktiva als auch die Passiva einzustellen sind. Dies kann einmal durch eine stichtagsbezogene Liquiditätsrechnung erfolgen, bei der durch Gegenüberstellung der vorhandenen Zahlungsmittel einerseits und der fälligen Geldschulden andererseits eine Deckungsrelation hergestellt wird, mit der die Stichtagsliquidität beurteilt werden kann. Weiterhin besteht die Möglichkeit der Vorlage einer Finanzübersicht, in der der Zahlungsmittelbestand und die voraussichtlichen Auszahlungen gegenüber gestellt werden. Die Bewertung richtet sich dabei nicht nach handelsrechtlichen Bewertungsvorschriften, sondern ist unter dem Gesichtspunkt der Liquidation vorzunehmen. Auch muß ersichtlich werden, welche Vermögenswerte einem Anspruch auf Herausgabe (Aussonderung) oder auf abgesonderte Befriedigung (Absonderung) unterliegen. Dabei sollte die Vermögensübersicht möglichst zeitnah nach dem Insolvenzantrag aufgestellt werden, da sie dem Gericht die Entscheidung über die Eröffnung des Insolvenzverfahrens oder eine Abweisung mangels einer die Verfahrenskosten deckenden Masse ermöglichen soll. In Fällen des Bestehens einer Insolvenzantragspflicht wird zu fordern sein, daß die Übersicht bereits mit dem Insolvenzantrag vorgelegt wird. Bei Grundstücken und grundstücksgleichen Rechten sind die genauen Grundbuchstellen im Hinblick auf die Eintragung des Sperrvermerkes nach §§ 23 Abs. 3, 32 InsO anzugeben.

Das Gläubiger- und Schuldnerverzeichnis muß wegen § 30 InsO die genaue Bezeichnung der Gläubiger und Schuldner sowie deren ladungsfähige Anschriften enthalten. Bei jeder Forderung und Verbindlichkeit sind der Betrag und der Schuldgrund anzugeben. Entsprechendes gilt für Nebenrechte wie Sicherungsrechte und Zinsen (vgl. hierzu Formulare A. 2. und A. 3.).

Der Hinweis auf eine die Eröffnung des Verfahrens deckende, verfügbare Masse ist 9 zweckdienlich, da er zur Beschleunigung des Verfahrens dient. Liegt eine solche nach Ermessen des Gerichts nicht vor, ist die Eröffnung des Insolvenzverfahrens mangels Masse abzulehnen (§ 26 Inso). Derzeit liegt der Anteil der mangels Masse abgelehnten Verfahren bei ca. 70% (vgl. die Nachweise bei *Kuhn/Uhlenbruck* § 107 Einl.).

Nach § 26 Abs. 1 S. 1 InsO weist das Insolvenzgericht den Antrag auf Eröffnung des Insolvenzverfahrens ab, wenn zwar die Insolvenzeröffnungsvoraussetzungen gegeben sind, allerdings das Vermögen des Schuldners voraussichtlich nicht ausreichen wird, um die Kosten des Verfahrens zu decken. Kosten des Verfahrens in diesem Sinne sind lediglich die Gerichtskosten für das Insolvenzverfahren sowie die Vergütungen und die Auslagen des vorläufigen Insolvenzverwalters, des Insolvenzverwalters und der Mitglieder des Gläubigerausschusses (§ 54 InsO). Die sonstigen Masseverbindlichkeiten (§ 55 InsO) haben für die Massekostendeckung außer Betracht zu bleiben. Sofern sie im eröffneten Verfahren nicht gedeckt werden können, soll dies lediglich zur Feststellung der Masseunzulänglichkeit, jedoch nicht zur sofortigen Einstellung mangels Masse führen. Bei der Feststellung der Massekostendeckung kommt es auf die verwertbare Masse an. Aussonderungsrechte sind festzustellen und abzusetzen. Absonderungsbelastete Rechte sind nur mit ihrem Überschußbetrag, ggf. beschränkt auf deren Feststellungs- und Verwertungskosten von pauschal 9% des Erlöses (§§ 170, 171 InsO) zu berücksichtigen. Forderungen sind ggf. wertzuberichtigen, insolvenzrechtliche Anfechtungsansprüche oder solche Forderungen, die erst gerichtlich durchgesetzt werden müssen, sind unter Abwägung der Prozeßaussichten und Berücksichtigung des Prozeßrisikos vorsichtig und regelmäßig zunächst nur mit einem Erinnerungswert anzusetzen. Bei der Prüfung der Verfahrenskostendeckung ist auch das Auslandsvermögen des Schuldners miteinzubeziehen, sofern dieses zur Inlandsmasse gezogen werden kann. Ausnahmsweise kann das Insolvenzverfahren auch dann eröffnet werden, wenn eine die Verfahrenskosten deckende (liquide) Masse nicht vorhanden ist. Dies ist etwa dann der Fall, wenn gegenüber einem Gesellschafter eines insolventen Unternehmens realisierbare Rückforderungsansprüche bestehen.

Reicht danach die ermittelte Masse nicht aus, um die Verfahrenskosten zu decken, hat das Gericht den Insolvenzantrag abzuweisen. Die Abweisung unterbleibt in diesem Falle nur dann, wenn ein ausreichender Geldbetrag vorgeschossen wird (§ 26 Abs. 1 S. 2 InsO). Die Höhe des Vorschusses bestimmt sich dabei nach dem mutmaßlichen Deckungsbeitrag der Verfahrenskosten des § 54 InsO. Abweichend zu § 30 des RegE hat der Vorschuß das gesamte Verfahren und nicht lediglich den Abschnitt bis zum Berichtstermin abzudecken (BT-Drs. 12/2443, S. 118). Auch nach neuem Recht bleibt der Massekostenvorschuß treuhänderisch gebundenes Vermögen in der Hand des Insolvenzverwalters und fließt somit nicht in die Teilungsmasse ein (*Hess/Pape*, Rdn. 168). Ob ein Gläubiger einen Massekostenvorschuß leistet hängt von der jeweiligen Interessenlage ab. Ein solcher bietet sich jedenfalls dann an, wenn der angeforderte Vorschuß geringer ist als die entstehenden Kosten für einen gegen den Schuldner zu führenden, u. U. langwierigen Rechtsstreit, da die Insolvenzeröffnung keinen titulierten Anspruch voraussetzt. Weiterhin in Fällen, in denen die begründete Aussicht besteht, die Masse etwa durch Ausführung von dem Schuldner erteilten Aufträge anzureichern. Ist der Gläubiger kreditversichert, wird er regelmäßig den Massekostenvorschuß nicht leisten, da er gegenüber dem Versicherer den Nachweis des Ausfalls durch Vorlage des Beschlusses führen kann, daß der Insolvenzantrag mangels eine die Kosten des Verfahrens deckenden Masse abgewiesen wurde. Leistet der Gläubiger den Vorschuß hat er einen Anspruch auf Rückzahlung, sobald die Masse ausreicht, die Kosten des Verfahrens zu decken. Weiterhin hat er in Fällen einer Unternehmensinsolvenz einen Rückerstattungsanspruch in Höhe des geleisteten Vorschusses gegenüber demjenigen, der entgegen der Vorschrift des Gesellschaftsrechts den Antrag auf Eröffnung des Insolvenzverfahrens pflichtwidrig und schuldhaft nicht gestellt hat. Ist streitig, ob das Vertretungsorgan die Insolvenzantragspflicht verletzt hat, so trifft die Beweislast hierfür das Vertretungsorgan (§ 26 Abs. 3 InsO). Aufgrund der danach bestehenden Beweislastumkehr muß sich somit der organschaftliche Vertreter bei einer Inanspruchnahme durch den Vorschußleistenden entlasten.

Ist eine die Kosten des Verfahrens deckende Masse nicht vorhanden und findet sich auch niemand zur Vorschußleistung bereit, weist das Insolvenzgericht den Insolvenzantrag mangels einer die Verfahrenskosten deckenden Masse ab. Gegen den abweisenden Beschluß stehen dem Antragsteller und, sofern hiervon verschieden, dem Schuldner die sofortige Beschwerde zu (§ 34 Abs. 1 InsO).

Wird der Insolvenzantrag mangels Masse abgewiesen, führt dies bei juristischen Personen zu deren Auflösung (vgl. §§ 131 Abs. 1 Nr. 3, Abs. 2 Nr. 2 HGB; 262 Abs. 1 Nr. 4 AktG; 60 Abs. 1 Nr. 5 GmbHG; 81a Nr. 1 GenG i. d. F. der EGInsO) und regelmäßig zur Löschung im Handelsregister. Natürliche Personen werden im

Schuldnerverzeichnis eingetragen, in welchem vermerkt wird, daß die Eröffnung des Insolvenzverfahrens nicht erfolgen konnte (§ 26 Abs. 2 S. 1 InsO). Die Löschungsfrist beträgt fünf Jahre (§ 26 Abs. 2 S. 2 InsO).

Sind die Eröffnungsvoraussetzungen gegeben und eine die Kosten des Verfahrens deckende Masse vorhanden, eröffnet das Insolvenzgericht das Insolvenzverfahren durch Erlaß eines Eröffnungsbeschlusses. Der Eröffnungsbeschluß ist öffentlich bekanntzumachen, dem Schuldner, den Gläubigern und den Schuldnern des Schuldners besonders zuzustellen (§ 30 Abs. 1, Abs. 2 InsO) und registerkenntlich zu machen (§§ 31, 32 InsO).

Im Beschluß wird zunächst die Eröffnung des Insolvenzverfahrens ausgesprochen und eine Person zum Insolvenzverwalter ernannt (§ 27 Abs. 1 S. 1 InsO). Die Ernennung des Verwalters ist dabei nur vorläufig, da die Gläubiger die Möglichkeit haben, in der ersten Gläubigerversammlung den vom Gericht ernannten Verwalter ab und eine andere Person zum Insolvenzverwalter zu ernennen (§ 57 InsO).

Weiterhin enthält der Eröffnungsbeschluß den Namen und die Anschrift des Schuldners und des Insolvenzverwalters sowie den Tag und die Stunde der Eröffnung. Ist die Stunde der Eröffnung nicht angegeben, so gilt als Zeitpunkt der Eröffnung die Mittagsstunde des Tages, an dem der Beschluß erlassen worden ist (§ 27 Abs. 2 InsO).

Gleichzeitig werden im Eröffnungsbeschluß die Gläubiger aufgefordert, ihre Forderungen innerhalb einer bestimmten Frist beim Insolvenzverwalter anzumelden (§ 28 Abs. 1 InsO) und diesem ihre Sicherungsrechte mitzuteilen (§ 28 Abs. 2 InsO). Schuldnern des Schuldners wird aufgegeben, nur noch an den Verwalter zu leisten, „offener Arrest" (§ 28 Abs. 3 InsO). Ist der Schuldner eine natürliche Person, ist er darauf hinzuweisen, daß er die Restschuldbefreiung erlangen kann (§ 30 Abs. 3 InsO).

Schließlich werden im Eröffnungsbeschluß die Termine für die erste Gläubigerversammlung, in der auf der Grundlage des Berichts des Insolvenzverwalters über den Fortgang des Insolvenzverfahrens beschlossen wird, und zur Prüfung der angemeldeten Forderungen bestimmt (§ 29 InsO).

Der Eröffnungsbeschluß kann nur vom Schuldner mit der sofortigen Beschwerde angefochten werden (§ 34 Abs. 2 InsO). Die Beschwerde hat keine aufschiebende Wirkung (§ 4 InsO i. V. m. § 572 ZPO). Sobald eine Entscheidung, die den Eröffnungsbeschluß aufhebt, Rechtskraft erlangt hat, ist die Aufhebung des Verfahrens öffentlich bekanntzumachen. Die Wirkung der Rechtshandlungen, die vom Insolvenzverwalter oder ihm gegenüber vorgenommen worden sind, werden durch die Aufhebung nicht berührt (§ 34 Abs. 3 InsO). Von ihm begründete Verbindlichkeiten sind daher vom Schuldner zu erfüllen.

2. Muster einer Vermögensübersicht
am Beispiel einer GmbH

Anlage zum Antrag auf Eröffnung des Insolvenzverfahrens über das Vermögen
der Firma...... vom ......

I. Vermögen (Aktiva)
  1. Anlagevermögen
    a) Grundstücke und
       grundstücksgleiche Rechte
       eingetragen im Grundbuch
       von .... Blatt ....
       Verkehrswert: DM.......
       ./. dingl.
       Belastungen   DM.......   DM.......

    b) Maschinen   DM.......
       ./. Rechte
       Dritter
       (Eigentumsvorbehalte,
       Sicherungsübereignung,
       Pfändungen etc.)   DM.......   DM.......

    c) Betriebs- u.
       Geschäftsausstattung   DM.......
       ./. Rechte
       Dritter   DM.......   DM.......

    d) Fahrzeuge   DM.......
       ./. Rechte
       Dritter   DM.......   DM.......

    e) ausstehende Einlage   DM.......

    f) Sonstige Vermögenswerte
       (Patente, Gebrauchsmuster,
       Wertpapiere, Beteiligungen etc.) DM.......
       ./. Rechte
       Dritter   DM.......   DM.......

  2. Umlaufvermögen
    a) Roh-, Hilfs- u.
       Betriebsstoffe   DM.......
       ./. Rechte
       Dritter
       (Eigentumsvorbehalte etc.)   DM.......   DM.......

    b) Unfertige Erzeugnisse   DM.......
       ./. Rechte
       Dritter   DM.......   DM.......

    c) Fertige Erzeugnisse,
       Warenbestand   DM.......
       ./. Rechte
       Dritter   DM.......   DM.......

d) Geleistete Anzahlungen
an Lieferanten DM.......
./. Rechte
Dritter
(Abtretung, Pfändung etc.) DM....... DM.......

e) Forderungen aus
Lieferungen und Leistungen DM.......
./. Rechte
Dritter DM....... DM.......

f) Ausleihungen DM.......
./. Rechte
Dritter
(insb. Aufrechnung) DM....... DM.......

g) Bankguthaben DM.......
./. Rechte
Dritter DM....... DM.......

h) Lebensversicherungen DM.......
./. Rechte
Dritter DM....... DM.......

i) Kassenbestand DM.......

j) Sonstiges Vermögen DM.......

Summe Vermögen DM.......

II. Verbindlichkeiten
1. Dingliche Belastungen
(eingetragen im Grundbuch
von .... Blatt ...... DM.......

2. Darlehensverbindlichkeiten DM.......

3. Bankverbindlichkeiten DM.......

4. Verbindlichkeiten aus Lieferungen
und Leistungen DM.......

5. Erhaltene Kundenzahlungen DM.......

6. Löhne und Gehälter DM.......

7. Sozialversicherungsbeiträge DM.......

8. Steuerrückstände DM.......

9. Miet- und Leasingrückstände DM.......

10. Sonstige Verbindlichkeiten DM.......

Summe Verbindlichkeiten DM.......

(Ort, Datum)

B.
Geschäftsführer

11

Anmerkungen

Vgl. hierzu auch die Muster bei *Uhlenbruck/Delhaes* HRP Rdn. 260 ff.

3. Verzeichnis der Schuldner

Anlage zum Antrag auf Eröffnung des Insolvenzverfahrens über das Vermögen der Firma A.-GmbH vom. . . . . .

Schuldner	Grund der Forderung	Fälligkeit	Höhe	Bemerkungen

(Name und Anschrift)	(z. B. Kaufpreis etc.)		a) Hauptforderung
			b) Neben-
			  forderung. . .
			  (Zinsen)
				(Titelforderung, Einbringlichkeit)

Verzeichnis der Gläubiger

Anlage zum Antrag auf Eröffnung des Insolvenzverfahrens über das Vermögen der Firma A-GmbH vom . . . . . .

Gläubiger	Grund der Forderung	Höhe	Bemerkungen
(Name und Anschrift)		a) Hauptforderung b) Nebenforderung (Zinsen)	(Aus- und Absonde-rungsberechtigung, Aufrechnung)

Anmerkungen

Vgl. hierzu auch die Muster bei *Uhlenbruck/Delhaes* HRP Rdn. 260 ff.

4. Antrag auf Eröffnung des Insolvenzverfahrens über das Vermögen einer juristischen Person[1] mit gleichzeitiger Anregung der Anordnung von Sicherungsmaßnahmen[2] am Beispiel einer GmbH (Fremdantrag)

An das
Amtsgericht[3] ......
– Insolvenzgericht –

in ......   (Ort, Datum)

Antrag[4] der Firma A-GmbH, ...
                                                             – Antragstellerin –
Verfahrensbevollmächtigter: Rechtsanwalt......

gegen

die Firma B-GmbH, ...
                                                             – Antragsgegnerin[5] –
wegen Insolvenzeröffnung.

Unter Überreichung auf mich ausgestellter Vollmacht zeige ich die anwaltliche Interessenvertretung der Antragstellerin an[6].

Namens und mit Vollmacht der Antragstellerin beantrage ich,

> das Insolvenzverfahren über das Vermögen
> der Firma B-GmbH, ..., zu eröffnen[7].

Begründung:

Die Antragstellerin hat gegen die Antragsgegnerin eine rechtskräftig titulierte Forderung in Höhe von DM...... (Betrag). Die Zwangsvollstreckung aus dem Urteil des Landgerichts ...... vom ...... – Geschäfts-Nr....... – ist fruchtlos verlaufen. Nach Angaben des Gerichtsvollziehers C vom ...... sind Zwangsvollstreckungen gegen die Antragsgegnerin in der letzten Zeit erfolglos geblieben. Die Antragsgegnerin ist zahlungsunfähig[8].

Zur Glaubhaftmachung[9] des Antrages werden überreicht:

1. Vollstreckbare Ausfertigung des Urteils des Landgerichts ......
   vom ......;
2. Fruchtlosigkeitsbescheinigung des Gerichtsvollziehers C vom ......

Ferner rege ich an, zur Sicherstellung und Feststellung der Masse Sicherungsmaßnahmen anzuordnen[10] Nach den Ermittlungen der Antragstellerin hat die Antragsgegnerin in den letzten Tagen ihre gesamte Betriebs- und Geschäftsausstattung an Herrn D als Sicherheit für dessen Lieferantenforderung übereignet. Auch haben kürzlich zahlreiche Gläubiger gegen die Antragsgegnerin Pfändungen ausgebracht.

Zur Glaubhaftmachung überreiche ich in der Anlage eine eidesstattliche Versicherung der Antragstellerin[11].

**Durch die Rechtshandlung der Antragsgegnerin und die Vollstreckungsmaß-
nahmen der Gläubiger wird die künftige Insolvenzmasse gemindert. Zur Sicherung und Feststellung der Masse sind daher Sicherungsmaßnahmen erforderlich.**

Rechtsanwalt   *Anlagen*

Anmerkungen

1 Vgl. Formular A. 1. Anmerkung 1.

2 Nach Eingang des Insolvenzantrages kann das Gericht nach § 21 InsO alle zur Sicherung der Masse dienenden Maßnahmen treffen, um bis zur Entscheidung über
den Antrag eine den Gläubigern nachteilige Veränderung in der Vermögenslage des
Schuldners zu verhüten. Die Entscheidung hierüber erfolgt von Amts wegen und
liegt im freien, pflichtgemäßen Ermessen des Gerichts (*Kuhn/Uhlenbruck* § 106
Rdn. 1); eines ausdrücklichen Antrages bedarf es nicht. Handelt es sich um einen
Gläubigerantrag, ist die Zulassung des Insolvenzantrages Voraussetzung für den Erlaß von Sicherungsmaßnahmen (*Kilger/K. Schmidt* § 106 Anm. 1; *Uhlenbruck/Del-
haes* HRP Rdn. 205, 332).

3 Vgl. Formular A. 1. Anmerkung 2.

4 Das Insolvenzeröffnungsverfahren ist ein „quasi – kontradiktorisches" Parteiverfah-
ren mit der Besonderheit, daß das Insolvenzgericht unabhängig von der Einzahlung
eines Ermittlungskostenvorschusses alle zur Aufklärung der das Verfahren betreffenden Verhältnisse und Umstände erforderlichen Ermittlungen anstellen kann und
ggf. anstellen muß. Es obliegt danach dem Schuldner, dem Insolvenzantrag trotz
amtlicher Ermittlungen entgegenzutreten, also entweder die Zulässigkeit des Antrages zu bestreiten oder aber dessen Glaubhaftmachung durch Gegenglaubhaftmachung zu erschüttern, was zur Unzulässigkeit des bereits zugelassenen Insolvenzantrages führen kann.

5 Der Antragsgegner ist als Verfahrensbeteiligter bei einem zulässigen Insolvenzantrag
nach § 14 InsO grundsätzlich anzuhören (siehe zu den Einschränkungen § 10 InsO)

6 Wird der Insolvenzantrag durch einen Bevollmächtigten, der nicht Rechtsanwalt ist,
gestellt, ist eine besondere Insolvenzvollmacht vorzulegen (*Uhlenbruck/Delhaes* HRP
Rdn. 181). Eine allgemeine Prozeßvollmacht genügt nicht. Das Fehlen der Voll-
macht ist vom Gericht von Amts wegen zu beachten. Dabei findet § 89 ZPO keine
Anwendung, d. h. eine einstweilige Zulassung des vollmachtlosen Vertreters ist aus-
geschlossen. Erfolgt die Vertretung durch einen Rechtsanwalt, hat das Gericht den
Mangel der Vollmacht von Amts wegen nicht zu berücksichtigen (§§ 4 InsO, 88
Abs. 2 ZPO).

7 Vgl. Formular A. 1. Anmerkung 4.

8 Vgl. Formular A. 1. Anmerkung 5 u. 6.

Im Gegensatz zum Schuldnerantrag hat der Gesetzgeber bei einem Gläubigerantrag **9** deutlich höhere Anforderungen an die Berechtigung des Insolvenzantrages gestellt. So ist ein solcher nach § 14 Abs. 1 InsO nur zulässig, wenn der Gläubiger ein rechtliches Interesse an der Eröffnung des Insolvenzverfahrens hat und seine Forderung und den Eröffnungsgrund glaubhaft macht.

Voraussetzung für die Zulassung des Insolvenzantrages ist zunächst, daß der Gläubiger ein rechtlich anzuerkennendes Interesse an der Insolvenzeröffnung hat. Hieran fehlt es nicht schon dann, wenn die Forderung des insolvenzbeantragenden Gläubigers nur gering ist (LG Dortmund ZIP 1980, 633; LG Köln MDR 1986, 507) oder aber der Antragsteller den Insolvenzantrag bei Zahlung der Hauptforderung nur noch wegen der Zinsen und Kosten weiterverfolgt (*Uhlenbruck/Delhaes* HRP Rdn. 217). Das Rechtsschutzbedürfnis ist insbesondere in folgenden Fällen zu verneinen: Bei Verfolgung insolvenzfremder Zwecke, so z. B. wenn der Antragsteller den Antragsgegner als Wettbewerber ausschalten will, wenn durch die Insolvenzbeantragung die Auflösung eines Vertragsverhältnisses angestrebt wird (OLG Frankfurt ZIP 1984, 195) oder wenn der Antrag als Druckmittel mißbraucht wird oder aber zur Anerkennung einer zweifelhaften Forderung dienen soll (*Kuhn/Uhlenbruck* § 105 Rdn. 6a). Ein Rechtsschutzbedürfnis besteht ebenfalls nicht bei ausreichender Sicherung des Gläubigers im Schuldnervermögen oder im Vermögen eines Dritten, bei verjährten oder gestundeten Forderungen. Abgesehen davon fehlt ein rechtliches Interesse immer dann, wenn die Befriedigung des Gläubigers auf einfachere, schnellere und zweckmäßigere Weise erreicht werden kann (LG Braunschweig NJW 1961, 2316; OLG Frankfurt MDR 1973, 235; OLG Hamm MDR 1973, 1079; *Uhlenbruck/Delhaes* HRP Rdn. 217). Ein von Anfang an unbegründeter Insolvenzantrag kann zur Schadensersatzpflicht des Antragstellers wegen Kreditgefährdung (§ 824 BGB), nach § 826 BGB oder wegen übler Nachrede gem. § 823 Abs. 2 BGB i. V. m. § 186 StGB führen. Hat der Gläubiger lediglich fahrlässig auf eine – tatsächlich nicht bestehende – Zahlungsunfähigkeit des Schuldners geschlossen, liegt hierin noch nicht ein Eingriff in das nach § 823 Abs. 2 BGB geschützte Recht am eingerichteten und ausgeübten Gewerbebetrieb(BGHZ 36, 18, 23).

Weiterhin ist erforderlich, daß der Gläubiger seine Forderung und den Eröffnungsgrund glaubhaft macht. Mittel der Glaubhaftmachung sind alle präsenten Beweismittel sowie die eidesstattliche Versicherung (§ 4 InsO, § 294 Abs. 1 ZPO).

Die Glaubhaftmachung der Forderung des Antragstellers erfordert die bestimmte Bezeichnung des Schuldners und Angaben über die Forderung unter Vorlage entsprechender Nachweise (etwa Wechsel, Schuldscheine, Urteile, Buchauszüge etc.). Die Unterlagen sind grundsätzlich im Original vorzulegen (*Uhlenbruck/Delhaes* HRP Rdn. 229). Die Glaubhaftmachung ist erleichtert für Insolvenzanträge von Behörden und Sozialversicherungsträgern (vgl. hierzu *Uhlenbruck/Delhaes* HRP Rdn. 230). Ausnahmsweise bedarf die Forderung des Antragstellers des Vollbeweises, nämlich dann, wenn diese die einzige ist, die für den Fall ihres Bestehens den Insolvenzgrund ausmachen würde und die Forderung vom Antragsgegner bestritten wird (OLG Köln ZIP 1988, 664, 665; LG Itzehoe KTS 1989, 730, 731). In diesem Falle genügt bloße Glaubhaftmachung nicht; vielmehr muß das Insolvenzgericht vom Bestehen der Forderung überzeugt sein (*Kuhn/Uhlenbruck* § 105 Rdn. 3f.), etwa dann, wenn die Forderung rechtskräftig tituliert ist(*Uhlenbruck/Delhaes* HRP Rdn. 231). Gelingt der Vollbeweis nicht, ist der Insolvenzantrag wegen Fehlens eines Rechtsschutzbedürfnisses als unzulässig zurück- und der Antragsteller auf den ordentlichen Rechtsweg zu verweisen(vgl. zum alten Recht OLG Hamm ZIP 1980, 258, 259; OLG Frankfurt/M. KTS 1983, 148, 149; OLG Köln ZIP 1988, 664, 665).

Bei der Glaubhaftmachung des Insolvenzgrundes ist zwischen der Zahlungsunfähigkeit und der Überschuldung zu unterscheiden.

Zur Glaubhaftmachung der Zahlungsunfähigkeit hat der Antragsteller die überwiegende Wahrscheinlichkeit darzulegen, daß der Schuldner dauernd außerstande ist, seine fälligen und ernstlich eingeforderten Verbindlichkeiten im wesentlichen zu erfüllen. Ausreichend hierfür ist die Fruchtlosigkeitsbescheinigung eines Gerichtsvollziehers (§ 63 GVGA), eidesstattliche Erklärung über die Zahlungseinstellung etc. (*Kilger/K. Schmidt* § 105 Anm. 1 b; *Uhlenbruck/Delhaes* HRP Rdn. 232).

Die Glaubhaftmachung der Überschuldung ist bei einem Gläubigerantrag in der Praxis kaum zu führen, da der Gläubiger in der Regel keinen Einblick in das Rechnungswesen des Schuldners hat. Etwas anderes ist denkbar, wenn ihm aktuelle Bilanzen oder buchhalterische Unterlagen des Schuldners vorliegen, wie dies etwa bei kreditgebenden Banken der Fall sein kann. Bei fehlender Glaubhaftmachung der Insolvenzforderung und/oder des Eröffnungsgrundes hat das Gericht den Antragsteller unter Fristsetzung aufzufordern, diese nachzuholen. Gelingt ihm danach die Glaubhaftmachung nicht, ist der Insolvenzantrag als unzulässig kostenpflichtig zurückzuweisen (§ 4 InsO, § 91 ZPO).

Hat der Gläubiger ein rechtliches Interesse an der Eröffnung des Insolvenzverfahrens dargelegt und seine Forderung und den Eröffnungsgrund glaubhaft gemacht, hat das Insolvenzgericht den Schuldner zu hören. Die Anhörung des Schuldners ist zwingend. Sie darf nur in den in § 10 InsO genannten Ausnahmefällen unterbleiben. Im Rahmen der Anhörung kann der Schuldner die vom Antragsteller glaubhaft gemachte Forderung und/oder die Glaubhaftmachung des Eröffnungsgrundes durch Gegenglaubhaftmachung erschüttern (*Kuhn/Uhlenbruck* § 105 Rdn. 10b). Zugelassen hierfür sind alle präsenten Beweismittel i. S. des § 294 Abs. 1 ZPO, auch die eidesstattliche Versicherung. Darüber hinaus kann der Schuldner auch noch andere Einwände erheben, etwa die Unzuständigkeit des angerufenen Gerichts oder aber den Mangel der Prozeßfähigkeit des Antragstellers rügen.

Da die Glaubhaftmachung Zulassungsvoraussetzung für den Insolvenzantrag ist, hat das Gericht alle Einwände des Schuldners hiergegen gewissenhaft zu prüfen. Die schuldhafte Nichtbeachtung kann zu einem Schadensersatzanspruch des Schuldners nach § 839 Abs. 1 BGB i. V. m. Art. 34 GG führen (LG Dortmund KTS 1984, 147, 149f.).

Gelangt das Gericht zu der Überzeugung, daß die Forderung des Antragstellers und/oder der behauptete Insolvenzgrund durch die Gegenglaubhaftmachung glaubwürdig in Frage gestellt wird, kann es den Antrag als unzulässig zurückweisen. Die Gegenglaubhaftmachung des Schuldners kann allerdings wiederum durch erneute Glaubhaftmachung durch den Antragsteller erschüttert werden.

10 Nach § 21 Abs. 1 InsO hat das Insolvenzgericht alle Maßnahmen zu treffen, die erforderlich erscheinen, um bis zur Entscheidung über den Antrag eine den Gläubigern nachteilige Veränderung in der Vermögenslage des Schuldners zu verhüten. Eine Entscheidung hierüber erfolgt von Amts wegen; eines besonderen Antrages bedarf es nicht.

Nach § 21 Abs. 2 InsO kann das Gericht insbesondere
- einen vorläufigen Insolvenzverwalter bestellen;
- dem Schuldner ein allgemeines Verfügungsverbot auferlegen und anordnen, daß Verfügungen des Schuldners nur mit Zustimmung des vorläufigen Insolvenzverwalters wirksam sind;
- Maßnahmen der Zwangsvollstreckung gegen den Schuldner untersagen oder einstweilen einstellen, soweit nicht unbewegliche Gegenstände betroffen sind.

Einsetzung eines vorläufigen Insolvenzverwalters

Zur Sicherung und Erhaltung des schuldnerischen Vermögens kann das Insolvenzgericht zunächst nach § 21 Abs. 2 Nr. 1 InsO einen vorläufigen Insolvenzverwalter einsetzen. Ohne weitere flankierende Maßnahmen kommt diesem lediglich die Funktion eines „Beraters" des Schuldners zu, ohne eigene Verfügungsmacht über das Schuldnervermögen und nur mit den ihm vom Gericht bestimmten Pflichten, die über die des § 22 Abs. 1 S. 1 InsO nicht hinausgehen dürfen (vgl. § 22 Abs. 2 InsO) Damit der Sicherungszweck erreicht werden kann, ist daneben regelmäßig gegenüber dem Schuldner die Auferlegung eines allgemeinen Verfügungsverbotes nach § 21 Abs. 2 Nr. 2 InsO erforderlich. In Verbindung mit der Einsetzung eines vorläufigen Insolvenzverwalters geht damit die Verwaltungs- und Verfügungsbefugnis über das Schuldnervermögen auf den vorläufigen Verwalter über (§ 22 Abs. 1 S. 1 InsO). In diesem Fall hat der vorläufige Insolvenzverwalter

1. das Vermögen des Schuldners zu sichern und zu erhalten;
2. ein Unternehmen, das der Schuldner betreibt, bis zur Entscheidung über die Eröffnung des Insolvenzverfahrens fortzuführen, soweit nicht das Insolvenzgericht einer Stilllegung zustimmt, um eine erhebliche Verminderung des Vermögens zu vermeiden;
3. zu prüfen, ob das Vermögen des Schuldners die Kosten des Verfahrens decken wird und ggf. zu prüfen, ob ein Eröffnungsgrund vorliegt und welche Aussichten für eine Fortführung des Unternehmens des Schuldners bestehen.

Dabei ist der vorläufige Verwalter berechtigt, die Geschäftsräume des Schuldners zu betreten und dort Nachforschungen anzustellen, Einsicht in die Geschäftsbücher zu nehmen und vom Schuldner Auskünfte zu verlangen (§ 22 Abs. 2 InsO).

Wird dem vorläufigen Verwalter – wie regelmäßig zu erwarten – die Verwaltungs- und Verfügungsbefugnis über das Vermögen des Schuldners verliehen (§ 22 Abs. 1 S. 1 InsO), so ist seine Rechtsstellung gegenüber dem Sequester des alten Rechts deutlich gestärkt. So tritt in Abweichung zum bisherigen Recht bereits mit der Insolvenzantragstellung eine Unterbrechung anhängiger, die Insolvenzmasse betreffende Rechtsstreite ein (§ 240 S. 2 ZPO i. d. f. des Art. 18 Nr. 2 EGInsO). Die Prozeßführungsbefugnis für Aktiv- und Passivprozesse geht auf den vorläufigen Verwalter über (§§ 24 Abs. 2 i. V. m. 85 Abs. 1, 86 InsO). Hervorzuheben ist weiterhin die nunmehr gesetzlich statuierte Pflicht des vorläufigen Verwalters zur Betriebsfortführung (§ 22 Abs. 1 S. 2 Nr. 1 InsO), die dem Sicherungs- und Erhaltungszweck der angeordneten Sicherungsmaßnahmen Rechnung tragen soll(vgl. hierzu Haarmeyer, ZInsO 1998, 157 ff.). Nach dem gesetzlichen Regelbild sollen die Gläubiger erst im Berichtstermin die Entscheidung über Erhalt oder Liquidation des Schuldnerunternehmens treffen (vgl. § 157 InsO). Eine vorherige Stilllegung kommt nur mit Zustimmung des Gerichts in Betracht (§ 22 Abs. 1 S. 2 Nr. 2 InsO). Die im Zuge der Betriebsfortführung vom vorläufigen Verwalter begründeten Verbindlichkeiten haben im Falle der Eröffnung des Insolvenzverfahrens den Rang einer sonstigen Masseverbindlichkeit gem. § 55 Abs. 2 InsO. Die Handbarkeit und Sachgerechtigkeit der Regelung bleibt abzuwarten (vgl. zur Fortführungsverpflichtung des vorläufigen Insolvenzverwalters *Wiester*, ZInsO 1998, 99 ff.). Verletzt der vorläufige Verwalter schuldhaft die ihm gegenüber den Gläubigern treffenden Pflichten und verursacht er dadurch der Gesamtgläubigerschaft oder bei einzelnen Gläubigern einen Schaden, so ist er hierfür nach §§ 21 Abs. 2 Nr. 1 i. V. m. 56, 58 ff. InsO persönlich einstandspflichtig. Dies gilt insbesondere dann, wenn er etwa im Falle der Betriebsfortführung sonstige Masseverbindlichkeiten (§ 55 Abs. 2 InsO) begründet, die im eröffneten Insolvenzverfahren aus der Masse voraussichtlich nicht mehr reguliert werden können.

Für die Vergütung des vorläufigen Insolvenzverwalters ist die nach § 65 InsO vom Bundesministerium für Justiz erlassene Insolvenzrechtliche Vergütungsverordnung (InsVV) vom 19. August 1998 (BGBl. I S. 2205) maßgeblich. Dort ist in § 11 InsVV geregelt, daß die Vergütung in der Regel einen angemessenen Bruchteil der Vergütung des Insolvenzverwalters nicht überschreiten soll.

Zu den Details der neuen InsVV siehe den Kommentar von *Haarmeyer / Wutzke / Förster*, Vergütung in Insolvenzverfahren, InsVV / VergVO (2. Auflage 1999).

Allgemeines Veräußerungsverbot

Neben der Einsetzung eines vorläufigen Insolvenzverwalters kommt als weitere wichtige Sicherungsmaßnahme der Erlaß eines allgemeinen Veräußerungsverbotes in Betracht (§ 21 Abs. 2 Nr. 2 InsO). Dieses hat die Wirkung, daß Verfügungen des Schuldners im Gegensatz zum alten Recht nunmehr absolut unwirksam sind (§§ 24 Abs. 1 i. V. m. 81, 82 InsO). Ein Gutglaubensschutz besteht nur bei Grundstücksgeschäften und Leistungen an den Schuldner. Der Erlaß des allgemeinen Verfügungsverbotes wird regelmäßig mit der Einsetzung eines vorläufigen Insolvenzverwalters einhergehen, um dessen Verfügungsbefugnis über das Schuldnervermögen zu begründen (§ 22 Abs. 1 S. 1 InsO). Die Verfügungsbeschränkungen sind den Beteiligten zuzustellen sowie öffentlich bekannt- und registerkenntlich zu machen (§ 23 InsO). Entsprechend der neuen Rechtsprechung des BGH wird das Veräußerungsverbot bereits mit seinem Erlaß, sofern Tag und Stunde angegeben sind, wirksam und nicht erst mit seiner Zustellung an den Schuldner (BGH ZIP 1995, 45). Gibt der Beschluß die Stunde seines Erlasses nicht an, so wird er ab der Mittagsstunde des Erlaßtages wirksam (BGH ZIP 1996, 1909, 1911).

Vollstreckungsverbot

Nach § 21 Abs. 2 Nr. 3 InsO kann das Gericht Maßnahmen der Zwangsvollstreckung gegen den Schuldner untersagen oder einstweilen einstellen. Damit soll verhindert werden, daß sich Gläubiger noch während des Insolvenzeröffnungsverfahrens Befriedigung aus dem Schuldnervermögen verschaffen und damit der Haftungsmasse Vermögenswerte entziehen, die u. U. etwa für eine Betriebsfortführung unerläßlich sind. Das Vollstreckungsverbot bezieht sich allerdings nur auf das bewegliche Vermögen, Forderungen und sonstige Vermögenswerte; das Immobiliarvermögen ist hiervon ausdrücklich ausgenommen. Hier besteht eine entsprechende Anordnungsmöglichkeit durch das Vollstreckungsgericht nur auf Antrag des vorläufigen Insolvenzverwalters (vgl. § 30 d Abs. 4 ZVG i. d. F. des Art. 20 Nr. 4 EGInsO).

Sonstige Sicherungsmaßnahmen

Bei den in § 21 Abs. 2 Nr. 1 bis 3 InsO genannten Maßnahmen handelt es sich lediglich um Regelbeispiele, so daß auch andere, dem Insolvenzgericht geeignet erscheinende Maßnahmen möglich bleiben, etwa die Siegelung von bestimmten Gegenständen, die Untersagung der Herausgabe von bestimmten Gegenständen an Dritte oder aber die Verhängung einer Postsperre (§ 99 InsO). Als ultima ratio ist schließlich in § 21 Abs. 3 InsO die Zwangsvorführung des Schuldners sowie dessen Haftanordnung vorgesehen.

Aufhebung der Sicherungsmaßnahmen

Die Sicherungsmaßnahmen sind aufzuheben, sofern sie nicht mehr erforderlich sind, so etwa, wenn der Insolvenzantrag abgewiesen wird. Die Aufhebung ist öffentlich bekanntzumachen (§ 25 Abs. 1 InsO). War die Verfügungsbefugnis über das Vermögen des Schuldners auf einen vorläufigen Insolvenzverwalter übergegangen, so hat dieser vor der Aufhebung seiner Bestellung aus dem von ihm verwalteten Vermögen die bis dahin entstandenen Kosten zu berichtigen und die von ihm begründeten Verbindlichkeiten zu erfüllen. Gleiches gilt für die Verbindlichkeiten aus einem Dauerschuldverhältnis, soweit der vorläufige Verwalter für das von ihm verwaltete Vermögen die Gegenleistung in Anspruch genommen hat (§ 25 Abs. 2 InsO).

5. Antrag[1] auf Eröffnung des Insolvenzverfahrens über das Vermögen einer sich in Liquidation befindlichen juristischen Person am Beispiel einer GmbH (Eigenantrag)

An das
Amtsgericht[2] ......
– Insolvenzgericht –

in ......   (Ort, Datum)

In meiner Eigenschaft als alleinvertretungsberechtigter[3] Liquidator der Firma A-GmbH beantrage ich,

   das Insolvenzverfahren über das Vermögen der
   Gesellschaft zu eröffnen[4].

Die Gesellschaft wurde am ...... gegründet und ist im Handelsregister des Amtsgerichts ...... unter der Nr. ...... (Angabe der Register-Nummer) eingetragen. Sitz der Gesellschaft ist ...... (Ort).

Am ...... beschlossen die Gesellschafter, die Gesellschaft aufzulösen. Durch anliegenden Gesellschafterbeschluß vom ...... wurde der Unterzeichner zum alleinvertretungsberechtigten Liquidator bestellt – UR.-Nr. ....../ ...... Notar ...... –.

Unmittelbar nach meiner Bestellung zum Liquidator stellte ich fest, daß die Gesellschaft zahlungsunfähig[5] ist ...... (wird ausgeführt).

Sie ist auch überschuldet[6] ...... (wird ausgeführt).

Zugunsten der Gesellschaft sind noch folgende freie Vermögenswerte vorhanden ...... (wird ausgeführt).

(......)
als Liquidator

Anmerkungen

Vgl. Formular A. 1. Anmerkung 1.   1

Vgl. Formular A. 1. Anmerkung 2.   2

3 Vgl. Formular A. 1 .Anmerkung 3.

4 Eine Liquidationsgesellschaft ist solange insolvenzfähig, als noch verwertbares Gesamthandsvermögen vorhanden ist.

5 Vgl. Formular A. 1. Anmerkung 5.

6 Vgl. Formular A. 1. Anmerkung 7.

6. Antrag[1] auf Eröffnung des Insolvenzverfahrens über das Vermögen einer bereits im Handelsregister gelöschten juristischen Person am Beispiel einer GmbH (Eigenantrag)[2]

An das
Amtsgericht . . . . . .[3]
– Insolvenzgericht –

in . . . . . .   (Ort, Datum)

In meiner Eigenschaft als alleinvertretungsberechtigter Nachtragsliquidator[4] der Firma A-GmbH, vormals: . . . . . . (Sitz) beantrage ich,

> das Insolvenzverfahren über das Vermögen
> der Gesellschaft zu eröffnen[5].

Ausweislich des beigefügten Handelsregisterauszuges wurde die Gesellschaft am . . . . . . von Amts wegen im Handelsregister des Amtsgerichts . . . . . . (Register-Nummer) gelöscht[6].

Nach ihrer Löschung stellte sich heraus, daß die Gesellschaft noch über namhaftes verteilungsfähiges Vermögen verfügt, nämlich gegenüber der Firma C durchsetzbare Kaufpreiszahlungsansprüche in Höhe von DM . . . . . ., die zwischenzeitlich durch Zahlung ausgeglichen wurden. Dieses Vermögen ist im Wege der Nachtragsliquidation zu verteilen. Auf meinen Antrag hin wurde der Unterzeichner durch Beschluß des Amtsgerichts – Registergerichts – . . . . . . vom . . . . . . zum Nachtragsliquidator ernannt. Der Beschluß liegt zur Kenntnisnahme an[7].

Die Gesellschaft ist überschuldet, wie sich aus der anliegenden Vermögensübersicht und des Gläubiger- und Schuldnerverzeichnisses ergibt[8].

Sie ist auch zahlungsunfähig, da liquide Mittel, die sämtlich fälligen Verbindlichkeiten in Höhe von DM . . . . . . auch nur ansatzweise zurückzuführen, nicht vorhanden sind[9].
Aufgrund der vereinnahmten Zahlung der Firma C ist eine die Kosten des Verfahrens deckende, verfügbare Masse vorhanden[10].

(. . . . . .)
Nachtragsliquidator   *Anlagen*

Anmerkungen

Vgl. Formular A. 1. Anmerkung 1.   1

Auch eine im Handelsregister gelöschte Gesellschaft kann noch insolvenzfähig sein,   2
wenn und solange noch verteilungsfähiges Sondervermögen vorhanden ist (*Kuhn/
Uhlenbruck* § 107 Rdn. 8 ff.). Die Begründung hierfür ist strittig. Nach früher herrschender Meinung in Rechtsprechung und Literatur hatte die Löschung im Handelsregister lediglich deklaratorische Bedeutung. Danach ist für den Untergang einer Kapitalgesellschaft als Rechtsperson allein deren Vermögenslosigkeit entscheidend
(RGZ 149, 296; BGHZ 48, 303, 307; 53, 264, 266; *Hofmann* GmbHR 1976, 267 ff.;
für eine konstitutive Wirkung der Löschung OLG Karlsruhe DB 1978, 1219). Nach
der im Vordringen befindlichen Lehre vom Doppeltatbestand ist eine Kapitalgesellschaft erst dann voll beendet, wenn zwei Voraussetzungen gegeben sind, nämlich zum
einen deren Vermögenslosigkeit und zum anderen ihre Löschung im Handelsregister
(BAG NJW 1988, 2637 f.; OLG Düsseldorf NJW-RR 1988, 1184; OLG Stuttgart
ZIP 1986, 647, 648; *Lutter/Hommelhoff* § 60 GmbHG Rdn. 14, 18; § 74 GmbHG
Rdn. 6; *Baumbach/Hueck/Schulze-Osterloh* § 60 GmbHG Rdn. 57). Für das Insolvenzeröffnungsverfahren ist der Lehre vom Doppeltatbestand zu folgen.

Vgl. Formular A. 1. Anmerkung 2.   3

Stellt sich nach Löschung der Kapitalgesellschaft wegen Vermögenslosigkeit im   4
nachhinein heraus, daß diese noch über Vermögen verfügt, so ist dieses im Wege
der Nachtragsliquidation zu verteilen. Der Nachtragsliquidator ist vom Registergericht zu ernennen (*Scholz/K. Schmidt* Anh. § 60 GmbHG Rdn. 20; § 74 Rdn. 26;
Kuhn/Uhlenbruck § 107 Rdn. 8 c).

Vgl. Formular A. 1. Anmerkung 4.   5

Vgl. § 2 des Gesetzes über die Auflösung und Löschung von Gesellschaften und Ge-   6
nossenschaften.

Der Antragsteller hat nachzuweisen, daß (1) die Gesellschaft trotz Löschung im   7
Handelsregister noch nicht voll beendet ist, (2) Sondervermögen der Gesellschaft
noch vorhanden ist, das einer insolvenzmäßigen Nachtragsliquidation zugeführt
werden kann und (3) ein Nachtragsliquidator vom zuständigen Registergericht bestellt worden ist. Die bloße Glaubhaftmachung der Insolvenzfähigkeit der bereits ge-
löschten Gesellschaft i. S. des § 14 Abs. 1 InsO genügt nicht.

Vgl. Formular A. 1. Anmerkung 7.   8

Vgl. Formular A. 1. Anmerkung 5 u. 6.   9

Vgl. Formular A. 1. Anmerkung 9.   10

7. Antrag[1] auf Eröffnung des Insolvenzverfahrens über das Vermögen einer Gesellschaft ohne Rechtspersönlichkeit am Beispiel einer offenen Handelsgesellschaft (Eigentrag)

An das
Amtsgericht[3] . . . . . .
– Insolvenzgericht –

in . . . . . .   (Ort, Datum)

In unserer Eigenschaft als persönlich haftende Gesellschafter[4] der Firma A oHG beantragen wir,

> das Insolvenzverfahren über das Vermögen
> der Gesellschaft[5] zu eröffnen.

Die Gesellschaft wurde am . . . . . . gegründet und ist im Handelsregister des Amtsgerichts unter der Nr. . . . . . . (Angabe der Register-Nummer) eingetragen. Sitz der Gesellschaft ist . . . . . . (Ort). Als Gesellschafter sind an der Gesellschaft beteiligt[6]:

1. Herr B . . . . mit einem Kapitalanteil von DM . . . . .
2. Herr C . . . . mit einem Kapitalanteil von DM . . . . .
3. Frau D . . . . mit einem Kapitalanteil von DM . . . . .

Die Gesellschaft ist zahlungsunfähig . . . . . . (wird ausgeführt)[7, 11].

Es bestehen noch folgende, für die Insolvenz freie Vermögenswerte . . . . . . (wird ausgeführt).

Eine die Kosten des Verfahrens deckende, verfügbare Masse ist daher vorhanden[8].

B . . . . .
C . . . . .
D . . . . .
– Gesellschafter –

Anmerkungen

1 Vgl. Formular A. 1. Anmerkung 1.

2 Über das Vermögen einer offenen Handelsgesellschaft, einer Kommanditgesellschaft oder einer Kommanditgesellschaft auf Aktien findet bei Vorliegen des Insolvenzgrundes der Zahlungsunfähigkeit ein selbständiges Insolvenzverfahren statt (§ 11 Abs. 2 InsO). Insolvenzgrund bei einer Kommanditgesellschaft auf Aktien ist daneben auch die Überschuldung (§ 19 Abs. 3 InsO).

3 Vgl. Formular A. 1. Anmerkung 2.

4 Antragsberechtigt bei den in Anmerkung 2 genannten Gesellschaften sind neben den Gläubigern jeder persönlich haftende Gesellschafter und jeder Liquidator (§ 15

InsO). Wird der Antrag nicht von allen persönlich haftenden Gesellschaftern oder allen Liquidatoren gestellt, so ist er nur zuzulassen, wenn die Zahlungsunfähigkeit glaubhaft gemacht wird. Dabei hat das Gericht die übrigen persönlich haftenden Gesellschafter/Liquidatoren zu hören (§ 15 Abs. 2 InsO).

Eine Insolvenzantragspflicht besteht für die persönlich haftenden Gesellschafter einer oHG oder KG nicht.

Die Insolvenz über das Vermögen einer oHG (oder KG) ist eine Sonderinsolvenz. 5 Sie umfaßt das gesellschaftliche gebundene Vermögen aller Gesellschafter, denen insoweit auch die Rolle des Schuldners zukommt. Die Gesellschaft selbst ist nicht Schuldnerin, da sie keine juristische Person ist (BGHZ 34, 293, 296; *Kuhn/Uhlenbruck* § 209 Rdn. 2; a. A. *Kilger/K. Schmidt* § 209 Anm. 2 C).

Die Insolvenz umfaßt nur das Gesellschaftsvermögen und erstreckt sich nicht auch auf das Privatvermögen der Gesellschafter (*Kuhn/Uhlenbruck* § 209 Rdn. 2). Hiervon unberührt bleibt allerdings die nach § 128 HGB bestehende persönliche Haftung der Gesellschafter für die Verbindlichkeiten der Gesellschaft, da es sich um die Haftung zweier unterschiedlicher Vermögensmassen für eine Schuld handelt (BGHZ 34, 293, 296). Während der Dauer des Insolvenzverfahrens können die Ansprüche aus § 128 HGB nur noch vom Insolvenzverwalter geltend gemacht werden (§ 93 InsO). Die Insolvenz über das Vermögen eines Gesellschafters umfaßt andererseits nicht die zum Gesellschaftsvermögen gehörenden Gegenstände, sondern nur die Beteiligung als solche (*Kuhn/Uhlenbruck* § 209 Rdn. 2 m. w. N.). Durch die Eröffnung des Insolvenzverfahrens über das Vermögen eines Gesellschafters wird die oHG aufgelöst (§ 131 Nr. 5 HGB); entsprechendes gilt für die KG bei Eröffnung des Insolvenzverfahrens über das Vermögen eines persönlich haftenden Gesellschafters (§ 161 Abs. 2 HGB). Den Gesellschaftern soll nicht zugemutet werden, die Gesellschaft mit dem Insolvenzverwalter fortzusetzen, der den Anteil verwerten soll (*Mohrbutter/Mohrbutter*, S. 565, XV. 72).

Die Angabe der Beteiligungsverhältnisse ist u. a. wichtig für eine etwaige erforder- 6 liche Anhörung nach §§ 10, 14 InsO. Im übrigen zählen zum Gesellschaftsvermögen auch die rückständigen Einlagen der Gesellschafter, die im Falle der Insolvenzeröffnung vom Verwalter einzuziehen sind (BGH WM 1977, 1377).

Insolvenzgrund bei der oHG ist allein die Zahlungsunfähigkeit. 7

Vgl. Formular A. 1. Anmerkung 10. 8

8. Antrag auf Eröffnung des Insolvenzverfahrens über das Vermögen einer Gesellschaft ohne Rechtspersönlichkeit bei drohender Zahlungsunfähigkeit am Beispiel einer Kommanditgesellschaft (Eigenantrag)

An das
Amtsgericht[2] ......
– Insolvenzgericht –

in ......   (Ort, Datum)

In unserer Eigenschaft als persönlich haftende Gesellschafter[3] der A-KG beantragen wir,

> das Insolvenzverfahren über das Vermögen der Gesellschaft[4] wegen drohender Zahlungsunfähigkeit[5] zu eröffnen.

Die Kommanditgesellschaft wurde am ...... gegründet und ist im Handelsregister des Amtsgerichts ...... unter der Nr. HR-A ...... eingetragen. Sitz der Gesellschaft ist ......(Ort). Als Gesellschafter sind an der Gesellschaft beteiligt[6]

1. Herr B ...... als persönlich haftender Gesellschafter
2. Herr C ...... als Kommanditist mit einem Kapitalanteil von DM ......
3. Frau D ...... als Kommaditistin mit einem Kapitalanteil von DM ......[7]

Der Tatbestand der drohenden Zahlungsunfähigkeit liegt vor.

Die Gesellschaft wird voraussichtlich nicht in der Lage sein, die bestehenden und bevorstehenden Zahlungsverpflichtungen im Zeitpunkt der Fälligkeit zu erfüllen[8].

Diese Prognose ist aufgrund folgender Umstände gerechtfertigt:

Wie aus der beigefügten Vermögensübersicht[9] ersichtlich, stehen derzeit per ...... (Datum[10]) den aufgeführten Vermögenswerten von insgesamt DM ...... die ausgewiesenen Verbindlichkeiten von insgesamt DM ...... gegenüber. Auch bei sofortiger Einleitung autonomer Sanierungsmaßnahmen[11] ist unvermeidlich, daß bis zum ...... (Datum[12]) Zahlungspflichten[13] in Höhe von DM ...... entstehen werden, die im einzelnen aus der in der Anlage beigefügten Finanz- und Liquiditätsrechnung[14] ersichtlich sind.
Unter Berücksichtigung erheblicher Umsatzeinbrüche der letzten Zeit kann demgegenüber im gleichen Zeitraum nur mit dem Zufluß von Werten in Höhe von DM ...... gerechnet werden, die ebenfalls aus der beigefügten Finanz- und Liquiditätsplanrechnung ersichtlich werden.

Eine Würdigung der gesamten wirtschaftlichen Entwicklung und Vermögenssituation der Gesellschaft läßt demzufolge bereits jetzt mit hinreichender Wahrscheinlichkeit erkennen, daß zukünftig der Tatbestand der Zahlungsunfähigkeit – spätestens im (Monat) – eintreten wird, da die auf die Gesellschaft zukommenden Zahlungsverpflichtungen im Zeitpunkt der Fälligkeit dauerhaft nicht bedient werden können.

Im schützenswerten Gläubigerinteresse ist daher der vorliegende Insolvenzantrag geboten.

Eine die Kosten des Verfahrens deckende, verfügbare Masse ist – wie sich ebenfalls aus der beigefügten Vermögensübersicht[15] ablesen läßt – (noch) vorhanden.

B. . . . . .
C. . . . . .
D. . . . . .
– Gesellschafter –   *Anlagen*

Anmerkungen

Vgl. Formular A. 1. Anmerkung 1.   1

Vgl. Formular A. 1. Anmerkung 2.   2

Nach der durch die InsO aufgegriffenen „Innenlösung" ist der Eröffnungsgrund der   3
drohenden Zahlungsunfähigkeit auf einen Schuldnerantrag beschränkt, um Außenstehenden im Vorfeld der Insolvenz kein Druckmittel an die Hand zu geben.
    Für die Insolvenz einer KG gelten im übrigen dieselben Grundsätze wie bei der oHG (vgl. Formular A. 7. Anmerkung 4). Träger der Schuldnerrolle sind allerdings allein die persönlich haftenden Gesellschafter, nicht dagegen die Kommanditisten.
    Wie bei der oHG erstreckt sich die Insolvenz der KG nicht auf das Privatvermögen des oder der persönlich haftenden Gesellschafter (BGH ZIP 1993, 208, 211). Hiervon unberührt bleibt allerdings die nach §§ 161 Abs. 2, 128 HGB bestehende persönliche Haftung des Komplementärs für die Verbindlichkeiten der KG. Insoweit haftet er neben der Gesellschaft zwar nicht als, aber wie ein Gesamtschuldner (BAG KTS 1982, 288). Der Anspruch ist während der Dauer des Insolvenzverfahrens vom Verwalter geltend zu machen (§ 93 InsO).
    Sofern der Insolvenzantrag bei einer juristischen Person oder einer Gesellschaft ohne Rechtspersönlichkeit nicht von allen Mitgliedern des Vertretungsorgans, allen persönlich haftenden Gesellschaftern oder allen Abwicklern gestellt wird, findet der Eröffnungsgrund der drohenden Zahlungsunfähigkeit gem. § 18 Abs. 2 InsO nur Anwendung, wenn der oder die Antragsteller vertretungsberechtigt sind.

Vgl. zum dogmatischen Verständnis Formular A. 7. Anmerkung 5.   4

Um dem Bestreben zur Vorverlagerung der Insolvenzeröffnung sowie der Aussicht   5
auf gesteigerte Sanierungschancen Rechnung zu tragen, stellt die Insolvenzordnung mit dem Insolvenzgrund der drohenden Zahlungsunfähigkeit bereits bei Erkennbarkeit der Krise im Rahmen einer Zeitraumbetrachtung das gesetzliche Schuldenbereinigungsverfahren zur Verfügung.
    In Anlehnung an das US-amerikanische Regelungsmodell in Chapter 11 BC soll in den Fällen einer unvermeidlichen Krise den verantwortlichen Entscheidungsträgern bereits ein Handlungsrahmen zur Verfügung gestellt werden, der ungeachtet etwaiger sog. „Akkordstörer" bei außergerichtlichen Sanierungsbemühungen die Sanierungschancen eines eröffneten Verfahrens bereitstellt. Besondere Anreize hierfür wurden mit der Möglichkeit zur Restschuldbefreiung (§§ 286 ff. InsO) sowie der Eigenverwaltung (§§ 270 ff InsO) und derjenigen geschaffen, den Insolvenzantrag mit einem Insolvenzplan zu verbinden (§ 218 Abs. 1 S. 2 InsO).

Vgl. § 18 Abs. 3 InsO sowie Anmerkung 3.   6

7 Der Kommanditist haftet dem Gesellschaftsgläubiger mit seinem Privatvermögen nicht, sofern er die geschuldete (Haft-)Einlage geleistet (§ 171 Abs. 1 2. HS HGB) und er diese nicht zurückerhalten hat (§ 171 Abs. 4 HGB). Nur soweit er die Einlage nicht erbracht (§ 171 Abs. 1 1. HS HGB) oder diese zurückgezahlt erhalten hat (§ 171 Abs. 4 HGB) haftet er den Gesellschaftsgläubigern unmittelbar bis zur Höhe seiner Einlage. Der Umfang der Haftung wird durch den im Handelsregister eingetragenen Betrag bestimmt (§ 172 Abs. 1 HGB).

Der Anspruch auf Leistung der rückständigen Einlagen gehört zur Insolvenzmasse. Demgegenüber ist Gläubiger des Hafteinlageanspruchs nicht die KG, sondern jeder einzelne Gesellschaftsgläubiger (BGH NJW 1958f., 1139). In der Insolvenz der Gesellschaft wird dieses Gläubigerrecht durch den Insolvenzverwalter ausgeübt (§ 171 Abs. 2 HGB). Daraus folgt, daß ab dem Zeitpunkt der Insolvenzeröffnung die Gesellschaftsgläubiger den Kommanditisten nicht mehr unmittelbar in Anspruch nehmen können. Bei einer Inanspruchnahme durch den Insolvenzverwalter kann der Kommanditist nicht einwenden, es sei eine geringere Einlagesumme vereinbart, oder diese erlassen oder gestundet worden (§ 172 Abs. 3 HGB). Er kann sich jedoch darauf berufen, daß die von ihm geförderte Einlagezahlung nicht oder nicht in dem Umfange erforderlich ist, um die Gläubiger voll befriedigen zu können (BGHZ 39, 320). Zur Problematik der „Publikums-Kommanditgesellschaft" vgl. die ausführliche Darstellung in Mohrbutter/Mohrbutter, S. 575, XV. 101 ff.. Der ausgeschiedene Kommanditist haftet in der Insolvenz der KG nur den bei seinem Ausscheiden bereits vorhandenen Gesellschaftsgläubigern und soweit er ein Abfindungsguthaben und damit seine Hafteinlage ausgezahlt erhalten hat (§§ 159, 161 Abs. 2, 171 Abs. 1, 172 Abs. 2 HGB). Er haftet nicht für Ansprüche aus Dauerschuldverhältnissen der Gesellschaft, die erst nach fünf Jahren fällig werden, nachdem sein Ausscheiden aus der Gesellschaft im Handelsregister eingetragen worden ist (BGH ZIP 1983, 813, 816).

8 Nach der Legaldefinition des § 18 Abs. 2 InsO droht der Schuldner zahlungsunfähig zu werden, wenn er voraussichtlich nicht in der Lage sein wird, die bestehenden Zahlungspflichten zu erfüllen. Entsprechend der zeitraumbezogenen Konzeption des Eröffnungsgrundes der drohenden Zahlungsunfähigkeit ist auf einen Prognosezeitraum abzustellen. Greifbare Anhaltspunkte zur Länge dieses Prognosezeitraumes haben sich bisher noch nicht herausgebildet; das Kriterium der „dauernden" Zahlungsunfähigkeit wurde im Gesetzgebungsverfahren nicht weiter aufgegriffen. Man wird daher den Prognosezeitraum einzelfallabhängig zu bestimmen haben, bis die erwartete Zahlenentwicklung eine eindeutige Aussage zur Zahlungsunfähigkeit, insbesondere zu einer Abgrenzung zur bloßen Zahlungsstockung liefert. Ein Mindestzeitraum von einem Jahr sollte im Rahmen der Prognose jedoch die Untergrenze bilden.

9 Vgl. Formular A. 2.

10 Der Statusstichtag ist zeitnah am Insolvenzantragsdatum auszurichten.

11 Vgl. hierzu etwa *Hess/Fechner*, Sanierungshandbuch, E II 1 (Rdn. 14 ff.).

12 Vgl. Anmerkung 7.

13 Bei den Zahlungspflichten sind auch die zukünftigen, noch nicht begründeten Verbindlichkeiten einzustellen (vgl. die Begründung des RegierungE zu § 18 InsO).

Die überwiegende Ansicht scheint sich jedoch gegen eine strenge Anwendung des Vorsichtsprinzips des Bilanzrechts auszusprechen, wonach ungewisse Verbindlichkeiten, die bilanziell bereits als Rückstellung ausgewiesen werden müssen, für die Annahme der drohenden Zahlungsunfähigkeit auszuscheiden sind (vgl. *Obermüller/ Hess*, Rdn. 91; *Hess/Weiss*, InVo 1996, 29).

Nach den Vorstellungen des Gesetzgebers hat die Beurteilung der künftigen Zah- **14** lungsfähigkeit auf Grundlage eines Finanz- und Liquiditätsplanes zu erfolgen, der die Bestände an liquiden Mitteln sowie Planeinzahlungen und Planauszahlungen verdeutlicht. Dabei wird auf die Differenz zwischen dem Anfangsbestand an Zahlungsmittel und den geplanten Einzahlungen einerseits und den geplanten Auszahlungen andererseits pro Periode abgestellt. Hier muß mindestens die Erfüllung der Tilgungszahlungen jeweils vorhandener Verbindlichkeiten gegeben sein, um drohende Zahlungsunfähigkeit auszuschließen. Künftig mögliche Kreditierungsmöglichkeiten gehen dabei in die Planeinzahlungen ein. Nur ein solcher Finanz- bzw. Liquiditätsplan, der die gesamte Entwicklung der Finanzlage bis zur Fälligkeit aller bestehenden Verbindlichkeiten unter Einbeziehung der zukünftigen, noch nicht begründeten Zahlungspflichten neben den zu erwartenden Einnahmen ausweist, ist eine hinreichende Verifizierungsgrundlage der zukünftigen Zahlungsfähigkeitsprognose. Er dient gleichermaßen der Rechtfertigung des Insolvenzantrages gegenüber einer bloßen „Flucht in die Insolvenz" zur Abwehr unerwünschter Einzelzwangsvollstreckungen. Es ist dabei einzuräumen, daß eine solche Plandarstellung erheblichen Aufwand und wohl auch regelmäßig die Hinzuziehung externer Berater erfordert. Ein Muster einer solchen Plandarstellung ist in Formular zu A. 9. dargestellt.

Vgl. Formular A. 2.. **15**

9. Muster einer Liquiditätsplanung

Liquiditätsplanung[1] der A-GmbH ...... für den Zeitraum[2] vom ......

	Januar DM	Februar DM	März ... DM	Dezember DM	gesamt DM
A. Anfangsbestand an Zahlungskraft					

B. Plan-Einnahmen
  I. Einnahmen aus ordentlichen Umsätzen
    1. Plan-Umsatz[3]
    2. Erhaltene Anzahlungen
    3. Darlehensaufnahme
    4. Besitzwechsel
    5. Sonstige Einnahmen und Eigenleistungen
  II. Einnahmen aus Desinvestitionen
    1. Außerordentliche Umsätze aus Anlagenverkäufen
    2. Auflösung von Finanzinvestitionen
    3. Sonstiges					

	Januar DM	Februar DM	März ... DM	Dezember DM	gesamt DM

III. Einnahmen aus Finanzerträgen
  1. Zinserträge
  2. Beteiligungserträge
  3. Sonstiges
IV. Einnahmen aus sonstigen Kapitalzuführungen
  1. Gesellschafterdarlehen
  2. Eigenkapitalerhöhung
  3. Neuaufnahme von Gesellschaftern
  4. Sonstiges					

C. Plan-Ausgaben
  I. Ausgaben im Rahmen des laufenden Geschäftsbetriebes
    1. Materialaufwendungen[4]
     a) Rohstoffe
     b) Hilfsstoffe
     c) Betriebsstoffe
    2. Personalaufwendungen[5]
     a) Löhne
     b) Gehälter
     c) Sozialabgaben
     d) Aufwendungen zur Altersvorsorge
     e) Aufwendungen für die Altersunterstützung					

3. Sonstige betriebliche Aufwendungen[6]
     a) Miete
     b) Leasing
     c) Versicherungen
     d) Vertriebskosten, Werbung, Reisen
     e) Kfz
     f) Büro
     g) Wartung, Instandhaltung, Reparaturen
     h) Abschreibungen
     i) Steuern und Abgaben
     j) Sonstiges
  II. Ausgaben für Investitionszwecke[7]
    1. Sachinvestitionen
    2. Ankäufe
    3. Vorauszahlungen
    4. Restzahlungen
    5. Finanzinvestitionen
  III. Ausgaben im Rahmen des Finanzverkehrs
    1. Kredittilgung
    2. Akzepteinlösung
    3. Sonstige Kapitalminderungen					

	Januar DM	Februar DM	März ... DM	Dezember DM	gesamt DM
Anfangsbestand an Zahlungskraft + **Plan-Einnahmen** ./. **Plan-Ausgaben**					
Liquiditätsüberschuß/-bedarf					

Anmerkungen

Der Liquiditätsplan ist ein betriebswirtschaftliches Instrument, der anzeigen soll, ob **1** es dem Unternehmen zukünftig gelingt, seinen Zahlungsverpflichtungen fristgerecht nachzukommen. Da er vorausschauend einen zukünftigen Zeitraum abzudecken hat, ist er in großem Umfange auf Prognosen angewiesen. Im Rahmen dieser Zukunftsprognosen finden grundsätzlich wiederum das Vorsichts- sowie das Imparitätsprinzip des Bilanzrechts entsprechende Anwendung, wonach in ihrer Entstehung bereits denkbare Ausgabenpositionen aufzunehmen sind, während auf der Einnahmenseite ein Ansatz nur gerechtfertigt ist, sofern die betreffende Einnahme in ihrer Entstehung bereits hinreichend verdichtet angelegt ist. Die Umsatzplandaten sollten sich daher lediglich auf als sicher anzusehende Aufträge stützen, deren Erteilung realitätsnah erwartet werden kann. Auf der Ausgabenseite ist zur Verdeutlichung der drohenden Zahlungsunfähigkeit eine Aufweichung des Vorsichtsprinzip angezeigt.

Danach läßt sich die Grundstruktur des Liquiditätsplanes wie folgt umschreiben: Der Anfangsbestand an Zahlungskraft zu Beginn der Planperiode zuzüglich der Plan-Einnahmen der Planperiode, gemindert um die Plan-Ausgaben in der Planperiode, ergeben den Endbestand an Zahlungskraft am Ende der Planperiode. Wird auf dieser Grundlage ein dauernder Liquiditätsbedarf nachgewiesen, so läßt sich hierauf die drohende Zahlungsunfähigkeit gründen.

Die in der Literatur vorgeschlagenen Liquiditätspläne unterscheiden sich im wesentlichen nach der Art der Aufgliederung der Einnahmen und Ausgaben, so daß das vorliegende Muster nur als Beispiel zu werten ist.

Der vorausschauenden Liquiditätsplanung ist stets ein Zeitraum zugrunde zu legen. **2** Dabei dürfte dieser Zeitraum sachgerechterweise in Monatsabschnitte zu unterteilen sein, für die jeweils eine Liquiditätsaussage herzuleiten ist, um auf eine drohende Zahlungsunfähigkeit schließen zu können.

Im Einzelfall kann es geboten sein, den Liquiditätsplan in der Anlage durch einen **3** dezidierten Absatzplan zu ergänzen. Der Absatzplan beschreibt die erwarteten Leistungserbringungen des Unternehmens in Bezug auf jeden denkbaren Abnehmer periodenweise.

Ebenso kann es geboten sein, der Liquiditätsplanung in der Anlage einen sog. Beschaffungskostenplan beizufügen. Auch hier ist jede einzelne Materiallieferung **4** wertmäßig nach Lieferanten gegliedert periodengerecht aufzuführen.

Auch die Personalaufwendungen lassen sich auf Grundlage einer separaten Personalplanung aufgliedern. **5**

6 Die betrieblichen Aufwendungen lassen sich in einem sog. Handlungskostenplan verifizieren.

7 Ebenso kann es angezeigt sein, die Investitionen in einem Investitionsplan zu erläutern.

10. Antrag[1] auf Eröffnung des Insolvenzverfahrens über das Vermögen einer Personenhandelsgesellschaft, bei der kein persönlich haftender Gesellschafter eine natürliche Person ist, am Beispiel einer GmbH & Co. KG[2] (Eigenantrag)

An das
Amtsgericht[3] . . . . . .
– Insolvenzgericht –

in . . . . . .   (Ort, Datum)

In meiner Eigenschaft als alleinvertretungsberechtigter Geschäftsführer der Firma B-GmbH als persönlich haftende Gesellschafterin der Firma A-GmbH & Co. KG in . . . . . . (Sitz) beantrage[4] ich,

das Insolvenzverfahren über das Vermögen
der Kommanditgesellschaft[5] zu eröffnen.

Die Gesellschaft wurde am . . . . . . gegründet und ist im Handelsregister des Amtsgerichts . . . . . . unter der Nummer . . . . . . (Angabe der Register-Nummer) eingetragen. Sitz der Gesellschaft ist . . . . . . (Ort).

Als Gesellschafter sind an der Gesellschaft beteiligt:

1. Die Firma B-GmbH als persönlich haftende Gesellschafterin mit einem Kapitalanteil von DM . . . . . .
2. Herr C als Kommanditist mit einem Kapitalanteil von DM . . . . . .[6]

Die Gesellschaft ist zahlungsunfähig[7] . . . . . . (wird ausgeführt).

Sie ist auch überschuldet[8] . . . . . . (wird ausgeführt).

Die Vermögensübersicht[9] sowie das Gläubiger- und Schuldnerverzeichnis[9] werden überreicht.

(. . . . . .)
Geschäftsführer der B-GmbH
als persönlich haftende Gesellschafterin

Anmerkungen

1 Vgl. Formular A. 1. Anmerkung 1.

2 Die GmbH & Co. KG ist als Sonderform der KG insolvenzfähig. Dabei ist streng zwischen der Insolvenz der KG und der Komplementär-GmbH zu unterscheiden. Insolvenzgründe und Abwicklung unterliegen daher dem jeweiligen Recht der Gesellschaften.

Insolvenzgrund ist seit dem Inkrafttreten des 1. Gesetzes zur Bekämpfung der Wirtschaftskriminalität vom 29. 07. 1976 (BGBl. I. S. 2034) für die GmbH & Co. KG nicht nur die Zahlungsunfähigkeit, sondern auch die Überschuldung (§§ 177 a, 130 HGB, § 19 Abs. 3 InsO).

Vgl. Formular A. 1. Anmerkung 2. **3**

Bei der GmbH & Co. KG, die keine natürliche Person als persönlich haftenden Ge- **4** sellschafter, aber mindestens eine natürliche Person als Kommanditisten hat, besteht bei Vorliegen eines Insolvenzgrundes eine gesetzliche Insolvenzantragspflicht.

Antragspflichtig sind die organschaftlichen Vertreter der zur Vertretung der Gesellschaft ermächtigten Gesellschafter sowie die Liquidatoren (§ 130a Abs. 1 S. 2 HGB). Hat die Komplementär-GmbH mehrere Geschäftsführer, ist jeder zur Stellung des Insolvenzantrages verpflichtet (*Baumbach/Duden/Hopt* § 130a HGB Anm. 1 c; *Kuhn/Uhlenbruck* § 209 Rdn. 82).

Auch bei der Insolvenz der GmbH & Co. KG liegt die Schuldnerrolle bei dem per- **5** sönlich haftenden Gesellschafter, also der GmbH; bei dieser allein, wenn sie, was die Regel ist, einzige Komplementärin ist. Sie wird ausgeübt vom Geschäftsführer der Komplementär-GmbH, allerdings nur bezogen auf das Vermögen der KG.

Aufgrund der Trennung der Vermögensmassen der KG und der Komplementär-GmbH wird bei Eröffnung des Insolvenzverfahrens über das Vermögen der KG nicht auch über dasjenige der GmbH das Insolvenzverfahren miteröffnet, mag sie auch letztlich wegen ihrer Haftung nach §§ 162 Abs. 2, 128 HGB hiervon mitbetroffen sein (*Kuhn/Uhlenbruck* § 209 Rdn. 84). Wird auch über das Vermögen der Komplementär-GmbH das Insolvenzverfahren eröffnet, führt dies zur Auflösung der KG (§§ 131 Nr. 5, 161 Abs. 2 HGB). Demgegenüber wird durch die Eröffnung des Insolvenzverfahrens über das Vermögen der GmbH & Co. KG die Komplementär-GmbH nicht aufgelöst, es sei denn, in der Satzung ist etwas anderes bestimmt (§ 60 Abs. 2 GmbHG).

Vgl. Formular A. 8. Anmerkung 6. **6**

Die GmbH & Co. KG ist zahlungsunfähig, wenn sie dauernd außerstande ist, ihre **7** fälligen und ernstlich angemahnten Verbindlichkeiten im wesentlichen zu berichtigen. Auf die Ausführungen in Formular A. 1 Anmerkung 5 kann Bezug genommen werden. Auf die Zahlungsunfähigkeit der Komplementär-GmbH kommt es nicht an, da aufgrund der getrennten Vermögensmassen dort der Insolvenzgrund selbständig zu prüfen ist. Die Haftung der GmbH nach §§ 161 Abs. 2, 128 HGB für die Verbindlichkeiten der KG beseitigt eine Zahlungsunfähigkeit der KG selbst dann nicht, wenn die GmbH zahlungsfähig ist (*Kuhn/Uhlenbruck* § 209 Rdn. 70).

Die GmbH & Co. KG ist überschuldet, wenn das Vermögen der Gesellschaft nicht **8** mehr die Schulden deckt (§§ 130a Abs. 1 S. 1, 170a HGB). Es gilt auch hier der zweistufige Überschuldungsbegriff (vgl. Formular A. 1 Anmerkung 8). Im Überschuldungsstatus sind nur solche Ansprüche zu aktivieren, die der KG selbst zustehen. Ansprüche der KG-Gläubiger gegen die Komplementär-GmbH bleiben ebenso außer Ansatz wie Haftungsansprüche gegen die Kommanditisten gem.

§§ 171 Abs. 1, 172 Abs. 4 HGB (*Kuhn/Uhlenbruck* § 209 Rdn. 75). Aktivierbar sind demgegenüber Zahlungsansprüche aufgrund unzulässiger Rückzahlung an die Gesellschafter. Etwaige Gesellschaftsanteile der KG an der Komplementär-GmbH sind mit dem Wert zu aktivieren, der ihnen zum Zeitpunkt der Erstellung des Überschuldungsstatus entspricht.

9 Vgl. Formular A. 1 Anmerkung 8.

11. Antrag[1] auf Eröffnung des Insolvenzverfahrens über das Vermögen einer juristischen Person am Beispiel einer GmbH als persönlich haftende Gesellschafterin einer Personenhandelsgesellschaft (Eigentrag)

An das
Amtsgericht[2] ......
– Insolvenzgericht –

in ......   (Ort, Datum)

In meiner Eigenschaft als alleinvertretungsberechtigter Geschäftsführer der Firma B-GmbH, persönlich haftende Gesellschafterin der Firma A-GmbH & Co. KG, beantrage ich[3],

das Insolvenzverfahren über das Vermögen
der Gesellschaft zu eröffnen.

Die Gesellschaft wurde am ...... gegründet und ist im Handelsregister des Amtsgerichts ...... unter der Nr. .... (Angabe der Register-Nummer) eingetragen. Sitz der Gesellschaft ist ...... (Ort).

Die Antragstellerin ist persönlich haftende Gesellschafterin der Firma A-GmbH & Co. KG.

Über das Vermögen der KG wurde durch Beschluß des Amtsgerichts – Insolvenzgerichts – ...... vom ...... wegen bestehender Zahlungsunfähigkeit und Überschuldung das Insolvenzverfahren eröffnet – ...... (Aktenzeichen) –.

Aufgrund der Insolvenz der KG ist auch bei der vom Unterzeichner vertretenen Komplementär-GmbH der Tatbestand der Überschuldung[4] aufgetreten.

Bei der KG bestehen ungedeckte Verbindlichkeiten in Höhe von DM ......

Hierfür ist die Antragstellerin als persönlich haftende Gesellschafterin im vollen Umfange einstandspflichtig. Nahezu sämtliche Gläubiger der KG haben zwischenzeitlich ihre Ansprüche gegenüber der Gesellschaft nunmehr auch gegenüber ihrer persönlich haftenden Gesellschafterin geltend gemacht[5, 8].

Die Antragstellerin ist auch zahlungsunfähig[6].

Außer ihrer Beteiligung an der KG mit einem Geschäftsanteil von DM ...... verfügt sie über kein eigenes Vermögen, so daß die Verbindlichkeiten der Gesellschaft nicht ausgeglichen werden können.

Die Vermögensübersicht[7] sowie das Gläubiger- und Schuldnerverzeichnis[7] werden überreicht.

(......)
Geschäftsführer

Anmerkungen

Vgl. Formular A. 1. Anmerkung 1.   1

Vgl. Formular A. 1. Anmerkung 2.   2

Vgl. zur Insolvenzantragspflicht Formular A. 1. Anmerkung 1.   3

Vgl. zur Überschuldung allgemein Formular A. 1. Anmerkung 7.   4

Die Komplementär-GmbH ist verpflichtet, bei Aufstellung des Überschuldungssta- 5
tus die Verbindlichkeiten der KG, für die sie nach §§ 161 Abs. 2, 128 HGB unbeschränkt, unmittelbar und primär haftet, in voller Höhe als eigene Verbindlichkeiten
auszuweisen, sofern mit einer Inanspruchnahme ernsthaft zu rechnen ist (*Kuhn/Uh-
lenbruck* § 209 Rdn. 80). Verfügt die Komplementär-GmbH außer ihrer Beteiligung
an der KG über eigenes Vermögen, so liegt eine Überschuldung nur dann vor, wenn
der die Überschuldung der KG ausmachende Teil der Verbindlichkeiten das eigene
Vermögen der GmbH übersteigt (*Binz*, Die GmbH & Co., § 12 Rdn. 17).
    Vgl. zur persönlichen Haftung bei gleichzeitigem Gesellschafts- und Gesellschaf-
terinsolvenz § 93 InsO.

Vgl. zur Zahlungsunfähigkeit Formular A. 1. Anmerkung 5.   6

Vgl. Formular A. 1. Anmerkung 8.   7

12. Antrag[1] auf Eröffnung des Insolvenzverfahrens über das Vermögen einer Partnerschaftsgesellschaft[2] (Eigenantrag)

**An das
Amtsgericht[3]......
– Insolvenzgericht –**

in ......   (Ort, Datum)

**Als persönlich haftende Gesellschafter der A & Partner Steuerberater
beantragen[4] wir,**

   das Insolvenzverfahren über das Vermögen
   der Gesellschaft zu eröffnen[5].

Die Partnerschaft wurde am ...... gegründet und ist im Partnerschafts-

register[6] des Amtsgerichts ...... unter der Nr. ...... (Angabe der Register-Nummer) eingetragen. Sitz der Partnerschaft ist ...... (Ort).

Die Gesellschaft ist zahlungsunfähig[7] ...... (wird ausgeführt)

A,
B,
C
– Partner –

Anmerkungen

1 Vgl. Formular A. 1. Anmerkung 1.

2 Nach dem am 01. 07. 1995 in Kraft getretenen Gesetz über Partnerschaftsgesellschaften Angehöriger freier Berufe (PartGG) ist auch die Partnergesellschaft insolvenzfähig (vgl. Art. 5 des Gesetzes zur Schaffung von Partnerschaftsgesellschaften, § 11 Abs. 2 InsO).
   Bei dieser Gesellschaftsform handelt es sich – wie bei der oHG oder KG – um eine Sonderform der BGB-Gesellschaft. Sie ermöglicht den gesellschaftlichen Zusammenschluß von Angehörigen freier Berufe (Rechtsanwälten, Ärzten, Steuerberatern etc.), ohne dabei ein Handelsgewerbe zu betreiben. Aufgrund zahlreicher Verweisungen auf das Recht der Personenhandelsgesellschaften wird die Partnergesellschaft häufig auch als „Schwesterfigur" zur oHG bezeichnet (Meilicke/Graf v. Westphalen, Hoffmann, Lenz § 1 PartGG Rdn. 19 m. w. N.).
   Insolvenzgrund ist allein die Zahlungsunfähigkeit (§ 17 Abs. 1 InsO).

3 Vgl. Formular A. 1. Anmerkung 2.

4 Antragsberechtigt sind neben den Gläubigern jeder Partner und jeder Liquidator (§ 15 Abs. 2 InsO). Wird der Antrag nicht von allen Partnern oder Liquidatoren gestellt, wird man auch hier – wie bei der oHG – die Glaubhaftmachung des Insolvenzgrundes zu fordern haben (vgl. Formular A. 7. Anmerkung 4).
   Eine Insolvenzantragspflicht besteht für die Partner nicht.

5 Die Insolvenz über das Vermögen einer Partnerschaft ist – wie bei der oHG oder KG – Sonderinsolvenz. Sie erfaßt das gesellschaftliche gebundene Vermögen der Partner, denen insoweit auch die Rolle des Schuldners zukommt.
   Die Insolvenz umfaßt nur das Gesellschaftsvermögen, nicht auch das Privatvermögen der Partner (*Mohrbutter/Mohrbutter* S. 561 XV. 66). Hiervon unberührt bleibt die nach § 8 Abs. 1 PartGG bestehende persönliche, gesamtschuldnerische Haftung der Partner für die Verbindlichkeiten der Gesellschaft. Nach § 8 Abs. 2 PartGG besteht allerdings die Möglichkeit, daß die Partner ihre Haftung nach § 8 Abs. 1 PartGG für Ansprüche aus Schäden wegen fehlerhafter Berufsausübung auch unter Verwendung vorformulierter Vertragsbedingungen auf den Partner beschränken, der innerhalb der Partnerschaft die berufliche Leistung zu erbringen oder verantwortlich zu leiten und zu überwachen hat. § 8 Abs. 3 PartGG sieht daneben eine Beschränkung der Haftung auf einen Höchstbetrag vor. Die Möglichkeit der Haftungsbeschränkung nach § 8 Abs. 2 PartGG gilt allerdings nur für die persönliche Haftung der Partner. Die Gesellschaft selbst haftet mit ihrem Vermögen stets unbeschränkt (*Mohrbutter/Mohrbutter*, S. 561, XV. 66).

Die Partnerschaft ist in das Partnerschaftsregister, das bei den Amtsgerichten geführt   6
wird, anzumelden (§ 4 PartGG). Ein Muster findet sich bei *Meilicke, Graf v. Westphalen, Hoffmann, Lenz*, Nach § 4 PartGG, S. 107.

Insolvenzgrund ist allein die Zahlungsunfähigkeit. Es gelten die Ausführungen in   7
Formular A. 1. Anmerkung 5.

13. Antrag[1] auf Eröffnung des Insolvenzverfahrens über das Vermögen einer natürlichen Person (Eigenantrag)

An das
Amtsgericht[2] . . . . . .
– Insolvenzgericht –

in . . . . . .   (Ort, Datum)

Ich beantrage,

   das Insolvenzverfahren über mein
   Vermögen zu eröffnen.

Der Unterzeichner führt unter der nicht im Handelsregister eingetragenen
Firma . . . . . . **einen einzelkaufmännischen Getränkefachgroßhandel.**

Aufgrund erheblicher Umsatzeinbrüche in den letzten Monaten können die
Lieferantenverbindlichkeiten, die sich auf DM . . . . . . **belaufen, nicht mehr aus-**
geglichen werden. Daneben bestehen Lohn- und Gehaltsrückstände in Höhe
von DM . . . .

Da meine Kreditmöglichkeiten ausgeschöpft sind, mußte ich nunmehr die
Zahlungen insgesamt einstellen[3].

Es bestehen allerdings noch nicht abgetretene Außenstände in Höhe von
DM . . . . . . **Auch sind Teile des Warenbestandes frei von Rechten Dritter.**

Eine die Kosten des Verfahrens deckende, verfügbare Masse ist daher vor-
handen[4].

Es wird ausdrücklich darauf hingewiesen, daß der Unterzeichner nicht dem
Personenkreis unterfällt, der keine oder lediglich eine geringfügige selbstän-
dige Tätigkeit ausübt[5]. Vielmehr erfordert meine geschäftliche Betätigung als
(Bauunternehmer, Freiberufler, ...) einen nach Art und Umfang in kauf-
männischer Weise eingerichteten Geschäftsbetrieb. So verfügt die von mir be-
triebene Firma über eine ausgebaute kaufmännische Organisation und be-
schäftigt . . . . . . **Mitarbeiter.**

(. . . . . .)
Antragsteller

Anmerkungen

Vgl. Formular A. 1. Anmerkung 1.   1
   Für eine natürliche Person besteht keine Insolvenzantragspflicht.

2 Vgl. Formular A. 1. Anmerkung 2.

3 Insolvenzgrund bei einer natürlichen Person ist allein die Zahlungsunfähigkeit, deren stärkste Form die Zahlungseinstellung ist (§ 17 Abs. 2 S. 2 InsO).
Vgl. im übrigen die Ausführungen in Formular A. 1. Anmerkung 5.

4 Vgl. Formular A. 1 Anmerkung 9.

5 Zur Vermeidung von Rückfragen und damit verbundenen zeitlichen Verlusten sollte bereits im Insolvenzantrag klargestellt werden, daß es sich bei dem Antragsteller nicht um einen „Verbraucher" handelt. Für Verbraucher stellt das Gesetz in den §§ 304 ff. InsO ein zwingend zur Anwendung gelangendes, vereinfachtes Verbraucherinsolvenzverfahren zur Verfügung. Es ist daher zu empfehlen, bereits im Insolvenzantrag zum Bestehen eines in kaufmännischer Weise eingerichteten Geschäftsbetriebes vorzutragen. Wegen der weiteren Einzelheiten vgl. Formular A. 15.

14. Antrag auf Eröffnung des Insolvenzverfahrens über das Vermögen einer natürlichen Person bei gleichzeitiger Anregung der Anordnung von Sicherungsmaßnahmen und Zahlung eines Verfahrenskostenvorschusses (Fremdantrag)

An das
Amtsgericht[1]......
– Insolvenzgericht –

in ......   (Ort, Datum)

Antrag[2] der Firma A-GmbH ....,

– Antragstellerin –

gegen

Herrn B ....,

– Antragsgegner –

wegen Insolvenzeröffnung.

In meiner Eigenschaft als alleinvertretungsberechtigter Geschäftsführer der Antragstellerin beantrage ich,

das Insolvenzverfahren über das Vermögen des Antragsgegners zu eröffnen.

Begründung:

Die Antragstellerin hat gegen den Antragsgegner eine rechtskräftig titulierte Forderung in Höhe von DM.....

Die Zwangsvollstreckung aus dem Urteil des Landgerichts ...... vom ...... – ...... (Geschäfts-Nummer) – ist fruchtlos verlaufen, wie sich aus der beigefügten Bescheinigung des Gerichtsvollziehers ergibt. Der Antragsgegner hat zwischenzeitlich die eidesstattliche Versicherung abgegeben.

Der Antragsgegner ist zahlungsunfähig[3].

Zur Glaubhaftmachung[4] des Antrages werden überreicht:

1. Vollstreckbare Ausfertigung des Urteils des Landgerichts ...... vom ......
   nebst Zustellungsnachweis;
2. Fruchtlosigkeitsbescheinigung des Gerichtsvollziehers vom ......;
3. Ablichtung der Niederschrift des Amtsgerichts ...... vom ...... in einem
   Verfahren zur Abgabe der eidesstattlichen Versicherung nach § 900 ZPO
   mit beglaubigten Ablichtungen der Anlagen.

Gleichzeitig wird angeregt, unverzüglich Sicherungsmaßnahmen zu veranlassen[5].

Nach den Ermittlungen der Antragstellerin hat der Schuldner Warenbestände
sowie seine gesamten Barmittel in noch unbestimmten Umfange beiseite geschafft, um diese dem Insolvenzbeschlag zu entziehen. Es ist daher dringend
erforderlich, einer – auch weiteren – Masseminderung durch die Anordnung
von vorläufigen Sicherungsmaßnahmen entgegenzutreten.

Zur Glaubhaftmachung werden eidesstattliche Versicherungen von Arbeitnehmern des Antragsgegners sowie dessen Buchhalter überreicht[6.]

Zur Vermeidung der Abweisung des Insolvenzeröffnungsantrages wurde bereits heute ein Verfahrenskostenvorschuß in Höhe von DM ...... an die Gerichtskasse gezahlt[7.]

Es wird ausdrücklich darauf hingewiesen, daß der Antragsgegner nicht dem
Personenkreis unterfällt, der keine oder lediglich eine geringfügige selbständige Tätigkeit ausübt[8]. Vielmehr erfordert die geschäftliche Betätigung als
(Bauunternehmer, Freiberufler, ...) einen nach Art und Umfang in kaufmännischer Weise eingerichteten Geschäftsbetrieb. So verfügt der Geschäftsbetrieb des Antragsgegners über eine ausgebaute kaufmännische Organisation, die auch den Geschäftsverkehr mit der Antragstellerin abwickelte.
Gleichzeitig hat der Antragsgegner mindestens ...... Personen als Arbeitnehmer beschäftigt. Zur Glaubhaftmachung wird die eidesstattliche Versicherung
des Vertriebsleiters der Antragstellerin überreicht.

C
Geschäftsführer   *Anlagen*

Anmerkungen

Vgl. Formular A. 1. Anmerkung 2.   1

Vgl. Formular A. 4. Anmerkung 4.   2

Vgl. Formular A. 1 Anmerkungen 5. und 6.   3

Vgl. Formular A. 4 Anmerkung 8.   4

Vgl. Formular A. 4 Anmerkung 9.   5

Vgl. Formular A. 4 Anmerkung 10.   6

7 Nach § 26 Abs. 1 S. 1 InsO weist das Insolvenzgericht den Antrag auf Eröffnung des Insolvenzverfahrens ab, wenn das Vermögen des Schuldners voraussichtlich nicht ausreichen wird, um die Kosten des Verfahrens (§ 54 InsO) zu decken (vgl. hierzu auch Formular A. 1. Anmerkung 9).

Kosten des Verfahrens in diesem Sinne sind lediglich die Gerichtskosten sowie die Vergütung des evtl. eingesetzten vorläufigen Insolvenzverwalters, des Insolvenzverwalters und der Mitglieder des Gläubigerausschusses. Die sonstigen Masseverbindlichkeiten (§ 55 InsO) bleiben bei der Beurteilung der Verfahrenskostendeckung außer Betracht. Sofern diese im eröffneten Verfahren nicht gedeckt werden können, soll dies lediglich zur Feststellung der Masseunzulänglichkeit, nicht jedoch zur sofortigen Einstellung mangels Masse führen (vgl. § 207 InsO sowie aus dem Schrifttum *Haarmeyer/Wutzke/Förster*, Handbuch, Rdn. 283).

Ist eine die Kosten des Verfahrens deckende Masse nicht vorhanden, unterbleibt eine Antragsabweisung nur dann, wenn ein ausreichender Geldbetrag vorgeschossen wird (§ 26 Abs. 1 S. 2 InsO). Die Höhe des Vorschusses bemißt sich allein nach § 54 InsO. Abweichend zu § 30 RegE (BT-Drs. 12/2443, S. 118 f.) hat der Vorschuß das gesamte Verfahren und nicht lediglich den Abschnitt bis zum Berichtstermin abzudecken. Der Massekostenvorschuß bleibt treuhänderisch gebundenes Vermögen in der Hand des Insolvenzverwalters und fließt somit nicht in die Teilungsmasse ein (*Skrotzki*, KTS 1959, 24 f.).

8 Vgl. Formular A. 13. Anmerkung 5.

15. Antrag[1] auf Eröffnung des Verbraucherinsolvenzverfahrens[2] über das Vermögen einer natürlichen Person (Eigenantrag[3])

An das
Amtsgericht[4] ......
– Insolvenzgericht –

in ......   **(Ort, Datum)**

Ich beantrage,

> **das Verbraucherinsolvenzverfahren über**
> **mein Vermögen zu eröffnen.**

Der Unterzeichner führt unter seinem Namen einen kleinen Kiosk, der nach Art und Umfang keinen in kaufmännischer Weise eingerichteten Geschäftsbetrieb[5] erfordert. Arbeitnehmer werden nicht beschäftigt. Ausweislich des letzten Steuerbescheides vom ...... (Datum), der in der Anlage abschriftlich beigefügt ist, wurden Einkünfte in Höhe von DM ...... erzielt. Die Umsatz- und Ergebnisentwicklung ist seither nochmals rückläufig.

Als Resultat dieser weiteren Umsatzeinbrüche ist der Unterzeichner nicht mehr dazu in der Lage, die fälligen Verbindlichkeiten zu erfüllen. Da die Kreditmöglichkeiten ebenfalls ausgeschöpft sind, muß der Unterzeichner nunmehr die Zahlungen insgesamt einstellen[6].

Meinem Insolvenzantrag füge ich folgende Unterlagen und Erklärungen bei:

a) Eine Bescheinigung der Schuldnerberatung[7] . . . . . . vom . . . . . . (Datum[8]), aus der sich ergibt, daß außergerichtliche Einigungsbemühungen auf der Grundlage eines Schuldenbereinigungsplanes mit den Gläubigern im letzten halben Jahr zu keinem Ergebnis geführt haben;
b) meinen Antrag auf Gewährung der Restschuldbefreiung[9];
c) eine vollständige Aufstellung meines Vermögens[10];
d) eine Gläubiger- und Schuldnerliste[11], deren Richtigkeit und Vollständigkeit ich hiermit versichere[12];
e) einen detailliert aufbereiteten Vorschlag, wie ich mir eine Schuldenregulierung vorstellen könnten[13].

Wie sich ebenfalls aus der beigefügten Vermögensübersicht ergibt, sind noch geringe, freie Vermögenswerte vorhanden, so daß eine die Kosten des Verfahrens deckende, verfügbare Masse vorhanden ist[14].

(. . . . . .)
Schuldner   *Anlagen*

Anmerkungen

Den Bestrebungen des Bundesrates, § 305 Abs. 1 S. 1 InsO dahingehend zu ändern,   **1**
daß im Falle der Verbraucherinsolvenz der Schuldner den Insolvenzantrag grundsätzlich schriftlich einzureichen hat, ist der Gesetzgeber mit dem EGInsÄndG vom 19. 12. 1998 gefolgt. Auch wurde in § 305 Abs. 5 InsO eine Ermächtigung für das Bundesministerium der Justiz zur Einführung eines Vordruckszwanges vorgesehen. Die Länder haben zum Teil in eigener Verantwortung entsprechende Vordrucke vorbereitet. Es ist davon auszugehen, daß sich die Länder in Kürze der vom BMJ erwarteten Vordrucke bedienen müssen. Ein Muster-Formblattsatz des Landes Nordrhein-Westfalen ist abgedruckt bei Hoffmann, Verbraucherinsolvenz und Restschuldbefreiung, S. 148 ff.

Anders als im bisherigen Recht nach der KO/GesO gibt es nunmehr für natürliche   **2**
Personen kein einheitliches Regelinsolvenzverfahren mehr. Nach dem gesetzlichen Leitbild werden nunmehr all diejenigen natürlichen Personen, die keine oder nur eine geringfügige selbständige wirtschaftliche Tätigkeit ausüben, zwingend einem vereinfachten Insolvenzverfahren nach den §§ 304 ff. InsO unterworfen.
   Natürliche Personen sind im Abgrenzung zu juristischen Personen zu verstehen. Das Verbraucherinsolvenzverfahren gilt daher zunächst für Privatpersonen, d. h. die typischen Verbraucher, die als Arbeiter oder Angestellte ihr Geld verdienen. Daneben können aber auch Personen, die nur eine geringfügige selbständige Tätigkeit ausüben, das Verfahren in Anspruch nehmen. Eine Tätigkeit ist nach § 304 Abs. 2 InsO insbesondere dann geringfügig, wenn sie eine nach Art und Umfang in kaufmännischer Weise eingerichteten Geschäftsbetrieb nicht erfordert. Diese Definition ist – ungeachtet der Reformbestrebungen zur Änderung des Kaufmannsbegriffes – angelehnt an diejenige des Minderkaufmannes in § 4 HGB. Zur Abgrenzung kann abgestellt werden auf den Umfang der entfalteten wirtschaftlichen Tätigkeit, d. h. auf den Umsatz oder auf die Organisationsgröße der Unternehmung. Entscheidend sind jeweils die Umstände des Einzelfalles und das äußere Erscheinungsbild des Kleinbetriebes. Die Voraussetzungen hierfür sind glaubhaft zu machen.

Liegen die Voraussetzungen für das Verbraucherinsolvenzverfahren oder sonstige Kleinverfahren vor, gliedert sich das Verfahren bei einem Eigenantrag des Schuldners in mehrere Stufen.

Zunächst muß der Schuldner mit dem Eröffnungsantrag u. a. eine Bescheinigung vorlegen, daß er eine außergerichtliche Einigung mit seinen Gläubigern über die Schuldenbereinigung auf der Grundlage eines Plans innerhalb der letzten sechs Monate vor dem Eröffnungsantrag erfolglos versucht hat sowie eine Erklärung abgeben, ob er die Restschuldbefreiung beantragen will oder nicht.

Legt der Schuldner die in § 305 Abs. 1 InsO geforderten Unterlagen vor, tritt nach § 306 Abs. 1 InsO das Ruhen des Insolvenzeröffnungsverfahrens ein. Es beginnt dann ein gerichtliches Schuldenbereinigungsverfahren, in dem mit Hilfe des Gerichts eine Einigung zwischen Gläubiger und Schuldner im schriftlichen Verfahren mit weitgehenden Präklusionsfolgen (vgl. § 308 Abs. 3 S. 2 InsO) sowie eine Annahmefiktion hinsichtlich des Schuldenbereinigungsplans (vgl. § 307 Abs. 2 InsO) herbeigeführt werden soll. Kommt – wie regelmäßig zu erwarten – die Zustimmung aller Gläubiger zu den Vorschlägen des Schuldners nicht zustande, sieht § 309 InsO ein Obstruktionsverbot vor, wonach das Gericht die Zustimmung bestimmter Gläubiger ersetzen kann, wenn zumindest die Hälfte der Gläubiger nach Kopf- und Summenmehrheit dem Schuldenbereinigungsplan zugestimmt hat.

Derzeit kontrovers diskutiert wird die Zulässigkeit von sog. „Nullplänen", die keinerlei Zahlungen an die Gläubiger vorsehen. Streitpunkt ist, ob auf solche Schuldner, die ihren Gläubigern bei Antragstellung und auch in Zukunft kein pfändbares Einkommen anzubieten haben, überhaupt in den Genuß einer Restschuldbefreiung gelangen sollen. Der ausdrückliche Hinweis des Gesetzgebers in § 305 Abs. 1 Nr. 4 InsO auf die Berücksichtigung der Gläubigerinteressen könnte darauf hindeuten, hieraus einen Anspruch der Gläubiger auf eine Mindestquote – in welcher Höhe auch immer – abzuleiten. Andererseits obliegt es der privaten Autonomie eines jeden Gläubigers, seinem Schuldner dessen Verbindlichkeiten zu erlassen. Hier bleibt abzuwarten, welchen Standpunkt die Gerichte zukünftig einnehmen werden (vgl. hierzu etwa *Arnold*, DGVZ 1996, 129, 133 f.; *Schmidt-Räntsch*, MDR 1994, 323 f.; *Heyer*, JZ 1996, 314; *Vallender*, ZIP 1996, 2058, 2061; *Foth*, Die Justiz 1997, 41, 43).

Kommt es (mit oder ohne Zustimmungsersetzung) zur Annahme des Plans, so richten sich die Ansprüche der Gläubiger allein nach dem Plan, der nach gerichtlicher Bestätigung die Wirkung eines Vergleichs im Sinne des § 794, Abs. 1 Nr. 1 ZPO (insbesondere Titelfunktion) hat.

Kommt es zur Planablehnung, lebt das bislang ruhende Insolvenzantragsverfahren wieder auf und wird – sofern es nicht zur Abweisung des Insolvenzantrages mangels Masse (§ 26 Abs. 1 S. 1 InsO) kommt – als vereinfachtes Verfahren fortgeführt. In Abweichung zur Regelinsolvenz entfällt der Berichtstermin, so daß allein der Prüfungstermin ansteht. Ein Insolvenzverwalter wird nicht bestellt; vielmehr werden dessen Zuständigkeiten den Gläubigern unmittelbar oder aber einem Treuhänder nach § 313 InsO überantwortet. Besonderheiten bestehen im übrigen in der schriftlichen Abwicklungsmöglichkeit des Verfahrens, in dessen Rahmen die Regelung über den Insolvenzplan und die Eigenverwaltung keine Anwendung finden, sowie der Überantwortung der Insolvenzanfechtung und der Verwertung der Absonderung befangenen Gegenstände an die Gläubiger.

3 Bei einem Gläubigerantrag über das Vermögen eines Verbrauchers hat das Gericht gemäß § 306 Abs. 3 InsO diesem zunächst Gelegenheit zu geben, ebenfalls einen Insolvenzantrag zu stellen. Sodann gelten die Ausführungen der vorherigen Anmerkung entsprechend. Nur bei unterbliebener eigener Antragstellung des Verbrauchers kommt unmittelbar das vereinfachte Verfahren gemäß §§ 311 ff. InsO zur Anwendung.

Vgl. Formular A.1 Anmerkung 2.   **4**

Bereits der Insolvenzantrag hat Angaben zum Anwendungsbereich des Verbrauche-   **5** rinsolvenzverfahrens enthalten, wobei auf die Abgrenzungskriterien des § 304 InsO Bezug zu nehmen ist. Dies ist bereits deshalb geboten, um unnötige Rückfragen des Gerichts sowie damit einhergehende zeitliche Verzögerungen zu vermeiden (vgl. das Muster eines Rückfrageschreibens des Gerichts bei *Haarmeyer/Wutzke/Förster*, Handbuch, 3/14).

Die Zahlungseinstellung ist stärkster Form der Zahlungsunfähigkeit als Eröffnungs-   **6** grund bei der natürlichen Person.

Zu den Anforderungen an eine geeignete Beratungsstelle vgl. *Haarmeyer/Wutzke/*   **7** *Förster*, Handbuch, 10/30, Fußnote 9 a.

Hier ist die Halbjahresfrist zu beachten.   **8**

Vgl. zum Muster eines Antrages auf Gewährung von Restschuldbefreiung das For-   **9** mular D.1.

Vgl. zur Vermögensaufstellung Formular A.2.   **10**

Vgl. zur Gläubiger- und Schuldneraufstellung Formular A.3.   **11**

Vgl. § 305 Abs. 1 Nr. 3, letzter HS InsO.   **12**

Vgl. zum Muster eines Schuldenbereinigungsplanes das Formular E.   **13**

Die Verfahrenskosten gemäß § 54 InsO müssen gedeckt sein.   **14**

Derzeit noch umstritten ist die Frage, ob dem mittellosen Schuldner für das Verbraucherinsolvenzverfahren, das mit dem Ziel der Restschuldbefreiung betrieben wird, Prozeßkostenhilfe gewährt werden kann verneinend (*Schmidt-Räntsch*, Kölner Schrift zur Insolvenzordnung, S. 1177; *Thomas*, Kölner Schrift zur Insolvenzordnung, S. 1205; *Busch/Graf-Schlicker*, InVo 1998, 269; bejahend *Smid*, NJW 1994, 2678; *Henning*, InVo 1996, 288; *Pape*, Rpfl 1997, 237; *Funke*, ZIP 1998, 1708).

16. Antrag auf Eröffnung des Insolvenzverfahrens über das Vermögen einer natürlichen Person unter gleichzeitiger Anordnung der Eigenverwaltung[1] (Eigenantrag)

An das
Amtsgericht[2] ......
– Insolvenzgericht –

in ......   (Ort/Datum)

Ich beantrage,

    das Insolvenzverfahren unter Anordnung der
    Eigenverwaltung[3] über mein Vermögen zu eröffnen.

Der Unterzeichner führt unter der im Handelsregister des Amtsgerichts ......
zu HRA ...... eingetragenen Firma ein einzelkaufmännisches Unternehmen
des Spezialmaschinenbaus.

In den vergangenen Perioden wurden ca. ¾ der Umsatzergebnisse durch Exportgeschäfte mit industriellen Abnehmern im Staat B erzielt.

Infolge der Bürgerkriegsunruhen ist jedoch seit 5 Monaten ein vollständiges Ausfuhrverbot verhängt worden, so daß seither die eingetretenen Einnahmeausfälle bei gleichzeitigem Weiterlaufen der bestehenden Verpflichtungen nicht kompensiert werden konnten. Bestehende Einkaufsverpflichtungen sowie der Personalbestand waren in der Kürze der Zeit nicht entsprechend zu reduzieren. Dementsprechend sind nunmehr erhebliche Lohn- und Gehaltsrückstände als auch Lieferantenverbindlichkeiten aufgelaufen. Gleichzeitig sind auf diesem Hintergrund derzeit Kreditgeber nicht bereit, weitere Darlehen auszureichen, so daß ich nicht imstande bin, die bestehenden fälligen Verbindlichkeiten zu begleichen.

Es bestehen allerdings noch nicht abgetretene Außenstände in Höhe von DM ......; auch sind Teile des Warenbestandes frei von Rechten Dritter, so daß eine die Kosten des Verfahrens deckende, verfügbare Masse vorhanden ist.

Weil die Insolvenz jedoch auf Grundlage dieser heteronom eingetretenen Entwicklung nicht auf persönliches Versagen meinerseits oder ein sonstiges Fehlverhalten zurückgeführt werden kann, bitte ich ausdrücklich um die Anordnung der Eigenverwaltung.

Da der Aufbau weiterer geschäftlicher Beziehungen wesentlich an persönliche Kontakte mit potentiellen Geschäftspartnern meinerseits und dementsprechend an die Möglichkeit eigener Verhandlungsführungen geknüpft ist, sind mit einer Eigenverwaltung in wirtschaftlicher Hinsicht sogar Vorteile für die Gläubigerschaft verbunden. Sonstige Nachteile oder Verzögerungen stehen nicht zu besorgen.

Vor dem gesetzlich bedingten Wegfall der wesentlichen Absatzmärkte hat mein Unternehmen kontinuierlich in der Gewinnzone operiert. Die Jahresabschlüsse der letzten drei Geschäftsjahre sowie die betriebswirtschaftlichen Auswertungen der vergangenen sechs Monate, aus denen die gesamte Entwicklung ersichtlich wird, werden in der Anlage überreicht.

Bis dahin wurden sämtliche Verbindlichkeiten stehts zum Fälligkeitstermin ordnungsgemäß und vollständig beglichen.

Die Eigenverwaltung ist daher gerechtfertigt[4].

Zu weitergehenden Information stehe ich jederzeit zu Ihrer Verfügung.

(......)
Schuldner   *Anlagen*

Anmerkungen

Die Insolvenzordnung sieht in den §§ 270 ff. als Ausnahmekonstellation die sog. **1** Eigenverwaltung im Rahmen der Insolvenzabwicklung vor, mit der Folge, daß der Schuldner die Verfügungsbefugnis behält und lediglich von einem eingesetzten Sachwalter überwacht wird. Wegen des enormen Risikos für die Gläubigerschaft und der Gefahr der Herbeiführung irreparabler Schäden durch den verwaltungs- und verfügungsbefugten Schuldner soll die Eigenverwaltung nach der gesetzlichen Vorstellung nur dann in Betracht kommen, wenn die Insolvenzabwicklung unter Vermeidung eines erheblichen Einarbeitungsaufwandes für einen Insolvenzverwalter auf den Kenntnis- und Erfahrungsstand des Schuldners bzw. der Geschäftsführung angewiesen ist, und schließlich die insolvenzauslösenden Faktoren nicht in der Verantwortungssphäre des Schuldners bzw. der Geschäftsführung begründet liegen. Durch die fortbestehende Verfügungsbefugnis des Schuldners ergeben sich verfahrensmäßig einige Abweichungen zur Regelinsolvenz. Vom Grundsatz her kann formuliert werden, daß der Schuldner die Zuständigkeiten des Insolvenzverwalters wahrzunehmen hat; wesentliche Ausnahmen sind in § 280 InsO hinsichtlich der Gesamtschadensliquidation sowie für die Insolvenzanfechtung normiert, für die der Sachwalter neben den ansonsten im wesentlichen allein bestehenden Überwachungsaufgaben zuständig ist. Durch den Fortbestand der Verfügungsbefugnis scheidet auch die Notwendigkeit einer Registerpublizität aus (vgl. § 270 Abs. 3 InsO).

Vgl. Formular A. 1. Anmerkung 2. **2**

Die Anordnung der Eigenverwaltung erfordert zwingend einen entsprechenden **3** Antrag des Schuldners (§ 270 Abs. 2 Nr. 1 InsO). Hat daneben auch ein Gläubiger einen Insolvenzantrag ausgebracht, ist auch dessen Zustimmung nach § 270 Abs. 2 Nr. 2 InsO erforderlich.

Für die Zulassung der als absolute Ausnahme zu begreifenden Eigenverwaltung hat **4** der Insolvenzantrag Ausführungen zu ihrer Rechtfertigung zu enthalten. So fordert das Gesetz in § 270 Abs. 2 Nr. 3 InsO zunächst, daß die Anordnung keine Verzögerung des Verfahrens oder sonstige Nachteile für die Gläubiger zur Folge haben darf. Insofern erscheint geboten, zunächst die mit einer Eigenverwaltung verbundenen wirtschaftlichen Vorteile für die Gläubigerschaft aufzuzeigen. Entsprechend der geäußerten Kritik im Vorfeld der Reformdiskussion sowie im Gesetzgebungsverfahren (vgl. etwa *Grub* ZIP 1993, 393, 395; WM 1994, 880; *Leipold*, Insolvenzrecht im Umbruch, S. 165 ff.) ist auch darzulegen, daß die Gründe der Insolvenz nicht im Verantwortungsbereich des Schuldners liegen. Es wäre schwerlich einzusehen, daß derjenige, der sein wirtschaftliches Scheitern selbst zu verantworten hat, nunmehr weitgehende Kompetenzen und Zuständigkeiten im Rahmen des gesetzlichen Schuldenbereinigungsverfahrens behalten soll.

In der Praxis dürfte daher stets eine einzelfallabhängige Gesamtbewertung vorzunehmen sein.

17. Antrag auf Eröffnung des Nachlaßinsolvenzverfahrens[1,8] durch einen Miterben (Eigenantrag)

An das
Amtsgericht[2] . . . . . .
– Insolvenzgericht –

in . . . . . .(Ort, Datum)

Als Miterbe[3] der am . . . . . . verstorbenen Frau B, zuletzt wohnhaft: . . . . . .,
beantrage ich,

> das Insolvenzverfahren über den
> Nachlaß zu eröffnen.

Die Sterbeurkunde sowie der (gemeinschaftliche) Erbschein des Amtsgerichts . . . . . . vom . . . . . . zu Geschäfts-Nr.: . . . . . . werden in der Anlage überreicht.

Wie aus dem Erbschein ersichtlich, setzt sich die Erbengemeinschaft wie folgt zusammen:

1. C, ...(Anschrift) mit einem Anteil von . . . . . .
2. D, ...(Anschrift) mit einem Anteil von . . . . . .
3. Der Unterzeichner mit einem Anteil von . . . . . .

Testamentsvollstreckung, Nachlaßverwaltung oder Nachlaßpflegschaft sind nicht angeordnet.

Ausweislich des in Vorlage zu bringenden Nachlaßverzeichnisses[4] hat die Erblasserin folgende Gegenstände und Vermögenswerte hinterlassen:

(. . . . . . wird ausgeführt).

Dem stehen ungedeckte Nachlaßverbindlichkeiten[5] von DM . . . . . . gegenüber, wie sich aus der beigefügten Gläubigerliste[6] ergibt.

Der Nachlaß ist daher überschuldet[7].

Aufgrund meiner finanziellen Verhältnisse bin ich nicht dazu in der Lage, ein Massekostenvorschuß zu leisten.

In Kenntnis der Folgen einer falschen eidesstattlichen Versicherung versichere ich die Richtigkeit der vorstehenen Angaben an Eides Statt.

(. . . . . .)
Miterbe   *Anlagen*

Anmerkungen

Bei der Nachlaßinsolvenz handelt es sich um ein Sonderinsolvenzverfahren, in dem 1
die Vermögensgegenstände, die zum Nachlaß gehören, haftungsrechtlich allein den
Nachlaßgläubigern zugewiesen sind (vgl. § 325 InsO), so daß eine Trennung vom
Eigenvermögen des Erben bzw. der Miterben erfolgt. Die gesetzlichen Regelungen
fußen auf dem Grundgedanken, die Nachlaßinsolvenz so abzuwickeln, als ob die insolvenzmäßige Verteilung des Vermögens des Erblassers an seine Gläubiger unmittelbar mit dem Erbfall vorgenommen wäre (vgl. etwa *Häsemeyer*, S. 803).

Auch hier ist die Zuständigkeit des Insolvenzgerichts, nicht etwa des Nachlaßge- 2
richts, begründet. Örtlich zuständig ist das Insolvenzgericht, in dessen Bezirk der
Erblasser zur Zeit seines Todes den Mittelpunkt seiner wirtschaftlichen Betätigung,
hilfweise seinen allgemeinen Gerichtsstand hatte (§ 315 InsO).

Nach § 317 Abs. 2 InsO können Miterben die Eröffnung des Insolvenzverfahrens 3
einzeln beantragen; dem steht nicht entgegen, daß der Nachlaß etwa bereits auf-
geteilt ist (§ 316 Abs. 2 InsO). Die Antragsberechtigung besteht bereits vor Annahme
der Erbschaft und auch in dem Fall, daß der Erbe bereits unbeschränkt haften sollte
(§ 316 Abs. 1 InsO). Antragsberechtigt sind auch der Nachlaßverwalter, der Nachlaßpfleger, der Testamentsvollstrecker sowie jeder Nachlaßgläubiger, der den Antrag innerhalb einer zweijährigen Frist nach Annahme der Erbschaft stellt (vgl. § 319
InsO).

Gem. § 1993 BGB ist der Erbe berechtigt, ein Verzeichnis des Nachlasses (Inventar) 4
bei dem Nachlaßgericht einzureichen (Inventarerrichtung). Bestimmt das Nachlaßgericht nach § 1994 BGB auf Antrag eines Nachlaßgläubigers eine Frist zur Errichtung des Inventars, so haftet der Erbe bei Fristversäumnis für die Nachlaßverbindlichkeiten unbeschränkt.

Die Nachlaßverbindlichkeiten umfassen neben den Schulden des Erblassers (Erblas- 5
serschulden) auch die sog. Erbfallschulden, also alle aus Anlaß des Erbfalls
entstehenden Schulden, wie etwa Verbindlichkeiten aus Pflichtteilsrechten, Ver-
mächtnissen und Auflagen, Beerdigungskosten, Unterhaltsansprüche sowie die Erb-
schaftsteuer.

Zur Glaubhaftmachung vgl. Formular A. 4. Anmerkung 8. 6

In der Nachlaßinsolvenz ist Insolvenzgrund zunächst die Überschuldung des Nach- 7
lasses zum Zeitpunkt der Antragstellung (§ 320 S. 1 InsO).
Überschuldung liegt dann vor, wenn die Aktiva des Nachlasses zur vollen Befriedigung aller Nachlaßverbindlichkeiten nicht ausreichen (*Kuhn/Uhlenbruck* § 215
Rdn. 1). Maßgeblich ist hier allein die rechnerische Überschuldung, da der auf Un-
ternehmensinsolvenzen zugeschnittene zweistufige Überschuldungsbegriff hier
keine Anwendung finden kann (*Kilger/K. Schmidt* § 215 Anm. 1; *Kuhn/Uhlenbruck*
§ 215 Rdn. 1).
Während § 215 KO den Insolvenzgrund auf den Tatbestand der Überschuldung
beschränkte, erweitert § 320 S. 1 InsO die Eröffnungsgründe nunmehr auch auf den
Tatbestand der Zahlungsunfähigkeit des Nachlasses, wobei insbesondere an diejenigen Konstellationen gedacht ist, in denen ein Unternehmen zum Nachlaß gehört
(vgl. die Begründung zu § 363 RegE, BT-Drs. 12/2443, 230f.). In § 320 S. 2 InsO

ist schließlich für den Eigenantrag und gleich zu wertenden Fälle der Insolvenzbeantragung durch einen Nachlaßverwalter, Nachlaßpfleger oder Testamentsvollstrecker der Tatbestand der drohenden Zahlungsunfähigkeit (§ 18 InsO) aufgenommen worden.

8 Durch Verweisung auf die Vorschriften über die Nachlaßinsolvenz (§§ 315 bis 331
InsO) ist ebenso das Insolvenzverfahren über das Gesamtgut einer fortgesetzten Gütergemeinschaft geregelt (§ 332 InsO). Da das Gesamtgut nicht in den Nachlaß fällt,
ist eine Nachlaßinsolvenz nicht möglich. Da jedoch vielfach mit dem Tode des einen
Ehegatten das Gesamtgut erst jetzt für die Verbindlichkeiten des überlebenden Ehegatten haftet (vgl. § 1488 BGB) trägt das Gesetz dem Rechnung, indem nach § 11
Abs. 2 Nr. 2 InsO eine Partikularinsolvenz über das Gesamtgut der fortgesetzten Gütergemeinschaft zugelassen ist. Insolvenzgläubiger sind hier nur diejenigen, deren
Forderungen aus dem Gesamtgut zu erfüllen sind und zur Zeit des Eintritts der fortgesetzten Gütergemeinschaft (also beim Erbfall) als Gesamtgutsverbindlichkeiten bestanden. Damit sind die Eigenverbindlichkeiten des überlebenden Ehegatten außerhalb des § 1437 BGB sowie die erst nach dem Erbfall begründeten Verbindlichkeiten
auszuscheiden (vgl. die Begründung zu § 378 des RegE, BT-Drs 12/2443, S. 233).
Nach § 332 Abs. 3 InsO sind die anteilsberechtigten Abkömmlinge nicht berechtigt, die Eröffnung des Insolvenzverfahrens zu beantragen. Bei einem Insolvenzantrag sind sie jedoch vom Insolvenzgericht zu hören.
Darüber hinaus gelten sämtliche Regelungen des Nachlaßinsolvenzverfahrens
entsprechend. Vgl. im übrigen auch die Anmerkungen zum nachfolgenden Muster.

18. Antrag auf Eröffnung des Insolvenzverfahrens über das gemeinschaftlich verwaltete Gesamtgut einer Gütergemeinschaft[1] (Eigenantrag)

An das
Amtsgericht . . . . . .
– Insolvenzgericht[2] –

in . . . . . .   (Ort, Datum)

In meiner Eigenschaft als Ehegatte[3] beantrage ich,

> **das Insolvenzverfahren über das gemeinschaftlich
> verwaltete Gesamtgut unserer in Gütergemeinschaft
> geführten Ehe zwischen mir und Herrn . . . . . . , ...
> zu eröffnen.**

**Die Unterzeichnerin hat am . . . . . .(Datum) die Ehe mit Herrn . . . . . . vor dem
Standesbeamten des Standesamtes . . . . . . geschlossen. Die Heiratsurkunde ist
in der Anlage abschriftlich beigefügt.**

**Bereits am . . . . . .(Datum) wurde zur notariellen Urkunde des Notars Dr.
. . . . . . zu Urkunds-Nr.: . . . . . . der Güterstand der Gütergemeinschaft vereinbart, wobei das Gesamtgut von Anfang an unter gemeinsame Verwaltung gestellt wurde.**

Die Urkunde des Notars Dr. ...... sowie ein Auszug aus dem Güterrechtsregister liegen an.

Ausweislich des in der Anlage ebenfalls überreichten Vermögensverzeichnisses[4] sind dem Gesamtgut folgende Gegenstände und Vermögenswerte zuzuordnen:

...... (wird ausgeführt)

Dem stehen ungedeckte Gesamtgutsverbindlichkeiten[5] in Höhe von DM ...... gegenüber, wie sich aus der beigefügten Gläubigerliste[6] ergibt.

Wir sind daher nicht mehr in der Lage, die fälligen Verbindlichkeiten aus dem Gesamtgut zu bedienen. Der Insolvenzgrund der Zahlungsunfähigkeit[7] liegt demgemäß vor.

In Kenntnis der Folgen einer falschen eidesstattlichen Versicherung versichere ich die Richtigkeit der vorstehenden Angaben an Eides Statt.

(......)
– Ehegattin –   *Anlagen*

Anmerkungen

Nach § 11 Abs. 2 Nr. 2 InsO kann über das Gesamtgut einer Gütergemeinschaft, das **1** von beiden Ehegatten gemeinschaftlich verwaltet wird, ein eigenständiges Insolvenzverfahren durchgeführt werden. Hiermit zieht das Insolvenzrecht aus den eherechtlichen Besonderheiten dieses Güterstandes Konsequenzen. Während bei der Zugewinngemeinschaft (§ 1363 BGB) und bei der Gütertrennung (§ 1414 BGB) jedem Ehegatten ein eigenes Vermögen zuzuordnen ist, das von dem des anderen Ehegatten getrennt ist (§ 1364 BGB), kann hier über das Vermögen eines jeden Ehegatten ohne weiteres ein eigenständiges Insolvenzverfahren durchgeführt werden. Bei im Miteigentum stehenden Vermögensgegenständen fällt lediglich der Miteigentumsanteil des insolventen Ehegatten in dessen Insolvenzmasse und ist zur Haftungsrealisierung zur Verwertung zu bringen (vgl. § 84 InsO).

Liegt demgegenüber eine Gütergemeinschaft vor, ist das Vermögen beider Ehegatten – je nach Ausgestaltung – haftungsrechtlich zu separieren. Die nicht übertragbaren Vermögensgegenstände bleiben Sondergut eines jeden Ehegatten (§ 1417 BGB), so daß das Sondergut einem Pfändungszugriff nicht unterliegt und somit nicht zur Insolvenzmasse gezählt werden kann. Liegt eine ausdrückliche Bestimmung im Ehevertrag oder durch Vorgabe eines zuwendenden Dritten vor (vgl. § 1418 BGB), sind sonstige Vermögensgegenstände dem sog. Vorbehaltsgut zuzuordnen. Alle übrigen Vermögensgegenstände bilden nach § 1416 BGB das sog. Gesamtgut, so daß die Ehegatten an diesen Gegenständen in Gesamthandsgemeinschaft (§ 1419 BGB) mitberechtigt sind.

Hinsichtlich des Gesamtgutes und der hieran bestehenden Gesamthandsgemeinschaft ist wiederum zu unterscheiden, ob nach dem Ehevertrag eine gemeinschaftliche oder eine alleinige Verwaltung des Gesamtgutes durch einen Ehegatten stattfindet (§ 1421 BGB). Im Rahmen der Alleinverwaltung haftet das Gesamtgut für die Gesamtgutsverbindlichkeiten, worunter alle Schulden des verwalteten Ehegatten und unter den Voraussetzungen der §§ 1438 ff. BGB auch die des nicht verwalteten Ehegatten zu verstehen sind. Das Gesamtgut haftet für die vor Eintritt der Gütergemeinschaft begründeten Verbindlichkeiten des nicht verwalteten Ehegatten, während für die nachfolgend begründeten Verbindlichkeiten die Haftung nur eintritt, wenn der verwaltende Ehegatte zustimmt oder wenn kraft gesetzlicher Anordnung auch ohne Zustimmung eine Haftungserstreckung eintritt (vgl. §§ 1429, 1431, 1432, 1434, 1357 BGB). Zudem haftet der verwaltende Ehegatte den Gläubigern des anderen Ehegatten für die Gesamtgutverbindlichkeiten persönlich als Gesamtschuldner (§ 1437 Abs. 2 BGB).

Bei einer gemeinschaftlichen Verwaltung besteht nach §§ 1460 ff. BGB eine Haftung für die Verbindlichkeiten beider Ehegatten (vgl. § 1459 Abs. 1 BGB). Daneben ist eine gesamtschuldnerische Haftung beider Ehegatten nach § 1459 Abs. 2 BGB normiert, was es entbehrlich macht, hier eine Insolvenzantragspflicht zu statuieren.

Zur fortgesetzten Gütergemeinschaft (§ 1483 BGB) vgl. die Anmerkung 8 zum vorherigen Muster A. 17.

Insolvenzrechtlich ist nach der Verwaltungsbefugnis im Rahmen der Gesamthandsgemeinschaft zu differenzieren.

Ist der Schuldner alleinverwaltungsbefugt, so fällt auch das Gesamtgut in die Insolvenzmasse eines über das Vermögen des verwaltenden Ehegatten eröffneten Insolvenzverfahrens (§ 37 Abs. 1 S. 1 InsO). Damit findet eine Auseinandersetzung nicht statt (§ 37 Abs. 1 S. 2 InsO). Infolge der gesamtschuldnerischen Mithaftung des verwaltenden Ehegatten (§ 1437 Abs. 2 BGB) sind die Gläubiger des nicht verwaltenden Ehegatten Insolvenzgläubiger in dem Insolvenzverfahren über das Vermögen des verwaltenden Ehegatten.

Ist der Schuldner nicht verwaltungsbefugt, fallen lediglich die pfändbaren Gegenstände seines Sondergutes sowie des Vorbehaltsgutes in die Insolvenzmasse (§ 37 Abs. 1 S. 3 InsO). Dies ist deshalb nicht als gläubigerschädlich anzusehen, weil daneben die gesamtschuldnerische Mithaftung des verwaltenden Ehegatten statuiert ist. Hervorzuheben ist, daß der dem insolventen Ehegatten zukommende Gesamthandsanteil an der Gütergemeinschaft – abweichend etwa zu Gesellschaftsbeteiligungen – nicht in die Insolvenzmasse fällt, da er nach Maßgabe der § 36 Abs. 1 InsO, § 860 ZPO unpfändbar ist, was sich als Folge des Ausschlusses der Verfügungsmöglichkeit in § 1419 BGB versteht.

Das Gesamtgut der Gütergemeinschaft erfährt insolvenzrechtlich somit nur dann eine Sonderbehandlung, wenn es unter gemeinschaftlicher Verwaltung der Ehegatten steht (§ 11 Abs. 2 Nr. 2 InsO). Hier ist ein Partikularinsolvenzverfahren über die haftungsrechtlich verselbständigte Gesamtgutmasse denkbar.

Insolvenzgrund ist die Zahlungsunfähigkeit, bei einem gemeinschaftlichen Insolvenzantrag beider Ehegatten auch die drohende Zahlungsunfähigkeit (§ 333 Abs. 2 InsO). Eine Notwendigkeit, auch die Überschuldung des Gesamtgutes zum Insolvenzgrund zu statuieren entfällt deshalb, da daneben eine persönliche Haftung beider Ehegatten besteht. So ist es denkbar, daß neben der Gesamtgutsinsolvenz bei gemeinschaftlicher Verwaltung auch gesonderte Insolvenzverfahren über das Vermögen der Ehegatten durchgeführt werden. Kommt es zu solch parallelen Insolvenzverfahren, ist die persönliche Haftung der Ehegatten vom Insolvenzverwalter in der Gesamtgutsinsolvenz geltend zu machen (§§ 334, 93 InsO).

2   Zuständig ist das Insolvenzgericht, nicht etwa das Familiengericht.

3   Der Insolvenzantrag kann von jedem Ehegatten sowie jedem Gläubiger einer Gesamtgutsforderung gestellt werden (§ 333 Abs. 1 InsO). Ein gemeinschaftlicher Insolvenzantrag beider Ehegatten kann nach § 333 Abs. 2 InsO auch auf den Insolvenzgrund der drohenden Zahlungsunfähigkeit gestützt werden.

Vgl. Formular A. 2. 4

Das Sonderinsolvenzverfahren über das gemeinschaftlich verwaltete Gesamtgut 5 dient allein der Haftungsrealisierung gegenüber den bestehenden Gesamtgutsverbindlichkeiten.

Vgl. Formular A. 3. 6

Insolvenzgrund ist die Zahlungsunfähigkeit sowie bei einem gemeinschaftlich aus- 7 gebrachten Insolvenzantrag beider Ehegatten auch die drohende Zahlungsunfähigkeit. Wegen der persönlichen und gesamtschuldnerischen Haftung beider Ehegatten (§ 1459 Abs. 2 BGB) stellt der Tatbestand der Überschuldung keinen Insolvenzgrund dar.

19. Antrag eines Gläubigers auf Bewilligung von Prozeßkostenhilfe sowie auf Beiordnung eines Rechtsanwalts zur Stellung eines Insolvenzantrages (Fremdantrag)

An das
Amtsgericht
– Insolvenzgericht –[1]

in ...... (Ort, Datum)

In dem Insolvenzantragsverfahren

über das Vermögen der Firma ......

beantrage[2] ich namens und mit Vollmacht des Antragstellers,

1. dem Antragsteller für die Dauer des Insolvenzantragsverfahrens Prozeßkostenhilfe zu bewilligen[3],
2. dem Antragsteller zur vorläufigen unentgeltlichen Wahrnehmung seiner Rechte den Unterzeichner als Rechtsanwalt beizuordnen[4].

Begründung:

Der Antragsteller ist nach seinen persönlichen und wirtschaftlichen Verhältnissen außerstande, die Kosten für das Insolvenzeröffnungsverfahren aufzubringen. Über einzusetzendes Einkommen i. S. von § 115 Abs. 1 ZPO verfügt der Antragsteller nicht, so daß er auch nicht dazu in der Lage ist, die Kosten durch monatliche Ratenzahlungen auszugleichen.

Eigenes Vermögen steht ebenfalls nicht zur Verfügung, wie sich aus der anliegenden

Erklärung des Antragstellers über seine persönlichen
und wirtschaftlichen Verhältnisse vom ...... ergibt

– Anlage 1 –.

Der beabsichtigte Insolvenzantrag hat hinreichende Aussicht auf Erfolg und ist auch nicht mutwillig[5]. Hierzu wird auf den beigefügten

Entwurf des Insolvenzantrages[6]

– Anlage 2 –

Bezug genommen.

Um antragsgemäße Entscheidung wird daher gebeten.

Rechtsanwalt   *Anlagen*

Anmerkungen

1 Der Antrag auf Bewilligung von Prozeßkostenhilfe ist bei dem zuständigen Insolvenzgericht zu stellen.

2 Der Antrag kann schriftlich oder zur Protokoll der Geschäftsstelle gestellt werden. Soweit Vordrucke für die Erklärung der Partei über ihre persönlichen und wirtschaftlichen Verhältnisse eingeführt sind, muß sich der Antragsteller dieser zwingend bedienen (§ 117 Abs. 4 ZPO).

3 Die Voraussetzungen für die Gewährung von Prozeßkostenhilfe bestimmen sich nach den §§ 114 ff. ZPO (§ 4 InsO). Im Insolvenzeröffnungsverfahren als Eilverfahren sind die wirtschaftlichen Verhältnisse des Antragstellers „großzügig" zu bewerten. Dies gilt insbesondere bei Arbeitnehmern als Gläubiger, da die Kosten des Insolvenzantrages über Insolvenz(ausfall)geld nicht ausgleichsfähig sind (*Uhlenbruck/ Delhaes* HRP Rdn. 159). Wird die Prozeßkostenhilfe bewilligt, ist der Antragsteller einstweilen von der Zahlung von Ermittlungs- und Auslagenvorschüssen sowie der Gerichtskosten (§ 50 GKG) befreit. Die Kosten des beigeordneten Rechtsanwalts gehen ebenfalls zu Lasten der Staatskasse.
   Zeitlich ist die Prozeßkostenhilfe begrenzt bis zu einer Entscheidung über den Insolvenzantrag.

4 Da im Insolvenzeröffnungsverfahren ein Anwaltszwang nicht besteht, ist dem Gläubiger ein Rechtsanwalt seiner Wahl nur dann beizuordnen, wenn die anwaltliche Vertretung notwendig ist. Eine solche Notwendigkeit wird man nur dann bejahen können, wenn es sich um ein Großverfahren handelt oder aber der Antragsteller ohne anwaltlichen Beistand nicht dazu in der Lage ist, die Forderung oder den Insolvenzgrund glaubhaft zu machen (*Uhlenbruck/Delhaes* HRP Rdn. 161).

5 Auch im Rahmen des Insolvenzeröffnungsverfahrens ist dem Antragsteller Prozeßkostenhilfe nur dann zu bewilligen, wenn die beabsichtigte Rechtsverfolgung hinreichende Aussicht auf Erfolg bietet und nicht mutwillig erscheint (§ 114 Abs. 1 ZPO). Mutwillig ist ein Prozeßkostenhilfegesuch insbesondere dann, wenn der Antragsteller positive Kenntnis davon hat, daß der gestellte Insolvenzantrag mangels Masse abgewiesen werden wird, er mithin keine Quote erhält. Dies gilt allerdings nicht für Arbeitnehmer, da der Abweisungsbeschluß den Zeitpunkt des Insolvenzereignisses nach § 141b Abs. 3 Nr. 1 AFG festschreibt und sich nach diesem Zeitpunkt die Drei-Monats-Frist für die Zahlung von Insolvenzgeld bemißt.

Will der Antragsteller den Insolvenzantrag von der Bewilligung der Prozeßkosten-   6
hilfe abhängig machen, muß er dies deutlich zum Ausdruck bringen. Dies kann einmal dadurch erfolgen, daß der Antrag nicht unterzeichnet als „Entwurf" überreicht
oder aber darauf hingewiesen wird, daß dieser nur für den Fall der Bewilligung der
Prozeßkostenhilfe gestellt wird. Wird der Insolvenzantrag daher vom Antragsteller
bzw. seinem Verfahrensbevollmächtigten unterzeichnet, ist das Insolvenzantragsverfahren anhängig.

Im Antrag selbst hat bereits – auch im „Entwurf" – eine Glaubhaftmachung der
Forderung und des Insolvenzgrundes zu erfolgen. Dabei hat das Insolvenzgericht
nach §§ 118 Abs. 1 S. 1 ZPO, 4 InsO dem Antragsgegner Gelegenheit zur Stellungnahme zu geben, sofern dies nicht aus besonderen Gründen als unzweckmäßig erscheint. Tritt der Schuldner durch substantiiertes Bestreiten der Forderung und/
oder des Insolvenzgrundes entgegen, kann dies die hinreichende Erfolgsaussicht in
Frage stellen (vgl. allgemein zur Prozeßkostenhilfe im Insolvenzverfahren *Bork*, ZIP
1998, 1209 ff.).

20. Gegenglaubhaftmachung der behaupteten Forderung und/ oder des Insolvenzgrundes durch den Schuldner

An das
Amtsgericht......
– Insolvenzgericht –

in ......   (Ort, Datum)

Geschäfts-Nr.......

In dem Insolvenzeröffnungsverfahren

über das Vermögen der Firma ......

beantrage ich als deren alleinvertretungsberechtigter Geschäftsführer,

den Insolvenzantrag zurückzuweisen.

Begründung:

(Beispiele)

1. Die dem Insolvenzantrag zugrundeliegende Forderung wurde bereits am
   ...... ausgeglichen.

   Zur Glaubhaftmachung werden überreicht:
   – von der Antragstellerin unterzeichnete Bareinzahlungsquittung
     vom ......;
   – eidesstattliche Versicherung des Buchhalters der Antragsgegnerin
     vom ......

2. Für den Insolvenzantrag fehlt das erforderliche Rechtsschutzbedürfnis, da
   die Antragstellerin im Übermaß dinglich gesichert ist ...... (wird ausgeführt).
   Zur Glaubhaftmachung wird überreicht:
   – Vorlage des Grundschuldbriefes vom ......

3. **Die Antragsgegnerin ist entgegen den Behauptungen der Antragstellerin nicht zahlungsunfähig; es liegt lediglich eine Zahlungsstockung vor . . . . . . (wird ausgeführt).**
   Zur Glaubhaftmachung werden überreicht:
   . . . . . .

Anmerkungen

Nach § 14 Abs. 2 InsO ist der Schuldner nach Zulassung des Insolvenzeröffnungs-antrages zu hören. Dabei kann er die vom Antragsteller glaubhaft gemachte Forderung und/oder die Glaubhaftmachung des Insolvenzgrundes durch Gegenglaubhaftmachung erschüttern (*Kuhn/Uhlenbruck* § 105 Rdn. 10b). Zugelassen hierfür sind alle präsenten Beweismittel i. S. des § 294 Abs. 1 ZPO, auch die eidesstattliche Versicherung (*Uhlenbruck/Delhaes* HRP Rdn. 286). Darüber hinaus kann der Schuldner auch noch andere Einwände erheben, etwa die Unzuständigkeit des angerufenen Gerichts oder aber den Mangel der Prozeßfähigkeit des Antragstellers rügen (*Kuhn/Uhlenbruck* § 105 Rdn. 10b).

Da die Glaubhaftmachung Zulassungsvoraussetzung für den Insolvenzantrag ist, hat das Insolvenzgericht alle Einwände des Schuldners hiergegen gewissenhaft zu prüfen. Die schuldhafte Nichtbeachtung kann zu einem Schadensersatzanspruch des Schuldners nach § 839 Abs. 1 BGB i. V. m. Art. 34 GG führen (LG Dortmund KTS 1984, 147, 149f.)

Gelangt das Gericht zu der Überzeugung, daß die Forderung des Antragstellers und/oder der behauptete Insolvenzgrund durch die Gegenglaubhaftmachung glaubwürdig in Frage gestellt wird, kann es den Antrag als unzulässig zurückweisen. Die Gegenglaubhaftmachung des Schuldners kann allerdings wiederum durch erneute Glaubhaftmachung durch den Antragsteller erschüttert werden (*Uhlenbruck/Delhaes* HRP Rdn. 286).

21. Rücknahme des Insolvenzantrages durch den Gläubiger

An das
Amtsgericht . . . . . .
– Insolvenzgericht –

in . . . . . .   **(Ort, Datum)**

Geschäfts-Nr. . . . . . .

In dem Insolvenzeröffnungsverfahren

über das Vermögen der Firma . . . . . .

   nehme ich hiermit den Antrag auf Eröffnung
   des Insolvenzverfahrens zurück.

Anmerkungen

Der Insolvenzantrag kann sowohl als Eigen- als auch als Fremdantrag bis zur Rechtskraft des Insolvenzeröffnungsbeschlusses bzw. seiner rechtskräftigen Abweisung jederzeit zurückgenommen werden (§ 13 Abs. 2 InsO). Die Rücknahme ist eine Prozeßhandlung und erfolgt durch einseitige Erklärung gegenüber dem Insolvenzgericht, – sie ist bedingungsfeindlich. Der Zustimmung des Schuldners bedarf es dabei nicht (*Kuhn/Uhlenbruck* § 103 Rdn. 3). Hat einer von mehreren vertretungsberechtigten Organen gegen den Willen der übrigen Insolvenzantrag gestellt, so sind nur der Antragsteller oder sämtliche organschaftliche Vertreter zur Rücknahme des Antrages berechtigt (LG Dortmund ZIP 1985, 1341, 1342; kritisch für den Fall der Abberufung *Kuhn/Uhlenbruck* § 103 Rdn. 3).

Die Rücknahme hat die Kostenfolge der § 269 Abs. 3 S. 2 ZPO, § 4 InsO, d. h. die gerichtlichen Gebühren und Auslagen – auch die der Anordnung von Sicherungsmaßnahmen – sind vom Antragsteller zu tragen, selbst dann, wenn er den Insolvenzantrag wegen Erfüllung seiner Forderung zurücknimmt.

Auf Antrag des Schuldners sind die Rechtsfolgen aus § 269 Abs. 3 ZPO durch gerichtlichen Beschluß auszusprechen (§ 269 Abs. 3 S. 3 ZPO). Der Verfahrensbevollmächtigte des Schuldners ist berechtigt, seine Kosten gegen den Antragsteller festsetzen zu lassen (§§ 103, 104 ZPO, 4 InsO). Stellt er dabei einen Antrag auf Wertfestsetzung nach §§ 77 Abs. 1 BRAGO, 37 GKG, bemißt sich die Gebühr für die Vertretung des Schuldners nach der Aktivmasse. Da diese bei einer Antragsrücknahme häufig noch nicht ermittelt ist, kann das Gericht den Gegenstandswert in Höhe der dem Insolvenzantrag zugrundeliegenden Forderung festsetzen (LG Krefeld Rpfleger 1983, 332).

22. Erledigung der Hauptsache

An das
Amtsgericht ......
– Insolvenzgericht –

in ...... (Ort, Datum)

Geschäfts-Nr. ......

In dem Insolvenzeröffnungsverfahren

der Firma A .....

– Antragstellerin –

Verfahrensbevollmächtigter: Rechtsanwalt ......

gegen

die Firma B ......

– Antragsgegnerin –

erkläre ich namens und mit Vollmacht der Antragstellerin die Hauptsache für erledigt[1] und beantrage,

die Kosten des Verfahrens der Antragsgegnerin aufzuerlegen[2].

Begründung:

Die Antragsgegnerin hat die dem Insolvenzantrag zugrundeliegende Forderung nach Rechtshängigkeit des Insolvenzeröffnungsverfahrens ausgeglichen.

Durch ihre Nichtzahlung hat sie Veranlassung zur Einleitung des Verfahrens gegeben, so daß ihr die Kosten des Verfahrens aufzuerlegen sind.

Rechtsanwalt

Anmerkungen

1 Nach altem Recht war der insolvenzbeantragende Gläubiger im Verlaufe des Insolvenzeröffnungsverfahrens jederzeit berechtigt, die Hauptsache i. S. des § 91 a ZPO für erledigt zu erklären, so etwa, wenn der Schuldner die dem Insolvenzantrag zugrunde liegende Forderung ausgleicht (OLG Köln ZIP 1993, 1483,1484; LG Münster ZIP 1993, 1103; LG Göttingen ZIP 1992, 572,572; *Kilger/K. Schmidt* § 103 Anm. 2; *Gottwald/Uhlenbruck* InsRHdb § 11 Rdn. 45). Dem ist auch für das neue Recht zu folgen. Dabei reicht eine einseitige Erledigungserklärung des Antragstellers jedenfalls dann aus, wenn der Insolvenzantrag zulässig war (OLG Köln ZIP 1993, 1483; LG Köln KTS 1988, 170; *Kuhn/Uhlenbruck* § 103 Rdn. 3 f.; a. A. LG Darmstadt KTS 1986, 509 und LG Düsseldorf KTS 1985, 359, die übereinstimmende Erledigungserklärungen fordern). Eine Ausnahme gilt dann, wenn der Antrag von Anfang an unzulässig war oder aufgrund Gegenglaubhaftmachung des Schuldners (vgl. Formular A. 16) unzulässig geworden ist. In diesen Fällen hat eine Sachentscheidung zu ergehen (OLG Köln ZIP 1993, 1483,1484; a. A. *Uhlenbruck/Delhaes* HRP Rdn. 275, die dies im Rahmen der nach § 91 a ZPO zu treffenden Kostenentscheidung berücksichtigen wollen).

Zur Erledigungserklärung ist der Schuldner anzuhören (*Uhlenbruck/Delhaes* HRP Rdn. 274). Behauptet er dabei, ein Insolvenzgrund habe nicht vorgelegen, ist dies unbeachtlich, da der Antragsteller durch die Glaubhaftmachung alles für das Insolvenzeröffnungsverfahren erforderliche getan hat (*Kuhn/Uhlenbruck* § 103 Rdn. 3f).

2 Erklärt der Antragsteller die Hauptsache für erledigt, hat das Gericht auf seinen Antrag hin entsprechend § 91 a ZPO über die Kosten nach dem gegenwärtigen Stand des Verfahrens zu entscheiden.

Gleicht der Schuldner die dem Insolvenzantrag zugrunde liegende Forderung im Verlaufe des Insolvenzeröffnungsverfahrens aus, so sind ihm in der Regel – sofern Forderung und Insolvenzgrund glaubhaft gemacht wurden – die Kosten des Verfahrens aufzuerlegen, da er durch die Nichtzahlung die Einleitung des Verfahrens veranlaßt hat (*Uhlenbruck/Delhaes* HRP Rdn. 276). Die zu Lasten des Schuldners nach § 91 a ZPO ergehende Kostenentscheidung führt dazu, daß der Antragsteller zwar Kostenschuldner bleibt (§ 50 Abs. 1 GKG), das Gericht aber verpflichtet ist, nach § 58 Abs. 2 GKG die Kostenforderung zunächst gegenüber dem Schuldner geltend zu machen, sofern sie nicht aussichtslos erscheint oder eine Zwangsvollstreckung in das bewegliche Vermögen des Schuldners erfolglos geblieben ist. Ein Muster eines Gerichtsbeschlusses zur Erledigung der Hauptsache findert sich bei *Haarmeyer/Wutzkt/Förster*, Handbuch, 3/268.

23. Anzeige der Bestellung zum Sachverständigen gegenüber dem Schuldner im Insolvenzeröffnungsverfahren

Antrag auf Eröffnung des Insolvenzverfahrens über das Vermögen . . . . .

Sehr geehrte Damen,
Sehr geehrte Herren,

der Unterzeichner wurde durch Beschluß des Amtsgerichts – Insolvenzgerichts – . . . . . . vom . . . . . . damit beauftragt, ein schriftliches Gutachten darüber abzugeben,

1. ob Tatsachen vorliegen, die dem Gericht den Schluß auf die Zahlungsunfähigkeit und/oder Überschuldung der Insolvenzantragsschuldnerin ermöglichen und

2. ob ggf. eine die Verfahrenskosten deckende, verfügbare Masse vorhanden ist.

Meine Beauftragung als Gutachter erfolgte, nachdem . . . . . . wegen einer Forderung von DM . . . . . . Antrag auf Eröffnung des Insolvenzverfahrens gestellt hat.

Ich werde Sie am . . . . . . unter Ihrer o. a. Anschrift aufsuchen, um meine Feststellungen zur Erstellung des Gutachtens treffen zu können.

Bis zu diesem Zeitpunkt sind insbesondere folgende Unterlagen bereit- bzw. zusammenstellen:

1. Erstellung der Kreditorenliste (Vorname, Nachname, Firmenbezeichnung, vollständige und genaue Anschrift, Grund und Höhe der Forderung des jeweiligen Gläubigers).

2. Aufstellung der Debitoren (Vorname, Nachname, Firmenbezeichnung, vollständige und genaue Anschrift, Angabe des Grundes Ihres Anspruchs und Ausführungen darüber, und ggf. wann auf welche Weise in welcher Höhe zu wessen Gunsten Ihre Forderung gegen den jeweiligen Schuldner abgetreten oder gepfändet wurde).

3. Sorgfältige Erstellung eines Inventarverzeichnisses unter Angabe, ob die Sachen in Ihrem Eigentum stehen, verneinendenfalls, wem das Eigentum aufgrund welchen Rechtsvorgangs zusteht, welchen Zeitwert die einzelnen Gegenstände haben.

Sofern Sie Ihnen gehörende Sachen an Dritte sicherungsübereignet oder verpfändet haben, ist anzugeben, wann und weshalb Sie diese Verfügungen vorgenommen haben.

Ferner ist anzugeben, wann welcher Gläubiger wegen welcher Forderung Pfändungen ausgebracht hat.

Sämtliche Unterlagen, bspw. Sicherungsübereignungsverträge, Urteilsausfertigungen, Pfändungsprotokolle, nicht bezahlte Rechnungen, Zahlungs- und Lieferungsbedingungen von Lieferanten usw. sind zur Einsichtnahme und Kontrolle zur Verfügung zu stellen.

4. Es sind Angaben darüber zu machen, ob Grundvermögen vorhanden ist, ggf. wann und in welcher Weise zu wessen Gunsten das Grundvermögen belastet wurde.

Die entsprechenden Unterlagen (Grundbuchauszüge, notarielle Verträge usw.) sind bereitzustellen.

5. Sie sind verpflichtet, Angaben darüber zu machen, welches sonstige Vermögen Sie besitzen, wie z. B. Bankguthaben, Lebensversicherungen, Wertpapiere, insbesondere Aktien, Bargeld, Gesellschaftsanteile, dingliche Rechte an fremdem Grundbesitz, Patent- und Urheberrechte usw. .

Es sind Angaben zu machen, ob Sie an Dritte, ggf. an wen, diese Vermögenswerte abgetreten oder sicherungsübereignet haben oder ob Dritte, ggf. wann, in diese Vermögenswerte die Zwangsvollstreckung betrieben haben oder betreiben (Vorname, Nachname, Firmenbezeichnung, genaue Anschrift).

Sämtliche Unterlagen oder Sicherungsübereignungen, Abtretungen oder Pfändungen sind vorzulegen.

6. Der Gutachter ist darüber zu informieren, bei welchen Bankinstituten Sie unter welcher Konto-Nummer zu welchem Zweck Konten unterhalten, welcher Kontostand am Tag der Insolvenzbeantragung jeweils ausgewiesen wird und welche Verfügungen über die Konten innerhalb der letzten 6 Wochen vor Insolvenzbeantragung vorgenommen wurden (Zahlung an bestimmte Gläubiger, Aufrechnung durch Banken, Pfändungen bestimmter Gläubiger?).

Die Bankauszüge sind vorzulegen.

7. Anfertigung einer Aufstellung Ihrer Mitarbeiter nach Funktion, Vorname, Nachname, genaue Anschrift und des letzten Bruttoeinkommens. Es ist anzugeben, ob und ggf. in welcher Höhe seit wann bei welchen Mitarbeitern ein Lohn- oder Gehaltsrückstand besteht, welche Arbeitsverhältnisse bereits aufgekündigt wurden.

Bei jedem Mitarbeiter ist zu erwähnen, ob er unter besonderem Kündigungsschutz steht (Schwerbehindertengesetz, Mutterschutzgesetz, Kündigungsschutzgesetz etc.) und wann frühestens sein Arbeitsverhältnis fristgerecht aufgekündigt werden kann.

Sofern ein Betriebsrat besteht, ist dieser namentlich zu benennen; ein etwaig bestehender Tarifvertrag ist anzugeben.

8. Vorlage sämtlicher Miet- und Leasingverträge mit Angabe der bisher gezahlten monatlichen Miet- oder Leasingrate.

9. Vorlage der vorhandenen Gesellschaftsverträge nebst Anlagen und Nachträgen sowie Handelsregisterauszüge.

10. Bei Gesellschaften (bspw. GmbH) ist der Nachweis zu führen, daß das Stammkapital eingezahlt wurde.

11. Vorlage sämtlicher Vereinbarungen zwischen Gesellschaftern und Gesellschaft.

12. Angaben darüber, ob eine Buchhaltung überhaupt vorliegt, ggf. nach welchem System sie erstellt wird, bis wann gebucht wurde und wer für die Buchhaltung verantwortlich ist (Vorname, Nachname, genaue Anschrift).

13. Vorlage der Bilanzen der letzten 3 Jahre nebst Anlagenverzeichnisse – soweit vorhanden –, ggf. Vorlage der DM-Eröffnungsbilanz.

14. Angabe darüber, bei welchem Finanzamt (genaue Bezeichnung und Anschrift) Sie unter welcher Steuer-Nummer geführt werden und ob, ggf. in welcher Höhe, für welche Steuerarten Rückstände bestehen.

15. Angaben darüber, welcher Rechtsanwalt und welcher Steuerberater für Sie tätig ist (Vorname, Nachname und genaue Anschrift).

16. Entwicklung des Unternehmens unter Angabe des Insolvenzgrundes.

Die unter Umständen mit erheblichem Zeit- und Kostenaufwand verbundenen Schritte können Sie nur dadurch umgehen, daß Sie mir bei meiner Vorsprache den Nachweis der Regulierung der Forderung, die dem Insolvenzantrag gegen Sie zugrunde liegt, oder aber eine Erklärung des insolvenzbeantragenden Gläubigers beibringen, daß er mit einer Ratenzahlung einverstanden ist und den Insolvenzantrag entweder zurücknimmt oder aber die Hauptsache für erledigt erklärt.

Ich weise darauf hin, daß ich angewiesen bin, meinen Gutachterauftrag binnen 2 Wochen zu erledigen.

Ich werde deshalb die mir vorliegenden Gerichtsakten unverzüglich dem Amtsgericht – Insolvenzgericht – unerledigt zurückreichen, sofern mir nach meiner Vorsprache die erbetenen Auskünfte oder Unterlagen entweder nicht vollständig oder nicht zutreffend erteilt werden.

Im Falle der Rückgabe der Akten müssen Sie damit rechnen, daß Sie durch den Insolvenzrichter vernommen werden.

Dieser kann auch Ihre zwangsweise Vorführung anordnen.

Mit vorzüglicher Hochachtung

Rechtsanwalt
als Gutachter

24. Rückgabe der Gerichtsakten durch den Sachverständigen bei Verweigerung der insolvenzmäßigen Klarstellung der Vermögensverhältnisse durch den Schuldner

An das
Amtsgericht ......
– Insolvenzgericht –

in ......   (Ort, Datum)

Geschäfts-Nr. ......

In dem Insolvenzeröffnungsverfahren

über das Vermögen der Firma ......

wurde ich durch Beschluß des Amtsgerichts – Insolvenzgerichts – ...... vom ...... damit beauftragt, ein schriftliches Gutachten darüber abzugeben, ob Tatsachen vorliegen, die dem Gericht den Schluß auf die Zahlungsunfähigkeit und/oder Überschuldung der Insolvenzantragsschuldnerin ermöglichen und ob ggf. eine die Verfahrenskosten deckende, verfügbare Masse vorhanden ist.

Unmittelbar nach Eingang des Gutachterauftrages habe ich mich am ...... mit der Schuldnerin unter der mir bekannten Anschrift ...... brieflich in Verbindung gesetzt und mein dortiges Erscheinen zur Treffung der gutachterlichen Feststellungen auf den ...... (Tag/Uhrzeit) angekündigt. Ein Rückbrief liegt nicht vor, so daß von einem ordnungsgemäßen Zugang ausgegangen werden kann.

Zum Zeitpunkt meiner Vorsprache traf ich niemanden an. Auch hatte die Schuldnerin den Termin nicht abgesagt.

Mit Schreiben vom ...... wurde die Insolvenzantragsschuldnerin nochmals unter Fristsetzung zum ...... aufgefordert, sich mit dem Gutachter zwecks einer Terminabsprache in Verbindung zu setzen. Auch dieses Schreiben blieb bis heute unbeantwortet.

Aus dem Verhalten der Schuldnerin ist daher zu schließen, daß sie gegenüber dem Gutachter die zur Erstellung des Gutachtens erforderlichen Auskünfte nicht erteilen will.

Da allein nach den mir vorliegenden Unterlagen und angestellten Ermittlungen das Vorliegen eines Insolvenzgrundes nicht festgestellt werden kann, rege ich an,

gegen die Schuldnerin zwecks Auskunfterteilung
Zwangsmaßnahmen anzuordnen.

Die Akten ...... reiche ich in der Anlage unerledigt zurück.

Rechtsanwalt
als Gutachter   *Anlagen*

Anmerkungen

Äußert sich der Schuldner auf die Zustellung des Insolvenzantrages nicht, gilt sein Schweigen nach überwiegender Auffassung als Bestreiten des Insolvenzgrundes (*Uhlenbruck/Delhaes* HRP Rdn. 283). In diesem Falle kann das Insolvenzgericht nach § 21 Abs. 3 S. 1 InsO die zwangsweise Vorführung und die Haft des Schuldners anordnen, um diesen dadurch zur Auskunftserteilung zu veranlassen.

Die Anordnung erfolgt durch den Richter und setzt einen vom Gericht zugelassenen Insolvenzantrag voraus (OLG Köln ZIP 1988, 664). Ist der Schuldner keine natürliche Person, richten sich die Maßnahmen gegen die organschaftlichen Vertreter (vgl. hierzu *Vallender*, ZIP 1995, 529 ff.). Der Anordnung geht regelmäßig ein Aufforderungsschreiben des Gerichts voraus, in welchem der Schuldner aufgefordert wird, sich zur Abwendung der Zwangsmaßnahmen mit dem Sachverständigen binnen einer gesetzten Frist in Verbindung zu setzen. Eine vorherige Anhörungspflicht des Schuldners vor Erlaß der Maßnahmen besteht nicht (*Kuhn/Uhlenbruck* § 106 Rdn. 1b). Die Verhängung von Zwangsmaßnahmen ist dann unverhältnismäßig, wenn das Gericht bereits aufgrund der glaubhaft gemachten Angaben des Antragstellers vom Vorliegen des Insolvenzgrundes überzeugt ist. Dies kann etwa dann der Fall sein, wenn eine aktuelle Fruchtlosigkeitsbescheinigung des Gerichtsvollziehers vorliegt oder aber der Schuldner die offenbarungseidesstattliche Versicherung abgegeben hat (*Uhlenbruck/Delhaes* HRP Rdn. 283).

25. Anregung des Sachverständigen zur Anordnung von Sicherungsmaßnahmen

An das
Amtsgericht ......
– Insolvenzgericht –

in ......   (Ort, Datum)

Geschäfts-Nr. ....

In dem Insolvenzeröffnungsverfahren

über das Vermögen der Firma ......

wurde ich durch Beschluß des Amtsgerichts – Insolvenzgerichts – ...... vom ...... damit beauftragt, ein schriftliches Gutachten darüber abzugeben, ob Tatsachen vorliegen, die dem Gericht den Schluß auf die Zahlungsunfähigkeit und/oder Überschuldung der Schuldnerin ermöglichen und ob ggf. eine die Verfahrenskosten deckende, verfügbare Masse vorhanden ist.

Ich rege an,

zwecks Sicherstellung und Feststellung der Masse sowie zur Vermeidung nachteiliger Veränderungen der Vermögenslage der Schuldnerin Sicherungsmaßnahmen nach § 21 Abs. 2 InsO anzuordnen

Begründung:

Nach den vom Gutachter getroffenen Feststellungen verfügt die Schuldnerin über nicht abgetretene Außenstände in Höhe von DM ...... sowie über einen

noch im unbelasteten Eigentum stehenden Warenbestand im Werte von
DM......

Es steht dringend zu befürchten, daß sich Gläubiger aufgrund bereits ausge-
brachter Pfändungen aus dem Gesellschaftsvermögen zu befriedigen versuchen.

Um einer Masseschmälerung vorzubeugen, ist die Anordnung von Sicherungsmaßnahmen erforderlich.

Die Akten ...... reiche ich in der Anlage zurück.

Rechtsanwalt
als Gutachter   *Anlage*

Anmerkungen

Vgl. zu den Voraussetzungen und Wirkungen von Sicherungsmaßnahmen Formular
A. 4. Anmerkung 9. Die Anregung zur Anordnung solcher Maßnahmen kann auch
durch den vom Gericht bestellten Sachverständigen erfolgen.

26. Aufforderungsschreiben des vorläufigen Insolvenzverwalters an Drittschuldner bei Erlaß eines allgemeinen Veräußerungs- und Verfügungsverbotes

An die
Firma ......

(Ort, Datum)

Insolvenzantragsverfahren über das Vermögen der Firma ......

hier: Forderung der Schuldnerin gegen Sie auf Zahlung
       von DM...... aus Rechnung vom ......

Sehr geehrte Damen,
Sehr geehrte Herren,

hiermit gebe ich Ihnen davon Kenntnis, daß bei dem Amtsgericht – Insolvenzgericht – ...... ein Insolvenzeröffnungsverfahren über das Vermögen der vorbezeichneten Gesellschaft anhängig ist.

Der Unterzeichner wurde durch Beschluß des Amtsgerichts vom ...... zum
Gutachter und nachfolgend durch Beschluß vom ...... zum vorläufigen Insolvenzverwalter ernannt und der Schuldnerin ein allgemeines Veräußerungs-
und Verfügungsverbot auferlegt.

Die Beschlüsse liegen zu Ihrer Kenntnisnahme in Fotokopie an.

Nach den mir von der Schuldnerin übergebenen Unterlagen verschulden Sie
der Gesellschaft aus der Rechnung vom ...... noch einen Betrag von

DM.......

In meiner Eigenschaft als vorläufiger Insolvenzverwalter habe ich Sie aufzufordern, den o. a. Betrag bis zum

(Datum)

auf das von mir bei der ...... Bank AG eingerichtete Treuhandkonto mit der Nr. .... (BLZ ....) zu überweisen, oder aber, wenn die Zahlung verweigert wird, mir ebenfalls innerhalb der gesetzten Frist die Gründe der Zahlungsverweigerung mitzuteilen.

Ich weise ausdrücklich darauf hin, daß mit der verfügten Sequestration und der Anordnung des allgemeinen Veräußerungsverbots Zahlungen mit befreiender Wirkung nur noch an mich geleistet werden können.

Mit vorzüglicher Hochachtung

Rechtsanwalt
als vorläufiger Insolvenzverwalter   *Anlagen*

Anmerkungen

Vgl. zu den Voraussetzungen und Wirkungen von Sicherungsmaßnahmen Formular A. 4. Anmerkung 9.

27. Aufforderungsschreiben des vorläufigen Insolvenzverwalters an die kontoführende Bank des Schuldners

An die
...... Bank AG

in ......   (Ort, Datum)

Insolvenzantragsverfahren über das Vermögen der Firma ......

hier: Anordnung der vorläufigen Insolvenzverwaltung und Erlaß
     eines allgemeinen Verfügungs- und Veräußerungsverbots
     Ihr Zeichen: Konto-Nr. ....

Sehr geehrte Damen,
Sehr geehrte Herren,

hiermit gebe ich Ihnen davon Kenntnis, daß bei dem Amtsgericht – Insolvenzgericht – ...... ein Insolvenzeröffnungsverfahren über das Vermögen der vorbezeichneten Gesellschaft anhängig ist.

Der Unterzeichner wurde durch Beschluß des Amtsgerichts vom .... zum Gutachter und nachfolgend durch Beschluß vom .... zum vorläufigen Insolvenzverwalter ernannt. Gleichzeitig wurde gegen die Schuldnerin ein allgemeines Veräußerungs- und Verfügungsverbot verhängt.

Eine Ausfertigung der Beschlüsse liegt zu Ihrer Kenntnisnahme in Fotokopie an.

Nach den mir von der Insolvenzantragsschuldnerin vorgelegten Unterlagen unterhält die Gesellschaft zu Ihnen Geschäftsbeziehungen.

Zur Erfüllung meines Gutachterauftrages bitte ich um Bekanntgabe der aktuellen Salden zu sämtlichen bei Ihnen unterhaltenen Konten, Sparbüchern und Depots sowie evtl. Darlehens- und Sicherungsrechte. Weiterhin darf ich um Übersendung sämtlicher, Ihnen vorliegenden Sicherungsverträge nebst zeitlich zugehöriger Allgemeiner Geschäftsbedingungen, Grundpfandrechtsbestellungsurkunden, Zweckerklärungen, Grundbuchauszüge etc. in Fotokopie bitten.

Lastschrifteneinzüge zu Lasten der ermittelten Konten bitte ich einzustellen bzw. zu retournieren.

Etwaig noch vorhandene Guthabenbeträge bitte ich auf das von mir bei der ...... Bank AG eingerichtete Treuhandkonto mit der Nr. .... (BLZ ....) zu überweisen. Entsprechendes gilt für noch eingehende Gutschriften.

Da meine Ermittlungen zum Vorliegen der Insolvenzgründe noch nicht abgeschlossen sind, darf ich Sie – insbesondere im Hinblick auf eine etwaige Betriebsfortführung oder Sanierung – ersuchen, zunächst von Vertragskündigungen und Kontoauflösungen abzusehen.

Bei dieser Gelegenheit erlaube ich mir, auf das bereits mit dem Erlaß des allgemeinen Veräußerungs- und Verfügungsverbotes eingetretene Aufrechnungsverbot hinzuweisen (vgl. BGH ZIP 1995, 40ff.; KG Berlin ZIP 1995, 53ff.; OLG Hamm ZIP 1995, 140ff.; OLG Köln ZIP 1995, 1684ff.).

Mit vorzüglicher Hochachtung

Rechtsanwalt
als vorläufiger Insolvenzverwalter   *Anlagen*

Anmerkungen

Vgl. zu den Voraussetzungen und Wirkungen von Sicherungsmaßnahmen zunächst Formular A. 4. Anmerkung 9.

Nach den zitierten Entscheidungen wird das allgemeine Veräußerungsverbot durch Unterschriftsleistung des Insolvenzrichters wirksam, wenn Beschlußstunde und Minute des Erlasses angegeben sind. Danach kommt es weder auf die Zustellung des Beschlusses an die kontoführende Bank noch auf die Zustellung an den Schuldner an. Eine Aufrechnung mit den ab Erlaß des Veräußerungsverbots eingehenden Zahlungen ist daher nicht mehr möglich, da das Aufrechnungsverbot des § 96 Ziff. 1 InsO entsprechend anwendbar ist (vgl hierzu aber zuletzt BGH ZIP 1988, 1319ff.).

28. Antrag des verfügungsbefugten vorläufigen Insolvenzverwalters an das Insolvenzgericht auf Zustimmung zur Stillegung des Schuldnerunternehmens (§ 22 Abs. 1 S. 2 Nr. 2 InsO)[1]

An das
Amtsgericht ......
– Insolvenzgericht –

in ......   (Ort, Datum)

Geschäfts-Nr.: ......

In dem Insolvenzeröffnungsverfahren über das Vermögen der B-GmbH & Co. KG, ... beantrage ich in meiner Eigenschaft als verfügungsbefugter vorläufiger Insolvenzverwalter,

> die Zustimmung zur Stillegung des Schuldnerunternehmens
> gem. § 22 Abs. 1 S. 2 Nr. 2 InsO zu erteilen.

Begründung:

Die sofortige, möglichst kurzfristige Stillegung des Schuldnerunternehmens ist dringend geboten, um eine erhebliche Verminderung des Vermögens der Schuldnerin zu vermeiden[2].

Mit einer Fortführung des Schuldnerunternehmens sind lediglich weitere, ganz erhebliche Verluste verbunden. Jedwede Aussicht auf eine Sanierung besteht nicht. Insbesondere bringt die Fortführung im Hinblick auf die Eröffnungschancen eines nachfolgenden Insolvenzverfahrens erhebliche sonstige Masseverbindlichkeiten i. S. des § 55 Abs. 2 InsO hervor. Zur Aufrechterhaltung der Produktion werden täglich Versorgungs- und Heizkosten in Höhe von ca. DM ...... anfallen. Gleichzeitig ist weiterhin ein erheblicher Bezug von Roh-, Hilfs- und Betriebstoffen erforderlich. Auf der anderen Seite ist der Absatz von Produkten nicht gewährleistet, da die ganz überwiegende Zahl der Geschäftspartner erklärt hat, auf dem Hintergrund der Insolvenzbeantragung an einer Fortsetzung der Geschäftsbeziehung nicht interessiert zu sein. Schließlich ist es dringend erforderlich, Kündigungen hinsichtlich der Arbeitsverhältnisse[3] auszusprechen.

Eine Unternehmensfortführung ist nach alledem betriebswirtschaftlich nicht mehr vertretbar und nur noch geeignet, den Gläubigern der Schuldnerin weiteren Vermögensschaden zuzufügen.

Um kurzfristige antragsgemäße Entscheidung wird gebeten.

Rechtsanwalt
als vorläufiger Insolvenzverwalter

Anmerkungen

Nach § 22 Abs. 1 S. 2 Nr. 2 InsO hat der verfügungsbefugte vorläufige Insolvenzverwalter die gesetzliche Pflicht, das Schuldnerunternehmen bis zur Entscheidung über **1** den Insolvenzantrag fortzuführen, soweit nicht das Insolvenzgericht einer Stillegung zustimmt, um erhebliche Verminderungen des Vermögens zu vermeiden. Voraussetzung hierfür ist zunächst, daß der Geschäftsbetrieb noch nicht vom Schuldner vor Anordnung der vorläufigen Insolvenzverwaltung eingestellt wurde. Nach dem gesetzlichen Leitbild soll der nur bewahrend und sichernd eingesetzte vorläufige Insolvenzverwalter zunächst verpflichtet sein, alles zu tun, um eine Liquidation zu verhindern.

Ist die Fortführung des Unternehmens betriebswirtschaftlich nicht mehr sinnvoll, sondern nur noch als gläubigerschädigend zu betrachten, erkennt auch der Gesetzgeber, daß die Betriebsstillegung bereits im Rahmen der vorläufigen Insolvenzverwaltung möglich sein muß. Um hier eine Kontrolle zu gewährleisten, wird die Stillegung an die Zustimmung des Insolvenzgerichts gebunden. Die Regelung ist mit nicht unerheblichen Haftungsgefahren verbunden (vgl. *Uhlenbruck*, Kölner Schrift zur InsO, S. 239, 248 (Rdn. 16)).

2   Nach § 22 Abs. 1 S. 2 Nr. 2 InsO soll die Stillegung nur möglich sein, um eine erhebliche Verminderung des Vermögens zu vermeiden.

3   Solange die gesetzliche Fortführungspflicht andauert, ist es dem vorläufigen Insolvenzverwalter grundsätzlich verwehrt, Kündigungen auszusprechen. Kommt es zur Betriebsstillegung hat dies erhebliche arbeits- und betriebsverfassungsrechtliche Konsequenzen, da der vorläufige Insolvenzverwalter dann berechtigt und verpflichtet ist, Kündigungen auszusprechen, Maßnahmen zur Herbeiführung eines Interessenausgleiches (§ 111 BetrVG) sowie zur Aufstellung eines Sozialplans (§ 112 BetrVG) einzuleiten.

29. Antrag des verfügungsbefugten vorläufigen Insolvenzverwalters auf einstweilige Einstellung des Zwangsversteigerungsverfahrens (§ 30d Abs. 4 ZVG)

An das
Amtsgericht
– Vollstreckungsgericht –

in ......

Geschäfts-Nr. ......

In dem Zwangsversteigerungsverfahren

....../......

beantrage ich in meiner Eigenschaft als verfügungsbefugter vorläufiger Insolvenzverwalter über das Vermögen der Fa. .....

nach § 30d Abs. 4 ZVG das Zwangsversteigerungsverfahren einstweilen einzustellen.

Begründung:

Der Unterzeichner wurde durch Beschluß des Amtsgerichts – Insolvenzgerichts . . . . . . vom . . . . . . zum vorläufigen Insolvenzverwalter über das Vermögen der Fa. . . . . . . ernannt. Mit Beschluß vom selben Tage wurde der Schuldnerin ein allgemeines Veräußerungsverbot auferlegt.

Der Beschluß liegt zur Kenntnisnahme an.

Die Einstellung ist zur Verhütung nachteiliger Veränderungen in der Vermögenslage der Schuldnerin erforderlich.

Die Schuldnerin und Antragsgegnerin ist Eigentümerin der von der Zwangsversteigerung betroffenen Liegenschaft.

Die Schuldnerin beabsichtigt einen Insolvenzplan vorzulegen, der zur Restrukturierung des Unternehmens führen soll. Der Insolvenzplan soll eine Unternehmensfortführung vorsehen, bei der die Erhaltung des Grundbesitzes der betroffenen Betriebsimmobilie unabdingbare Voraussetzung ist.

Selbst wenn der Insolvenzplan scheitern sollte, versucht die Schuldnerin unabhängig davon eine (kleinere) Fortführungslösung darzustellen, die jedoch ebenfalls essentiell auf den Fortbestand des Grundbesitzes angewiesen ist. In diesem Zusammenhang steht der Schuldner bereits in Verhandlungen mit Übernahmeinteressenten zur Darstellung einer „übertragenen" Sanierung. Es bestehen darüber hinaus begründete Anhaltspunkte, daß auf dies Weise ohnehin ein höherer Erlös für den Grundbesitz erzielt werden kann, als im Wege der Zwangsversteigerung.

Um antragsgemäße Entscheidung wird gebeten.

Rechtsanwalt
als vorläufiger Insolvenzverwalter

Anmerkungen

Nach § 22 Abs. 1 S. 2 Nr. 1 InsO hat der verfügungsbefugte vorläufige Insolvenzverwalter das Vermögen des Schuldners zu sichern und zu erhalten. Die Anordnung von Sicherungsmaßnahmen durch das Insolvenzgericht beschränkt sich auf die Einstellung oder Untersagung von Zwangsvollstreckungsmaßnahmen auf das bewegliche Vermögen (§ 21 Abs. 2 Nr. 3 InsO). Aus diesem Grunde ermöglicht § 30d ZVG i. d. F. durch Art. 20 Nr. 4 EGInsO dem vorläufigen Insolvenzverwalter, die einstweilige Einstellung der Zwangsversteigerung zu beantragen. Dabei ist glaubhaft zu machen, daß die einstweilige Einstellung zur Verhütung nachteiliger Veränderungen in der Vermögenslage des Schuldners erforderlich ist. In der Literatur wird der vorläufige Insolvenzverwalter zur Vermeidung von Schadensersatzansprüchen regelmäßig dazu verpflichtet erachtet, einen solchen Antrag stets auszubringen (vgl. etwa *Uhlenbruck*, Kölner Schrift zur Insolvenzordnung, S. 239, 248 (Rdn. 16), 258 (Rdn 31)).

30. Antrag des Insolvenzantragstellers auf Akteneinsicht

An das
Amtsgericht ......
– Insolvenzgericht –

in ......   (Ort, Datum)

Geschäfts-Nr.

In dem Insolvenzantragsverfahren

über das Vermögen der Firma ......

hatte ich am ...... als alleinvertretungsberechtigter Geschäftsführer Antrag
auf Eröffnung des Insolvenzverfahrens über das Vermögen der vorbezeichneten Gesellschaft gestellt.

Ich beantrage,

> **mir Akteneinsicht zu gewähren.**

(......)
Geschäftsführer

Anmerkungen

Der Schuldner, bei Gesellschaften der organschaftliche Vertreter, hat im Verlaufe des
Insolvenzeröffnungsverfahrens jederzeit das Recht zur Akteneinsicht. Dies gilt sowohl bei Eigen- als auch bei Fremdanträgen. Bei einem Eigenantrag steht dieses
Recht auch Dritten – etwa Gläubigern – uneingeschränkt zu, da der Schuldner
selbst einräumt, daß ein Insolvenzgrund vorliegt. Etwas anderes gilt bei Gläubiger-
anträgen. Solange über den Insolvenzantrag noch nicht abschließend entschieden
ist, sind „Parteien" i. S. des § 299 Abs. 1 ZPO, der über § 4 InsO entsprechende Anwendung findet, lediglich der antragstellende Gläubiger und der Antragsgegner
(Schuldner), so daß auch nur ihnen ein Akteneinsichtsrecht zusteht (*Uhlenbruck/
Delhaes* HRP 28a). Hat das Gericht einen Sachverständigen beauftragt (§ 75 KO)
oder einen vorläufigen Insolvenzverwalter eingesetzt, sind die zur Feststellung und
Sicherung beauftragten Personen ebenfalls zur Akteneinsicht berechtigt. Sonstigen
Dritten oder künftigen Gläubigern steht ein Akteneinsichtsrecht grundsätzlich nicht
zu, da sie (noch) keine Verfahrensbeteiligten sind. Hat das Gericht allerdings Siche-
rungsmaßnahmen so gebietet es der Schutzzweck, Gläubigern ein Auskunfts- und
Akteneinsichtsrecht zu gewähren (*Uhlenbruck/Delhaes* HRP Rdn. 28b). Demgegen-
über steht in der eröffneten Insolvenz allen Verfahrensbeteiligten ein unbeschränktes
Akteneinsichts- und Auskunftsrecht zu (strittig vgl. hierzu *Pape*, ZIP 1997, 1367ff.;
Haarmeyer InVO 1997, 253ff.; *Holzer*, ZIP 1998, 1333ff.).

31. Muster einer Überschuldungsbilanz

Überschuldungsbilanz der A-GmbH . . . . . . per (Bilanzstichtag)

Aktiva

	Wert DM[1] bei Fortführung	bei Liquidation	Rechte Dritter DM	freie Masse bei Fortführung DM	freie Masse bei Liquidation DM
I. Ausstehende Einlagen[2]					
II. Anlagevermögen					
1. Grundstück und Gebäude, grundstücksgleiche Rechte					
2. Maschinen, maschinelles Anlagevermögen					
3. Fuhrpark					
4. Betriebs- und Geschäftsausstattung					
5. Beteiligungen					
III. Umlaufvermögen					
A. Vorratsvermögen					
1. Roh-, Hilfs- u. Betriebsstoffe					
2. Halbfertige Arbeiten					
B. Andere Gegenstände des Umlaufvermögens					
1. Forderungen aus Lieferungen u. Leistungen					
2. Sonstige Forderungen					
3. Kassenbestand					
4. Guthaben bei Kreditinstituten					
a)					
b) Insolvenztreuhandkonten					
5. Anfechtungsansprüche[3]					
6. Schadensersatz- u. Erstattungsansprüche					
IV. Überschuldung					

Passiva

	Wert DM	Sicherheiten DM	Insolvenzgläubiger DM	nachrangige Insolvenzgläubiger DM	Masseveerbindlichkeiten DM
I. Insolvenzgläubiger[4]					
1. Verbindlichkeiten aus Lieferungen u. Leistungen					
2. Verbindlichkeiten gegenüber Kreditinstituten					
3. Verbindlichkeiten gegenüber verbundenen Unternehmen					
4. Steuern und Abgaben					

	Wert DM	Sicher-heiten DM	Insolvenz-gläubiger DM	nachran-gige In-solvenz-gläubiger DM	Massever-bindlich-keiten DM
5. Löhne und Gehälter					
6. Sozialversicherungsbeiträge					
7. Sonstige Verbindlichkeiten					
II. Nachrangige Insolvenzgläubiger[5]					
1. Forderungen gem. § 39 Abs. 1 Nr. 1					
2. Forderungen gem. § 39 Abs. 1 Nr. 2[6]					
3. Forderungen gem. § 39 Abs. 1 Nr. 3					
4. Forderungen gem. § 39 Abs. 1 Nr. 4					
5. Forderungen gem. § 39 Abs. 1 Nr. 5					
6. Forderungen gem. § 39 Abs. 2					
III. Verfahrenskosten u. sonstige Masseverbindlichkeiten[7]					
1. Kosten des Insolvenzverfahrens					
a) Gerichtskosten					
b) Kosten des vorläufigen Insolvenzverfahrens					
c) Kosten der Insolvenzverwaltung					
d) Kosten eines Gläubigerausschusses[8]					
2. sonstige Masseverbindlichkeiten					
a) Abwicklungskosten gem. § 55 Abs. 1 Nr. 1					
b) Kosten aus Verträgen gem. § 55 Abs. 1 Nr. 2					
c) ungerechtfertigte Bereicherungen gem. § 55 Abs. 1 Nr. 3					
d) Verbindlichkeiten vorläufiger Insolvenzverwalter gem. § 55 Nr. 2					
e) Schuldnerunterstützung gem. §§ 100, 101 Abs. 1 Satz 3					
f) Verwaltersozialplan gem. § 123 Abs. 2 Satz 1					

DM	DM	DM	DM
Vermögen bei Fortführung − Verbindlichkeiten	Vermögen bei Liquidation − Verbindlichkeiten	freie Masse bei Fortführung − Verfahrenskosten, § 54	freie Masse bei Liquidation − Verfahrenskosten, § 54
Überschuldung	Überschuldung	Verfahrenskostendeckung	Verfahrenskostendeckung

Ort, Datum

Gutachter/
vorläufiger Insolvenzverwalter

Anmerkungen

Die Werte sind später in EURO anzugeben.   1

In der Überschuldungsbilanz als Sonderbilanz ist es zulässig, entgegen dem im Bi-   2
lanzrecht ansonsten geltenden Aktivierungsverbot (§ 248 Abs. 2 HGB) auch origi-
när geschaffene immaterielle Wirtschaftsgüter anzusetzen, sofern diese im Rahmen
der Abwicklung einen wirtschaftlichen Wert darstellen.

Da die Überschuldungsbilanz ein genuines Instrument des Insolvenzeröffnungsver-   3
fahrens ist und Insolvenzanfechtungsansprüche erst mit der Verfahrenseröffnung begründet werden, stellt die Aktivierung an dieser Stelle streng genommen einen Verstoß gegen Bilanzgrundsätze dar. Soweit man sie als zukünftige Werterwartung
fassen will, steht das Vorsichts- bzw. Imparitätsprinzip entgegen. Gleichwohl hat
sich die Praxis herausgebildet, im Rahmen der Überschuldungsbilanz Anfechtungsansprüche zu aktivieren.

Soweit nicht der Anwendungsbereich des § 39 InsO eröffnet ist, enthält § 38 InsO   4
eine Legaldifinition der Insolvenzgläubiger. Hierbei handelt es sich um persönliche
Gläubiger, denen zur Zeit der Verfahrenseröffnung ein begründeter Vermögensanspruch zuzuordnen ist. Entsprechend dem Anliegen der Insolvenzordnung, die bestehenden Vorrechte abzuschaffen, findet eine Unterteilung in Rangklassen nicht
mehr statt.

§ 39 InsO stuft bestimmte Forderungen als sog. nachrangige Insolvenzforderungen   5
ein. Nunmehr sind die nach altem Recht ausgeschlossenen Forderungen (§ 63 KO,
§ 29 VerglO, § 32a Abs. 1 S. 1 GmbHG) berücksichtigungsfähig, jedoch erst, wenn
die übrigen Insolvenzgläubiger vollständig befriedigt sind. Sie unterliegen – wie die
Insolvenzgläubiger – allen Beschränkungen, die das Gesetz normiert. § 39 Abs. 2
InsO erweitert diese Rechtsfolgen für den Fall des vereinbarten Nachranges. § 39
Abs. 3 InsO, der der bisherigen Regelung des § 227 KO für die Nachlaßinsolvenz
entspricht, weist den Nebenforderungen nachrangiger Insolvenzgläubiger das gleiche Schicksal wie der nachrangigen Forderung zu.

Die in § 39 Abs. 1 Nr. 1, 2 InsO genannten Forderungen dürften regelmäßig erst im   6
Rahmen der Insolvenzeröffnungsbilanz Bedeutung erlangen.

7 Die Insolvenzordnung gibt die Unterscheidung zwischen Massekosten und Masseschulden (§§ 58, 59 KO) auf. Gleichzeitig wurde auch der Begriff der notwendigen Ausgaben in § 13 GesO nicht aufgegriffen. Die §§ 54, 55 InsO unterscheiden nunmehr die Kosten des Insolvenzverfahrens von den sonstigen Masseverbindlichkeiten, wobei letztere jedoch in § 55 InsO nicht enumerativ erfaßt sind. Aus der Wertung des § 209 Abs. 1 Nr. 3 letzter HS InsO läßt sich ableiten, daß auch eine dem Schuldner oder seinen Angehörigen sowie dem vertretungsberechtigten persönlich haftenden Gesellschafter in der Gesellschaftsinsolvenz gewährte Unterstützung (§§ 100, 101 Abs. 1 S. 3 InsO) eine (letztrangige) Masseforderung begründen soll. Für die Nachlaßinsolvenz ist weiterhin § 324 InsO bedeutsam.

Wesentlich ist weiterhin, daß im Rahmen der Überschuldungsprüfung die Verfahrenskosten zunächst nicht berücksichtigt werden. Bei den sonstigen Masseverbindlichkeiten sind lediglich die sog. „aufoktroyierten" Masseverbindlichkeiten (als Rückstellungen) bedeutsam. Dies gilt insbesondere für die Verbindlichkeiten aus gegenseitigen Verträgen, die der spätere Insolvenzverwalter auch bei Wahrnehmung des erstmöglichen Kündigungstermines nicht abwenden kann. Alle übrigen Masseverbindlichkeiten entstehen – wie die Verfahrenskosten – erst nach dem Bilanzstichtag.

8 Die in § 54 Nr. 2 letzte Alt. InsO aufgeführten Kosten der Mitglieder des Gläubigerausschusses dürften regelmäßig erst im Rahmen der Insolvenzeröffnungsbilanz beziffert werden können.

32. Muster eines Gutachtens

Gutachten
und
Bericht über die vorläufige
Insolvenzverwaltung

in dem Insolvenzantragsverfahren

über das Vermögen
der Firma ....

– 73 N AG Köln –

Übersicht

A) Rechtliche Verhältnisse und Entwicklung

B) Wirtschaftliche Verhältnisse
      I) Umsatz- und Ergebnisentwicklung der abgelaufenen Perioden
     II) Pachtvertrag
    III) Mietverträge
    IV) Leasingverträge
     V) Dienst- und Arbeitsverhältnisse
    VI) Sozialversicherungen
   VII) Bankverbindungen
  VIII) Buchhaltung und Jahresabschlüsse

    IX) Steuerrechtsverhältnis
    X) Berater

C) Ermittlung der Überschuldung und Zahlungsunfähigkeit

D) Ermittlung der die Kosten des Verfahrens deckenden Masse

E) Zusammenfassung und Vorschlag

Anlagen

**An das
Amtsgericht** ......
– Insolvenzgericht –

in ......   **(Ort, Datum)**

Geschäfts-Nr. 73 N ....

In dem Insolvenzantragsverfahren

über das Vermögen der Firma ......**, diese vertreten durch ihren alleinvertretungsberechtigten Geschäftsführer, Herrn** ......**,**

wurde ich durch Beschluß des Amtsgerichts – Insolvenzgerichts – Köln vom ......
– 73 N ...... – damit beauftragt, ein schriftliches Gutachten darüber abzugeben,
ob Tatsachen vorliegen, die dem Gericht den Schluß auf die Zahlungsunfähigkeit
und/oder Überschuldung der Insolvenzantragsschuldnerin ermöglichen und ob
ggf. eine die Verfahrenskosten deckende, verfügbare Masse vorhanden ist.

Mit Beschluß vom selben Tage wurde der Unterzeichner zum vorläufigen Insolvenzverwalter ernannt und der Schuldnerin ein allgemeines Verfügungsverbot auferlegt.

Aufgrund der mit dem Geschäftsführer der Schuldnerin und ihrem Verfahrensbevollmächtigten, Herrn Rechtsanwalt ......, geführten Unterredung, der mir zur
Verfügung gestellten Unterlagen und eigener Recherchen erstatte ich hiermit folgendes

Gutachten:

         A. Rechtliche Verhältnisse und Entwicklung der Schuldnerin

Firma: ......

Gegenstand des Unternehmens: ......

Sitz: *zuletzt:* ......

Handelsregister: AG Köln HR B ......

Gesellschaftsvertrag:

Der Gründungsvertrag wurde nicht vorgelegt.

Nachfolgend wurden die Rechtsverhältnisse der Gesellschaft durch Gesellschaftsvertrag vom . . . . . ., Notar . . . . . . Köln – UR.-Nr. . . . . . ./. . . . – nebst Nachträgen vom . . . . . . und gestaltet.

Gesellschafter und Geschäftsanteile:

1. Jedenfalls per . . . . . waren an der Insolvenzantragsschuldnerin
   a) Frau . . . . . .
   b) Herr . . . . . .
   mit Geschäftsanteilen von jeweils DM 250 000,00 beteiligt.

2. Durch notariellen Geschäftsanteils-Übertragungsvertrag vom . . . . . . übertrug der Geschäfter . . . . einen Teilgeschäftsanteil von DM 175 000,00 auf die Gesellschafterin . . . . . . die damit Geschäftsanteile von insgesamt DM 425 000,00 hielt – UR.-Nr. . . . . . . Notar . . . . . ., Köln –.

In der notariellen Urkunde heißt es hierzu u. a. wörtlich:

„. . . .(3) *Kapitalerhöhung*
Die Gesellschafter haben am . . . . . . – UR.-Nr. . . . . . . des amtierenden Notars – das Kapital der eingangs genannten Gesellschaft um DM 400 000,00 auf DM 500 000,00 erhöht.

Frau . . . . . . und Herr . . . . . . haben jeweils auf dieses erhöhte Stammkapital eine Stammeinlage von DM 200 000,00 übernommen.

Frau . . . . . . hat auf die von ihr übernommene Stammeinlage den Bareinzahlungsteil von DM 200 000,00 geleistet.

Herr . . . . . .hat lediglich DM 25 000,00 hierauf geleistet.

Die nachfolgenden Vereinbarungen dienen der Belegung der von Herrn . . . . . . ursprünglich übernommenen erhöhten Stammeinlage, wobei dies dadurch geschieht, daß Frau . . . . . . diesen Anteil übernimmt. . . .

(4) *Anteilsübertragung*
Frau . . . . . . verpflichtet sich, als Gegenleistung für die Übertragung des Geschäfts-

anteils von DM 175 000,00 mit schuldbefreiender Wirkung gegenüber Herrn . . . . . .
einen Betrag von DM 175 000,00 zwecks
Erfüllung der Einzahlungsverpflichtung
des Herrn. . . . . . an die Gesellschaft zu
zahlen. Der Betrag ist sofort zur Zahlung
fällig. . . . .".

3. Die verbleibenden Geschäftsanteile von
DM 75 000,00 sollten mit Zustimmung des
Gesellschafters . . . . . .durch Gesellschafterbeschluß vom . . . . . . eingezogen werden.
Eine Gegenleistung hierfür war nicht vorgesehen. Zu diesem Zeitpunkt soll noch die
Einzahlung von DM 15 000,00 auf die von
Herrn . . . . . . gehaltenen Geschäftsanteile
offengestanden haben, so daß Bedenken hinsichtlich der Wirksamkeit der Einziehung
nach § 34 GmbHG bestanden. Die Einzahlung wurde im Februar . . . . nachgeholt.

Die Zulässigkeit und Wirksamkeit der Einziehung wurde im Rahmen des Gutachtens
nicht überprüft.

4. Durch notariellen Geschäftsanteils-Übertragungsvertrag vom . . . . . . veräußerte
die Gesellschafterin . . . . . . ihre Geschäftsanteile, nunmehr in Höhe von
DM 475 000,00, an Herrn . . . . . . – UR.-
Nr. . . . ./. . Notar . . . ., Köln –.

Die Übertragung stand unter der aufschie-
benden Bedingung der Eintragung des
Eigentumswechsels des im Grundbuch
von . . . . . . verzeichneten Grundbesitzes auf
Frau. . . . . .gem.notariellem Kaufvertrag vom
. . . . . . UR.-Nr. . . . . . ./. . . . . ., Köln –.

Nach den dem Gutachter erteilten Informationen soll die Bedingung am . . . . . . eingetreten sein.

5. Bereits zuvor, nämlich durch notariellen
Geschäftsanteils-Übertragungsvertrag
vom . . . . . . veräußerte die Gesellschafterin
. . . . . . 75,1% ihrer Geschäftsanteile
(nominell = DM 375 000,00) mit Zustimmung des Herrn . . . . . . an die
Firma . . . . . .– UR.-Nr. . . . . . ./. . . . .
Notar . . . . . ., Köln –.

Gesellschafter der Firma . . . . . sind – worauf
noch einzugehen sein wird –:

a) Herr . . . . . . mit einem
   Geschäftsanteil von 45%;
b) Herr . . . . . .mit einem
   Geschäftsanteil von 45%;
c) Herr . . . . . . mit einem
   Geschäftsanteil von 10%.

Gleichzeitig wurde die aufschiebend
bedingte Übertragung der Geschäftsanteile auf Herrn . . . . . . (vgl. Ziff. 4.) aufgehoben.

Damit waren per . . . . . . die Firma . . . . . .
mit Geschäftsanteilen von DM 375 000,00
und Herr . . . . . . mit solchen von
DM 49 500,00 an der Schuldnerin beteiligt.

6. Durch notariellen Geschäftsanteils-Übertragungsvertrag vom . . . . . . übertrug der
   Gesellschafter . . . . den noch bei ihm verbliebenen Geschäftsanteil auf die Firma
   . . . . ., die damit Alleingesellschafterin der
   Schuldnerin wurde.

Stammkapital:

Das Stammkapital der Gesellschaft beträgt
DM 500 000,00.

Ob dieses jemals zur freien Verfügung der
Geschäftsführung stand, konnte nicht abschließend ermittelt werden.

So will der Geschäftsführer der Schuldnerin,
Herr . . . . . ., über entsprechende Einzahlungs-
nachweise nicht verfügen.

Daraufhin wurden die ehemaligen Gesellschafter . . . . . .und . . . . . . mit Schreiben
vom. . . . . . . aufgefordert, die Einzahlungs-
nachweise zu führen.

Frau . . . . . . ließ daraufhin am . . . . . . über den
Rechtsanwalt . . . . . . erklären, daß das Stammkapital in Höhe von DM 425 000,00 eingezahlt sei und überreichte hierzu auszugsweise
die Eröffnungsbilanz zum . . . . . . sowie eine
Erklärung zum Jahresabschluß . . . .

– Anlagenkonvolut G 1 –.

Die zugesagte Übersendung von Einzahlungs-
nachweisen ist bis zur Berichtsabfassung nicht
erfolgt.

Das an den Gesellschafter . . . . . . gerichtete
Aufforderungsschreiben kann mit dem Bemer-
ken „unbekannt verzogen" zurück.

Geschäftsführer: Von den Kautelen des § 181 BGB befreiter Geschäftsführer der Schuldnerin ist seit dem ...... Herr ....

Geschäftsjahr: Kalenderjahr.

B. Wirtschaftliche Verhältnisse der Insolvenzantragsschuldnerin

I. Umsatz- und Ergebnisentwicklung der abgelaufenen Perioden

1. Der als Anlage mit dem Insolvenzantrag überreichte Bericht über die Erstellung des Jahresabschlusses zum ...... der Wirtschaftsprüfungsgesellschaft ...... weist bereits einen nicht durch Eigenkapital gedeckten Fehlbetrag von DM 3 622 003,24 aus.

In dem Bericht heißt es unter Tz. 63 u. a. wörtlich:

„....Die Unterdeckung im langfristigen Bereich bzw. die Überdeckung im kurzfristigen Bereich zeigen, daß das langfristig im Anlagevermögen gebundene Volumen nicht voll durch langfristige Mittel (mittel- bzw. langfristige Verbindlichkeiten) gedeckt ist und die Unterdeckung durch kurzfristiges Vermögen erfolgt. Es zeigt sich, daß die Unterdeckung *beim Eigenkapital* (nominelle Überschuldung) und nicht ausreichende langfristig verfügbare Mittel das Unternehmen in seiner Existenz gefährden. Erst durch die in Tz. 30f. erwähnten Rangrücktrittserklärungen für Verbindlichkeiten von insgesamt DM 4,0 Mio. ergibt sich ein positives Eigenkapital und eine vertretbare Deckung der langfristig gebundenen Werte. Bei weiteren Verlusten ist neuerliche Vorsorge geboten ....".

2. Nach dem unverbindlichen „Berichts-Entwurf" über die Prüfung des Jahresabschlusses zum ...... potenzierte sich der nicht durch Eigenkapital gedeckte Fehlbetrag auf DM 9 826 843,29.

In diesem Entwurf heißt es hierzu unter Tz. 89 (3. *Hinweise zur Überschuldung*) wörtlich:

„...Die Gesellschaft hat aufgrund erheblicher außerordentlicher Belastungen und operativer Verluste das Geschäftsjahr ..... mit hohem Verlust (DM 6,2 Mio.) abgeschlossen. Die nominelle Überschuldung hat sich auf DM 9,8 Mio. deutlich erhöht. Gleichzeitig haben sich auch gelegentlich Zahlungsstockungen eingestellt, die jedoch wiederholt durch den Gesellschafter ...... behoben wurden. Die tatsächliche Überschuldung wurde ebenfalls durch Maßnahmen dieses Gesellschafters weitgehend aufgefangen.

Die Geschäftsführung verweist im übrigen auf den Geschäfts- bzw. Firmenwert, der sich darin dokumentiert, daß der Gesellschaft nunmehr ein anerkannter EG-Produktionsbetrieb mit eingeführter Produktpalette, vorhandenen Absatzkanälen und einem Kundenstamm zur Verfügung steht. Der Betrieb ermöglicht eine erhebliche Umsatzausweitung und damit wesentlich günstigere Herstellungskosten. Bereits im 1. Halbjahr .... sei der Umsatz um gestiegen.

Die Gesellschafter beabsichtigen, in .... sowohl das Vermögen der ...... in die Gesellschaft einzubringen und auch ...... mit ...... zu verschmelzen. Das damit und mit weiteren Maßnahmen in einem Status zu erfassende Haftungsvolumen der von der hinter . . . . . . stehenden . . . . . . zur Verfügung zu stellenden Substanz dürfte ausreichen, die Überschuldung zu beseitigen.

Damit ist die Überschuldung jedoch am Bilanzstichtag nicht beseitigt. Auf die damit verbundenen Konsequenzen haben wir Geschäftsführer und Gesellschafter hingewiesen. Wir empfehlen dringend, unverzüglich Schritte zur Beseitigung der Überschuldung einzuleiten, da diese Maßnahmen bis zum Zeitpunkt unserer Prüfung teilweise aus rechtlichen Hinderungsgründen noch nicht umgesetzt werden konnten. Damit bleibt der Bestand des Unternehmens im Zeitpunkt der Beendigung unserer Prüfung gefährdet.
. . . . ".

3. Nach den Ermittlungen des Unterzeichners wurden die zur Überschuldung empfohlenen Sanierungsmaßnahmen nicht durchgeführt.

Die Schuldnerin stellte vielmehr am . . . . Insolvenzantrag.

Der hierzu erstellte Überschuldungsstatus schließt mit einer Überschuldung von DM 20 696 089,62 *(vgl. Bl. 6 GA).*

II. *Pachtvertrag über das Grundstück . . . . .*
  1. Die Schuldnerin domizilierte in . . . . . .

Das gewerblich genutzte Grundstück wurde nebst den darauf befindlichen Gebäuden durch schriftlichen Pachtvertrag vom . . . . . . von der GbR angemietet.

Gesellschafter der GbR waren zu diesem Zeitpunkt die vormalige Gesellschafterin der Insolvenzantragsschuldnerin, Frau . . . . . ., und Herr . . . . . .

Zuletzt waren hieran als Gesellschafter beteiligt:

1. Herr . . . . . . mit einem Anteil von 45 %;
2. Herr . . . . . . mit einem Anteil von 45 %;
3. Herr . . . . . . mit einem Anteil von 10 %.

Das Pachtverhältnis wurde zum 01. 07. . . . . .begründet und ist befristet bis zum 03. 06. . . . . . .

Bis zum Zeitpunkt der Insolvenzbeantragung war von der Schuldnerin hierfür ein jährlicher Pachtzins von DM 450 000,00 zu entrichten, fällig und zahlbar in jeweils monatlichen Teilbeträgen von $1/12$ im Voraus.

Die Pachtrückstände wurden gegenüber dem Gutachter mit DM 368 876,45 angegeben.

Das Pachtverhältnis soll zwischenzeitlich aufgelöst sein.

2. Zur Sicherung der bestehenden und künftigen Pachtzinsforderungen übereignete die Schuldnerin am . . . . . . ihr gesamtes Anlagevermögen an die o. a. Grundstücks-GbR

– Anlagenkonvolut G 2 –.

Die Sicherungsübereignung wurde von der Verpächterin mit Schreiben vom . . . . . . bestätigt.

Gleichzeitig wurde das Vermieterpfandrecht an den Sachen geltend gemacht

– Anlage G 3 –.

In der Folgezeit trat die Firma ......, Alleingesellschafterin der Schuldnerin, dem Pachtverhältnis als weitere Pächterin bei.

Am ...... schlossen die Insolvenzantragsschuldnerin und die Firma ...... jeweils vertreten durch ihren Geschäftsführer ......, mit der Firma ...... einen Unterpachtvertrag über die Nutzung des Gewerbeobjekts.

Geschäftsführer der Firma ...... ist der ehemalige Gesellschafter der Schuldnerin, Herr ....

Der hierfür vereinbarte, umsatzorientierte jährliche Pachtzins beträgt mindestens DM 350 000,00 (netto) und ist in monatlichen Raten von je DM 29 166,67 zahlbar.

Der Pachtzins wurde in der Folgezeit aufgrund einer am ...... erklärten Abtretung

– **Anlage G 4** –

unmittelbar an die (Haupt-)Verpächterin, die Grundstücks-GbR, gezahlt.

Bereits mit Schreiben vom ...... machte die Grundstücks-GbR nochmals das Vermieterpfandrecht an den von der Schuldnerin eingebrachten Sachen geltend und forderte diese auf, sich mit einer freihändigen Veräußerung der Gegenstände und Verrechnung des erzielten Erlöses mit den Pachtrückständen einverstanden zu erklären

– **Anlage G 5** –.

Aufgrund der zuvor abgeschlossenen Sicherungsübereignung und dem geltend gemachten Verpächterpfandrecht sah sich die Grundstücks-GbR alsdann dazu berechtigt, am ...... das Anlagevermögen der Schuldnerin an die bereits vorerwähnte Firma ...... zu einem Kaufpreis von DM 400 000,00 (netto) zu veräußern

– **Anlage G 6** –.

Wie der Vertragsurkunde zu entnehmen ist, erteilte Herr ......, handelnd auch als Geschäftsführer der Schuldnerin, seine Zustimmung zur Veräußerung.

Auf den Kaufpreis sollen nach Angaben des Geschäftsführers ...... bislang DM 50 000,00 an die Grundstücks-GbR gezahlt worden sein, die mit den bestehenden Pachtrückständen verrechnet wurden.

Die weiteren Raten sind jeweils in Höhe von DM 40 000,00 zzgl. Umsatzsteuer am 01. eines jeden Monats für die Zeit von Juli ....bis Februar ...., die letzte Rate in Höhe von DM 30 000,00 zzgl. Umsatzsteuer am 01.02..... fällig.

3. Zur Frage der eigenkapitalersetzenden Gebrauchsüberlassung vgl. die Erläuterungen zum Überschuldungsstatus.

III. Mietverträge
Solche sollen nicht bestehen.

IV. Leasingverträge
Leasingvertrag über eine Verpackungsmaschine
Die Verpackungsmaschine wurde durch schriftlichen Leasingvertrag vom ...... von der Firma ...... – *Vertrags-Nr.* ...... –.

Die monatlich geschuldete Leasingrate betrug zuletzt DM 1 673,99 (netto).

Der Leasingvertrag wurde mit Schreiben vom ...... von der Leasinggeberin wegen der bestehenden Rückstände fristlos gekündigt.

Die abgezinste Restforderung wurde mit DM 15 029,99 angegeben.

V. Dienst- und Arbeitsverhältnisse
   1. Dienstverhältnisse
   Alleinvertretungsberechtigter Geschäftsführer der Schuldnerin ist Herr ......

   Er ist auch – wie ausgeführt – Mitgesellschafter der Gesellschafterin der Schuldnerin.

   Ein schriftlicher Anstellungsvertrag wurde nicht vorgelegt.

   Es sollen Gehaltsrückstände bestehen, die allerdings nicht beziffert wurden.

   2. Arbeitsverhältnisse

   Zum Zeitpunkt der Insolvenzbeantragung waren Arbeitnehmer bei der Schuldnerin nicht mehr beschäftigt.

   Lohnrückstände sollen nicht bestehen.

VI. Sozialversicherungen
   Nach Angaben des Geschäftsführers ist an dem Insolvenzeröffnungsverfahren lediglich noch die ......beteiligt – *Beitragskonto-Nr.*....... –.

   Beitragsrückstände sollen nicht bestehen.

VII. Bankverbindungen

   Die Schuldnerin unterhielt zum Zeitpunkt der Insolvenzbeantragung bei folgenden Kreditinstituten Darlehens- und Avalkonten:
   1) ......
   2) ......
   3) ......

VIII. Buchhaltung und Jahresabschlüsse
   Die Buchhaltung der Schuldnerin wurde nach dem System „DATEV" erstellt.

   Sie ist bis zum März .... auf dem Laufenden.

   Der Jahresabschluß zum 31. 12..... sowie der „Entwurf" eines solchen zum 31. 12..... wurden überreicht.

IX. Steuerrechtsverhältnis
   Die Schuldnerin wird steuerlich bei dem Finanzamt Köln-...... unter der Steuer-Nr......., geführt.

   Nach Angaben ihres Geschäftsführers sollen Steuerrückstände nicht bestehen.

X. Berater
   Steuerlich wird die Schuldnerin von der Wirtschaftsprüfungsgesellschaft ...... betreut.

Als Rechtsberater waren die Rechtsanwälte ...... tätig. Die übernommenen Mandate wurden zwischenzeitlich im vollen Umfange niedergelegt.

Als Verfahrensbevollmächtigter in dem Insolvenzeröffnungsverfahren ist Herr Rechtsanwalt ...... tätig.

C. Ermittlung der Überschuldung und Zahlungsunfähigkeit

I. Überschuldung
Nach der neueren Rechtsprechung des Bundesgerichtshofs und ganz überwiegenden Auffassung in der Kommentierung liegt eine Überschuldung i. S. des § 63 Abs. 1 GmbHG grundsätzlich nur dann vor, wenn das Vermögen der Gesellschaft bei Ansatz von Liquidationswerten die bestehenden Verbindlichkeiten nicht decken würde (rechnerische Überschuldung) und die Finanzkraft der Gesellschaft mittelfristig nicht zur Fortführung des Unternehmens ausreicht (Überlebens- oder Fortbestehensprognose)

– vgl. BGH ZIP 1992, 1382;
Hachenberg/Ullmer, § 63 GmbHG, Rdn. 30 ff.;
Scholz/K. Schmidt, § 63 GmbHG, Rdn. 13 ff.;
Baumbach/Hueck/Schulze-Osterloh, § 63 GmbHG, Rdn. 8;
Kuhn/Uhlenbruck, § 102 KO, Rdn. 3 a ff.;
Kilger/K. Schmidt, § 102 KO, Anm. 2 b;
– jeweils mit weiteren Nachweisen –.

Dem hat der Gesetzgeber in § 19 Abs. 2 S. 2 InsO Rechnung getragen.

Danach ist bei der Bewertung des Vermögens des Schuldners die Fortführung des Unternehmens zugrundezulegen, wenn diese nach den Umständen überwiegend wahrscheinlich ist.

Die zweistufige Überschuldungsprüfung erfolgt danach wie folgt:

Zunächst ist die rechnerische Überschuldung nach Liquidationswerten zu ermitteln. Ergibt sich danach eine Überschuldung, ist auf der zweiten Stufe eine Fortführungsprognose zu stellen. Ist diese positiv, d. h. ist das Unternehmen wirtschaftlich lebensfähig und in absehbarer Zeit kostendeckend wirtschaftend, schlägt dies auf die Bewertung mit der Folge zurück, daß im Überschuldungsstatus Fortführungswerte („Going-concern-Werte") eingestellt werden können. Fällt die Prüfung der Lebensfähigkeit negativ aus, hat es bei den Liquidationswerten zu verbleiben.

Danach gilt folgendes:

1. Rechnerische Überschuldung
Die Schuldnerin ist rechnerisch in Höhe von

DM 19 428 897,00

überschuldet, wie sich aus dem beigefügten Überschuldungsstatus ergibt.

Der Status wurde im wesentlichen aus den mir hierzu übergebenen Unterlagen und erteilten Auskünften erstellt.

Die Wertansätze für das unbewegliche und bewegliche Anlagevermögen basieren teilweise auf Schätzungen. Dabei erfolgte die Bewertung grundsätzlich zugunsten der Schuldnerin. Auf die Ausführungen in den Erläuterungen zum Überschuldungsstatus nehme ich Bezug.

Die bei einer insolvenzmäßigen Liquidation der Schuldnerin anfallenden Abwicklungskosten – im Überschuldungsstatus als „Masseverbindlichkeiten" ausgewiesen – blieben bei der Ermittlung der Überschuldung unberücksichtigt.

2. Überlebens- und Fortbestehensprognose
Die finanzielle und wirtschaftliche Situation der Gesellschaft gestatten eine mittelfristige Fortführung des Unternehmens nicht.

Der Geschäftsbetrieb wird seit Anfang des Jahres . . . . von der Firma . . . . . . fortgeführt, an die auch das gesamte Anlagevermögen veräußert wurde.

Die Kreditmöglichkeiten sind ausgeschöpft.

Die Gesellschafterin, bzw. die hinter ihr stehenden Gesellschafter, sind nicht dazu bereit, der Schuldnerin kurzfristig liquide Mittel zur Fortführung des Unternehmens zur Verfügung zu stellen.

Realistische Möglichkeiten, die ermittelte Überschuldung in absehbarer Zeit zu beseitigen, sind nicht vorhanden.

Eine mittelfristige Fortführung des Unternehmens scheidet aus.

Die Fortführungsprognose ist negativ.

Es verbleibt daher bei den im Überschuldungsstatus in Ansatz gebrachten Liquidationswerten.

Die Schuldnerin ist daher überschuldet i. S. des zweistufigen Überschuldungsbegriffes.

II. Zahlungsunfähigkeit
Zahlungsunfähigkeit liegt dann vor, wenn der Schuldner wegen eines dauernden Mangels an Zahlungsmitteln außerstande ist, seine fälligen Verbindlichkeiten noch im wesentlichen zu erfüllen

vgl. BGH NJW 1962, 102;
BGH WM 1959, 891;
Kuhn / Uhlenbruck, § 102 KO, Rdn. 2;
Kilger / K. Schmidt, § 102 KO, Anm. 2 a
– jeweils mit weiteren Nachweisen –.

Zahlungsunfähigkeit ist insbesondere dann anzunehmen, wenn der Schuldner die Zahlungen eingestellt hat (§ 17 Abs. 2 S. 2 InsO).

Nach meinen Ermittlungen ist die Insolvenzantragsschuldnerin auch nicht ansatzweise dazu in der Lage, die bestehenden – sämtlich fälligen – Verbindlichkeiten auszugleichen.

Die Kreditmöglichkeiten sind – wie ausgeführt – ausgeschöpft.

Der Geschäftsbetrieb ist auf Dauer eingestellt.

Es liegt auch nicht eine nur vorübergehende Zahlungsstockung, sondern eine dauerhafte Zahlungsunfähigkeit vor.

Bereits bei der Überschuldungsprüfung wurde darauf hingewiesen, daß eine Betriebsfortführung ausscheidet, so daß kurz- oder mittelfristige Erlöse hieraus nicht zu erwarten stehen.

Die Schuldnerin hat vielmehr ihre Zahlungen eingestellt (§ 17 Abs. 2 S. 2 InsO).

Zahlungseinstellung liegt dann vor, wenn die Zahlungsunfähigkeit für die beteiligten Verkehrskreise erkennbar geworden ist

– vgl. Kuhn/Uhlenbruck, § 102, Rdn. 2f. –.

Vorliegend haben Gläubiger bereits seit geraumer Zeit festgestellt, daß die Schuldnerin Zahlungen auf bestehende Gorderungen nicht mehr geleistet hat.

Der materielle Insolvenzgrund der Zahlungsunfähigkeit ist daher ebenfalls gegeben.

D. *Ermittlung der die Kosten des Verfahrens deckenden Masse*

Da eine Insolvenzeröffnung nur bei Vorhandensein oder Zurverfügungstellung einer ausreichenden Masse verantwortet werden kann, müssen wenigstens die Verfahrenskosten gem. § 26 Abs. 1 S. 1 InsO gedeckt sein.

Diese belaufen sich mindestens auf (geschätzt) DM 40 000,00.

Kurzfristig realisierbare Vermögenswerte der Schuldnerin bestehen nicht.

Vielmehr müßten die Forderungen gegen die Grundstücks-GbR wegen Eigenkapitalersatzes und gegen die . . . . . . wegen Insolvenzanfechtung mit hoher Wahrscheinlichkeit gerichtlich eingefordert werden.

Da die Gesellschafter der Grundstücks-GbR sämtlich ihren Wohnsitz außerhalb des Landgerichtsbezirkes Köln haben, müßte zur gerichtlichen Durchsetzung der Forderungen ein auswärtiger Kollege eingeschaltet werden. Die hierfür erforderlichen Mittel stehen nicht zur Verfügung.

Hinzu kommt, daß die Gesellschafter . . . . . . Vermögenslosigkeit behaupten, so daß hinsichtlich der Realisierung von titulierten Ansprüchen Bedenken bestehen.

Da es sich um einen Eigenantrag handelt, können auch Gläubiger nicht wegen eines Verfahrenskostenvorschusses angegangen werden.

Eine die Kosten des Verfahrens deckende, (kurzfristig) verfügbare Masse ist daher nicht vorhanden.

E. *Zusammenfassung:*

1. Die Schuldnerin ist nach meinen Feststellungen zahlungsunfähig und überschuldet.

2. Es handelt sich um einen Eigenantrag.

3. Eine die Kosten des Verfahrens deckende, verfügbare Masse ist nicht vorhanden.

Sollte ein Verfahrenskostenvorschuß in der genannten Höhe nicht zur Verfügung gestellt werden, rege ich an,

1. **den Antrag auf Eröffnung des Insolvenzverfahrens über das Vermögen der Firma . . . . . . diese vertreten durch ihren alleinvertretungsberechtigten Geschäftsführer, Herrn . . . . . . mangels einer die Kosten des Verfahrens deckenden, verfügbaren Masse zurückzuweisen;**

2. **das der Schuldnerin auferlegte allgemeine Veräußerungsverbot vom . . . . . . aufzuheben.**

Die Akten 73 N . . . . . . AG Köln habe ich bereits zurückgereicht.

Der mit dem Insolvenzantrag übergebene Bericht über die Erstellung des Jahresabschlusses zum 31. 12. . . . sowie der „Berichts-Entwurf" über die Prüfung des Jahresabschlusses zum 31. 12. . . . . . der Wirtschaftsprüfungsgesellschaft . . . . . . liegen an.

Sollten weitere Ermittlungen erforderlich sein, darf ich bitten, mir die Akten noch einmal zur Verfügung zu stellen.

Rechtsanwalt
als vorläufiger Insolvenzverwalter   *Anlagen*

Überschuldungsstatus in dem Insolvenzeröffnungsverfahren über das Vermögen der Firma . . . . . . in Köln – 73 N . . ./. . AG Köln –

Aktiva

	Wert DM	Rechte Dritter DM	Freie Masse I DM	Freie Masse II (Insolvenz- Eröffnung) DM
I. Ausstehende Einlagen	1,00	0,00	1,00	1,00
II. Anlagevermögen				
1. Immaterielle Vermögenswerte	0,00	0,00	0,00	0,00
2. Grundstücke u. Einbauten auf fremden Grundstücken	100 000,00	0,00	100 000,00	1,00
3. Technische Anlagen/ Betriebs- u. Geschäftsausstattung	0,00	0,00	0,00	0,00
III. Finanzanlagen				
Beteiligungen	1,00	0,00	1,00	1,00
IV. Umlaufvermögen				
1. Vorräte (Fertigerzeugnisse/ Rohstoffe)	0,00	0,00	0,00	0,00
2. Andere Gegenstände des Umlaufvermögens				
a) Forderungen aus Lieferungen u. Leist.	575 267,00	575 267,00	0,00	0,00
b) Kassenbestand	60,00	0,00	60,00	60,00
3. Sonstige Vermögensgegenstände				
a) Forderung	1,00	0,00	1,00	1,00
b) Kautionsguthaben	0,00	0,00	0,00	0,00
4. Insolvenzanfechtung	8 035,00	0,00	8 035,00	8 035,00
5. Forderung Geschäftsführer	10 000,00	0,00	10 000,00	1,00
V. Forderung wegen Eigenkapitalersatz	421 253,00	0,00	421 253,00	1,00
VI. Überschuldung	19 428 897,00	0,00	0,00	0,00
	20 543 515,00	575 267,00	539 351,00	8 101,00

Vermögen:	1 114 618,00 DM	Freie Masse II:	8 101,00 DM
Verbindlichkeiten:	20 543 515,00 DM	Masseverbindlichkeiten:	40 000,00 DM
Überschuldung:	**19 428 897,00 DM**	**Unterdeckung:**	**31 899,00 DM**

Passiva

	Wert DM	Sicherheiten DM	Insolvenzgläubiger DM	nachrangige Insolvenzgläubiger DM	Masseverbindlichkeiten DM
I. Insolvenzgläubiger					
1. Verbindlichkeiten aus Lieferungen u. Leistungen	9 831 296,00	293 748,00	9 537 558,00	0,00	0,00
2. Verbindlichkeiten gegenüber Kreditinstituten	5 379 614,00	281 519,00	5 098 095,00	0,00	0,00
3. Verbindlichkeiten aus Leasingverträgen	15 029,00	0,00	15 029,00	0,00	0,00
4. Löhne, Gehälter, Sozialvers.	116,00	0,00	116,00	0,00	0,00
5. Steuern	0,00	0,00	0,00	0,00	0,00
6. Sonstige Verbindlichkeiten	76 744,00	0,00	76 744,00	0,00	0,00
II. Nachrangige Insolvenzgläubiger					
1. Forderungen gem. § 39 Abs. 1 Nr. 5 InsO	5 240 716,00	0,00	0,00	5 240 716,00	0,00
2. Steuern (§ 61 I Nr. 2 KO)	0,00	0,00	0,00	0,00	0,00
III. Verfahrenskosten u. sonstige Masseverbindlichkeiten					
1. Verfahrenskosten					40 000,00
2. Sonstige Masseverbindlichkeiten					100 000,00
	20 543 515,00	575 267,00	14 727 532,00	5 240 716,00	140 000,00

Rechtsanwalt   Köln, den . . . . . .
als vorläufiger Insolvenzverwalter

Erläuterungen zum Überschuldungsstatus

Aktiva

I. Ausstehende Einlagen   DM   1,00
      Es wurde bereits unter A. des Gutachtens („Stammkapital")
ausgeführt, daß vom Unterzeichner nicht abschließend ermittelt
werden konnte, ob das mit DM 500 000,00 angegebene und

in bar zu leistende Stammkapital der Gesellschaft zur freien Verfügung ihrer Geschäftsführung stand.

Ein etwaig sich danach noch ergebender Einzahlungsanspruch wurde mit einem Erinnerungswert berücksichtigt.

II. Anlagevermögen

1. *Immaterielle Vermögenswerte*   DM   0,00
   Ausweislich des überreichten „Entwurfs" des Jahresabschlusses zum 31. 12. . . . . war die Schuldnerin Eigentümerin einer Systemsoftware nebst dazugehörigen Anwendungsprogrammen.

   Ihr Buchwert betrug zu diesem Zeitpunkt DM 7.373,00.

   Die Software wurde nebst Anwendungsprogrammen durch schriftlichen Kaufvertrag vom . . . . . . mit dem gesamten Anlagevermögen von der Verpächterin, der bereits erwähnten Grundstücks-GbR, an die Firma . . . . veräußert
   (vgl. Anlage G 6).

   Von einem realisierbaren Vermögenswert kann daher nicht ausgegangen werden.

   Zur Frage des Eigenkapitalersatzes und der sich daraus ergebenden Forderung vgl. Punkt IV. 3. e) der Erläuterungen.

2. *Grundstücke und Einbauten auf fremden Grundstücken*
   a) *Grundstücke*   DM   0,00
      Über Grundvermögen verfügt die Schuldnerin nicht.

   b) *Einbauten auf fremden Grundstücken*   DM   1,00
      Im „Entwurf" des Jahresabschlusses zum 31. 12. . . . . sind zugunsten der Schuldnerin getätigte Mietereinbauten im Objekt . . . . in Höhe von DM 1 582 212,00 ausgewiesen.

      Geht man – in Übereinstimmung mit den hierzu vom Geschäftsführer gemachten Angaben – von einer jährlichen Abschreibung von DM 102 984,32 aus, so hatten die Einbauten per . . . . . . noch einen Buchwert von DM 1 427 735,60.

      Hierzu heißt es im Pachtvertrag vom . . . . . . unter § 11 u. a. wörtlich:

      „1. Der Pächter ist auf eigene Kosten verpflichtet, während der ersten 2 Jahre Pächtereinbauten und Veränderungen des Pachtobjektes in Abstimmung mit dem Verpächter vorzunehmen, die dazu dienen, im Pachtobjekt . . . . . .-Produkte nach den jeweils aktuellen Bestimmungen der europäischen Gemeinschaft zu produzieren.

          Diese Umbauverpflichtung ist Grundlage der Staffelpacht.

      2. Der Verpächter wirkt an einer Finanzierung dieser Maßnahmen nicht mit. Die Pächtereinbauten gehen entschädigungslos in das Vermögen des Verpächters über . . . . .

3. Allgemein zu Einbauten und Veränderungen
gilt folgendes:
......

b) Für Einbauten, die wesentliche Bestandteile
des Objektes werden, kann der Pächter keine
Entschädigung verlangen. Ein Wegnahmerecht
des Pächters wird ausgeschlossen.

c) Bei Beendigung des Pachtvertrages kann der
Verpächter jedoch vom Pächter die Wegnahme
der Einbauten und die Wiederherstellung des
ursprünglichen Zustandes verlangen ....."

Der vorgesehene vertragliche Ausschluß eines Weg-
nahmerechts des Mieters wird bei gewerblichen Miet-/
Pachtverhältnissen allgemein für zulässig erachtet

– vgl. *Sternel*, Mietrecht, 3. Aufl., IV. Rdn. 625 m. w. N. –.

Vorliegend besteht jedoch die Besonderheit, daß das
Pachtverhältnis befristet war bis zum 30. 06......

Wird es in diesem Falle – wie hier – vorzeitig aufgelöst,
steht dem Pächter gegenüber dem Verpächter ein
Bereicherungsanspruch zu, weil dieser vorzeitig die
Nutzungsmöglichkeit wiedererlangt hat

– so OLG Hamburg, MDR 1974, 584 –,

was vorliegend tatsächlich auch durch die
Weiterverpachtung an die Firma ...... erfolgt ist
(vgl. Punkt B. I. 2. des Gutachtens).

In Ansehung des Umfanges der getätigten Mieter-
einbauten geht der Unterzeichner im mindesten von
einem Bereicherungsanspruch der Schuldnerin gegenüber der Verpächterin in Höhe von DM 100 000,00 aus.

Der Durchsetzbarkeit eines solchen Anspruchs steht
nach diesseitiger Auffassung auch nicht entgegen,
daß die Verpächterin wegen ihrer Pachtzinsforderungen
das Verpächterpfandrecht an den Sachen geltend macht,
da die Gebrauchsüberlassung an die Schuldnerin haftendes Eigenkapital ersetzte, was zu einer Geltendmachung
des Pfandrechts nicht berechtigt (vgl. Punkt V. der Erläuterungen).

Anläßlich einer am ...... nochmals geführten Unterredung, an der u. a. auch der Verfahrensbevollmächtigte der Schuldnerin teilnahm, wies der Geschäftsführer darauf hin, daß sowohl er als auch sein Bruder,
Herr ...... aufgrund ihrer Vermögensverhältnisse
nicht dazu in der Lage seien, die Forderung, selbst bei
Bestand, auszugleichen.

Es bestehe die Bereitschaft, über ihre Vermögensverhältnisse jederzeit eine eidesstattliche Versicherung abzugeben.

Die finanziellen Verhältnisse des Mitgesellschafters . . . . . .
sollen ähnlich angespannt sein.

Auf diesem Hintergrund wurde der Anspruch im
Überschuldungsstatus in der Spalte „Freie Masse II"
lediglich mit einem Erinnerungswert berücksichtigt.

3. *Technische Anlagen/Betriebs- und Geschäftsausstattung*   DM   0,00
    a) Ausweislich des überreichten „Entwurfs" des Jahresab-
       schlusses zum 31. 12. . . . . waren zu gunsten der Schuldnerin
       – technische Anlagen und Maschinen
         zu einem Buchwert von   DM   139 139,00
       – andere Anlagen/Betriebs- und
         Geschäftsausstattung zu einem
         Buchwert von   DM   78 389,00
         insgesamt   **DM   217 528,00**
       aktiviert.

    Die Sachen wurden – bis auf die in b) aufgeführten Gegen-
    stände – ebenfalls durch schriftlichen Kaufvertrag vom
    04. 02. . . . . von der Verpächterin mit dem übrigen An-
    lagevermögen im Zuge der Verwertung aufgrund der zu
    ihren Gunsten bestehenden Sicherungsübereignung und
    erklärten Geltendmachung des Verpächterpfandrechts an die
    Firma . . . . zu einem Kaufpreis von DM 400 000,00
    veräußert *(vgl. Anlage G 6)*.

    b) Von der Veräußerung an die Firma . . . . waren folgende
       Gegenstände ausgenommen:
       Die o. a. Gegenstände wurden von der Verpächterin durch
       schriftlichen – allerdings undatierten – Kaufvertrag an
       die Firma . . . . . . zu einem Kaufpreis von DM 74 635,00
       (brutto) veräußert

    – Anlage G 7 –.

    Hierauf sollen von der Firma . . . . . . bislang lediglich
    DM 30 733,02 gezahlt worden sein.

    Der Restkaufpreis von DM 43 861,98 steht danach nach
    wie vor zur Zahlung offen.

Zu a) und b):
Aufgrund der Veräußerung der Gegenstände kann von einem
realisierbaren Vermögenswert nicht ausgegangen werden.

Zur Frage des Eigenkapitalersatzes und der daraus sich
ergebenden Forderung vgl. Punkt V. der Erläuterungen.

III. *Finanzanlagen*
Beteiligung an der Firma . . . . . . GmbH,   DM   1,00
Ausweislich der Erläuterungen zum Insolvenzantrag soll die
Schuldnerin an der Firma . . . . . . GmbH mit Sitz in . . . . . . mit

50% der Geschäftsanteile (= DM 50 000,00) beteiligt sein *(vgl. Bl. 8 GA).*

Die Beteiligung wird dort als wertlos bezeichnet, da sich die Gesellschaft seit dem . . . . . . in Liquidation befinde und mit einer Rückzahlung der Stammeinlage nicht gerechnet werden könne.

Über Unterlagen hierüber will der Geschäftsführer nicht verfügen.

Die Beteiligung wurde im Rahmen des Gutachtens mit einem Erinnerungswert berücksichtigt.

IV. Umlaufvermögen

1. *Vorräte*

   a) *Fertigerzeugnisse*   DM   0,00
   Nach Angaben des Geschäftsführer der Schuldnerin verfügte diese zum Zeitpunkt der Insolvenzbeantragung über keine fertigen Erzeugnisse mehr.

   Diese sollen aufgrund einer zugunsten der . . . . Bank . . . . . erklärten (undatierten) Raumsicherungsübereignung

   – Anlage G 8 –

   dieser am . . . . . . zur Verfügung gestellt worden sein.

   Der Umfang der übergebenen Waren ist ebenso unbekannt wie der hierfür erzielte Verwertungserlös.

   Von einem realisierbaren Vermögenswert kann nicht ausgegangen werden.

   b) *Rohstoffe*   DM   0,00
   Laut Auskunft ihres Geschäftsführers verfügt die Schuldnerin noch über Rohwaren im Werte von DM 111 647,76

   – Anlage G 9 –,

   die in Kühlhäusern in . . . . . . und . . . . . . eingelagert sind.

   Die Einlagerer machen wegen rückständiger Einlagerungskosten Pfandrechte an den Sachen geltend.

   Im übrigen sind die Waren sicherungsübereignet an die . . . . Bank . . . . . *(vgl. Anlage G 8).*

   Ein freier Vermögenswert kann daher auch hier nicht festgestellt werden.

2. *Andere Gegenstände des Umlaufvermögens*

   a) *Forderungen aus Lieferungen und Leistungen*   DM   0,00
   Die Debitorenliste wird überreicht

   – Anlage G 10 –.

   Danach berühmt sich die Schuldnerin Forderungen in Höhe von DM 575 267,00 (aufgerundet).

An diesen Forderungen macht die Firma . . . . . .
aufgrund zu ihren Gunsten bestehender verlängerter
Eigentumsvorbehalte gem. Vereinbarung vom . . . . . .

– Anlage G 11 –

Rechte in Höhe von DM 293 748,00 (abgerundet)
geltend

– Anlage G 12 –.

Die restlichen Forderungen sollen abgetreten sein an
die Bank . . . . . .

Eine schriftliche Abtretungserklärung konnte nicht
vorgelegt werden.

Zum Nachweis überreicht wurden lediglich (undatierte)
Schreiben der . . . . . . an die Bank . . . . . . und die
Schuldnerin, in welchen auf die Abtretung Bezug
genommen wird

– Anlage G 13 –.

Im Rahmen des Gutachtens wird von einer wirksamen
Abtretung zugunsten der Bank . . . . . . ausgegangen.

Ein realisierbarer Vermögenswert besteht danach nicht.

Zur Frage des Eigenkapitalersatzes der zugunsten der
Grundstücks-GbR gestellten dinglichen Sicherheiten
und der Schuldmitübernahme der Herren . . . . . .
und . . . . . . vgl. Punkt V. der Erläuterungen.

b) *Kassenbestand*   DM   60,00
Zum Zeitpunkt der Insolvenzbeantragung sollen
bare Mittel nur noch in der genannten Höhe vorhanden
gewesen sein.

3. *Sonstige Vermögensgegenstände*
   a) *Forderung gegen Herrn* . . . . . .   DM   1,00
   Der ehemalige Gesellschafter der Schuldnerin, Herr. . . . . . ,
   verschuldete der . . . .Bank. . . . . . per 30. 10. . . . . einen
   Betrag von DM 3 904 396,92.

Für dessen Verbindlichkeiten gab die Schuldnerin am
20. 12. . . . . in Höhe eines Betrages von DM 1,4 Mio.
gegenüber der . . . .Bank eine selbstschuldnerische Bürgschaft

– Anlage G 14 –

und am 12. 01. . . . . zu deren Gunsten ein notarielles
Schuldanerkenntnis – UR.-Nr. . . . . ./. . . .
Notar . . . . , Köln –

– Anlage G 15 –

ab.

Am 20. 11. 1994 hatte sich die Schuldnerin bereits
für von Herrn . . . . . . gegenüber der . . . . bestehenden Verbindlichkeiten in Höhe eines Betrags von
DM 178 000,00 selbstschuldnerisch verbürgt

– Anlage G 16 –.

Ob die Schuldnerin im vollen Umfange aus den für
Herrn . . . . . . abgegebene Verpflichtungserklärungen
in Anspruch genommen wurde, ist unbekannt.

Jedenfalls folgt aus den Erläuterungen zum Insolvenzantrag, daß ein entsprechender Rückforderungsanspruch
gegen den Herrn . . . . aktiviert wurde *(vgl. Bl. 9 GA).*

Den dortigen Ausführungen ist ebenfalls zu entnehmen,
daß sich Herr . . . . . . Gegenforderungen in einer Größenordnung von DM 2,5 Mio. berühmt.

Nach den Ermittlungen des Geschäftsführers soll
Herr . . . . . . am 07. 05. 1991 vor dem Amtsgericht
Köln die eidesstattliche Versicherung abgegeben
haben – . . . M . . ./. . AG Köln –.

Von einem kurzfristig realisierbaren Vermögenswert
kann daher nicht ausgegangen werden.

Die Forderung wurde mit einem Erinnerungswert
berücksichtigt.

b) *Kautionsguthaben*   DM   0,00
Ausweislich der überreichten DATEV-Kontoauszüge
besteht zugunsten der

– Firma . . . .
   ein Kautionsguthaben von   DM   11 396,64

– der Firma . . . .
   ein solches von   DM   200 000,00

– Anlage G 17 –.

Aus der als Anlage G 20 des Gutachtens in Vorlage gebrachten Kreditorenliste ergibt sich, daß gegenüber der

– Firma . . . .
   Verbindlichkeiten in Höhe von   DM   12 477,45

– Firma . . . .
   solche von   DM   1 490 460,28

bestehen.

Die Gläubiger können die Aufrechnung erklären.

Ob diese bereits in der Kreditorenliste berücksichtigt ist,
ist unbekannt.

Eine für die Insolvenz freie Masse besteht danach nicht.

4. *Insolvenzanfechtung*   DM   8 035,00
(abgerundet)
Es wurde ausgeführt, daß die Schuldnerin bei der . . . . . ., ein
Geschäftskonto mit der Nr. . . . . . . unterhält.

Diese wurde nach Angaben des Geschäftsführers . . . . . . von ihm
am . . . . von dem gestellten Insolvenzantrag in Kenntnis gesetzt.

Ausweislich der vorgelegten Kontoauszüge ging danach
auf dem debitorisch geführten Geschäftskonto noch eine
Zahlung von DM 8 035,23 ein, die mit dem bestehenden
Schuldsaldo verrechnet wurde.

Die Verrechnung unterliegt der Insolvenzanfechtung.

Weitere Anfechtungstatbestände sind nicht
bekannt geworden.

5. *Forderung gegen den Geschäftsführer*   DM   1,00
Der Jahresabschluß zum 31. 12. . . . .
weist bereits einen nicht durch Eigenkapital der Gesellschaft gedeckten Fehlbetrag von DM 3 622 003,24 aus.

Dieser potenzierte sich nach dem vorläufigen Jahresabschluß
zum 31. 12. . . . . auf DM 9 826 843,29.

Der Geschäftsführer selbst geht in der von ihm
erstellten Überschuldungsbilanz zum . . . . . . von
einer Überschuldung von DM 20 696 089,62 aus.

Auf diesem Hintergrund mußte dem Geschäftsführer,
der auch gleichzeitig Mitgesellschafter der Gesellschafterin
der Schuldnerin ist, spätestens bei seiner Bestellung
zum Geschäftsführer am . . . . . die fortschreitende Überschuldung bekannt gewesen sein.

In der Kürze der Zeit konnte nicht ermittelt werden, in
welcher Höhe der Geschäftsführer seit seiner Bestellung
hierzu masseschmälernde Zahlungen vorgenommen hat,
die diesen nach § 64 Abs. 2 S. 1 GmbHG zum Schadensersatz
verpflichten. Die gegen ihn bestehende Forderung beläuft sich jedoch mindestens auf DM 10 000,00, wobei
allerdings Anhaltspunkte dafür vorliegen, daß diese nicht
unwesentlich höher anzusiedeln sein wird.

Aufgrund der behaupteten Vermögenslosigkeit des Geschäftsführers wurde die Forderung in der Spalte „Freie Masse II"
nur mit einem Erinnerungswert berücksichtigt.

V. Forderung aus Eigenkapitalersatz   DM   1,00
1. *Eigenkapitalersetzende Gebrauchsüberlassung der
Gewerbefläche* . . . . . .

Im Insolvenzantrag wird die Auffassung vertreten, daß die
Voraussetzungen einer eigenkapitalersetzenden Nutzungsüberlassung derzeit nicht erkennbar seien *(vgl. Bl. 12 GA)*.

Dieser Meinung schloß sich der Verfahrensbevollmächtigte der Schuldnerin, Herr Rechtsanwalt ...., in den geführten Unterredungen an.

Die Auffassung wird vom Unterzeichner nicht geteilt.

Im einzelnen:

Es entspricht allgemeiner Auffassung, daß die Überlassung von Sachen durch einen oder mehrere Gesellschafter an eine Gesellschaft dem Eigenkapitalersatz unterliegen kann

> – vgl. nur BGHZ 109, 55;
> BGH ZIP 1994, 1261;
> BGH ZIP 1994 Heft 18 –.

Voraussetzung ist zunächst, daß ein Gesellschafter der Gesellschaft einen Gegenstand zur Nutzung überläßt.

Dies ist vorliegend durch die entgeltliche Überlassung des Betriebsgrundstücks durch die GbR, bestehend aus denselben Gesellschaftern der Gesellschafterin der Schuldnerin, der Fall.

Weiterhin ist erforderlich, daß die Gesellschaft zu dem Zeitpunkt, da ihr der Gegenstand zum Gebrauch überlassen wird, insolvenzreif ist – sei es wegen Überschuldung oder Illiquidität –

> BGHZ 109, 55, 60;
> BGH GmbHR 1993, 503, 504.

Es bedarf keiner weiteren Ausführungen, daß die Schuldnerin spätestens zum 31. 12. ..... überschuldet war.

So weist der vorläufige Jahresabschluß zu diesem Zeitpunkt bereits einen nicht durch Eigenkapital gedeckten Fehlbetrag von DM 9 826 843,29 aus.

Die Gebrauchsüberlassung ersetzte daher spätestens seit Januar .... haftendes Eigenkapital.

Die Gesellschaft war zu diesem Zeitpunkt außerstande, sich den für den Kauf des überlassenen Betriebsgrundstücks erforderlichen Kredit auf dem Kapitalmarkt zu besorgen, noch wäre aufgrund der festgestellten Überschuldung ein außenstehender Dritter bereit gewesen, der Gesellschaft das Anwesen – ohne Stellung werthaltiger Sicherheiten – zum Gebrauch zu überlassen

> – vgl. BGHZ 121, 31, 38 –.

Abgesehen davon ist aufgrund der bestehenden Überschuldung die Gebrauchsüberlassung seit Anfang Januar .... zwingend als eigenkapitalersetzend anzusehen, ohne daß es noch darauf ankommt, ob ein außenstehender Dritter der Schuldnerin das Betriebsgrundstück zum Gebrauch überlassen hätte

– so BGHZ 31, 258, 272 für den Fall der
Darlehensgewährung –.

Der eigenkapitalersetzenden Gebrauchsüberlassung
an die Gesellschaft steht es gleich, wenn diese bei der
Einbringung zwar noch gesund war, der Gesellschafter
jedoch bei Eintritt der Krise oder Überschuldung den
überlassenen Gegenstand „stehenläßt"

– BGH ZIP 1994, 1261, 1263 –.

Hiervon ist auszugehen, wenn der Gesellschafter den
Kriseneintritt kennt oder erkennen konnte und er trotzdem
den Gegenstand beläßt, obwohl er rechtlich dazu in der
Lage ist, ihn zurückzufordern, sei es, weil er das Nutzungsrecht ordentlich kündigen kann oder aber außerordentlich

– BGHZ 109, 55, 60 –.

So liegt der Fall hier:

Eine Kündigungserklärung der GbR
liegt – jedenfalls in Schriftform – nicht vor.

Auch hat diese von der Schuldnerin das Betriebsgrundstück nicht ernstlich zurückgefordert, sondern
vielmehr gestattet, daß diese das Anwesen an die
Firma . . . . . . unterverpachtet.

Spätestens zu diesem Zeitpunkt wandelte sich daher die
Gebrauchsüberlassung in eine eigenkapitalersetzende um.

Dies hat zur Konsequenz, daß die ab dem . . . . . . an die
GbR geleisteten Pachtzinsen der Schuldnerin zu verbleiben hatten, da sie nicht aus freiem, das Stammkapital
übersteigendem Vermögen gezahlt wurden und somit
dem Auszahlungsverbot des § 30 GmbHG unterlagen

– vgl. hierzu BGHZ 109, 55, 66 –.

Der Betrag ist nach § 31 GmbHG der Gesellschaft
zu erstatten.

Aus demselben Grunde hätte der von der Firma . . . . . .
geleistete und an die GbR abgetretene Pachtzins der
Schuldnerin zur Verfügung gestellt werden müssen.

Auch hat die GbR kein Vermieterpfandrecht erlangt,
welches diese zur Verwertung des eingebrachten Anlagevermögens der Schuldnerin berechtigte

– vgl. hierzu BGHZ 109, 55, 66 –.

Da die Gebrauchsüberlassung haftendes Eigenkapital ersetzte,
ging auch die zugunsten der GbR ausgesprochene Sicherungsübereignung der Sachen ins Leere.

Die Gegenstände hatten daher ebenfalls im Vermögen der
Gesellschaft zu verbleiben.

Aufgrund deren Veräußerung sind die Gesellschafter der Gesellschafterin der Insolvenzantragsschuldnerin verpflichtet, das Surrogat, nämlich die bereits erhaltenen und künftigen Veräußerungserlöse an die Gesellschaft auszukehren.

Im Falle der Nichteinbringlichkeit bestehen unmittelbare Zahlungsansprüche.

Aus dem Komplex „eigenkapitalersetzende Gebrauchsüberlassung" ergibt sich somit folgende – sofort fällige – Forderung:

(1) Erstattung erhaltener Pachtzinsen	DM	340 520,93
(2) Erstattung Kaufpreisrate Anlagevermögen (Firma . . . .)	DM	50 000,00
(3) Erstattung Kaufpreisrate Anlagevermögen (Firma . . . .)	DM	30 733,02
insgesamt	**DM**	**421 253,95**

Die restlichen Forderungen, nämlich auf Erstattung der noch eingehenden Kaufpreisraten und der von der Firma . . . . . geleisteten Pachtzinsen, bestehen bereits dem Grunde nach.

2. *Eigenkapitalersetzende Kredithilfe*
  a) *Zum Sachverhalt*
    (1) Nach Angaben des Geschäftsführers . . . . verfügte die Schuldnerin zum Zeitpunkt der Insolvenzbeantragung über keine fertigen Waren mehr.

      Diese wurden vielmehr aufgrund einer zugunsten der . . . . Bank . . . . . erklärten Raumsicherungsübereignung dieser am 31. 03. . . . . . zur Verfügunggestellt.

      Der Verwertungserlös ist bislang nicht bekannt.

      Zur Sicherung der Verbindlichkeiten der Schuldnerin, zum Zeitpunkt der Insolvenzbeantragung sich auf DM 403 578,71 belaufend, wurden zugunsten der . . . . . . .Bank . . . . . .auf dem im Eigentum der GbR stehenden Objekt Grundschulden in Höhe von DM 500 000,00 bestellt.

    (2) Nach den dem Gutachter vorgelegten Unterlagen berühmt sich die Schuldnerin Forderungen aus Lieferungen und Leistungen in Höhe von DM 528 610,03.

      An diesen macht die Firma . . . . aufgrund zu ihren Gunsten bestehender verlängerter Eigentumsvorbehalte Rechte in Höhe von DM 293 748,70 geltend.

      Die restlichen Forderungen sind abgetreten an die Bank . . . ., die die Zession zwischenzeitlich offenlegte.

      Zur Sicherung der Verbindlichkeiten der Schuldnerin, zum Zeitpunkt der Insolvenzbeantragung sich auf DM 3 139 197,04 belaufend, wurden zu-

gunsten der Bank . . . . auf dem im Eigentum
der GbR stehenden o. a. Objekt Grundschulden
in Höhe von DM 3,0 Mio. bestellt.

b) Die von der GbR zugunsten der Kreditinstitute bestellten
dinglichen Sicherheiten sind als eigenkapitalersetzende
Kredithilfen zu qualifizieren.

Die o. a. Banken haben als außenstehende Dritte der
Konkursantragsschuldnerin Kredite gewährt, welche erkennbar von Anfang an eigenkapitalersetzende Qualität
gehabt bzw. eine solche in der Folgezeit durch
„Stehen lassen" erlangt haben

   – vgl. hierzu nur *Scholz/K. Schmidt*, GmbH-Gesetz,
   Kommentar, 8. Aufl., §§ 32a, 32b, Rdn. 128, 132 –.

Ob ein Drittdarlehen diese Funktion hat, bestimmt sich
danach, ob es als eigenkapitalersetzende Kredithilfe
einzustufen wäre, wenn es von einem Gesellschafter
– statt von einem Dritten – gewährt worden wäre.

Entscheidend hierfür ist die Kreditwürdigkeit der
Gesellschaft, d. h. ob diese das Darlehen auch ohne
Besicherung durch den Gesellschafter von einem vernünftig denkenden, außenstehenden Kreditgeber zu
marktüblichen Bedingungen hätte erhalten können

   – BGH ZIP 1992, 177, 178;
   Lutter/Hommelhoff, GmbH-Gesetz,
   Kommentar, 13. Aufl., §§ 32a, b, Rdn. 90 –.

Dies ist vorliegend zu verneinen.

Die Schuldnerin war – wie ausgeführt – spätestens
zum 31.12. . . . . überschuldet.

Zu diesem Zeitpunkt wären weder die o. a. Kreditgeber,
noch ein außenstehender Dritter, bereit gewesen, der
Gesellschaft Darlehen in der genannten Höhe ohne
Stellung privater, werthaltiger Sicherheiten durch die
Gesellschafter zu gewähren.

Auch hier besteht Einigkeit darüber, daß die Kapitalschutzvorschriften auch dann zur Anwendung gelangen,
wenn der Kreditgeber das Darlehen – wie hier –
weiterhin bis hin zur Krise beläßt

   – vgl. nur *Scholz/K. Schmidt*, a. A.O., §§ 32a, 32b,
   Rdn. 133 m. w. N. –.

Durch die Verwertung der von der Schuldnerin gestellten
Sicherheiten wurden die Gesellschafter der GbR von
ihren Verbindlichkeiten gegenüber den Kreditinstituten befreit.

Sie sind daher auch hier verpflichtet, die insoweit erfolgten
– der Höhe nach noch unbezifferten – Rückzahlungen
der Gesellschaft nach § 31 GmbHG zu erstatten.

Mit Schreiben vom . . . . . . wurde die Grundstücks-GbR
vom vorläufigen Insolvenzverwalter zur Zahlung und
Anerkennung der Forderungen unter Fristsetzung
zum . . . . . . aufgefordert

– Anlage G 18 –.

Die geltend gemachten Ansprüche wurden mit Schreiben
vom . . . . . . zurückgewiesen

– Anlage G 19 –.

Die dort angeführte Begründung hält nach Überzeugung
des Unterzeichners einer tatsächlichen und rechtlichen
Überprüfung nicht stand.

Die o. a. fällige Forderung wurde daher in voller Höhe
in der Spalte „Freie Masse I" des Überschuldungsstatus eingesetzt.

Von einer Einsetzung der übrigen Forderungen wurde
abgesehen.

Aufgrund der behaupteten Vermögenslosigkeit der Gesellschafter konnte der Anspruch in der Spalte „Freie Masse II"
lediglich mit einem Erinnerungswert berücksichtigt werden.

Passiva

I. Insolvenzgläubiger   DM   14 727 532,00
   1. Verbindlichkeiten aus Lieferungen und Leistungen   DM   9 537 548,00
      (abgerundet)
      Die anhand der übergebenen Unterlagen gefertigte
      Kreditorenliste wird überreicht

      – Anlage G 20 –.

      Danach machen voraussichtlich 131 Gläubiger Forde-
      rungen in Höhe von DM 9 831 296,00 (abgerundet)
      geltend.

      Es wurde ausgeführt, daß zugunsten der Firma . . . .
      Sicherheiten in Form von verlängerten Eigentumsvor-
      behaltsrechten in Höhe von DM 293 748,00 bestehen,
      so daß sich die Verbindlichkeiten unter Absetzung
      dieses Betrages auf DM 9 357 548,00 belaufen.

   2. Verbindlichkeiten gegenüber Kreditinstituten   DM   5 098 095,00
      (abgerundet)
      Der Betrag setzt sich wie folgt zusammen:
      . . . . . .

   3. Verbindlichkeiten aus Leasingverträgen   DM   15 029,00
      (abgerundet)
      Es wurde ausgeführt, daß die Firma . . . . . . eine
      Schadensersatzforderung in Höhe von DM 15 029,99
      geltendmacht.

4. *Löhne, Gehälter, Sozialversicherungsbeiträge* In der genannten Höhe sollen noch Rückstände bestehen (vgl. Bl. 12 GA).	DM	116,00
5. *Steuerverbindlichkeiten* Solche sollen nicht bestehen.	DM	0,00
6. *Sonstige Verbindlichkeiten* Der Betrag setzt sich wie folgt zusammen:	DM	76 744,00

II. Nachrangige Insolvenzgläubiger (§ 39 Abs. 1 Nr. 5 InsO)	DM	5 240 716,00

1. *Gesellschafterdarlehen* (abgerundet) DM 4 871 840,00
Ausweislich des überreichten unverbindlichen
„Berichts-Entwurfs" über die Prüfung des Jahresabschlusses zum 31. 12. . . . . . sind Gesellschafterdarlehen in Höhe von DM 4 871 840,28 ausgewiesen.

Die Darlehen haben sämtlich eigenkapitalersetzenden
Charakter i. S. des § 32a Abs. 1 S. 1 GmbHG.

2. *Pachtrückstände* DM 368 876,00
Es wurde ausgeführt, daß die von der Schuldnerin
genutzte Gewerbefläche ihr von der . . . . . . verpachtet
wurde.

Die Pachtrückstände wurden gegenüber dem Gutachter
mit DM 368 876,00 angegeben.

Die Gebrauchsüberlassung hatte analog § 32a Abs. 1 S. 1
GmbHG ebenfalls eigenkapitalersetzenden Charakter.

III. Masseverbindlichkeiten	DM	140 000,00
1. *Verfahrenskosten* Der Betrag ist geschätzt.	DM	40 000,00

2. *Sonstige Masseverbindlichkeiten*   DM   100 000,00
Die voraussichtlichen Kosten für die Aufbereitung
der Buchhaltung, Erstellung der Bilanzen, Abgabe
von Steuererklärungen und ggf. gerichtliche
Geltendmachung der Ansprüche aus Eigenkapitalersatz belaufen sich voraussichtlich auf (geschätzt)
DM 100 000,00.

Köln, den . . . . . . Br/St.

Rechtsanwalt
als vorläufiger Insolvenzverwalter

33. Zustimmungserklärung des Schuldners zu den gutachterlichen Feststellungen

Erklärung

In meiner Eigenschaft als alleinvertretungsberechtigter Geschäftsführer der Firma ...... erkläre ich, mit dem Sachverständigen, Herrn Rechtsanwalt ...... die Vermögensverhältnisse der Gesellschaft eingehend erörtert zu haben.

Die Ausführungen des Sachverständigen in seinem Gutachten von ...... sind mir bekannt und zutreffend. Die Gesellschaft ist zahlungsunfähig und überschuldet. Die Kreditmöglichkeiten sind ausgeschöpft.

(Ort, Datum)   (Unterschrift)

Anmerkungen

Kommt der Gutachter zu dem Ergebnis, welches dem bisherigen Vorbringen des Antragstellers oder Schuldners widerspricht, so ist den Beteiligten rechtliches Gehör (Art. § 103 Abs. 1 GG) zu gewähren. Dies erfolgt dadurch, daß den Beteiligten das Gutachten zugänglich gemacht wird, in der Regel durch Übersendung desselben. Erklärt sich – wie in dem Formular – der Schuldner mit dem Gutachten voll inhaltlich einverstanden und hat er von den Ausführungen Kenntnis genommen, ist dem rechtlichen Gehör Genüge getan.

Bei einem Eigenantrag räumt der Schuldner das Vorliegen des Insolvenzgrundes ein; des rechtlichen Gehörs bedarf es hier nicht.

Kommt der Sachverständige zu dem Ergebnis, daß ein Insolvenzgrund nicht vorliegt, so ist dem Antragsteller Gelegenheit zu geben, in angemessener Frist zu dem Gutachten Stellung zu nehmen (*Uhlenbruck/Delhaes* HRP Rdn. 319).

34. Sofortige Beschwerde des Schuldners gegen den die Eröffnung des Insolvenzverfahrens anordnenden Beschluß[1]

An das
Amtsgericht[2]
– Insolvenzgericht –

in ......   (Ort, Datum)

Geschäfts-Nr.

In dem Insolvenzeröffnungsverfahren

der Firma A ......

                                                           – Antragstellerin –

Verfahrensbevollmächtigter: Rechtsanwalt ......

gegen

den Herrn B . . . . .

– Antragsgegner –

Verfahrensbevollmächtigter: Rechtsanwalt . . . . . .

wegen Insolvenzeröffnung

zeige ich die anwaltliche Interessenvertretung des Antragsgegners an.

Namens und mit Vollmacht des Antragsgegners lege ich hiermit gegen den insolvenzeröffnenden Beschluß des Amtsgerichts vom . . . . . ., zugestellt am . . . .,

sofortige Beschwerde[3]

ein und beantrage,

1. den Beschluß des Amtsgerichts
   vom . . . . . .aufzuheben;
2. dem Antragsteller die Kosten
   des Verfahrens aufzuerlegen[4].

Begründung:

Der materielle Insolvenzgrund der Zahlungsunfähigkeit[5] ist nicht gegeben.

Nach ganz überwiegender Auffassung liegt eine Zahlungsunfähigkeit nur dann vor, wenn der Schuldner wegen eines dauernden Mangels an Zahlungsmitteln außerstande ist, seine fälligen Verbindlichkeiten noch im wesentlichen zu erfüllen

vgl. BGH NJW 1962, 102; BGH WM 1959, 891;
Kuhn/Uhlenbruck, KO, 11. Aufl., § 102 Rdn. 2;
Kilger/K. Schmidt, KO, 16. Aufl., § 102
Anm. 2 a
– jeweils mit weiteren Nachweisen –.

Anläßlich seiner Anhörung[6] am . . . . . . hat der Antragsgegner dargelegt und durch Vorlage von Quittungen, Überweisungsträgern und sonstigen Urkunden belegt, daß seine laufenden Verbindlichkeiten, insbesondere die fälligen Löhne und Gehälter, Sozialversicherungsbeiträge, Steuern etc. ausgeglichen sind.

Er hat damit glaubhaft gemacht, daß lediglich eine vorübergehende Zahlungsstockung[7] vorgelegen hat. Zu keinem Zeitpunkt wurden von ihm die Zahlungen eingestellt. Dementsprechend hat er auch anläßlich seiner Anhörung zutreffend den Insolvenzgrund der Zahlungsunfähigkeit bestritten. Auf diesem Hintergrund hätte das Amtsgericht von Amts wegen in die Ermittlungen eintreten müssen, ob der behauptete Insolvenzgrund vorliegt[8.] Die bloße fruchtlose Sachpfändung läßt einen derartigen Schluß hierauf nicht zu. Insbesondere hat das Gericht es unterlassen, Feststellungen über kurzfristig realisierbare Vermögenswerte des Antragsgegners zu treffen.

Seinen Angaben zufolge sind die noch nicht fälligen Verbindlichkeiten durch bestehende Außenstände abgedeckt.

Die Voraussetzungen für eine Eröffnung des Insolvenzverfahrens über das Vermögen des Antragsgegners waren und sind somit nicht gegeben.

Der Beschluß ist daher aufzuheben.

Rechtsanwalt

Anmerkungen

Nach § 34 Abs. 2 InsO steht die sofortige Beschwerde gegen den Eröffnungsbeschluß nur dem Schuldner, gegen den abweisenden Beschluß nur demjenigen zu, welcher den Eröffnungsantrag gestellt hat (§ 34 Abs. 1 InsO). **1**

Für die Einlegung der Beschwerde gelten die § 4 InsO, §§ 577 Abs. 2, 569 Abs. 2 ZPO. Das Amtsgericht als Insolvenzgericht ist zu einer Änderung seiner Entscheidung nicht befugt (§ 577 Abs. 3 ZPO). **2**

Die Frist zur Einlegung der Beschwerde beträgt zwei Wochen. Sie ist eine Notfrist, die erst ab Wirksamkeit der öffentlichen Bekanntmachung des angefochtenen Beschlusses zu laufen beginnt, selbst wenn die Einzelzustellung früher erfolgt ist (*Kilger/K. Schmidt* § 73 Anm. 4; 109 Anm. 4). **3**

Bei rechtskräftiger Aufhebung des Eröffnungsbeschlusses durch das Beschwerdegericht hat das Insolvenzgericht alle getroffenen Maßnahmen rückgängig zu machen. Eines besonderen Aufhebungsbeschlusses durch das Insolvenzgericht bedarf es dabei nicht. Der rechtskräftige Aufhebungsbeschluß ist öffentlich bekanntzumachen. **4**

Vgl. Formular A. 1. Anmerkung 5. **5**

Die Anhörung des Schuldners ist zwingend. Grundsätzlich ist die Anhörung sowie die Durchführung weiterer Ermittlungen Sache des Richters. Dem Schuldner wird in der Praxis ein ausführlicher Fragebogen zur Aufklärung seiner wirtschaftlichen Verhältnisse übersandt (*Uhlenbruck/Delhaes* HRP Rdn. 256ff.). **6**

Vgl. zur Zahlungsstockung Formular A. 1. Anmerkung 5. **7**

Zu den wichtigsten Aufgaben des Insolvenzgerichts zählt die Prüfung der Frage, ob ein Insolvenzgrund vorliegt. Bestreitet der Schuldner den Insolvenzgrund, so ist die Vorlage einer vollständigen und geordneten Vermögensübersicht und/oder die Bestellung eines Sachverständigen anzuordnen. Wegen der wirtschaftlichen Tragweite der Entscheidungen müssen die Ermittlungen sorgfältig geführt werden (*Kilger/K. Schmidt* § 105 Anm. 4a; *Uhlenbruck/Delhaes* HRP Rdn. 194ff.). **8**

35. Vergütungsantrag des Sachverständigen[1]

An das
Amtsgericht
– Insolvenzgericht –

in ......   (Ort, Datum)

Geschäfts-Nr.

In dem Insolvenzantragsverfahren

über das Vermögen der Firma ....

teile ich die aufgewandten Arbeitsstunden (§ 3 Abs. 2 S. 1 ZSEG) mit 22
Stunden[2] und die baren Auslagen wie folgt mit:

Schreibauslagen § 8 Abs. 1 Nr. 3 ZSEG		
(80 Seiten x DM 4,00)	DM	320,00
Abschriften und Ablichtungen § 11 Abs.		
2 ZSEG i. V. m. Kostenverzeichnis Nr. 9000[4]		
(50 Seiten x DM 1,00)	DM	50,00
(110 Seiten x DM 0,30)	DM	33,00
Fahrtkosten § 9 Abs. 3 ZSEG[5]		
120 km x DM 0,52	DM	62,40
sonstige Auslagen § 11 Abs. 1 ZSEG[6]		
Porti, Telefonate, Telefaxe etc.	DM	12,60
	DM	478,00
zzgl. 16% Umsatzsteuer[7]	DM	76,48
insgesamt	DM	554,48

Rechtsanwalt
als Gutachter

Anmerkungen

1 Die Vergütung und Auslagen des Sachverständigen im Insolvenzeröffnungsverfahren werden durch gerichtlichen Beschluß festgesetzt (§ 16 Abs. 1 ZSEG).

2 Nach dem Kostenrechtsänderungsgesetz vom 01. 07. 1994 beträgt der Stundensatz der Sachverständigen zwischen DM 50,00 und DM 100,00 (§ 3 Abs. 2 S. 1 ZSEG). Für die Bemessung des Stundensatzes sind der Grad der erforderlichen Fachkenntnisse, die Schwierigkeit der Leistung, ein nicht anderweitig abzugeltender Aufwand für die notwendige Benutzung technischer Vorrichtungen und besondere Umstände maßgebend, unter denen das Gutachten zu erarbeiten war; der Stundensatz ist einheitlich für die gesamte erforderliche Zeit zu bemessen (§ 3 Abs. 2 S. 2 ZSEG). Die zu gewährende Entschädigung kann bis zu 50 vom Hundert überschritten werden, für ein Gutachten, in dem der Sachverständige sich für den Einzelfall eingehend mit der wissenschaftlichen Lehre auseinanderzusetzen hat, oder nach billigem Ermessen, wenn der Sachverständige durch die Dauer oder die Häufigkeit seiner Heranziehung einen nicht zumutbaren Erwerbsverlust erleiden würde oder wenn er seine Berufseinkünfte zu mindestens 70 vom Hundert als gerichtlicher oder außergerichtlicher Sachverständiger erzielt (§ 3 Abs. 3 ZSEG).

Nach § 8 Abs. 1 Nr. 3 ZSEG erhält der Sachverständige für die Erstellung des schriftlichen Gutachtens einschließlich notwendiger Auslagen für Hilfskräfte je angefangene Seite DM 4,00.   3

Für Abschriften und Ablichtungen, auch solche, die auf Anfordern oder notwendigerweise für die Handakten des Sachverständigen gefertigt worden sind, bemißt sich die Höhe der Schreibauslagen bei der Erledigung desselben Auftrags nach dem GKG (§ 11 Abs. 2 ZSEG). Nach dem Kostenverzeichnis-Nr. 9000 betragen die Schreibauslagen für jede Seite unabhängig von der Art der Herstellung für die ersten Seiten je DM 1,00, für jede weitere Seite DM 0,30.   4

Nach § 9 Abs. 3 ZSEG sind bei der Benutzung eines eigenen oder unentgeltlich von einem Dritten zur Verfügung gestellten Kraftfahrzeuges dem Sachverständigen zur Abgeltung der Anschaffungs-, Unterhalts- und Betriebskosten sowie der Abnutzung des Kraftfahrzeuges DM 0,52 je gefahrenen Kilometers zu erstatten.   5

Die Erstattung der sonstigen Aufwendungen regelt § 11 Abs. 1 ZSEG.   6

Der Sachverständige kann sowohl auf seine Vergütung als auch auf seine Auslagen die gesetzliche Umsatzsteuer verlangen (Uhlenbruck/Delhaes HRP Rdn. 321).   7

36. Vergütungsantrag des vorläufigen Insolvenzverwalters mit Verfügungsbefugnis[1]

An das
Amtsgericht ......
– Insolvenzgericht –

in ......   (Ort/Datum)

Geschäfts-Nr.

In dem Insolvenzantragsverfahren

über das Vermögen der Firma ......

beantrage ich,

    mir eine angemessene Vergütung für die
    vorläufige Insolvenzverwaltung festzusetzen.

Die Höhe der Vergütung stelle ich in das Ermessen des Gerichts[2].

Der vorläufigen Insolvenzverwaltung unterlag ausweislich des überreichten Überschuldungsstatus ein freies Aktivvermögen von DM 250 000,00.

Hieraus errechnet sich nach § 2 InsVV die Regelvergütung des Insolvenzverwalters wie folgt:

- 40% aus DM   50 000,00   DM   20 000,00
- 25% aus DM   50 000,00   DM   12 500,00
- 7% aus DM 150 000,00   DM   10 500,00
                                                   DM   43 000,00.

Vergütungssatz: 25% Normalvergütung = DM 10 750,00
Sequestervergütung: DM 10 750,00 zzgl. 16% Umsatzsteuer =
             DM 12 470,00 (brutto).

Die ermittelten Beträge sind nach diesseitiger Auffassung der Vergütungsfestsetzung zugrunde zu legen.

Mit vorzüglicher Hochachtung

Rechtsanwalt
als Insolvenzverwalter

Anmerkungen

1 Entsprechend der gesetzlichen Ermächtigung in § 65 InsO hat das Bundesministerium der Justiz am 15.8. 1998 (BGBl. I S. 2205) eine Insolvenzrechtliche Vergütungsverordnung (InsVV) erlassen.

§ 11 Abs. 1 S. 1 InsVV regelt nunmehr ausdrücklich, daß die Tätigkeit des vorläufigen Insolvenzverwalters besonders vergütet wird (vgl. zum alten Recht und zur analogen Anwendung des § 85 KO *Kuhn/Uhlenbruck* § 106 Rdn. 22). Dabei soll die Vergütung in der Regel einen angemessenen Bruchteil der Vergütung des Insolvenzverwalters nicht überschreiten (§ 11 Abs. 1 S. 2 InsVV). Art, Dauer und Umfang der Tätigkeit des vorläufigen Insolvenzverwalters sind bei der Festsetzung der Vergütung zu berücksichtigen.

Die Vergütung des vorläufigen Insolvenzverwalters mit Verfügungsbefugnis (§ 21 Abs. 2 Nr. 1 InsO) berechnet sich gemäß §§ 11 Abs. 1 i. V. m. 1 InsVV nach dem Wert der Insolvenzmasse, das der vorläufigen Verwaltung unterlag. Hierzu zählen alle materiellen und immateriellen Vermögenswerte, mithin das gesamte Aktivvermögen (vgl. hierzu LG Göttingen ZInsO 1998, 189; *Eickmann* A Rdn. 10 ff.; *Kilger/ K. Schmidt* § 106 Anm. 4; *Kuhn/Uhlenbruck* § 106 Rdn. 22).

Ausgehend von diesem Berechnungswert bemißt sich die Staffelvergütung des Insolvenzverwalters nach § 2 InsVV. Hiervon erhält der vorläufige Insolvenzverwalter einen angemessenen Bruchteil. Dieser beträgt nach der Verordnungsbegründung im Normalfall 25%. Je nach Schwierigkeit und Umfang kann die Regelvergütung über- oder unterschritten werden (§ 3 InsVV).

Der vorläufige Insolvenzverwalter hat auch Anspruch auf Ersatz seiner Auslagen (§§ 11 Abs. 1 i. V. m. 8 InsVV). Hierzu zählen jedoch nicht die allgemeinen Geschäftskosten (§ 4 Abs. 1 S. 1 InsVV). § 7 InsVV sieht die zusätzliche Erstattung der gesetzlichen Umsatzsteuer vor.

Die Vergütung wird durch das Insolvenzgericht durch Beschluß festgesetzt. Gegen den Beschluß steht auch dem vorläufigen Insolvenzverwalter in analoger Anwendung des § 64 Abs. 3 InsO die sofortige Beschwerde zu.

Hinsichtlich der Kostentragungspflicht gilt folgendes:
Nimmt der Antragsteller den Insolvenzantrag zurück, hat er gemäß §§ 4 InsO, 269 Abs. 3 ZPO auch die Kosten der vorläufigen Insolvenzverwaltung zu tragen. In allen übrigen Fällen wird mit dem Vergütungsbeschluß auch eine Kostenentschei-

dung nach §§ 4 InsO, 91 ZPO getroffen. In der Regel werden dabei dem Schuldner die Kosten auferlegt, die dann von und aus der vorläufig verwalteten Masse zu tragen sind. Der Vergütungsbeschluß ist Vollstreckungstitel und kann – bei Vorliegen der übrigen Vollstreckungsvoraussetzungen – unmittelbar gegen den Schuldner in das vorläufig verwaltete Vermögen vollstreckt werden. Fällt der vorläufige Insolvenzverwalter mit seiner Vergütung aus, so tritt in Ermangelung einer kostenrechtlichen Regelung keine subsidiäre Auswahlhaftung der Staatskasse ein (so die h. M., vgl. nur LG Darmstadt ZIP 1981, 1360; LG Gießen Rpfl 1997, 329; *Jaeger/Weber* § 106 Rdn. 14; *Kuhn/Uhlenbruck* § 106 Rdn. 20b; a. A. OLG Hamburg KTS 1977, 176; LG Kassel ZIP 1985, 176, 177; *Eickmann*, VergVO, Anhang A., Rdn. 25 ff.). Nach Auffassung des Bundesverfassungsgerichts zum alten Recht ist die Versagung des Ausgleichs der Sequestervergütung aus der Staatskasse jedenfalls dann nicht verfassungswidrig, wenn der Sequester – wie in der Regel – zugleich auch als Sachverständiger eingesetzt ist und insoweit eine Vergütung für seine Tätigkeit erhält (BVerfG KTS 1982, 221, 222).

Da das Insolvenzgericht die Höhe der Vergütung eigenverantwortlich festzusetzen **2** hat, können die Ausführungen des vorläufigen Insolvenzverwalters hierzu lediglich Anregungen darstellen.

37. Kosten und Gebühren im Insolvenzverfahren

1. Gerichtskosten

Für das Insolvenzeröffnungsverfahren wird grundsätzlich die Hälfte der vollen Gerichtsgebühr erhoben (KostVerz. Nr. 4210); sie beträgt bei einem Gläubigerantrag mindestens DM 200,00 (KostVerz. Nr. 4211).

Handelt es sich um einen Eigenantrag, so wird in der Regel – sofern einbringlich – ein Gerichtskostenvorschuß in Höhe der dreifachen der vollen Gebühr und ein Auslagenvorschuß in Höhe der zu erwartenden Veröffentlichungs- und Zustellungskosten erhoben (§ 68 Abs. 3 GKG). Die Gebühr richtet sich nach der Aktivmasse, es sei denn, die Schuldenmasse ist geringer (§ 37 GKG). Die Aktivmasse besteht aus dem gesamten Vermögen des Schuldners im Zeitpunkt der Insolvenzeröffnung, soweit es der Zwangsvollstreckung unterliegt. Unberücksichtigt bleiben die nicht der Pfändung (§ 811 ZPO) sowie der Aussonderung (§ 47 InsO) unterliegenden Gegenstände. Die Gegenstände, die der Absonderung (§§ 49 ff. InsO) unterfallen, werden nur in Höhe des für die Insolvenz freien Wertes berücksichtigt. Die Schuldenmasse setzt sich aus allen Forderungen zusammen.

Kommt es zu einer Insolvenzeröffnung, geht die Eröffnungsgebühr in der Verfahrensgebühr auf. Wird der Antrag abgewiesen, verbleibt es bei der halben Gerichtsgebühr der Nr. 4210.

Bei einem Gläubigerantrag wird ein Gerichtskostenvorschuß nicht erhoben. Vielmehr wird bereits mit Eingang des Antrages bei Gericht die Gebühr nach KostVerz. Nr. 4211 fällig, unabhängig davon, ob das Verfahren eröffnet wird oder nicht. Stellt sich heraus, daß eine die Kosten des Verfahrens deckende, verfügbare Masse nicht vorhanden ist, fordert das Gericht den Antragsteller auf, innerhalb einer festzusetzenden Frist einen Massekostenvorschuß zu leisten. Eine Anrechnung des Massekostenvorschusses auf die Verfahrensgebühr ist dabei nicht möglich (*Uhlenbruck/*

Delhaes HRP Rdn. 1337). Die Gebühr aus KostVerz. Nr. 4211 bemißt sich nach der Höhe der Gläubigerforderung (§§ 35, 22 Abs. 1 GKG), es seit denn, daß die Forderung höher ist, als die Aktivmasse (§ 37 Abs. 4 GKG), dann ist letztere maßgebend. Da in Insolvenzeröffnungsverfahren häufig die Aktivmasse noch nicht endgültig bestimmt ist, kann zu ihrer Feststellung für die Kostenberechnung entweder auf die vom Schuldner vorgelegte Vermögensübersicht oder aber auf die vom Sachverständigen ermittelte freie Masse zurückgegriffen werden. Ist eine solche Möglichkeit nicht gegeben, kann das Gericht den Wert schätzen (§§ 35, 25 GKG, § 3 ZPO). Werden von mehreren Gläubigern Insolvenzanträge gegen den Schuldner gestellt, entsteht für jeden Antrag die Gebühr nach 4212 KostVerz und wird gesondert berechnet. Sofern einheitliche Auslagen entstanden sein sollten (etwa Sachverständigenkosten), werden sie auf die jeweiligen Verfahren verteilt.

Wird die Eröffnung des Verfahrens abgelehnt oder aber der Insolvenzantrag zurückgenommen, trifft den Antragsteller die Kostenlast (§ 50 Abs.1 GKG). Wird der Insolvenzantrag als unzulässig oder unbegründet zurückgewiesen, kann der Schuldner entsprechend §§ 296 Abs. 3, 91 ZPO, § InsO Kostenerstattung verlangen. Die Kostenentscheidung ergeht durch Beschluß. Erstattungsfähig sind nur die zur zweckentsprechenden Rechtsverfolgung notwendigen Kosten (§ 91 Abs. 1 ZPO), in der Regel nur die des Bevollmächtigten. Wird der Insolvenzantrag abgewiesen (§ 107 KO), bleibt der Antragsteller – neben dem Schuldner (§ 54 Ziff. 1 GKG) – Kostenschuldner (§ 50 Abs.1 GKG). Bei einer Erledigungserklärung ist die Kostenentscheidung nach §§ 91a ZPO, 72 KO zu treffen. Bei der Anordnung von vorläufigen Maßnahmen nach § 21 InsO fallen Gerichtsgebühren nicht an, die entstehenden Auslagen sind allerdings nach Maßgabe der Nr. 9000–9015 KostVerz. zu erstatten (*Uhlenbruck/Delhaes* HRP Rdn. 1321).

2. Rechtsanwaltsgebühren

Durch Art. 31 EGInsO wurden die §§ 72 bis 77 BRAGO neu gefaßt. Der Gegenstandswert für Vertretungen im Insolvenzantragsverfahren bemißt sich nach § 77 Abs. 1 S. 1 BRAGO neuer Fassung in den Fällen der §§ 72 Abs. 1, 73, 76 BRAGO nach dem Wert der Insolvenzmasse. § 77 Abs. 1 S. 1 BRAGO sieht für die Vertretung des Schuldners im Rahmen des Insolvenzantragsverfahren einen Mindestgegenstandswert von DM 6 000,00 vor.

Für die Vertretung des Schuldners im Insolvenzeröffnungsverfahren – gleich, ob es sich um einen Eigen- oder Fremdantrag handelt – erhält der Rechtsanwalt 3/10 der vollen Gebühr (§ 72 1. HS BRAGO). Bei der Vertretung eines Gläubigers erhält der Rechtsanwalt eine 05/10 Gebühr (§ 72 2. HS BRAGO).

Wird der beauftragte Rechtsanwalt im Vorfeld der Insolvenz nur beratend tätig, kann er lediglich die Ratsgebühr nach § 20 BRAGO verlangen. Im Falle einer späteren Mandatierung im Insolvenzeröffnungsverfahren ist diese Gebühr auf diejenige des § 72 BRAGO anzurechnen.

B. Insolvenzverfahren

I. Verfahrenseröffnung und Insolvenzgericht

1. Muster einer Inventur der beweglichen Gegenstände der Insolvenzmasse[1] (§ 151 InsO)

Inventur der beweglichen Gegenstände der Insolvenzmasse in dem Insolvenzverfahren über das Vermögen der Firma ...... (Geschäfts-Nr. ......, Amtsgericht ...... − Insolvenzgericht − ......)

In dem Insolvenzverfahren[2] über das Vermögen der Firma habe ich mich am ...... (Datum) in das Unternehmen der Schuldnerin begeben. Dabei habe ich meine Mitarbeiterin, Frau C, ... sowie den Sachverständigen und Auktionator, Herrn D ......, hinzugezogen.

In deren Begleitung wurden sämtliche in allen Betriebsräumen und dem Betriebsgelände vorgefundenen Gegenstände in Augenschein genommen und in dem nachfolgenden Verzeichnis erfaßt. Die angegebenen Liquiditationswerte beruhen auf Schätzungen verbleibender Einzelveräußerungswerte. Bei den werthaltigeren Gegenständen des maschinellen Anlagevermögens sowie des Fuhrparks erfolgten die Schätzansätze durch den hinzugezogenen Sachverständigen.

Danach ergibt sich folgende Inventurgliederung:

lfd. Nr.	Gegenstand	Standort	Liquida-tionswert	Fortfüh-rungswert	Rechte Dritter[1]	Zustand/ sonstiges[2]
1						
2						
3						

....
Ort, Datum

....
Insolvenzverwalter

....
Mitarbeiter

....
Sachverständiger

Anmerkungen

1 Nach § 151 InsO hat der Insolvenzverwalter ein Verzeichnis der Massegegenstände zu erstellen. Bei beweglichen Gegenstände erfolgt dies durch deren körperliche Erfassung (Inventur).

    Abweichend zu § 123 KO bedarf es zukünftig der Hinzuziehung eines Gerichtsvollziehers nicht mehr; die bisherige Praxis sah hiervon ohnehin regelmäßig ab. Bewegliche Vermögensgegenstände sind zunächst vollständig zu erfassen und hinreichend zu individualisieren. Gleichartige Kleinteile, insbesondere des Vorratsvermögens, können gruppenweise zusammengefaßt werden. Sofern die Bewertung Schwierigkeiten macht, ist ein Sachverständiger hinzuziehen (vgl. § 151 Abs. 2 S. 3 InsO).

    Bei der Bewertung Gegenstände ist ist zwischen dem Wert bei Unternehmensfortführung und einer Liquidation zu unterscheiden(§ 151 Abs. 2 S. 2 InsO).

2 War vor der Insolvenzeröffnung bereits die vorläufige Insolvenzverwaltung angeordnet oder ein Gutachterauftrag erteilt, wird die körperliche Erfassung der Vermögensgegenstände regelmäßig bereits der Erstellung des zu fertigenden Gutachtens bzw. des vorläufigen Verwalterberichtes erfolgt sein.

3 Es kann sachgerecht sein, den Zustand der Gegenstände durch ein Notensystem (etwa 1 bis 6) zu bewerten oder durch sonstige Bemerkungen festzuhalten; auch der auf ein Sachverständigenurteil beruhende Bewertungsansatz sollte gekennzeichnet werden. Hierauf kann später etwa bei absonderungsbelasteten Gegenständen die Unterrichtungspflicht nach § 167 Abs. 1 S. 1 InsO gestützt werden.

2. Muster eines Verzeichnisses der Massegegenstände (§ 151 InsO)

Aktiva	Wert bei Ansatz von		Rechte Dritter	freie Masse bei Ansatz von	
	Liqui-dations-werten DM	Fort-führungs-werten DM	DM	Liqui-dations-werten DM	Fort-führungs-werten DM
I. Ausstehende Einlagen					

II. Anlagevermögen
    1. Grundstücke, Gebäude und grundstücks-gleiche Rechte
    2. Maschinen/maschinelle Anlagen
    3. Fuhrpark
    4. Betriebs- und Gechäfts-ausstattung
    B) Andere Gegenstände des Umlaufvermögens
       1. Forderungen aus Lieferungen und Leistungen
       2. Sonstige Forderungen					

	Wert bei Ansatz von		Rechte Dritter	freie Masse bei Ansatz von	
	Liquidationswerten DM	Fortführungswerten DM	DM	Liquidationswerten DM	Fortführungswerten DM
3. Kassenbestand					
4. Guthaben bei Kreditinstituten a) Insolvenztreuhandkonto b)					
5. Anfechtungsansprüche					
6. Schadenersatzansprüche					
7. Bereicherungs und Erstattungsansprüche					

Anmerkungen

Nach § 151 InsO hat der Insolvenzverwalter ein Verzeichnis der einzelnen Gegenstände der Insolvenzmasse aufzustellen. Dieses dient der Vorbereitung der Vermögensübersicht nach § 153 InsO. Die Aufzeichnungs- und Dokumentationspflichten des Insolvenzverwalters sind gemäß § 154 InsO bis spätestens eine Woche vor dem Berichtstermin (§ 29 Abs. 1 Nr. 1 InsO) zu erfüllen.

Seiner Struktur und seinem Inhalt nach ist das Verzeichnis an die Aktivseite eines Inventars nach § 124 S. 1 KO angelehnt. Dementsprechend sind die einzelnen Vermögenspositionen des Schuldners auf der Aktivseite in Untergruppen zu gliedern und zu erläutern. Der Inventarisierung hat eine körperliche Bestandsaufnahme in Form einer Stichtagsinventur vorauszugehen. Die übrigen Wirtschaftsgüter sind nach kaufmännischen Grundsätzen aufzunehmen, wobei die Inventurvereinfachungsverfahren nach § 241 HGB in der Regel keine Anwendung finden.

Ist die vorläufige Insolvenzverwaltung angeordnet oder ein Gutachterauftrag erteilt, wird die Erfassung der Aktiva bereits im Rahmen des zu fertigenden Gutachtens (Überschuldungsbilanz) vorausgegangen sein, an die nunmehr angeknüpft werden kann. Da der Insolvenzverwalter regelmäßig innerhalb des vorgegebenen Zeitraumes die Entschließung der Gläubigerversammlung über die Fortführung oder Einstellung des Geschäftsbetriebes des Schuldners abzuwarten hat, ist bei der Bewertung wiederum zwischen Fortführungs- und Liquidationsansätzen zu unterscheiden, falls diese im Einzelfall divergieren (vgl. die Begründung zu § 172 des RegE). Bei schwierigen Bewertungsfragen kann der Insolvenzverwalter (auf Kosten der Insolvenzmasse) einen Sachverständigen mit der Bewertung beauftragen (§ 151 Abs. 2 S. 3 InsO).

Bei der formalen Gliederung lehnt sich die Praxis an die Bilanzkriterien des § 266 HGB an. Zunächst ist der Verkehrswert des zu verwertenden Wirtschaftsgutes festzulegen, wobei für den Liquidationsansatz die Schätzung des verbleibenden Einzelveräußerungswertes zugrunde gelegt wird. Ein abweichender Fortführungswert ist gesondert zu ermitteln und auszuweisen. Sodann werden die rechtswirksamen oder nach dem Vorsichtsprinzip zunächst zu berücksichtigenden Rechte Dritter in Abzug gebracht, so daß die Differenzgröße (ggf. wiederum gesondert nach Fortführungs- und Liquidationsansatz) Abbildung in der freien Masse findet. In einfach gelagerten Fällen und bei geringerem Umfang bietet es sich an, die Inventaransätze jeweils im Rahmen der Gliederung zu erläutern. Ein solches Musterinventar findet sich etwa bei Haarmeyer/Wutzke/Förster, Handbuch, 5/108. In umfangreicheren Fällen, etwa wenn die Gliederungspunkte des Inventars durch eine Vielzahl von Einzelwirtschaftsgütern aufgefüllt werden, sollte eine gesonderte und selbständige Erläuterung entsprechend der Inventargliederung erfolgen. Von dieser Aufzeichnungspflicht kann das Insolvenzgericht den Insolvenzverwalter auf Antrag in Ausnahmefällen befreien. Der Antrag bedarf bei einem bestellten Gläubigerausschuß dessen Zustimmung (§ 151 Abs. 3 InsO).

3. Muster eines Gläubigerverzeichnisses (§ 152 InsO)

Gläubigerverzeichnis

**In dem Insolvenzverfahren
über das Vermögen der Firma** ......

Amtsgericht ......
– Insolvenzgericht –

Geschäfts-Nr. .....

I.   Insolvenzgläubiger
II. Absonderungsgläubiger
III. Nachrangige Insolvenzgläubiger
IV. Massegläubiger

Gläubigerverzeichnis

Teil I. Insolvenzgläubiger

Insolvenzverwalter	Schuldner	Insolvenzgericht	Geschäfts-Nr.

Insolvenzgläubiger	Verfahrens-bevollmächtigte/r	Vollmacht	Tag der Anmeldung
Name/Firmen-bezeichnung:			
Anschrift:			
Kontoverbindung			
Konto-Nr.:			
BLZ:			

Forderung:	Forderungshöhe:	Grund der Forderung:	urkundliche Beweisstücke:
Hauptforderung:			
Zinsen:			
Kosten:			

Aufrechnungs-befugnis:	Grund der Aufrechnung	Aufrechnungshöhe:	

Gläubigerverzeichnis

Teil II. Absonderungsrechte

Insolvenzverwalter	Schuldner	Insolvenzgericht	Geschäfts-Nr.

Absonderungs-berechtigter:	Verfahrens-bevollmächtigte/r:	Vollmacht	Tag der Geltendmachung
Name/Firmen-bezeichnung:			
Anschrift:			
Kontoverbindung:			
Konto-Nr.:			
BLZ:			

Absonderungs-recht:	Rechtsgrund	Absonderungs-gegenstand	
Forderung	Rechtsgrund	Beweismittel	voraussichtlicher Ausfall bei
Hauptforderung:			a) Liqui-dation b) Fort-führung
Zinsen:			
Kosten:			

Aufrechnungs-befugnis:	Grund der Aufrechnung:	Aufrechnungs-höhe	

Gläubigerverzeichnis
Teil III. Nachrangige Insolvenzgläubiger

Insolvenzverwalter	Schuldner	Insolvenzgericht	Geschäfts-Nr.

nachrangige Insolvenzgläubiger	Verfahrens- bevollmächtigte/r	Vollmacht	Tag der Anmeldung
Name/Firmen- bezeichnung:			
Anschrift:			
Kontoverbindung			
Konto-Nr.:			
BLZ:			

Forderung nach § 39:	Betrag	Grund der Forderung	urkundliche Beweise
Abs. 1 Nr. 1 InsO			
Abs. 1 Nr. 2 InsO			
Abs. 1 Nr. 3 InsO			
Abs. 1 Nr. 4 InsO			
Abs. 1 Nr. 5 InsO			
Abs. 2 InsO			
Zinsen, Kosten, Abs.3 InsO			

Aufrechnungs- befugnis:	Grund der Aufrechnung	Aufrechnungshöhe:	

Anmerkungen

Nach § 152 InsO hat der Insolvenzverwalter ein sog. Gläubigerverzeichnis zu erstellen. Legislatorisches Anliegen des Verzeichnisses ist es, einen möglichst vollständigen Überblick über die Belastungen des Schuldnervermögens aufzuzeigen. Dementsprechend hat der Insolvenzverwalter unabhängig von einer erfolgten bzw. erfolgenden Anmeldung alle ihm irgendwie bekannt gewordenen Gläubiger in das Verzeichnis aufzunehmen (§ 152 Abs. 1 InsO).

Das Gläubigerverzeichnis steht selbständig neben der nunmehr vom Insolvenzverwalter zu führenden Tabelle, die sich auf die Forderungsanmeldungen der persönlichen Gläubiger gründet.

Das Gesetz verlangt neben der vollständigen Individualisierung des Gläubigers mit Anschrift und der Forderung nach Betrag und Rechtsgrund (§ 152 Abs. 2 S. 2

InsO), daß die Gläubiger in Gruppen gesondert aufzuführen sind. So bilden nach § 152 Abs. 2 S. 1 InsO die absonderungsberechtigten Gläubiger, die Insolvenzgläubiger und die einzelnen Rangklassen der nachrangigen Insolvenzgläubiger jeweils eigenständige Gruppen. Bei den absonderungsberechtigten Gläubigern ist zusätzlich der Absonderungsgegenstand sowie – sofern dem Absonderungsrecht zugleich eine persönliche Forderung gegen den Schuldner zugrunde liegt – die Höhe des mutmaßlichen Ausfalls zu bezeichnen. Wurde der Absonderungsgegenstand im Rahmen der Aufzeichnung der Massegegenstände (§ 151 Abs. 2 S. 2 InsO) mit einem divergierenden Fortführungs- und Liquidationswert angesetzt, so ist auch der mutmaßliche Ausfall im Rahmen des Gläubigerverzeichnisses für den Absonderungsberechtigten sowohl bei Zugrundelegung des Fortführungs- als auch des Liquiditionswertes zu bezeichnen (§ 152 Abs. 2 S. 3 letzter HS InsO).

§ 152 Abs. 3 S. 1 InsO fordert weiterhin, daß auch eine bestehende Aufrechnungslage auszuweisen ist. Schließlich sind gemäß § 152 Abs. 3 S. 2 InsO die Masseverbindlichkeiten ihrer Höhe nach für den Fall einer zügigen Verwertung des Schuldnervermögens (vgl. § 159 InsO) zu schätzen.

Um diesen gesetzlichen Vorgaben zu genügen, empfiehlt es sich, zukünftig im Rahmen des Gläubigerverzeichnisses tabellarische Muster zu verwenden.

Innerhalb der Muster ist zwischen den Insolvenzgläubigern, den absonderungsberechtigten und den nachrangigen Insolvenzgläubigern zu unterscheiden. Sofern Masseverbindlichkeiten gegenüber bestimmten Massegläubiger bereits begründet worden sind, kann dieser Teilbereich der im übrigen zu schätzenden Masseverbindlichkeiten ebenfalls tabellarisch erfaßt werden. Da der Insolvenzverwalter zur Erstellung des Gläubigerverzeichnisses alle ihm zu diesem Zeitpunkt zugänglichen Erkenntnisquellen zu nutzen hat, wird das Gläubigerverzeichnis stets eine immanente Schwäche aufweisen und nur einen vorläufigen Überblick über die bestehenden Verbindlichkeiten leisten können, zumal es mit fortschreitendem Verfahren durch die Tabellenführung aktualisiert wird. Dabei ist der vorläufige Charakter des Gläubigerverzeichnisses hinzunehmen, da es nicht Anliegen und Aufgabe des Insolvenzverfahrens in diesem frühen Verfahrensstadium sein kann, auf der Grundlage einer vielfach vernachlässigten und erst aufzubereitenden Buchhaltung zu abschließenden kreditorischen Aussagen gelangen zu können.

4. Muster einer Vermögensübersicht (§ 153 InsO[1])

Aktiva[2]	Wert bei Ansatz von Fortführungs/ Liquidationswerten		Rechte Dritter	Freie Masse bei Ansatz von Fortführungs-/ Liquidationswert	
	DM	DM	DM	DM	DM
I. Ausstehende Einlagen					
II. Anlagevermögen 1. Grundstücke, Gebäude sowie grundstücksgleiche Rechte 2. Maschinen/ maschinelle Anlagen 3. Fuhrpark 4. Betriebs- und Geschäftsausstattung					

Aktiva[2]	Wert bei Ansatz von Fortführungs/ Liquidationswerten DM	DM	Rechte Dritter DM	Freie Masse bei Ansatz von Fortführungs-/ Liquidationswert DM	DM
III. Umlaufvermögen					
A. Vorratsvermögen					
1. Roh-, Hilfs- und Betriebsstoffe					
2. Halbfertige Arbeiten					
B. Andere Gegenstände des Umlaufvermögens					
1. Forderungen aus Lieferungen u. Leistungen					
2. Sonstige Forderungen					
3. Kassenbestand					
4. Guthaben bei Kreditinstituten					
a) Insolvenztreuhandkonto					
b)					
5. Anfechtungsansprüche					
6. Schadensersatzansprüche					
7. Bereicherungs- u. Erstattungsansprüche					

Passiva	Wert DM	Sicherheiten[3] DM	Insolvenzforderungen DM	nachrangige Insolvenzforderungen DM	Masseverbindlichkeiten DM
I. Absonderungsrechte[4]					
II. Insolvenzforderungen[5]					
1. Verbindlichkeiten aus Lieferungen u. Leistungen					
2. Verbindlichkeiten gegenüber verbundenen Unternehmen					
3. Verbindlichkeiten gegenüber Kreditinstituten					
4. Löhne und Gehälter					
5. Aufwendungen zur Altersunterstützung					
6. Sozialabgaben					
7. Steuern und Abgaben					

Passiva	Wert DM	Sicherheiten[3] DM	Insolvenzforderungen DM	nachrangige Insolvenzforderungen DM	Masseverbindlichkeiten DM
8. Sonstige Verbindlichkeiten					
9. Eventualverbindlichkeiten[6]					
III. Nachrangige Insolvenzforderungen gem. § 39 InsO[7]					
1. Zinsforderungen					
2. Kosten der Verfahrensteilnahme					
3. Sanktionsgelder					
4. Forderungen auf unentgeldlicher Basis					
5. Forderungen aus Eigenkapitalersatz					
6. Forderungen mit vereinbartem Nachrang					
IV. Verfahrenskosten und Masseverbindlichkeiten[8]					
1. Verfahrenskosten[9]					
a) Gerichtskosten					
b) Kosten des vorläufigen Insolvenzverwalters					
c) Kosten des Insolvenzverwalters					
d) Gläubigerausschußkosten					
2. Sonstige Masseverbindlichkeiten[10]					
a) Kosten der Abwicklung – § 55 Abs. 1 Nr. 1, Abs. 2 InsO –					
b) Kosten aus gegenseitigen Verträgen – § 55 Abs. 1 Nr. 2 InsO –					
c) ungerechtfertigte Bereicherung – § 55 Abs. 1 Nr. 3 InsO –					
d) Schuldnerunterstützung – §§ 100, 101 Abs. 1 Satz 3 InsO –					
e) Sozialplanforderung – § 123 Abs. 2 Satz 1 InsO –					
f) ggf. § 324 InsO					

Anmerkungen

1 Nach § 153 Abs. 1 InsO hat der Insolvenzverwalter auf den Zeitpunkt der Insolvenzeröffnung eine geordnete Übersicht aufzustellen, die die Gegenstände der Insolvenzmasse und die Verbindlichkeiten des Schuldners enthält und einander gegenüberstellt. Der Begründung des RegE zu § 172 (BT-Drs. 12/2443, S. 172) läßt sich entnehmen, daß die Vermögensübersicht an die Konkurseröffnungsbilanz nach § 124 KO, das Vermögensverzeichnis nach § 11 Abs. 1 GesO und die Vermögensübersicht nach § 5 Abs. 1 VerglO angelehnt ist. Die Begründung betont ausdrücklich, daß die Vermögensübersicht lediglich bilanzähnlich ist.

Für die Aufführung der Gegenstände der Insolvenzmasse (Aktivseite) ist dabei an das Verzeichnis der Massegegenstände in § 151 InsO anzuknüpfen; insbesondere orientiert sich die Bewertung an § 151 Abs. 2 InsO, so daß bei Divergenzen zur Bewertung sowohl der Fortführungs- als auch der Liquidationsansatz des Vermögensgegenstandes darzustellen ist. Die Gliederung der Verbindlichkeiten (Passivseite) lehnt sich an die Struktur und die Darstellung des Gläubigerverzeichnisses nach § 152 Abs. 2 S. 1 InsO an. Die Vermögensübersicht des § 153 InsO ist daher auf der Aktivseite aus dem Verzeichnis der Massegegenstände, auf der Passivseite aus dem Gläubigerverzeichnis zu entwickeln. Die dem Insolvenzverwalter in den §§ 151 f. InsO aufgegebenen Erfassungs- und Dokumentationsaufgaben dienen somit letztendlich der Vorbereitung der Vermögensübersicht. Im Rahmen der Vermögensübersicht darf keine Verrechnung oder Saldierung von Vermögens- und Schuldpositionen erfolgen.

Nach § 153 Abs. 2 InsO kann das Insolvenzgericht auf Antrag des Insolvenzverwalters oder eines Gläubigers dem Schuldner aufgeben, die Vollständigkeit der Vermögensübersicht eidesstattlich zu versichern.

Für die praktische Handhabung noch nicht geklärt ist, ob entsprechend dem Gesetzeswortlaut, der das Wort „Bilanz" nicht enthält, in der Darstellungsweise ein Abgehen von der Bilanzform in Abweichung zu § 124 KO erfolgen soll, so daß es bei der summenmäßigen Gegenüberstellung der Aktiva und Passiva verbleibt. In jedem Falle wird sich aber auch unabhängig von einem bilanziellen Abgleich mit expliziten Ausweis der Überschuldungsgröße aus der Gegenüberstellung der Aktiva und Passiva der Überschuldungsbetrag ableiten lassen. Ebenso kann eine Ableitung der Quotenerwartungen erfolgen, wobei jeweils bei divergierenden Fortführungs- und Einzelveräußerungswertansätzen ein doppelter Ausweis der jeweiligen Parameter erfolgen muß. Die Aufstellungsfrist für das Verzeichnis der Massegegenstände, das Gläubigerverzeichnis und die Vermögensübersicht ergibt sich aus § 154 InsO, wonach diese spätestens eine Woche vor dem Berichtstermin in der Geschäftsstelle zur Einsicht der Beteiligten niederzulegen sind (vgl. zum Berichtstermin §§ 29 Abs. 1 Nr. 1 2. HS, 156 InsO).

2 Sofern bei der Bewertung abweichende Fortführungs- und Liquidationswerte festgestellt wurden, hat auch die Vermögensübersicht beide Alternativen aufzuführen, so daß bei Abzug der Rechte Dritter für die freie Masse ebenfalls nach Fortführungs- und Liquidationswerten zu unterscheiden ist (§ 153 Abs. 1 S. 2, 1. HS InsO).

3 Gem. § 152 Abs. 3 S. 1 InsO ist in dem Gläubigerverzeichnis anzugeben, welche Möglichkeiten der Aufrechnung bestehen. Da die Vermögensübersicht sich auf der Passivseite aus dem Gläubigerverzeichnis herleitet, müssen auch die Aufrechnungslagen der Gläubiger dargestellt werden. Während für die Absonderungsberechtigten die gesonderte Aufführung vorgeschrieben ist (siehe Anmerkung 4) erscheint es sachgerecht, die Aufrechnungsbefugnisse bei den Sicherheiten gegenüber dem Wert der jeweiligen Forderungsposition des aufrechnungsbefugten Gläubigers abzusetzen. Korrespondierend hierzu erfolgt naturgemäß eine Berücksichtigung bei den Rechten Dritter auf der Aktivseite.

Im Gläubigerverzeichnis, an das die Vermögensübersicht zur Gliederung der Verbindlichkeiten anknüpft (§ 153 Abs. 1 S. 2 2. HS InsO), sind die absonderungsberechtigten Gläubiger in einer gesonderten Gruppe zu erfassen. **4**

Die Insolvenzgläubiger sind nunmehr in § 38 InsO legaldefiniert. Da der Ablauf der Anmeldefrist regelmäßig erst nach dem Berichtstermin datiert, ist deren Darstellung lediglich vorläufig. **5**

Eventualverbindlichkeiten, etwa Bürgschaftsforderungen, Garantien etc., werden nicht entsprechend dem Vorsichts- und Imparitätsgrundsatz eingestellt, sondern nur dann in Ansatz gebracht, wenn ernsthaft eine Inanspruchnahme droht. **6**

Die nachrangigen Insolvenzgläubiger ergeben sich aus § 39 InsO. **7**

Verfahrenskosten und Masseverbindlichkeiten sind regelmäßig als Schätzansätze zu berücksichtigen (vgl. auch § 152 Abs. 3 S. 2 InsO). Im Rahmen der Konkurseröffnungsbilanz nach § 124 KO wurde dieser Ansatz teilweise als Durchbrechung des Stichtagsprinzips gekennzeichnet (so wohl jetzt auch für die Vermögensübersicht *Haarmeyer/Wutzke/Förster*, Handbuch, 5/118), während andere das Stichtagsprinzip dadurch gewahrt sehen, daß die Verfahrenskosten und Masseverbindlichkeiten als Rückstellungen zu berücksichtigen seien. Soll die Überschuldungsgröße aus der Vermögensübersicht abgeleitet werden, bleibt zu beachten, daß insoweit lediglich die „aufoktroyierten" Masseverbindlichkeiten zur Überschuldungsprüfung herangezogen werden dürfen. Hierunter sind nur diejenigen Masseverbindlichkeiten zu verstehen, die nicht auf Handlungen des Insolvenzverwalters zurückgeführt werden können und auch von diesem nicht abzuwenden sind, wie etwa weiterlaufende Kosten aus gegenseitigen Verträgen bis zum frühestmöglichen Kündigungstermin (vgl. § 55 Abs. 1 Nr. 2 2. Alt. InsO). **8**

Die Verfahrenskosten ergeben sich aus § 54 InsO. **9**

Für die sonstigen Masseverbindlichkeiten ist § 55 InsO bedeutsam. Aus § 209 Abs. 1 Nr. 3 letzter HS InsO ergibt sich darüber hinaus, daß auch eine Unterstützung des Schuldners oder seiner Familienangehörigen (§ 100 InsO) bzw. eine Unterstützung für den persönlich haftenden Gesellschafter (§ 101 Abs. 1 S. 3 InsO) Masseschuldqualität aufweist. § 123 Abs. 2 S. 1 InsO erhebt schließlich Verbindlichkeiten aus einem „Verwaltersozialplan" zu Masseverbindlichkeiten. Für die Nachlaßinsolvenz ist § 324 InsO bedeutsam. **10**

1. Antrag des Gemeinschuldners auf Gestattung des Wohnortwechsels (§ 101 Abs. 1 KO)

An das
Amtsgericht . . . . . .
– Konkursgericht –

in . . . . . .   (Ort, Datum)

Geschäfts-Nr.

In dem Konkursverfahren

über mein Vermögen

beantrage ich,

> mir zu erlauben, mich in der Zeit von Montag bis Freitag einer
> jeden Woche von meinem Wohnort entfernen zu dürfen.

Begründung:

Ich habe bei der Firma . . . . . . mit Sitz in . . . . . . eine neue Arbeitsstelle gefunden. Der Arbeitsvertrag liegt zur Kenntnisnahme an.

Die Arbeitsleistung ist am Sitz des Arbeitgebers zu erbringen, der außerhalb meines Wohnortes liegt. Aufgrund der Entfernung habe ich dort im Hause . . . . . . in . . . . . . ein Zimmer angemietet, in welchem ich mich nach der Arbeitszeit in der Zeit von Montag bis Freitag aufhalte. Jedes Wochenende kehre ich an meinen Wohnort zurück, wo ich nach wie vor meinen Wohnsitz habe.

Am Samstag oder Sonntag einer jeden Woche stehe ich dem Konkursverwalter und/oder dem Konkursgericht zur Auskunftserteilung zur Verfügung, an anderen Tagen nach vorheriger rechtzeitiger Benachrichtigung.

Um antragsgemäße Entscheidung wird gebeten.

(. . . . . .)
Gemeinschuldner   *Anlage*

Anmerkungen

Konkursordnung

Nach § 101 Abs. 1 KO darf sich der Gemeinschuldner von seinem Wohnsitz nur mit Erlaubnis des Gerichts entfernen. Zweck der Regelung ist, daß der Gemeinschuldner jederzeit zur Auskunftserteilung (§ 100 KO), Abgabe der eidesstattlichen Versicherung (§ 125 KO) und im Prüfungstermin zwecks Auskunft (§ 141 Abs. 2 KO) zur Verfügung stehen soll. Die Vorschrift gilt auch für gesetzliche Vertreter, d. h. für Geschäftsführer und Liquidatoren von Gesellschaften, Vorstandsmitgliedern von Aktiengesellschaften etc. (*Kilger/K. Schmidt*, § 101 Anm. 1). Die Verfassungsmäßigkeit der Regelung ist im Hinblick auf Art. 11 GG nicht unumstritten (vgl. *Kuhn/Uhlenbruck*, § 101 Rdn. 1). Kommt der Gemeinschuldner seinen gesetzlichen Pflichten nicht nach, kann das Gericht nach § 101 Abs. 2 KO seine zwangsweise Vorführung und – nach Anhörung – seine Verhaftung anordnen. Zur Frage, ob der Vorführungsbefehl mit einem Nacht- oder Feiertagsbeschluß i. S. des § 761 Abs. 1 ZPO zu versehen ist und dieser eine Durchsuchungs- bzw. Betretensanordnung i. S. von § 758 ZPO beinhaltet vgl. *Kuhn/Uhlenbruck* § 101 Rdn. 2a.

Unter Wohnort ist nicht der Wohnsitz zu verstehen, sondern der Ort, an dem der Gemeinschuldner zur Zeit der Konkurseröffnung tatsächlich gewohnt hat. Entfernung bedeutet jede Abreise für längere Zeit, nicht aber lediglich einen Ausflug oder auswärtigen Besuch (*Uhlenbruck/Delhaes* HRP Rdn. 497).

Wird der Antrag abgelehnt, ist hiergegen die sofortige Erinnerung (§ 11 Abs. 1 S. 1 RPflG) bzw. sofortige Beschwerde (§ 73 Abs. 3 KO) gegeben.

Gesamtvollstreckungsordnung

Eine dem § 101 Abs. 1 KO entsprechende Regelung enthält die Gesamtvollstreckungsordnung nicht.

Insolvenzordnung

Eine dem § 101 Abs. 1 KO entsprechende Regelung enthält die Insolvenzordnung nicht.

Nach § 93 Abs. 3 S. 1 InsO ist der Schuldner lediglich verpflichtet, sich auf Anordnung des Gerichts zur Verfügung zu stellen, um seine Auskunfts- und Mitwirkungspflichten zu erfüllen. Will sich der Schuldner diesen Pflichten entziehen, trifft er insbesondere Anstalten zur Flucht, kann das Gericht nach § 98 Abs. 2 Nr. 2 InsO ihn zwangsweise vorführen und nach Anhörung in Haft nehmen lassen. Diese Regelungen sollen einerseits unnötige Aufenthaltsbeschränkungen für den Schuldner vermeiden, andererseits Vorsorge dafür treffen, daß der Schuldner im Bedarfsfalle für die Erfüllung seiner Auskunfts- und Mitwirkungspflichten auch dann – ggfs. zwangsweise – zur Verfügung steht, wenn er sich außerhalb seines Wohnortes aufhält.

2. Antrag des Insolvenzverwalters auf zwangsweise Vorführung des Schuldners (§§ 97 f. InsO)

An das
Amtsgericht ......
– Insolvenzgericht –

in ......   (Ort, Datum)

Geschäfts-Nr.: ......

In dem Insolvenzverfahren über das Vermögen der Frau ......,

beantrage ich in meiner Eigenschaft als Insolvenzverwalter,

  die zwangsweise Vorführung der Schuldnerin.

Begründung:

Aus der gegen die Schuldnerin verhängten Postsperre konnte ermittelt werden, daß dieser im Ausland gelegene Vermögenswerte, insbesondere eine Immobilie in ......, gehören.

Die Schuldnerin ist zu sachdienlichen Auskünften nicht bereit und hat dem Unterzeichner sowie dem Mitglied des Gläubigerausschusses ...... gegenüber wörtlich geäußert,

  „von mir erfährt niemand etwas!".

Zur Durchsetzung der nach § 97 Abs. 1 InsO bestehenden Auskunfts- und Mitwirkungspflichten der Schuldnerin scheint daher deren zwangsweise Vorführung gem. § 98 Abs. 2 Nr. 1 InsO dringend geboten.

Rechtsanwalt
als Insolvenzverwalter

Anmerkungen

Insolvenzordnung

Nach § 97 Abs. 1 InsO ist der Schuldner im Rahmen des eröffneten und andauernden Insolvenzverfahrens gesetzlich verpflichtet, dem Insolvenzgericht, dem Insolvenzverwalter, dem Gläubigerausschuß und auf Anordnung des Gerichts der Gläubigerversammlung über alle das Verfahren betreffende Verhältnisse Auskunft zu geben. Insbesondere erstreckt sich die Auskunftspflicht auch auf das im Ausland gelegene Vermögen (vgl. BGH WM 1983, 858). Dabei hat der Schuldner auch alle Tatsachen zu offenbaren, die geeignet sind, eine Verfolgung wegen einer Straftat oder einer Ordnungswidrigkeit herbeizuführen (§ 97 Abs. 1 S. 2 InsO). Jedoch darf eine Auskunft, die der Schuldner erteilt, in einem Strafverfahren oder in einem Verfahren nach dem Gesetz über Ordnungswidrigkeiten gegen diesen bzw. gegen nahe Angehörige (vgl. § 52 Abs. 1 StPO) nur mit Zustimmung des Schuldners verwendet werden (§ 97 Abs. 1 S. 3 InsO).

Auskunftsverpflichtet sind der Schuldner bzw. der gesetzliche Vertreter, in der Insolvenz einer juristischen Person der Geschäftsführer bzw. die Mitglieder des Vorstandes und die Liquidatoren, in der Insolvenz einer Ein-Mann-GmbH der Gesellschafter, in der Insolvenz einer Personen (Handels-) Gesellschaft sämtliche Gesellschafter sowie in der Nachlaßinsolvenz die Erben.

Die Auskunft hat grundsätzlich persönlich und mündlich zu erfolgen und kann lediglich auf Wunsch des Auskunftsberechtigten in schriftlicher Form erbracht werden.

Darüber hinaus statuiert § 97 Abs. 2 InsO die Verpflichtung des Schuldners, den Insolvenzverwalter bei der Erfüllung seiner Aufgaben zu unterstützen.

Nach § 97 Abs. 3 InsO ist der Schuldner verpflichtet, sich auf Anordnung des Gerichts jederzeit zur Verfügung zu stellen, um seine Auskunfts- und Mitwirkungspflichten zu erfüllen. Dabei hat er alles zu unterlassen, was dieser Verpflichtung zuwider laufen könnte. Damit sieht das neue Recht von einer Residenzpflicht (vgl. § 101 Abs. 1 KO) ab, um durch eine flexiblere und differenziertere Regelung einerseits unnötige Aufenthaltsbeschränkungen zu vermeiden, andererseits aber im Bedarfsfalle auf den Schuldner zugreifen zu können.

Flankierend regelt § 98 InsO die Durchsetzung der in § 97 InsO statuierten Pflichten des Schuldners. Hier ist zunächst die Verpflichtung zur Abgabe der eidesstattlichen Versicherung vorgesehen (§ 98 Abs. 1 InsO). Als ultima ratio sieht § 98 Abs. 2 schließlich die zwangsweise Vorführung und Inhaftnahme des Schuldners vor, wenn dieser

- eine Auskunft oder die eidesstattliche Versicherung oder die Mitwirkung bei der Erfüllung der Aufgaben des Insolvenzverwalters verweigert;
- sich der Erfüllung seiner Auskunfts- und Mitwirkungspflichten entziehen will, insbesondere Anstalten zur Flucht trifft, oder
- wenn dies zur Vermeidung von Handlungen des Schuldners, die der Erfüllung seiner Auskunfts- und Mitwirkungspflichten zuwider laufen, insbesondere zur Sicherung der Insolvenzmasse, erforderlich ist.

Gegen die Anordnung dieser Maßnahmen steht dem Schuldner das Rechtsmittel der sofortigen Beschwerde zu (§ 98 Abs. 3 S. 3 InsO).

Als wesentliche Neuerung gegenüber dem alten Recht ist zu begrüßen, daß die Auskunftsverpflichtung nach § 97 Abs. 1 S. 1 InsO durch § 101 Abs. 1 S. 2, Abs. 2 InsO auch auf bestimmte frühere organschaftliche Vertreter sowie die Angestellten und bestimmte frühere Angestellte des Schuldners erstreckt wird, sofern diese nicht früher als zwei Jahre vor dem Eröffnungsantrag ausgeschieden sind. Von Angestellten und früheren Angestellten wird jedoch keine Offenbarung von Straftaten oder Ordnungswidrigkeiten verlangt. Gleichzeitig ist auch keine zwangsweise Durchsetzung der Auskunftsverpflichtungen gem. § 98 InsO vorgesehen, so daß dem Insolvenzverwalter hier nur die Auskunftsklage vor den Prozeßgerichten bleibt. Werden frühere Angestellte vom Insolvenzgericht im Rahmen der Amtsermittlung (§ 5 Abs. 1 S. 1 InsO) als Zeugen vernommen (§ 5 Abs. 1 S. 2 InsO), gelten die zivilprozessualen Vorschriften über den Zeugenbeweis einschließlich der Bestimmungen über Ordnungsmittel und Zeugnisverweigerungsrechte.

Konkursordnung

Nach § 101 Abs. 2 KO kann das Konkursgericht die zwangsweise Vorführung und nach Anhörung des Gemeinschuldners dessen Haft anordnen, wenn er die ihm von dem Gesetz auferlegten Pflichten (vgl. insbesondere § 100 KO) nicht erfüllt, oder wenn es zur Sicherung der Masse notwendig erscheint.

Gesamtvollstreckungsordnung

Eine dem § 97 InsO bzw. § 101 KO entsprechende Vorschrift enthält die Gesamtvollstreckungsordnung nicht.

3. Antrag des Schuldners auf Gewährung von Notunterhalt (§ 100 InsO)

An
Herrn
Rechtsanwalt ......
als Insolvenzverwalter

in ......   (Ort, Datum)

Geschäfts-Nr.

Insolvenzverfahren über mein Vermögen

hier: Gewährung von Notunterhalt

Sehr geehrter Herr Rechtsanwalt ......,

im Rahmen des Insolvenzverfahrens über mein Vermögen bitte ich,

mir und meiner Familie auch bereits bis zur Entscheidung der Gläubigerversammlung hierüber den notwendigen Unterhalt aus der Insolvenzmasse zur Verfügung zu stellen.

Ich bin derzeit krankheitsbedingt arbeitsunfähig, wie sich aus dem anliegenden ärztlichen Attest ergibt.

Über sonstige Einnahmequellen verfüge ich nicht.

Meine Ehefrau ist wegen der erst wenige Monate zurückliegenden Zwillingsgeburt unserer Töchter noch nicht in der Lage, einer Erwerbstätigkeit nachzugehen.

Ein ausreichender Massebestand ist vorhanden.

(......)
Schuldner   *Anlagen*

Anmerkungen

Insolvenzordnung

Nach § 100 Abs. 1 InsO beschließt die Gläubigerversammlung, ob und in welchem Umfange dem Schuldner und seiner Familie Unterhalt aus der Insolvenzmasse gewährt werden soll.

Bis zur Entscheidung der Gläubigerversammlung hierüber kann der Insolvenzverwalter bereits dem Schuldner den notwendigen Unterhalt gewähren, wobei es jedoch bei Bestellung eines Gläubigerausschusses dessen Zustimmung bedarf (§ 100 Abs. 2 S. 1 InsO). § 100 Abs. 2 S. 2 InsO bestimmt, daß in gleicher Weise den minderjährigen unverheirateten Kindern des Schuldners, seinem Ehegatten, seinem früheren Ehegatten und der Mutter seines nicht ehelichen Kindes Unterhalt gewährt werden kann.

Der Unterhalt soll die einfachsten Lebensbedingungen befriedigen, so etwa den

Aufwand für Wohnraum und Erziehung (vgl. *Kilger/K. Schmidt*, § 129 Anm. 1). Auch kann dem Schuldner gegen Entgelt die eheliche Wohnung überlassen werden (LG Oldenburg NJW 1967, 785).

Anders als zum bisherigen Recht wird das Insolvenzgericht in die Unterhaltsentscheidung nicht eingebunden, so daß auch keine Rechtsbehelfsbefugnisse gegen den Beschluß der Gläubigerversammlung zur Verfügung stehen (vgl. § 6 Abs. 1 InsO). Neu ist weiterhin, daß § 101 Abs. 1 S. 3 InsO den Unterhaltsanspruch in der Insolvenz der Personen- bzw. Personenhandelsgesellschaft auf den vertretungsberechtigten persönlich haftenden Gesellschafter erstreckt. Dies dürfte dogmatisch sowie haftungsrechtlich kaum zu begründen sein. Mit der Anerkennung der Selbständigkeit des Insolvenzverfahrens über das Vermögen der Personen- (Handels-) Gesellschaft wird das Gesellschaftsvermögen zunächst haftungsrechtlich den Gesellschaftsgläubigern zugewiesen (vgl. auch §§ 124 Abs. 2, 129 Abs. 4 HGB). Von einem Abfindungsguthaben kann rechtstatsächlich in der Gesellschaftsinsolvenz nicht ausgegangen werden. Der Unterhaltsanspruch wird daher letztendlich allein rechtspolitisch im Hinblick auf den Schutz staatlicher Fürsorgesysteme (Sozialhilfe) begründbar sein.

Konkursordnung

Nach § 129 Abs. 1 KO kann der Verwalter bis zur Beschlußfassung durch eine Gläubigerversammlung mit Genehmigung des Gerichts oder, wenn vom Gericht ein Gläubigerausschuß bestellt ist, mit dessen Genehmigung dem Gemeinschuldner und seiner Familie notdürftigen Unterhalt aus der Konkursmasse gewähren. Der Unterhalt soll die einfachsten Lebensbedingungen befriedigen, so etwa den Aufwand für Wohnraum und Erziehung (*Kilger/K. Schmidt* § 129 Anm. 1). Auch kann dem Gemeinschudner gegen Entgelt die eheliche Wohnung überlassen werden (LG Oldenburg NJW 1967, 785).

Der notdürftige Unterhalt erstreckt sich auch auf die Familie des Gemeinschuldners. Hierzu zählen diejenigen Angehörigen, die zum Hauswesen des Gemeinschuldners gehören, also nicht nur die Unterhaltsberechtigten; so kann hierunter auch die nicht eheliche Lebensgemeinschaft fallen (*Kuhn/Uhlenbruck*, § 129 Rdn. 3). Zur Unterstützung von organschaftlichen Vertretern juristischer Personen siehe Uhlenbruck/Delhaes HRP Rdn. 502 Fn. 12.

Über die Unterhaltsgewährung endgültig entscheidet – sofern ein Gläubigerausschuß nicht bestellt ist – die Gläubigerversammlung (§ 132 Abs. 1 KO). Verweigert der Gläubigerausschuß seine Zustimmung, kann das Konkursgericht nicht angerufen werden; die Entscheidung obliegt dann der Gläubigerversammlung (*Uhlenbruck/ Delhaes* HRP Rdn. 505).

Die Unterhaltszahlungen sind Massekosten i. S. des § 58 Ziff. 3 KO.

Gegen einen unterhaltsgewährenden Beschluß kann von den Gläubigern, gegen einen ablehnenden vom Gemeinschuldner und/oder Konkursverwalter die sofortige Beschwerde eingelegt werden (§ 73 Abs. 3 KO).

Gesamtvollstreckungsordnung

Eine dem § 100 InsO bzw. § 129 Abs. 1 KO entsprechende Regelung sieht die Gesamtvollstreckungsordnung nicht vor.

4. Antrag des Schuldners auf Wiedereinsetzung in den vorigen Stand bei Versäumung eines Prüfungstermins (§ 186 InsO)

An das
Amtsgericht ......
– Insolvenzgericht –

in ......   (Ort, Datum)

Geschäfts-Nr.

In dem Insolvenzverfahren

über mein Vermögen

beantrage ich,

mir wegen Versäumung des Prüfungstermins am ......
Wiedereinsetzung in den vorigen Stand zu gewähren.

Begründung:

Im amtlichen Prüfungstermin am ...... wurde die Forderung des Gläubigers
...... in Höhe von DM......, eingetragen in Abt. ......, lfd. Nr...... vom
Verwalter anerkannt.

In meiner Eigenschaft als Schuldner bestreite ich die Forderung.

Aufgrund eines von mir nicht verschuldeten Verkehrsunfalls am selben Tage
war ich an der Wahrnehmung des Prüfungstermins gehindert.

Zur Glaubhaftmachung überreiche ich Protokollabschrift der den Unfall auf-
nehmenden Polizeibehörde ...... vom ...... sowie eine von mir verfaßte und
unterzeichnete eidesstattliche Versicherung.

(......)
Gemeinschuldner   *Anlagen*

Anmerkungen

Insolvenzordnung

Mit Rücksicht auf die Rechtsfolgen der §§ 201, 202, 215, 254 InsO hat der Schuldner nach § 186 Abs. 1 InsO bei Versäumung des Prüfungstermins die Möglichkeit
des Antrages auf Wiedereinsetzung in den vorigen Stand. Der Antrag kann schriftlich gestellt oder mündlich zu Protokoll der Geschäftsstelle erklärt werden (*Kilger/
K. Schmidt* § 165 Anm. 3). Er ist innerhalb von zwei Wochen, nachdem das Hinder-
nis beseitigt ist und höchstens innerhalb eines Jahres nach Abschluß des versäumten
Termins zu stellen (§ 165 S. 2 KO i. V. m. §§ 232 Abs. 2, 233 bis 236 ZPO). Der Antrag ist dem Gläubiger, dessen Forderung nachträglich bestritten werden soll, von
Amts wegen zuzustellen (§ 186 Abs. 2 S. 1 InsO). Wird die Wiedereinsetzung gewährt, so gilt das Bestreiten im Antrag als Wiedereinsetzung im Prüfungstermin und
ist in der Tabelle einzutragen (§ 186 Abs. 2 S. 2 InsO).

Wiedereinsetzungsgrund ist die Verhinderung durch ein Naturereignis oder einen anderen unabwendbaren Zufall (§ 233 ZPO). Als unabwendbarer Zufall gilt ein Ereignis, das nach den Umständen des Falles auch durch die äußerste diesen Umständen angemessene und verständigerweise zu fordernde Sorgfalt nicht zu verhindern war (BGH LM § 233 ZPO Nr. 1).Ein Verschulden des Schuldners schließt daher die Annahme eines unabwendbaren Zufalls von vornherein aus. Es genügt auch nicht der bloße Mangel eines Verschuldens; die Verhinderung muß vielmehr auch bei größter Sorgfalt nicht abzuwenden gewesen sein (RGZ 77, 161; 94, 343).

Die Wiedereinsetzungsgründe sind mit den Mitteln des § 294 ZPO glaubhaft zu machen.

Über den Antrag entscheidet der Richter oder Rechtspfleger.

Konkursordnung

Die Wiedereinsetzung ist geregelt in § 165 KO.
Sachliche Abweichungen zu § 186 InsO bestehen nicht.

Gesamtvollstreckungsordnung

Eine dem § 186 InsO bzw. § 165 KO entsprechende Regelung sieht die Gesamtvollstreckungsordnung nicht vor.

5. Antrag eines Gläubigers auf Ladung des Schuldners zur Abgabe der eidesstattlichen Versicherung[1] (§ 153 Abs. 2 InsO)

An das
Amtsgericht[2] ......
– Insolvenzgericht –

in ......   (Ort, Datum)

Geschäfts-Nr.

In dem Insolvenzverfahren

über das Vermögen des Herrn ......

wird die Firma ...... vom Unterzeichner anwaltlich vertreten. Die auf mich ausgestellte Vollmacht wurde bereits zu den Akten gereicht[3].

Mit Schreiben vom ...... habe ich die titulierte Forderung der Gläubigerin zur Tabelle angemeldet[4]. Sie ist dort in Abt. ......, lfd. Nr......, eingetragen.

Namens und im Auftrage der Gläubiger beantrage[5] ich,

den Schuldner[6] zur Abgabe der eidesstattlichen Versicherung[7] zu laden.

Für den Fall, daß der Schuldner zu dem anberaumten Termin nicht erscheint oder aber die Abgabe der eidesstattlichen Versicherung verweigert, wird bereits jetzt beantragt,

Haftbefehl[8] zu erlassen.

Begründung:

Ausweislich des sich in den Gerichtsakten befindlichen Vermögensübersicht ist dort eine Computeranlage ...... (exakte Bezeichnung) mit einem Zeitwert[9] von DM ...... nicht erfaßt. Die Anlage stand zum Zeitpunkt der Insolvenzeröffnung im Eigentum der Schuldnerin und unterfiel damit dem Insolvenzbeschlag[10].

Die Vermögensübersicht ist daher unvollständig, der Antrag auf Abgabe der eidesstattlichen Versicherung somit berechtigt[11].

Rechtsanwalt

Anmerkungen

Insolvenzordnung

1 Nach § 153 Abs. 2 InsO kann nach Fertigung der Vermögensübersicht das Insolvenzgericht auf Antrag des Verwalters oder eines Gläubigers dem Schuldner aufgeben, die Vollständigkeit der Vermögensübersicht eidesstattlich zu versichern.

2 Zuständig zur Abnahme der eidesstattlichen Versicherung ist das Insolvenzgericht, bei dem das Insolvenzverfahren anhängig ist.

3 Vgl. Formular A. 4. Anmerkung 5.

4 Die Gläubigereigenschaft muß durch die Anmeldung der Forderung belegt sein, ihre Feststellung in der Tabelle ist nicht erforderlich (*Kuhn/Uhlenbruck* § 125 Rdn. 2).

5 Antragsberechtigt sind der Verwalter und jeder Gläubiger, nicht aber Aussonderungsberechtigte (§ 47 InsO). Absonderungsberechtigte sind nur in dem Umfange antragsbefugt, als sie auch Insolvenzgläubiger sind, d. h. in Höhe ihrer Ausfallforderung, § 52 InsO (*Kuhn/Uhlenbruck* § 125 Rdn. 2).

6 Die Pflicht zur Abgabe der eidesstattlichen Versicherung trifft den Schuldner, bei juristischen Personen, ihre zum Zeitpunkt der Insolvenzeröffnung eingesetzten organschaftlichen Vertreter. Zur Eidesleistungsverpflichtung von Geschäftsführern, die ihr Amt nach Insolvenzreife, jedoch vor Verfahrenseröffnung niedergelegt haben, vgl. *Kuhn/Uhlenbruck* § 125 Rdn. 3.
Die Verpflichtung zur Abgabe der eidesstattlichen Versicherung besteht grundsätzlich bis zur Aufhebung des Insolvenzverfahrens. Nach Abgabe der Versicherung kann eine solche im selben Insolvenzverfahren nicht noch einmal verlangt werden (*Kilger/K. Schmidt* § 125 Anm. 2). Der Geladene kann seiner Verpflichtung zur Abgabe der eidesstattlichen Versicherung widersprechen, etwa weil er nicht der Schuldner ist oder aber es an einer Verfahrensvoraussetzung mangelt.

7 Der Inhalt der eidesstattlichen Versicherung beschränkt sich auf das zum Zeitpunkt der Insolvenzeröffnung zur Masse gehörige Vermögen. Sie erfaßt auch Anfechtungsansprüche (§§ 133 ff. InsO) sowie den Bestand und Umfang von Aussonderungs- und Anwartschaftsrechten (*Kuhn/Uhlenbruck* § 125 Rdn. 4). Folgende Formulierung wird vorgeschlagen:

„Ich bin nach bestem Wissen nicht imstande, außer meinem
dem im Vermögensverzeichnis aufgeführten noch weiteres
zur Insolvenzmasse gehöriges Vermögen anzugeben"
(vgl. *Kilger/K. Schmidt* § 125 Anm. 1; *Kuhn/Uhlenbruck* § 125 Rdn. 4).

Kommt der Schuldner seiner Pflicht zur Abgabe der eidesstattlichen Versicherung   **8**
nicht nach, kann das Gericht seine zwangsweise Vorführung und – nach Anhörung
– seine Haft anordnen (§§ 153 Abs. 2 S. 2, 98, 101 Abs. 1 S. 1 , 2 InsO). Zuständig
für die Anordnung ist der Richter (§ 4 Abs.2 Nr. 2, Abs. 3 RPflG).

Die Angabe des Wertes ist erforderlich, da wertlose Gegenstände nicht angegeben   **9**
zu werden brauchen (BGH DB 1953, 39).

Voraussetzung für eine Offenbarungspflicht ist, daß der Vermögensgegenstand dem   **10**
Insolvenzbeschlag unterliegt.
  Beschlagnahmt wird somit zunächst – unter den Einschränkungen des § 36 InsO
– jeder Vermögenswert des Schuldners, der diesem zum Zeitpunkt der Insolvenzeröffnung gehört. Hierunter fallen alle Aktiva, so etwa Grundstücke, Maschinen,
Inventar, Forderungen und Rechte sowie nach § 36 Abs. 2 Nr. 1 InsO auch die Geschäftsbücher. Nicht zum Vermögen des Schuldners zählen dessen Familien- oder
Persönlichkeitsrechte. So kann etwa der Verwalter die Rechts- und Sachgesamtheit
eines einzelkaufmännischen Unternehmens oder aber ein Warenzeichen nur mit
Zustimmung des Schuldners veräußern, wenn dort der Name des Schuldners mit-
enthalten ist (vgl.BGH ZIP 1990, 388, 389; OLG Düsseldorf ZIP 1982, 720, 721).
Handelt es sich allerdings um eine juristische Person, ist der Verwalter berechtigt,
das Unternehmen auch ohne Einwilligung des schuldnerischen Namensträgers zu
veräußern (BGH NJW 1983, 755, 756).
  Über die Regelung in § 1 Abs. 1 KO hinaus unterliegt nunmehr dem Insolvenzbeschlag auch dasjenige Vermögen, das der Schuldner im Verlaufe des Insolvenzverfahrens erlangt (sog. Neuerwerb), allerdings unter Beachtung der
Pfändungsfreigrenzen (§ 36 Abs. 1 InsO). Hierunter fallen insbesondere Lohn- und
Gehaltszahlungen, aber auch Schenkungen oder jeder sonstige Vermögenswert. Legislatorisches Anliegen der Erweiterung war, daß sog. Neugläubiger nicht Zugriff
auf das neu erworbene Vermögen, etwa im Wege der Zwangsvollstreckung, nehmen
sollen, sondern auch dieses allen Insolvenzgläubigern haftungsrechtlich zugewiesen
wird. Nach der Begründung des RegE soll damit auch berücksichtigt werden, daß
bei der Verbraucherinsolvenz (§ 305 Abs. 1 Nr. 4 InsO) und der Restschuldbefreiung (§ 295 Abs. 1 Nr. 1, 2 InsO) auch über künftiges Einkommen und Vermögen
des Schuldners befunden wird, so daß die Erfassung des Neuerwerbs für die Dauer
des Verfahrens diese Entscheidungen vorbereiten soll (vgl die Begründung zu § 42
RegE, BT-Drs. 12/2443, S. 122).
  Nach § 36 Abs. 1 InsO zählen Gegenstände, die nicht der Zwangsvollstreckung
unterliegen, nicht zur Insolvenzmasse. Von der Beschlagnahme ausgeschlossen und
damit dem Haftungszugriff entzogen sind daher alle nach den Bestimmungen der
ZPO (§§ 811ff., 850ff., 851 ZPO) oder nach sonstigen Vorschriften unpfändbare
Gegenstände. Abweichend hiervon bezieht die InsO in § 36 Abs. 2 Nr. 1 u. 2 die
Geschäftsbücher des Schuldners und das für einen landwirtschaftlichen Betrieb oder
eine Apotheke erforderliche Inventar entgegen § 811 Nr. 4, 9, 11 ZPO in den Insolvenzbeschlag mit ein, um so zunächst die Haftungsmasse zu erhalten. Sachen, die
zum persönlichen Hausrat gehören und im Haushalt des Schuldners gebraucht werden, zählen dann nicht zur Insolvenzmasse, wenn ohne weiteres ersichtlich ist, daß

durch ihre Verwertung nur ein Erlös erzielt werden würde, der zu dem Wert außer allem Verhältnis steht (§ 36 Abs. 3 InsO).

Daneben ist der Insolvenzverwalter berechtigt, einen zur Insolvenzmasse gehörigen Gegenstand aus dieser freizugeben. Die Freigabeerklärung erfolgt durch den Verwalter durch eine an den Schuldner gerichtete einseitige, empfangsbedürftige Willenserklärung, die darauf gerichtet ist, die Massezugehörigkeit des freizugebenden Gegenstandes auf Dauer aufzugeben (BGHZ 127, 156, 163). Mit der Freigabe entfallen die Beschlagnahmewirkungen, das Verwaltungs- und Verfügungsrecht des Schuldners hierüber lebt wieder auf. Eine Freigabe kommt insbesondere bei nicht verwertbaren oder hochbelasteten Gegenständen sowie bei nicht einbringlichen Forderungen in Betracht (vgl. zur Freigabe von kontaminierten Grundstücken und den damit verbundenen umweltrechtlichen Rechtsfragen die Übersicht bei *Mohrbutter/Mohrbutter*, III. .264ff. sowie *K. Schmidt*, ZIP 1997, 1441ff.; *Wilmowsky*, ZIP 1997, 1445ff.).

11 Gegen den Beschluß, der den Antrag auf Abgabe der eidesstattlichen Versicherung ablehnt, steht dem Antragsteller, gegen einen solchen, der den Widerspruch des Schuldners gegen seine Verpflichtung zur Abgabe der eidesstattlichen Versicherung (§ 900 Abs. 5 ZPO) zurückgewiesen oder die Haft angeordnet wird (§ 901 ZPO), dem Schuldner die sofortige Beschwerde zu (§ 793 ZPO). Die Rechtsmittel haben aufschiebende Wirkung.

Konkursordnung

Nach § 125 KO kann nach Fertigung des Inventars der Verwalter oder ein Konkursgläubiger den Gemeinschuldner in einer Sitzung des Amtsgerichts, bei welchem das Konkursverfahren anhängig ist, zur Abgabe der eidesstattlichen Versicherung laden. Die Vorschriften der Zivilprozeßordnung finden, mit Ausnahme der §§ 900 Abs. 2, Abs. 4, 903, 914, 915 ZPO entsprechende Anwendung.

Zuständig ist das Amtsgericht, bei dem das Konkursverfahren anhängig ist. Dies ist nicht das Konkursgericht, sondern das Amtsgericht als Vollstreckungsgericht i. S. des § 899 ZPO (LG Frankfurt KTS 1955, 191). Häufig wird allerdings dem Konkursgericht durch Geschäftsverteilungsplan die Abnahme der eidesstattlichen Versicherung als „Vollstreckungsgericht" übertragen (*Uhlenbruck/Delhaes* HRP Rdn. 638ff.).

Im übrigen bestehen sachliche Abweichungen zu § 153 Abs. 2 InsO nicht.

Gesamtvollstreckungsordnung

Nach der Gesamtvollstreckungsordnung ist bereits im Eröffnungsverfahren vom Schuldner die Richtigkeit des von ihm aufgestellten Vermögensverzeichnisses an Eides Statt zu versichern (§ 3 Abs. 2 GesO). Allerdings kann der Schuldner auch noch nach Eröffnung des Verfahrens zur wiederholten Abgabe der eidesstattlichen Versicherung, allerdings nur vom Verwalter, geladen werden (*Haarmeyer/Wutzke/Förster* § 3 Rdn. 13).

6. Antrag des Gemeinschuldners auf Untersagung der Geschäftsschließung (§ 130 Abs. 2 KO)

An das
Amtsgericht ......
– Konkursgericht –

in ......   (Ort, Datum)

Geschäfts-Nr.

In dem Konkursverfahren

über mein Vermögen

beantrage ich,

> gem. § 130 Abs.2 KO die vom Konkursverwalter beabsichtigte
> Schließung meines Geschäfts zu untersagen, da ich heute den an-
> liegenden Zwangsvergleichsvorschlag bei Gericht eingereicht habe.

(......)
Gemeinschuldner   *Anlage*

Anmerkungen

Konkursordnung

Nach § 129 Abs. 2 KO kann bis zur Beschlußfassung durch eine Gläubigerversammlung der Konkursverwalter nach seinem Ermessen das Geschäft des Gemeinschuldners schließen oder fortführen. Geschäft ist dabei nur der gewerbliche Betrieb (weitergehend *Kilger/K. Schmidt* § 130 Anm. 2). Beabsichtigt der Konkursverwalter die
Schließung, so hat er nach § 130 Abs. 1 KO vor Beschlußfassung des Gläubigerausschusses oder, wenn ein solcher nicht besteht, vor der Schließung den Gemeinschuldner, sofern derselbe ohne Aufschub zu erlangen ist, von der beabsichtigten
Maßregel mündlich oder schriftlich (§ 77 Abs. 2 KO) Mitteilung zu machen.

Nach § 130 Abs. 2 KO kann das Gericht die Schließung des Geschäfts untersagen, wenn der Gemeinschuldner einen Zwangsvergleichsvorschlag eingereicht hat.
Die Entscheidung ist nur vorläufig (§ 177 Abs. 2 KO). Über die endgültige Schließung des Geschäfts befindet die Gläubigerversammlung (§ 129 Abs. 2 KO).

Gegen die Ablehnung des Antrages steht dem Gemeinschuldner, gegen die Untersagung der Schließung dem Konkursverwalter die sofortige Beschwerde (§ 73
Abs. 3 KO) bzw. die befristete Erinnerung (§ 11 Abs. 1 S. 1 RPflgG) zu.

Gesamtvollstreckungsordnung

Die Fortführung oder Schließung des Unternehmens des Schuldners unterliegt
auch hier der Beschlußfassung durch die Gläubigerversammlung (§ 15 Abs. 5 S. 1
GesO).

Eine dem § 130 Abs. 2 KO entsprechende Regelung enthält die Gesamtvollstrek-
kungsordnung nicht.

Insolvenzordnung

Eine dem § 130 Abs. 2 KO entsprechende Regelung enthält die Insolvenzordnung nicht.

7. Antrag des Gemeinschuldners auf Aufhebung der gegen ihn verhängten Post- und Telegraphensperre (§ 121 Abs. 2 KO)

An das
Amtsgericht ......
– Konkursgericht –

in ......   **(Ort, Datum)**

Geschäfts-Nr.

In dem Konkursverfahren

über mein Vermögen

beantrage ich,

    die verhängte Post- und Telegraphensperre aufzuheben.

Der Konkursverwalter erhebt hiergegen keine Einwände, wie sich aus der beigefügten Bestätigung ergibt.

Mit vorzüglicher Hochachtung

(......)
Gemeinschuldner   *Anlage*

Anmerkungen

Konkursordnung

Nach § 121 Abs.1 S. 1 KO sind die Post- und Telegraphenanstalten verpflichtet, auf Anordnung des Konkursgerichts alle für den Gemeinschuldner eingehenden Sendungen, Briefe und Depeschen dem Konkursverwalter auszuhändigen. Dieser ist zur Öffnung derselben berechtigt (§ 121 Abs.1 S. 2 KO). Der Gemeinschuldner kann die Einsicht und, wenn ihr Inhalt die Masse nicht betrifft, die Herausgabe derselben verlangen (§ 121 Abs.1 S. 3 KO). Die Vorschrift ist im Hinblick auf Art. 10 GG verfassungsrechtlich nicht zu beanstanden (BVerfG ZIP 1986, 1336).

    Nach § 121 Abs. 2 KO kann das Gericht die Sperre auf Antrag des Gemeinschuldners wieder aufheben oder beschränken. Der Verwalter ist vorher zu hören. Bei der Entscheidung sind die Interessen des Gemeinschuldners an der Unverletzlichkeit des Briefgeheimnisses und den übrigen Verfahrensbeteiligten vor einer ihnen nachteiligen Ausnutzung der Posteingänge abzuwägen (LG Coburg KTS 1972, 124, 125). Nach etwa einem halben Jahr nach Verhängung sollte ein Aufhebungsantrag nur abgelehnt werden, wenn konkrete Anhaltspunkte für ihre Aufrechterhaltung vorliegen, etwa bei noch nicht abgeschlossener Masseermittlung (*Kuhn/Uhlenbruck* § 121 Rdn. 6).

Gegen den Aufhebungsbeschluß steht dem Konkursverwalter, gegen einen die Sperre einschränkenden Beschluß beiden das Rechtsmittel der sofortigen Beschwerde (§ 73 Abs. 3 KO) bzw. die befristete Erinnerung zu (§ 11 Abs. 1 S. 1 RPflG).

Gesamtvollstreckungsordnung

Eine dem § 121 KO entsprechende Regelung enthält die Gesamtvollstreckungsordnung nicht. Gleichwohl wird in der Praxis von den Gesamtvollstreckungsgerichten in der Mehrzahl eine Postsperre angeordnet. Als Rechtsgrundlage wird hierfür § 6 Abs. 2 Nr. 2 GesO herangezogen, wonach der Eröffnungsbeschluß an das Zustellpostamt zu übersenden ist, wenn die Entgegennahme der Sendungen nur durch den Verwalter erfolgen soll (*Klopp*, Nachtrag „Gesamtvollstreckungsordnung", Ins-RHdb. III.B.6, S.27) Die verfassungsrechtliche Zulässigkeit einer allein darauf gestützten Anordnung der Postsperre ist nicht unbedenklich (vgl. hierzu *Hess/Binz/Wienberg* § 6 Rdn. 5f).

Insolvenzordnung

Die Postsperre ist geregelt in § 99 InsO. Sie darf wegen des weitgehenden Grundrechtseingriffes nur angeordnet werden, um im Interesse der Gläubiger vorangegangene Vermögensverschiebungen des Schuldners aufzuklären oder künftige zu verhindern. Ohne ausreichende Verdachtsmomente wird daher künftig die Anordnung einer Postsperre ausscheiden.

Der Begriff „Postsendung" ist weit auszulegen, so daß hiervon auch Telegramme, Fernschreiben und Telekopien erfaßt werden. Eine Fernsprechsperre wird jedoch von § 99 InsO nicht ermöglicht (vgl. die Begründung zu § 112 RegE, BT-Drs. 12/2443, S. 142f.).

Ein Antragsrecht des Schuldners zur Aufhebung der Postsperre sieht die Insolvenzordnung nicht vor. Vielmehr hat das Insolvenzgericht ihre Anordnung nach Anhörung des Verwalters aufzuheben, soweit ihre Voraussetzungen wegfallen (§ 99 Abs. 3 S. 2 InsO).

Grundsätzlich ist der Schuldner vor Anordnung der Postsperre anzuhören. Nur falls hierdurch eine Zweckverfehlung ausgelöst würde, sieht das Gesetz von einer vorherigen Anhörung ab (vgl. § 99 Abs. 1, S. 2 InsO). Gegen die Anordnung der Postsperre steht dem Schuldner die sofortige Beschwerde zu (§ 99 Abs. 3 S. 1 InsO).

III. Verfahrenseröffnung und Gläubigerausschuß / Gläubigerversammlung

1. Anregung eines (absonderungsberechtigten) Gläubigers auf Bestellung eines vorläufigen Gläubigerausschusses[1]

An das
Amtsgericht ......
– Insolvenzgericht –

in ......   (Ort, Datum)

Geschäfts-Nr.: ......

In dem Insolvenzverfahren

über das Vermögen der Firma ......

wird die A-GmbH ...... als absonderungsberechtigte Gläubigerin vom Unterzeichner anwaltlich vertreten. Eine entsprechende Vollmacht ist in der Anlage abschriftlich beigefügt.

Die von mir vertretene Gläubigerin hat gegen die Schuldnerin eine Forderung aus Lieferung von Halbfertigwaren in Höhe von DM...... Diese wurde ordnungsgemäß bei dem Insolvenzverwalter mit Schreiben vom ...... (Datum) unter Beifügung entsprechender Nachweise zur Tabelle geltend gemacht.

Nach den der Lieferbeziehung zugrundeliegenden Allgemeinen Geschäftsbedingungen meiner Auftraggeberin erfolgten alle Lieferungen mit einem branchenüblichen verlängerten Eigentumsvorbehalt. Auch hierüber wurde der Insolvenzverwalter im Zuge der Forderungsanmeldung nochmals unterrichtet.

Namens der von mir vertretenen Gläubigerin rege ich an,

   einen vorläufigen Gläubigerausschuß zu bestellen.

Begründung:

Die Schuldnerin stellt technische Anlagen her. Ohne sachkundigen Rat kann der Insolvenzverwalter den Geschäftsbetrieb der Schuldnerin nicht angemessen fortführen. Auch ist er ohne Unterstützung nicht in der Lage, die noch vorhandenen Halbfertigprodukte und die zugunsten der Schuldnerin eingetragenen Warenzeichen angemessen zu verwerten[2].

Im Hinblick auf die beabsichtigte Fortführung des Geschäftsbetriebes des Schuldnerunternehmens wird vorgeschlagen,

1. Herrn D   (Technischer Leiter der Schuldnerin)
2. Herrn E   (Betriebsratsvorsitzender)
3. Herrn F   (Vorstandsassistent der von mir vertretenen
              Gläubigerin als Hauptlieferantin)

4. **Frau G**   (stellvertr. **Filialleiterin der Hausbank**)
5. **Frau H**   (**Kleingläubigerin**)

zu Mitgliedern[3] **des vorläufigen Gläubigerauschusses zu bestellen.**

Rechtsanwalt

Anmerkungen

Insolvenzordnung

Nach § 67 Abs. 1 S. 1 InsO kann das Insolvenzgericht bereits vor der ersten Gläubi- **1**
gerversammlung einen Gläubigerausschuß einsetzen. Es handelt sich hierbei um ein
Organ der insolvenzrechtlichen Selbstverwaltung. Seine Einsetzung steht im freien,
pflichtgemäßen Ermessen des Gerichts. Einer besonderen Beantragung bedarf es
nicht. Die formlose Anregung kann durch den Insolvenzverwalter oder einen Gläubiger erfolgen. Über die endgültige Bestellung des Gläubigerausschusses bestimmt
die Gläubigerversammlung (§ 67 Abs. 1 S. 2 InsO). In der Genossenschaftsinsolvenz
ist die Einsetzung eines Gläubigerausschusses zwingend (§ 103 S. 1 GenG). Die Bestellung eines vorläufigen Gläubigerausschusses ist nicht anfechtbar (*Jäger/Weber* § 73
Anm. 7), wohl aber die Bestellung einer bestimmten Person zum Mitglied (*Kuhn/
Uhlenbruck* § 87 Rdn. 2a).

Der vorläufige Gläubigerausschuß hat dieselben Rechte und Pflichten wie der **2**
durch die Gläubigerversammlung gewählte endgültige Gläubigerausschuß (*Kuhn/
Uhlenbruck* § 87 Rdn. 2). Seine Aufgabe besteht darin, den Insolvenzverwalter bei
seiner Tätigkeit zu unterstützen und zu überwachen.

Weitergehend als § 92 KO läßt § 70 InsO nunmehr die Entlassung eines Gläu-
bigerausschußmitgliedes aus wichtigem Grund durch das Insolvenzgericht zu. Vor der
Entscheidung ist das betreffende Mitglied zu hören, dem gegen die Entlassungsent-
scheidung die sofortige Beschwerde zusteht.

Die Haftung der Mitglieder des Gläubigerausschusses ist in § 71 InsO insoweit
beschränkt, als daß nicht eine Verantwortlichkeit gegenüber „allen Beteiligten" begründet wird, sondern nur gegenüber den absonderungsberechtigten Gläubigern
und den Insolvenzgläubigern besteht. Der Gläubigerausschuß soll, ebenso wie die
Gläubigerversammlung, die Interessen der beteiligten Gläubiger im Insolvenzverfahren zur Geltung bringen. Die Interessen der übrigen Beteiligten, namentlich des
Schuldners und der Massegläubiger, werden durch den umfassenden Pflichtenkreis
des Insolvenzverwalters und durch die Aufsicht des Gerichts geschützt (vgl. die Begründung zu § 82 RegE, BT-Drs. 12/2443, S. 132). Zu Zustimmungs- und Geneh-
migungserfordernissen des Gläubigerausschusses vgl. die §§ 160 ff. InsO.

Nach § 67 Abs. 2 S. 1 InsO sollen im Gläubigerausschuß die absonderungsberechtig- **3**
ten Gläubiger, die Insolvenzgläubiger mit den höchsten Forderungen und die Klein-
gläubiger vertreten sein. Nach § 67 Abs. 2 S. 2 InsO soll dem Ausschuß ferner ein Vertreter der Arbeitnehmer angehören, wenn diese als Insolvenzgläubiger mit nicht
unerheblichen Forderungen beteiligt sind. Nach § 67 Abs. 3 InsO können sogar dritte
Personen, die keine Gläubiger sind, zu Mitgliedern berufen werden. Die Vorschriften
über die Zusammensetzung sollen sicherstellen, daß der Ausschuß die Interessen aller
beteiligten Gläubiger angemessen berücksichtigt. Aus der Begründung des § 78

RegE läßt sich schließen, daß weiterhin auch juristische Personen zu Mitgliedern des Gläubigerausschusses bestellt werden können (BT-Drs. 12/2443, S. 131).

Konkursordnung

Nach § 110 Abs. 1 KO kann das Gericht vor der ersten Gläubigerversammlung einen vorläufigen Gläubigerausschuß bestellen. Vorgaben bezüglich seiner Zusammensetzung enthält das Gesetz nicht.

Sachlich bestehen keine Abweichungen zur Insolvenzordnung.

Gesamtvollstreckungsordnung

Es handelt sich auch hier nur um eine Anregung nach § 15 Abs. 2 S. 3 GesO.

Mitglieder können über die Regelung in § 87 Abs. 1 KO hinaus Gläubiger als auch sonstige natürliche oder juristische Personen sein (§ 15 Abs. 2 S. 3 GesO).

Ansonsten bestehen keine Abweichungen zur Konkursordnung.

2. Einholung der Genehmigung des Gläubigerausschusses durch den Insolvenzverwalter im Falle der freihändigen Grundstücksveräußerung (§ 160 InsO)

An Herrn ...... (Ort, Datum)

Insolvenzverfahren über das Vermögen des Herrn ......

hier: Genehmigung des Gläubigerausschusses zur Veräußerung des im Eigentum des Gemeinschuldners stehenden Grundbesitzes ......, eingetragen im Grundbuch des Amtsgerichts ......, Blatt ......, Flurstück ......

Sehr geehrter Herr ......,

in meiner Eigenschaft als Insolvenzverwalter über das Vermögen des Herrn ...... beabsichtige ich, den im Eigentum des Schuldners stehenden o. a. Grundbesitz an die Firma ...... zu einem Kaufpreis von DM ...... zu veräußern.

Der mit der Erwerberin abzuschließende Kaufvertrag liegt zu Ihrer Kenntnisnahme im Entwurf an.

Nach § 160 Abs. 2 InsO ist hierfür die Zustimmung des Gläubigerausschusses erforderlich.

Aus wirtschaftlichen Erwägungen heraus befürworte ich den Vertragsabschluß ......(wird ausgeführt).

Ich darf Sie daher als Gläubigerausschußmitglied bitten, sich in der nächsten Ausschußsitzung, die am ...... in den hiesigen Kanzleiräumen stattfindet, verbindlich darüber zu erklären, ob Sie dem Kaufvertrag zustimmen.

Mit vorzüglicher Hochachtung

Rechtsanwalt
als Insolvenzverwalter

Anlage

Anmerkungen

Insolvenzordnung

Nach § 160 Abs. 1 S. 1 InsO hat der Insolvenzverwalter die Zustimmung des Gläubigerausschusses einzuholen, wenn er Rechtshandlungen vornehmen will, die für das Insolvenzverfahren von besonderer Bedeutung sind. Ist ein Gläubigerausschuß nicht bestellt, so ist die Zustimmung der Gläubigerversammlung einzuholen (§ 160 Abs. 1 S. 2 InsO).

Besonders bedeutsame Rechtshandlungen sind in § 160 Abs. 2 InsO regelbeispielhaft aufgeführt, so etwa die Veräußerung des Unternehmens, des Warenlagers oder eines unbeweglichen Gegenstandes sowie die Aufnahme von Darlehen oder die Anhängigmachung bzw. Aufnahme eines Rechtsstreits mit erheblichem Streitwert.

Die §§ 160 ff. InsO haben keine Rechtswirkung nach außen, d. h. das ohne Zustimmung des Gläubigerausschusses vorgenommene Rechtsgeschäft ist voll wirksam (§ 164 InsO); es besteht allerdings u. U. eine Schadensersatzpflicht des Verwalters nach § 60 InsO.

Konkursordnung

Die freihändige Veräußerung eines unbeweglichen Gegenstandes des Gemeinschuldners unterliegt nach § 134 Nr. 1 KO der Genehmigung durch den Gläubigerausschuß, sofern ein solcher nicht bestellt ist, der durch die Gläubigerversammlung. Entgegen der Terminologie im BGB bedeutet Genehmigung i. S. der §§ 133, 134 KO vorherige Zustimmung (*Kilger/K. Schmidt* §§ 133, 134 Anm. 1). Die §§ 133, 134 KO haben keine Rechtswirkung nach außen, d. h. das ohne Genehmigung vorgenommene Rechtsgeschäft ist voll wirksam (§ 136 KO). Es besteht allerdings u. U. eine Schadensersatzpflicht des Konkursverwalter nach § 82 KO (*Kilger/K. Schmidt* §§ 133, 134, Anm. 1).

Nach § 90 KO ist der Beschluß des Gläubigerausschusses gültig, wenn die Mehrheit der Mitglieder an der Beschlußfassung teilgenommen hat, und der Beschluß mit absoluter Mehrheit der abgegebenen Stimmen gefaßt ist. Bei einem Zwei-Personen-Ausschuß ist Einstimmigkeit erforderlich (*Uhlenbruck/Delhaes* HRP Rdn. 576).

Gesamtvollstreckungsordnung

Nach § 15 Abs. 6 S. 4 GesO bedürfen bedeutsame Rechtsgeschäfte des Verwalters, wie Kreditaufnahme, Übernahme von Verbindlichkeiten, Erwerb und Veräußerung von Grundstücken und andere Rechtshandlungen, die erhebliche Auswirkungen auf den Bestand des verwalteten Vermögens haben, der Zustimmung des Gläubigerausschusses, soweit ein solcher bestellt ist. Neben den beispielhaft aufgeführten Rechtsgeschäften kommen als bedeutsame solche in Frage, die den Abschluß eines gerichtlichen oder außergerichtlichen Vergleichs, die Aufgabe eines Anspruchs oder Freigabe eines Rechts, die Ablehnung der Aufnahme von Rechtsstreitigkeiten sowie die Anerkennung von Aus- und Absonderungsrechten vorsehen. Bedeutsam ist dabei jedes Rechtsgeschäft oder Maßnahme, die sich auf das Verfahren wirtschaftlich nachteilig auswirken (*Haarmeyer/Wutzke/Förster* § 15 Rdn. 35 f).

Der Gläubigerausschuß entscheidet mit einfacher Mehrheit der anwesenden Mitglieder (§ 15 Abs. 6 S. 5 GesO).

Auch hier ist das ohne Zustimmung des Gläubigerausschusses abgeschlossene Rechtsgeschäft wirksam. Auch hier besteht die Möglichkeit der Haftungsinanspruchnahme des Verwalters nach § 8 Abs. 1 S. 2 GesO.

3. Antrag des Insolvenzverwalters auf Einberufung einer Gläubigerversammlung (§ 75 Abs. 1 InsO)

An das

Amtsgericht . . . . . .

– Insolvenzgericht –

in . . . . . .   (Ort, Datum)

Geschäfts-Nr.

In dem Insolvenzverfahren

über das Vermögen der Firma . . . . . .

beantrage ich,

> die Einberufung einer Gläubigerversammlung.

Tagesordnungspunkt:

> Genehmigung zur Veräußerung des Warenlagers der Schuldnerin an die Firma . . . . . .

Der abzuschließende Kaufvertrag liegt im Entwurf an.

Rechtsanwalt
als Insolvenzverwalter   *Anlage*

4. Antrag des Schuldners auf Einberufung einer Gläubigerversammlung (§ 161 S. 2 InsO)

An das
Amtsgericht . . . . . .
– Insolvenzgericht –

in . . . . . .   (Ort, Datum)

Geschäfts-Nr.

In dem Insolvenzverfahren

über das Vermögen des Herrn . . . . . .

beantrage ich als Gemeinschuldner,

> die Einberufung einer Gläubigerversammlung.

Tagesordnungspunkt:

> Untersagung der freihändigen Veräußerung des Grundstücks . . . . . . durch den Insolvenzverwalter bis zur endgültigen Entscheidung der Gläubigerversammlung hierüber.

Begründung:

Der Insolvenzverwalter beabsichtigt, das in meinem Eigentum stehende Grundstück ...... an die dinglich gesicherte Gläubigerin, die ...... Bank AG, freihändig zu veräußern. Der hierfür von der Erwerberin zu zahlende Kaufpreis von DM...... liegt deutlich unter dem Verkehrswert von DM......

Ich bin der Ansicht, daß für das Grundstück in der Zwangsversteigerung ein höherer Erlös erzielt werden kann.

(......)
Schuldner

5. Antrag von Gläubigern auf Einberufung einer Gläubigerversammlung (§ 75 Abs. 1 InsO)

An das
Amtsgericht ......
– Insolvenzgericht –

in ......   (Ort, Datum)

Geschäfts-Nr.

In dem Insolvenzverfahren

über das Vermögen der Firma ......

bestelle ich mich für die Gläubiger

1. Firma A ......
2. Firma B ......
3. Herrn C ......
4. Frau D ......
5. Firma E ......

Namens und im Auftrage der Gläubiger beantrage ich,

die Einberufung einer Gläubigerversammlung.

Tagesordnungspunkte:

Widerruf der Bestellung des Herrn ...... zum Mitglied des Gläubigerausschusses und Wahl eines neuen Mitgliedes.

Die von mir vertretene Gläubigerschaft hat insgesamt Forderungen in Höhe von DM...... zur Tabelle angemeldet.

Die Forderungen übersteigen daher deutlich den 5. Teil der Schuldenmasse.

Rechtsanwalt

Anmerkungen zu 3. bis 5.

Insolvenzordnung

Die Gläubigerversammlung ist das oberste Selbstverwaltungsorgan des Insolvenzverfahrens. Über ihre Einberufung beschließt das Gericht (§§ 74, 75 InsO).

Sie muß erfolgen grundsätzlich innerhalb von sechs Wochen nach Eröffnung des Insolvenzverfahrens zum Berichtstermin und darf nicht über drei Monate hinaus angesetzt werden (§ 29 Abs. 1 Nr. 1 InsO), zum Prüfungstermin der angemeldeten Forderungen (§ 29 Abs. 1 Nr. 2 InsO), zum Erörterungs- und Abstimmungstermin über die Annahme oder Ablehnung eines Insolvenzplanes (§§ 235 ff. InsO), zum Schlußtermin (§ 66 Abs. 1 InsO), auf Antrag des Insolvenzverwalters (§ 75 Abs. 1 Nr. 1 InsO), auf Antrag des Gläubigerausschusses (§ 75 Abs. 1 Nr. 2 InsO), auf Antrag von mindestens fünf absonderungsberechtigten oder nicht nachrangigen Gläubigern, deren Absonderungsrechte und Forderungen nach der Schätzung des Insolvenzgerichts zusammen ein Fünftel der Summe erreichen, die sich aus dem Wert aller Absonderungsrechte und den Forderungsbeträgen aller nicht nachrangigen Insolvenzgläubiger ergibt (§ 75 Abs. 1 Nr. 3 InsO) oder auf Antrag von einem oder mehreren absonderungsberechtigten Gläubigern oder nicht nachrangigen Insolvenzgläubigern, deren Absonderungsrechte und Forderungen nach der Schätzung des Gerichts zwei Fünftel der Forderungen aller nicht nachrangigen Gläubiger erreichen (§ 75 Abs. 1 Nr. 4 InsO).

In den Fällen des § 160 InsO hat der Insolvenzverwalter vor der Beschlußfassung des Gläubigerausschusses oder der Gläubigerversammlung den Schuldner zu unterrichten, wenn dies ohne nachteilige Verzögerung möglich ist (§ 161 S. 1 InsO).

Die Einberufung muß öffentlich bekanntgemacht werden (§ 74 Abs. 2 InsO). Die Verhandlung ist nicht öffentlich. Die Leitung obliegt dem Richter oder Rechtspfleger (§ 76 Abs. 1 InsO).

Zu den Aufgaben der Gläubigerversammlung zählen u. a.
- die Bestätigung des ernannten bzw. Wahl eines anderen Insolvenzverwalters (§ 57 InsO);
- die Entlassung des Insolvenzverwalters auf Antrag (§ 59 InsO);
- die Bestellung und Abwahl eines Gläubigerausschusses sowie die Wahl und Entlassung seiner Mitglieder (§§ 68, 70 InsO);
- die Bestimmung der Hinterlegungsstelle (§ 149 Abs. 3 InsO);
- die Beschlußfassung über die Berichtspflicht des Verwalters (§ 156 InsO);
- die Beschlußfassung, ob und in welchem Umfange dem Schuldner Unterhalt gewährt wird (§ 100 Abs. 1 InsO);
- die Beschlußfassung, ob das Unternehmen des Schuldners stillgelegt oder vorläufig fortgeführt wird (§ 157 InsO);
- die Zustimmung bei besonders bedeutsamen Rechtshandlungen, wenn ein Gläubigerausschuß nicht bestellt ist, wie etwa bei der Veräußerung des Geschäftsbetriebes, des Warenlagers oder Unternehmensbeteiligungen, der Aufnahme erheblicher Darlehen sowie die Durchführung von Rechtsstreiten mit erheblichem Streitwert (§ 160 InsO);
- die Beschlußfassung über die Schlußrechnung (§ 197 InsO);
- die Abstimmung vor Einstellung des Verfahrens mangels Masse (§ 207 Abs. 2 InsO).

Die Beschlüsse der Gläubigerversammlung bedürfen der absoluten Mehrheit der anwesenden und vertretenen Stimmen, die sich nach Forderungsbeträgen und Absonderungsrechten berechnen. Zur Teilnahme an der Beschlußfassung berechtigen

die festgestellten Forderungen und Absonderungsrechte bzw. bei absonderungsberechtigten Gläubigern, denen der Schuldner nicht persönlich haftet, der Wert des
Absonderungsrechts. Über die Teilnahme von bestrittenen oder aufschiebend bedingten Forderungen entscheidet die Einigung endgültig über das Stimmrecht, bei
mangelnder Einigung das Insolvenzgericht in abänderlicher Weise (§ 77 Abs. 2
InsO). Angemeldete, aber noch nicht geprüfte sowie Ausfallforderungen sind vorläufig in Höhe des angemeldeten Betrages stimmberechtigt, sofern nicht vom
Schuldner oder von einem anderen Gläubiger Widerspruch erhoben wird. Wird
Widerspruch erhoben, entscheidet das Gericht durch Beschluß über das Stimmrecht. Nachrangige Insolvenzgläubiger sind nicht stimmberechtigt (§ 77 Abs. 1 S. 2
InsO). Widerspricht ein Beschluß der Gläubigerversammlung den gemeinsamen
Interessen der Insolvenzgläubiger, so hat das Insolvenzgericht den Beschluß aufzuheben, wenn ein absonderungsberechtigter Gläubiger, ein nicht nachrangiger Insolvenzgläubiger oder der Insolvenzverwalter dies in der Gläubigerversammlung beantragt (§ 78 Abs. 1 InsO). Beschlüsse, die unter Verletzung der Bestimmungen über
die Einberufung, Leitung und Abstimmung in der Gläubigerversammlung zustande
gekommen sind, sind unwirksam.

Konkursordnung

Die Gläubigerversammlung ist das oberste Selbstverwaltungsorgan des Konkursverfahrens. Über ihre Einberufung beschließt das Gericht (§ 93 Abs. 1 S. 1 KO).
Sie muß erfolgen zur ersten Gläubigerversammlung , zum allgemeinen Prüfungstermin der Forderungen (§ 110 KO), zum Schlußtermin (§§ 86, 162 KO), zum
Zwangsvergleichstermin (§ 179 KO), auf Antrag des Konkursverwalters (vgl. Formular B.II.3), auf Antrag des Gemeinschuldners (vgl. Formular B.II.4), auf Antrag
des Gläubigerausschusses oder von mindestens fünf Konkursgläubigern, deren Forderungen nach der Schätzung des Gerichts den 5. Teil der Schuldenmasse erreichen,
§ 93 Abs 1 S. 2 KO (vgl. Formular B.II.5).
   Die Einberufung muß öffentlich bekanntgemacht werden (§§ 93 Abs. 2, 98 KO).
Die Verhandlung ist nicht öffentlich. Ihre Leitung obliegt dem Richter bzw. dem
Rechtspfleger (§ 94 Abs. 1 KO).
   Zu den Aufgaben der Gläubigerversammlung zählen:
   – Die Bestätigung des ernannten bzw. Wahl eines anderen Konkursverwalters
     (§ 110 KO);
   – die Bestellung und Abwahl eines Gläubigerausschusses sowie die Wahl und
     Entlassung seiner Mitglieder (§§ 87, 92, 110 KO);
   – Stellung des Antrages auf Entlassung des Konkursverwalters bei dem Konkurs-
     gericht (§ 84 Abs. 1 KO);
   – die Beschlußfassung über die Vornahme einer vom Konkursverwalter beab-
     sichtigten Rechtshandlung, wenn das Gericht auf Antrag des Gemeinschuld-
     ners dem Verwalter die Vornahme der Rechtshandlung vorläufig untersagt hat
     (§ 135 Abs. 2 KO);
   – die Beschlußfassung darüber, ob Quittungen des Verwalters für die Hinterle-
     gungsstelle bei Bestehen eines Gläubigerausschusses der Mitzeichnung eines
     seiner Mitglieder zur Gültigkeit bedürfen (§ 137 KO);
   – die Beschlußfassung über die nicht verwertbaren Vermögensstücke (§ 162 KO);
   – die Beschlußfassung über einen Zwangsvergleichsvorschlag (§ 182 KO).
Sofern ein Gläubigerausschuß nicht bestellt ist, bedarf der Konkursverwalter nach
§ 134 KO die Genehmigung der Gläubigerversammlung zu folgenden Rechtshandlungen:

- Freihändige Veräußerung eines unbeweglichen Gegenstandes;
- Veräußerung des Geschäfts- oder des Warenlagers im Ganzen;
- Veräußerung des Rechts auf Bezug wiederkehrender Einkünfte;
- Aufnahme von Darlehen;
- Übernahme fremder Verbindlichkeiten;
- Verpfändung von Massegegenständen;
- Erwerb von Grundstücken.

Beschlüsse der Gläubigerversammlung bedürfen der absoluten Mehrheit der anwesenden oder vertretenen Stimmen, berechnet nach den Forderungsbeträgen; bei Forderungsgleichheit entscheidet die Kopfmehrheit (§ 94 Abs. 3 KO). Die nicht erschienenen Gläubiger sind an die Beschlüsse gebunden (§ 97 S. 2 KO) Stimmberechtigt sind zunächst die festgestellten Forderungen. Bei streitig gebliebenen Forderungen entscheidet die Einigung endgültig über das Stimmrecht, bei mangelnder Einigung das Gericht in abänderlicher Weise. Bei nicht geprüften oder aufschiebend bedingten Forderungen oder Ausfallforderungen (§ 64 KO) ist der Gläubiger in Höhe der Anmeldung stimmberechtigt, sofern kein Widerspruch erhoben wird; bei Widerspruch des Konkursverwalters oder eines Gläubigers entscheidet das Gericht (§§ 96, 95 KO). Die Entscheidung über das Stimmrecht ist nicht anfechtbar (§ 95 Abs. 3, 96 Abs. 2 KO).

Beschlüsse, die unter Verletzung der Bestimmung über Einberufung, Leitung und Abstimmung in der Gläubigerversammlung zustande gekommen sind, sind unwirksam (*Uhlenbruck/Delhaes* HRP Rdn. 602).

Gesamtvollstreckungsordnung

Die Aufgaben der Gläubigerversammlungen sind zunächst beschränkt auf die Wahl eines anderen Verwalters in der ersten Gläubigerversammlung (§ 15 Abs. 3 S. 1 GesO) und auf die Wahl des Gläubigerausschusses (§ 15 Abs. 6 GesO). Hinsichtlich der Aufgaben und Befugnisse des Gläubigerausschusses vgl. die Anmerkungen in Formular B.III.1.

Über die Regelung § 132 KO hinaus beschließt die Gläubigerversammlung – neben der Beratung über den Abschluß eines Zwangsvergleichs – auch über die Fortführung oder Schließung des Unternehmens des Schuldners und legt im einzelnen fest, inwieweit der Verwalter ihr oder dem Gläubigerausschuß gegenüber Bericht zu erstatten bzw. Rechnung zu legen hat (§ 15 Abs. 5 GesO).

Abweichend von der Konkursordnung faßt die Gläubigerversammlung ihre Beschlüsse mit doppelter Mehrheit (§ 15 Abs. 4 GesO). Wegen der einfachen Kopfmehrheit der Anwesenden zur Beschlußfassung ist noch erforderlich, daß die beschließenden Gläubiger mehr als die Hälfte der Summe der Forderungsbeträge der Anwesenden auf sich vereinigen.

IV. Verfahrenseröffnung und Immobiliarvermögen

1. Antrag des Insolvenzverwalters auf Eintragung des Sperrvermerks im Grundbuch (§ 32 Abs. 2 InsO)

An das
Amtsgericht . . . . . .
– Grundbuchamt –

in . . . . . .   (Ort, Datum)

Insolvenzverfahren über das Vermögen der Firma . . . . . .

hier: Eintragung des Insolvenzeröffnungsvermerkes im Grundbuch
von . . . . . . Bl. . . . . . .

Sehr geehrte Damen,
Sehr geehrte Herren,

hiermit gebe ich Ihnen davon Kenntnis, daß durch Beschluß des Amtsgerichts
– Insolvenzgerichts – . . . . . . vom . . . . . . das Insolvenzverfahren über das Vermögen der o. a. Gesellschaft eröffnet und der Unterzeichner zum Verwalter
ernannt wurde.

Der Insolvenzeröffnungsbeschluß sowie die Verwalterbestallungsurkunde liegen zu Ihrer Kenntnisnahme an.

Die Schuldnerin ist Eigentümerin des im Grundbuch von . . . . ., Bl. . . . . . .,
verzeichneten Grundbesitzes.

Ich darf Sie bitten, die zwischenzeitlich verfügte Insolvenzeröffnung im dortigen Grundbuch zu vermerken und nach erfolgter Eintragung einen beglaubigten Grundbuchauszug nach hier zu übersenden.

Mit vorzüglicher Hochachtung

Rechtsanwalt
als Insolvenzverwalter   *Anlagen*

Anmerkungen

Insolvenzordnung

Ist ein Massegrundstück vorhanden, hat das Insolvenzgericht nach § 32 Abs. 2 S. 1
InsO bei Eröffnung des Verfahrens von Amts wegen das Grundbuchamt zu ersu-
chen, den Sperrvermerk im Grundbuch einzutragen.
   Die Eintragung kann auch vom Verwalter beantragt werden (§ 32 Abs. 2 S. 2
InsO), da ihn die Verpflichtung trifft, zu ermitteln, ob und welche Grundstücks-
rechte dem Schuldner zustehen. Eine Verletzung dieser Pflicht macht ihn nach § 60
InsO schadensersatzpflichtig (*Kuhn/Uhlenbruck* § 113 Rdn. 6).

Durch die Eintragung der Insolvenzeröffnung wird eine Grundbuchsperre für Verfügungen des Schuldners bewirkt. Es handelt sich hierbei um eine Verfügungsbeschränkung i. S. der § 892 Abs. 1 S. 2 BGB. Eintragungsanträge, die der Schuldner erst nach Eingang des Antrages auf Eintragung des Sperrvermerks stellt, sind vom Grundbuchamt nicht mehr zu vollziehen (streitig, vgl. hierzu *Kuhn/Uhlenbruck* § 113 Rdn. 4 m. w. N.). Ist das Insolvenzverfahren erst nach Stellung des Eintragungsantrages eröffnet worden, greift § 878 BGB ein, d. h. die Eintragung ist nach dem Prioritätsprinzip des § 17 GBO trotz Insolvenzeröffnung zu vollziehen. Der Rechtserwerb kann allerdings der Insolvenzanfechtung unterliegen

Wird der Grundbesitz veräußert oder aber vom Insolvenzverwalter freigegeben, hat das Insolvenzgericht auf Antrag das Grundbuchamt um Löschung der Eintragung ersuchen. Die Löschung kann auch vom Verwalter beantragt werden.

Konkursordnung

Die Eintragung des Sperrvermerkes ist geregelt in § 113 KO.
Abweichungen zur Insolvenzordnung bestehen nicht.

Gesamtvollstreckungsordnung

Nach § 6 Abs. 2 Nr. 4 GesO ist der Eröffnungsbeschluß von Amts wegen an die registerführenden Behörden mit dem Ersuchen um Eintragung der Eröffnung der Gesamtvollstreckung in das Register zu übersenden.

Ein eigenes Antragsrecht des Verwalters ist gesetzlich nicht vorgesehen, wird allerdings allgemein anerkannt (*Hess/Binz/Wienberg* § 6 Rdn. 18).

Die Rechtsfolgen der Eintragung entsprechen denen nach der Insolvenzordnung (*Hess/Binz/Wienberg* § 6 Rdn. 6 ff.).

2. Antrag des Insovenzverwalters auf Anordnung der Zwangsversteigerung eines zur Masse gehörigen Grundstücks[1] (§ 165 InsO)

An das
Amtsgericht ......
– Vollstreckungsgericht[2] –

in ......   (Ort, Datum)

In meiner Eigenschaft als Insolvenzverwalter über das Vermögen des Herrn ...... beantrage ich,

    die Zwangsvollstreckung des in ...... gelegenen und im
    Grundbuch des Amtsgerichts ...... von ......, Band ......,
    Bl. ......, auf den Namen des Schuldners eingetragenen
    Grundbesitzes anzuordnen.

Die Insolvenzverwalterbestallungsurkunde[3] liegt an.

Ich weise darauf hin, daß die Vorschriften über die Einstellung der Zwangsversteigerung nach §§ 30 a ff. ZVG keine Anwendung finden, da der das Verfahren betreibende Insolvenzverwalter zugleich Vollstreckungsschuldner ist.

Ich bitte, den Schuldner als Beteiligten zum Zwangsversteigerungstermin zu laden und in der Terminsbestimmung auf die Besonderheiten der §§ 172 ff. ZVG hinzuweisen.

Rechtsanwalt
als Insolvenzverwalter   *Anlage*

Anmerkungen

Insolvenzordnung

Nach § 165 InsO kann die Zwangsversteigerung der zur Masse gehörigen unbeweg- **1**
lichen Gegenstände durch den Insolvenzverwalter betrieben werden. Insgesamt sind
4 Fälle der Versteigerung eines Massegrundstücks zu unterscheiden:
- Die Zwangsversteigerung auf Antrag des Insolvenzverwalters (§ 165 InsO, §§ 172 ff. ZVG);
- die Zwangsversteigerung auf Antrag eines Absonderungsberechtigten (§§ 49 ff. InsO);
- die Zwangsversteigerung auf Antrag eines persönlichen Gläubigers, sofern vor Insolvenzeröffnung wirksam eine Beschlagnahme erwirkt und damit ein Absonderungsrecht nach §§ 49 ff. InsO erworben wurde;
- die Zwangsversteigerung auf Antrag eines Massegläubigers aufgrund eines gegen den Insolvenzverwalter erwirkten Titels.

In der Praxis ist eine vom Insolvenzverwalter betriebene Zwangsversteigerung
eher die Ausnahme. Dies liegt darin, daß neben den Kosten und Ansprüchen nach
§ 10 Abs. 1 Nr. 1–3 ZVG alle das Grundstück belastende Rechte aufzunehmen sind.
Der Insolvenzverwalter wird danach so behandelt, als stünde ihm ein Anspruch nach
§ 10 Abs. 1 Nr. 5 ZVG zu. Wegen des dadurch entstehenden hohen geringsten Gebots und der vom Erwerber zu übernehmenden dinglichen Rechte (§§ 52, 53 ZVG)
ist das Grundstück regelmäßig nicht zu versteigern. Es kann daher von einem dinglichen Gläubiger nach § 174 ZVG ein Antrag auf Änderung des geringsten Gebots
gestellt werden, daß nur die dem Anspruch des Gläubigers vorgehenden Rechte
Aufnahme in das geringste Gebot finden (sog. Doppelausgebot). Gleichzeitig wird
dabei der Ausfall der absonderungsberechtigten Gläubiger festgestellt. Voraussetzung ist, daß der Insolvenzverwalter den persönlichen und dinglichen Anspruch des
Gläubigers anerkennt, wobei dessen Titulierung und/oder Anmeldung zur Insolvenztabelle nicht erforderlich ist.

Der Vorteil der Zwangsversteigerung liegt darin, daß der Anordnungsbeschluß
noch nicht als Beschlagnahme gilt (§ 173 S. 1 ZVG), d. h. der Insolvenzverwalter ist
nach wie vor berechtigt, das Grundstück freihändig zu veräußern. Auch sind im
Falle des Zuschlages Gewährleistungsansprüche ausgeschlossen (§ 56 S. 3 ZVG).
Letztlich liegt die Zwangsversteigerung eines massezugehörigen Gegenstandes im
pflichtgemäßen Ermessen des Insolvenzverwalters, vgl. hierzu insgesamt *Kuhn/
Uhlenbruck* § 126 Rdn. 1.

Sachlich zuständig für die Zwangsversteigerung ist das Amtsgericht als Vollstrek- **2**
kungsgericht (§ 15 ZVG); die örtliche Zuständigkeit bestimmt sich gem. § 17 ZVG
nach dem Ort der Grundstücksbelegenheit.

Im Zwangsvollstreckungsantrag tritt an die Stelle der Bezeichnung des Anspruchs **3**
und der Vorlage des Vollstreckungstitels die Vorlage der Insolvenzverwalterbestal-

lungsurkunde zum Nachweis der Legitimation des Verwalters. Der Vorlage einer vollstreckbaren Ausfertigung des Eröffnungsbeschlusses bedarf es nicht (*Kuhn/ Uhlenbruck* § 126 Rdn. 2).

Konkursordnung

Die Zwangsversteigerung und Zwangsverwaltung auf Betreiben des Konkursverwalters ist geregelt in § 126 KO.
Abweichungen zur Insolvenzordnung bestehen nicht.

Gesamtvollstreckungsordnung

Die Gesamtvollstreckungsordnung enthält keine dem § 165 InsO bzw. § 126 KO entsprechende Regelung. Dies wird allgemein als Regelungslücke angesehen, die durch die Übernahme der Vorschriften in der KO und im ZVG geschlossen werden kann (*Haarmeyer/Wutzke/Förster* § 1 Rdn. 243 m. w. N.). Die Ausführungen zur Insolvenzordnung gelten daher auch hier entsprechend.

3. Antrag des Konkursverwalters auf Einstellung der Zwangsversteigerung (§ 30c Abs. 1 ZVG)

An das
Amtsgericht ......
– Vollstreckungsgericht –

in ......   **(Ort, Datum)**

Geschäfts-Nr.

In dem Zwangsversteigerungsverfahren

......./......

beantrage ich in meiner Eigenschaft als Konkursverwalter über das Vermögen des Herrn ......,

> **nach § 30c Abs. 1 ZVG das Zwangsversteigerungsverfahren einstweilen einzustellen.**

Begründung:

Der Unterzeichner wurde durch Beschluß des Amtsgerichts – Konkursgerichts – ...... **vom** ...... **zum Konkursverwalter über das Vermögen des Herrn** ...... **ernannt.**

Der Konkurseröffnungsbeschluß sowie die Konkursverwalterbestallungsurkunde liegen an.

Der Gemeinschuldner ist Eigentümer der Liegenschaft ......

Der Antragsteller zählt zu den zur abgesonderten Befriedigung berechtigten Gläubigern.

Durch die Zwangsversteigerung wird eine angemessene Verwertung der Konkursmasse wesentlich erschwert.

142

Es bestehen begründete Anhaltspunkte, daß im Wege der freihändigen Veräußerung für das Massegrundstück ein wesentlich höherer Erlös erzielt werden kann, wie sich aus dem beigefügten Angebot der Firma ...... ergibt.

Um antragsgemäße Entscheidung wird daher gebeten.

Rechtsanwalt
als Konkursverwalter *Anlagen*

Anmerkungen

Konkursordnung

Nach § 30c Abs. 1 S. 1 ZVG ist auf Antrag des Konkursverwalters die Zwangsversteigerung eines zur Masse gehörigen Grundstücks einstweilen einzustellen, wenn durch die Versteigerung eine angemessene Verwertung der Konkursmasse wesentlich erschwert werden würde oder wenn ein Zwangsvergleichsvorschlag eingereicht ist. Antragsberechtigt ist nur der Konkursverwalter, nicht aber auch der Gemeinschuldner (Zeller/Stöber § 30c Rdn. 2). Die Einstellung kann nur einmal wiederholt werden (§ 30d ZVG). War das Verfahren bereits vorkonkurslich einmal nach § 30a ZVG eingestellt worden, kann es auf Antrag des Konkursverwalters nach § 30c ZVG nur noch einmal eingestellt werden (*Zeller/Stöber* § 30c Rdn. 2). Die Einstellung ist nach § 30b Abs. 1 S. 2 ZVG binnen einer Notfrist von zwei Wochen zu beantragen. Die Frist beginnt mit der Zustellung der Verfügung, in welcher der Konkursverwalter auf das Recht zur Stellung des Antrages, den Fristbeginn und die Rechtsfolgen eines fruchtlosen Fristablaufs hingewiesen wird (§ 30b Abs. 1 S. 1 ZVG). Voraussetzung für eine Einstellung ist, daß
– entweder durch die Versteigerung die angemessene Verwertung der Konkursmasse wesentlich erschwert werden würde;
– oder ein Zwangsvergleichsvorschlag eingereicht ist.
Die Einstellungsvoraussetzungen sind vom Konkursverwalter auf Verlangen des Gerichts glaubhaft zu machen (§ 30c Abs. 2 i. V. mit § 30b Abs. 2 S. 3 ZVG). Beispiele für eine erschwerte Masseverwertung sind, wenn etwa mit dem Verlust des Grundstücks eine Fortführung des Geschäfts des Gemeinschuldners nicht mehr möglich wäre oder aber bei freihändiger Verwertung ein höherer Erlös erzielt werden würde. Für letzteres sind jedoch konkrete Anhaltspunkte erforderlich, d. h. der Konkursverwalter muß darlegen, daß er in ernsten Verhandlungen mit Interessenten steht, bei deren erfolgreichem Abschluß eine wesentlich bessere Verwertung erzielt werden würde (vgl. hierzu im einzelnen die Beispiele bei *Zeller/Stöber* § 30c Rdn. 2). Die Einreichung eines Zwangsvergleichsvorschlages berechtigt zum Einstellungsantrag nur, wenn dieser nicht unzulässig ist (*Mohrbutter* KTS 1958, 81). Der Antrag ist nach § 30c Abs. 1 S. 2 ZVG abzulehnen, wenn die einstweilige Einstellung dem betreibenden Gläubiger wirtschaftlich nicht zuzumuten ist. Dies ist etwa dann der Fall, wenn der Gläubiger die Zwangsversteigerung betreiben muß, um seine eigenen Verbindlichkeiten erfüllen zu können (*Zeller/Stöber* § 30c Rdn. 3). Die Entscheidung des Gerichts ergeht durch Beschluß (§§ 30c Abs. 2 i. V. mit 30b Abs. 2 S. 1 ZVG). Hiergegen ist die sofortige Beschwerde gegeben (§ 95 ZVG i. V. mit § 793 ZPO).

Gesamtvollstreckungsordnung

Abweichungen zur Konkursordnung ergeben sich nicht.

Insolvenzordnung

Siehe hierzu das nachstehende Formular.

4. Antrag des Insolvenzverwalters auf Einstellung der Zwangsversteigerung[1] (§ 30d ZVG n. F.)

An das
Amtsgericht
– Vollstreckungsgericht[2] –

in . . . . . .   (Ort, Datum)

Geschäfts-Nr.: . . . . . .

In dem Zwangsversteigerungsverfahren

der A-Bank AG, ...,

                                                           Antragstellerin,

gegen

die B-oHG, ...,

                                                           Antragsgegnerin,

beantrage ich in meiner Eigenschaft als Insolvenzverwalter über das Vermögen
der Antragsgegnerin,

nach § 30d Abs. 1 ZVG das Zwangsversteigerungsverfahren
einstweilen einzustellen.

Begründung:

Das Amtsgericht – Insolvenzgericht – . . . . . . eröffnete mit Beschluß vom
. . . . . . – Geschäfts-Nr.: . . . . . . – das Insolvenzverfahren über das Vermögen
der B-oHG und bestellte den Unterzeichner zum Insolvenzverwalter.

Der Insolvenzeröffnungsbeschluß sowie die Verwalterbestallungsurkunde liegen an.

Die Schuldnerin und Antragsgegnerin des Zwangsversteigerungsverfahrens ist
Eigentümerin der von der Zwangsversteigerung betroffenen Liegenschaft.

Die Antragstellerin des Zwangsversteigerungsverfahrens zählt zu den zur abgesonderten Befriedigung berechtigten Gläubigern.

In dem Insolvenzverfahren hat der Berichtstermin nach § 29 Abs. 1 Nr. 1 InsO
noch nicht stattgefunden.

Zudem wird im Berichtstermin ein Insolvenzplan vorgelegt werden, der zur
Restrukturierung der Schuldnerin führen soll. Der Insolvenzplan sieht die Un-

ternehmensfortführung vor, wozu die Erhaltung des Grundbesitzes der betroffenen Betriebsimmobilie unabdingbare Voraussetzung ist.

Sollte der Insolvenzplan nicht gebilligt werden, wird unabhängig davon versucht, eine (kleinere) Fortführungslösung darzustellen, die jedoch ebenfalls essentiell auf den Fortbestand des Grundbesitzes angewiesen ist. Hier stehe ich bereits in Verhandlungen mit Übernahmeinteressenten zur Darstellung einer „übertragenen Sanierung". Es bestehen darüber hinaus begründete Anhaltspunkte, daß auf diese Weise ohnehin ein höherere Erlös für den Grundbesitz erzielt werden kann, als im Wege der Zwangsversteigerung.

Um kurzfristige antragsgemäße Entscheidung wird gebeten.

Rechtsanwalt
als Insolvenzverwalter   *Anlagen*

Anmerkungen

Die Einstellung eines gegen den Schuldner betriebenen Zwangsversteigerungsver-   **1**
fahrens wird nunmehr durch Art. 20 EGInsO einer umfassenden Neuregelung unterzogen. Gleiches gilt für die Zwangsverwaltung.

Bereits für das Insolvenzantragsverfahren ist hervorzuheben, daß das Insolvenzgericht gem. § 21 Abs. 2 Nr. 3 InsO Maßnahmen der Zwangsvollstreckung gegen den Schuldner nur untersagen oder einstweilen einstellen kann, soweit nicht unbewegliche Gegenstände betroffen sind. Hier obliegt es allein einem etwaig bestellten vorläufigen Insolvenzverwalter gem. der Neufassung des § 30d Abs. 4 ZVG die einstweilige Einstellung des Zwangsversteigerungsverfahrens zu beantragen. Einstellungsvoraussetzung ist, daß die Einstellung zur Verhütung nachteiliger Veränderungen in der Vermögenslage des Schuldners erforderlich ist.

Im Rahmen des eröffneten Insolvenzverfahrens ist hierzu der Insolvenzverwalter gem. § 30d Abs. 1 ZVG in der Fassung durch Art. 20 EGInsO berufen. Hier ist eine Einstellung in Nr. 1 zunächst zwingend vorgesehen, wenn der Berichtstermin nach § 29 Abs. 1 Nr. 1 InsO noch nicht stattgefunden hat.

Nach § 30d Abs. 1 Nr. 2 ZVG n.F. erfolgt eine einstweilige Einstellung auch dann, wenn nach dem Ergebnis des Berichtstermins der Grundbesitz für eine Unternehmensfortführung oder zur Vorbereitung der Veräußerung eines Betriebes oder einer anderen Gesamtheit von Gegenständen benötigt wird. Nr. 3 der Vorschrift sieht die Einstellung daneben vor, wenn durch die Versteigerung die Durchführung eines vorgelegten Insolvenzplanes gefährdet wäre. Bei Zurückweisung eines vom Schuldner vorgelegten Insolvenzplanes kann die Zwangsversteigerung nunmehr ergänzend auf seinen Antrag hin eingestellt werden. § 30d Abs. 1 Nr. 4 ZVG nimmt als Generalklausel die Vorgaben des bisherigen § 30c ZVG auf.

Zur Kompensation regelt § 30e Abs. 1 ZVG n.F. für die Zeit nach dem Berichtstermin eine Zinszahlungspflicht der Insolvenzmasse, die als sonstige Masseverbindlichkeit fortlaufend zu regulieren ist. Für aus der Weiternutzung des Grundbesitzes entstehende Wertverluste muß die Masse nach § 30e Abs. 2 InsO ebenfalls aufkommen. Voraussetzung der kompensatorischen Ansprüche des Zwangsversteigerungsgläubigers ist, daß bei Durchführung des Zwangsversteigerungsverfahrens auch mit einer Befriedigung aus dem Versteigerungserlös zu rechnen ist (§ 30e Abs. 3 ZVG). §§ 30f ZVG n.F. befaßt sich schließlich mit der Aufhebung der einstweiligen Einstellung des Zwangsversteigerungsverfahrens zugunsten des Gläubigers. Dieser hat grundsätzlich stets die Möglichkeit, die Aufhebung zu beantragen, wenn die Voraussetzungen der Einstellung fortgefallen sind oder die Vorgaben des § 30e ZVG hinsichtlich seiner kompensatorischen Ansprüche nicht erfüllt werden; von selbst versteht sich die Aufhebungsmöglichkeit bei Zustimmung des Insolvenzverwalters bzw. im Falle des des § 30d Abs. 2 ZVG, des Schuldners sowie nach Beendigung des Insolvenzverfahrens.

Die Einstellung der Zwangsverwaltung ist schließlich nach § 153b Abs. 1 ZVG n.F.anzuordnen, wenn der Insolvenzverwalter glaubhaft machen kann, daß durch die Fortsetzung des Zwangsverwaltungsverfahrens eine wirtschaftlich sinnvolle Nutzung der Insolvenzmasse wesentlich erschwert wird. Auch hier ist nach Abs. 2 der Vorschrift die Einstellung nur mit der Auflage anzuordnen, daß die dem betreibenden Gläubiger aus der Einstellung erwachsenden Nachteile durch laufende Zahlungen aus der Insolvenzmasse (als sonstige Masseverbindlichkeiten) ausgeglichen werden. Die in Abs. 3 statuierte Anhörungspflicht sowie die Aufhebungsmöglichkeit zugunsten des betreibenden Gläubigers in § 153c ZVG entsprechen den Vorgaben bei der Zwangsversteigerung.

2   Die Gesetzesfassung ist entsprechend den Vorstellungen des Rechtsausschusses zur Zuständigkeit der Vollstreckungsgerichte zurückgekehrt, nachdem der RegE weitergehend eine Konzentration bei den Insolvenzgerichten vorgeschlagen hatte.

5. Antrag des Insolvenzverwalters auf Fortsetzung der Zwangsversteigerung (§ 31 Abs. 1 ZVG)

**An das
Amtsgericht ......
– Vollstreckungsgericht –**

in ......   **(Ort, Datum)**

Geschäfts-Nr.

In dem Zwangsversteigerungsverfahren

..../. ......

beantrage ich,

    das Verfahren fortzusetzen.

Begründung:

Durch Beschluß des Amtsgerichts – Vollstreckungsgerichts – ...... vom ...... wurde das Zwangsversteigerungsverfahren auf Antrag des Unterzeichners hin nach § 30d ZVG vorläufig eingestellt.

Der Versuch, das Massegrundstück zu veräußern, ist gescheitert.

Ich bitte daher, neuen Versteigerungstermin zu bestimmen.

**Rechtsanwalt
als Insolvenzverwalter**

Anmerkungen

Insolvenzordnung

Nach § 31 Abs. 1 ZVG darf das Zwangsversteigerungsverfahren, soweit sich nichts anderes aus dem Gesetz ergibt, nur auf Antrag des Gläubigers fortgesetzt werden. Der Antrag ist binnen sechs Monaten bei dem zuständigen Vollstreckungsgericht zu stellen, anderenfalls ist das Verfahren aufzuheben.

Konkursordnung/Gesamtvollstreckungsordnung

Abweichungen zur Insolvenzordnung bestehen nicht.

6. Bewilligung des Insolvenzverwalters zur einstweiligen Einstellung des Zwangsversteigerungsverfahrens (§ 30 Abs. 1 S. 1 ZVG)

An das
Amtsgericht ......
– Vollstreckungsgericht –

in ......   (Ort, Datum)

Geschäfts-Nr.

In dem Zwangsversteigerungsverfahren

..../. ....

bewillige ich hiermit gem. § 30 Abs. 1 S. 1 ZVG die einstweilige Einstellung des Verfahrens und bitte, den anberaumten Zwangsversteigerungstermin aufzuheben.

Begründung:

Auf meinen Antrag hin hat das Amtsgericht – Vollstreckungsgericht – ...... durch Beschluß vom ...... das Zwangsversteigerungsverfahren über das Massegrundstück ...... angeordnet.

Es steht nunmehr zu erwarten, daß das Grundstück in einer für die Insolvenzmasse günstigen Weise freihändig veräußert werden kann.

Um antragsgemäße Entscheidung wird daher gebeten.

Rechtsanwalt
als Insolvenzverwalter

Anmerkungen

Insolvenzordnung

Nach § 30 Abs. 1 S. 1 ZVG ist das Zwangsversteigerungsverfahren einstweilen einzustellen, wenn der Gläubiger die Einstellung bewilligt. Die Einstellungsbewilligung ist eine Prozeßhandlung. Sie kann schriftlich, zu Protokoll des Urkundsbeamten der Geschäftsstelle, in jedem Termin zur Aufnahme in die Sitzungsniederschrift und unter Umständen auch fernmündlich erklärt werden (*Zeller/Stöber* § 30 Rdn. 2). Einer Begründung bedarf es nicht. Aus der Erklärung des Gläubigers muß jedoch zweifelsfrei der Wille erkennbar werden, daß er derzeit eine Fortführung des Verfahrens nicht wünscht.

Die Entscheidung ergeht durch Beschluß. Gegen den Einstellungsbeschluß des Rechtspflegers ist für weitere Gläubiger nach ihrer Anhörung die befristete Rechtspflegererinnerung (§ 11 Abs. 1 S. 1 RPflG) gegeben, bei einer Entscheidung durch den Richter die sofortige Beschwerde (§ 95 ZVG i. V. m. § 793 ZPO). Ergeht die Entscheidung ohne Anhörung, ist die Vollstreckungserinnerung zulässig.

In der Praxis wird in einem anhängigen Insolvenzverfahren eine Einstellung nach § 30 Abs. 1 ZVG regelmäßig ausscheiden, da zumeist weitere, vorrangige das Verfahren betreibende Gläubiger vorhanden sein werden, die insgesamt eine Einstellung bewilligen müßten, um dem Insolvenzverwalter die Möglichkeit der freihändigen Verwertung zu geben (*Zeller/Stöber* § 30 Rdn. 2).

Konkursordnung/Gesamtvollstreckungsordnung

Abweichungen zur Insolvenzordnung bestehen nicht.

7. Antrag des Insolvenzverwalters auf Versagung des Zuschlages (§ 74a Abs. 1 S. 1 ZVG)

An das
Amtsgericht ......
– Vollstreckungsgericht –

in ......   (Ort, Datum)

In dem Zwangsversteigerungsverfahren

..../. ....

beantrage ich in meiner Eigenschaft als Insolvenzverwalter,

den Zuschlag des Grundstücks ...... an ...... zu einem Gebot von DM ...... zu versagen.

Begründung:

In dem Zwangsversteigerungsverfahren, welches von einem absonderungsberechtigten Gläubiger betrieben wird, ist von ...... ein Meistgebot in Höhe von DM ...... abgegeben worden, welches einschließlich des Kapitalwertes der nach den Versteigerungsbedingungen bestehenbleibenden Rechte unter sieben Zehnteilen des Grundstückswertes von DM ...... bleibt.

Durch das Meistgebot wird die zugunsten des Schuldners eingetragene Eigentümergrundschuld in Höhe von DM ...... nur teilweise abgedeckt.

Bei einem Gebot in Höhe der genannten Grenze würde die Grundschuld zu einem weit höheren Anteil bedient werden können.

148

Die Voraussetzungen für eine Versagung des Zuschlages nach § 74 a Abs. 1 S. 1 ZVG sind damit gegeben.

Um antragsgemäße Entscheidung wird gebeten.

Rechtsanwalt
als Insolvenzverwalter

Anmerkungen

Insolvenzordnung

Bleibt in einem Zwangsversteigerungsverfahren das abgegebene Meistgebot einschließlich des Kapitalwertes der nach den Versteigerungsbedingungen bestehenbleibenden Rechte unter sieben Zehnteilen des Grundstückswertes, so kann nach § 74 a Abs. 1 S. 1 ZVG ein Berechtigter, dessen Anspruch ganz oder teilweise durch das Meistgebot nicht gedeckt ist, aber bei einem Gebot in der genannten Höhe voraussichtlich gedeckt sein würde, die Versagung des Zuschlages verlangen. Der Versagungsantrag kann auch vom Insolvenzverwalter gestellt werden, sofern zugunsten des Schuldners eine Eigentümergrundschuld eingetragen ist (*Jaeger/Weber* § 126 KO Anm. 14 a).

Der Antrag ist nach § 74 a Abs. 1 S. 2 ZVG abzulehnen, wenn der betreibende Gläubiger widerspricht und glaubhaft macht, daß ihm durch die Versagung des Zuschlages ein unverhältnismäßiger Nachteil erwachsen würde (vgl. hierzu Zeller/Stöber § 74 a Rdn. 5). Wird der Zuschlag versagt, ist von Amts wegen ein neuer Versteigerungstermin zu bestimmen (§ 74 a Abs. 3 S. 1 ZVG). In dem neuen Termin darf der Zuschlag weder aus den Gründen des § 74 a Abs. 1 ZVG noch aus denen des § 85 a Abs. 1 ZVG versagt werden.

Konkursordnung/Gesamtvollstreckungsordnung

Abweichungen zur Insolvenzordnung bestehen nicht.

8. Grundbuchberichtigungsantrag des Insolvenzverwalters wegen einer innerhalb der Monatsfrist des § 88 InsO eingetragenen Zwangssicherungshypothek

An das
Amtsgericht ......
– Grundbuchamt –

in ......   (Ort, Datum)

Insolvenzverfahren über das Vermögen der Frau ......,

hier: Antrag auf Löschung einer auf dem Grundbesitz der Schuldnerin in ......, eingetragen im Grundbuch von ......, Bl. ......, ... eingetragenen Zwangssicherungshypothek, Abt. III, lfd. Nr. ......

Sehr geehrte Damen,
Sehr geehrte Herren,

in der vorbezeichneten Angelegenheit wird zunächst aktenkundig gemacht, daß das Amtsgericht – Insolvenzgericht – ...... mit Beschluß vom ...... das Insolvenzverfahren über das Vermögen der Frau ...... eröffnet und den Unterzeichner zum Insolvenzverwalter ernannt hat.

Der Insolvenzeröffnungsbeschluß sowie die Bestallungsurkunde liegen in der Anlage zu Ihrer Kenntnisnahme bei.

Die Schuldnerin ist Eigentümerin vorbezeichneten Liegenschaft.

Am ......, mithin innerhalb eines Monates vor Eröffnung des Insolvenzverfahrens, wurde zu Gunsten ...... die oben genannte Sicherungshypothek in Abt. III zu lfd. Nr...... eingetragen.

Es handelt sich hierbei um eine innerhalb der Monatsfrist des § 88 InsO ergangene Vollstreckungsmaßnahme, die mit der Eröffnung des Insolvenzverfahrens ihre Wirksamkeit verloren hat (§ 88 InsO).

Aufgrund der somit eingetretenen Änderung der materiellen Rechtslage ist das Grundbuch unrichtig geworden.

In meiner Eigenschaft als Insolvenzverwalter beantrage ich daher,

die Löschung der oben näher bezeichneten
Sicherungshypothek.

Rechtsanwalt
als Insolvenzverwalter   *Anlagen*

Anmerkungen

Insolvenzordnung

Hat ein Insolvenzgläubiger im letzten Monat vor dem Antrag auf Eröffnung des Insolvenzverfahrens oder nach diesem Antrag durch Zwangsvollstreckung eine Sicherung an dem zur Insolvenzmasse gehörenden Vermögen des Schuldners erlangt, so wird diese Sicherung nach § 88 InsO mit der Eröffnung des Verfahrens unwirksam (vgl. zur Fristberechnung § 139 Abs. 1 InsO).

Legislatorisches Vorbild für diese Regelung ist die sog. Rückschlagsperre der Vergleichsordnung (vgl. §§ 28, 87, 104 VerglO). Die Unwirksamkeit der innerhalb der Monatsfrist vor Verfahrenseröffnung ausgebrachten Zwangsvollstreckungsmaßnahmen kann grundsätzlich mit der Erinnerung (§ 766 ZPO) gerügt werden.

Kommt es im Vollstreckungswege zur Eintragung einer Zwangssicherungshypothek im Grundbuch, steht dem Insolvenzverwalter infolge der materiellrechtlichen Unwirksamkeit der Maßnahme (§ 88 InsO) der Grundbuchberichtigungsanspruch des § 894 BGB zu.

Da sich die Unrichtigkeit des Grundbuches aus öffentlichen Urkunden, nämlich aus dem Insolvenzeröffnungsbeschluß und dem Grundbuch selbst ergibt, ist der Insolvenzverwalter zudem berechtigt, bei dem zuständigen Grundbuchamt gem. den §§ 22, 29 GBO einen Antrag auf Grundbuchberichtigung zu stellen (vgl. auch *Mitlehner*, ZIP 195, 1428, 1429 zu § 7 Abs. 3 S. 1 GesO).

Konkursordnung

Ein dem § 88 InsO vergleichbare Regelung enthält die Konkursordnung nicht.

Gesamtvollstreckungsordnung

Die Gesamtvollstreckungsordnung sieht in § 7 Abs. 3 GesO vor, daß vor Eröffnung der Gesamtvollstreckung gegen den Schuldner eingeleitete Vollstreckungsmaßnahmen zugunsten einzelner Gläubiger ihre Wirksamkeit verlieren. Mit der Eintragung einer Zwangssicherungshypothek auf dem Grundstück des Schuldners ist die Zwangsvollstreckung erst eingeleitet (BGH ZIP 1995, 1425, 1426). Aufgrund der Regelung des § 7 Abs. 3 S. 1 GesO ist die Hypothek mit der Verfahrenseröffnung erloschen, die ausgebrachte Vollstreckungsmaßnahme kraft Gesetzes unwirksam. Der Verwalter ist daher berechtigt, bei dem zuständigen Grundbuchamt nach §§ 22, 29 GBO einen Antrag auf Grundbuchberichtigung zu stellen, da sich die Unrichtigkeit des Grundbuchs aus öffentlichen Urkunden, nämlich aus dem Eröffnungsbeschluß und dem Grundbuch selbst ergibt (vgl. *Mitlehner* ZIP 1995, 1429). Daneben besteht der Grundbuchberichtigungsanspruch nach § 894 BGB (BGH ZIP 1995, 1425, 1428). Eine entsprechende Anwendung von § 7 Abs. 3 GesO auf eine vom Schuldner selbst vor Eröffnung der Gesamtvollstreckung zur Abwendung der Zwangsvollstreckung veranlaßte Eintragung einer Gesamthypothek scheidet aus (KG ZIP 1996, 645, 646).

9. Klage des Verwalters auf Zustimmung zur Löschung einer Vormerkung zur Eintragung einer Sicherungshypothek (Gesamtvollstreckungsordnung)

An das
Landgericht ......

in ......   (Ort, Datum)

Klage

des Rechtsanwalts ...... in seiner Eigenschaft als Verwalter über das Vermögen der Firma ......

– Klägers –

Prozeßbevollmächtigte: Rechtsanwälte ......

gegen

die Firma ......

– Beklagte –

wegen: Zustimmung zur Löschung einer Vormerkung zur Eintragung einer Sicherungshypothek.

Vorläufiger Gegenstandswert: DM 300 000,00

Namens und in Vollmacht des Klägers erheben wir Klage gegen die Beklagte.

Im Termin zur mündlichen Verhandlung werden wir beantragen,

> die Beklagte zu verurteilen, zu Händen des Klägers eine Löschungsbewilligung bezüglich der zu ihren Gunsten im Grundbuch ......, Blatt ......, Abteilung ...... eingetragenen Vormerkung zur Sicherung des Anspruchs auf Eintragung einer Sicherungshypothek im Nennbetrag von DM...... zu erteilen.

Begründung:

I. Zum Sachverhalt

Der Kläger wurde durch Beschluß des Amtsgerichts – Gesamtvollstrekkungsgerichts – ...... vom ...... zum Verwalter in dem Gesamtvollstrekkungsverfahren über das Vermögen der Firma ...... ernannt.

Beweis: Vorlage des Gesamtvollstreckungseröffnungsbeschlusses vom ...... in Fotokopie
– Anlage K 1 –.

In seiner Eigenschaft als Verwalter macht er gegenüber der Beklagten einen Grundbuchberichtigungsanspruch geltend, dem folgender Sachverhalt zugrundeliegt:

Die Gemeinschuldnerin ist Eigentümerin der im Klageantrag näher bezeichneten Liegenschaft.

Beweis: Vorlage des beglaubigten Grundbuchauszuges des Grundbuchs vom ......, Blatt ...... vom ......
– Anlage K 2 –.

Zu Gunsten der Beklagten wurde am ...... im Wege der Vollziehung einer einstweiligen Verfügung im dortigen Grundbuch eine Vormerkung zur Sicherung des Anspruchs auf Eintragung einer Sicherungshypothek im Nennwert von DM...... eingetragen.

Beweis: wie vor

Die Eintragung erfolgte somit vor Eröffnung des Gesamtvollstreckungsverfahrens.

Der Kläger forderte die Beklagte mit Schreiben vom ...... unter Hinweis auf § 7 Abs. 3 GesO auf, ihm gegenüber bis zum ...... eine Löschungsbewilligung des zu ihren Gunsten eingetragenen Rechts zu erteilen.

Beweis: Vorlage des Schreibens des Klägers vom ...... in Fotokopie
– Anlage K 3 –.

Da die Beklagte der Aufforderung bis heute nicht nachgekommen ist, war Klage geboten.

II. Zur Rechtslage

Der Kläger hat gegenüber der Beklagten gemäß §§ 886, 894 BGB einen Anspruch auf Erteilung der Zustimmung zur Löschung der Vormerkung zur Eintragung einer Sicherungshypothek.

Die Eintragung der Vormerkung entspricht nicht der materiellen Rechtslage.

Die durch die Eintragung im Grundbuch unter Umständen wirksam entstandene Vormerkung ist durch die Eröffnung des Gesamtvollstreckungsverfahrens unwirksam geworden.

Nach § 7 Abs. 3 S. 1 GesO verlieren gegen den Schuldner eingeleitete Vollstreckungsmaßnahmen zu Gunsten einzelner Gläubiger ihre Wirksamkeit mit der Eröffnung des Gesamtvollstreckungsverfahrens.

Mit der Eintragung einer Zwangshypothek auf einem Grundstück des Schuldners ist die Zwangsvollstreckung erst eingeleitet im Sinne dieser Norm. Sie wird mit der Eröffnung der Gesamtvollstreckung unwirksam

– vgl. BGH, Urteil vom 03. 08. 1995 – IX ZR 34/95 ZIP 1995, 1425 –.

Nichts anderes kann für eine vor Eröffnung des Gesamtvollstreckungsverfahrens in Vollziehung einer einstweiligen Verfügung eingetragenen Vormerkung zur Eintragung einer Sicherungshypothek gelten.

Die Vollziehung einer einstweiligen Verfügung nach §§ 928, 932 Abs. 3, 936 ZPO ist ein Akt der Zwangsvollstreckung

– vgl. Zöller/Vollkommer, Zivilprozeßordnung, 20.
Auflage, § 928, Rdn. 1 –,

die allein durch die Eintragung im Grundbuch noch nicht beendet ist.

Die Unwirksamkeit des eingetragenen Rechts ergibt sich auch aus folgendem:

Nach dem zitierten Urteil des Bundesgerichtshofs wird das durch die Vormerkung zu sichernde Recht, nämlich die Sicherungshypothek, mit der Eröffnung der Gesamtvollstreckung aufgrund der Regelung des § 7 Abs. 3 S. 1 GesO von Gesetzes wegen unwirksam.

Nichts anderes kann dann aber für das minus, nämlich für das Sicherungsrecht der Vormerkung gelten

– vgl. Beschluß des LG Meiningen vom 28. 02. 1996
– 1 T 345/95 ZIP 1996, 647 –.

Zusammenfassend ist daher festzuhalten, daß die zu Gunsten der Beklagten am . . . . . . eingetragene Vormerkung zur Sicherung des Anspruchs auf Eintragung einer Sicherungshypothek im Nennbetrag von DM . . . . . . mit der Eröffnung des Gesamtvollstreckungsverfahrens unwirksam geworden ist.

Die Eintragung im Grundbuch steht damit mit der materiellen Rechtslage im Widerspruch, so daß die Beklagte nach §§ 886, 894 BGB gegenüber der Klägerin zur Erteilung der Löschungsbewilligung verpflichtet ist.

Rechtsanwalt

V. Anmeldung von Forderungen im Konkurs-/Gesamtvollstreckungsverfahren

1. Anmeldung einer nicht bevorrechtigten Forderung zur Konkurstabelle[1]

An das
Amtsgericht ......
– Konkursgericht –

in ......   (Ort, Datum)

Geschäfts-Nr.
– Abschriften für den Konkursverwalter liegen an –

In dem Konkursverfahren

über das Vermögen der Firma .... wird die Firma A als Konkursgläubigerin vom Unterzeichner anwaltlich vertreten.

Namens und in Vollmacht meiner Mandantin melde ich folgende Forderungen[3] zur Konkurstabelle[4] an:

    1. Forderung aus Warenlieferung[5] gemäß
       Rechnung vom ......   DM......
    2. Kosten[6] der Vertretung der Gläubigerin im Konkurs-
       antragsverfahren gemäß Rechnung vom ......   DM......
    3. Aufgelaufene Zinsen gemäß anliegender Aufstellung[7]   DM......

    insgesamt   DM......

Ein Vorrecht wird nicht beansprucht.

Abschriften der Rechnungen[8] liegen an. Nach Abhaltung des allgemeinen Prüfungstermins bitte ich um Übersendung einer Bestätigung, daß die angemeldete Forderung anerkannt wurde[9].

Rechtsanwalt   *Anlagen*

Anmerkungen

1 Nach § 12 KO können Konkursgläubiger ab Konkurseröffnung ihre Forderungen auf Sicherstellung oder Befriedigung aus der Konkursmasse nur noch nach Maßgabe der Vorschriften der Konkursordnung verfolgen. So ist es den Konkursgläubigern insbesondere versagt, während des Konkursverfahrens in die Konkursmasse oder in das freie Vermögen des Gemeinschuldners zu vollstrecken (§ 14 KO). Das Anmeldeverfahren nach § 138 ff. KO ersetzt damit die klageweise Durchsetzung von Ansprüchen, schwebende Prozesse werden kraft Gesetzes unterbrochen (§ 240 ZPO).

Das Amtsgericht – Konkursgericht – selbst fordert alle bekannten Gläubiger durch Zustellung des Konkurseröffnungsbeschlusses, alle unbekannten Gläubiger durch dessen öffentliche Zustellung zur Anmeldung der Forderungen auf (§ 111 KO).

Um am Konkursverfahren teilnehmen zu können, muß der Gläubiger seine Forderung zur Konkurstabelle anmelden. Eine Ausnahme besteht im Nachlaßkonkurs, wo die Anmeldung in einem vorausgegangenen Aufgebotsverfahren genügt, sofern dieses nicht vor Konkurseröffnung ohne Erlaß eines Ausschlußurteils endete oder die Forderung trotz Anmeldung ausgeschlossen wurde (§ 229 KO). Unterbleibt die Forderungsanmeldung, nimmt der Gläubiger am Konkursverfahren nicht teil, bleibt allerdings an die Beschränkungen der §§ 12, 14 KO gebunden. Eine Ausnahme besteht für die ab Konkurseröffnung entstehenden Zinsen (*Kilger/K. Schmidt* § 14 Anm. 1). Wer an dem Konkursverfahren nicht beteiligt ist, hat auch keinen Anspruch darauf, bei der Verteilung der Konkursmasse quotenmäßig bedient zu werden.

Adressat der Forderungsanmeldung ist das Konkursgericht, nicht der Konkursverwalter. Eine Verpflichtung des Konkursverwalters zur Weiterleitung der Forderungsanmeldung besteht nicht.

Die Anmeldung hat innerhalb der im Konkurseröffnungsbeschluß gesetzten Frist zu erfolgen. Sie beträgt zwischen zwei Wochen und drei Monaten seit Konkurseröffnung (§ 138 KO). Es handelt sich hierbei nicht um eine Ausschlußfrist. Der verspätet anmeldende Gläubiger läuft allerdings Gefahr, daß er die Kosten eines besonderen Prüfungstermin zu tragen hat (§ 142 Abs. 3 KO) und seine Forderung erst bei einer später stattfindenden Verteilung berücksichtigt wird.

Zur Teilnahme am Konkursverfahren berechtigen alle zum Zeitpunkt der Verfahrenseröffnung begründeten persönlichen Vermögensansprüche. Das sind alle Forderungen, die auf Geld gerichtet oder in Geld schätzbar sind (§ 69 KO). Auch bedingte, betagte und sogar unbestimmte Forderungen nehmen am Konkursverfahren teil (§ 63 ff. KO).

Zu beachten ist, daß bestimmte Forderungen vom Konkursverfahren ausgenommen sind. So können etwa nach § 63 KO nicht geltend gemacht werden:
- Die seit Eröffnung des Verfahrens laufenden Zinsen;
- die Kosten, die den einzelnen Gläubiger durch ihre Teilnahme an dem Verfahren erwachsen;
- Geldstrafen, Geldbußen, Ordnungsgelder und Zwangsgelder sowie solche Nebenfolgen einer Straftat oder Ordnungswidrigkeit, die zu einer Geldzahlung verpflichten;
- Forderungen aus einer Freigebigkeit des Schuldners unter Lebenden oder von Todes wegen.

Ausgeschlossen an einer Verfahrensteilnahme sind auch:
- Die rein familienrechtlichen und die auf eine höchstpersönliche Leistung durch den Gemeinschuldner gerichteten Ansprüche (§§ 1360, 1361; 1601– 1615, 1615a–1615i; 1615k, 1615l und 1615 BGB, 37, 39 Abs. 2 S. 2 EheG);
- Gestaltungsrechte, wie z. B. das Recht zur Anfechtung oder zum Rücktritt, zum Widerruf oder auf Wandlung;
- der Anspruch auf Aussonderung nach §§ 43 ff. KO oder auf abgesonderte Befriedigung nach §§ 47 ff. KO;
- der Anspruch auf Handlungen, die nur vom Gemeinschuldnern persönlich vorgenommen werden können (§ 888 ZPO), etwa auf Herstellung eines Werkes, Erteilung von Unterricht;
- Ansprüche aus Erstellung einer Bilanz, Auskunftserteilung oder Rechnungslegung;

- Unterlassungsansprüche;
- Ansprüche auf Ehemäklerlohn (§ 656 BGB), Forderungen aus Spiel- oder Wette (§ 762 BGB);
- kapitalersetzende Gesellschafterdarlehen (§ 32a Abs. 1 GmbHG) oder (eingeschränkt) auch Drittdarlehen (§ 32a Abs. 2 GmbHG).

Die Anmeldung von Konkursforderungen zur Tabelle hat schriftlich in deutscher Sprache beim Amtsgericht (Konkursgericht) oder zu Protokoll der Geschäftsstelle zu erfolgen (§ 139 S. 2 KO).

Die Forderungsanmeldung muß gemäß § 139 KO
- die Angabe des Betrages,
- des Grundes der Forderung,
- das beanspruchte Vorrecht enthalten.

Forderungen, die nicht auf Geld gerichtet oder deren Geldbetrag unbestimmt oder ungewiß oder nicht auf die im Währungsgebiet geltende Währung festgesetzt sind, sind nach ihrem Schätzwert in DM geltend zu machen (§ 69 KO). Zur Kapitalisierung wiederkehrender Hebungen von einem bestimmten Betrag und von einer unbestimmten Zeitdauer bestimmt § 70 KO, daß sie unter Abrechnung der Zwischenzinsen (§ 65 KO) durch Zusammenzählung der einzelnen Hebungen kapitalisiert werden. Der Gesamtbetrag darf den zum gesetzlichen Zinssatz kapitalisierten Betrag derselben nicht übersteigen.

Zu unterscheiden sind bevorrechtigte und nicht bevorrechtigte Konkursforderungen. Bevorrechtigte Konkursforderungen sind diejenigen des § 61 Abs. 1 Nr. 1 bis 5 KO, nicht bevorrechtigte alle übrigen Forderungen, § 61 Abs. 1 Nr. 6 KO.

Nach § 209 Abs. 1 Nr. 2 BGB wird durch die Forderungsanmeldung die Verjährung unterbrochen. Forderungsanmeldungen zur Tabelle können bis zur Prüfung zurückgenommen, ergänzt oder berichtigt werden. Zu beachten ist, daß wesentliche Änderungen, z. B. Erhöhung der Forderungen, Änderung des Schuldgrundes, nachträgliche Vorrechtsbeanspruchung wie Neuanmeldungen zu behandeln sind.

2   Abschriften der Forderungsanmeldung für den Konkursverwalter sind entweder bei Gericht einzureichen oder aber dem Verwalter unmittelbar zuzuleiten (*Kilger/ K. Schmidt* § 139 Anm. 2).

3   Vgl. Anmerkung 3. Der Begriff Konkursgläubiger entspricht dem Begriff der Konkursforderung (*Kilger/K. Schmidt* § 3 Anm. 1).

4   Nach § 140 Abs. 1 KO sind die Anmeldungen in der Geschäftsstelle zur Einsicht der Beteiligten niederzulegen. Beteiligte sind der Gemeinschuldner, der Konkursverwalter, Konkursgläubiger, Gläubigerausschußmitglieder und Massegläubiger (*Kilger/K. Schmidt* § 140 Anm. 1). Der Konkursverwalter erhält zusätzlich eine Abschrift der Tabelle. In die Konkurstabelle eingetragen werden die Anmeldungen durch den Urkundsbeamten der Geschäftsstelle. Ein Muster findet sich bei *Uhlenbruck/Delhaes* HRP Rdn. 786.

5   Es handelt sich um eine nicht bevorrechtigte Forderung. Der Forderungsgrund ist genau zu bezeichnen (vgl. oben Anmerkung 1).

6   Nicht anmeldefähig sind die Kosten, welche dem Gläubiger durch die Teilnahme an dem Konkursverfahren erwachsen (§ 63 Nr. 2 KO). Dies gilt allerdings nicht für die Rechtsanwaltsgebühren für die Stellung des Konkursantrages (*Kuhn/Uhlenbruck* § 62 Rdn 2). Auch sind alle Kosten des Gläubigers aus einem vorausgegangenen

Vergleichsverfahrens anmeldefähig, da es sich dabei nicht um Kosten des Konkursverfahrens handelt (§ 62 Nr. 1 KO; vgl. *Kuhn/Uhlenbruck* § 62 Rdn. 2).

Zinsen sind Nebenansprüche, die den Rang der Hauptforderung teilen, aber nur bis   7
zum Tage vor Konkurseröffnung angemeldet werden können (§ 63 Nr. 1 KO).
Über den Tag der Konkursanmeldung hinaus können Zinsen gefordert werden, sofern für die Hauptforderung ein Absonderungsrecht besteht (BGH NJW 1956, 1594).

Der Anmeldung sind die entsprechenden urkundlichen Beweisstücke oder eine Ab-   8
schrift derselben beizufügen (§ 139 S. 3 KO). Eine Verweisung auf Unterlagen des
Gemeinschuldners ist unzulässig, da jeder Gläubiger ein Recht zur Einsicht in die
Anmeldeunterlagen hat und er nur aufgrund vollständiger Unterlagen prüfen kann,
ob er von seinem Widerspruchsrecht im Prüfungstermin gemäß § 144 Abs. 1 KO
Gebrauch machen will (*Kuhn/Uhlenbruck* § 139 Rdn. 1a). Beweisstück i. S. d. § 139
Abs. 3 KO sind Schuldscheine, Wechsel, Schecks, Vertragsurkunden, Schuldtitel,
Rechnungen, Kontoauszüge, Abrechnungsurkunden etc. (vgl. *Kilger/K. Schmidt*
§ 139 Anm. 5; *Uhlenbruck/Delhaes* HRP Rdn. 771). Wechsel oder sonstige Schuldurkunden sind grundsätzlich im Original vorzulegen, da auf diesen die Feststellung
zu vermerken ist, (§ 145 Abs. 1 S. 2 KO). Die Weigerung, eine Urkunde im Original vorzulegen, steht einer Feststellung der Forderung nicht entgegen (*Jäger/Weber*
§ 145 Anm. 2); spätestens im Prüfungstermin ist der Schuldtitel jedoch vorzulegen
(Kuhn/Uhlenbruck § 146 Rdn. 32).

Gläubiger festgestellter Forderungen erhalten von dem Ergebnis des Prüfungster-   9
mins weder Nachricht noch einen Auszug aus der Konkurstabelle. Dies gilt auch
dann, wenn der Gemeinschuldner der Feststellung widersprochen hat. Dagegen ist
von Amts wegen dem Gläubiger ein Tabellenauszug zu übersenden, wenn der Konkursverwalter oder ein Gläubiger im Prüfungstermin die angemeldete Forderung
ganz oder teilweise bestritten hat. Dies gilt auch dann, wenn im Prüfungstermin der
Konkursverwalter die angemeldete Forderung nur vorläufig bestritten(OLG Köln
KTS 1979, 119, 120). Erhebt der Gläubiger sodann Feststellungsklage oder nimmt
er einen durch die Konkurseröffnung unterbrochenen Rechtsstreit auf, ohne zuvor
durch Rückfrage beim Konkursverwalter festgestellt zu haben, ob dieser sein vorläufiges Bestreiten aufgibt, trägt der Gläubiger bei sofortigem Anerkenntnis des
Konkursverwalters die Kosten des Rechtsstreits (OLG Düsseldorf ZIP 1982, 201).
Auf ausdrücklichen Antrag hin wird gegen Entrichtung der Schreibgebühren
nach dem GKG vom Konkursgericht die Bestätigung über die Anerkennung der zur
Konkurstabelle angemeldeten Forderungen erteilt. Eine solche Bestätigung ist oftmals für den Gläubiger bei Bestand einer Kreditversicherung erforderlich.

2. Anmeldung einer nicht bevorrechtigten Forderung zur Aufnahme in das Vermögensverzeichnis

An den Verwalter[1]   (Ort, Datum)
in dem Gesamtvollstreckungsverfahren
über das Vermögen der Firma ......

Geschäfts-Nr.
In dem Gesamtvollstreckungsverfahren

über das Vermögen der Firma .....

melde ich nachstehende Forderung an:

    1. Forderung aus Warenlieferungen
       gemäß Rechnung vom ......   DM......
    2. Zinsen bis zur Verfahrenseröffnung   DM......

       insgesamt   DM......

Die Forderung ist nicht bevorrechtigt[2].

(......)
Gläubiger

Anmerkungen

Im Geltungsbereich der Gesamtvollstreckungsordnung ist die Forderungsanmeldung beim Verwalter vorzunehmen (§ 5 Nr. 3 GesO), der auch das Vermögensverzeichnis (Tabelle) zu führen hat. Die Anmeldung hat Kapital, Kosten und bis zur Eröffnung des Gesamtvollstreckungsverfahrens anfallende Zinsen gesondert auszuweisen. Der Schuldgrund sowie der Rang bei der Verteilung ist anzugeben (*Smid*, Arbeitsbuch, S. 127). Da die Tabelle vom Verwalter zu führen ist, hat er auf Mängel in der Anmeldung hinzuweisen und ggf. die Eintragung abzulehnen. Die Art der Tabellenführung ist dem Verwalter überlassen. Ein Muster ist als Formular B.V.3 abgedruckt.

Die Tabelle ist nach der Anmeldefrist (§ 5 Nr. 3 GesO) abzuschließen und dem Gericht vorzulegen. Im Gegensatz zur Konkursordnung ist die im Eröffnungsbeschluß den Gläubigern aufgegebene Anmeldefrist eine Ausschlußfrist. Verspätet angemeldete Forderungen sind nur unter zwei Voraussetzungen noch anzuerkennen und in die Tabelle aufzunehmen, nämlich

– wenn die Verspätung unverschuldet war und
– das Gericht zustimmt (§ 14 Abs. 1 S. 1 GesO).

Lehnt der Verwalter die Aufnahme in die Tabelle ab, kann der Gläubiger einen entsprechenden Antrag an das Gesamtvollstreckungsgericht stellen (BGH ZIP 1994, 157, 159). Stimmt das Gericht zu, hat der Verwalter die angemeldete Forderung vorläufig in die Tabelle aufzunehmen und im Prüfungstermin zu prüfen. Gegen die Zustimmung steht dem Verwalter, gegen die Ablehnung der Zustimmung dem Gläubiger die sofortige Beschwerde zu (§ 20 GesO). Eine Forderung, die wegen Nichtlesens der öffentlichen Bekanntmachung über die Eröffnung der Gesamtvollstreckung – schuldhaft – verspätet angemeldet wird, ist unabhängig von einer Verfahrensverzögerung gemäß § 14 Abs. 1 S. 1 GesO nicht in das Vermögensverzeichnis aufzunehmen (LG Halle ZIP 1996, 145, 146). Der Ausschluß bei Verschulden des Gläubigers oder seines Bevollmächtigten verstößt nicht gegen die Eigentumsgarantie (BVerfG ZIP 1995, 923, 924).

Die Rangordnung der Befriedigung ergibt sich aus § 17 Abs. 3 GesO, wobei der Katalog der bevorrechtigten Forderungen gegenüber § 61 Nr. 1 KO wesentlich reduziert ist.

3. Muster eines Vermögensverzeichnisses

Vermögensverzeichnis in dem Gesamtvollstreckungsverfahren über das Vermögen der Firma ...... Rang § 17 III Nr. GesO

lfd. Nr.	Gläubiger (Name und Anschrift)	Gläu- biger- vertreter	Tag der Anmel- dung	angemeldete Forderung DM	Grund der Forderung	Prüfungs- termin (Datum)	Prüfungs- ergebnis	Anmer- kungen
1	Firma A	Rae. ...	05. 01. 96	a) 10 500,00 b) 386,20 c) 20,00 10 906,20	Waren- lieferung Zinsen Verzugs- kosten Gesamt- betrag	25. 03. 96	anerkannt zu a) 8 500,00 i. H. v. 1 784,20 Rest bestritten	
2	Firma B		07. 01. 96	780,00	Warenlie- ferung	25. 03. 96	bestritten	
3			15. 01. 96	180 000,00 24 862,31 204 862,31	Darlehen Zinsen Gesamt- betrag	25. 03. 96	anerkannt in Höhe des nach- zuweisen- den Aus- falls	

4. Anmeldung einer bevorrechtigten Konkursforderung zur Konkurstabelle[1,8]

An das
Amtsgericht[2]
– Konkursgericht –

in . . . . . .   (Ort, Datum)

Geschäfts-Nr.

In dem Konkursverfahren

über das Vermögen der Firma . . . . . .

melde ich folgende Forderung[3] zur Konkurstabelle[4] an:

1. rückständige Gehälter für die Zeit
   vom . . . . . . bis . . . . . .   DM . . . . . .
2. Zinsen bis zur Konkurseröffnung   DM . . . . . .

   insgesamt   DM . . . . . .

Das Vorrecht des § 61 Nr. 1a KO wird beansprucht[5].

Weiterhin wird beantragt,

   den Konkurverwalter zu ermächtigen, die festgestellten,
   bevorrechtigten Forderungen unabhängig von den Verteilungen
   zu befriedigen[6,9].

Eine Ausfertigung der Anmeldung liegt zwecks Weiterleitung an den Konkursverwalter an[7].

(. . . . . .)
Gläubiger   *Anlage*

Anmerkungen
Konkursordnung

1 Der Rang der Konkursforderungen bestimmt sich nach § 61 Abs. 1 KO. Die dort aufgeführten Gläubigergruppen werden entsprechend den Rangklassen Rang für Rang befriedigt. Solange der erste Rang nicht voll befriedigt ist, erhält der nachfolgende Rang nichts, usw. Reicht die Masse (nach Abzug der Massekosten und Masseschulden) schon zur Befriedigung eines Ranges nicht aus, so erfolgt innerhalb des Ranges eine gleichmäßige quotenmäßige Befriedigung.

Rückständige Ansprüche von Arbeitnehmern für das letzte Jahr vor Konkurseröffnung sind nach § 61 Abs. 1 Nr. 1a KO bevorrechtigte Konkursforderungen. Soweit es sich um Ansprüche aus den letzten 6 Monaten handelt, sind diese nach § 59 Abs. 1 Nr. 3a KO Masseschulden, so daß das Vorrecht des § 61 Abs. 1 Nr. 1 KO nur für Ansprüche aus dem 7. bis 12. Monat vor Konkurseröffnung in Betracht kommt. Ansprüche der Arbeitnehmer auf rückständige Bezüge, die länger als 1 Jahr vor Konkurseröffnung zurückliegen, sind demgegenüber einfache Konkursforderungen mit dem Rang des § 61 Abs. 1 Nr. 6 KO.

Vgl. Formular B. V. 2. Anmerkung 2. 2

Vgl. Formular B. V. 2. Anmerkung 6. 3

Vgl. Formular B. V. 2. Anmerkung 7. 4

Das beanspruchte Vorrecht muß unter Angabe des Ranges angemeldet werden. 5
Eine Berücksichtigung von Amts wegen erfolgt nicht (*Kilger/K. Schmidt* § 139
Anm. 1 c).

Nach § 170 KO kann der Verwalter Zahlungen auf festgestellte bevorrechtigte For- 6
derungen mit Ermächtigung des Gerichts unabhängig von den Verteilungen leisten.
§ 170 KO gibt den Vorrechtsgläubigern keinen Anspruch auf Vorwegbefriedigung; sie sind jedoch ebenso wie der Konkursverwalter antragsberechtigt (*Kilger/
K. Schmidt* § 170 Anm. 2). Voraussetzung ist, daß die Forderungen bevorrechtigt
und mit bestimmtem Rang festgestellt sind. Zahlungen vor dem Prüfungstermin
sind daher nicht zulässig. Trotz gerichtlicher Ermächtigung ist der Verwalter nicht
verpflichtet, Zahlungen zu leisten, wenn die Befriedigung der Gleich- oder Besserberechtigten sowie der Massegläubiger gefährdet würde. Der Genehmigungsbe-
schluß kann von dem Gleich- oder Besserberechtigten sowie den Massegläubigern
mit der sofortigen Beschwerde (§ 73 Abs. 3 KO) oder befristeten Rechtspflegererinnerung (§ 11 Abs. 1 S. 1 RpflG) angefochten werden (*Kilger/K. Schmidt* § 170
Anm. 2).

Vgl. Formular B. V. 1. Anmerkung 10. 7

Gesamtvollstreckungsordnung

Die Rangfolge der Forderungen ist in § 17 Abs. 3 Nr. 1 bis 4 GesO geregelt. 8

Die rückständigen Ansprüche der Arbeitnehmer für die Zeit bis zu 12 Monaten vor
der Eröffnung der Gesamtvollstreckung sind auch hier bevorrechtigte Forderungen
(§ 14 Abs. 2 Nr. 1a GesO).
Ansprüche aus den letzten 6 Monaten sind vorab zu begleichende Ansprüche
(Masseschulden) i. S. des § 13 Abs. 1 Nr. 3a GesO, so daß § 17 Abs. 3 Nr. 1a Geso
nur für Ansprüche aus dem 7. bis 12. Monat vor Eröffnung der Gesamtvollstreckung
in Betracht kommt.

§ 17 Abs. 2 i. V. mit § 18 GesO schließen eine Vorwegbefriedigung von Forderun- 9
gen nach § 17 Abs. 3 GesO aus, da Grundlage der Verteilung der Masse der Beschluß der Gläubigerversammlung im Schlußtermin gem. § 18 GesO darstellt.

5. Anmeldung einer Sozialplanforderung zu Konkurstabelle

An das
Amtsgericht ......
– Konkursgericht –

in ......   (Ort, Datum)

Geschäfts-Nr.

In dem Konkursverfahren

über das Vermögen der Firma ......

melde ich hiermit eine Forderung in Höhe von DM ...... aus einem mit dem
Konkursverwalter am ...... geschlossenen Sozialplan an.

Das Vorrecht des § 61 Nr. 1 KO wird beansprucht.

(......)
Gläubiger

Anmerkungen

Konkursordnung

Nach § 4 des Gesetzes über den Sozialplan in Konkurs- und Vergleichsverfahren
(SozplG) werden im Konkursverfahren Forderungen aus einem Sozialplan nach §§ 2
und 3 SozplG mit dem Rang des § 61 Abs. 1 Nr. 1 KO berichtigt. Durch die gesetzliche Regelung wurde der Streit, ob Abfindungsansprüche aus einem Sozialplan wegen Verlust des Arbeitsplatzes mit dem Konkurs ein Vorrecht zusteht oder nicht (vgl.
hierzu BVerfGE ZIP 1984, 78 ff.) beendet.
Danach gilt im einzelnen folgendes:
In einem Sozialplan, der nach Eröffnung des Konkursverfahrens aufgestellt wird,
kann nach § 2 SozplG für den Ausgleich oder der Milderung wirtschaftlicher
Nachteile, die dem Arbeitnehmer infolge der geplanten Betriebsänderung entstehen, ein Gesamtbetrag für jeden von einer Entlassung betroffenen Arbeitnehmer
bis zu 2,5 Monatsverdiensten vorgesehen werden. § 2 SozplG erfaßt nur solche Sozialpläne, die den von einer Entlassung betroffenen Arbeitnehmern Ansprüche ver-
leihen. Soweit Sozialpläne andere wirtschaftliche Nachteile von Arbeitnehmern
ausgleichen oder mindern wollen, die ihrerseits nicht von einer Entlassung betroffen sind, handelt es sich bei den Forderungen um solche des § 61 Abs. 1 Nr. 6 KO.
Überschreitet der Sozialplan den Höchst-Gesamtbetrag von 2,5 Monatsverdiensten, ist jede Forderung im Konkursverfahren bis zu demjenigen Teil ihres
Betrages, der dem Verhältnis des Gesamtbetrages zu der Summe der Forderungen
aus dem Sozialplan entspricht, zu berichtigen. Ein Sozialplan, der vor Eröffnung
des Konkursverfahrens, jedoch nicht früher als 3 Monate vor dem Antrag des
Konkursverfahrens aufgestellt wird, ist den Konkursgläubigern insoweit unwirksam, als die Summe der Forderungen aus dem Sozialplan größer ist als der Gesamtbetrag von 2,5 Monatsverdiensten der von der Entlassung betroffenen Arbeitnehmern (§ 3 S. 1 SozplG).
Für die Berichtigung der Forderungen aus §§ 2 und 3 SozplG dürfen nicht mehr

als 1/3 der für die Verteilung an die Konkursgläubiger zur Verfügung stehenden Konkursmasse verwendet werden (§ 4 S. 2 SozplG). Hierdurch soll sichergestellt werden, daß der Sozialplan nicht einen unvertretbar großen Teil der Konkursmasse aufzehrt (*Kuhn/Uhlenbruck* § 61 Rdn. 32 f).

Werden Ansprüche aus Sozialplänen geltend gemacht, die früher als 3 Monate vor dem Konkursantrag aufgestellt worden sind, sind diese einfache Konkursforderungen i. S. des § 61 Abs. 1 Nr. 6 KO (BAG AP Nr. 23 zu § 112 BetrVG).

Gesamtvollstreckungsordnung

Im Gegensatz zur Konkursordnung sieht die Gesamtvollstreckungsordnung in § 17 Abs. 3 Nr. 1 c GesO ausdrücklich vor, daß Forderungen aus einem vom Verwalter vereinbarten Sozialplan bevorrechtigt sind, soweit die Summe der Sozialplanforderungen nicht größer ist als der Gesamtbetrag von 3 Monatsverdiensten der von einer Entlassung betroffenen Arbeitnehmer und 1/3 des zu verteilenden Erlöses nicht übersteigt. Forderungen aus Sozialplänen, die vor dem Antrag auf Eröffnung eines Gesamtvollstreckungsverfahrens aufgestellt wurden, genießen dieses Vorrecht nicht, so daß sie nur im Range des § 17 Abs. 3 Nr. 4 GesO berücksichtigt werden können (*Hess/Binz/Wienberg* § 17 Rdn. 54).

6. Anmeldung einer nicht bevorrechtigten Forderung zur Konkurstabelle bei bestehendem Absonderungsrecht (Ausfallforderung)[1,15]

An das
Amtsgericht[2] ......
– Konkursgericht –

in ......   (Ort, Datum)

Geschäfts-Nr.

– Abschriften für den Konkursverwalter liegen an[3] –

In dem Konkursverfahren

über das Vermögen der Firma ......

wird die Firma A als absonderungsberechtigte Gläubigerin[4] vom Unterzeichner anwaltlich vertreten.

Namens und im Auftrage meiner Mandantin melde ich zur Konkurstabelle aus dem Kontokorrentverhältnis mit der Gemeinschuldnerin[5] eine Forderung in Höhe von DM ...... für den Ausfall[6] an.

Zum Nachweis der Forderung überreiche ich zunächst einen aktuellen Kontokorrentauszug[7].

Zur Sicherung der Forderungen wurden seitens der Gemeinschuldnerin meiner Mandantin folgende Sicherheiten[8] gestellt[9]:

1. Grundschuld über DM . . . . . . nebst . . . . . . % Grundbuchzinsen seit dem . . . . . . gemäß Grundschuldbestellungsurkunde vom . . . . . ., Grundschuldbrief . . . . . . vom . . . . . . und Eintragungsnachricht des Grundbuchamtes in . . . . . . vom . . . . . .[10].

2. Sicherungsübereignung folgender Fahrzeuge:
   a) Pkw, Marke . . . . . .
   b) Lkw, Marke . . . . . .[11] .

Zum Nachweis der Sicherheitenbestellung sind die entsprechenden Urkunden beigefügt.

Meine Mandantin verlangt aus den gestellten Sicherheiten abgesonderte Befriedigung ihrer Kontokorrentforderung sowie der Kosten und aufgelaufenen Zinsen bis zum Zeitpunkt der Verwertung[12].

Auch verfügt sie über eine selbstschuldnerische unbefristete Bürgschaft des Gesellschafters B über ein Teilbetrag von DM . . . . . .[13].

Trotz des Absonderungsrechts sowie der teilweise gesamtschuldnerischen Haftung des Bürgen ist mit einer vollen Befriedigung der Forderung der Gläubigerin nicht zu rechnen.

Der Konkursverwalter wurde zwischenzeitlich mit Schreiben vom . . . . . . zur Auskunft über den Verbleib und der Werthaltigkeit des Sicherungsgutes aufgefordert[14,16]. Eine Stellungnahme hierzu liegt noch nicht vor.

Rechtsanwalt   *Anlagen*

Anmerkungen

Konkursordnung

1 Vgl. zur Forderungsanmeldung zunächst Formular B. V. 1. Anmerkung 1.

Nach § 64 KO kann ein Gläbiger, der abgesonderte Befriedigung beansprucht, die Forderung, wenn der Gemeinschuldner auch persönlich für sie haftet, zur Konkursmasse geltend machen, aus derselben aber nur für den Betrag verhältnismäßige Befriedigung verlangen, zu welchem er auf abgesonderte Befriedigung verzichtet, oder mit welchem er bei der letzteren ausgefallen ist. Persönliche Schuld und dingliche Haftung müssen sich somit in Person des Gemeinschuldners vereinigen (*Kuhn/ Uhlenbruck* § 64 Rdn. 2).

Nach § 47 KO dienen zur abgesonderten Befriedigung die Gegenstände, welche der Zwangsvollstreckung in das unbewegliche Vermögen unterliegen, für diejenigen, welchen ein Recht auf Befriedigung aus denselben zusteht. Hierzu zählen insbesondere Hypotheken, Grundschulden, Rentenschulden (*Kilger/K. Schmidt* § 47 Anm. 4). Nach § 48 KO sind weiterhin absonderungsberechtigt solche Gläubiger, die an einem zur Konkursmasse gehörigen Gegenstand ein durch Rechtsgeschäft bestelltes Pfandrecht haben. Hierzu zählen der erweiterte Eigentumsvorbehalt in Form des sog. Kontokorrentvorbehalts, der verlängerte Eigentumsvorbehalt (*Kuhn/ Uhlenbruck* § 48 Rdn. 24a), die Sicherungsabtretung (Globalzession, unechtes Factoring, *Kuhn/Uhlenbruck* § 48 Rdn. 24) und die Sicherungsübereignung (*Kuhn/ Uhlenbruck* § 48 Rdn. 13). Gleichgestellt sind die in § 49 KO genannten Gläubiger. Hierzu zählen insbesondere die gesetzlichen Pfandrechte des Fiskus wegen öffentli-

cher Abgaben (§ 49 Abs. 1 Nr. 1 KO), das Pfandrecht des Vermieters oder Verpächters (§§ 559, 581, 585 BGB, § 49 Abs. 1 Nr. 2 KO), das Pfandrecht des Gastwirts
(§ 704 BGB), das Pfandrecht des Werkunternehmers (§ 647 BGB), des Kommissio-
närs, Spediteurs, Lagerhalters und Frachtführers (§ 49 Abs. 1 Nr. 2 KO). Gleichgestellt sind das Zurückbehaltungsrecht wegen nützlicher Verwendungen (§ 49 Abs. 1
Nr. 3 KO) und das handelsrechtliche Zurückbehaltungsrecht (§ 49 Abs. 1 Nr. 4
KO). Vgl. hierzu im einzelnen *Uhlenbruck/Delhaes* HRP Rdn. 735 ff; *Kilger/
K. Schmidt* § 49 Anm. 1–9.

Auch kann derjenige, der sich mit dem Gemeinschuldner in einem Miteigentum,
in einer Gesellschaft oder in einer anderen Gemeinschaft befindet, wegen der sich
auf ein solches Verhältnis gründenden Forderungen abgesonderte Befriedigung aus
den sich bei der Teilung oder sonstigen Auseinandersetzung ermittelten Anteile des
Gemeinschuldners verlangen. Die abgesonderte Befriedung erfolgt nach § 4 Abs. 2
KO außerhalb des Konkursverfahrens durch Verwertung des belasteten Massege-
genstandes.

Vgl. Formular B. V. 1. Anmerkung 1. **2**

Vgl. Formular B. V. 1. Anmerkung 10. **3**

Vgl. Formular B. V. 1. Anmerkung 3. **4**

Vgl. hierzu Kuhn/Uhlenbruck § 139 Rdn. 4. **5**

Vgl. zunächst Anmerkung 1. Die Forderung wird in voller Höhe geprüft und bei **6**
Nichtbestreiten als „Forderung für den Ausfall" festgestellt (*Kuhn/Uhlenbruck* § 64
Rdn. 9). Der Ausfall ist vom Gläubiger nach erfolgter Verwertung des Gegenstandes, hinsichtlich dessen abgesonderte Befriedigung verlangt wird, dem Konkursverwalter nachzuweisen (§ 153 Abs. 1 KO). Für die Erbringung des Nachweises besteht
eine Ausschlußfrist von zwei Wochen (§ 152 KO) nach öffentlicher Bekanntmachung der zur Verteilung verfügbaren Masse (§ 151 KO). Hat der Gläubiger im Falle
einer Abschlagsverteilung weder den Ausfall nachgewiesen noch einen Verzicht auf
abgesonderte Befriedigung erklärt, ist der mutmaßliche Ausfall glaubhaft zu machen. Nur in diesem Falle wird der Teilbetrag, der auf den mutmaßlichen Ausfall
entfällt, zurückbehalten. Wird der Nachweis nicht bis zu der für die Schlußverteilung laufenden Ausschlußfrist erbracht, wird der zurückbehaltene Betrag für die
Schlußverteilung frei (§ 156 KO).

Vgl. Formular B. V. 1. Anmerkung 7. **7**

Die genannten Sicherheiten gewähren ein Absonderungsrecht, das – im Gegensatz **8**
zum Aussonderungsrecht – jederzeit durch Zahlung der besicherten Forderung ab-
gelöst werden kann (*Kuhn/Uhlenbruck* § 47 Rdn. 1).

Das zur Absonderung berechtigende Recht muß grundsätzlich zum Zeitpunkt der **9**
Konkurseröffnung wirksam begründet worden sein (*Kilger/K. Schmidt* § 47
Anm. 2). Allerdings folgt bereits aus § 15 Abs. 2 und § 24 KO, daß auch noch nach
Konkurseröffnung Absonderungsrechte entstehen können, etwa durch Zwangsvollstreckungen und Arrestvollziehungen von Massegläubigern in Massegegenstände
oder aber durch rechtsgeschäftliche Pfandrechtsbestellung an Massegegenständen
durch den Konkursverwalter.

10 Die Grundschuld gewährt nach § 47 KO ein Recht auf Befriedigung aus dem belasteten Grundstück. Der absonderungsberechtigte Gläubiger kann daher nach § 4 Abs. 2 KO außerhalb des Konkursverfahrens die Absonderung betreiben. Ist ein Titel vorhanden, bedarf es eines gegen den Konkursverwalter gerichteten oder gegen ihn umgeschriebenen Titels (*Kuhn/Uhlenbruck* § 47 Rdn. 7; *Kilger/K. Schmidt* § 47 Anm. 5).

Da das Recht zur abgesonderten Befriedigung nicht auf der persönlichen Forderung, sondern auf dem dinglichen Recht beruht, richtet sich eine Klage auf Erwirkung eines Titels nur auf die Duldung der Zwangsvollstreckung in den Pfandgegenstand (*Kuhn/Uhlenbruck* § 47 Rdn. 6). War bereits zur Zeit der Konkurseröffnung ein Vollstreckungstitel vorhanden, ist die Klausel, auf dingliche Wirkung und Pfandgegenstand beschränkt, auf Antrag gegen den Konkursverwalter umzuschreiben und erneut zuzustellen (*Kuhn/Uhlenbruck* § 47 Rdn. 7).

11 Nach § 48 KO können auch an beweglichen Sachen (§ 90 BGB) und Forderungen (§ 1279 BGB) etwa durch Globalzession, Absonderungsrechte durch rechtsgeschäftlich bestelltes Pfandrecht begründet werden. Nach § 127 Abs. 2 S. 1 KO ist zunächst der Absonderungsberechtigte zur Verwertung befugt, wenn er sich aus dem Gegenstand ohne gerichtliches Verfahren befriedigen darf, was insbesondere für das Pfandrecht an beweglichen Sachen (§§ 1223 ff. BGB), unter Einschluß des Sicherungseigentums, und Forderungen (§§ 1280 ff. BGB) gilt (*Kilger/K. Schmidt* § 48 Anm. 1).

12 Der Sicherungsnehmer hat im Konkurs des Sicherungsgebers nur ein Absonderungsrecht, kein Aussonderungsrecht (*Kilger/K. Schmidt* § 127 Anm. 5 b, § 43 Anm. 9). Ein von ihm in Ausübung seines Selbstverwertungsrechts nach § 127 Abs. 2 KO erzielter Überschuß ist an die Konkursmasse abzuführen (*Kuhn/Uhlenbruck* § 127 Rdn. 16). Verzögert der Gläubiger die Verwertung, kann der Konkursverwalter beim Konkursgericht beantragen, daß ihm zur Verwertung eine Frist gesetzt wird. Nach Fristablauf ist der Verwalter befugt, den Absonderungsgegenstand selbst zu verwerten, ohne daß der Gläubiger hiergegen widersprechen kann (*Kuhn/Uhlenbruck* § 127 Rdn. 19; *Kilger/K. Schmidt* § 127 Anm. 3–5).

Wird das Sicherungsgut vom Konkursverwalter nach Konkurseröffnung genutzt oder etwa von ihm vermietet, kann der Sicherungsnehmer eine Nutzungsentschädigung nur verlangen, wenn ihm zuvor ein vertragliches Nutzungsrecht eingeräumt war. Andernfalls sind die gezogenen Nutzungen erst ab dem Zeitpunkt der unberechtigten Herausgabeverweigerung nach den §§ 987 ff. BGB herauszugeben (BGH WM 1979, 1326).

Die Befriedigungsfolge des Absonderungsrechts folgt aus § 48 Abs. 2 KO, d. h. die Befriedigung erfolgt zunächst wegen der Kosten, dann wegen der Zinsen und zuletzt wegen des Anspruches. Die Regelung entspricht der in § 367 Abs. 1 BGB, § 12 ZVG. Diese Befriedigungsfolge gilt auch bei einer vereinbarten freihändigen Verwertung (*Kilger/K. Schmidt* § 48 Anm. 6 c).

13 Besteht ein Gesamtschuldverhältnis, wie etwa bei der Bürgschaft, kann der Gläubiger seine zum Zeitpunkt der Konkurseröffnung bestehende Forderung in voller Höhe sowohl im Konkursverfahren als auch gegenüber den Gesamtschuldnern bis zu seiner vollen Befriedigung geltend machen (§ 68 KO). Dies gilt auch dann, wenn der Bürge nur in Höhe eines Teilbetrages haftet. Der Anwendungsbereich des § 68 KO beschränkt sich dann auf den Forderungsteil, für den die Gesamtschuld besteht (BGH NJW 1960, 1295, 1296). Wird der Bürge in Höhe der verbürgten Teilforderung in Anspruch genommen, entfällt seine Haftung. Er ist berechtigt, den auf ihn übergegangenen Teil zur Konkurstabelle anzumelden (*Kilger/K. Schmidt* § 68 Anm. 6).

Der aus- und absonderungsberechtigte Gläubiger hat gegen den Konkursverwalter **14** einen Anspruch auf Auskunftserteilung. Die zu erteilenden Auskünfte sollen insbesondere Angaben über den Umfang, den Verbleib und den Wert des Sicherungsguts enthalten. Der Umfang der Auskunftspflicht bemißt sich einerseits nach der Zumutbarkeit für den Konkursverwalter und andererseits an den schutzbedürftigen Sicherungsinteressen des Gläubigers (OLG Karlsruhe ZIP 1990, 187, 189).

Will oder kann der Konkursverwalter seiner Auskunftspflicht nicht nachkommen, so kann er den Anspruch durch Verweisung auf die Einsichtnahme und Prüfung der Geschäftsunterlagen erfüllen (BGHZ 70, 86, 91; *Kuhn/Uhlenbruck* § 6 Rdn. 53 a ff.; *Kilger/K. Schmidt* § 6 Anm. 4b).

Gesamtvollstreckungsordnung

Die Anmeldung von Pfandrechten hat gemäß § 12 Abs. 1 GesO beim Verwalter im **15** Rahmen der Forderungsanmeldung zu erfolgen.

Nach § 12 Abs. 1 GesO sind Gegenstände, an denen Dritte ein Pfandrecht zusteht, **16** vom Verwalter an die Berechtigten herauszugeben, wenn er nicht das Pfandrecht zur Zahlung ablöst.

Da die Vorschriften nicht zwischen rechtgeschäftlichen und gesetzlichen Pfandrechten unterscheidet, bezieht sie sich auf beide Arten von Pfandrechten (vgl. zuletzt LG Leipzig ZIP 1996, 880; BGHZ ZIP 1995, 480).

Der Umfang der Pfandrechte entspricht – mit Ausnahme der Zurückbehaltungsrechte – denjenigen, die der Absonderung nach der Konkursordnung unterliegen. Insoweit kann auf die Ausführungen Bezug genommen werden

Da eine den §§ 49 Abs. 1 Nr. 4, 127 KO entsprechende Regelung in die Gesamtvollstreckungsordnung nicht übernommen wurde, gewähren Zurückbehaltungsrechte kein Absonderungsrecht (BGH ZIP 1995, 225, 227; OLG Dresden ZIP 1994, 402, 403).

7. Anmeldung einer nicht bevorrechtigten Forderung zur Konkurstabelle bei bestehendem Aussonderungsrecht[1,8] (Ausfallforderung)

An das
Amtsgericht[2] . . . . . .
– Konkursgericht –

in . . . . . .   (Ort, Datum)

Geschäfts-Nr.

– Abschriften für den Konkursverwalter liegen an[3] –

In dem Konkursverfahren

über das Vermögen der Firma . . . . . .

melde ich als Gläubiger zur Konkurstabelle eine Forderung aus Warenlieferung in Höhe von DM . . . . . . für den Ausfall[4] an.

Zum Nachweis meiner Forderungen füge ich die entsprechenden Rechnungen bei[5].

Die Warenlieferungen erfolgten unter Eigentumsvorbehalt[6,9], wie sich aus den beigefügten Allgemeinen Geschäftsbedingungen ergibt.

Die danach bestehenden Aussonderungsrechte wurden gegenüber dem Konkursverwalter bereits mit Schreiben vom . . . . . . geltend gemacht und Auskunft über den Verbleib der Sachen und deren Herausgabe gefordert[7].

Trotz der Aussonderungsrechte ist mit einem erheblichen Forderungsausfall zu rechnen.

(. . . . . .)
Gläubiger   *Anlagen*

Anmerkungen

Konkursordnung

1 Während die Absonderung dem Gläubiger ein Recht auf vorzugsweise Befriedigung seiner Forderung aus einem zur Masse gehörenden Gegenstand gewährt, wird durch die Aussonderung das Ausscheiden eines Gegenstandes aus der Konkursmasse bewirkt (§ 43 KO), da dieser nicht i. S. des § 1 KO dem Gemeinschuldner gehört (*Kilger/K. Schmidt* § 43 Anm. 1, § 47 Anm. 1). Gegenstände, die dem Gemeinschuldner nicht gehören, hat der Konkursverwalter daher aus der Masse auszuscheiden bzw. an die zum Besitz Berechtigten herauszugeben.
   Gegenstand des Aussonderungsrechts können bewegliche und unbewegliche Sachen, dingliche und persönliche Rechte, Forderungen sowie auch der Besitz sein (*Kilger/K. Schmidt* § 43 Anm. 1), so etwa das Eigentum an beweglichen Sachen, der einfache Eigentumsvorbehalt (§ 455 BGB), der verlängerte oder erweiterte Eigen-

tumsvorbehalt usw. (*Kilger/K. Schmidt* § 43 Anm. 2–16; *Uhlenbruck/Delhaes* HRP Rdn. 7, 122–731).

Die Geltendmachung des Aussonderungsrechts erfolgt außerhalb des Konkurs-verfahrens, ggf. im Klagewege zwischen Gläubiger und Konkursverwalter (*Kilger/K. Schmidt* § 42 Anm. 15). Der Anspruch ist gerichtet auf Herausgabe.

Führt die Geltendmachung des Aussonderungsrechts nicht zur vollen Befriedi-gung der Ansprüche des aussonderungsberechtigten Gläubigers, so ist auch hier – ebenso wie bei der Absonderung – die Restforderung als Ausfallforderung anzumel-den.

Vgl. Formular B. V. 6. Anmerkung 2. **2**

Vgl. Formular B. V. 6. Anmerkung 3. **3**

Vgl. Formular B. V. 6. Anmerkung 6. **4**

Vgl. Formular B. V. 6. Anmerkung 7. **5**

Eigentumsvorbehaltsrechte gewähren im Konkurs des Käufers ein Aussonderungs- **6** recht, wenn der Konkursverwalter nicht mehr zum Besitz berechtigt ist, d. h. wenn entweder der Verkäufer wegen Zahlungsverzuges vom Kaufvertrag zurückgetreten ist (§ 455 BGB) oder der Verwalter die weitere Erfüllung des Vertrages nach § 17 KO ablehnt (BGHZ 54, 218, 214).

Gesamtvollstreckungsordnung

Die Geltendmachung des Aussonderungsrechts erfolgt nach § 12 Abs. 1 S. 1 GesO **8** beim Verwalter mit der Forderungsanmeldung.

Der Herausgabeanspruch nach § 12 Abs. 1 S. 1 GesO entspricht dem Aussonde- **9** rungsrecht des § 43 KO. Eigentumsvorbehaltsrechte berechtigen auch hier zur Aus-sonderung (*Haarmeyer/Wutzke/Förster* § 12 Rdn. 11–14).

Verweigert der Verwalter die Herausgabe, kann der Berechtigte auf Herausgabe oder Feststellung seines Rechts klagen (§ 12 Abs. 1 S. 1 GesO).

Im Geltungsbereich der Gesamtvollstreckungsordnung sind noch folgende Aus-sonderungsansprüche bedeutsam:

- Globalverpfändungen von Forderungen, die vor dem 03. 10. 1990 vereinbart wurden, berechtigen zur Aussonderung nur dann, wenn in der Verpfändungs-urkunde die Höhe der verpfändeten Geldforderung angegeben wurde (§ 449 Abs. 1 S. 5 ZGB);
- Rückübertragungsansprüche der Treuhandanstalt/BVS gemäß § 25 Abs. 5 DMBilG;
- keinen Aussonderungsanspruch gewähren Rückübertragungsansprüche nach dem Vermögensgesetz, sofern über diese noch nicht rechtskräftig entschieden wurde (vgl. hierzu *Haarmeyer/Wutzke/Förster* § 12 Rdn. 37ff.).

Im übrigen bestehen keine Abweichungen zur Konkursordnung.

8. Nachträgliche Anerkennung einer zur Konkurstabelle angemeldeten nicht bevorrechtigten Forderung

An das
Amtsgericht ......
– Konkursgericht –

in ......   (Ort, Datum)

Geschäfts-Nr.

In dem Konkursverfahren

über das Vermögen der Firma ......

erkenne ich die Forderung des Herrn ....., eingetragen in Abt. 2, lfd. Nr....., nachträglich in voller Höhe, nämlich DM ....., an.

Ich bitte um Berichtigung der Tabelle.

Mit vorzüglicher Hochachtung

Rechtsanwalt
als Konkursverwalter

9. Nachträgliche (Teil-)Anerkennung einer zur Konkurstabelle angemeldeten bevorrechtigten Forderung

An das
Amtsgericht ......
– Konkursgericht –

in ......   (Ort, Datum)

Geschäfts-Nr.

In dem Konkursverfahren

über das Vermögen der Firma ......

erkenne ich nachträglich die Forderung des Herrn ....., eingetragen in Abt. 1 I, lfd. Nr....., in Höhe von DM ...... an, die Restforderung bleibt endgültig bestritten.

Ich bitte um Berichtigung der Tabelle.

Mit vorzüglicher Hochachtung

Rechtsanwalt
als Konkursverwalter

10. Nachträgliche Anerkennung einer bestrittenen Forderung durch den Gesamtvollstreckungsverwalter

Herrn
......   (Ort, Datum)

Gesamtvollstreckungsverfahren über das Vermögen der
Firma ......

hier: Nachträgliche Anerkennung Ihrer Forderung in Höhe von
DM...... (Abt. 2, lfd. Nr......)

Sehr geehrter Herr ......,

in dem vorbezeichneten Gesamtvollstreckungsverfahren habe ich in meiner Eigenschaft als Verwalter die von Ihnen angemeldete Forderung in Höhe von DM...... aus Warenlieferungen bestritten.

Nach den mir nunmehr von Ihnen übergebenen Unterlagen ist der Bestand der Forderung nachgewiesen.

Ich erkenne hiermit Ihre Forderung in voller Höhe an.

Mit vorzüglicher Hochachtung

Rechtsanwalt
als Verwalter

11. Nachträgliche Anerkennung einer zur Konkurstabelle angemeldeten nicht bevorrechtigten Forderung im Falle abgesonderter Befriedigung

An das
Amtsgericht ......
– Konkursgericht –

in ......   (Ort, Datum)

Geschäfts-Nr.

In dem Konkursverfahren

über das Vermögen der Firma ......

habe ich die Forderung der Gläubigerin ......, eingetragen in Abt. 2, lfd. Nr......, in Höhe des nachzuweisenden Ausfalls anerkannt.

Im Wege der abgesonderten Befriedigung hat die Gläubigerin einen Verwertungserlös von DM...... erzielt. Ihr Ausfall beträgt somit DM......

Dieser Betrag wird von mir ohne Einschränkung anerkannt.

Ich bitte um Berichtigung der Tabelle.

Mit vorzüglicher Hochachtung

Rechtsanwalt
als Konkursverwalter

12. Nachträgliche Anerkennung einer zur Konkurstabelle angemeldeten nicht bevorrechtigten Forderung im Falle der Aussonderung

An das
Amtsgericht ......
– Konkursgericht –

in ......   (Ort, Datum)

Geschäfts-Nr.

In dem Konkursverfahren

über das Vermögen der Firma ......

meldete die Firma ...... eine Forderung in Höhe von DM ...... zur Konkurstabelle an (Abt. 2, lfd. Nr. ......).

Gleichzeitig wurden Aussonderungsansprüche geltend gemacht.

Die Forderung wurde von mir im allgemeinen Prüfungstermin vorläufig bestritten.

Nachdem von mir das Aussonderungsrecht anerkannt wurde und die Gläubigerin ihre unter Eigentumsvorbehalt gelieferten Waren im Werte von
DM ...... zurückerhalten hat, erkenne ich ihre danach bestehende Ausfallforderung in Höhe von DM ...... nachträglich an.

Ich bitte insoweit um Berichtigung der Tabelle.

Mit vorzüglicher Hochachtung

Rechtsanwalt
als Konkursverwalter

13. Berichtigungsantrag des Gläubigers

An das
Amtsgericht ......
– Konkursgericht –

in ......   (Ort, Datum)

Geschäfts-Nr.

In dem Konkursverfahren

über das Vermögen der Firma ......

überreiche ich namens der von mir anwaltlich vertretenen Gläubigerin, der
Firma ......, das Urteil des Amtsgerichts ...... vom ...... nebst Rechts-
kraftbescheinigung, in dem der zur Konkurstabelle angemeldete Anspruch der
Gläubigerin (eingetragen in Abt. 2, lfd. Nr.....) festgestellt wurde.

Ich beantrage daher die Berichtigung der Tabelle.

Mit vorzüglicher Hochachtung

Rechtsanwalt   *Anlage*

Anmerkungen zu 8. bis 13.

Konkursordnung

Die im Prüfungstermin streitig gebliebenen Forderungen können vom Konkursverwalter bis zum Abschluß des Verfahrens jederzeit nachträglich voll oder teilweise anerkannt werden. Die Eintragung des Berichtigungsvermerkes wird vom Richter
oder Rechtspfleger verfügt. dem Gläubiger ist von der Tabellenberichtigung Kenntnis zu geben, um so eine unnötige Feststellungsklage zu vermeiden (*Uhlenbruck/Del-
haes* HRP S. 839). Dem Gläubiger und seinen Bevollmächtigten steht ein Antragsrecht auf Berichtigung der Tabelle zu, sofern der Konkursverwalter die Forderung
anerkannt hat oder diese in einem richterlichen Urteil festgestellt wird, in letzterem
Fall erfolgt die Berichtigung nur bei Vorlage des Feststellungsurteils mit Rechts-
kraftbescheinigung (*Uhlenbruck/Delhaes* HRP S. 835).

Gesamtvollstreckungsordnung

Da im Geltungsbereich der Gesamtvollstreckungsordnung der Verwalter das Vermögensverzeichnis (Tabelle) zu führen hat, können Berichtigungen unmittelbar von
ihm vorgenommen werden. Auch hier ist eine nachträgliche Forderungsanerken-
nung bis zum Ablauf der Anmeldefrist jederzeit möglich.
   Abweichungen zur Konkursordnung bestehen nicht.

14. Klage auf Feststellung einer streitig gebliebenen Forderung

An das
Amtsgericht[2,11]

in ......   (Ort, Datum)

Klage

der Firma ......
                                                           – Klägerin –
Prozeßbevollmächtigte: Rechtsanwälte ......

gegen

den Rechtsanwalt ...... in seiner Eigenschaft als Konkursverwalter über das
Vermögen der Firma ......
                                                           – Beklagten –
wegen Feststellung.

Vorläufiger Gegenstandswert:[3, 12] DM ......

Namens und mit Vollmacht des Klägers erheben wir Klage gegen den Beklagten.

Im Termin zur mündlichen Verhandlung werden wir beantragen,

    1. die Forderung des Klägers wird in Höhe von DM ......
       zur Konkurstabelle festgestellt[4, 13];
    2. der Beklagte trägt die Kosten des Rechtsstreits.

Begründung:

Durch Beschluß des Amtsgerichts – Konkursgerichts – ...... vom ...... –
Geschäfts-Nr. ...... – wurde das Konkursverfahren über das Vermögen der
Firma ...... eröffnet und der Beklagte zum Konkursverwalter ernannt.

Die Klägerin meldete mit Schreiben vom ...... zur Konkurstabelle[5] eine
nicht bevorrechtigte Forderung[6] aus Warenlieferungen in Höhe von DM ......
an.

Beweis: Vorlage der Forderungsanmeldung vom ...... in
        Fotokopie
        – Anlage K 1 –.

Im amtlichen Prüfungstermin am ...... wurde die Forderung vom Beklagten
vollumfänglich bestritten[7].

Beweis: Vorlage des beglaubigten Auszuges aus der Konkurstabelle[8]
        – Anlage K 2 –.

Der Beklagte wurde mit Schreiben der Prozeßbevollmächtigten der Klägerin
vom ...... unter Fristsetzung zum ...... aufgefordert, die Gründe des Bestreitens mitzuteilen.

Hierauf erfolgte bis heute keine Reaktion.

Klage war daher geboten.

Der mit DM . . . . . . vorläufige Streitwert beruht darauf, daß nach Angaben des Beklagten auf die einfachen Konkursforderungen lediglich eine Quote von . . . . . % entfällt[9].

Rechtsanwalt

Anmerkungen

Konkursordnung

Nach § 146 Abs. 1 S. 1 KO bleibt es den Gläubigern streitig gebliebener Forderun-   1
gen überlassen, die Feststellung derselben gegen den Bestreitenden zu betreiben. Es handelt sich hierbei um eine Feststellungsklage i. S. des § 256 ZPO (BGH WM 1957, 1226; Kuhn/Uhlenbruck § 146 Rdn. 6; a. A. OLG Hamm KTS 1967, 169).
Streitig geblieben ist eine Forderung, wenn der Verwalter oder ein Konkursgläu- biger gegen sie im Prüfungstermin Widerspruch erhoben hat und der Widerspruch nicht durch Zurücknahme oder durch Verlust der Konkursgläubigerschaft des Be- streitenden beseitigt ist (§ 144 Abs. 1 KO). Auch ein nur vorläufiges Bestreiten ist im allgemeinen ein Bestreiten (OLG Hamm KTS 1974, 178, 179; OLG Köln KTS 1979, 119, 120). Durch den Widerspruch des Gemeinschuldners bleibt die Forde- rung für das Konkursverfahren nicht streitig (*Kuhn/Uhlenbruck* § 146 Rdn. 1), vgl. aber § 164 Abs. 2 KO. Streitig geblieben ist auch eine Forderung, die nicht dem Grunde und der Höhe nach, wohl aber deren Vorrecht bestritten worden ist, sog. Vorrechtsstreit (BGHZ 52, 155, 157).

Die Zuständigkeit richtet sich nach § 146 Abs. 2 KO. Örtlich zuständig ist aus-   2
schließlich das Amtsgericht, bei dem das Konkursverfahren anhängig ist, bei höhe- rem Streitgegenstand das zuständige Landgericht. Die Zuständigkeit der besonderen Gerichtsbarkeiten von Arbeits- und Sozialgerichten, Finanzgericht usw. besteht auch für die Feststellungsklage (§ 146 Abs. 5 KO).

Die Streitwertfestsetzung erfolgt nach § 148 KO, wobei der Streitwert nach der zu   3
erwartenden Konkursquote geschätzt wird und maßgeblicher Zeitpunkt für die Bemessung die bei Klageerhebung bzw. Aufnahme des Rechtsstreits nach § 146 Abs. 1, Abs. 3 KO für den Kläger zu erwartende Quote ist (BGH KTS 1980, 247;OLG Hamburg ZIP 1989, 1345, 1346;). Ist eine Konkursquote nicht zu er- warten, so ist der Streitwert in Höhe der niedrigsten Wertstufe festzusetzen (BGH ZIP 1993, 50, 51).

Der Antrag lautet auf Feststellung der angemeldeten Forderung zur Konkurstabelle   4
(BGH WM 1957, 1334; BGH NJW 1962, 153, 154; *Kuhn/Uhlenbruck* § 146 Rdn. 5).
Die Klage ist stets gegen den Widersprechenden zu richten, also entweder gegen den Konkursverwalter oder gegen einen oder mehrere widersprechende Gläubiger. War über die Forderung des Konkursgläubigers zur Zeit der Eröffnung des Kon- kursverfahrens bereits ein Rechtsstreit anhängig, so ist der nach § 240 ZPO unter- brochene Prozeß durch den Gläubiger gegen den widersprechenden Konkursver- walter aufzunehmen, und zwar bei dem Gericht, vor dem der Rechtsstreit anhängig

ist. Der Klageantrag ist allerdings umzustellen und auf Feststellung zu richten (§ 146 Abs. 3 KO). Demgegenüber ist die Aufnahme eines Mahnverfahrens nicht möglich (*Kilger/K. Schmidt* § 146 Anm. 2 d).

5 Die Feststellungsklage kann nur auf den Grund und den Betrag gestützt werden, die in der Anmeldung angegeben wurden. Gegenstand des Anmeldungs- und Prüfungsverfahrens müssen daher mit demjenigen des Feststellungsverfahrens identisch sein (*Kuhn/Uhlenbruck* § 146 Rdn. 20, 20a, 22). Zum Nachweis hierfür dient ein gerichtlich beglaubigter Tabellenauszug, der gem. § 146 Abs. 1 S. 2 KO dem Gläubiger zu erteilen ist.

6 Im Formular wurde eine nicht bevorrechtigte Forderung gewählt.

Handelt es sich bei der bestrittenen Forderung um eine bevorrechtigte Forderung, so wird zugleich auch über das Bestehen oder Nichtbestehen des Vorrechts entschieden (BGHZ 60, 64).

7 Das Urteil wirkt mit Rechtskraft für und gegen alle Konkursgläubiger (§ 147 KO). Das obsiegende Urteil berechtigt den Gläubiger zur Berichtigung der Konkurstabelle (§ 146 Abs. 7 KO).

8 Zum Erfordernis der Vorlage eines beglaubigten Tabellenauszugs vgl. oben Anmerkung 5.

9 Vgl. Anmerkung 3.

Gesamtvollstreckungsordnung

10 Die Feststellung der Forderung im Vermögensverzeichnis (Tabelle) ist erforderlich, damit die Forderung nach § 17 Abs. 2 GesO bei dem Verteilungsvorschlag berücksichtigt und nach Abschluß des Verfahrens eine vollstreckbare auszugsweise Ausfertigung aus dem Verzeichnis der Forderungen gem. § 18 Abs. 2 S. 2 GesO zum Zwecke der weiteren Vollstreckung gegen den Schuldner erteilt wird.

11 Unabhängig von der Höhe des Streitwerts ist das Amtsgericht, dort das Prozeßgericht, zuständig (§ 11 Abs. 3 S. 3 GesO). Die Sonderzuständigkeit des § 146 Abs. 6 KO gilt auch hier, da § 11 Abs. 3 S. 3 GesO nur die Zuständigkeit für bürgerliche Rechtsstreitigkeiten (§ 13 GVG) regelt.

12 Der Streitwert der Feststellungsklage bestimmt sich analog § 148 KO nach der zu erwartenden Verteilung nach § 18 Abs. 2 S. 1 GesO.

13 Der Antrag des Gläubigers lautet wie folgt:

„Es wird festgestellt, daß dem Kläger in der Gesamtvollstreckung in das Vermögen der Firma . . . . . eine Forderung in Höhe von DM . . . . . . zusteht."

Begehrt der Gläubiger die Feststellung einer Vorrechtsforderung, ist die begehrte Rangklasse genau zu bezeichnen.

15. Antrag eines Gläubigers auf Erteilung eines vollstreckbaren Tabellenauszuges

An das
Amtsgericht . . . . . .
– Konkursgericht –

in . . . . . .   (Ort, Datum)

Geschäfts-Nr.

In dem Konkursverfahren

über das Vermögen des Herrn . . . . . .

wurde die von mir zur Konkurstabelle angemeldete und dort in Abt. 2, lfd. Nr. . . . . . . eingetragene Forderung vom Konkursverwalter anerkannt.

Ich beantrage,

     mir eine vollstreckbare Ausfertigung des Tabellenauszuges zu erteilen.

Mit vorzüglicher Hochachtung

(. . . . . .)
Gläubiger

Anmerkungen

Konkursordnung

Nach § 145 Abs. 2 KO wirkt die Eintragung in die Tabelle rücksichtlich der festgestellten Forderungen ihrem Betrag und Vorrecht nach wie ein rechtskräftiges Urteil gegenüber allen Konkursgläubigern. Nach Aufhebung des Konkursverfahrens können die nicht befriedigten Konkursgläubiger ihre Forderungen gegen den Schuldner uneingeschränkt geltend machen (§ 164 Abs. 1 KO). Zu diesem Zweck können sie, sofern ihre Forderungen festgestellt und vom Gemeinschuldner im Prüfungstermin oder nachträglich nicht ausdrücklich bestritten worden sind (§ 165 KO), aufgrund eines vollstreckbaren Tabellenauszuges die Zwangsvollstreckung gegen den Schuldner betreiben (§ 164 Abs. 2 KO). Auf die Erteilung der vollstreckbaren Ausfertigung finden die Vorschriften der ZPO (§§ 724 – 793 ZPO) entsprechende Anwendung. Zahlungen, die im Verlaufe des Konkursverfahrens auf die anerkannte Forderung geleistet wurden, sind bei der Erteilung der Vollstreckungsklausel abzusetzen. Die Vollstreckungsklausel kann bereits vor Abschluß des Verfahrens erteilt werden, um so den Gläubigern die Möglichkeit zu geben, umgehend nach Beendigung des Verfahrens die Zwangsvollstreckung in frei-werdendes Vermögen des Schuldners betreiben zu können (*Uhlenbruck/Delhaes* HRP Rdn. 1047).

Gesamtvollstreckungsordnung

Die Eintragung der anerkannten Forderung in das Vermögensverzeichnis (Tabelle) bildet nach der Genehmigung des darauf beruhenden Verteilungsvorschlages und der Aufhebung der Gesamtvollstreckung die Grundlage für einen Titel zur Zwangsvollstreckung gegen den Schuldner. Die Eintragung wirkt allerdings nicht – wie in § 145 Abs. 2 KO – wie ein rechtskräftiges Urteil gegenüber allen Gläubigern, da sie nicht von einer mit hoheitlichen Befugnissen ausgestatteten Person, sondern vom Verwalter selbst veranlaßt wird (*Haarmeyer/Wutzke/Förster* § 11 Rdn. 81 m. w. N.). Diese Wirkung kommt allein dem bestätigten Verteilungsvorschlag zu. Dieser wirkt auch gegenüber dem Schuldner, sofern er nicht Widerspruch gegen die Forderung erhoben hat, und auch gegenüber dem Verwalter (*Kilger/K. Schmidt* § 145 Anm. 3). Nach § 18 Abs. 2 S. 2 GesO ist dem Gläubiger nach Abschluß des Gesamtvollstreckungsverfahrens eine vollstreckbare auszugsweise Ausfertigung aus dem bestätigten Verzeichnis der Forderungen zu erteilen. Dies erfolgt in der Praxis erst auf Antrag des Gläubigers (*Haarmeyer/Wutzke/Förster* § 18 Rdn. 41). Auch hier sind bei der Ausfertigung die Beträge abzusetzen, die der Gläubiger bereits im Rahmen der Verteilung erhalten hat. Die Erteilung erfolgt erst nach Aufhebung des Verfahrens (§ 19 GesO), da der (Rest-)Betrag, der zur Verteilung zur Verfügung steht, erst zu diesem Zeitpunkt feststeht.

Ist dem Schuldner nach § 18 Abs. 2 S. 3 GesO Vollstreckungsschutz vor den Nachforderungen der Gläubiger gewährt worden, so ist dies auf der vollstreckbaren Ausfertigung zu vermerken (*Kilger/K. Schmidt* KO § 18 Anm. 3a). Hierzu wird folgender Zusatz zur Vollstreckungsklausel vorgeschlagen:
„Eine Vollstreckung gegen den Schuldner findet hieraus nur nach Maßgabe des § 18 Abs. 2 S. 3 GesO statt";
oder
„Die Zwangsvollstreckung findet nur aus dem über ein angemessenes Einkommen hinaus vom Schuldner erworbenen Vermögen statt (§ 18 Abs. 2 S. 3 GesO)",
vgl. Haarmeyer/Wutzke/Förster § 18 Rdn. 51 m. w. N.
Nach § 18 Abs. 2 S. 3 GesO findet eine Vollstreckung aus dem bestätigten Verzeichnis der Forderungen gegen den Schuldner nur statt, soweit dieser über ein angemessenes Einkommen hinaus zu neuem Vermögen gelangt; dies gilt nicht, wenn der Schuldner vor oder während des Verfahrens vorsätzlich oder grob fahrlässig zum Nachteil seiner Gläubiger gehandelt hat.

Mit dieser Regelung hat der Gesetzgeber in den neuen Bundesländern eine Abkehr von der nach § 145 Abs. 2 KO bestehenden „lebenslangen Schuldverstrickung" vorgenommen und im Vorgriff auf die Reform des Insolvenzrechts eine „beschränkte Restschuldbefreiung" eingeführt. Der Kreis der durch diese Regelung Begünstigten ist nicht auf ehemalige DDR-Bürger beschränkt, sondern gilt gebietsbezogen für alle Bundesbürger, die ihren ständigen Wohnsitz im Beitrittsgebiet haben. Nur die Begründung eines künstlichen Gerichtsstandes mit dem Zweck, in den Geltungsbereich der Gesamtvollstreckungsordnung zur Schädigung von Gläubigern in den alten Bundesländern zu gelangen, kann zur Unzuständigkeit des angegangenen Gerichts führen (*Haarmeyer/Wutzke/Förster* § 18 Rdn. 61 m. w. N.).

Die Vollstreckungssperre des § 18 Abs. 2 S. 3 GesO tritt nicht von Gesetzes wegen, sondern nur auf Antrag des Schuldners bei dem hierfür zuständigen Gesamtvollstreckungsgericht ein. Lehnt das Gericht den Antrag ab, steht dem Schuldner hiergegen die sofortige Beschwerde zu (§ 20 GesO), vgl. *Kilger/K. Schmidt* KO § 18 Anm. 3b.

Der Antrag kann nur bis zur unanfechtbaren Einstellung des Gesamtvollstreckungsverfahrens gestellt werden. Versäumt der Schuldner eine entsprechende Antragstellung, kann er einer Zwangsvollstreckung in sein Vermögen nur durch Einlegung der Vollstreckungserinnerung nach § 766 ZPO oder aber Klage nach §§ 786, 767 ZPO begegnen (*Haarmeyer/Wutzke/Förster* § 18 Rdn. 102).

Die „Restschuldbefreiung" ist zu versagen, wenn der Schuldner vor oder während des Verfahrens vorsätzlich oder grob fahrlässig zum Nachteil seiner Gläubiger gehandelt hat. Die Versagungsgründe haben Generalklauselcharakter und sind daher auslegungsbedürftig. In Ermangelung ihrer Ausfüllung durch die Rechtsprechung werden hierbei im Vorgriff auf die Reform des Insolvenzrechts die Versagungsgründe des § 290 InsO zur Restschuldbefreiung herangezogen (*Haarmeyer/Wutzke/Förster* § 18 Rdn. 115 m. w. N.).

Als Versagungsgründe kommen danach in Betracht:

- die rechtskräftige Verurteilung des Schuldners nach § 283 – 283 c StGB (§ 290 Abs. 1 Nr. 2 InsO);
- wenn dem Schuldner in den letzten zehn Jahren bereits einmal im Rahmen eines Insolvenzverfahrens eine Restschuldbefreiung gewährt oder wegen Verstoßes gegen seine Obliegenheiten versagt wurde (§ 290 Abs. 1 Nr. 3 Inso), kritisch hierzu *Kilger/K. Schmidt* § 18 Anm. 3b;
- Verschwendung von Vermögen und die Begründung neuer Verbindlichkeiten durch Luxusausgaben, die Begründung von Schadensersatzforderungen durch vorsätzlich begangene unerlaubte Handlung oder aber, wenn der Schuldner die Eröffnung des Insolvenzverfahrens zum Nachteil der Gläubiger verzögert hat (§ 290 Abs. 1 Nr. 4 Inso);
- wenn der Schuldner seinen Auskunfts- und Mitwirkungspflichten im Insolvenzverfahren nicht nachgekommen ist und dadurch die Befriedigungsaussichten der Gläubiger vermindert worden sind (§ 290 Abs. 1 Nr. 5 InsO). Entscheidend dürften aber die jeweiligen Umstände des Einzelfalles sein (*Haarmeyer/Wutzke/Förster* § 18 Rdn. 121).

16. Forderungsanmeldung des Finanzamtes

An das
Amtsgericht
– Konkursgericht –

in . . . . . .   (Ort, Datum)

Anmeldung zur Konkurstabelle

Betrifft: Konkursverfahren über das Vermögen der/des . . . . . .

Folgende Steuern und steuerliche Nebenleistungen (§ 3 Abs. 3 AO) werden zur Konkurstabelle angemeldet; bei Nachmeldung wird gleichzeitig ein gesonderter Prüfungstermin beantragt:

A. Mit Vorrecht nach § 61 Abs. 1 Nr. 2 KO:

lfd. Nr.	Art und Zeitabschnitt des Anspruchs	Schuldbetrag DM	fällig am	a) Verspätungszuschlag[1] b) Zinsen[1] c) Kosten[1]	Summe (Spalte 3 und 5)	Säumniszuschläge[1,2] DM
1	LoSt 11/95		20.12.95			75,00
2	SolZ LoSt 11/95		20.12.95			5,00
3	LoSt 12/95		10.01.96			48,00
4	SolZ LoSt 12/95		10.01.96			3,00
5	LoSt 1/96		12.02.96			58,00
6	SolZ LoSt 1/96		12.02.96			3,00
7	LoSt 2/96	5 260,40	11.03.96		5 260,40	208,00
8	SolZ LoSt 2/96	330,31	11.03.96		330,31	12,00
9	LoSt 3/96	5 542,10	12.04.96		5 542,10	165,00
10	SolZ LoSt 2/96	351,43	12.04.96		341,43	9,00
Gesamtsumme		11 484,24		0,00	11 484,24	586,00[2]

[1] Verspätungszuschläge, Zinsen und Kosten teilen das Recht der Hauptforderung (§ 62 KO); nicht dagegen Säumniszuschläge

[2] Ohne Vorrecht, zu übertragen nach Teil C, lfd. Nr. 7

B. Mit Vorrecht nach § 61 Abs. 1 Nr. 3 KO:

lfd. Nr.	Art und Zeitabschnitt des Anspruchs	Schuldbetrag DM	fällig am
1	Kirchenlohnsteuer 2/96	155,71	11.03.96
2	Kirchenlohnsteuer ev. 2/96	106,74	11.03.96
3	Kirchenlohnsteuer 3/96	165,57	12.04.96
4	Kirchenlohnsteuer ev. 3/96	116,59	12.04.96
Gesamtsumme		544,61	

C. Ohne Vorrecht nach § 61 Abs. 1 Nr. 6 KO:

lfd. Nr.	Art und Zeitabschnitt des Anspruchs (Sp. 3, 5 oder 6)	Schuldbetrag DM	fällig am	a) Verspätungszuschlag b) Zinsen c) Kosten	Säumniszuschläge DM	Zusammen DM
1						
2						
3	Dazu: Summe aus Teil A					586,00
Gesamtsumme						586,00

Vollstreckbar sind die Ansprüche zu [1]		rechtskräftig festgesetzt sind die Steuerforderungen zu	
Teil	lfd. Nr.	Teil	lfd. Nr.

Wegen der Forderungen zu Teil ...... lfd. Nr. ...... hat das Finanzamt das Recht auf abgesonderte Befriedigung (§§ 47–49 KO) gegen den Konkursverwalter besonders geltend gemacht. Die Anmeldung bezieht sich insoweit nur auf die Ausfallforderung.

Gründe:

......

Eine Ausfertigung dieser Anmeldung ist dem Konkursverwalter unmittelbar zugeleitet worden.

......

(Unterschrift, Stempel Finanzamt)

[1] Nicht aufzuführen sind Ansprüche, die erstmals durch die Anmeldung zur Konkurstabelle geltend gemacht werden, weil die Voraussetzungen des § 254 AO insoweit nicht vorliegen.

Anmerkungen

Konkursordnung

Nach § 251 Abs. 2 AO bleiben die Vorschriften der Konkursordnung in Besteuerungsverfahren als eigenständige Regelungen unberührt. Daraus folgt, daß die Vorschriften der Konkursordnung über das Einzelzwangsvollstreckungsverbot (§ 14 KO), die Forderungsanmeldung, über die Verfahrensunterbrechung von Gerichts- und Rechtsmittelfristen (§ 240 ZPO) sowie die Verteilungen diejenigen der Abgabenordnung verdrängen.

Je nach ihrer Entstehungsart können Steuerforderungen sein:
- Massekosten (§ 58 Nr. 2 KO)
- Masseschulden (§ 59 Abs. 1 Nr. 1 KO)
- Vorrechtsforderungen (§ 61 Abs. 1 Nr. 2 oder 3 KO)
- einfache Konkursforderungen (§ 61 Abs. 1, 6 KO).

Die Steuermassekosten und Steuermasseschulden sind unmittelbar gegenüber dem Konkursverwalter geltend zu machen und nach § 57 KO aus der Masse vorweg zu berichtigen.

Vorrechtsforderungen und einfache Konkursforderungen sind grundsätzlich zur Konkurstabelle anzumelden, unabhängig davon, ob gegen den Gemeinschuldner vor Konkurseröffnung ein Steuerbescheid ergangen ist, ob der Steuerbescheid bestandskräftig oder ein Rechtsmittelverfahren anhängig ist. Die im Zeitpunkt der Konkurseröffnung begründeten Steuerforderungen sind unter Angabe von Grund, Betrag und des beanspruchten Vorrechts schriftlich zur Konkurstabelle geltend zu machen (BFH DB 1984, 1811). Betagte, d. h. noch nicht fällige (§ 65 KO) Steuerforderungen sind, soweit verzinslich, abgezinst anzumelden (BFH KTS 1975, 300). Die Forderungsanmeldung selbst erfolgt regelmäßig unter Verwendung von Vordrucken, das auch dem gewählten Formular zugrunde gelegt wurde.

Bei den Forderungen des Fiskus handelt es sich – soweit nicht Massekosten oder Masseschulden – regelmäßig um Vorrechtsforderungen nach § 61 Abs. 1 Nr. 2 KO (Kirchensteuer § 61 Abs. 1 Nr. 3 KO), soweit diese im letzten Jahr vor Verfahrenseröffnung fällig geworden sind oder nach § 65 KO fällig gelten. Alle übrigen Forderungen sind einfache Konkursforderungen (§ 61 Abs. 1 Nr. 6 KO); vgl. zu Kritik am Vorrecht des Fiskus *Kilger* KTS 1975, 142 ff.; *Uhlenbruck* NJW 1975, 897 ff.).

In der Anmeldung selbst ist noch kein Steuerbescheid zu erblicken. Widerspricht weder der Konkursverwalter noch ein Gläubiger der Feststellung zur Konkurstabelle, so bedarf es keines Steuerbescheides mehr, da die Eintragung der Steuerforderung in die Tabelle die Funktion der Steuerfestsetzung übernimmt. Widerspricht der Konkursverwalter oder ein Gläubiger der Festsetzung der Forderung zur Konkurstabelle (§ 144 KO), muß der Steuergläubiger die Forderungsfeststellung außerhalb des Konkursverfahrens betreiben (§ 146 KO). Anstelle der hierfür nach § 146 Abs. 2 KO vorgesehenen Feststellungsklage tritt die Zuständigkeit der Finanzbehörde. Diese kann für den Fall, daß vor Konkurseröffnung noch kein Steuerbescheid erlassen worden war, das Bestehen, die Höhe, die Fälligkeit und das Vorrecht durch Erlaß eines Feststellungsbescheides nach § 251 AO feststellen. Widersprechen neben dem Konkursverwalter auch sonstige Gläubiger, so sind in dem Feststellungsbescheid alle Widersprechenden miteinzubeziehen. Gegen den Feststellungsbescheid ist der Rechtsbehelf des Einspruchs gegeben (§ 348 Abs. 1 Nr. 11 AO). Der Bescheid kann auch ohne Vorverfahren mit der sog. Sprungklage (§ 45 FGO) oder nach dem Einspruchsverfahren (§ 44 FGO) mit der Klage angefochten werden (vgl. Formular B.IV.17).

Hinsichtlich der einzelnen (beispielhaft aufgeführten) Steuerarten gilt folgendes:

Einkommensteuer:
Die einheitlich zu ermittelnde Einkommensteuer-Jahressteuerschuld, bei der alle Einkünfte des Gemeinschuldners und bei Zusammenveranlagung auch die des Ehegatten einzubeziehen sind (BFH NJW 1978, 1824), ist in eine Konkursforderung für den auf die Zeit vor Verfahrenseröffnung entfallenden Teil der Einkommensteuerschuld einschließlich der auf die vor Konkurseröffnung erzielten Veräußerungsgewinne entfallenden Steuern und in eine Masseforderung für die Steuern, die auf den vom Konkursverwalter erzielten Gewinnen beruhen, sowie in eine gegen den Gemeinschuldner persönlich gerichteten Forderung, die aus steuerpflichtigen Tatbeständen bezogen auf sein konkursfreies Vermögen beruht, aufzuteilen. Der anteilige Einkommenssteuerbetrag, der als Konkursforderung, Massekostenforderung oder als konkursfreie Steuerforderung geltend gemacht wird, verhält sich zu dem Jahressteuerbetrag wie die jeweiligen Teileinkünfte zu dem Gesamtbetrag der Einkünfte (*Fricke* DStR 1966, 22). In entsprechender Anwendung von § 268 ff. AO werden nicht die Einkünfte zueinander ins Verhältnis gesetzt, sondern die sich aus einer fiktiven getrennten Veranlagung ergebenden Steuerbeträge.
     Die nach Konkurseröffnung vom Konkursverwalter erzielten und der Masse zugeflossenen Veräußerungsgewinne – nicht also etwa Veräußerungserlöse zu Gunsten absonderungsberechtigter Gläubiger – sind vom Gemeinschuldner zu versteuern, da die Eröffnung des Konkursverfahrens in steuerrechtlicher Hinsicht keine Trennung des Vermögens des Gemeinschuldners von der Konkursmasse bewirkt (*Kuhn/Uhlenbruck* § 58 Rdn. 9a m. w. N.). Die durch die Tätigkeit des Konkursverwalters entstandenen Steuerforderungen sind Massekosten i. S. des § 58 Nr. 2 KO (BFH NJW 1964, 613), wobei bei der Veranlagung für das Jahr der Konkurseröffnung die Verluste des Gemeinschuldners aus der Zeit vor Konkurseröffnung zu berücksichtigen sind. Erträge, die der Konkursverwalter aus einer Betriebsfortführung erzielt, sind ebenfalls Massekosten i. S. von § 58 Nr. 2 KO (*Kuhn/Uhlenbruck* § 58 Rdn. 9d).

Körperschaftsteuer:
Für die Veranlagung zur Körperschaftsteuer und deren Entrichtung gelten dieselben Grundsätze wie für die Einkommensteuer (§ 49 KSTG); vgl. hierzu Frotscher S. 178.

Gewerbesteuer:
Die Gewerbesteuer, die für das Jahr der Konkurseröffnung nach einem einheitlichen Meßbetrag ermittelt wird, ist aufzuteilen in eine Konkursforderung (§ 61 Abs. 1

Nr. 2 KO) für die Zeit vor und eine Masseforderung (§ 58 Nr. 2 KO) für die Zeit nach Verfahrenseröffnung (*Jaeger/Henckel* § 3 Rdn. 84). Die Gewerbesteuerpflicht wird durch die Konkurseröffnung grundsätzlich nicht berührt (§ 4 Abs. 2 GewStDV). Sie endet bei Kapitalgesellschaften, die kraft Rechtsform gewerbesteuerpflichtig sind, erst mit der vollständigen Einstellung der werbenden Tätigkeit, d. h. mit der Verteilung der Konkursmasse (*Kuhn/Uhlenbruck* § 58 Rdn. 9 o). Der Konkursverwalter hat hier nur die Möglichkeit, eine Herabsetzung der Gewerbesteuerbeträge zu erreichen. Bei einzelkaufmännischen Unternehmen oder Personengesellschaften kommt es auf die tatsächliche Einstellung der gewerblichen Tätigkeit an, die dann vorliegt, wenn der Verwalter nur noch verwertet (RFH RStBl. 1941, 225).

Grunderwerbsteuer:
Verlangt der Konkursverwalter nach Eröffnung des Konkursverfahrens die Erfüllung eines vor Konkurseröffnung vom Gemeinschuldner abgeschlossenen Grundstückskaufvertrages, so ist die sich aus dem Kaufvertrag ergebende Grunderwerbsteuer lediglich eine Konkursforderung, da sie vor Konkurseröffnung begründet war (Hess, KO, Anhang V, Rdn. 142).

Lohnsteuer:
Die nicht abgeführte Lohnsteuer für vor Konkurseröffnung vom Gemeinschuldner gezahlten Arbeitslohn ist im Rahmen der zeitlichen Begrenzung des § 61 Abs. 1 Nr. 2 KO eine bevorrechtigte Konkursforderung. Leistet der Konkursverwalter im Verlauf des Konkursverfahrens Zahlungen auf rückständige Gehälter, so entsteht der Lohnsteueranspruch mit dem Lohnzufluß. Der Lohnsteueranspruch teilt dann den Rang des Lohnanspruchs, in der Regel als Masseschuldanspruch nach § 59 Abs. 1 Nr. 3a KO. Entstehen nach Konkurseröffnung Lohnsteueransprüche auf Entgelte für Weiterbeschäftigte bzw. vom Konkursverwalter angestellte Arbeitnehmer, handelt es sich um einen Masseschuldanspruch nach § 59 Abs. 1 Nr. 1 KO (*Kuhn/Uhlenbruck* § 58 Rdn. 9 m. w. N.)

Umsatzsteuer:
Auch hier ist eine Unterscheidung danach erforderlich, ob die Umsatzsteuerschuld vor- oder nachkonkurslich entstanden ist.
    Die vor Verfahrenseröffnung entstandenen Umsatzsteuerforderungen sind bevorrechtigt nach § 61 Abs. 1 Nr. 2 KO, die nach Konkurseröffnung durch Lieferungen des Konkursvewalters entstandenen Umsatzsteuerschulden Massekosten i. S. des § 58 Nr. 2 KO. Entscheidend ist, zu welchem Zeitpunkt (bei der Ist-Besteuerung) die Entgelte vereinnahmt oder (bei der Soll-Besteuerung, d. h. nach vereinbarten Entgelten) die Lieferungen und sonstigen Leistungen erbracht wurden. Ist der Entstehungszeitpunkt für die Umsatzsteuer vor Konkurseröffnung gelegt worden, handelt es sich um eine Konkursforderung; wurde sie nach Verfahrenseröffnung begründet, handelt es sich um eine Masseforderung nach § 58 Nr. 2 KO. Führt der Verwalter ein Unternehmen fort, so ist die Umsatzsteuer aus Lieferungen und Leistungen Masseschuld nach § 59 Abs. 1 Nr. 2 KO. Verwertet der Verwalter im Rahmen der Liquidation Vermögensgegenstände, sind die hieraus fließenden Umsatzsteuerverbindlichkeiten Massekosten i. S. des § 58 Nr. 2 KO. Vgl. zur Freigabe und Verwertung von Sicherungseigentum Formular B.V.3 Anmerkung 5). Die Ansprüche des Finanzamtes auf Rückzahlung von zu Unrecht vom Gemeinschuldner in Anspruch genommener Vorsteuerabzüge sind lediglich bevorrechtigte Konkursforderungen, nicht aber Masseschulden nach § 59 Abs. 1 Nr. 2 KO (BFH DB 1987, 770, 771). Die im Verlauf der Sequestration anfallende Umsatzsteuer ist selbst dann keine Masseforderung, wenn der Sequester seinen Voranmeldungspflichten nicht

nachgekommen ist (FG Köln ZIP 1983, 730, 731; BFH NJW 1986, 2074). Der Sequester handelt auch nicht pflichtwidrig, wenn er die Umsatzsteuervorauszahlungen nicht leistet, da eine derartige Zahlung eine Gläubigerbegünstigung darstellen würde und in einem späteren Konkurs nach § 30 Nr. 1, 2. Alt. KO anfechtbar wäre.

Grundsteuer:
Zählen zur Konkursmasse land- oder forstwirtschaftliche Grundstücke (§ 33 ff. BewG), Betriebsgrundstücke (§ 99 BewG) oder Grundstücke (§ 68 BewG), so sind die Grundsteuern für die Zeit nach Konkurseröffnung Massekosten (§ 58 Nr. 2 KO) und die vor Verfahrenseröffnung angefallenen Steuern bevorrechtigte Konkursforderungen (§ 61 Abs. 1 Nr. 2 KO). Wird neben dem Konkursverfahren die Zwangsversteigerung und Zwangsverwaltung angeordnet, so kann für die Grundsteuern die Konkursmasse nicht in Anspruch genommen werden (VG Düsseldorf EWiR 1986, 389).

Säumniszuschläge:
Säumniszuschläge genießen nicht das Konkursvorrecht des § 61 Abs. 1 Nr. 2 KO, da es sich bei diesen nicht um steuerliche Nebenforderungen öffentlicher Abgaben handelt (BFH WM 1983, 1218).

Der Konkursverwalter hat als Vermögensverwalter (§ 34 Abs. 3 AO) die steuerlichen Pflichten zu erfüllen, die ohne Eröffnung des Konkursverfahrens dem Gemeinschuldner obliegen würden. Hinsichtlich des konkursbefangenen Vermögens ist der Konkursverwalter daher buchführungspflichtig (§ 141 AO). Die Buchführungspflicht besteht sowohl gegenüber dem Finanzamt als auch gegenüber dem Gemeinschuldner. Der Konkursverwalter hat auch für vorkonkursliche Veranlagungszeiträume die vom Gemeinschuldner noch nicht eingereichten Steuererklärungen abzugeben (BFH DB 1951, 885). Die Erstellung der Steuererklärungen kann von ihm insbesondere nicht mit der Begründung abgelehnt werden, daß die Kosten für deren Erstellung durch einen Steuerberater nicht aus der Masse beglichen werden könnten. Etwas anderes kann unter Umständen dann gelten, wenn in dem Konkursverfahren Masseunzulänglichkeit eingetreten und diese den Massegläubigern – öffentlich – bekanntgemacht ist (BFH BStBl. 1995 II, 194). Demgegenüber ist der Konkursverwalter nicht verpflichtet, Erklärungen zur gesonderten Gewinnfeststellung einzureichen (BFH a.a.O.). Wird das Konkursverfahren mangels Masse eingestellt (§ 204 KO), fällt die Erfüllung der (versäumten) steuerlichen Pflichten durch den Konkursverwalter ex nunc weg. Entsprechende Verfügungen sind vom Finanzamt ersatzlos aufzuheben (BFH ZIP 1996, 430, 431).

Gesamtvollstreckungsordnung

Auch nach der Gesamtvollstreckungsordnung genießen Steuerforderungen ein Vorrecht (§ 17 Abs. 3 Nr. 3 GesO).
Inhaltliche Abweichungen zur Konkursordnung bestehen nicht.

17. Klage[1] des Konkursverwalters gegen einen Konkursfeststellungsbescheid des Finanzamtes

An das
Finanzgericht[2]

in . . . . . .   (Ort, Datum)

In der Finanzstreitsache

des Rechtsanwalts . . . . . ., handelnd in seiner Eigenschaft als Konkursverwalter
über das Vermögen der Firma . . . . . .

– Klägers –

Prozeßbevollmächtigte[3]: Rechtsanwälte . . . . . .

gegen

das Finanzamt[4] . . . . . ., dieses vertreten durch seinen Vorsteher,

– Beklagten –

wegen Feststellungsbescheid über die Höhe der Konkursforderung zu Lohnsteuer und Kirchensteuer . . . . . . sowie Säumniszuschlägen – Steuer-Nr. . . . . . .
– erheben wir namens und mit Vollmacht des Klägers

Klage[5].

Im Termin zur mündlichen Verhandlung werden wir beantragen,

1. den Feststellungsbescheid über die Höhe der Konkursforderung zu
   Lohnsteuer und Kirchensteuer . . . . . . sowie Säumniszuschlägen
   vom . . . . . . (Steuer-Nr. . . . . . .) in Gestalt der Einspruchsentscheidung vom . . . . . . teilweise aufzuheben und wie folgt neu zu fassen:

   „Es werden Forderungen in nachstehender Höhe als Konkursforderungen festgestellt[6]:

   (. . . . . . wird aufgeführt)

2. die Kosten des Rechtsstreits dem Beklagten aufzuerlegen,

3. das Urteil hinsichtlich der Kostenentscheidung für vorläufig vollstreckbar zu erklären[7,8]

Begründung:

Der Kläger wurde durch Beschluß des Amtsgerichts – Konkursgericht –
. . . . . . vom . . . . . . – Geschäfts-Nr. – zum Konkursverwalter über das Vermögen der Firma . . . . . . ernannt.

Beweis: 1. Vorlage der Konkursverwalterbestallungsurkunde,
          2. Vorlage des Konkurseröffnungsbeschlusses,
          – jeweils in Fotokopie –

Mit der vorliegenden Klage wendet sich der Kläger gegen den Feststellungsbescheid des Beklagten über die Höhe der Konkursforderung zu Lohnsteuer und
Kirchensteuer . . . . . . sowie Säumniszuschlägen vom . . . . . . (Steuer-Nr. . . . . . .)
in Gestalt der Einspruchsentscheidung vom . . . . . . (Rbl-Nr. . . . . . .), dem Kläger zugestellt am . . . . . .

185

Die entsprechenden Bescheide werden in Vorlage gebracht.

Die dort ausgewiesenen (Haupt-)Forderungen basieren auf von der nachmaligen Gemeinschuldnerin abgegebenen Anmeldungen, so daß insoweit Einwände nicht erhoben werden.

Die Steuerforderungen wurden jedoch vorkonkurslich teilweise erfüllt.

So wurde an die Finanzkasse per ...... und unter Wertstellung zum ...... ein Betrag von insgesamt DM...... durch Verrechnungsscheck – ausgestellt am ...... – überwiesen.

Der Betrag wurde noch am selben Tage dem bei der ...... Bank AG geführten Geschäftskonto der Gemeinschuldnerin mit der Nr. ...... belastet.

Beweis: 1. Vorlage des Verrechnungsscheck vom ......
        2. Vorlage des Kontoauszuges Nr. ...... vom ......
        – jeweils in Fotokopie –

Mit der Zahlung wurden folgende Steuerforderungen ausgeglichen:

    1) Lohnsteuer ......   DM......
    2) rk. Kirchensteuer ......   DM......
    3) ev. Kirchensteuer ......   DM......
    4) A-Kontozahlung Lohnsteuer ......   DM......

    Summe   DM......

Daraus folgt, daß die in dem Feststellungsbescheid vom ...... zu Ziffer ...... festgestellten Forderungen nicht, die unter Ziffer ...... in Höhe von DM...... festgestellte Forderung lediglich noch in Höhe von DM...... – einschließlich vom Beklagten noch zu beziffernder Säumniszuschläge – besteht.

In dem genannten Umfang ist der Bescheid daher aufzuheben.

2 Abschriften für die Gegenseite sind beigefügt.

Rechtsanwalt

Anmerkungen

Konkursordnung

1 Soweit die Finanzgerichtsordnung keine abweichenden Vorschriften enthält, sind nach § 155 FGO die Vorschriften der ZPO entsprechend anwendbar.

2 Die Klage kann schriftlich erhoben oder zur Niederschrift des Urkundsbeamten der Geschäftsstelle erklärt werden (§ 64 Abs. 1 FGO). Sie kann auch fristwahrend bei dem Finanzamt, welches den angefochtenen Verwaltungsakt erlassen hat, erhoben werden (§ 47 Abs. 2 FGO).

3 Vor dem Finanzgericht kann sich der Kläger durch einen Rechtsanwalt, Steuerberater oder Wirtschaftsprüfer oder durch eine in §§ 3, 4 StBerG genannte Person vertreten lassen. Vor dem Bundesfinanzhof muß sich jeder Beteiligte, wenn er Anträge

stellen will, durch einen Rechtsanwalt, Steuerberater oder Wirtschaftsprüfer vertreten lassen; andere Personen sind nicht zugelassen (Art. 1 Nr. 1 BFH-EntlastG). Im Falle der Prozeßvertretung hat der Vertreter die Bevollmächtigung durch Vorlage einer schriftlichen, im Original vorzulegenden Prozeßvollmacht nachzuweisen (§ 62 Abs. 3 S. 1 FGO, §§ 81–84 ZPO). Die Bevollmächtigung ist in finanzgerichtlichen Verfahren – auch bei Vertretung durch Rechtsanwälte – von Amts wegen zu prüfen (§ 62 Abs. 3 S. 2 FGO). Das Gericht kann für die Vorlage der Vollmacht eine angemessene Ausschlußfrist setzen (§ 62 Abs. 3 S. 3 FGO). Wird die Vollmacht nicht innerhalb der gesetzten Frist vorgelegt, ist die Klage oder das sonstige Rechtsmittel unzulässig. Es kann jedoch Wiedereinsetzung in den vorigen Stand gewährt werden (§§ 62 Abs. 3 S. 4, 56 FGO).

Die Klage ist gegen die Behörde zu richten, die den ursprünglichen Verwaltungsakt 4 – hier den Feststellungsbescheid – erlassen hat (§ 63 Abs. 1 Nr. 1 FGO).

Bei dem gewählten Formular handelt es sich um eine Anfechtungsklage, da hier die 5 Herabsetzung einer Steuerschuld begehrt wird. Sie ist nur zulässig, wenn der Kläger zuvor erfolglos Einspruch eingelegt hat (§ 44 Abs. 1 FGO). Die Klage ist binnen eines Monats seit Zustellung der schriftlich zu erteilenden Einspruchsentscheidung, die mit einer Rechtsbehelfsbelehrung versehen sein muß (§ 366 AO), zu erheben (§ 47 Abs. 1 FGO). Die Monatsfrist läuft nur, wenn die Rechtsbehelfsbelehrung ordnungsgemäß erteilt wurde (§ 55 Abs. 1 FGO). Fehlt eine solche, kann die Klage grundsätzlich noch binnen einer Frist von einem Jahr seit Bekanntgabe der Einspruchsentscheidung erhoben werden (§§ 124, 366 AO, § 55 Abs. 2 FGO). Hat das Finanzamt über den Einspruch nicht binnen einer angemessenen Frist, die mindestens 6 Monate beträgt (§ 46 Abs. 1 S. 2 FGO), entschieden, so kann auch ohne Abschluß des Vorverfahrens Klage erhoben werden (§ 46 Abs. 1 S. 1 FGO). Zu den Voraussetzungen der sog. Sprungklage vgl. § 45 FGO.

Der Kläger muß geltend machen, durch den angefochtenen Verwaltungsakt in sei- 6 nen Rechten verletzt zu sein (§ 40 Abs. 2 FGO). Da mit der Konkurseröffnung die Verwaltungs- und Verfügungsbefugnis auf den Konkursverwalter übergegangen ist (§ 6 KO), hat dieser eine Verletzung von Rechten des Gemeinschuldners geltend zu machen. Die Klage muß den Kläger, den Beklagten, bei Anfechtungsklagen den angefochtenen Verwaltungsakt und die Einspruchsentscheidung bezeichnen, ferner insbesondere auch den Gegenstand des Klagebegehrens (§ 65 Abs. 1 S. 1 FGO). Erforderlich sind daher Ausführungen dazu, in welchem Punkt und mit welcher betragsmäßigen Auswirkung der angefochtene Verwaltungsakt rechtsfehlerhaft ist (BFH GrS BStBl. II 1980, 99). Entspricht die Klage nicht den in § 65 Abs. 1 S. 1 FGO genannten Voraussetzungen, hat das Gericht den Kläger zu entsprechenden Ergänzungen aufzufordern. Hierfür kann ihm eine Ausschlußfrist gesetzt werden (§ 65 Abs. 2 S. 2 FGO). Bei fruchtlosem Fristablauf ist die Klage unzulässig und damit abzuweisen, allerdings kann dem Kläger unter den Voraussetzungen des § 56 FGO Wiedereinsetzung in den vorigen Stand gewährt werden.

Ein Kostenantrag ist überflüssig, da die über die Kostenlast stets von Amts wegen zu 7 befinden ist (§ 143 Abs. 1 FGO). Enthält das Urteil keine Entscheidung hierüber, kann nach § 109 FGO innerhalb von 2 Wochen nach Zustellung des Urteils dessen Ergänzung beantragt werden.

8 Urteile des Finanzgerichts auf Anfechtungs- und Verpflichtungsklagen sind wegen der Kosten von Amts wegen ohne Sicherheitsleistung für vorläufig vollstreckbar zu erklären; dabei ist gleichzeitig nach §§ 151 FGO, 711 ZPO auszusprechen, daß der Kostenschuldner die Vollstreckung durch Hinterlegung oder Sicherheitsleistung abwenden darf, wenn nicht der Gläubiger vor der Vollstreckung Sicherheit leistet (BFH BStBl. II 1981, 402).

Gesamtvollstreckungsordnung

Abweichungen zur Konkursordnung bestehen nicht.

VI. Anmeldung von Forderungen im Insolvenzverfahren

1. Anmeldung einer Insolvenzforderung zur Insolvenztabelle[1]

An
Herrn
Rechtsanwalt[2] ......

in ...... (Ort, Datum)

Insolvenzverfahren über das Vermögen der Firma ......

hier:Forderungsanmeldung der A-Genossenschaft ......

Sehr geehrter Herr Rechtsanwalt,

in dem vorbezeichneten Insolvenzverfahren zeige ich an, daß die A-Genossenschaft vom Unterzeichner anwaltlich vertreten wird. Eine auf mich ausgestellte Vollmacht[3] liegt zur Kenntnisnahme an.

Namens und in Vollmacht meiner Mandantin melde ich folgende Forderungen zur Insolvenztabelle an:

1. Forderung aus Warenlieferung[4]
   gem. Rechnung vom ...... DM.....[5]
2. Aufgelaufene Zinsen gem. anliegender
   Aufstellung bis zum Insolvenzeröffnungszeitpunkt[6] DM......

   insgesamt DM......

Abschriften der seitens der Schuldnerin bestätigten Lieferscheine, der Warenrechnung sowie eine Zinsbescheinigung der Hausbank werden in der Anlage überreicht[7].

Nach Abhaltung des allgemeinen Prüfungstermines bitte ich um Übersendung einer Bestätigung, daß die angemeldete Forderung in voller Höhe anerkannt wurde[8].

Mit freundlichen kollegialen Grüßen

Rechtsanwalt *Anlagen*

Anmerkungen

Nach § 38 InsO dient die Insolvenzmasse zur Befriedigung der Insolvenzgläubiger. 1 Als Insolvenzgläubiger gelten alle persönlichen Gläubiger, denen zum Zeitpunkt der Eröffnung des Insolvenzverfahrens ein begründeter Vermögensanspruch gegen den Schuldner zukommt. Nach § 87 InsO können diese Gläubiger ihre Forderungen mit der Eröffnung des Insolvenzverfahrens nur noch nach den Vorschriften des Insolvenzrechts verfolgen. So ist es ihnen gem. § 89 Abs. 1 InsO insbesondere versagt, während der Dauer des Insolvenzverfahrens Zwangsvollstreckungsmaßnahmen auszubringen.

Das Anmeldeverfahren nach den §§ 174 ff. InsO ersetzt damit die klageweise Durchsetzung von Ansprüchen, schwebende Prozesse werden kraft Gesetzes unterbrochen (§ 240 ZPO).

Das Insolvenzgericht fordert alle bekannten Insolvenzgläubiger durch Zustellung des Insolvenzeröffnungsbeschlusses, alle unbekannten Gläubiger durch dessen öffentliche Bekanntmachung, zur Anmeldung der Forderungen auf (§ 30 Abs. 2 i. V. m. § 28 Abs. 1 S. 1 InsO).

Den Insolvenzgläubigern ist es freigestellt, sich am Insolvenzverfahren zu beteiligen. Unterbleibt die Forderungsanmeldung, bleibt der Insolvenzgläubiger allerdings ebenfalls an die Beschränkungen der §§ 87, 89 Abs. 1 InsO gebunden.

Adressat der Forderungsanmeldung ist gem. § 174 Abs. 1 S. 1 InsO der Insolvenzverwalter. Diesem gegenüber haben die Insolvenzgläubiger die Forderung nach Grund und Betrag anzugeben (vgl. § 174 Abs. 2 InsO). Der Anmeldung sollen die Urkunden, aus denen sich die Forderung ergibt, in Abdruck beigefügt werden (§ 174 Abs. 1 S. 2 InsO). Zur Vermeidung praktischer Schwierigkeiten kann nur empfohlen werden, die Anspruchspositionen in der Anmeldung unter Beifügung geeigneter Beweismittel derart hinreichend spezifiziert zu dokumentieren, daß diese die reklamierte Forderungsposition aus sich heraus schlüssig ergeben. Zu beachten ist im übrigen die Anmeldefrist, die anders als nach der Gesamtvollstreckungsordnung keine Ausschlußfrist darstellt und im Eröffnungsbeschluß auf einen Zeitraum von mindestens zwei Wochen und höchstens drei Monaten festzusetzen ist (§ 28 Abs. 1 S. 2 InsO). Der verspätet anmeldende Gläubiger läuft allerdings Gefahr, daß er nach § 177 Abs. 1 S. 2 InsO die Kosten eines besonderen Prüfungstermines zu tragen hat und seine Forderung ggf. erst bei den später stattfindenden Verteilungen berücksichtigt wird.

Da das Insolvenzverfahren im Rahmen der Vermögenshaftung des Schuldners die Gläubigeransprüche (quotal) bedienen soll, kommt eine Befriedigung nur von Geldforderungen in Betracht. Dementsprechend müssen im Rahmen der Anmeldung alle Forderungen in inländischer Währung angegeben werden. Ist eine Forderung nicht auf Geld gerichtet oder ihr Geldbetrag unbestimmt, ist sie notfalls mit dem geschätzten Wert zum Zeitpunkt der Insolvenzeröffnung anzusetzen (vgl. § 45 InsO). Forderungen auf wiederkehrende Leistungen sind gem. § 46 InsO zu kapitalisieren. Auflösend bedingte Forderungen werden nach § 42 InsO bis zum Eintritt der Bedingung wie unbedingte Forderungen berücksichtigt. Noch nicht fällige Forderungen gelten, ggf. abgezinst, mit dem verbleibenden Betrag als fällig (§ 41 InsO).

Bestimmte Anspruchspositionen werden gem. § 39 InsO als nachrangige Insolvenzforderungen behandelt (vgl. das nachfolgende Muster).

Nicht teilnahmefähig sind:
- Aussonderungs- und Absonderungsbefugnisse;
- Masseverbindlichkeiten;
- Gestaltungsrechte;
- Ansprüche, die lediglich eine unvollkommene Verbindlichkeit begründen;
- Ansprüche auf nicht vertretbare Handlungen, also eine Verhalten (Handeln, Tun, Unterlassen), das nur vom Schuldner persönlich erfüllt werden kann (§ 888 ZPO);
- Einlagen von Mitgliedern einer Gesellschaft in der Gesellschaftsinsolvenz;
- rein familienrechtliche und auf eine höchstpersönliche Leistung durch den Schuldner gerichtete Ansprüche;

Forderungsanmeldungen können bis zur Prüfung zurückgenommen, ergänzt oder berichtigt werden.

Die angemeldeten Forderungen werden vom Insolvenzverwalter in eine Tabelle eingetragen, die nach Ablauf der Anmeldefrist in der Geschäftsstelle des Insolvenzgerichts zur Einsicht der Beteiligten niedergelegt wird (§ 175 InsO). Die Tabelle kann nach § 5 Abs. 3 InsO auch auf EDV-Basis geführt werden.

Sodann werden die angemeldeten Forderungen in einer besonderen Gläubigerversammlung, dem sog. Prüfungstermin, erörtert (§ 176 Abs. 1 S. 1 InsO). Hier ist entscheidend, ob jemand der Anmeldung widerspricht. Nur im Falle des Widerspruches wird die Forderung näher erörtert (§ 176 Abs. 1 S. 2 InsO).

Widerspricht niemand, gilt die Forderung mit Rechtskraftwirkung gegenüber dem Insolvenzverwalter und allen Insolvenzgläubigern festgestellt (§ 178 Abs. 3 InsO). Mit der festgestellten Forderung nimmt der Gläubiger an der Erlösverteilung teil und kann – sofern es nicht zu einer Restschuldbefreiung in der Insolvenz der natürlichen Person oder zur Vollabwicklung des Rechtsträgers in der Unternehmensinsolvenz kommt – nach Aufhebung des Verfahrens die Zwangsvollstreckung betreiben (§ 201 Abs. 2 InsO).

Wird der Anmeldung von einem Gläubiger oder dem Insolvenzverwalter widersprochen, so muß die Berechtigung der angemeldeten Forderung prozessual geklärt werden (§§ 179 ff. InsO). Der Widerspruch ist in der Tabelle zu vermerken (§ 178 Abs. 2 S. 1 InsO). Dies gilt auch bei einem „nur vorläufigen Bestreiten" des Insolvenzverwalters.

Widerspricht der Schuldner, so wird auch dies in die Tabelle eingetragen (§ 178 Abs. 2 InsO).

Dem Schuldnerwiderspruch kommen jedoch keine verfahrensimmanente Rechtswirkungen zu, so daß er die insolvenzmäßige Befriedigung der Gläubigerrechte nicht hindert (vgl. § 178 Abs. 1 S. 2 sowie arg. § 179 Abs. 1 e contrario InsO). Der Schuldnerwiderspruch nimmt den zur Insolvenztabelle aufgenommenen und festgestellten Forderungen jedoch die Titelfunktion im Hinblick auf das unbeschränkte Nachforderungsrecht der Insolvenzgläubiger nach Abschluß des Insolvenzverfahrens (vgl. § 201 Abs. 2 InsO). Um nicht mit der Erhebung einer Leistungsklage, die während der Laufzeit des Insolvenzverfahrens für den Insolvenzgläubiger gem. § 87 InsO ausgeschlossen ist, bis zum Verfahrensabschluß zuwarten zu müssen, kann dieser gem. § 184 InsO einen Schuldnerwiderspruch bereits während der Verfahrensdauer durch Feststellungsklage bzw. durch Übergang zum Feststellungsantrag (§ 184 S. 2 InsO) beseitigen lassen.

Die Gläubiger festgestellter Forderungen erhalten von dem Ergebnis des Prüfungstermins weder Nachricht noch einen Auszug aus der Insolvenztabelle. Dagegen ist ihnen von Amts wegen ein Tabellenauszug zu übersenden, wenn der Verwalter oder ein Gläubiger im Prüfungstermin die angemeldete Forderung ganz oder teilweise bestritten hat (§ 179 Abs. 3 InsO).

Adressat der Anmeldung ist nunmehr – wie nach der Gesamtvollstreckungsordnung **2** – zur Entlastung der Justiz der Insolvenzverwalter (§ 174 Abs. 1 S. 1, § 28 Abs. 1 S. 1 InsO).

Läßt sich der Gläubiger im Rahmen der Forderungsanmeldung durch einen Verfahrensbevollmächtigten vertreten, so ist eine fehlende Vollmacht allein ausreichend, **3** um die Anmeldung zu bestreiten.

Nach § 174 Abs. 2 InsO ist bei der Anmeldung der Grund der Forderung anzugeben. **4**

5 Der Betrag der Forderung ist zu benennen (§ 174 Abs. 2 InsO); unbestimmte Anmeldungen sind nicht zu berücksichtigen.

6 Wie sich im Gegenschluß zu § 39 Abs. 1 Nr. 1 InsO ergibt, sind Zinsforderungen der Gläubiger als Insolvenzforderung nur bis zum Eröffnungszeitpunkt berücksichtigungsfähig.

7 Nach § 174 Abs. 1 S. 2 InsO sollen der Anmeldung die Urkunden, aus denen sich die Forderung ergibt, in Abdruck beigefügt werden. Um ein unnötiges (vorläufiges) Bestreiten zu vermeiden, kann für die Praxis nur empfohlen werden, der Anmeldung hinreichende Dokumente und Unterlagen beizufügen, aus denen sich das Bestehen der Forderung schlüssig ergibt.

8 Auf dem Hintergrund der fehlenden Benachrichtigungspflicht bei festgestellten Forderungen (vgl. § 179 Abs. 3 InsO) ist eine Bestätigung der Anerkennung der zur Insolvenztabelle geltend gemachten Forderung für den Gläubiger bei Bestehen einer Kreditversicherung oftmals erforderlich. Hier wird man den Insolvenzverwalter für verpflichtet halten müssen, gegen Erstattung der Auslagen (Schreib- und Versendungskosten) die erwünschte Bestätigung auszustellen.

2. Anmeldung einer nachrangigen Insolvenzforderung zur Insolvenztabelle[1]

**An
Herrn
Rechtsanwalt** . . . . . .

in . . . . . .   (Ort, Datum)

Insolvenzverfahren über das Vermögen der Firma . . . . . .

hier: Anmeldung einer nachrangigen Insolvenzforderung der A-GmbH & Co. KG, ..., **zur Insolvenztabelle**

Sehr geehrter Herr Kollege,

in dem vorbezeichneten Insolvenzverfahren zeige ich die anwaltliche Vertretung der Firma A-GmbH & Co. KG an. Eine auf mich ausgestellte Vollmacht liegt zu Ihrer Kenntnisnahme an.

Auf die Aufforderung des Insolvenzgerichts[3] vom . . . . . . **melde ich namens und in Vollmacht meiner Mandantin folgende nachrangigen Forderungen zur Insolvenztabelle an:**

    **1. Fortlaufende Zinsen seit der Verfahrenseröffnung
       in Höhe von 2% über dem jeweiligen Diskontsatz
       der Bundesbank (noch unbestimmt)[4]**   **DM** . . . . . .
    **2. Kosten der anwaltlichen Vertretung für die Verfahrensteil-
       nahme lt. anliegender Kostennote**   **DM** . . . . . .

Die Höhe der Zinsforderung ergibt sich aus Ziff. . . . . . . **des zwischen der Schuldnerin und meiner Mandantin geschlossenen Vertrages vom** . . . . . .

Die Kosten der Verfahrensteilnahme für die anwaltliche Vertretung sind aus der beigefügten Kostennote ersichtlich.

Im einzelnen wird zudem auf die Forderungsanmeldung vom ...... zu Ziff. ......der Insolvenztabelle nebst Anlagen Bezug genommen⁵.

Mit freundlichen kollegialen Grüßen

Rechtsanwalt   *Anlage*

Anmerkungen

In § 39 InsO sind die sog. „nachrangigen" Insolvenzforderungen enumerativ aufge- **1** führt. In Abweichung zum bisherigen Recht werden die dort ausgeschlossenen Forderungen nunmehr in einer besonderen Klasse mit Nachrang zusammengefaßt (vgl. § 63 KO, § 29 VerglO, § 32a Abs. 1 S. 1 GmbHG). Obwohl diese Bestimmung in den meisten Insolvenzverfahren wegen des zu geringen Massebestandes ohne praktische Bedeutung bleiben wird, bestand für den Reformgesetzgeber kein Anlaß, die entsprechenden Anspruchspositionen vollständig aus dem Verfahren zu eliminieren. Sollte es ausnahmsweise dennoch zu einer Vollbefriedigung der Insolvenzgläubiger kommen, erscheint es sachgerecht, den verbleibenden Überschuß anstelle der Ausantwortung an den Schuldner diesen zur Begleichung dieser Anspruchspositionen zu verwenden. Zu beachten ist, daß § 39 Abs. 1 InsO innerhalb der nachrangigen Insolvenzforderungen wiederum eine eigenständige Rangordnung zur Befriedigungsfolge enthält. Innerhalb der nachrangigen Forderungen erfolgt gem. § 39 Abs. 3 InsO eine Gleichstellung von Zinsen und Verfahrensteilnahmekosten. § 39 Abs. 2 InsO bestimmt zudem, daß Forderungen mit vereinbartem Nachrang im Zweifel letztrangig zu bedienen sind.

Durch die Einbeziehung der nachrangigen Insolvenzgläubiger soll das Insolvenzverfahren in den Fällen, in denen diese Gläubiger von vornherein keine Befriedigung erwarten können, nach den Vorstellungen des Gesetzgebers nicht nachteilig verzögert werden (vgl. die Begr. des RegE zu § 39 InsO). Dementsprechend bestimmt § 174 Abs. 3 InsO, daß eine Anmeldung dieser Forderungen zur Insolvenztabelle nur dann in Betracht kommt, wenn das Insolvenzgericht besonders zur Anmeldung auffordert. Hierzu wird sich das Insolvenzgericht lediglich dann veranlaßt sehen, wenn sich – auch erst im Rahmen der Verfahrensabwicklung – herausstellt, daß es ausnahmsweise zu einer Vollbefriedigung der vorgehenden Insolvenzgläubiger kommen wird (vgl. die Begr. des RegE zu § 201 InsO).

Läßt sich der Gläubiger durch einen Verfahrensbevollmächtigten vertreten, kann die **2** fehlende Vollmacht allein Bestreitensgrund sein.

Die Anmeldung nachrangiger Insolvenzforderungen ist nach § 174 Abs. 3 S. 1 InsO **3** nur statthaft, wenn das Insolvenzgericht zuvor zur Anmeldung dieser Forderung besonders aufgefordert hat.

Bei zukünftigen Zinsen kann ein betragsmäßig bestimmte Forderungsanmeldung **4** nicht erfolgen.

5 Die Bezugnahme auf die Anmeldung einer Insolvenzforderung, die mit der nachrangigen Forderung in Zusammenhang steht, wird zuzulassen sein, so daß entsprechende Unterlagen zum Beweis der Forderungen nicht nochmals überreicht werden müssen.

3. Anmeldung einer gesicherten Insolvenzforderung für den Ausfall zur Insolvenztabelle[1]

An
Herrn
Rechtsanwalt . . . . . .

in . . . . . .   (Ort, Datum)

Insolvenzverfahren über das Vermögen der Firma . . . . . .

hier: Anmeldung einer gesicherten Insolvenzforderung der Firma A-GmbH & Co. KG, ..., zur Insolvenztabelle

Sehr geehrter Herr Kollege,

in dem vorbezeichneten Insolvenzverfahren zeige ich zunächst die anwaltliche Interessenvertretung der Firma A-GmbH & Co. KG an. Eine auf mich ausgestellte Vollmacht[2] liegt zu Ihrer Kenntnisnahme an.

Namens und im Auftrage meiner Mandantin melde ich die nachfolgend bezeichnete Insolvenzforderung[3] zur Insolvenztabelle und zur etwaigen Befriedigung für den Ausfall[4] an:

    1. Forderung auf Darlehensrückgewähr gem. Darlehensvertrag vom . . . . . . über DM . . . . . .
    2. Rückständige Zinsverpflichtungen seit dem . . . . . . bis zur Verfahrenseröffnung laut Ziff. . . . . . . des Darlehensvertrages in Höhe von DM . . . . . .

Der Vertrag über die Darlehensgewährung, die den Empfang der Valuta bestätigende Quittung der Schuldnerin sowie eine Zinsaufstellung sind der Anlage beigefügt. Ebenso wird das Kündigungsschreiben überreicht.

Zur Sicherung der Forderung meiner Mandantin wurden seitens der Schuldnerin folgende Sicherheiten gestellt:

    a) Briefhypothek[5] über DM . . . . . .nebst . . . . . .% Grundbuchzinsen seit dem . . . . . .gem. Hypothekenbestellungsurkunde des Notars Dr. . . . . . .vom . . . . . . zur Urkunds-Nr.: . . . . . ., Grundschuldbrief . . . . . . vom . . . . . . und Eintragungsnachricht des Grundbuchamtes in . . . . . . vom . . . . . .;
    b) Sicherungsübereignung[6] eines BMW 528i, amtliches Kennzeichen, ..., Fahrgestell-Nr.: . . . . . .;
    c) Schuldmitübernahmeerklärung[7] der Frau A vom . . . . . . über DM . . . . . .

Zum Nachweis der Sicherheitenbestellung werden die entsprechenden Urkunden in der Anlage überreicht.

Hinsichtlich der zu a), b) aufgeführte Sicherheiten begehrt meine Mandantin abgesonderte Befriedigung.

Mit freundlichen, kollegialen Grüßen

Rechtsanwalt   *Anlagen*

Anmerkungen

Vgl. zur Forderungsanmeldung zunächst das Formular zu B VI. 1. nebst Anmerkun- 1
gen.
   Nach § 52 InsO sind absonderungsberechtigte Gläubiger, denen der Schuldner
zugleich auch persönlich haftet, zur anteilsmäßigen Befriedigung aus der Insolvenzmasse nur berechtigt, soweit sie auf eine abgesonderte Befriedigung verzichten oder
bei ihr ausgefallen sind. Die gesicherte Forderung ist im Rahmen der Anmeldung
im vollen Umfange berücksichtigungsfähig. Dementsprechend wird die Forderung
auch in voller Höhe geprüft und bei Nichtbestreiten als „Forderung für den Ausfall"
festgestellt.
   Der Ausfall ist bei einer Verwertung des absonderungsbefangenen Gegenstandes
durch den Gläubiger dem Insolvenzverwalter nachzuweisen (§ 190 Abs. 1 InsO). Für
die Erbringung des Nachweises besteht eine Ausschlußfrist von zwei Wochen (§ 189
Abs. 1 InsO) nach öffentlicher Bekanntmachung der zur Verteilung verfügbaren
Masse. Im Falle einer vorausgehenden Abschlagsverteilung ist der mutmaßliche Ausfall glaubhaft zu machen (§ 190 Abs. 2 InsO). Wird der entsprechende Nachweis nicht
bis zu der für die Schlußverteilung laufenden Ausschlußfrist erbracht, wird der zurückbehaltene Betrag für die Schlußverteilung frei (§ 190 Abs. 1 S. 2 InsO).

Die fehlende Vollmacht kann bei einer Vertretung durch einen Verfahrensbevoll- 2
mächtigten alleiniger Bestreitensgrund sein.

Der Absonderungsberechtigte ist nur dann zugleich Insolvenzgläubiger, wenn ihm 3
der Schuldner auch persönlich haftet.

Die Forderung wird in voller Höhe geprüft und bei Nichtbestreiten als „Forderung 4
für den Ausfall" festgestellt.
   Ist ausnahmsweise der Gläubiger zur Verwertung befugt, ist der Ausfall nach erfolgter Verwertung vom Gläubiger gegenüber dem Insolvenzverwalter nachzuweisen (§ 190 Abs. 1 InsO). Für die Erbringung des Nachweises besteht eine Ausschlußfrist von zwei Wochen nach öffentlicher Bekanntmachung der zur Verteilung
verfügbaren Masse (§ 189 InsO).
   Im Falle der Abschlagsverteilung genügt die Glaubhaftmachung des mutmaßlichen Ausfalls (§ 190 Abs. 2 InsO).
   Wird der Nachweis nicht bis zu der für die Schlußverteilung laufenden Ausschlußfrist erbracht, wird der zurückbehaltene Betrag für die Schlußverteilung frei
(§ 190 Abs. 1 S. 2 InsO).

Die Hypothek vermittelt gem. §§ 49, 165 InsO eine Absonderungsbefugnis. 5

Die Sicherungsübereignung berechtigt trotz der formellen Vollrechtsinhaberschaft 6
nach wie vor lediglich zur Absonderung, was nunmehr in § 51 Nr. 1 InsO ausdrücklich geregelt ist.

7   Die kummulative Schuldübernahme führt grundsätzlich zur gesamtschuldnerischen Mithaftung. Für die Haftung mehrerer Personen bestimmt § 43 InsO, daß ein Gläubiger, dem mehrere Personen für dieselbe Leistung auf das Ganze haften, im Insolvenzverfahren gegen jeden Schuldner bis zu seiner vollen Befriedigung den ganzen Betrag geltend machen kann, den er zur Zeit der Eröffnung des Verfahrens zu fordern hatte. Hier greift somit der Gedanke der Ausfallhaftung nicht. Solange der Gläubiger aus der gesamtschuldnerischen Haftung in voller Höhe seine Forderung zur Tabelle geltend macht, können die übrigen Gesamtschuldner bzw. ein Bürge gem. § 44 InsO ihre (bedingte) Regreßforderung nicht geltend machen. Sie rücken vielmehr bei eigener Inanspruchnahme in die Rechtsstellung des Insolvenzgläubigers in dieser Höhe ein (§ 426 Abs. 2, § 774 Abs. 1 S. 1 BGB).

4. Muster der vom Insolvenzverwalter zu führenden Insolvenztabelle

Insolvenztabelle[1]

Schuldner/in:			
Amtsgericht:			
Geschäfts-Nr:			
Insolvenzeröffnungs-datum:			
Insolvenzverwalter:			
Laufende Tabellen-Nr.[2]:	**Tabellenteil[3] (bspw. Insolvenzgläubiger)**		
	Gläubiger	**Gläubigervertreter**	
Name/Firmenbezeichnung:			
Anschrift[4]:			
ggf. vertreten durch:			
Kontoverbindung:			
Konto-Nr.:			
Bankleitzahl:			
		Vollmacht[5] Ja ( )/Nein ( )	
Tag der Anmeldung[6]			
	Betrag[7]: (DM)	**Forderungsgrund[8]**	
1.			
2.			
3.			
4.			
insgesamt			
(reklamierte/s)	**Absonderungs-recht**	**Aussonderungs-recht**	**Aufrechnungs-befugnis[9]**
in Höhe von (DM):			

Rechtsgrund:

Prüfungsergebnisse: Bemerkungen/
                                             Berichtigungen

Forderung festgestellt   für den Ausfall[12]

in voller Höhe: ( )   vorläufig be-
in Höhe von DM: stritten[13]

Forderung bestritten
durch[10]
a) Insolvenzverwalter:( )
b) Gläubiger: ( )
   Name/Firmen-
   bezeichnung:
   Anschrift:
c) Schuldner/in:( )
in Höhe von DM[11]
a)
b)
c)

Anmerkungen

Die Insolvenzordnung weist das Forderungsanmeldungsverfahren sowie die Tabel- **1**
lenführung dem Insolvenzverwalter zu (§ 174f. InsO). Legislatorisches Anliegen ist
im wesentlichen die Entlastung der Justiz.

Gemäß § 175 S. 1 InsO hat der Insolvenzverwalter jede nach Maßgabe des § 174
InsO angemeldete Forderung in eine Tabelle einzutragen. Die Tabelle ist mit sämtlichen Anmeldungsunterlagen innerhalb des ersten Drittels des Zeitraumes, der zwischen dem Ablauf der Anmeldefrist und dem Prüfungstermin liegt, in der Geschäftsstelle des Insolvenzgerichts zur Einsicht der Beteiligten niederzulegen (§ 175
S. 2 InsO). Der Zeitraum zwischen der im Insolvenzeröffnungsbeschluß festgesetzten Anmeldefrist (vgl. § 28 Abs. 1 InsO) und dem Prüfungstermin soll nach § 29
Abs. 1 Nr. 2, 2. HS InsO mindestens eine Woche und höchstens zwei Monate
betragen. Die Anmeldungen und die mit ihr überreichten Anlagen sind in einem
besonders anzulegenden Band der Insolvenzakte aufzunehmen (vgl. *Haarmeyer/
Wutzke/Förster*, Handbuch, 7/29).

Zur inhaltlichen Gestaltung der Tabelle enthält das Gesetz neben der Vorschrift
des § 175 S. 1 InsO keine Vorgaben. Die Gestaltung der Insolvenztabelle ist daher
eine Frage der Zweckmäßigkeit und Sachdienlichkeit, so daß das hier abgedruckte
Muster lediglich einen Vorschlag darstellen kann. Nach § 5 Abs. 3 InsO kann die Tabelle auch maschinell erstellt und bearbeitet werden. Jeder Anmeldung wird im
Rahmen der Tabelle eine laufende Tabellennummer zugeordnet, die sich – sofern
nicht eine andere Klasseneinteilung erfolgt – regelmäßig an einer alphabetischen
Rangfolge ausrichtet. Neben den allgemeinen Stammdaten des Insolvenzverfahrens
werden der anmeldende Gläubiger, u. U. der Gläubigervertreter, mit den notwendigen, ausschüttungsrelevanten Daten erfaßt. Ebenso wird der Tag der Anmeldung
vermerkt. Nach § 174 Abs. 2 InsO sind die zur Anmeldung gebrachten Forderungen nach Betrag und Forderungsgrund aufzuschlüsseln. Nicht vorgeschrieben, aber
vor einer Quotenberechnung auf Grundlage der Tabellendaten unumgänglich und
daher sachdienlich ist es, geltend gemachte Aus- und Absonderungs- sowie Aufrechnungsbefugnisse nach Höhe und Rechtsgrund aufzunehmen (vgl. § 52 InsO).

197

Sodann sind die Ergebnisse des Prüfungstermines (vgl. § 175 InsO) gesondert zu erfassen. Kommt es zu einem (teilweisen) Bestreiten, so ist neben der Höhe des Bestreitens auch der Bestreitende zu individualisieren. Wird die Forderung lediglich vom Schuldner bestritten, hat dies zwar keine verfahrensimmanenten Rechtswirkungen, verhindert jedoch die Titulierung des im Verfahren nicht erfüllten Forderungsteiles für das freie Nachforderungsrecht des § 201 Abs. 2 InsO (vgl. auch § 178 Abs. 2 S. 2 InsO). Hat das Insolvenzgericht ausnahmsweise zur Anmeldung nachrangiger Insolvenzforderungen aufgefordert, ist auch der Nachrang sowie die in § 39 InsO vorgesehene Rangfolge auszuweisen.

Neben dieser (ausführlichen) Insolvenztabelle hat es sich bei der Gesamtvollstreckung bewährt, die Anmeldungen nochmals in einer sog. „Sammelliste" (Tabellenkurzform) aufzulisten. Diese beschränkt sich auf die Namen und Anschriften der Gläubiger, der Gläubigervertreter, den Anmeldungstag, Höhe und Grund der Forderung sowie das Prüfungsergebnis. Ein entsprechendes Muster findet sich bei *Haarmeyer/Wutzke/Förster*, Handbuch, 7/58. Im Prüfungstermin (§ 176 InsO) werden die Ergebnisse der Prüfung wegen des Urkundscharakters der Feststellung nicht vom Insolvenzverwalter, sondern vom Insolvenzgericht eingetragen (vgl. Einzelheiten bei *Haarmeyer/Wutzke/Förster*, Handbuch, 7/53 ff.).

2 Sämtliche Anmeldungen sind in der anzulegenden Insolvenztabelle in einer laufenden Tabellennummer zu erfassen. Steht mit überwiegender Wahrscheinlichkeit – wie regelmäßig – zu erwarten, fest, daß die nachrangigen Insolvenzforderungen (§ 39 InsO) unbefriedigt bleiben werden, genügt es wegen der Abschaffung der Vorrechte durch die InsO die Forderungen alphabetisch zu erfassen.

3 Vgl. hierzu Anmerkung 2.

4 Wegen der Titelfunktion der Tabelle (§ 201 Abs. 2 InsO) muß der Gläubiger mit Anschrift und Wohnort erfaßt werden.

5 Läßt sich der Gläubiger im Anmeldeverfahren durch einen Verfahrensbevollmächtigten vertreten, ist die fehlende Vollmacht bereits ein hinreichender Bestreitensgrund.

6 Obwohl die Insolvenzordnung die strenge Ausschlußfrist der Gesamtvollstreckungsordnung nicht übernommen hat, ist der Tag der Forderungsanmeldung zu vermerken. Der verspätet anmeldende Gläubiger läuft daher Gefahr, daß er die Kosten eines besonderen Prüfungstermins zu tragen hat (§ 177 Abs. 1 S. 2 InsO) und seine Forderung erst bei den später stattfindenden Verteilungen berücksichtigt wird.

7 In dem § 175 S. 1 InsO auf § 174 Abs. 2 InsO verweist, sind unbezifferte und nicht individualisierte Erfassungen nicht statthaft.

8 Vgl. Anmerkung 7.

9 Obwohl der gesicherte Gläubiger, der zugleich persönlicher Gläubiger des Schuldners ist, im Rahmen des Anmeldeverfahrens mit der vollen Forderungshöhe am Verfahren teilnimmt, kann eine Befriedigung nur „für den Ausfall" erfolgen (§ 52 S. 2 InsO). Vor einer Ausschüttungsberechnung auf der Grundlage der Insolvenztabelle sind daher Sicherungen des Gläubigers in Form von Absonderungs-, Aussonderungs- sowie Aufrechnungsbefugnissen zu beachten. Trotz Fehlens einer zwingenden Notwendigkeit kann es daher zur Vereinfachung des Verfahrensfortganges sachgerecht sein, etwaige Sicherungspositionen der Gläubiger nach Rechtsgrund und Höhe zu erfassen.

Wegen der unterschiedlichen Rechtsfolgen und Richtung eines etwaigen Forderungsfeststellungsprozesses ist es geboten, bei einem Widerspruch gegen die Forderung auch den Widersprechenden zu individualisieren. Wird der Anmeldung im Prüfungstermin von einem Gläubiger oder dem Insolvenzverwalter widersprochen, so hat dies zur Folge, daß die Berechtigung der angemeldeten Forderung in einem Prozeß mit dem Widersprechenden geklärt werden muß (vgl. §§ 179 ff. InsO). An der Erlösverteilung kann der anmeldende Gläubiger erst teilnehmen, wenn ein obsiegendes Feststellungsurteil ergangen ist (§ 189 InsO). Widerspricht der Schuldner, so wird auch dieser Widerspruch gem. § 178 Abs. 2 S. 2 InsO in die Tabelle eingetragen. Der Widerspruch bleibt allerdings für den Fortgang des Insolvenzverfahrens und etwaige (Quoten-) Ausschüttungen ohne Bedeutung (§ 178 Abs. 1 S. 2 InsO). Der Schuldnerwiderspruch hat jedoch zur Folge, daß der Gläubiger nach Abschluß des Insolvenzverfahrens nicht aus der Tabelle in das neue Vermögen des Schuldner vollstrecken kann (§ 201 Abs. 2 S. 1 InsO). **10**

Da die Höhe des Bestreitens durch Insolvenzverwalter, Gläubiger und Schuldner differieren kann, ist das Bestreiten ggf. auch der Höhe nach zu individualisieren. **11**

Nach der Wertung des § 52 Abs. 2 InsO kann der gesicherte Gläubiger lediglich „für den Ausfall" aus dem Sicherungsrecht als Insolvenzgläubiger Befriedigung erlangen; vgl. hierzu im übrigen auch Anmerkung 9. **12**

Um dem Insolvenzverwalter in der Kürze der zur Verfügung stehenden Zeit, die es diesem häufig nicht ermöglicht, eine Forderung hinsichtlich ihrer Berechtigung abschließend zu prüfen, das Prozeßrisiko einer Forderungsfeststellungsklage zu nehmen, hat sich in der Praxis eine besondere Kategorie der „vorläufig bestrittenen" Forderung herausgebildet, vgl. etwa *Kilger/K. Schmidt*, § 144 Anm. 2; *Kuhn/Uhlenbruck*, § 144 Rdn. 2g m. w. N. aus der Rechtsprechung). **13**

5. Antrag auf Nachprüfung einer verspätet angemeldeten Forderung im schriftlichen Verfahren

An das

Amtsgericht . . . . . .
– Insolvenzgericht –

in . . . . . .   (Ort, Datum)

Geschäfts-Nr.: . . . . . .

In dem Insolvenzverfahren

über das Vermögen des Herrn . . . . . .

hat am . . . . . . Frau A eine Insolvenzforderung aus Warenlieferung gem. Rechnung vom . . . . . . in Höhe von DM . . . . . . bei mir zur Tabelle geltend gemacht.

Die Forderungsanmeldung nebst den der Anmeldung beigefügten Unterlagen sowie das Tabellenblatt zur laufenden Tabellennummer . . . . . . sind in der Anlage beigefügt.

Zugleich hat Herr B, dessen Forderung zu laufender Tabellennummer . . . . . . bereits Gegenstand des Prüfungstermines war, seine Anmeldung am . . . . . . (Datum) in Höhe des bestrittenen Teiles zurückgenommen.

In meiner Eigenschaft als Insolvenzverwalter bitte ich darum, gem. § 177 Abs. 1 S. 2, 3 InsO die Prüfung der nachgemeldeten Forderung sowie die Änderung infolge der Teilrücknahme im schriftlichen Verfahren durchzuführen, hilfsweise einen besonderen Prüfungstermin zu bestimmen.

Für den Fall der Anordnung des schriftlichen Verfahrens wird die nachgemeldete Forderung in voller Höhe durch mich anerkannt; zugleich stimme ich der Änderung infolge der Teilrücknahme zu.

Mit vorzüglicher Hochachtung

Rechtsanwalt
als Insolvenzverwalter   *Anlage*

Anmerkungen

Anders als in §§ 5 Nr. 3, 14 Abs. 1 S. 1 GesO handelt es sich bei der im Eröffnungsbeschluß nach § 28 Abs. 1 S. 1 InsO anzugebenden Anmeldefrist nicht um eine Ausschlußfrist. Dementsprechend kann bis zur Schlußverteilung eine Nachmeldung von Forderungen erfolgen. Der verspätet anmeldende Gläubiger soll jedoch gem. § 177 Abs. 1 InsO die Kosten einer durch die Verspätung erforderlich werdenden besonderen Prüfung zu tragen. Erfolgt die Nachmeldung nach Ablauf der Anmeldefrist aber noch vor dem ersten Prüfungstermin, so kann die Prüfung auch hier noch erfolgen, es sei denn, der Prüfung wird vom Insolvenzverwalter oder einem Insolvenzgläubiger widersprochen (§ 177 Abs. 1 S. 1 InsO). Für die Kostenfolge gilt § 11 Abs. 1 GKG, Nr. 4230 (vgl. aber § 177 Abs. 2 InsO).

Zur Verfahrensvereinfachung sieht die InsO statt der Durchführung eines besonderen Prüfungstermines auch eine Nachprüfung im schriftlichen Verfahren vor.

6. Nachträgliche Anerkennung einer bestrittenen Forderung durch den Insolvenzverwalter

An
Herrn . . . . . .

in . . . . . .   (Ort, Datum)

Insolvenzverfahren über das Vermögen der Firma . . . . . .

hier: Die von Ihnen geltend gemachte Insolvenzforderung zur
Tabellen-Nr.:. . . . . . der Insolvenztabelle

Sehr geehrter Herr . . . . . .,

in dem vorbezeichneten Insolvenzverfahren habe ich in meiner Eigenschaft als Insolvenzverwalter die von Ihnen angemeldete Forderung in Höhe von DM . . . . . . aus Warenlieferungen zunächst im Prüfungstermin vom . . . . . . bestritten.

Nach den mir nunmehr von Ihnen nachgereichten Unterlagen ist der Bestand der Forderung schlüssig dargetan.

Ich werde daher gegenüber dem Insolvenzgericht kurzfristig anregen, die von Ihnen geltend gemachte Insolvenzforderung in einem Nachprüfungstermin bzw. im Wege des schriftlichen Verfahrens zur Tabelle aufzunehmen.

Ich bitte um Verständnis, daß dies einige Zeit in Anspruch nehmen wird. Hierdurch entsteht Ihnen jedoch kein Rechtsnachteil, da vorläufig nicht mit einer (Abschlags-) Verteilung und damit Quotenauskehr auf Ihre Forderung zu rechnen sein wird.

Mit vorzüglicher Hochachtung

Rechtsanwalt
als Insolvenzverwalter

Anmerkungen

Die Anmerkungen zu Formular B. V. 10. gelten auch hier.

7. Klage auf Feststellung einer im Prüfungstermin streitig gebliebenen Insolvenzforderung[1]

An das
Landgericht[2] ......
– Kammer für Handelssachen –

in ......(Ort, Datum)

Klage

der A-GmbH, ...,

Klägerin,

– Prozeßbevollmächtigte: Rechtsanwälte ...... –

gegen

Herrn Rechtsanwalt ......, in seiner Eigenschaft als Insolvenzverwalter[3] über das Vermögen der B-AG ......,

Beklagten,

wegen Feststellung einer Insolvenzforderung.

Streitwert[4]: DM ...... (vorläufig geschätzt).

Namens und in Vollmacht der Klägerin erheben wir Klage gegen den Beklagten.

Im Termin zur mündlichen Verhandlung werden wir beantragen,

1. festzustellen, daß der Klägerin in dem Insolvenzverfahren über das Vermögen der B-AG in Höhe von DM ...... zusteht[5];
2. dem Beklagten die Kosten des Verfahrens aufzuerlegen;
3. das Urteil für vorläufig vollstreckbar zu erklären.

Im übrigen werden folgende Verfahrensanträge gestellt:

(...... wird ausgeführt)

Begründung:

Das Amtsgericht – Insolvenzgericht – ...... eröffnete mit Beschluß vom ...... – Geschäfts-Nr.: ...... – das Insolvenzverfahren über das Vermögen der C-AG und bestellte den Beklagten zum Insolvenzverwalter.

Beweis: 1) Vorlage des Insolvenzeröffnungsbeschlusses[6] in Fotokopie
            – Anlage K 1 –;
         2) Beiziehung der Insolvenzakte des Amtsgerichts ......

Mit Schreiben vom ...... meldete die Klägerin ihre streitgegenständliche Forderung innerhalb der vom Insolvenzgericht gesetzten Anmeldefrist bei dem Beklagten zur Insolvenztabelle an.

Beweis: Vorlage der Forderungsanmeldung vom ...... nebst Anlagen
         in Fotokopie
         – Anlagenkonvolut K 2 –

Die Forderungsanmeldung ging dem Beklagten auch ordnungsgemäß und fristgerecht zu, wie aus dem Rückschein der Einschreibesendung vom ...... ersichtlich ist.

Beweis: Vorlage des Rückscheines vom ...... in Fotokopie
    – Anlage K 3 –

Im amtlichen Prüfungstermin am ...... wurde die Forderung vom Beklagten in voller Höhe endgültig bestritten[7].

Beweis: Vorlage des beglaubigten Auszuges aus der Insolvenztabelle[8]
    – Anlage K 4 –

Das Bestreiten erfolgte zu Unrecht.

Die von dem Beklagten verwaltete Schuldnerin bestellte mit Telefax-Schreiben vom ...... die aus dem Schreiben im einzelnen hervorgehende Warenlieferung.

Beweis: Vorlage des Telefax-Schreibens der von dem Beklagten
    verwalteten Schuldnerin vom ......
    – Anlage K 5 –

Die Klägerin bestätigte die Bestellung mit Antwortschreiben vom selben Tage.

Beweis: Vorlage des Antwortschreibens in Fotokopie
    – Anlage K 6 –

Am ...... wurden die bestellten Waren ordnungsgemäß an die von dem Beklagten verwaltete Schuldnerin ausgeliefert. Dies wurde auf den Lieferscheinen durch den Mitarbeiter der von dem Beklagten verwalteten Schuldnerin, Herrn ......, mit seiner Unterschrift bestätigt.

Beweis: Vorlage der quittierten Lieferscheine vom ...... in Fotokopie
    – Anlage K 7 –

Der von dem Beklagten verwalteten Schuldnerin wurde am ...... Rechnung über die angemeldete Summe gelegt.

Beweis: Vorlage des Rechnungsschreibens vom ......
    – Anlage K 8 –

Der Klägerin steht die zur Tabelle geltend gemachte Forderung daher nach § 433 Abs. 2 BGB zu.

Wegen des endgültigen Bestreitens war Klage geboten.

Der mit DM ...... vorläufig schätzweise in Ansatz gebrachte Streitwert beruht darauf, daß nach den Angaben des Beklagten in der Vermögensübersicht[9] auf die Insolvenzforderungen eine Quote von ......% anfallen wird.

Rechtsanwalt

Anmerkungen

1 Kommt es im Forderungsprüfungstermin (§ 176 InsO) zum Bestreiten der angemeldeten Forderung durch den Insolvenzverwalter oder einen Gläubiger, so kann die angemeldete Forderung im Rahmen des Insolvenzverfahrens nur noch Berücksichtung finden, wenn ihre Berechtigung in einem Prozeßverfahren mit dem Widersprechenden geklärt wird. Statthafte Klageart ist hier gem. § 180 Abs. 1 S. 1 InsO die Feststellungsklage. Streitgegenstand ist die Feststellung, daß dem Gläubiger gegen den Schuldner die Forderung so, wie sie angemeldet oder im Prüfungstermin bezeichnet worden ist (§ 181 InsO), zusteht (vgl. BGH LM Nr. 4 zu § 146 KO).

Die Parteirollen im Rahmen dieses Feststellungsverfahrens hängen davon ab, ob die angemeldete Forderung bereits tituliert war oder nicht. Kann der anmeldende Gläubiger seine Forderung nicht auf einen zuvor erstrittenen Titel stützen, muß er gegen den Widersprechenden Klage erheben (§ 179 Abs. 1 InsO). Handelt es sich hingegen um eine bereits titulierte Forderung, so ist der Widersprechende zur Klageerhebung berufen (§ 179 Abs. 2 InsO).

Kann sich der anmeldende Gläubiger bereits auf einen rechtskräftigen Titel stützen, ist wegen den Rechtswirkungen der res iudicata nur noch eine Abänderungs- oder Vollstreckungsgegenklage statthaft (§ 323 Abs. 2, § 767 Abs. 2 und 3 ZPO), soweit es nicht lediglich um die Einordnung der Forderung als Insolvenzforderung bzw. nachrangige Insolvenzforderung geht.

War über die bestrittene Forderung bei Verfahrenseröffnung bereits ein Rechtsstreit zwischen Schuldner und dem anmeldenden Gläubiger anhängig, so ist die Forderungsfeststellung nicht durch die Erhebung einer neuen Klage, sondern durch Aufnahme des durch die Eröffnung unterbrochenen Prozeßverfahrens zu betreiben (§ 180 Abs. 2 InsO). Der Gedanke der perpetuatio fori des § 261 Abs. 3 Nr. 2 ZPO setzt sich also auch hier durch; zugleich können aus verfahrensökonomischen Gesichtspunkten bereits in dem angelaufenen Prozeßverfahren erreichte Sachstände und Ergebnisse Verwendung finden.

Die Zuständigkeit für das Feststellungsverfahren ist in den §§ 180, 185 InsO geregelt. Die Rechtswegzuständigkeit (gleiches gilt auch für die besondere Zuständigkeit einer Verwaltungsbehörde) folgt dabei aus § 185 InsO. Ist danach für die Feststellung einer Forderung der Rechtsweg zu den ordentlichen Gerichten nicht gegeben, so ist die Feststellung bei dem zuständigen anderen Gericht zu betreiben oder von der zuständigen Verwaltungsbehörde vorzunehmen (§ 185 S. 1 InsO). Hieraus folgt, daß um die Berechtigung angemeldeter Steuerforderungen vor den Finanzgerichten, um die Berechtigung von Lohnforderungen vor den Arbeitsgerichten und um die Berechtigung von Sozialversicherungsbeiträgen vor den Sozialgerichten zu streiten ist. Ist die Forderung im ordentlichen Verfahren festzustellen, so richtet sich die sachliche Zuständigkeit nach den allgemeinen Vorschriften (§ 180 Abs. 1 S. 3 InsO). Innerhalb des Zivilrechtsweges ist bei sachlicher Zuständigkeit des Amtsgerichts ausschließlich dasjenige Amtsgericht zuständig, bei dem das Insolvenzverfahren anhängig ist oder war (§ 180 Abs. 1 S. 2 InsO). Bei sachlicher Zuständigkeit des Landgerichtes ist dasjenige Landgericht ausschließlich zuständig, zu dessen Bezirk das Insolvenzgericht gehört (§ 180 Abs. 1 S. 3 InsO). Es handelt sich hierbei um ausschließliche Zuständigkeiten.

Wie sich aus § 189 InsO schließen läßt, muß die Feststellungsklage spätestens zwei Wochen nach der öffentlichen Bekanntmachung des Verteilungsverzeichnisses erhoben sein; anderenfalls wird die bestrittene Forderung bei der Verteilung nicht berücksichtigt (§ 189 Abs. 3 InsO). Spiegelbildlich wird man hieraus auch eine entsprechende Klageerhebungsfrist des Insolvenzverwalters bzw. des bestreitenden

Gläubigers ableiten können, soweit es um einen i. S. des § 179 Abs. 2 InsO vollstreckbaren Titel geht. Das rechtskräftige Feststellungsurteil entfaltet über die subjektiven Grenzen der Rechtskraft des § 325 ZPO hinaus Rechtskraftwirkungen für
und gegen alle Insolvenzgläubiger (§ 183 Abs. 1 InsO).

Der Streitwert der Forderungsfeststellungsklage richtet sich nach der Quotenerwartung (§ 182 InsO). Diese ist auch zur Feststellung der sachlichen Zuständigkeit
maßgeblich (vgl. §§ 23, 71 GVG).

Die obsiegende Partei des Feststellungsstreits kann auf der Grundlage des Urteils
die Berichtigung der Tabelle beantragen (§ 183 Abs. 2 InsO). Die Berichtigung erfolgt wegen des Urkundscharakter der Tabelle im Hinblick auf die hiermit verbundene Titelwirkung durch das Insolvenzgericht. Zum Inhalt des Berichtigungsantra-
ges kann im einzelnen auf *Gottwald/Eickmann*, InsRHdb., § 64 Rdn. 53 ff.,
verwiesen werden.

Die Zuständigkeit für den Feststellungsprozeß ist in den §§ 180, 185 InsO geregelt;   2
vgl. im einzelnen die Ausführungen zu Anmerkung 1.

Da mangels abweichender Anhaltspunkte im Gesetz bzw. der Gesetzesbegründung   3
die Stellung des Insolvenzverwalters durch die InsO keine (Neu-)Regelung findet,
ist die Klage gegen den Insolvenzverwalter zu richten
Im Falle des Gläubigerwiderspruchs richtet sich die Klage gegen den widersprechenden Gläubiger. War zur Zeit der Verfahrenseröffnung bereits ein Rechtsstreit
zwischen dem anmeldenden Gläubiger und dem Schuldner anhängig, so ist die Berechtigung der durch den Gläubiger bestrittenen Forderung nunmehr ebenfalls
durch Aufnahme des bereits anhängigen Prozeßverfahrens zu klären. Es handelt sich
hier um einen gesetzlichen Parteiwechsel, so daß der widersprechende Gläubiger
und jetzige Beklagte in die Parteistellung, nicht aber in die materielle Rechtsstellung
des Schuldners eintritt. Der klagende Gläubiger muß seinen Antrag sowohl objektiv
(Feststellungs- statt Leistungsantrag) und subjektiv (Verurteilung des widersprechenden Gläubigers statt des Schuldners) umstellen, was nach § 180 Abs. 2 InsO als gesetzlich zulässige Klageänderung anzusehen ist. Dogmatisch führt der widersprechende Gläubiger, dem so die Prozeßführungsbefugnis verliehen ist, den
Rechtsstreit mit dem veränderten Antrag als Prozeßstandschafter für den Schuldner
als materiell Berechtigtem bzw. Verpflichtetem. Erwächst der Masse aus dem Klageverfahren des Gläubigers ein Vorteil, so kann er die Erstattung seiner Kosten aus
der Insolvenzmasse verlangen (§ 183 Abs. 3 InsO). Will der Gläubiger bei einem
Schuldnerwiderspruch nicht mit der Erhebung einer Leistungsklage nach Abschluß
des Insolvenzverfahrens zuwarten, um gegen den Schuldner nachfordern zu können
(vgl. § 201 Abs. 2 S. 1 InsO), so kann er bereits jetzt den Schuldnerwiderspruch
durch Erhebung einer Feststellungsklage beseitigen; eine Leistungsklage ist hier bis
zum Abschluß des Verfahrens unzulässig (§ 87 InsO).

Vgl. zum Streitwert § 182 InsO sowie die Ausführungen in Anmerkung 1.   4

Vgl. zur Antragsfassung *Gottwald/Eickmann*, InsRHdb., § 64 Rdn. 36.   5

Den Gläubigern des Schuldners ist der Insolvenzeröffnungsbeschluß durch das Ge-   6
richt gem. § 30 Abs. 2 InsO besonders zuzustellen.

Auf dem Hintergrund, daß es dem Insolvenzverwalter in der Kürze der zur Verfü-   7
gung stehenden Zeit oftmals nicht gelingt, die Berechtigung der geltend gemachten

Insolvenzforderung abschließend zu prüfen, hat sich in der Praxis eine eigenständige Kategorie der „vorläufig bestrittenen" Forderungen herausgebildet, dessen Berechtigung im einzelnen umstritten ist; vgl. im einzelnen die Nachweise bei *Gottwald/ Eickmann*, InsRHdb., § 64 Rdn. 6f.

8   Nach § 179 Abs. 3 S. 1 InsO erteilt das Insolvenzgericht allen Gläubigern, deren Forderungen bestritten worden sind, einen beglaubigten Auszug aus der Tabelle.

9   Regelmäßig wird zum Prüfungstermin die vom Verwalter zu erstellende Vermögensübersicht des § 153 InsO vorliegen, die nach § 154 InsO spätestens eine Woche vor dem Berichtstermin in der Geschäftsstelle zur Einsicht der Beteiligten niederzulegen ist. Aus der Gegenüberstellung der Gegenstände der Insolvenzmasse und der Verbindlichkeiten des Schuldners läßt sich die Quotenerwartung ableiten.

VII. Aus- und Absonderung im Konkurs-/ Gesamtvollstreckungsverfahren

1. Geltendmachung eines Aussonderungsrechts gegenüber dem Konkursverwalter[1]

Herrn Rechtsanwalt
...... als Konkursverwalter
über das Vermögen des Firma
......   (Ort, Datum)

Konkursverfahren über das Vermögen der Firma ......

hier: Geltendmachung von Aussonderungsansprüche der Firma A ......

Sehr geehrter Herr Kollege ......,

in dem vorbezeichneten Konkursverfahren zeige ich die anwaltliche Interessenvertretung der Firma A ...... als Konkursgläubigerin an.

Meine Mandantin hat aus Warenlieferungen eine Forderung gegen die Gemeinschuldnerin in Höhe von DM ......

Die entsprechenden Rechnungen liegen an.

Die Lieferungen erfolgten unter Eigentumsvorbehalt[2], wie Sie aus den beigefügten allgemeinen Geschäftsbedingungen meiner Mandantin, die Vertragsbestandteil wurde, ergibt.

Mit Schreiben vom ...... hat meine Mandantin den Rücktritt vom Kaufvertrag erklärt (§ 455 BGB).

Namens und im Auftrage meiner Mandantschaft bitte ich hiermit um Auskunft[3] darüber, ob zum Zeitpunkt der Konkurseröffnung noch im Eigentum der Gläubigerin stehende Waren bei der Gemeinschuldnerin vorhanden waren.

Bejahendenfalls begehre ich hiermit deren Aussonderung und Herausgabe[4,5] an die Gläubigerin.

Mit freundlichen kollegialen Grüßen

Rechtsanwalt   *Anlagen*

Anmerkungen

Konkursordnung

Vgl. zum Aussonderungsrecht allgemein Formular B. V. 7. Anmerkung 1.   **1**

2 Eigentumsvorbehaltsrechte gewähren im Konkurs ein Aussonderungsrecht, vgl. Formular B. V. 7. Anmerkung 6.

3 Vgl. zum Auskunftsanspruch Formular B. V. 7. Anmerkung 7.

4 Vgl. Formular B. V. 7. Anmerkung 7.

Gesamtvollstreckungsordnung

5 Vgl. Formular B. V. 7. Anmerkung 9. Die Herausgabeverpflichtung folgt aus § 16 Abs. 1 S. 1 GesO. Nach § 16 Abs. 2 GesO ist die Verwertung der Gegenstände, die von Dritten beansprucht werden, bis zur Entscheidung über das Bestehen eines Eigentums- oder Pfandrechts auszusetzen.

Daraus folgt, daß der Verwalter zunächst keine Verfügungen über diese Gegenstände treffen darf (*Haarmeyer/Wutzke/Förster* § 12 Rdn. 42). Der Verwalter ist allerdings nur dann zur Aussetzung der Verwertung verpflichtet, wenn der Gläubiger oder der Dritte rechtzeitig Klage auf Herausgabe oder Feststellung seines Rechts erhebt (§ 16 Abs. 1 S. 1 GesO), zu der ihn der Verwalter mit angemessener Frist auffordern kann (*Hess/Binz/Wienberg* § 12 Rdn. 274). Läßt der Gläubiger oder Dritte die Frist fruchtlos verstreichen, ist der Verwalter nicht mehr gezwungen, die Verwertung weiter auszusetzen oder aber negative Feststellungsklage zu erheben (*Haarmeyer/Wutzke/Förster* § 12 Rdn. 53b).

2. Anerkennung eines Aussonderungsrechts durch den Konkursverwalter

Herrn Rechtsanwalt

......   (Ort, Datum)

Konkursverfahren über das Vermögen der Firma ......

hier: Geltendmachung von Aussonderungsrechten der Firma ......
Ihr Schreiben vom ......

Sehr geehrter Herr Kollege,

in dem vorbezeichneten Konkursverfahren nehme ich Bezug auf Ihr Schreiben vom ......, in welchem Sie für die Firma ...... Aussonderungsansprüche wegen Warenlieferungen unter Eigentumsvorbehalt geltend machen.

Das Aussonderungsrecht wird von mir anerkannt.

Nachstehende, im Eigentumsvorbehalt Ihrer Mandantin stehende Waren sind noch vorhanden:

1. ......
2. ......

Die den Warenlieferungen zugrundeliegenden Kaufverträge werden von mir in meiner Eigenschaft als Konkursverwalter nicht erfüllt werden.

Ich darf daher über Sie Ihre Mandantin bitten, die o. a. Gegenstände anläßlich

des am ...... auf dem Betriebsgelände der Gemeinschuldnerin stattfindenden Aussonderungstermin in Empfang zu nehmen.

Mit freundlichen kollegialen Grüßen

Rechtsanwalt
als Konkursverwalter

Anmerkungen

Konkursordnung

Der Konkursverwalter hat pflichtgemäß zu prüfen, ob ein Gegenstand zum Vermögen des Gemeinschuldners gehört und wer berechtigt ist, die Nichtzugehörigkeit zur Masse geltend zu machen. Will er ein Aussonderungsrecht von mehr als DM 300,00 anerkennen, so hat er zuvor die Zustimmung des Gläubigerausschusses einzuholen, wenn ein solcher bestellt ist (§ 133 Ziff. 2 KO). Die Wertgrenze wird allgemein als überholt angesehen. In der Praxis empfiehlt es sich, dem Zustimmungserfordernis dadurch zu begegnen, daß der Gläubigerausschuß bereits vorweg dem Konkursverwalter die allgemeine Genehmigung erteilt, Aussonderungs-, Absonderungs- und Masseansprüche gegenüber Dritten anzuerkennen (*Uhlenbruck/ Delhaes* HRP Rdn. 722). Bestehen Zweifel an der Aussonderungsfähigkeit, hat der Konkursverwalter dies zunächst im Inventar (§ 123 KO) zu vermerken. Besteht Streit über das Bestehen eines Aussonderungsrechts, ist dies zwischen Gläubiger und Konkursverwalter im ordentlichen Prozeß zu klären. Der Gläubiger muß also Klage gegen den Konkursverwalter auf Herausgabe erheben (vgl. auch Formular B.V.6).

Hat der Konkursverwalter eine Sache in der irrtümlichen Meinung, der Aussonderungsanspruch sei begründet, herausgegeben, so hat dies nicht den Verlust des Eigentums des wirklich Berechtigten zur Folge, da in der Herausgabe keine Veräußerung liegt (RGZ 81, 141). Die Sache kann daher vom Konkursverwalter, wenn der Gemeinschuldner Eigentümer ist, ansonsten von dem wahren Berechtigten herausverlangt werden (*Kuhn/Uhlenbruck* § 43 Rdn. 70).

Der Aussonderungsberechtigte muß die Sache abholen. Der Konkursverwalter ist nicht verpflichtet, den Aussonderungsgegenstand zu verschicken. Hinsichtlich der Kosten für die Inventarisierung, Lagerung und Herausgabe vgl. im einzelnen *Kuhn/Uhlenbruck* § 43 Rdn. 70 a ff.

Gesamtvollstreckungsordnung

Da § 12 Abs. 1 GesO dem Aussonderungsrecht des § 43 KO entspricht, ergeben sich keine Abweichungen zur Konkursordnung.

3. Geltendmachung eines Absonderungsrechts gegenüber dem Konkursverwalter[1,6]

Herrn Rechtsanwalt ......
als Konkursverwalter über
das Vermögen der Firma ......   (Ort, Datum)

Konkursverfahren über das Vermögen der Firma ......

hier: Geltendmachung von Absonderungsrechten

Sehr geehrter Herr Rechtsanwalt ......,

ich habe gegen den Gemeinschuldner eine fällige Darlehensforderung in Höhe von DM ......

Der Darlehensvertrag vom ...... liegt zu Ihrer Kenntnisnahme an. Das Darlehen ist am ...... zur Auszahlung an den Gemeinschuldner gelangt.

Ausweislich des Darlehensvertrages war das Darlehen am ...... fällig und rückzahlbar.

Zahlungen hierauf wurden vom Gemeinschuldner nicht geleistet.

Zur Sicherheit meiner Darlehensforderung hat mir der Gemeinschuldner am ...... einen in seinem Eigentum stehenden Pkw, Marke ...... (genaue Bezeichnung), sicherungsübereignet. Den Sicherungsübereignungsvertrag vom ...... füge ich ebenfalls bei.

Aus dieser Sicherungsübereignung beanspruche ich abgesonderte Befriedigung[2].

Ich bitte daher um Mitteilung des Standortes[3] des Fahrzeuges und Herausgabe[4,6] desselben, damit von hier aus die Verwertung[5,7] eingeleitet werden kann.

Mit vorzüglicher Hochachtung

(......)
Gläubiger

Anmerkungen

Konkursordnung

1 Vgl. zur abgesonderten Befriedigung allgemein Formular B. V. 6. Anmerkung 1.

2 Die Sicherungsübereignung gewährt im Konkurs ein Absonderungsrecht (*Uhlenbruck/Delhaes* HRP Rdn. 735)

3 Vgl. zum Auskunftsanspruch Formular B. V. 7. Anmerkung 7.

4 Hat der Konkursverwalter, wie regelmäßig, das Sicherungseigentum im Besitz, kann der Sicherungsnehmer Herausgabe zum Zwecke der abgesonderten Befriedi-

gung verlangen (BGH NJW 1978, 632, 633; Jäger/Weber § 127 Rdn. 8; *Kuhn/ Uhlenbruck* § 127 Rdn. 16).

Die abgesonderte Befriedigung findet außerhalb des Konkursverfahrens durch Ver- 5
wertung des Gegenstandes statt (§ 4 Abs. 2 KO). Bezieht sich das Absonderungsrecht
auf einen Gegenstand, der der Zwangsvollstreckung in das bewegliche Vermögen unterliegt, so ist zunächst der Absonderungsberechtigte zur Verwertung befugt, wenn er
sich aus dem Gegenstand ohne gerichtliches Verfahren befriedigen darf (§ 127 Abs. 2
S. 1 KO). Dies gilt insbesondere für das Pfandrecht an beweglichen Sachen und Forderungen (§§ 1233 ff., 1282 BGB), für das Sicherungseigentum im Konkurs des Sicherungsgebers, für das kaufmännische Zurückbehaltungsrecht (§ 371 HGB) und für
das Pfändungspfandrecht an beweglichen Sachen aus der Zeit vor Konkurseröffnung.
Kraft seines Absonderungsrechts ist der Sicherungseigentümer berechtigt, das Sicherungsgut freihändig zu veräußern, selbst dann, wenn er nach der Sicherungsabrede lediglich berechtigt war, die Verwertung außerhalb des Konkursverfahrens nur nach
den Regeln des Pfandverkaufs vorzunehmen (*Kuhn/Uhlenbruck* § 127 Rdn. 16). Ein
etwaiger Überschuß ist an den Konkursverwalter abzuführen, da der Schuldner aufgrund der dinglichen Surrogation nach § 1247 Abs. 2 BGB dessen Eigentümer ist.
Das Konkursgericht kann auf Antrag des Konkursverwalters dem Gläubiger ein Frist
bestimmen, innerhalb derer er den Gegenstand zur verwerten hat (§ 127 Abs. 2 S. 2
KO). Nach Fristablauf ist der Verwalter berechtigt, die Verwertung nach den Vorschriften über die Zwangsvollstreckung oder im Pfandverkauf zu betreiben. Der
Gläubiger hat dann nur noch Anspruch auf den Erlös.
Steuerliche Folgen der Verwertung von Sicherungseigentum:
Es bestehen zwei Problemschwerpunkte:
Einmal führt die Verwertung von Sicherungsgut durch den Konkursverwalter
oder den Sicherungsnehmer häufig zur Aufdeckung stiller Reserven und damit zu
einem steuerbaren Veräußerungsgewinn. Die mit dem Sicherungsrecht belasteten
Gegenstände zählen zur Konkursmasse im Sinne von § 1 KO, so daß für die Verwertung und Gewinne aus der Aufdeckung stiller Reserven das gleiche gilt wie für die
Verwertung unbelasteter Gegenstände der Konkursmasse durch den Konkursverwalter. Die bei der Verwaltung bzw. Verwertung der Konkursmasse entstehenden
Gewinne sind daher dem Gemeinschuldner zuzurechnen (BFH BStBl. 1964 III 70,
71). Die aus der Aufdeckung der stillen Reserven resultierende Steuerforderung ist
lediglich eine zur Konkurstabelle anzumeldende, bevorrechtigte Konkursforderung,
wenn sie bereits vor Konkurseröffnung entstanden ist. Entstehen sie nach Konkurseröffnung, sind die durch die Aufdeckung entstehenden Gewinne und hieraus begründeten Steueransprüche Massekosten im Sinne von § 58, Abs. 2 KO, sofern der
Veräußerungserlös tatsächlich zur Konkursmasse gelangt ist, eingehend hierzu *Onus-
seit* ZIP 1986, 77 ff.; *Gottwald/Frotscher*, InsRHdb., § 114 Rdn. 14, 15).
Zum anderen stellt die Überlassung des Sicherungsguts an einen Sicherungsnehmer zur Verwertung ebenso wie die Verwertung selbst jeweils einen steuerbaren
Umsatz dar. Nach der Rechtssprechung liegen der Verwertung stets zwei umsatz-
bare Lieferungen zugrunde. Einmal eine Lieferung des Sicherungsgebers an den Sicherungsnehmer, eine weitere des Sicherungsnehmers an den Erwerber. Dies hat
zur Folge, daß die durch die Lieferung des Konkursverwalters entstandene Umsatzsteuer Masseschuld im Sinne von § 58 Nr. 2 KO ist (BFHE 126, 84; BFHE 150, 379
= ZIP 1987, 1134, 1136; BFH ZIP 1993, 1247, 1248; vgl. auch BGHZ 58, 292 ff.;
77, 139 ff.).
Verwertet nicht der Sicherungsnehmer gemäß § 127 Abs. 2 KO, sondern der
Konkursverwalter aufgrund seines Selbstverwertungsrechts nach § 127 Abs. 1 KO

der zur Sicherheit übereigneten Gegenstands selbst, so liefert er unmittelbar an den Dritterwerber und verursacht damit einen steuerpflichtigen Umsatz (BFH BStBl. 1978 II S. 684). Es handelt sich hierbei um Massekosten im Sinne des § 58 Nr. 2 KO (BFH BStBl. 1987 II S. 741; BFH ZIP 1993, 1247, 1248).

Gesamtvollstreckungsordnung

6 Vgl. Formular B. V. 6. Anmerkung 16.

Die Herausgabeverpflichtung des Verwalters an den Pfandrechtsinhaber ist in § 12 Abs. 1 S. 1 GesO ausdrücklich vorgesehen, sofern er nicht das Pfandrecht durch Zahlung ablöst.

7 Der Gläubiger kann den Pfandgegenstand aufgrund eines dinglichen Verwertungsrechts nach Eröffnung des Gesamtvollstreckungsverfahrens unabhängig von diesem nach den Regeln über den Pfandverkauf (§§ 1234 ff. BGB) veräußern und sich aus dem Erlös befriedigen (§ 1247 BGB). Ein etwaiger Überschuß ist an den Verwalter abzuführen. Da eine dem § 127 Abs. 2 KO entsprechende Vorschrift in der GesO fehlt, ist der Verwalter nicht berechtigt, den Pfandgegenstand nach Fristsetzung selbst zu verwerten, (*Gottwald/Nachtrag* „Gesamtvollstreckungsordnung, InsRHdb., III. 6 A. III. 1, Rdn. 28 f., S. 65; *Smid/Zeuner* § 12 Rdn. 38; a. A. *Haarmeyer/Wutzke/Förster* § 12 Rdn. 38).

4. Anerkennung eines Absonderungsrechts durch den Konkursverwalter

An die Firma ......

in ......   (Ort, Datum)

Konkursverfahren über das Vermögen des Herrn ......

hier: Geltendmachung von Absonderungsansprüchen
      Ihr Schreiben vom ......

Sehr geehrte Damen,
sehr geehrte Herren,

in dem vorbezeichneten Konkursverfahren nehme ich Bezug auf Ihr Schreiben vom ......**, in welchem Sie aufgrund einer von der Gemeinschuldnerin erklärten Sicherungsübereignung ein Absonderungsrecht an dem Pkw, Marke** ......**, geltend machen.**

Das Absonderungsrecht wird von mir anerkannt.

Ich darf Sie daher bitten, umgehend die Verwertung des Fahrzeuges zu veranlassen und über den Verwertungserlös Rechnung zu legen.

Der Erlös dient zur Befriedigung Ihrer Forderung in Höhe von DM ...... **zuzüglich Kosten und Zinsen bis zur Verwertung.**

Ein danach verbleibender Überschuß ist der Konkursmasse zur Verfügung zu stellen.

Ich gehe davon aus, daß die Verwertung bis zum ...... **abgeschlossen ist.**

Anderenfalls werde ich erwägen, bei dem Konkursgericht zu beantragen, daß Ihnen zur Verwertung eine Frist gesetzt wird, innerhalb der Sie das Sicherungsgut zu verwerten haben. Nach fruchtlosem Fristablauf bin ich alsdann berechtigt, die Verwertung selbst nach den Vorschriften über die Zwangsvollstreckung oder der Pfandverwertung zu betreiben.

Mit vorzüglicher Hochachtung

Rechtsanwalt
als Konkursverwalter

Anmerkungen

Konkursordnung

Will der Konkursverwalter das Absonderungsrecht anerkennen, gelten die Ausführungen zur Aussonderung entsprechend (vgl.
Formular B. VII. 2.). Wird das Recht von ihm bestritten, besteht die Möglichkeit der Feststellungsklage, gerichtet auf die Feststellung des bestrittenen Absonderungsrechts (BGH WM 1977, 71, 72). Benötigt der absonderungsberechtigte Gläubiger zur Pfandverwertung ein Titel, kommt nur die sog. Pfandklage in Betracht, mit dem Antrag, die Zwangsvollstreckung in den Pfandgegenstand zu dulden, da das Recht auf abgesonderte Befriedigung nicht auf der persönlichen Forderung, sondern auf dem dinglichen Recht beruht (*Kuhn/Uhlenbruck* § 47 Rdn. 6).
Zur Fristsetzung nach § 127 Abs. 2 KO vgl. Formular B. VII. 5. und B. VII. 3. Anmerkung 5.

Gesamtvollstreckungsordnung

Die Ausführungen zur Absonderung gelten entsprechend, vgl. Formular B. VII. 2.; zum Anwendungsbereich des § 127 Abs. 2 KO Formular B. VII. 3. Anmerkung 7.

5. Antrag des Konkursverwalters auf Fristsetzung zur Pfandverwertung

An das
Amtsgericht ......
– Konkursgericht –

in ......   (Ort, Datum)

Geschäfts-Nr.

In dem Konkursverfahren

über das Vermögen der Firma ......

beantrage ich,

> dem Konkursgläubiger B eine Frist von 6 Wochen zu setzen, innerhalb derer er den ihm vom Gemeinschuldner sicherungsübereigneten Pkw, Marke ...... zu verwerten hat.

213

Begründung:

Der Gemeinschuldner hat dem Gläubiger den o. a. Pkw zur Sicherung eines ihm gewährten Darlehens in Höhe von DM . . . . . . am sicherungsübereignet.

Trotz mehrfacher Aufforderung durch den Konkursverwalter, zuletzt mit Schreiben vom . . . . . ., hat er das Sicherungsgut bis heute nicht verwertet.

Aus der Verwertung ist mit einem Überschuß zu rechnen, der an die Konkursmasse auszukehren ist.

Rechtsanwalt
als Konkursverwalter

Anmerkungen

Konkursordnung

Vgl. zunächst Formular B. VII. 3. Anmerkung 5. Der Gläubiger ist vor der Anordnung zu hören. Die Entscheidung ergeht durch Beschluß, der dem Gläubiger von Amts wegen zuzustellen ist. Hiergegen ist die sofortige Beschwerde (§ 73 Abs. 3 KO) bzw. befristete Rechtspflegererinnerung (§ 11 Abs. 1 S. 1 RPflG) gegeben. Nach Fristablauf hat der Gläubiger nur noch den Anspruch auf den Erlös (§ 127 Abs. 2 KO). Verweigert der Gläubiger nach Rechtskraft des Beschlusses die Herausgabe zur Verwertung an den Konkursverwalter, muß dieser auf Herausgabe zur Verwertung Klage erheben und aus dem Urteil gemäß § 883 ZPO die Zwangsvollstreckung betreiben (*Uhlenbruck/Delhaes* HRP Rdn. 744).

Gesamtvollstreckungsordnung

Vgl. im Anwendungsbereich des § 121 Abs. 2 KO Formular B. VII. 3. Anmerkung 7.

6. (Stufen-)Klage[1] eines aus- und absonderungsberechtigten[2, 17] Gläubigers gegen den Konkursverwalter

An das
Landgericht[3] . . . . . .
– Kammer für Handelssachen[4] –

in . . . . . .   (Ort, Datum)

Klage

der Firma A . . . . . .

– Klägerin –

gegen

den Rechtsanwalt B . . . . . . in seiner Eigenschaft als Konkursverwalter über das Vermögen der Firma C . . . . . .

– Beklagten –

wegen Auskunft[5], Forderung[6, 18] und Herausgabe[7].

Vorläufiger Gegenstandswert: DM . . . . . .

Namens und mit Vollmacht der Klägerin erhebe ich Klage gegen den Beklagten.

Im Termin zur mündlichen Verhandlung werde ich beantragen,

I. den Beklagten zu verurteilen,
   1. über die von der Klägerin an die Firma . . . . . . gelieferten Lederfelle Auskunft wie folgt zu erteilen:
      a) Bestand der vorhandenen fertigen und halbfertigen Lederbekleidungen zum Zeitpunkt der Konkurseröffnung[8] am . . . . . .;
      b) Bestand der offenen Kundenforderungen aus dem Verkauf von fertigen Lederbekleidungen zum Zeitpunkt der Konkurseröffnung[9] am . . . . . .;
      c) Bestand der nach Konkurseröffnung eingezogenen Kundenforderungen aus dem Verkauf von fertigen Lederbekleidungen[10]; soweit die Herstellung unter Verwendung der von der Klägerin gelieferten Lederfellen erfolgte;
   2. erforderlichenfalls die Richtigkeit und Vollständigkeit seiner Angaben zu Ziff. 1 an Eides Statt zu versichern[11];
   3. hilfsweise, der Klägerin die Einsichtnahme in die Geschäftsunterlagen zwecks Feststellung ihrer Eigentumsvorbehaltsrechte aus Lieferungen an die Firma . . . . . . zu gestatten[12];
   4. an die Klägerin Zahlung in einer nach Auskunftserteilung noch zu bestimmenden Höhe nebst . . . . . . % Zinsen seit Rechtshängigkeit zu leisten[13];
   5. an die Klägerin folgende Lederfelle herauszugeben[14] . . . . .;
II. dem Beklagten die Kosten des Rechtsstreits aufzuerlegen.

Begründung:

Durch Beschluß des Amtsgerichts – Konkursgerichts – . . . . . . vom . . . . . . – Geschäfts-Nr. . . . . . . – wurde über das Vermögen der Firma . . . . . . (nachfolgend: Gemeinschuldnerin) das Konkursverfahren eröffnet und der Beklagte zum Konkursverwalter ernannt.

Vor Eröffnung des Konkursverfahrens belieferte die Klägerin die Gemeinschuldnerin mit Lederfellen, die diese zu Lederbekleidungen weiterverarbeitete.

Aus diesen Lieferungen verschuldet die Gemeinschuldnerin noch einen Betrag von insgesamt DM . . . . .

Die Forderung wurde von der Klägerin bei dem Amtsgericht – Konkursgericht – . . . . . für den Ausfall zur Konkurstabelle angemeldet[15].

Beweis: Vorlage der Forderungsanmeldung vom . . . . . . in Fotokopie – Anlage K 1 –.

Mit Schreiben vom . . . . . . führte die Klägerin gegenüber dem Beklagten den Nachweis, daß zwischen der Gemeinschuldnerin und ihr die Geltung ihrer

Allgemeinen Geschäftsbedingungen vereinbart war. Die Warenlieferungen erfolgten danach unter einfachem, verlängertem und erweitertem Eigentumsvorbehalt.

Beweis: 1. Vorlage des Schreibens der Klägerin an den Beklagten vom ......
    – Anlage K 2 –;
   2. Vorlage der Allgemeinen Geschäftsbedingungen der Klägerin
    in Fotokopie
    – Anlage K 3 –.

In Ansehung der vereinbarten Eigentumsvorbehalte forderte die Klägerin den Beklagten in dem in Vorlage gebrachten Schreiben vom ...... auf, die bei Konkurseröffnung noch vorhandenen, unverarbeiteten Lederfelle an die Klägerin herauszugeben und Auskunft darüber zu erteilen, an wen die Gemeinschuldnerin Lederbekleidungen, die aus den von der Klägerin gefertigten Fellen gefertigt wurden, veräußert hat, sowie welche Forderungen aus diesen Verkäufen bei Konkurseröffnung noch bestanden und welche Zahlungen hierauf nach Konkurseröffnung eingegangen sind.

Den Eigentumsvorbehalt und das damit verbundene Aussonderungsrecht hat der Beklagte grundsätzlich anerkannt.

Über den Bestand der zum Tage der Konkurseröffnung vorhandenen, unverarbeiteten Lederfelle erteilte er Auskunft. Die Herausgabe der Felle wurde verweigert, da Absonderungsansprüche aufgrund Raumsicherungsübereignungsvertrages und Vermieterpfandrechte[16] geltend gemacht würden. Im übrigen verweigerte der Beklagte eine weitere Auskunftserteilung sowie die Einsichtnahme in die Geschäftsunterlagen der Gemeinschuldnerin zwecks Feststellung der Eigentumsvorbehaltsansprüche.

Beweis: Vorlage des Schreibens des Beklagten an die Klägerin vom .....
   – Anlage K 4 –.

Der Beklagte ist daher antragsgemäß zu verurteilen.

Die örtliche und sachliche Zuständigkeit des angerufenen Gerichts ergibt sich aus Ziff...... der Allgemeinen Geschäftsbedingungen der Klägerin, die den Kaufverträgen mit der Gemeinschuldnerin zugrundelagen.

Rechtsanwalt

Anmerkungen

Konkursordnung

1 Nach § 254 ZPO kann ein Anspruch auf Rechnungslegung, Vorlage eines Vermögensverzeichnisses oder Erteilung einer Auskunft (1. Stufe) mit dem Anspruch auf Abgabe der eidesstattlichen Versicherung (2. Stufe) und dem noch unbestimmten Leistungsantrag (3. Stufe) in einer Klage verbunden werden. Auf diese Weise kann die Rechtshängigkeit eines noch unbestimmten Leistungsantrages erreicht und damit unter Umständen dessen drohende Verjährung unterbrochen werden (*Thomas/ Putzo* § 254 Rdn. 4). Über jede Stufe wird abgesondert und nacheinander verhan-

delt und durch Teil-Urteil entschieden. Nach Abschluß einer Stufe geht das Verfahren auf der nächsten Stufe weiter, sofern der Kläger dies beantragt.

Vgl. Formular B. VII. 1. und B. VII. 3.. 2

Der Gerichtsstand für eine Aussonderungsklage bestimmt sich nach den §§ 13–16, 3
24, 27, 29 ZPO. Vom Gemeinschuldner getroffene Gerichtsstandsvereinbarungen sind für den Konkursverwalter bindend (*Kuhn/Uhlenbruck* § 11 Rdn. 5 a). Ein besonderer Gerichtsstand für Aussonderungsklagen wird nicht begründet (*Kuhn/Uhlenbruck* § 43 Rdn. 76). Der Gerichtsstand für Klagen gegen die Konkursmasse richtet sich nach dem Wohnsitz des Konkursverwalters (OLG Celle KTS 1974, 238, 239; BGHZ 88, 331, 336; a. A. *Kilger/K. Schmidt* § 6 Anm. 7 b).

Der Aussonderungsanspruch kann eine Handelssache i. S. von § 95 Nr. 1 GVG sein, 4
so insbesondere wenn Ansprüche aus Eigentumsvorbehaltsrechten geltend gemacht werden und Verkäufer und Käufer Kaufleute sind (*Kuhn/Uhlenbruck* § 43 Rdn. 77).

Vgl. Formular B. VII. 1. Anmerkung 3. 5

Die Auskunftsansprüche über den Umfang und Verbleib der Aussonderungsgegenstände sind vom Konkursverwalter zu erfüllen (*Jaeger/Henckel* § 3 Anm. 25).

Der Ersatzaussonderungsanspruch des § 46 KO gewährt dem Aussonderungsbe- 6
rechtigten einen Ersatzanspruch für vereitelte Aussonderungsrechte im Falle unberechtigter Veräußerung (*Kilger/K. Schmidt* § 46 Anm. 1). Hat der Konkursverwalter die Forderung eingezogen und befindet sich die Gegenleistung noch unterscheidbar in der Masse, so kann Ersatzaussonderung der Gegenleistung verlangt werden (*Kuhn/Uhlenbruck* § 46 Rdn. 13). Ist die Gegenleistung nicht mehr unterscheidbar vorhanden, wandelt sich der Ersatzaussonderungsanspruch in einen Masseschuldanspruch wegen ungerechtfertigter Bereicherung der Masse nach § 59 Abs. 1 Nr. 4 KO um (BGHZ 23, 307, 317; BGH NJW 1982, 1751). Ist die Gegenleistung noch nicht zur Masse gelangt, kann die Abtretung des Rechts auf die Gegenleistung verlangt werden. Voraussetzung ist allerdings, daß kein Abtretungsverbot vereinbart wurde (*Kuhn/Uhlenbruck* § 46 Rdn. 15), da ein solches der Konkursverwalter gegen sich gelten lassen muß (BGHZ 56, 228, 231 f.). Der Anspruch richtet sich dabei auf die volle Gegenleistung nebst Nebenforderung (*Kilger/K. Schmidt* § 46 Anm. 8). Es handelt sich hierbei um einen Fall der erzwingbaren Abtretung, nicht aber um einen gesetzlichen Gläubigerwechsel i. S. des § 412 BGB (*Jaeger/Lent* § 46 Anm. 14). Weigert sich der Konkursverwalter, die Abtretungserklärung abzugeben, so ist gegen ihn Klage auf Abtretung der Forderung zu erheben. Da die Klage auf Abgabe einer Willenserklärung gerichtet ist, gilt die Abtretung mit Rechtskraft des Urteils als vorgenommen (§ 894 ZPO), Sicherungsrechte gehen mit über (§ 401 BGB).

Soweit Waren unter Eigentumsvorbehalt an den Gemeinschuldner verkauft wurden 7
und der Kaufpreis bei Konkurseröffnung ganz oder teilweise noch offen steht, hat der Konkursverwalter nach § 17 KO ein Wahlrecht (*Kuhn/Uhlenbruck* § 17 Rdn. 18 e). Lehnt er die Erfüllung des Kaufvertrages ab, so ist der Verkäufer zur Aussonderung der Waren berechtigt. Der Aussonderungsanspruch ist regelmäßig auf die Herausgabe gerichtet (*Kuhn/Uhlenbruck* § 43 Rdn. 49 und 73).

Der Eigentumsvorbehalt erlischt durch Verarbeitung (§§ 946 ff. BGB). Sofern bei 8
der Verarbeitung Miteigentum entsteht (§§ 947, 948 BGB) kann aufgrund des Mit-

eigentums ein anteiliges Absonderungsrecht geltend gemacht werden (*Kuhn/Uhlenbruck* § 43 Rdn. 30 c).

9   Durch eine unerlaubte Weiterveräußerung verliert der Vorbehaltsverkäufer sein Eigentum, ohne daß er gem. § 46 KO ein Recht auf die Gegenleistung erlangt (BGHZ 58, 257, 259). Der Vorbehaltsverkäufer kann jedoch sein Einverständnis mit der Weiterveräußerung der Vorbehaltsware, ihrer Verarbeitung oder Vermengung des gelieferten Materials davon abhängig machen, daß der Vorbehaltskäufer ihm den Anspruch aus der Weiterveräußerung abtritt. Diese sog. Verarbeitungsklausel hat nur Sicherungszweck und berechtigt lediglich zur Absonderung (*Kuhn/Uhlenbruck* § 43 Rdn. 36). § 46 KO ist allerdings auf das Ersatzabsonderungsrecht entsprechend anwendbar (*Kuhn/Uhlenbruck* § 46 Rdn. 4).

10 Im Falle der Verarbeitung erwirbt der Vorbehaltsverkäufer lediglich Miteigentum, so daß er nicht die aus dem Weiterverkauf resultierende Forderung in voller Höhe beanspruchen kann, sondern nur den Anteil aus dem Verhältnis des Wertes des gelieferten Rohstoffes zum Wert der übrigen Rohstofflieferungen. Der durch die Verarbeitung entstehende Mehrwert steht der Masse zu (*Kilger/K. Schmidt* § 43 Anm. 3 b aa), es sei denn, die konkrete Abtretung bezieht sich auf den Anteil am Verarbeitungsgewinn (BGHZ 46, 117 ff.); vgl. Einzelheiten zum Eigentumsvorbehalt Kuhn/Uhlenbruck § 43 Rdn. 28 – 44 c. Soweit der Käufer der Vorbehaltsware mit dem Gemeinschuldner ein Abtretungsverbot vereinbart hat, bezieht sich dieses nicht auf den Forderungsübergang aufgrund verlängerter Eigentumsvorbehaltsrechte, so daß Ersatzaussonderungsansprüche bestehen (BGHZ 30, 176, 183).

11 Der Antrag kann bereits vor Erledigung des Auskunftsantrages gestellt werden. Zur Abgabe der eidesstattlichen Versicherung ist der Konkursverwalter jedoch nur verpflichtet, wenn ein begründeter Verdacht besteht, daß die Auskünfte nicht mit der erforderlichen Sorgfalt erteilt wurden (*Palandt/Heinrichs* §§ 259 – 261, Rdn. 6 a).

12 Vgl. zunächst Formular B. V. 1. Anmerkung 3. Im Falle der Weigerung der Auskunftserteilung besteht analog § 87 c Abs. 3 HGB ein Anspruch auf Einsicht in die Bücher und Urkunden des Gemeinschuldners. Der Anspruch auf Auskunftserteilung und Einsicht kann nicht gleichzeitig geltend gemacht werden (BGHZ 56, 290, 297), so daß der Antrag auf Einsichtnahme hilfsweise zu stellen ist.

13 Da § 63 Nr. 1 KO nur für Konkursforderungen gilt, können auf Masseansprüche Zinsen auch für die Zeit nach Konkurseröffnung gefordert werden (*Kuhn/Uhlenbruck* § 63 Rdn. 2 c).

14 Vgl. oben Anmerkung 7.

15 Vgl. Formular B. V. 7..

16 Vgl. Formular B. VII. 3. Anmerkung 1, 2.

Gesamtvollstreckungsordnung

17 Da § 12 Abs. 1 GesO dem Aussonderungsrecht nach § 43 KO entspricht, ergeben sich keine Abweichungen zur Konkursordnung.

Die Anwendbarkeit des § 46 KO im Rahmen der GesO ist strittig. Dem Wortlaut **18** nach bezieht sich § 12 Abs. 1 GesO nur auf Gegenstände, die zum Zeitpunkt, in dem sie herausverlangt werden, noch in der Masse vorhanden sind. Nicht geregelt sind die Fälle, in denen Gegenstände, deren Herausgabe hätte verlangt werden können, nach Verfahrenseröffnung in Unkenntnis der Eigentumslage vom Verwalter veräußert worden sind oder vor Verfahrenseröffnung vom Schuldner veräußert wurden, die Gegenleistung aber nicht in das Schuldnervermögen geflossen ist. Da nicht ersichtlich ist, aus welchem Grunde die Gesamtvollstreckungsordnung diese Sonderfälle der Aussonderung nicht geregelt hat und auch kein Grund erkennbar ist, solche Aussonderungsberechtigte, die ihre Rechte ohne eigenes Zutun verloren haben, schlechter zu stellen, als diejenigen, deren Gegenstände noch im Vermögen des Schuldners vorhanden sind, ist die lückenhafte Regelung durch eine entsprechende Anwendung des § 46 KO zu schließen (so wie hier: *Hess/Binz/Wienberg* § 12 Rdn. 210; a. A. *Haarmeyer/Wutzke/Förster* § 12 Rdn. 20a m. w. N.).

7. Klage[1] gegen den Konkursverwalter wegen Vereitelung von Aussonderungsansprüchen

An das
Landgericht[2] ......

in ......   (Ort, Datum)

Klage

der Firma ......

– Klägerin –

Prozeßbevollmächtigte: Rechtsanwälte ......

gegen

den Rechtsanwalt[3]

– Beklagten –

wegen Schadensersatz.

Gegenstandswert: DM ......

Namens und mit Vollmacht der Klägerin erheben wir Klage gegen den Beklagten.

Im Termin zur mündlichen Verhandlung werden wir beantragen,

1. den Beklagten zu verurteilen, an die Klägerin DM ......
   nebst ......% Zinsen zu zahlen,
2. dem Beklagten die Kosten des Rechtsstreits aufzuerlegen.

Begründung:

**Der Beklagte wurde durch Beschluß des Amtsgerichts – Konkursgerichts –
...... vom ...... zum Konkursverwalter über das Vermögen der Firma
...... (nachstehend: Gemeinschuldnerin) ernannt.**

Mit Schreiben vom ...... machte die Klägerin gegenüber dem Beklagten an den von ihr an die Gemeinschuldnerin unter Eigentumsvorbehalt gelieferten Stoffen Aussonderungsrechte[4] geltend und forderte den Beklagten unter Fristsetzung zum ...... zur Herausgabe[5] der Sachen auf.

Beweis: Vorlage des Schreibens der Klägerin an den Beklagten
         vom ...... in Fotokopie
         – Anlage K 1 –

Mit Schreiben vom ...... erkannte der Beklagte die Aussonderungsrechte der Klägerin an.

Gleichzeitig teilte er mit, daß er die Stoffe zwischenzeitlich zu einem Gesamtkaufpreis von DM ...... veräußert habe. Der danach gegebene Ersatzaussonderungsanspruch der Klägerin nach § 46 KO[6] könne allerdings nicht mehr erfüllt werden, da der Erlös nicht mehr unterscheidbar in der Masse vorhanden sei. Zwar bestehe insoweit ein Anspruch aus ungerechtfertigter Bereicherung der Masse nach § 59 Abs. 1 Nr. 4 KO. Dessen Befriedigung scheitere allerdings daran, daß in dem Konkursverfahren Masseunzulänglichkeit[7] bestehe, die auch öffentlich angezeigt sei. Ob und ggf. in welcher Höhe daher auf den Anspruch der Klägerin eine Masseschuldquote entfalle, sei derzeit völlig ungewiß.

Beweis: Vorlage des Schreibens des Beklagten an die Klägerin
         vom ...... in Fotokopie
         – Anlage K 2 –

Da der Beklagte die aussonderungsfähigen Gegenstände nicht von der Verwertung aus der Konkursmasse ausnahm, obgleich ihm das Eigentum der Klägerin hieran nachgewiesen war, handelte er schuldhaft[8] und haftet daher auf Schadensersatz[9] in der beantragten Höhe.

Rechtsanwalt

Anmerkungen

Konkursordnung

1 Die hier gewählte Klage betrifft ein Schadensersatzanspruch gegen den Konkursverwalter nach § 82 KO. Danach ist der Konkursverwalter allen Beteiligten für die Erfüllung der ihm obliegenden Pflichten verantwortlich. Begeht er eine Pflichtverletzung, haftet er hierfür den Beteiligten gegenüber persönlich, d. h. mit seinem eigenen Vermögen.
    Die Haftung nach § 82 KO greift nur ein, wenn der Konkursverwalter „konkursspezifische" Pflichten verletzt (BGHZ 99, 151, 154; 100, 346, 350; 113, 262, 279). Hierzu zählen insbesondere die Pflichten zur Inbesitznahme, Verwaltung und Verwertung der Masse mit dem Ziel möglichst weitgehender, gleichmäßiger Befriedigung der Gläubiger (§§ 3 Abs. 1, 117ff., 149ff. KO). Den Verwalter trifft hinsichtlich der zur Masse gehörenden Gegenstände daher eine Obhutspflicht. Zieht der Konkursverwalter Forderungen ein, hat er eine Pflicht zur Prüfung, ob diese der Masse zustehen. Unterläßt er dies und reicht die Masse zur Erstattung des Betrages nicht aus (§ 812 Abs. 1 BGB i. V. mit § 59 Abs. 1 Nr. 1 KO), besteht eine persönliche

Ersatzpflicht nach § 82 KO (LG Wuppertal NJW-RR 1993, 604). Gegenüber dem Gemeinschuldner bestehen ebenfalls konkursspezifische Pflichten. So etwa, wenn der Konkursverwalter Massegegenstände oder das Geschäft des Gemeinschuldners schuldhaft unter Wert veräußert und dem Gemeinschuldner andernfalls noch ein Verwertungsüberschuß verblieben wäre (*Mohrbutter/ Mohrbutter*, XIII. 13, S. 481). Auch obliegt dem Konkursverwalter gegenüber dem Gemeinschuldner die Verpflichtung zur steuerlichen Buchführung während der Dauer des Konkursverfahrens (BGHZ 74, 316, 318). Beachtet der Verwalter diese nicht und wird die Masse dadurch geschädigt, kommt eine Haftung nach § 82 KO in Betracht. Dies gilt nicht, wenn die Verletzung von Pflichten auf Steuergesetzen beruht; dann wird § 82 KO durch § 69 AO verdrängt (BGHZ 106, 134, 136). Konkursspezifische Pflichten treffen den Konkursverwalter auch gegenüber aus- und absonderungsberechtigten Gläubigern (BGHZ 105, 230, 234). Aus- und absonderungsfähige Gegenstände hat er zunächst zu verwahren (OLG Düsseldorf KTS 1977, 119, 121). Bestehen konkrete Anhaltspunkte für das Bestehen von Aus- oder Absonderungsrechten hat er diese zu überprüfen. Eine generelle Nachforschungspflicht besteht allerdings nicht; entscheidend sind vielmehr die Umstände des jeweiligen Einzelfalles (OLG Köln ZIP 1982, 1107, 1108; OLG Düsseldorf ZIP 1988, 450). Der Verwalter haftet jedoch, wenn er schuldhaft Aussonderungsrechte mißachtet und Gegenstände verwertet, anstatt sie an den Aussonderungsberechtigten herauszugeben. Steht bei Absonderungsrechten das Verwertungsrecht dem Konkursverwalter zu (§ 127 Abs. 1 KO), so ist er nach Verwertung verpflichtet, den erzielten Erlös für die Absonderungsberechtigten bereitzuhalten; bei anderweitiger Erlösverwertung haftet er nach § 82 KO (OLG Düsseldorf NJW-RR 1989, 1253; OLG Hamm NJW-RR 1992, 540). Dasselbe gilt, wenn der Konkursverwalter bestehende Ersatzaussonderungsrechte (§ 46 KO) schuldhaft vereitelt (BGH WM 1982, 1354) oder absonderungsbelastete Gegenstände veräußert, den Erlös zu Gunsten der Masse vereinnahmt und das Absonderungsrecht untergehen läßt (OLG Hamm NJW-RR 1992, 540). Massegläubigern haftet der Konkursverwalter zunächst für die Einhaltung der in § 60 KO bestimmten Befriedigungsfolge (BGHZ 99, 151, 156). Bei einer Betriebsfortführung ist das Haftungsrisiko für den Konkursverwalter erheblich. Zwar besteht keine grundsätzliche Einstandspflicht für von ihm im Zuge der Betriebsfortführung begründeten (Neu-)Masseverbindlichkeiten. Hat der Verwalter allerdings erkannt oder bei Anwendung der im kaufmännischen Verkehr erforderlichen Sorgfalt hätte erkennen können und müssen, daß er bei einer Betriebsfortführung die aus der Masse zu erfüllenden Verbindlichkeiten nicht werde decken können, haftet er den Massegläubigern hierfür unmittelbar nach § 82 KO (BGHZ 99, 151, 153; *Mohrbutter/Mohrbutter*, XIII. 15 ff., S. 483 f. mit weiteren Einzelheiten). Bei der Verteilung der Masse hat der Konkursverwalter die sich aus §§ 161 ff. KO ergebenden Pflichten zu beachten. So stellt die Nichtberücksichtigung ordnungsgemäß angemeldeter und festgestellter Forderungen stets eine Pflichtverletzung dar (RGZ 87, 155). Vgl. im übrigen zu den einzelnen Haftungsfällen die Übersicht bei *Kuhn/Uhlenbruck* § 82 Rdn. 18 ff. und allgemein Lüke, Persönliche Haftung des Verwalters in der Insolvenz sowie Vallender ZIP 1997, 365 ff.).

Da hier der Konkursverwalter persönlich in Anspruch genommen wird, richtet sich **2** die Zuständigkeit nach seinem allgemeinen Gerichtsstand.

Die Haftung der Masse steht einer persönlichen Einstandspflicht des Konkursver- **3** walter nach § 82 KO wegen Verletzung konkursspezifischer Pflichten nicht entgegen (*Jaeger/Lent* § 59 Anm. 1). Es besteht ein Gesamtschuldverhältnis (BGH NJW

1975, 1969,1970). So wäre es denkbar, den Beklagten auch in seiner Eigenschaft als Konkursverwalter als Gesamtschuldner in Anspruch zu nehmen (BGH ZIP 1991, 42, 43). Es handelt sich dann um einen Fall der subjektiven Klagehäufung.

4   Vgl. zunächst Formular B. VII. 1.. Der Aussonderungsberechtigte ist Beteiligter i. S. des § 82 KO (*Kilger/K. Schmidt* § 82 Anm. 2). Die Vereitelung von Ersatzaussonderungsansprüchen führt zur Haftung nach § 82 KO (BGH WM 1982, 1354, BGHZ 103, 310, 315). Der Beteiligtenbegriff ist weit auszulegen. Beteiligt sind alle, denen gegenüber der Konkursverwalter als solcher kraft Gesetzes oder Vertrages Pflichten zu erfüllen hat (*Kuhn/Uhlenbruck* § 82 Rdn. 8), vgl. hierzu Anmerkung 1.

5   Vgl. Formular B. VII. 1. Anmerkung 4.

6   Vgl. Formular B. VII. 6. Anmerkung 6.

7   Da in der gewählten Klage der Konkursverwalter eine fremde Sache an einen gutgläubigen Dritten veräußerte, besteht ein Masseschuldanspruch des aussonderungsberechtigten Gläubigers nach § 59 Abs. 1 Nr. KO, sofern der Erlös noch in der Masse unterscheidbar vorhanden ist (BGH BB 1958, 718). Ist Vermischung eingetreten, folgt der Masseschuldanspruch aus § 59 Abs. 1 Nr. 4 KO. Aufgrund der gesamtschuldnerischen Haftung ist der Gläubiger berechtigt, seine Ansprüche gegen den Konkursverwalter bereits vor Abschluß des Masseverteilungsverfahrens nach § 60 KO gerichtlich geltend zu machen (BGH WM 1977, 847).

8   Die Haftung nach § 82 KO setzt Verschulden voraus, wobei leichte Fahrlässigkeit bereits genügt (*Kilger/K. Schmidt* § 82 Anm. 3). Das Mitverschulden von Gläubigerausschußmitgliedern ist unerheblich und führt nur zu einer gesamtschuldnerischen Haftung (*Kilger/K. Schmidt* § 82 Anm. 7), wobei der gleiche Haftungsmaßstab wie beim Konkursverwalter gilt (OLG Frankfurt/M. ZIP 1990, 722, 725). Auch bei Zustimmung der Gläubigerversammlung und des Gläubigerausschusses verbleibt es bei der Haftung des Konkursverwalter (*Kuhn/Uhlenbruck* § 82 Rdn. 11b), sofern dessen Entschließung offensichtlich verfahrenszweckwidrig ist.

Der Anspruch verjährt entsprechend § 852 BGB in drei Jahren; die Verjährungsfrist beginnt mit der Rechtskraft des Aufhebungs- bzw. Einstellungsbeschlusses und der Kenntnis des Schadens.

9   Für die Schadensberechnung gelten die §§ 249 ff. BGB (*Kilger/K. Schmidt* § 82 Anm. 6); Mitwirkendes Verschulden (§ 254 BGB) eines Beteiligten ist daher zu berücksichtigen (BGH ZIP 1981, 887, 889).

Soweit durch das Verhalten des Konkursverwalters nicht ein einzelner Gläubiger, sondern die Konkursmasse geschädigt wurde, handelt es sich um einen Anspruch der Masse, der während der Dauer des Konkursverfahrens von einem neu zu bestellenden Konkursverwalter geltend zu machen ist (BGH NJW 1973, 1198, 1199). Nach Aufhebung des Verfahrens kann der Anspruch vom Gemeinschuldner und jedem Konkursgläubiger verfolgt werden (*Jaeger/Weber* § 82 Anm. 11; einschränkend *Kilger/K. Schmidt* § 82 Anm. 4).

Gesamtvollstreckungsordnung

Die Haftung des Verwalters bestimmt sich nach § 8 Abs. 1 S. 2 GesO, dessen Regelungsinhalt mit § 82 KO identisch ist. Die Ausführungen zur Konkursordnung gelten daher hier entsprechend.

8. Muster eines Sicherheitenpools

Vereinbarung

über die Errichtung einer Gemeinschaft zur Verwertung von Sicherheiten (Sicherheitenpool) in dem Konkursverfahren über das Vermögen der Firma ......

Vorbemerkung

Durch Beschluß des Amtsgerichts – Konkursgerichts – ...... vom ...... – Geschäfts-Nr...... wurde über das Vermögen der Firma ...... (nachstehend: Gemeinschuldnerin) das Konkursverfahren eröffnet.

Die Poolmitglieder haben gegen die Gemeinschuldnerin Forderungen aus Lieferungen und Leistungen und Kreditgewährung. Wegen ihrer Forderungen verfügen die Poolmitglieder über Sicherungsrechte in Form von Aus- und Absonderungsrechten am Umlaufvermögen der Gemeinschuldnerin, nämlich an den Warenvorräten und dem Forderungsvermögen.

Ziel der Bildung des Sicherheitenpools ist die bestmögliche Verwertung der o. a. Sicherheiten zum Stichtag ......

Jedem aus- und absonderungsberechtigten Gläubiger steht der Poolbeitritt bis zum ...... frei. Nach diesem Zeitpunkt ist der Pool geschlossen.

Soweit vom Pool Rechte Dritter verletzt werden sollten, ist er zum Ausgleich verpflichtet.

Dies vorausgeschickt, wird folgender

Poolvereinbarung

geschlossen:

I. Poolbeitritt
Den Poolbeitritt erklären können
1. die ..... Bank AG aufgrund Raumsicherungsübereignungsvertrages des Warenlagers vom ...... und Globalzession der Forderungen aus Lieferungen und Leistungen vom ......

2. Warenlieferanten, die mit der Gemeinschuldnerin
    a) einen verlängerten Eigentumsvorbehalt (Vorausabtretung der aus dem Warenweiterverkauf resultierenden Forderungen),
    b) einen verlängerten Eigentumsvorbehalt mit Verarbeitungsklausel (vermischte, vermengte und weiterverarbeitete Waren unter Erstreckung des Vorbehalts auf die hergestellte Sache),
    c) einen erweiterten Eigentumsvorbehalt (Vorbehalt des Eigentums auch für bereits bezahlte Waren, sofern aus anderen Lieferungen noch Forderungen bestehen),
    vereinbart haben.

3. Warenlieferanten, die mit der Gemeinschuldnerin einen einfachen Eigentumsvorbehalt vereinbart haben, soweit sie auf die Aussonderung der noch vorhandenen, nicht verarbeiteten Waren verzichten.

Noch vorhandene, im Vorbehaltseigentum stehende Waren können von Lieferanten ausgesondert werden. Für diesen Fall erfolgt in Höhe des ursprünglichen Rechnungsbetrages eine Gutschrift. Abzüge hierfür können erfolgen, wenn bei anderweitiger Verwertung einen Mindererlös nachgewiesen ist.

Erfolgt eine Aussonderung, können die Aussonderungsberechtigten dem Pool beitreten, sofern zu ihren Gunsten noch ein verlängerter Eigentumsvorbehalt mit Vorausabtretung und/oder Verarbeitungsklausel oder aber ein erweiterter Eigentumsvorbehalt vereinbart war und durch die Aussonderung ihre Forderung nicht in voller Höhe befriedigt wurde.

II. *Poolvermögen*

Nachstehende, der Gemeinschuldnerin bestehende Sicherungsrechte werden von den Poolmitgliedern durch dingliche Abtretung und Übertragung in das Poolvermögen zum Zwecke der gemeinschaftlichen Verwertung eingebracht:

1. Eigentums- und Herausgabeansprüche aufgrund vereinbarten Eigentumsvorbehaltes aus Warenlieferungen, die sich aus der dieser Vereinbarung anliegenden Rechnung des Poolmitgliedes ergeben und zum genannten Stichtag noch bei der Gemeinschuldnerin vorhanden waren;

2. Miteigentums- und Herausgabeansprüche nach §§ 947, 948 BGB an Fertig- und Halbfertigerzeugnissen, die die Gemeinschuldnerin mit dem vom Poolmitglied gelieferten Waren durch Verarbeitung, Vermischung und Vermengung hergestellt hat;

3. Eigentums- und Herausgabeansprüche an den von der Gemeinschuldnerin durch Verwendung der vom Poolmitglied gelieferten Waren hergestellten neuen Sachen, soweit nicht die Gemeinschuldnerin, sondern das Poolmitglied Eigentümer geworden ist;

4. Ansprüche aus Vorausabtretung von Kundenforderungen der Gemeinschuldnerin;

5. die bestehenden und noch künftig entstehenden Forderungen der Gemeinschuldnerin für Lieferungen und Leistungen, die durch die Veräußerung von Sachen, an denen Poolmitglieder Eigentums- oder Miteigentumsrechte haben oder hatten, entstanden sind bzw. noch entstehen und die an das Poolmitglied abgetreten sind bzw. die es als Surrogat beanspruchen kann;

6. sonstige Sicherungsrechte, die dem Poolmitglied aus vereinbarten Eigentumsvorbehalten zustehen, sofern diese nicht durch Ziffer 1–5 erfaßt sind, sowie

7. alle übrigen Absonderungsrechte (wie etwa Pfandrechte, Sicherungseigentum, Sicherungsabtretung).

Die dem Pool beigetretenen Gläubiger, vertreten durch den Poolbeirat, dieser wiederum vertreten durch der Poolverwalter, nehmen hiermit die Abtretungen und Eigentumsübertragungen an.

III. Poolforderungen
An dem Pool nehmen folgende Forderungen teil:
1. Forderung der ...... Bank AG in Höhe von DM ......

2. Forderungen der Lieferanten aus Warenlieferungen

zum Stichtag ......

Gutschriften, Aufrechnungen oder sonstige Forderungsreduzierungen sind zu berücksichtigen und in Abzug zu bringen.

Sofern an Poolmitglieder von Kunden der Gemeinschuldnerin nach dem Stichtag Zahlungen geleistet werden sollten, berührt dies die Poolforderung nicht. Der gezahlte Betrag wird von der Auszahlungsquote in Abzug gebracht werden. Ein Überschuß ist dem Pool zu erstatten. Das Poolmitglied ist verpflichtet, von bei ihm eingehenden Zahlungen dem Poolverwalter unverzüglich Nachricht zu geben.

IV. Poolerlöse
Die aus der Abwicklung der Sicherungsrechte fließenden Erlöse werden wie folgt verteilt:
1. Kosten der Poolabwicklung, einschließlich Vergütungen und Auslagen des Poolverwalters und der Poolbeiräte.

2. Der danach verbleibende Betrag wird an die Poolmitglieder im Verhältnis ihrer anerkannten Forderungen gleichmäßig ausgeschüttet.

V. Poolbeirat
1. Aufgabe des Poolbeirates ist die sachgerechte Interessenvertretung der Poolmitglieder gegenüber Dritten, insbesondere gegenüber dem Konkursverwalter.
Er unterstützt und überwacht den Poolverwalter bei seiner Tätigkeit.

Der Poolbeirat ist berechtigt, verbindliche Erklärungen zu treffen über:
– Poolbeitritt von Lieferanten, auch nach Ablauf der Beitrittsfrist,
– inhaltliche Änderungen des Poolvertrages,
– Ausscheiden von Poolmitgliedern,
– Verwertung des Poolvermögens,
– Ausschüttungen an Poolmitglieder,
– Zahlungen an Dritte wegen gegenüber dem Pool bestehender Rechte,
– sonstige Ausgaben,
– Abgrenzung des Poolvermögens zu anderen Sicherungsrechten,
– Vergütung der Poolbeiräte und des Poolverwalters,
– Erweiterung des Poolbeirats oder Austausch von Beiratsmitgliedern,
– Entlastung des Poolverwalters,
– Bestellung eines neuen Poolverwalters.

Der Poolbeirat faßt seine Beschlüsse mit Stimmenmehrheit.

2. Zu Mitgliedern des Poolbeirats können nur natürliche Personen bestellt werden.

Als solche sind eingesetzt:
a) Herr A ......
b) Herr B ......
c) Frau C ......

3. Die Poolmitglieder bevollmächtigen hiermit den Poolbeirat zum Abschluß aller dem Pool zweckdienenden Rechtsgeschäfte.
   Der Beirat ist berechtigt, die Vollmacht ganz oder teilweise auf den Poolverwalter zu übertragen.

VI. Poolverwalter

Der Poolverwalter wird vom Poolbeirat bestellt, an dessen Weisungen er gebunden ist.

Dem Poolverwalter obliegt die Führung der Geschäfte des Pools, zu dessen gerichtlicher oder außergerichtlicher Vertretung er berechtigt ist. Bei gerichtlichen Auseinandersetzungen ist er für den Pool zustellungsbevollmächtigt.

Der Poolverwalter hat für das Poolvermögen ein gesondertes Konto zu führen, über das nur er verfügungsbefugt ist und auf dem die Einnahmen und Ausgaben zu erfassen sind. Der Poolbeirat ist jederzeit berechtigt, Einblick in die Kontounterlagen zu nehmen.

Nach Beendigung des Pools ist dem Poolverwalter Entlastung zu erteilen.

Zum Poolverwalter wurde ernannt:
a) Herr Rechtsanwalt ......

VII. Vergütung

Die Vergütung des Poolverwalters erfolgt ausschließlich aus dem Poolvermögen.

Sie bemißt sich nach der Konkursordnung über die Vergütung des Konkursverwalters, des Vergleichsverwalters, der Mitglieder des Gläubigerausschusses und der Mitglieder des Gläubigerbeirates vom 25. 05. 1960 (BGBl I, S. 329). Der Poolverwalter erhält mindestens den ......fachen Regelsatz.

Die Poolbeiräte erhalten einen angemessenen Bruchteil der Poolverwaltervergütung. Daneben werden dem Poolverwalter und den Beiräten die entstehenden Auslagen (Buchhaltung, Reisekosten, Schreibarbeiten, Porto, Telefon etc.) sowie die gesetzliche Umsatzsteuer (derzeit von 15%) auf Vergütung und Auslagen erstattet.

Dem Poolverwalter wird gestattet, in regelmäßigen Abständen die getätigten Auslagen und Vorschüsse auf seine Vergütung dem Poolvermögen zu entnehmen.

VIII. Dauer

Die Vereinbarung ist zeitlich unbegrenzt.

Sie endet mit Erreichung des Zwecks.

Eine Kündigung während der Dauer des Pools ist ausgeschlossen. Hiervon unberührt bleibt die Kündigung aus wichtigem Grund.

Scheidet ein Poolmitglied durch Tod, Liquidation u. ä. aus, wird der Pool mit den Erben, dem Liquidator oder sonstigen Rechtsnachfolgern fortgesetzt. Sollte dies nicht möglich sein, wird der Pool mit seinen verbleibenden Mitgliedern fortgesetzt. Die Rechte des ausgeschiedenen Poolmitgliedes sind zurückzuübertragen, allerdings gemindert um die bereits angefallenen anteiligen Poolkosten.

IX. *Haftung*
1. Poolverwaltung und Poolbeiräte erledigen die ihnen übertragenen Aufgaben mit der Sorgfalt eines ordentlichen Kaufmanns.

   Die Haftung des Poolverwalters und der Poolbeiräte wird begrenzt auf vorsätzliches oder grob fahrlässiges Handeln.

2. Die Haftung des Poolmitgliedes ist beschränkt auf den ihm nach dieser Vereinbarung zustehenden Anteil am Poolvermögen.

X. *Schlußbestimmungen*
1. Im Falle der Unwirksamkeit einer oder mehrerer Bestimmungen dieser Vereinbarung werden die Parteien eine der unwirksamen Regelungen wirtschaftlich möglichst nahekommende rechtwirksame Ersatzregelung treffen.

   Sollte die Vereinbarung gleichwohl unwirksam sein oder werden, sind alle Poolmitglieder berechtigt, die ihnen zustehenden Rechte uneingeschränkt selbst geltend zu machen.

2. Erfüllungsort für alle sich aus der Poolvereinbarung ergebenden Verpflichtungen ist . . . . . .

3. Gerichtsstand für sämtliche Streitigkeit im Zusammenhang mit dieser Vereinbarung ist . . . . . .

. . . . . ., den . . . . . .
(Poolmitglied)

Anmerkungen

Konkursordnung

Da nicht selten eine Konkurrenz zwischen Banken und Warenlieferanten hinsichtlich der „Weiterverkaufsforderung" sowie zwischen „Herstellerklauseln" und antizipierter (Teil-) Sicherungsübereignung besteht, kann es sinnvoll sein, daß sich Banken und Lieferanten zu einer Verwertungsgemeinschaft zusammenschließen und alle Rechte aus einer (verlängerten) Sicherungsübereignung und einem verlängerten Eigentumsvorbehalt in den Pool einbringen. Die Bildung eines derartigen Sicherheiten-Pools dient daher dem Zweck, zwischen den Beteiligten Beweisschwierigkeiten oder Abgrenzung der verschiedenen Sicherungsrechte zu beseitigen.

Der Rechtsform nach handelt es sich um eine Gesellschaft bürgerlichen Rechts (BGH WM 1988, 1784, 1785; Münch. Komm.-Schmidt, BGB, vor § 705 Rdn. 43) oder aber unechte Treuhand (vgl. *Hess* § 4 Rdn. 14). Die Poolmitglieder können in der Poolvereinbarung alle für die Poolabwicklung relevanten Umstände (Geschäftsführung, Vertretung, sonstige Organe, Verteilung des Vermögens etc.) regeln *Kuhn/Uhlenbruck* § 4 Rdn. 22).

Der Zusammenschluß im Pool erfolgt freiwillig; eine Beitrittspflicht besteht nicht (*Kuhn/Uhlenbruck* § 4 Rdn. 21). Auch kann die Verwertungsgemeinschaft nur Rechte wahrnehmen, die auch den einzelnen Poolmitgliedern zustanden, da die Einbringung der Rechte in den Pool die materielle Rechtslage nicht verändert (Kuhn/Uhlenbruck § 4 Rdn. 15). Dritten gegenüber kann der Pool Rechte nicht entziehen und diese daher auch nicht daran hindern, ihre Forderungen unmittelbar gegenüber dem Konkursverwalter geltend zu machen (Hess § 43 Rdn. 75).

Die Einbringung der den Poolmitgliedern zustehenden Sicherheiten erfolgt dadurch, daß jedes Poolmitglied seine schuldrechtlichen und/oder dinglichen Rechte gegenüber Dritten, die ihnen aufgrund Sicherungsübereignung oder Eigentumsvorbehalten zustehen, auf den Pool überträgt. Gleichzeitig sind die ihm zustehenden, im voraus abgetretenen Ansprüche an den Pool abzutreten. Weiterhin muß gewährleistet sein, daß die Vorausabtretungen, die im Zusammenhang mit der Verarbeitungsklausel nach § 950 BGB erfolgt sind, in den Pool eingebracht werden. Voraussetzung hierfür ist, daß der Vorbehaltskäufer (Gemeinschuldner) die Vorbehaltsware „im ordnungsgemäßen Geschäftsgang" weiterveräußert hat. Auch kann es zweckmäßig sein, daß bei einer Weiterbelieferung – etwa an den Konkursverwalter oder Dritte – die Poolmitglieder ihre zukünftigen Sicherungsrechte ebenfalls in den Pool miteinbringen.

Bei Bildung eines Sicherheiten-Pools können die Poolmitglieder vom Konkursverwalter Herausgabe der vom Pool befangenen Sachen als Sachgesamtheit verlangen, auch wenn nicht im einzelnen feststeht, mit welcher Quote das einzelne Poolmitglied am Gesamtheitsvermögen beteiligt ist. Voraussetzung ist allerdings, daß von den Poolmitgliedern der Nachweis geführt werden kann, daß ausschließlich ihnen ein Recht an den herausverlangten Sachen zusteht. Dies kann in der Praxis dann zu Schwierigkeiten führen, wenn entweder ein oder mehrere Vorbehaltslieferanten dem Pool nicht beitreten oder aber der Gemeinschuldner/Konkursverwalter am Poolvermögen beteiligt ist, da in diesen Fällen nicht feststellbar ist, ob die Poolmitglieder, die die Herausgabe fordern, auch Miteigentümer sind und die Herausgabe nach §§ 985, 1011, 432 BGB nur an alle Miteigentümer verlangt werden kann. Hier besteht nur die Möglichkeit, vom Konkursverwalter nach § 749 BGB und § 16 KO die Aufhebung der Gemeinschaft und Einräumung des Mitbesitzes zu verlangen (*Hess/Fechner*, Sanierungshandbuch, S. 304).

Der Poolvertrag kann schon vor der Krise, nach deren Eintritt oder auch erst nach Konkurseröffnung abgeschlossen werden. § 15 KO steht einer Poolbildung nicht entgegen; auch ist er nicht ohne weiteres nach § 30 Nr. 2 KO anfechtbar, da durch die Vereinbarung als solche keine inkongruente Deckung erzielt wird. Poolvereinbarungen, die mit dem Gemeinschuldner noch vor Konkurseröffnung zu dem Zweck abgeschlossen wurden, halbfertige Waren zu Gunsten von Lieferanten und Sicherungseigentümern fertig zu stellen, sind allerdings nach § 138 BGB nichtig, wenn der Produktionswert des fertigen Produkts allein dem Lieferanten und Sicherungseigentümer zufließen soll. Die Vereinnahmung des Mehrwertes unterliegt dabei der Konkursanfechtung nach § 30 Nr. 1 2. Alt., § 31 Nr. 1 KO. Ebenfalls nach § 138 BGB unwirksam sind Poolverträge zwischen dinglich gesicherten und ungesicherten Gläubigern, die nach Konkurseröffnung zu dem Zweck gebildet werden, unter Umgehung der §§ 15, 55 Nr. 2, 50 KO überschießende, freie dingliche Sicherheiten durch ungesicherte Forderungen aufzufüllen.

Neben dem hier dargestellten „Lieferantenpool" finden sich in der Praxis auch

„Bankenpool-Verträge", abgeschlossen zwischen mehreren Kreditgebern zur Realisierung gemeinsamer Kreditsicherheiten (*Hess/Fechner*, Sanierungshandbuch, S. 303, *Obermüller*, Insolvenzrecht in der Bankpraxis, Rdn. 6, 128 ff., S. 730 ff.).

Vgl. hierzu auch die Abhandlung von Burgermeister, Der Sicherheitenpool im Insolvenzrecht.

Gesamtvollstreckungsordnung

Abweichungen zur Konkursordnung bestehen nicht (vgl. *Hess/ Binz/Wienberg* § 12 Rdn. 75 ff.).

VIII. Aus- und Absonderung im Insolvenzverfahren

1. Geltendmachung eines zur Aussonderung und Ersatzaussonderung berechtigenden Anspruchs gegenüber dem Insolvenzverwalter[1]

An
Herrn
Rechtsanwalt ......

in ......
(Ort, Datum)

Insolvenzverfahren über das Vermögen der Firma ......

hier: Geltendmachung von Aussonderungs- und Ersatzaussonderungsansprüchen der Firma A ......

Sehr geehrter Herr Kollege,

in dem vorbezeichneten Insolvenzverfahren zeige ich die anwaltliche Interessenvertretung der Firma A ...... an. Eine auf mich ausgestellte Vollmacht liegt zu Ihrer Kenntnisnahme an.

Die von Ihnen verwaltete Schuldnerin hatte bei meiner Mandantin umfangreiche Ersatzteile für Baumaschinen unter Eigentumsvorbehalt[2] bezogen, die sich im einzelnen aus der in der Anlage abschriftlich beigefügten Liefervereinbarung vom ...... ergeben. Infolge Zahlungsverzuges hat meine Mandantschaft mit eingeschriebenen Brief vom ...... den Rücktritt vom Kaufvertrag erklärt. Das Schreiben liegt ebenfalls zu Ihrer Kenntnisnahme an.

Wie der Außendienstmitarbeiter meiner Auftraggeberin festgestellt hat, wurden einzelnen Gegenstände der Lieferung sowohl bereits vor der Verfahrenseröffnung durch die von Ihnen verwaltete Schuldnerin als auch nach der Verfahrenseröffnung durch Sie an Dritte veräußert.

Namens und im Auftrage meiner Mandantschaft bitte ich zunächst um vollständige Auskunft[3] darüber,

1) welche Gegenstände zu welchen Konditionen bereits vor der Verfahrenseröffnung durch die von Ihnen verwaltete Schuldnerin an Dritte veräußert wurden;
2) ob und welche Gegenstände aus der Lieferung durch Sie nach der Verfahrenseröffnung an Dritte veräußert wurden;
3) ob und in welcher Höhe die Kaufpreisansprüche gegen die Erwerber bereits realisiert wurden;
4) ob sich eine etwaige vereinnahmte Gegenleistung noch unterscheidbar in der Insolvenzmasse befindet und
5) ob und welche Gegenstände der Lieferung noch im Besitz der Masse vorhanden sind.

Hinsichtlich der noch im Massebesitz befindlichen Gegenstände verlangt meine Mandantschaft zunächst deren Herausgabe[4].

Sofern aus einer Weiterveräußerung an Dritte die Kaufpreisansprüche noch nicht (vollständig) realisiert wurden, fordert Sie meine Auftraggeberin zur Abtretung dieser Ansprüche[5] auf.

Für den Fall, daß bei etwaig bereits beglichenen Kaufpreisansprüchen die Gegenleistung noch unterscheidbar in der Masse vorhanden ist, wird ebenfalls die Herausgabe verlangt[6]. Sollte dies nicht mehr der Fall sein, wird der entsprechende Massebereicherungsanspruch erhoben[7].

Ich bitte um Verständnis, daß ich mir für den vollständigen Eingang der Auskünfte sowie zur Erfüllung der Aussonderungs- und Ersatzaussonderungsansprüche meiner Mandantschaft eine Frist bis zum

. . . . . .

notiert habe.

Eine eidesstattliche Versicherung der Auskünfte bleibt ggf. vorbehalten[8].

Mit freundlichen, kollegialen Grüßen

Rechtsanwalt   *Anlagen*

Anmerkungen

Aussonderung bedeutet begrifflich die Geltendmachung der Massefremdheit eines **1** Rechts. Hiermit wird dem Berechtigten – ähnlich wie mit der Interventionsklage des § 771 ZPO im Rahmen der Zwangsvollstreckung – die Befugnis zuerkannt, die Nichtzugehörigkeit eines Gegenstandes zur Insolvenzmasse außerhalb des Insolvenzverfahrens geltend zu machen (vgl. § 47 InsO). Da den Insolvenzgläubigern allein das Vermögen des Schuldners haftet (§ 35 InsO), überführt die Aussonderung die bei Verfahrenseröffnung angetroffene „Istmasse" mit in die der Gläubigerbefriedigung dienende „Sollmasse". Voraussetzung ist daher, daß der Insolvenzverwalter das massefremde Recht in Besitz hält oder ansonsten für die Masse in Anspruch nimmt.

Die Aussonderungsberechtigung ergibt sich dabei nach den sonstigen Gesetzen, d. h. außerhalb der InsO.

Hierbei kann im wesentlichen auf die Standardkommentierungen zu § 43 KO verwiesen werden. Klargestellt ist nunmehr durch § 51 Nr. 1 InsO, daß die Sicherungsübereignung oder Sicherungsübertragung eines Rechts lediglich eine Absonderungsbefugnis vermittelt, was die überwiegende Auffassung bereits für den Geltungsbereich der KO anerkannt hatte.

Gewisse Änderungen bringt die InsO für den Eigentumsvorbehalt, also die Übereignung eines beweglichen Gegenstandes unter der aufschiebenden Bedingung der vollständigen Kaufpreiszahlung. In der Insolvenz des Eigentumsvorbehaltskäufers kann der Insolvenzverwalter nach wie vor Erfüllung des Kaufvertrages gem. § 103 Abs. 1 InsO wählen, wodurch die restlichen Kaufpreisraten als sonstige Masseverbindlichkeiten gem. § 55 Abs. 1 Nr. 2 InsO zu begleichen sind. Dies entspricht dem Rechtszustand nach § 17 Abs. 1 i. V. m. § 59 Abs. 1 Nr. 2 KO. Neu ist jedoch, daß der Insolvenzverwalter, der ansonsten auf die Aufforderung des anderen Teils bei beidseitig nicht vollständig erfüllten Verträgen unverzüglich erklären muß, ob er die

Erfüllung verlangen will (§ 103 Abs. 2 S. 2 InsO), nunmehr nach § 107 Abs. 2 S. 1 InsO die Erklärung erst im Anschluß an den Berichtstermin abgeben muß. Haarmeyer/Wutzke/Förster, Handbuch, 5/256 umschreiben dies als „faktische Ausübungssperre". Diese Ausübungssperre kann der Insolvenzverwalter jedoch nach § 107 Abs. 2 S. 2 InsO dann nicht für sich in Anspruch nehmen, wenn in der Zeit bis zum Berichtstermin eine erhebliche Verminderung des Wertes der Sache zu erwarten ist und der Gläubiger den Verwalter auf diesen Umstand hingewiesen hat. Die Praktikabilität der Ausübungssperre, die ja gerade bewirken soll, daß der Verwalter das Vorbehaltsgut faktisch bis zum Berichtstermin kostenlos nutzen darf, muß ex ante bezweifelt werden.

Das Aussonderungsrecht ist so geltend zu machen, wie es verfolgt worden wäre, wenn der Schuldner nicht insolvent geworden wäre. Alleiniger Unterschied ist, daß entsprechende Klageverfahren (Leistungsklagen wie Feststellungsklagen) gegenüber dem Insolvenzverwalter zu erheben sind.

Da sich die Vermögenshaftung des Schuldners auch in der Insolvenz allein auf „sein" Vermögen beschränkt (vgl. § 35 InsO) sollen Wertrealisierungen aus einem aussonderungsbefangenen Gegenstand nicht der Insolvenzmasse, sondern dem ursprünglich aussonderungsbefugten Gläubiger zugute kommen, woraus sich die Ersatzaussonderung des § 48 InsO erklärt. Ist demzufolge ein Gegenstand, dessen Aussonderung hätte verlangt werden können, vor der Eröffnung des Insolvenzverfahrens vom Schuldner oder nach der Eröffnung vom Insolvenzverwalter unberechtigt veräußert worden, so setzt sich das Aussonderungsrecht an der Gegenleistung fort. Wurde die Gegenleistung aus dem Veräußerungsvorgang, auf dessen Rechtswirksamkeit es nicht ankommt (vgl. BGH NJW 1977, 901 f.), noch nicht realisiert, so kann der ursprüngliche Aussonderungsberechtigte die Abtretung des Rechts auf die Gegenleistung verlangen. Kam es bereits zur Realisierung der Gegenleistung, so kann er diese aus der Insolvenzmasse verlangen, sofern sie hier noch unterscheidbar vorhanden ist. Anderenfalls kommen allein noch Bereicherungs- und Schadensersatzansprüche in Betracht, die bei einer Werterealisierung vor der Verfahrenseröffnung lediglich zu Insolvenzforderungen (§ 38 InsO), anderenfalls wenigstens zu als sonstige Masseverbindlichkeit einzuordnenden Bereicherungsansprüchen (§ 55 Abs. 1 Nr. 3 InsO) führen. Bei schuldhafter Vereitelung der Aussonderungsbefugnis greift im übrigen die Haftung des Insolvenzverwalters gem. § 60 InsO.

Ob eine Gegenleistung noch unterscheidbar in der Masse vorhanden ist, wird in der Praxis im wesentlichen bei Überweisungen auf Schuldnerkonten oder ein eingerichtetes Insolvenztreuhandkonto bedeutsam sein. Hier steht die herrschende Meinung auf dem Standpunkt, daß von einer Unterscheidbarkeit nur gesprochen werden kann, wenn auf diesen Konten keine anderen Eingänge oder Auszahlungen gebucht sind (vgl. *Gerhardt*, KTS 1990, 1, 6 ff. m. w. Nachw.). Dementsprechend genügt nicht, daß die Gutschrift durch Belege feststellbar ist (BGH ZIP 1989, 118 f).

2   Es handelt sich hier um einen einfachen Eigentumsvorbehalt ohne Verlängerungsform. Wäre die Weiterveräußerung gegen Vorauszession der Forderungen aus der Weiterveräußerung gestattet, käme es bei einer Veräußerung der Eigentumsvorbehaltsware nur zu einer Absonderung aus den (verlängert) im voraus abgetretenen Kaufpreisansprüchen; allerdings ist die Weiterveräußerungsgestattung regelmäßig auf den „normalen Geschäftsgang" beschränkt, also nicht auf Weiterveräußerungen durch den Insolvenzverwalter (vgl. BGH NJW 1953, 217, 218).

3   Die überwiegende Ansicht leitet die Auskunftsverpflichtung des Insolvenzverwalters aus § 242 BGB als annex zur Aussonderungsbefugnis her (vgl. etwa BGHZ 70,

232

86, 91; *Kuhn/Uhlenbruck* § 43 Rdn. 46k, § 3 Rdn. 53d). Ist der Insolvenzverwalter auf die Massefremdheit hingewiesen worden, dürften auch die §§ 687 Abs. 2, 681 S. 2, 666 BGB anwendbar sein.

An dieser Stelle wird die Aussonderung gem. § 47 InsO i. V. m. § 985 BGB geltend 4 gemacht.

Es handelt sich hier um einen Ersatzaussonderungsanspruch nach § 48 S. 1 InsO.   5

Vgl. hier § 48 S. 2 InsO.   6

Soweit der nicht mehr unterscheidbar vorhandene Wert nach der Verfahrenseröff- 7 nung für die Masse realisiert wurde, ist eine Massebereicherung i. S. des § 55 Abs. 1 Nr. 3 InsO eingetreten.

2. Anerkennung eines zur Aussonderung berechtigenden Anspruchs durch den Insolvenzverwalter

Auf Formular B. VII. 2. kann Bezug genommen werden.

3. Geltendmachung eines Absonderungsrechts am Immobiliarvermögen

Die Geltendmachung eines Absonderungsrechtes am Immobiliarvermögen erfolgt gem. § 49 InsO nach Maßgabe des Gesetzes über die Zwangsversteigerung und die Zwangsverwaltung. Von der Beifügung eines eigenständigen Zwangsversteigerungs- oder Zwangsverwaltungsantrages wird aus Raumgründen abgesehen.

Ein Muster zum Zwangsversteigerungs- und Zwangsverwaltungsantrag findet sich bei *Mewing*, Beck'sches Prozeßformularbuch, III. B. 33 bzw. 41.

Anmerkungen

Nach § 49 InsO sind Gläubiger, denen ein Recht auf Befriedigung aus Gegenständen zusteht, die der Zwangsvollstreckung in das unbewegliche Vermögen unterliegen (unbewegliche Gegenstände) nach Maßgabe des Gesetzes über die Zwangsversteigerung und die Zwangsverwaltung zur abgesonderten Befriedigung berechtigt.

Unter den Begriff „unbeweglicher Gegenstand" sind alle der Immobiliarzwangsvollstreckung unterliegenden Gegenstände gem. §§ 864f. ZPO zu verstehen, also Grundstücke, grundstücksgleiche Rechte, Schiffe und Schiffsbauwerke sowie schließlich diejenigen beweglichen Sachen und Forderungen, die gem. den §§ 1120, 1192, 1200ff. BGB zum Haftungsverband eines Grundpfandrechtes gehören und daher nach § 865 ZPO zusammen mit dem Grundbesitz zur Verwertung gelangen.

Zur abgesonderten Befriedigung aus einem solchen unbeweglichen Gegenstand berechtigen weiterhin Grundpfandrechte und Reallasten (§ 10 Abs. 1 Nr. 4 ZVG); weiterhin solche persönlichen Forderungen des Gläubigers, die bereits eine insolvenzfeste Beschlagnahme des Grundbesitzes herbeigeführt haben (§ 10 Abs. 1 Nr. 5 ZVG). Im Hinblick auf die Rückschlagsperre des § 88 InsO muß die Beschlagnahme bereits vor Beginn der Monatsfrist zur Verfahrenseröffnung erfolgt sein (vgl. auch § 21 Abs. 2 Nr. 3, 1. Alt. InsO).

4. Geltendmachung eines Absonderungsrechts am beweglichen Vermögen gegenüber dem Insolvenzverwalter mit Auskunftsverlangen[1]

An
Herrn
Rechtsanwalt ......

in ......   (Ort, Datum)

Insolvenzverfahren über das Vermögen der Firma ......

hier: Geltendmachung von Absonderungsrechten

Sehr geehrter Herr Rechtsanwalt ......,

gegenüber der vorbezeichneten Schuldnerin steht uns eine fällige[2] Darlehensforderungen zu:

Gem. Darlehensvertrag vom ...... zu
Darlehensvertrags-Nr.: ...... in Höhe von   DM ......

Entsprechende Unterlagen sowie unser Kündigungs- und Inanspruchnahmeschreiben an die Schuldnerin vom ...... sind in der Anlage beigefügt.

Zahlungen hierauf erfolgten seitens der Schuldnerin bislang nicht.

Zur Sicherheit unserer Darlehensforderung hat uns die Schuldnerin folgende Sicherheiten gestellt:
a) Sicherungsübereignung[3] des bereits in unserem Besitz[4] befindlichen Lkws mit dem amtlichen Kennzeichen ...... sowie der Fahrgestell-Nr.: ......;
b) Sicherungsübereignung der noch im Besitz der Insolvenzmasse[5] befindlichen Gegenstände des beweglichen Anlagevermögens laut Anlage 1;
c) Forderungsabtretung[6] der der Schuldnerin zustehenden Forderung aus Warenlieferung vom ...... gegenüber der Drittschuldnerin ......

Die entsprechenden Vereinbarungen zu diesen Sicherungsrechten werden in der Anlage überreicht.

Hinsichtlich der gestellten Sicherheiten beanspruchen wir schon jetzt abgesonderte Befriedigung[7]; eine detaillierte Forderungsanmeldung[8] erfolgt mit gesonderter Post.

Hinsichtlich der zur Ziff. b) aufgeführten, sicherungsübereigneten Gegenstände bitten wir, uns Auskunft über deren Zustand zu erteilen[9], hilfsweise die Besichtigung vor Ort zu gestatten[10].

234

Bezüglich der abgetretenen Forderung wird ebenfalls das Auskunftsrecht[11], hilfsweise Einsicht in die Bücher und Geschäftspapiere der Schuldnerin begehrt.

Vorsorglich weisen wir darauf hin, daß uns in Ansehung der zu Ziff. b) sicherungsübereigneten Gegenstände vor einer Veräußerung Mitteilung[13] über die beabsichtigte Weise der Verwertung zu erteilen ist.

Ebenfalls werden wir bei Nichtzustandekommen eines Insolvenzplanes nach Durchführung des Berichtstermins[14] die geschuldeten Zinsen beanspruchen sowie den Ersatz von Entwertungsschäden[15] aus einer etwaigen Weiternutzung unseres Gutes begehren.

Mit freundlichen Grüßen

(......)
Absonderungsberechtigter *Anlagen*

Anmerkungen

Im Gegensatz zum Aussonderungsverlangen, mit dem die Massefremdheit eines Gegenstandes geltend gemacht wird, gewährt ein zur Absonderung berechtigendes Recht lediglich eine vorzugsweise Befriedigung des Anspruches aus dem in der absonderungsbefangenen Sache verkörperten Wert. Dementsprechend kann der Absonderungsgläubiger nur verlangen, daß der Verwertungserlös aus dem absonderungsbefangenen Gegenstand vorrangig zur Tilgung der gesicherten Forderung verwendet wird; ein Übererlös steht der Masse zu. In der Einzelzwangsvollstreckung entspricht dem die Vorzugsklage nach § 805 ZPO.   **1**

Nach § 50 InsO wird ein Absonderungsrecht zunächst für Pfandgläubiger begründet, wobei die Absonderungsbefugnis sowohl durch rechtsgeschäftliche, gesetzliche als auch durch Pfändungspfandrechte vermittelt wird. Soweit nicht ein landwirtschaftliches Grundstück betroffen ist (§ 50 Abs. 2 S. 2 InsO) wird die Absonderungsbefugnis aus dem gesetzlichen Pfandrecht des Vermieters oder Verpächters durch § 50 Abs. 2 S. 1 InsO beschränkt, so daß Miet- bzw. Pachtzinsrückstände für eine frühere Zeit als die letzten 12 Monate vor der Verfahrenseröffnung sowie für eine Entschädigung infolge einer Verwalterkündigung nicht begehrt werden können.

Den Pfandgläubigern sind in § 51 InsO weitere Gläubiger gleichgestellt. Sosind nunmehr in § 51 Nr. 1 InsO die wesentlichen Fälle der Sicherungsübereignung und Sicherungszession ausdrücklich erfaßt. Nach § 51 Nr. 2 und 3 InsO gewähren weiterhin das Zurückbehaltungsrecht wegen nützlicher Verwendungen und das handelsrechtliche Zurückbehaltungsrecht (§ 369 HGB) ein Absonderungsrecht. § 51 Nr. 4 InsO billigt der öffentlichen Hand schließlich eine Absonderungsbefugnis zu, soweit ihr zoll- und steuerpflichtige Sachen nach gesetzlichen Vorschriften als Sicherheiten für öffentliche Abgaben dienen.

Damit ergibt sich für die wesentlichen Sicherheitsrechte nach der Insolvenzordnung folgendes Bild:

Der (einfache) Eigentumsvorbehalt behält in Abweichung zu den Vorschlägen des Diskussionsentwurfes sowie des Referentenentwurfes Aussonderungskraft. Lehnt der Verwalter in der Insolvenz des Vorbehaltskäufers die Vertragserfüllung gem. § 103 Abs. 2 InsO ab, so ist der Vorbehaltsverkäufer nach § 47 InsO zur Aussonderung berechtigt. Neu ist, daß der Verwalter auf die Aufforderung zur Ausübung seines Wahlrechts, das gem. § 103 Abs. 2 S. 2 InsO grundsätzlich unverzüglich auszuüben ist, nach § 107 Abs. 2 InsO regelmäßig den Berichtstermin abwarten kann, bevor er sich zur Erfüllung erklären muß.

Für die Insolvenz des Vorbehaltsverkäufers ist der Streit um die Konkursbeständigkeit des Anwartschaftsrechts (vgl. BGHZ 98, 160, 186) nunmehr durch § 107 Abs. 1 InsO i. S. der bisherigen überwiegenden Literaturansicht geklärt, so daß der Insolvenzverwalter bei Vertragstreue des Vorbehaltskäufers die Vertragserfüllung nicht ablehnen kann. § 107 Abs. 1 InsO gleicht die Befugnis des Insolvenzverwalters folglich denjenigen des Eigentumsvorbehalts-Verkäufers außerhalb eines Insolvenzverfahrens an.

Entsprechend der bisherigen Rechtspraxis zur Konkursordnung werden die Verlängerungs- und Erweiterungsformen des Eigentumsvorbehaltes nunmehr in § 51 Nr. 1 InsO ausdrücklich als Absonderungsrechte erfaßt. Hier geht es im wesentlichen um die Vorausabtretung der Kaufpreisforderung aus der Weiterveräußerung unter Eigentumsvorbehalt gelieferter Waren, die vorweggenommene Übereignung des Produktes bei der Verarbeitung von Vorbehaltsware oder die Erstreckung des Eigentumsvorbehaltes auf Forderungen des Veräußerers, die nicht in dem zugrundeliegenden Kaufvertrag begründet liegen. Darauf hinzuweisen ist, daß der sog. Konzernvorbehalt, der den Eigentumsübergang beim Kauf unter Eigentumsvorbehalt an die Bedingung der Erfüllung weiterer (sämtlicher) Forderungen von Unternehmen eines Unternehmensverbundes koppelte, nunmehr durch § 455 Abs. 2 BGB in der Fassung des Art. 33 Nr. 17 EGInsO für nichtig erklärt wird.

Für die Sicherungsübereignung verbleibt es in der Insolvenz des Sicherungsnehmers dabei, daß der Sicherungsgeber trotz der fehlenden formellen Eigentumsposition zur Aussonderung gem. § 47 InsO berechtigt bleibt.

In der Insolvenz des Sicherungsgebers greift wiederum § 51 Nr. 1 InsO und vermittelt dem Sicherungsnehmer lediglich eine Absonderungsbefugnis.

Eine völlige Umgestaltung und Neuregelung findet jedoch die Verwertung der Gegenstände, an denen Absonderungsrechte begründet sind. Anders als nach dem rechtstatsächlich anzutreffenden Befund zur KO, wo dem Absonderungsgläubiger regelmäßig gem. § 127 Abs. 2 InsO die Verwertungsbefugnis zukam, kehrt § 166 InsO diese Vorgaben um, was vielfach als „Kernstück der Reform der Absonderungsrechte" bezeichnet wird (vgl. *Gottwald* in *Leipold*, Insolvenzrecht im Umbruch, S. 197, 199; *Gottwald/Adolphsen*, Kölner Schrift zur Insolvenzordnung, S. 805, 827 (Rdn. 77).

Nach § 166 Abs. 1 InsO ist der Insolvenzverwalter zunächst berechtigt, alle mit Absonderungsrechten belasteten beweglichen Sachen, die sich in seinem Besitz befinden, freihändig zu verwerten. Nur sofern sich der Absonderungsberechtigte im Besitz des Gegenstandes befindet (§ 173 Abs. 1 InsO) bzw. der Verwalter ihm den Gegenstand zur Verwertung überläßt (vgl. § 170 Abs. 2 InsO) kommt diesem eine eigene Verwertungsmöglichkeit zu.

In Fällen der Sicherungsübereignung sowie bei den gesetzlichen Pfandrechten greift damit die Verwertungsbefugnis des Verwalters ein, während – wegen des strengen Traditionsprinzips (vgl. die §§ 1204ff. BGB) – es bei vertraglich begründeten Pfandrechten bei der Verwertungsbefugnis des Absonderungsgläubigers verbleibt.

Vor Verwertung einer mit einem Pfändungspfandrecht absonderungsbelasteten Sache muß die öffentlich-rechtliche Verstrickung zuvor durch das Vollstreckungsorgan aufgehoben werden, damit der Insolvenzverwalter zu einer rechtsmängelfreien Verwertung schreiten kann. Allein durch private Veräußerung kann die öffentlich-rechtliche Verstrickung nicht entfallen (vgl. auch § 136 StGB); nach der

Begründung zu § 191 des RegE (BT-Drs. 12/2443, S. 178) hat der Gerichtsvollzieher die Handlungen vorzunehmen, die zur Beseitigung der Verstrickung erforderlich sind, also insbesondere das Pfandsiegel zu entfernen.

§ 166 Abs. 2 InsO erstreckt die Verwertungsbefugnis des Insolvenzverwalters schließlich auf Forderungen, die der Schuldner zur Sicherung eines Anspruches abgetreten hat. Hier ist nunmehr die Einziehungs- oder sonstige Verwertungsbefugnis durch den Verwalter begründet, wobei es – anders als nach § 191 RegE (BT-Drs. 12/2443, S. 178) keine Rolle mehr spielt, ob die Forderungszession bereits gegenüber dem Drittschuldner notifiziert wurde. Hier stellt sich die Frage, ob der Verwalter auch bei verpfändeten Forderungen verwertungsbefugt ist, die nach § 1280 BGB die Notifikation an den Drittschuldner voraussetzt. Der Rechtsausschuß hat diese Frage in der Begründung zu § 191 Abs. 2 in der Fassung des Rechtsausschusses ausdrücklich der Rechtsprechung überlassen (BT-Drs. 12/7302, S. 176). Mangels bestehender Wertungsdivergenzen dürfte hier eine Gleichbehandlung mit zedierten Forderungen sachgerecht sein.

Eine weitere Neuerung der Insolvenzordnung soll in der Einführung des sog. Verfahrensbeitrages der gesicherten Gläubiger – wenigstens nach den Vorstellungen des Gesetzgebers – liegen (§§ 170 ff. InsO). Danach soll ihnen nicht mehr der volle Erlös aus der Verwertung der Sicherheit zufließen.

Bei der Verwertung des Gegenstandes durch den Insolvenzverwalter werden vielmehr vorweg aus dem Verwertungserlös pauschal 4% für die Kosten der Feststellung des Gegenstandes und des Rechts daran sowie pauschal 5% für die Kosten der Verwertung und ggf., falls die Verwertung zu einem steuerbaren Umsatz führt, die gesetzliche Umsatzsteuer abgezogen. Die überwiegende Ansicht bemißt die Kostenbeiträge zur Feststellung und Verwertung dabei nach dem Bruttoerlös der Verwertung (vgl. die Begründung zu § 195 RegE (BT-Drs. 12/2443), S. 181; *Bork*, Rdn. 256, Fn. 104; *Marotzke*, ZZP 109 (1996), 429, 455f.).

Bei einer Verwertung durch den Gläubiger entfällt die Erstattung der Verwertungskosten, wie aus der Regelung des § 170 Abs. 2 InsO zu folgern ist. Der Abzug der Feststellungskosten entfällt auch bei der Eigenverwaltung (§ 282 Abs. 1 S. 2 InsO).

Lagen die tatsächlich entstandenen, für die Verwertung erforderlichen Kosten erheblich niedriger oder erheblich höher, so sind gem. § 171 Abs. 2 S. 2 InsO diese Kosten anzusetzen, wobei eine erhebliche Abweichung nach Ansicht des Gesetzgebers jedenfalls dann gegeben sein soll, wenn die tatsächlich entstandenen und erforderlichen Verwertungskosten statt 5% nur 2,5% oder 10% ausmachen (vgl. die Begründung zu § 196 RegE, BT-Drs. 12/2443, S. 181).

Nicht nachvollziehbar bleibt jedoch, warum der Gesetzgeber den absonderungsberechtigten Gläubiger zur Kompensation dieses Verfahrensbeitrages gestatten will, die insofern anfallenden Kosten durch eine ausreichende Bemessung der Sicherheit im Hinblick auf die Zulässigkeit einer „Übersicherung" zu kompensieren (so die Begründung zu § 195 RegE (BT-Drs. 12/2443, S. 181)). Trotz der Parallele zur bisherigen Regelung des § 48 KO bzw. der §§ 10 Abs. 2, 109 Abs. 1 ZVG, wird hiermit die ursprüngliche Idee eines Verfahrensbeitrages geradezu paralysiert, wenn der gesicherte Gläubiger schlußendlich wiederum durch eine entsprechende Vertragsgestaltung eine 100%-ige Befriedigung erwarten kann. Die wirtschaftlichen Folgen der Feststellung und Verwertung tragen somit wiederum die ungesicherten Gläubiger, so daß das legislatorische Anliegen der Reform nicht erreicht wird.

Behindert wird das in § 166 InsO eingeräumte Verwertungsrecht des Insolvenzverwalters durch die Unterrichtungs- und Benachrichtigungserfordernisse gegenüber dem absonderungsberechtigten Gläubiger.

Zunächst ist in § 167 Abs. 1 InsO bei beweglichen Gegenständen statuiert, daß der Insolvenzverwalter auf Verlangen des Absonderungsberechtigten Auskunft über den Zustand der Sache zu erteilen hat; § 167 Abs. 2 S. 1 InsO erstreckt diesen Auskunftsanspruch auch auf die Einziehung absonderungsbefangener Forderungen, so daß der Verwalter hier ebenfalls zur Auskunft verpflichtet ist. Von diesen Auskunftsverpflichtungen kann sich der Insolvenzverwalter nach § 167 Abs. 1 S. 2 bzw. Abs. 2 S. 2 InsO dadurch befreien, daß er dem Gläubiger eine Besichtigung des absonderungsbefangenen Gegenstandes bzw. Einsicht in die Bücher und Geschäftspapiere des Schuldners gewährt. Erscheinen diese Vorgaben noch verständlich, so dürfte eine sachgerechte Wertrealisierung im Rahmen der Insolvenzabwicklung jedoch durch die hieran anschließende Regelung des § 168 InsO wesentlich erschwert werden. Danach hat der Insolvenzverwalter dem absonderungsberechtigten Gläubiger vor jeder beabsichtigten Veräußerung von Gegenständen mitzuteilen, auf welche Weise er den Gegenstand veräußern will. Gleichzeitig hat er dem Gläubiger Gelegenheit zu geben, innerhalb einer Woche auf eine günstigere Möglichkeit der Verwertung, die auch in der Einsparung von Kosten liegen kann (§ 168 Abs. 3 S. 2 InsO), hinzuweisen. Erfolgt ein solcher Hinweis, ist der Insolvenzverwalter zwar nicht verpflichtet, der auf diese Weise aufgezeigten Verwertungsmöglichkeit nachzukommen; er hat jedoch in diesem Fall den Gläubiger so zu stellen, wie er bei Wahrnehmung der aufgezeigten Möglichkeit gestanden hätte (§ 168 Abs. 2 InsO). Die andere Verwertungsmöglichkeit, die der Gläubiger benennen kann, kann auch in der Selbstübernahme des Gegenstandes liegen, womit § 168 Abs. 3 S. 1 InsO de facto ein Vorkaufsrecht des Gläubigers statuiert. Hier bleibt im Rahmen der Auslegung der Vorschrift zu hoffen, daß die Rechtsprechung zu einer einschränkenden Auslegung, ggf. auch zu teleologischen Reduktionen gelangen wird. So muß die Praktikabilität für Veräußerungsvorgänge absonderungsbefangener Gegenstände im Rahmen einer Betriebsfortführung vollends bezweifelt werden, die § 193 des RegE (BT-Drs. 12/2443, S. 179) noch von den Vorgaben der Vorläufervorschrift zu § 168 InsO freigestellt hatte. Ungeklärt erscheint die Handhabung schließlich bei der Veräußerung von Sachgesamtheiten, wo der Benachrichtigungspflicht nur nachgekommen werden kann, daß für jedes einzelne absonderungsbefangene Wirtschaftsgut Einzelveräußerungspreise vorab festgelegt werden. Der in der Praxis übliche „Paketnachlaß" dürfte danach ebenfalls entfallen.

§ 172 Abs. 1 InsO räumt dem Insolvenzverwalter schließlich das Nutzungsrecht an absonderungsbefangenen Gegenständen ein, zu deren Verwertung er berechtigt ist, wenn er im Gegenzug den dadurch entstehenden Wertverlust von der Eröffnung des Insolvenzverfahrens an durch laufende Zahlungen an den Gläubiger ausgleicht. § 172 Abs. 2 InsO erlaubt dem Insolvenzverwalter die Verbindung, Vermischung und Verarbeitung, wenn gesichert ist, daß die Sicherung des absonderungsberechtigten Gläubigers hierdurch nicht beeinträchtigt wird.

Schließt sich an den Berichtstermin (§§ 29 Abs. 1 Nr. 1, 156 InsO) nicht unverzüglich die Verwertung des Schuldnervermögens (§ 159 InsO) an, so ist der Insolvenzverwalter bis zur Verwertung verpflichtet, die nach dem Kreditvertrag laufenden Zinsen in Bezug auf den Absonderungsgegenstand ab dem Berichtstermin zu begleichen; war die Verwertung bereits im Rahmen einer vorausgegangenen vorläufigen Insolvenzverwaltung durch eine Anordnung nach § 21 InsO suspendiert, so beginnt diese Zinszahlungspflicht bereits drei Monate nach der suspendierenden Anordnung.

In der Insolvenzordnung nicht geregelt ist die Verwertung absonderungsbefangener Vermögensgegenstände während des Insolvenzantragsverfahrens, insbesondere bei Anordnung der vorläufigen Insolvenzverwaltung unter gleichzeitiger Anordnung eines Verfügungsverbotes für den Schuldner (§ 21 Abs. 2 Nr. 1, 2 InsO).

Bei Anordnung der vorläufigen Insolvenzverwaltung und dem Übergang der Verfügungsbefugnis auf den vorläufigen Insolvenzverwalter gelten die §§ 165 ff. InsO ihrem Wortlaut nach nicht. Auch fehlt jeglicher Hinweis oder Verweis auf diese für den Insolvenzverwalter geltenden Regelungen. Eine entsprechende Anwendung der Vorschriften dürfte ausscheiden. Ist schon zum einen das Bestehen einer Regelungslücke zweifelhaft, mangelt es zum anderen auch an der Rechtsähnlichkeit der Verwertungslage im eröffneten Verfahren im Vergleich zum Antragsstadium. Im Rahmen der als Sicherungsmaßnahme zu begreifenden vorläufigen Insolvenzverwaltung geht es ungeachtet des Übergangs der Verfügungsbefugnis primär darum, das Vermögen des Schuldners zu sichern und zu erhalten (arg. § 22 Abs. 1 Nr. 1 InsO). Dieser Bewahrungsgedanke verträgt sich nicht mit den Vorgaben einer endgültigen Verwertung die den §§ 165 ff. InsO zugrundeliegt. Andererseits bringt die Notwendigkeit, wenigstens dem gesetzlichen Regelbild zufolge den Geschäftsbetrieb des Schuldners im Rahmen der vorläufigen Insolvenzverwaltung fortführen zu müssen (§ 22 Abs. 1 Nr. 2 InsO) mit sich, daß auch im Rahmen des laufenden Geschäftsbetriebes absonderungsbefangene Gegenstände des Umlaufvermögens veräußert, vermischt, vermengt und verarbeitet sowie laufende Forderungen, die einem Absonderungsrecht unterliegen, eingezogen werden müssen. Obwohl diese Maßnahmen, solange die Fortführung währt und über den Insolvenzantrag nicht abschließend befunden ist, nach dem ordentlichen Geschäftsgang zuzurechnen sind, sehen die Mehrzahl der Verwendung findenden Allgemeinen Geschäftsbedingungen mit der Ausbringung eines Insolvenzantrages den Fortfall einer Weiterveräußerungs-, Verarbeitungs- oder Einziehungsermächtigung vor. Kommt es dennoch zu Verwertungshandlungen des vorläufigen Insolvenzverwalters, muß infolge der Nichtgeltung der §§ 170 f. InsO auch der erzielte Bruttoerlös vollständig an den absonderungsberechtigten Gläubiger abgeführt werden. Ein Kostenbeitrag läßt sich für die unter vorläufiger Verwaltung stehende Masse – wie dargelegt – nicht begründen. Gegenüber der bisherigen Rechtslage, nach der während der Sequestrationsphase durchgeführte steuerbare Umsätze lediglich zu bevorrechtigten Insolvenzforderungen der ausgelösten Umsatzsteuer führten, sind nunmehr gem. § 55 Abs. 2 InsO Verbindlichkeiten, die von einem vorläufigen Insolvenzverwalter begründet werden und auf den die Verfügungsbefugnis übergegangen ist, nach der Eröffnung des Verfahrens Masseverbindlichkeiten. Die Begründung zu § 64 des RegE (BT-Drs. 12/2443, S. 126) weist zudem ausdrücklich darauf hin, daß auch die im Rahmen einer Betriebsfortführung begründeten Umsatzsteuerverbindlichkeiten hiervon erfaßt sind.

Den absonderungsbefugten Gläubigern wird damit gerade ein Anreiz gegeben, zur Vermeidung der nachteiligen und einschränkenden Wirkungen der §§ 165 ff. InsO noch im Insolvenzantragsstadium Zugriff auf das Absonderungsgut zu nehmen und sich insbesondere in den Besitz der beweglichen Gegenstände zu setzen, um durch eine möglichst frühzeitige Verwertung nicht nur von den Kostenbeiträgen für Feststellung und Verwertung freigestellt zu bleiben, sondern im übrigen auch unter voller Vereinnahmung des Bruttoerlöses die Umsatzsteuerlast zu verlagern. Hier wird man entweder ergänzende Maßnahmen i. S. des § 21 Abs. 1 InsO durch das Insolvenzgericht für erforderlich halten müssen oder dem vorläufigen Insolvenzverwalter zu raten haben, Zugriffshandlungen der absonderungsberechtigten Gläubiger wenigstens bis zum Zeitpunkt der Verfahrenseröffnung abzuwehren, was im Hinblick auf die Konzeption des Reformgesetzes ein kaum haltbarer Zustand ist, sollte nicht die Rechtsprechung im Wege der Rechtsfortbildung ein entsprechendes Instrumentarium entwickeln. Soll erst im Berichtstermin über das Schicksal des Schuldners entschieden werden (arg. § 169 S. 1 InsO), könnte man zur Wahrung der angestrebten Gläubigerautonomie gleichsam als Vorwirkungen die vorläufige Vermarktung im Hinblick auf eine denkbare (und nicht unwahrscheinliche) Verfahrenseröffnung eine dilatorische Ausübungssperre zum vorsorglichen Schutz der in den §§ 166ff. InsO vorgesehenen Befugnisse herleiten. Diese ließe sich etwa durch eine analoge Heranziehung der Wirkungen des § 112 InsO begründen. Zur sinnvollen Wahrnehmung seiner gesetzlichen Aufgaben wird der verfügungsbefugte vorläufige Insolvenzverwalter daher wie nach bisherigem Recht eine vertragliche Abstimmung über die Behandlung der Absonderungsrechte mit den absonderungsberechtigten Gläubigern zu treffen haben, wobei seine Verhandlungsposition durch die grundsätzlich statuierte Fortführungspflicht und die Umsatzsteuerbelastung im Rahmen einer sonstigen Masseverbindlichkeit für den Fall der nachfolgenden Verfahrenseröffnung gegenüber dem bisherigen Rechtszustand geschwächt wird.

Schließlich greift bei der unberechtigten Vereitelung eines Absonderungsrechts auch nach der InsO die Ersatzabsonderungsmöglichkeit in Analogie zu § 48 InsO. Mit der Streichung der in § 60 des RegE vorgesehenen Regelung zur Ersatzabsonderung durch den Rechtsausschuß sollte dieses, schon im bisherigen Recht anerkannte Institut nicht eliminiert werden (vgl. BT-Drs. 12/7302, S. 160). Der Gläubiger kann also bei Vereitelung einer Absonderungsbefugnis abgesonderte Befriedigung aus dem Anspruch auf die Gegenleistung verlangen, soweit diese noch aussteht bzw. die Gegenleistung selbst absonderungsweise in Anspruch nehmen, soweit sie noch unterscheidbar in der Masse vorhanden ist. Anderenfalls verbleiben auch hier wiederum nur Ersatz- und Bereicherungsansprüche.

2 Voraussetzung der Realisierung des Absonderungsrechtes ist die Fälligkeit der gesicherten Forderung (vgl. § 1282 Abs. 1 BGB).

3 Die Sicherungsübereignung gewährt trotz der Vollrechtsübertragung – wie im Rahmen des bisherigen Rechts – lediglich eine Absonderungsbefugnis, was nunmehr in § 51 Nr. 1 InsO ausdrücklich normiert wird; hier setzt sich also unter Zugrundelegung einer wirtschaftlichen Betrachtungsweise die pfandrechtsähnliche Sicherungsfunktion gegenüber dem Formalargument durch.

4 Nach der herrschenden Amtstheorie zur Rechtsstellung des Insolvenzverwalters (gleiches gilt im übrigen nach der Vertretertheorie) ist der Insolvenzverwalter als unmittelbarer Fremdbesitzer, der Schuldner als mittelbarer Eigenbesitzer anzusehen; lediglich die Organtheorie muß bei konsequenter Anwendung „die Masse" als Zuordnungspunkt der Besitzstellung ansehen.

5 Befindet sich die absonderungsbefangene Sache nicht mehr im Besitz des Insolvenzverwalters, ist der Gläubiger gem. § 173 Abs. 1 InsO zur Verwertung befugt; ein Kostenbeitrag für die Verwertung, der pauschal mit 5% angesetzt wird (§§ 170f.), entfällt.

6 Hier geht es um eine Sicherungszession, die nach § 51 Nr. 1 InsO ebenfalls lediglich eine Absonderungsbefugnis vermittelt; erfolgt die Zession nicht lediglich zur Sicherung, wird ein Aussonderungsrecht i. S. des § 47 InsO begründet (vgl. *Bork*, Rdn. 237, Fn. 68).

7 Abgesonderte Befriedigung bedeutet, daß dem Absonderungsberechtigten ein Recht auf den Wert des absonderungsbefangenen Gegenstand zukommt, soweit dies zur Befriedigung der gesicherten Forderung notwendig ist. Die gesicherte For-

derung ist in der Insolvenz des Sicherungsgebers gem. § 41 Abs. 1 InsO sofort fällig. Die Parallelvorschrift des § 65 KO wurde dort von der ganz herrschenden Meinung auf das Absonderungsrecht entsprechend angewendet, so daß sich mangels abweichender Wertungsgesichtspunkte auch hier die analoge Anwendung des § 41 Abs. 1 InsO bejahen läßt (vgl. zur analogen Anwendung des § 65 KO BGHZ 31, 337, 339 ff.; *Kuhn/Uhlenbruck*, § 65 Rdn. 5). Dies gilt in jedem Falle uneingeschränkt für all die absonderungsbefangenen Gegenstände, zu deren Verwertung der Gläubiger berechtigt ist (vgl. § 173 Abs. 1 sowie § 170 Abs. 2 InsO). Eine Einschränkung erfährt diese Sichtweise jedoch nach § 169 InsO für diejenigen Absonderungsgegenstände, zu dessen Verwertung der Insolvenzverwalter nach § 166 InsO berechtigt ist. Soll die Entscheidung über die Art und Weise der bestmöglichen Verwertung letztendlich gläubigerautonom getroffen werden, so wird dem Insolvenzverwalter gleichzeitig die Befugnis eingeräumt, die Verwertung absonderungsbefangener Gegenstände sanktionslos jedenfalls bis zum Berichtstermin zurückzustellen (§§ 159, 169 S. 1 InsO); lediglich für den Fall beschränkender Verwertungsanordnungen im Rahmen des Insolvenzantragsstadiums wird vom Gesetz in § 169 S. 2 InsO eine Dreimonatsfrist statuiert.

Trotz Bestehen eines Absonderungsrechts kann ein Absonderungsberechtigter, dem   **8** der Schuldner auch persönlich haftet, die zugrunde liegende Forderung in voller Höhe zur Tabelle geltend machen; die Gefahr einer Doppel- bzw. Zuvielbefriedigung wird erst bei der Verteilung durch das in § 52 S. 2 InsO normierten Ausfallprinzip reguliert.

Nach § 167 Abs. 1 S. 1 InsO hat der Insolvenzverwalter einem absonderungsberech-   **9** tigten Gläubiger an einer beweglichen Sache auf dessen Verlangen Auskunft über deren Zustand zu erteilen. Macht der Gläubiger diesen Auskunftsanspruch gerichtlich (regelmäßig im Wege einstweiliger Verfügung) geltend, so steht dem Insolvenzverwalter als Schuldner des Auskunftsanspruches eine Ersetzungsbefugnis (vgl. hierzu *Palandt-Heinrichs*, BGB, § 262 Rdn. 8) zu, da er anstelle der Auskunftserteilung die Besichtigung der Sache gestatten kann.

§ 167 Abs. 1 S. 2 InsO räumt dem Insolvenzverwalter eine Ersetzungsbefugnis (fa-   **10** cultas alternativa) als Schuldner des Auskunftsanspruchs ein.

§ 167 Abs. 2 S. 1 normiert einen Auskunftsanspruch des absonderungsberechtigten   **11** Gläubigers an einer Forderung, vgl. hierzu Anmerkung 9.

Auch hier besteht nach § 167 Abs. 2 S. 2 InsO eine Ersetzungsbefugnis, so daß die   **12** Auskunftsverpflichtung durch die Einsichtnahme in die Bücher und Geschäftspapiere des Schuldners ersetzt werden kann.

Vor Wahrnehmung seines Verwertungsrechtes nach § 166 InsO hat der Insolvenz-   **13** verwalter dem absonderungsberechtigten Gläubiger mitzuteilen, auf welche Weise der Gegenstand veräußert werden soll; im systematischen Zusammenhang mit Abs. 2 und 3 der Vorschrift ergibt sich, daß hier eine Preisangabe des Insolvenzverwalters erfolgen muß. Nach der Mitteilung hat der Gläubiger eine Woche lang Gelegenheit zur Stellungnahme, insbesondere, um auf eine günstigere Möglichkeit der Verwertung des Gegenstandes hinzuweisen (§ 168 Abs. 1 S. 2 InsO), die auch in einem Selbsteintritt oder einer Kostenersparnis (§ 168 Abs. 3 InsO) liegen kann. Erfolgt eine solche Gläubigerreaktion, so ist der Insolvenzverwalter zwar nach § 168

Abs. 2 InsO nicht verpflichtet, auf den Vorschlag des Gläubigers einzugehen; er hat ihn jedoch für diesen Fall wirtschaftlich so zu stellen, wie er bei Wahrnehmung der günstigeren Verwertungsmöglichkeit gestanden hätte. Kritik erfährt diese Vorschrift durch die Verkomplizierung der praktischen Abwicklung, insbesondere im Rahmen von Geschäftsfortführungen und en-bloc-Veräußerungen.

14 Vgl. §§ 29 Abs. 1 Nr. 1, 156, 159 InsO.

15 Erfolgt bei Nichtzustandekommen eines Insolvenzplanes oder einer abweichenden Vereinbarung mit dem Absonderungsberechtigten eine Verwertung nicht unverzüglich im Anschluß an den Berichtstermin bzw. nach Ablauf von drei Monaten seit der Anordnung beschränkender Maßnahmen im Rahmen des Insolvenzeröffnungsverfahrens, sind dem absonderungsberechtigten Gläubiger zur Nachteilsausgleichung die laufenden Zinsen entsprechend der Kreditabsprache durch laufende Zahlungen aus der Insolvenzmasse (sonstige Masseverbindlichkeit nach § 55 Abs. 1 Nr. 1 InsO) zu erstatten, soweit mit einer Befriedigung des Gläubigers aus dem Verwertungserlös zu rechnen ist.

Wird die Sache zulässigerweise (§ 170 Abs. 1 InsO) für die Insolvenzmasse weiter benutzt, ist ggf. bei Beeinträchtigung der Sicherung der dadurch entstehende Wertverlust von der Eröffnung des Insolvenzverfahrens an durch laufende Zahlungen auszugleichen.

5. Anerkennung eines Absonderungsrechts durch den nicht verwertungsberechtigten[1] Insolvenzverwalter

An die
Firma ......

in ......   (Ort, Datum)

Insolvenzverfahren über das Vermögen der Frau ......

hier: Geltendmachung eines Absonderungsrechts aus ......
      Ihr Schreiben vom ......

Sehr geehrte Damen,
Sehr geehrte Herren,

in dem vorbezeichneten Insolvenzverfahren bestätige ich zunächst den Eingang Ihres Schreibens vom ......, in welchem Sie auf der Grundlage eines Werkunternehmerpfandrechtes[2], das Sie an dem Pkw der Schuldnerin mit dem amtlichen Kennzeichen, ... (Fahrgestell-Nr.: ......) aufgrund einer Werklohnforderung in Höhe von DM...... aus Reparaturleistungen vom ...... geltend machen, abgesonderte Befriedigung begehren.

Das Werkunternehmerpfandrecht wird von mir anerkannt und berechtigt zur absonderungsweisen Befriedigung.

Da Sie sich im Besitz des Fahrzeuges befinden, darf ich Sie bitten, umgehend die Verwertung nach Maßgabe der Vorschriften über die Pfandrechtsverwertung[3] zu betreiben und über den Verwertungserlös Rechnung zu legen.

Der Erlös dient zur Befriedigung Ihrer Werklohnforderung in Höhe von DM...... zuzüglich Kosten und Zinsen bis zur Verwertung.

Ich weise darauf hin, daß gem. § 170 Abs. 2 InsO aus dem von Ihnen erzielten Verwertungserlös ein Betrag in Höhe der Kosten der Feststellung, die pauschal mit 4% des Verwertungserlöses anzusetzen sind[4] sowie der Umsatzsteuerbetrag neben einem danach verbleibenden Überschuß an die Masse abzuführen ist.

Ich gehe davon aus, daß die Verwertung bis zum ...... abgeschlossen sein kann.

Anderenfalls werde ich erwägen, bei dem Insolvenzgericht zu beantragen, daß Ihnen zur Verwertung eine Frist gesetzt wird, innerhalb der Sie das dem Pfandrecht unterliegende Gut zu verwerten haben. Nach fruchtlosem Fristablauf bin ich alsdann berechtigt, die Verwertung selbst durchführen zu lassen[6].

Mit vorzüglicher Hochachtung

Rechtsanwalt
als Insolvenzverwalter

Anmerkungen

Grundlage des Formulars ist ein Absonderungsrecht, zu dessen Verwertung der Insolvenzverwalter nicht gem. § 166 InsO berechtigt ist, so daß die Verwertungsbefugnis nach § 173 Abs. 1 InsO dem (besitzenden) Absonderungsgläubiger zusteht. **1**

Das Werkunternehmerpfandrecht, das auf gesetzlicher Basis gem. § 647 BGB bzw. bei der Fahrzeugreparatur nach den allgemein üblichen Allgemeinen Geschäftsbedingungen des Reparaturbetriebes als vertragliches Pfandrecht begründet wird, gewährt nach § 50 Abs. 1 InsO ein Recht zur abgesonderten Befriedigung. **2**

Die Verwertung des Pfandrechts richtet sich nach den §§ 1228 ff. BGB. **3**

Sofern der Absonderungsberechtigte zur Selbstverwertung berechtigt ist, ist ein Kostenbeitrag für die Verwertung nicht an die Masse abzuführen, so daß dieser gem. § 170 Abs. 2 InsO lediglich die Feststellungskosten, die § 171 Abs. 1 S. 2 InsO pauschal mit 4% festlegt, zur Masse abzuführen hat. **4**

Die Umsatzsteuererstattung für steuerbare Umsätze ist ebenfalls in § 170 Abs. 2 InsO bei der Selbstverwertung durch den absonderungsberechtigten Gläubiger verankert. **5**

Vgl. zur Umkehr der Verwertungsbefugnis nach Fristsetzung durch das Insolvenzgericht auf Antrag des Verwalters § 173 Abs. 2 InsO. **6**

6. Antrag des Insolvenzverwalters auf Fristsetzung zur Verwertung einer beweglichen Sache (§ 173 Abs. 2 InsO)

Anmerkungen

Auf Formular B. VII. 5. kann verwiesen werden, wobei allerdings die dort genannte Sicherungsübereignung nur dann dem Anwendungsbereich des § 173 Abs. 1 InsO (Eigenverwertung durch den absonderungsbefugten Sicherungsübereignungsempfänger) unterfällt, falls der Sicherungsnehmer bereits in den Besitz des übereigneten Gegenstandes gelangt ist (vgl. § 166 Abs. 1 InsO).

7. Mitteilung der Veräußerungsabsicht eines absonderungsbelasteten Gegenstandes durch den Insolvenzverwalter (§ 168 InsO)

An die
A-AG

in ......   (Ort, Datum)

Insolvenzverfahren über das Vermögen der Firma ......

hier: Mitteilung der Veräußerungsabsicht des zu Ihren Gunsten sicherungsübereigneten Gabelstaplers mit der Fabrik-Nr.: ......

Sehr geehrte Damen,
Sehr geehrte Herren,

in meiner Eigenschaft als Insolvenzverwalter in dem vorbezeichneten Insolvenzverfahren teile ich mit, daß ich im Rahmen meines Verwertungsrechtes an dem zu Ihren Gunsten sicherungsübereigneten Gabelstapler beabsichtige, diesen an einen Investor zum Kaufpreis von DM ...... zuzüglich gesetzlicher Umsatzsteuer zu veräußern.

Es wird Ihnen hiermit gem. § 168 Abs. 1 S. 2 InsO Gelegenheit gegeben, binnen einer Woche auf eine andere, günstigere Möglichkeit der Verwertung des Gabelstaplers hinzuweisen. Die andere Verwertungsmöglichkeit kann nach dem Gesetz auch darin bestehen, daß der Gabelstapler von Ihnen zu den oben genannten Bedingungen selbst übernommen wird.

Sollte innerhalb einer Woche nach Zugang dieses Schreibens kein entsprechender Hinweis erfolgen, werde ich die Verwertung wie angekündigt betreiben. Aus dem Verwertungserlös werde ich sodann die Kosten der Feststellung des Gegenstandes sowie Ihres Absonderungsrechtes mit pauschal 4 v. H. des Verwertungserlöses, die Kosten der Verwertung mit pauschal 5 v. H. des Verwertungserlöses sowie die abzuführende Umsatzsteuer aus der Sicherheitenverwertung nach Maßgabe der gesetzlichen Vorschriften der §§ 170 f. InsO für die Insolvenzmasse vereinnahmen. Den Restbetrag werde ich sodann unter Anrechnung der von Ihnen reklamierten Forderung nach Benennung einer entsprechenden Kontoverbindung an Sie abführen. Entsprechendes gilt für den Fall eines beabsichtigten Selbsteintritts durch Sie.

Ich weise ausdrücklich darauf hin, daß diese Ausführungen nur für den Fall des Zustandekommens des in Aussicht genommenen Verwertungsgeschäftes Geltung beanspruchen.

Mit vorzüglicher Hochachtung

Rechtsanwalt
als Insolvenzverwalter

Anmerkungen

Siehe hierzu zunächst die Anmerkungen 1, 13 zu Formular B. VIII. 4.

Vor Verwertung eines absonderungsbefangenen beweglichen Gegenstandes, der sich im Verwalterbesitz befindet, muß der Insolvenzverwalter seinen Mitteilungspflichten nach § 168 InsO genügen. Es bietet sich an, in diesem Mitteilungsschreiben bereits auf die weiteren Rechtsfolgen hinsichtlich des Verfahrenskostenbeitrages der Absonderungsgläubiger hinzuweisen.

8. (Stufen-)Klage eines aus- und absonderungsberechtigten Gläubigers gegen den Insolvenzverwalter

Anmerkungen

Das Formular B. VII. 6. behält auch hier Geltung.

Darauf hinzuweisen ist lediglich, daß der Auskunftsanspruch nunmehr in § 167 InsO gesetzlich normiert ist.

9. Klage gegen den Insolvenzverwalter wegen Vereitelung von Aussonderungsansprüchen

Anmerkungen

Auf Formular B. VII. 7. kann Bezug genommen werden. Sachliche Abweichungen bestehen nicht.

10. Vereinbarung über die Errichtung eines Sicherheitenpools

Anmerkungen

Auf das Formular B. VII. 8. Kann Bezug genommen werden.

Darauf hinzuweisen ist, daß die sich im Pool zusammenschließenden Gläubiger dem Pool nicht mehr Rechtsbefugnisse übertragen können, als ihnen außerhalb der Poolverbindung zustehen.

Das bedeutet, daß im Geltungsbereich der InsO dem Verwertungsrecht des Insolvenzverwalters nach § 166 InsO bei der Vertragsgestaltung in Abweichung zum Formular B. V. 8. Rechnung zu tragen ist. Insbesondere sind hier die Auskunftsansprüche (§ 167 InsO) sowie eventuelle Maßstäbe zum Selbsteintritt nach Mitteilung der Verwertungsabsicht des Insolvenzverwalters (§ 168 Abs. 3 S. 1 InsO) zu regeln.

IX. Abwicklung von laufenden Geschäften im Konkurs-/ Gesamtvollstreckungsverfahren

1. Erfüllungswahl eines gegenseitigen Vertrages durch den Konkursverwalter

An die
Firma . . . . . .   (Ort, Datum)

Konkursverfahren über das Vermögen der Firma . . . . . .

hier: Erfüllung des zwischen Ihnen und der Gemeinschuldnerin bestehenden Kaufvertrages vom . . . . . .

Sehr geehrte Damen,
Sehr geehrte Herren,

hiermit gebe ich Ihnen davon Kenntnis, daß durch Beschluß des Amtsgerichts – Konkursgerichts – . . . . . . vom . . . . . . das Konkursverfahren über das Vermögen der o. a. Gesellschaft eröffnet und der Unterzeichner zum Konkursverwalter ernannt wurde.

Eine Ausfertigung der Konkursverwalterbestallungsurkunde und des Konkurseröffnungsbeschlusses liegt zu Ihrer Kenntnisnahme in Fotokopie an.

Zwischen Ihnen und der Gemeinschuldnerin besteht ein Kaufvertrag über die Lieferung von Montagezubehör.

Der Kaufvertrag wird von mir in meiner Eigenschaft als Konkursverwalter erfüllt werden. Der geschuldete Kaufpreis von DM . . . . . . wurde zwischenzeitlich aus der Konkursmasse an Sie angewiesen.

Ich darf Sie bitten, das Montagematerial nach vorheriger Terminabsprache mit dem Bauleiter der Gemeinschuldnerin, Herrn . . . . . ., unmittelbar an die Baustelle des Bauvorhabens . . . . . . anzuliefern.

Mit vorzüglicher Hochachtung

Rechtsanwalt
als Konkursverwalter   *Anlagen*

2. Erfüllungsablehnung eines gegenseitigen Vertrages durch den Konkursverwalter

An die
Firma ......   (Ort, Datum)

Konkursverfahren über das Vermögen der Firma ......

hier: Ablehnung der Erfüllung des Kaufvertrages vom ......

Sehr geehrte Damen,
Sehr geehrte Herren,

hiermit gebe ich Ihnen davon Kenntnis, daß durch Beschluß des Amtsgerichts – Konkursgericht – ...... vom ...... das Konkursverfahren über das Vermögen der o. a. Gesellschaft eröffnet und der Unterzeichner zum Konkursverwalter ernannt wurde.

Eine Ausfertigung der Konkursverwalterbestallungsurkunde und des Konkurseröffnungsbeschlusses liegt zu Ihrer Kenntnisnahme in Fotokopie an.

Nach den mir vorliegenden Unterlagen wurde die Gemeinschuldnerin von Ihnen mit Waren gem. Rechnung vom ...... unter Eigentumsvorbehalt beliefert.

In meiner Eigenschaft als Konkursverwalter lehne ich hiermit die Erfüllung des Kaufvertrages ab.

Ich darf Sie bitten, die Waren anläßlich des am ...... auf dem Betriebsgelände der Gemeinschuldnerin stattfindenden Aussonderungstermins in Empfang zu nehmen.

Mit vorzüglicher Hochachtung

Rechtsanwalt
als Konkursverwalter   *Anlagen*

Anmerkungen

Konkursordnung

Nach § 17 Abs. 1 S. 1 KO kann der Konkursverwalter, wenn ein zweiseitiger Vertrag zur Zeit der Konkurseröffnung von dem Gemeinschuldner und von dem anderen Teil nicht oder nicht vollständig erfüllt ist, anstelle des Gemeinschuldners den Vertrag erfüllen und die Erfüllung von dem anderen Teil verlangen.

§ 17 KO gilt nur für gegenseitige, im synallagmatischen Austauschverhältnis stehende Verträge i. S. der §§ 320 ff. BGB, d. h. für solche, die auf Leistung und Gegenleistung gerichtet sind. Nicht von § 17 KO erfaßt werden einseitige Verträge, wie etwa die Schenkung (§ 516 BGB).

Die von § 17 KO erfaßten Verträge werden durch die Konkurseröffnung weder aufgelöst noch wird durch sie dem Vertragspartner des Gemeinschuldners ein Rücktrittsrecht gewährt. Durch die Verfahrenseröffnung erlöschen vielmehr nur die gegenseitigen Erfüllungsansprüche aus dem nicht oder nicht vollständig erfüllten

Vertrag (BGH ZIP 1996, 337, 338; BGH ZIP 1995, 926, 927; BGH NJW 1992, 507, 508). An die Stelle des gegenseitigen Erfüllungsanspruchs tritt der als einfache Konkursforderung geltend zu machende Schadensersatzanspruch des anderen Teil wegen Nichterfüllung, § 26 S. 2 KO (*Kuhn/Uhlenbruck* § 17 Rdn. 1).

Voraussetzung ist weiterhin, daß der Vertrag zum Zeitpunkt der Konkurseröffnung noch nicht von beiden Seiten erfüllt ist; entscheidend ist der Eintritt des Leistungserfolges.

Lehnt der Konkursverwalter die Erfüllung ab, kommt der Ablehnungserklärung keine rechtsgestaltende Wirkung zu; sie hat lediglich deklaratorisch Bedeutung (BGH NJW 1992, 507, 508; BGH ZIP 1989, 171, 173; *Kuhn/Uhlenbruck* § 17 Rdn. 11).

Wählt der Konkursverwalter die Erfüllung, werden durch das Erfüllungsverlangen die zunächst untergegangenen Hauptleistungspflichten neu begründet (BGH ZIP 1995, 926, 927; BGH ZIP 1992, 48; OLG Düsseldorf ZIP 1996, 337). Dies hat zur Folge, daß der aus der Erfüllungswahl des Konkursverwalters entstehende Erfüllungsanspruch des Vertragspartners nach Konkurseröffnung neuerlich entsteht und somit die Gegenleistung im vollen Umfange der Masse zufließt, ohne daß hiergegen mit vorkonkurslich begründeten Forderungen die Aufrechnung erklärt werden kann (Mohrbutter/Mohrbutter, III. 75, S. 75). Bei dem Erfüllungsanspruch des Vertragspartners handelt es sich um eine wieder aufgelebte Masseschuld nach § 59 Abs. 1 Nr. 2 KO (OLG Düsseldorf OLG-Report 1995, 58). Inhalt und Umfang der vertraglichen Pflichten richten sich dabei nach dem ursprünglichen Vertragsverhältnis im Zeitpunkt der Konkurseröffnung.

Auch im Konkurs des Eigentumsvorbehaltskäufers steht dem Konkursverwalter das Wahlrecht aus § 17 KO zu (*Jaeger/Henckel* § 17 Rdn. 56). Der Verwalter wird regelmäßig dann die Erfüllung wählen, wenn nur noch geringe Kaufpreisraten offenstehen. Lehnt er die Erfüllung ab, kann der Eigentumsvorbehaltsverkäufer aufgrund seines bestehenden Aussonderungsrechts (§ 43 KO) die Herausgabe nach § 985 BGB verlangen, da der Verwalter dann aus dem Kaufvertrag kein Recht mehr zum Besitz hat (BGHZ 10, 69, 72).

Gesamtvollstreckungsordnung

§ 9 Abs. 1 S. 1 GesO entspricht § 17 Abs. 1 S. 1 KO. Abweichungen zur Konkursordnung ergeben sich nicht.

3. Kündigung eines Energielieferungsvertrages durch den Konkursverwalter

An die
Gas-, Wasser- und Elektrizitäts AG   (Ort, Datum)

Konkursverfahren über das Vermögen der Firma ......

hier: Kündigung des Energielieferungsvertrages
Ihr Zeichen: ......

Sehr geehrte Damen,
Sehr geehrte Herren,

hiermit gebe ich Ihnen davon Kenntnis, daß durch Beschluß des Amtsgerichts – Konkursgerichts – ...... vom ...... das Konkursverfahren über das Vermögen der o. a. Gesellschaft eröffnet und der Unterzeichner zum Konkursverwalter ernannt wurde.

Eine Ausfertigung der Konkursverwalterbestallungsurkunde und des Konkurseröffnungsbeschlusses liegt zu Ihrer Kenntnisnahme in Fotokopie an.

In meiner Eigenschaft als Konkursverwalter lehne ich hiermit gem. § 17 KO die Erfüllung des zur Gemeinschuldnerin bestehenden Energie- und Wasserlieferungsvertrages ab.

Ich darf Sie daher bitten, umgehend die Zählerstände abzulesen und stelle anheim, die noch bis zum Zeitpunkt der Konkurseröffnung enstandenen Kosten unmittelbar bei dem Amtsgericht – Konkursgericht – ...... zu der o. a. Geschäfts-Nr. zur Konkurstabelle anzumelden.

Mit vorzüglicher Hochachtung

Rechtsanwalt
als Konkursverwalter   *Anlagen*

4. Kündigung von Fernmeldeanschlüssen durch den Konkursverwalter

Deutsche Telekom AG

in ......
              (Ort, Datum)

Konkursverfahren über das Vermögen der Firma ......

hier: Kündigung der Fernmeldeanschlüsse ......
Fernmeldekonto-Nr. ......

Sehr geehrte Damen,
Sehr geehrte Herren,

hiermit gebe ich Ihnen davon Kenntnis, daß durch Beschluß des Amtsgerichts

– Konkursgerichts – ...... vom ...... das Konkursverfahren über das Vermögen der o. a. Gesellschaft eröffnet und der Unterzeichner zum Konkursverwalter ernannt wurde.

Eine Ausfertigung der Konkursverwalterbestallungsurkunde und des Konkurseröffnungsbeschlusses liegt zu Ihrer Kenntnisnahme in Fotokopie an.

In meiner Eigenschaft als Konkursverwalter lehne ich hiermit die Erfüllung des Vertrages ab und kündige nach § 19 KO zugleich die o. a. Verträge mit sofortiger Wirkung.

Ich stelle anheim, die bis zum Zeitpunkt der Konkurseröffnung entstandenen Gebühren unmittelbar bei dem Amtsgericht – Konkursgericht – ...... zu der o. a. Geschäfts-Nr. zur Konkurstabelle anzumelden.

Mit vorzüglicher Hochachtung

Rechtsanwalt
als Konkursverwalter   *Anlagen*

Anmerkungen

Das außerordentliche Kündigungsrecht nach § 19 KO gilt auch für das mietähnliche Fernsprechteilnehmerverhältnis (Mohrbutter/Mohrbutter, S. 97, III. 144).

5. Kündigung eines Mietverhältnisses durch den Konkursverwalter

An die
Firma ......

                                                            (Ort, Datum)

Konkursverfahren über das Vermögen des Herrn ......

hier: Kündigung des Mietvertrages über die in ......
      gelegene Gewerbefläche

Sehr geehrte Damen,
Sehr geehrte Herren,

hiermit gebe ich Ihnen davon Kenntnis, daß durch Beschluß des Amtsgerichts – Konkursgerichts – ...... vom ...... das Konkursverfahren über das Vermögen des Herrn ...... eröffnet und der Unterzeichner zum Konkursverwalter ernannt wurde.

Eine Ausfertigung der Konkursverwalterbestallungsurkunde und des Konkurseröffnungsbeschlusses liegt zu Ihrer Kenntnisnahme in Fotokopie an.

Zwischen Ihnen und dem Gemeinschuldner besteht ein bis zum ...... befristetes Mietverhältnis über eine in ...... gelegene Gewerbefläche.

In meiner Eigenschaft als Konkursverwalter kündige ich hiermit das bestehende Vertragsverhältnis nach § 19 KO fristgerecht zum ...... (gesetzliche Kündigungsfrist).

Mit vorzüglicher Hochachtung

Rechtsanwalt
als Konkursverwalter   *Anlagen*

Anmerkungen

Konkursordnung

War der Gemeinschuldner Mieter und die Mietsache ihm bereits überlassen, können nach § 19 S. 1 KO sowohl der Vermieter als auch der Konkursverwalter das Mietverhältnis kündigen. Die Kündigungsfrist ist, falls nicht eine kürzere bedungen ist, die gesetzliche (§ 19 S. 2 KO). Vertragliche Vereinbarungen, die das Kündigungsrecht im Konkurs einschränken, sind unwirksam; zulässig sind allerdings sog. „Lösungsklauseln" für den Insolvenzfall (*Kilger/K. Schmidt* § 19 Anm. 4).

Macht der Konkursverwalter von seinem Kündigungsrecht Gebrauch, hat er den bis zum Auslaufen der Kündigungsfristen entstehenden Mietzins als Masseschuld (§ 59 Abs. 1 Nr. 2 KO) zu entrichten. Dies gilt selbst dann, wenn er das Mietobjekt vorzeitig räumt und an den Vermieter herausgibt (OLG Düsseldorf KTS 1968, 189). Die vor Konkurseröffnung entstandenen Mietrückstände sind demgegenüber einfache Konkursforderungen i. S. des § 61 Abs. 1 Nr. 6 KO. Bei einer vom Verwalter ausgesprochenen Kündigung ist der Vermieter berechtigt, Ersatz des ihm durch die Aufhebung des Mietverhältnisses entstandenen Schadens zu verlangen (§ 19 S. 3 KO). Auch hier handelt es sich um eine einfache Konkursforderung (§ 26 S. 2 KO). Kündigt der Vermieter, steht ihm der Ersatzanspruch nach § 19 S. 3 KO nicht zu (BGH ZIP 1984, 1114, 1117).

Verweigert der Konkursverwalter die Herausgabe der Mietsache, ist zu unterscheiden. War das Mietverhältnis schon vor Konkurseröffnung beendet, kann der Vermieter den Anspruch auf Nutzungsentschädigung wegen verspäteter Rückgabe nach § 557 BGB nur als einfache Konkursforderung geltend macht (BGH ZIP 1993, 1874, 1875), etwas anderes gilt nur im Falle vorsätzlicher Besitzentziehung (BGH ZIP 1995, 1204). Hier kommen bereicherungsrechtliche Erstattungsansprüche wegen entgangener Nutzung in Betracht, die als Masseschulden nach § 59 Abs. 1 Nr. 4 KO auszugleichen sind. Wird das Mietverhältnis erst mit oder nach Konkurseröffnung aufgelöst, ist bei verspäteter Rückgabe der Mietsache durch den Verwalter der Anspruch nach § 557 BGB eine Masseschuld nach § 59 Abs. 1 Nr. 2 KO (BGHZ 90, 145, 150).

Zur Sicherung der rückständigen Mietzinsen für das letzte Jahr vor Konkurseröffnung gewährt § 49 Abs. 1 Nr. 2 KO das Vermieterpfandrecht dem Vermieter ein Absonderungsrecht. Dieses hindert den Konkursverwalter allerdings nicht an der Verwertung der von der Gemeinschuldnerin eingebrachten Sachen (§ 127 Abs. 1 S. 2 KO), insbesondere kann der Vermieter nicht ihrer Entfernung widersprechen (BGH ZIP 1995, 1204. 1210). Seine Rechte setzen sich vielmehr als Ersatzabsonderungsanspruch analog § 46 KO am Erlös fort. Wird der Anspruch durch den Konkursverwalter vereitelt, kommen Schadensersatzansprüche nach § 82 KO in Betracht (OLG Düsseldorf ZIP 1990, 1014. 1015).

War dem Gemeinschuldner die Mietsache noch nicht überlassen, kann der Vermieter nach § 20 Abs. 1 KO vom Vertrag zurücktreten. Tritt er nicht zurück, hat er sich hierüber nach Aufforderung durch den Verwalter zu erklären (§ 20 Abs. 2 S. 1 KO). Unterläßt er dies, hat der Verwalter das Wahlrecht nach § 17 KO (§ 20 Abs. 2 S. 2 KO).

War der Gemeinschuldner Vermieter und hat er dem Mieter die Mietsache bereits vor Konkurseröffnung überlassen, so ist das Mietverhältnis gegenüber der Masse wirksam (§ 21 Abs. 1 KO). Dem Mieter ist daher vom Verwalter der Gebrauch der Mietsache zu überlassen (§§ 535, 536 BGB), der Mieter zur Entrichtung des Mietzinses an die Masse verpflichtet (§§ 535, 551 BGB). Etwaige Mietrückstände sind vom Verwalter einzuziehen.

Nach § 21 Abs. 2 KO ist eine Vorausverfügung, die der Gemeinschuldner vor der Eröffnung des Verfahrens über den auf die spätere Zeit entfallenden Teil des Mietzinses getroffen hat, insbesondere über dessen Einziehung, der Konkursmasse gegenüber nur insoweit wirksam, als sich die Verfügung auf den Mietzins für das zur Zeit der Eröffnung des Verfahrens laufende Kalendervierteljahr bezieht; erfolgt die Konkurseröffnung innerhalb des letzten halben Monats eines Kalendervierteljahres, so ist die Verfügung auch insoweit wirksam, als sie sich auf den Miet- oder Pachtzins für das folgende Kalendervierteljahr bezieht. Mit dieser Regelung soll den Konkursgläubigern ein ähnlicher Schutz wie den Hypothekengläubigern nach § 1124 BGB gewährt werden (RGZ 127, 118). Der rechtsgeschäftlichen Verfügung des Gemeinschuldners steht daher die Pfändung eines persönlichen – nicht dinglichen – Gläubigers gleich (Kuhn/Uhlenbruck § 21 Rdn. 7). Soweit die Entrichtung des Mietzinses der Masse gegenüber wirksam ist, kann der Mieter gegen eine Mietzinsforderung der Masse eine ihm gegenüber dem Gemeinschuldner zustehende Forderung aufrechnen (§ 21 Abs. 3 KO). Ein vertraglich vereinbartes Aufrechnungsverbot verliert mit der Verfahrenseröffnung seine Wirksamkeit (BGHZ 89, 189, 194 ff.). Wird der Mieter den Mietzins erst nach Verfahrenseröffnung schuldig, greift allerdings das Aufrechnungsverbot des § 55 Abs. 1 Nr. 1, 2 KO.

Eine vom Konkursverwalter vorgenommene freiwillige Veräußerung eines vom Gemeinschuldner vermieteten Grundstücks wirkt, sofern das Grundstück dem Mieter vor Verfahrenseröffnung überlassen war, auf das Mietverhältnis wie eine Zwangsversteigerung (§ 21 Abs. 4 S. 1 KO). Der Grundstückserwerber kann daher entsprechend §§ 57, 57a ZVG das Mietverhältnis unter Einhaltung der gesetzlichen Frist zum erstzulässigen Termin kündigen. Der hieraus folgende Schadensersatzanspruch des Mieters ist lediglich eine einfache Konkursforderung (RGZ 67, 372; *Kuhn/Uhlenbruck* § 21 Rdn. 16).

Die §§ 19 bis 21 KO beziehen sich auf alle Rechtsverhältnisse, auf welche die für Miete oder Pacht geltenden Bestimmungen direkt oder indirekt anwendbar sind (vgl. hierzu die Übersicht bei *Kilger/K. Schmidt* § 19 Anm. 2).

Gesamtvollstreckungsordnung

Miet- und Pachtverhältnisse bestehen nach Eröffnung des Gesamtvollstreckungseröffnungsverfahrens grundsätzlich fort (§ 9 Abs. 3 S. 1 GesO). Im Gegensatz zu § 19 KO hat, wenn der Schuldner Mieter ist, nur der Verwalter das Recht, die weitere Erfüllung abzulehnen und das Vertragsverhältnis, unabhängig von einer vereinbarten Kündigungsfrist, unter Einhaltung der gesetzlichen Frist zu kündigen (§ 9 Abs. 3 S. 2 GesO). Die bis zum Auslaufen der Kündigungsfrist entstehenden Ansprüche sind vom Verwalter vorab zu begleichen (§ 13 Abs. 1 Nr. 1 GesO).

Eine dem § 20 KO entsprechende Regelung sieht die Gesamtvollstreckungsordnung nicht vor, so daß der Verwalter, sofern die Mietsache dem Schuldner noch nicht überlassen war, die Möglichkeit der Erfüllungswahl nach § 9 Abs. 1 S. 1 GesO hat (*Haarmeyer/Wutzke/Förster* § 9 Rdn. 74).

War der Schuldner Vermieter, scheidet ein Kündigungsrecht des Verwalters nach § 9 Abs. 3 S. 2 GesO aus; es gelten hier die allgemeinen Regelungen zur Auflösung von Mietverhältnissen (*Haarmeyer/Wutzke/Förster* a.a.O.).

Da es in der Gesamtvollstreckungsordnung an einer dem § 21 Abs. 3 KO entsprechenden Regelung fehlt, richtet sich die Aufrechnungsbefugnis des Mieters nach § 7 Abs. 4 GesO.

6. Kündigung eines Leasingvertrages durch den Konkursverwalter

An die
Firma ......   (Ort, Datum)

Konkursverfahren über das Vermögen der Firma ......

hier: Kündigung des Leasingvertrages vom ...... Vertrags-Nr. ......

Sehr geehrte Damen,
Sehr geehrte Herren,

hiermit gebe ich Ihnen davon Kenntnis, daß durch Beschluß des Amtsgerichts – Konkursgerichts – ...... vom ...... das Konkursverfahren über das Vermögen der o. a. Gesellschaft eröffnet und der Unterzeichner zum Konkursverwalter ernannt wurde.

Eine Ausfertigung der Konkursverwalterbestallungsurkunde und des Konkurseröffnungsbeschlusses liegt zu Ihrer Kenntnisnahme in Fotokopie an.

Die Gemeinschuldnerin hat von Ihnen einen Pkw, Marke ......, durch schriftlichen Leasingvertrag vom ...... geleast.

In meiner Eigenschaft als Konkursverwalter kündige ich hiermit das bestehende Vertragsverhältnis nach § 19 KO fristgerecht zum ...... (gesetzliche Kündigungsfrist).

Ich darf Sie bitten, das Fahrzeug unverzüglich nach vorheriger Terminabsprache in Empfang zu nehmen.

Mit vorzüglicher Hochachtung

Rechtsanwalt
als Konkursverwalter   *Anlagen*

Anmerkungen

Konkursordnung

Es entspricht allgemeiner Auffassung, daß § 19 KO auch auf Leasingverträge Anwendung findet (BGH NJW 1994, 516, 517; BGH NJW 1990, 1113, 1116; BGH

253

NJW 1978, 1383, 1384; Jaeger/Henckel § 19 Rdn. 17). Im Konkurs des Leasingnehmers gelten daher zunächst die Anmerkungen zu Formular B. VI. 6. entsprechend. Der Leasingvertrag besteht daher im eröffneten Konkurs weiter fort, kann
aber sowohl vom Konkursverwalter als auch vom Leasinggeber mit der gesetzlichen
oder vertraglich vereinbarten kürzeren Kündigungsfrist gekündigt werden (§ 19
Abs. 1 S. 1 KO). Nach Treu und Glauben kann das Kündigungsrecht des Leasinggge-
bers ausgeschlossen sein, wenn der Konkursverwalter des Leasingnehmers auf die
Nutzung des Leasinggegenstandes angewiesen ist und sich weiterhin vertragstreu
verhält, d. h. die nach Konkurseröffnung fällig werdenden Leasingraten ausgleicht
(Jaeger/Henckel § 19 Rdn. 6). Eine Einschränkung erfährt es weiterhin dann, wenn
dem Leasingnehmer eine Verlängerungs- oder Kaufoption eingeräumt ist, deren
u. U. massemehrende Ausübung durch den Konkursverwalter durch die Kündigung
des Leasinggebers vereitelt werden könnte (*Kilger/K. Schmidt* § 19 Anm. 2; *Jaeger/
Henckel* § 19 Rdn. 18, 20).

Macht der Konkursverwalter von seinem Kündigungsrecht Gebrauch, hat er
gleichwohl bis zum Auslaufen der Kündigungsfristen die Leasingraten an den Leasinggeber zu entrichten; es handelt sich hierbei um eine Masseschuld nach § 59
Abs. 1 Nr. 2 KO (BGH ZIP 1993, 1874, 1877). Die vor Konkurseröffnung entstandenen, rückständigen Leasingraten sind demgegenüber einfache Konkursforderungen. Wird ein (Kfz-)Leasingvertrag vom Konkursverwalter nach § 19 KO gekündigt
und die vom Gemeinschuldner geleistete Leasingsonderzahlung zum Teil an den
Verwalter zurückgezahlt, zählt der daraus fließende Vorsteuerberichtigungsanspruch
des Finanzamts zu den Massekosten nach § 58 Nr. 2 KO (BFH ZIP 1996, 465, 466).

Die Kündigung des Leasingvertrages durch den Verwalter berechtigt den Leasinggeber zur Geltendmachung des Schadensersatzanspruchs des § 19 S. 3 KO. Auch
hier handelt es sich um eine einfache Konkursforderung (§ 26 S. 2 KO). Ob Pau-
schalierungen über die Höhe der Ersatzforderungen zulässig sind, ist strittig (vgl. die
Übersicht bei *Mohrbutter/Mohrbutter*, III. 199, S. 116).

Kündigt der Leasinggeber, steht ihm der Schadensersatzanspruch nach § 19 S. 3
KO nach wohl herrschender Meinung nicht zu (*Kilger/K. Schmidt* § 19 Anm. 8;
Pape WPrax 1994 Heft 13, S. 9; offenlassend: BGH ZIP 1984, 1114, 1118).

Kommt es zu einer verspäteten Rückgabe des Leasinggegenstandes bei einer nach
Konkurseröffnung ausgesprochenen Kündigung, so hat der Konkursverwalter die
ursprünglich vereinbarten Leasingraten nach § 557 Abs. 1 BGB als Nutzungsentschädigung weiter zu zahlen (*Kuhn/Uhlenbruck* § 19 Rdn. 28); es handelt sich hierbei
um eine Masseschuld nach § 59 Abs. 1 Nr. 2 KO. Im Falle der Kündigung ist der
Leasinggeber zur Aussonderung des Leasinggegenstandes nach § 43 KO berechtigt,
da er Eigentümer der Leasingsache geblieben ist.

War dem Gemeinschuldner der Leasinggegenstand noch nicht übergeben, kann
der Leasinggeber nach § 20 Abs. 1 KO vom Vertrag zurücktreten. Tritt er nicht zurück, hat er sich hierüber nach Aufforderung durch den Verwalter zu erklären (§ 20
Abs. 2 S. 1 KO). Unterläßt er dies, hat der Verwalter das Wahlrecht nach § 17 KO
(§ 20 Abs. 2 S. 2 KO).

Gerät der Lieferant des Leasinggegenstandes in Konkurs, wird der Leasingnehmer
im Verhältnis zum Leasinggeber von der Pflicht zur Zahlung der Leasingraten frei,
wenn er aufgrund der Insolvenz des Herstellers oder Lieferanten seinen Wandlungs-
anspruch gegen den sich freigezeichneten Leasinggeber nicht mehr durchsetzen
kann. Er ist dann so zu stellen, als habe er die Wandlung vollzogen (BGH ZIP 1990,
175, 177).

Im Konkurs des Leasinggebers findet § 21 KO uneingeschränkt Anwendung, vgl.
hierzu Formular B. VI. 6.. Die Wirksamkeit des Leasingvertrages bleibt durch die

Konkurseröffnung unberührt (§ 21 Abs. 1 KO). Der Verwalter hat daher dem Leasingnehmer den Leasinggegenstand zu belassen, der Leasingnehmer ist zur Entrichtung der Leasingraten an die Masse verpflichtet.

War der Gegenstand noch nicht übergeben, findet § 17 KO Anwendung (*Jaeger/Henckel* § 21 Rdn. 3), d. h. die Erfüllungsansprüche sind zunächst durch die Verfahrenseröffnung erloschen und werden durch die Erfüllungswahl des Konkursverwalters wieder neu begründet (vgl. Anmerkungen zu Formular B. VI. 1. und B. VI. 2.).

Zur Zulässigkeit der Vorausverfügung über Leasingraten im Konkurs des Leasinggebers vgl. *Mohrbutter/Mohrbutter*, III. 197, S. 115.

Gesamtvollstreckungsordnung

Die Abwicklung von Leasingverträgen vollzieht sich nach § 9 Abs. 3 GesO; insoweit kann auf die Ausführungen in Formular B. IX. 6. Bezug genommen werden. Das Recht zur Aussonderung des Leasinggebers im Konkurs des Leasingnehmers bei Kündigung durch den Verwalter folgt aus § 12 Abs. 1 S. 1 GesO.

7. Mitteilung von der Konkurseröffnung durch den Konkursverwalter bei einem Geschäftsbesorgungsvertrag

Herrn Steuerberater

...... (Ort, Datum)

Konkursverfahren über das Vermögen der Firma ......

hier: Herausgabe der buchhalterischen Unterlagen der Gemeinschuldnerin für den Zeitraum ......
Ihr Zeichen: ......

Sehr geehrter Herr Steuerberater ......,

hiermit gebe ich Ihnen davon Kenntnis, daß durch Beschluß des Amtsgerichts – Konkursgerichts – ...... vom ...... das Konkursverfahren über das Vermögen der o. a. Gesellschaft eröffnet und der Unterzeichner zum Konkursverwalter ernannt wurde.

Eine Ausfertigung der Konkursverwalterbestallungsurkunde und des Konkurseröffnungsbeschlusses liegt zu Ihrer Kenntnisnahme in Fotokopie an.

Nach den mir vorliegenden Unterlagen wurde die Gemeinschuldnerin von Ihnen steuerlich betreut.

Ich weise darauf hin, daß mit der Konkurseröffnung der zwischen Ihnen und der Gemeinschuldnerin bestehende Geschäftsbesorgungsvertrag nach § 23 Abs. 2 KO kraft Gesetzes erloschen ist.

Ich darf Sie daher bitten, mir sämtliche Ihnen von der Gemeinschuldnerin übergebenen Steuerunterlagen zur Verfügung zu stellen.

Das Mandatsverhältnis bitte ich abzurechnen und einen ggf. noch nicht verbrauchten Gebührenvorschuß auf das von mir bei der ...... Bank AG eingerichtete Konkurstreuhandkonto mit der Nr. ...... zu überweisen.

Etwaig noch offen Gebührenansprüche bitte ich unmittelbar bei dem Amtsgericht – Konkursgericht – ...... zu der o. a. Geschäfts-Nr. zur Konkurstabelle anzumelden.

Mit vorzüglicher Hochachtung

Rechtsanwalt
als Konkursverwalter   *Anlagen*

Anmerkungen

Konkursordnung

Nach § 23 KO erlöschen im Konkurs des Geschäftsherrn sämtliche abgeschlossenen
Geschäftsbesorgungsverträge kraft Gesetzes. § 23 KO bezieht sich nur auf Auftragsverhältnisse, die die Konkursmasse betreffen; Auftragsverhältnisse, die das konkursfreie Vermögen oder das persönliche und familienrechtliche Verhältnis des Gemeinschuldners betreffen, werden dadurch nicht berührt (*Kuhn/Uhlenbruck* § 23 Rdn. 4).
Mit dem Erlöschen des Auftrages/Geschäftsbesorgungsvertrages erlischt auch eine
dem Beauftragten erteilte Vollmacht, und zwar auch dann, wenn sie unwiderruflich
war; entsprechendes gilt für eine Prozeßvollmacht (*Kilger/K. Schmidt* § 23 Anm. 8).
Besondere praktische Bedeutung kann die Frage gewinnen, ob und in welchem
Umfange ein Steuerberater ein Zurückbehaltungsrecht wegen noch offener Hono-
rarforderungen an vom Konkursverwalter herausverlangten Unterlagen geltend machen kann. Nach §§ 675, 667 BGB hat der Steuerberater alles, was er zur Ausführung des Auftrages erhalten und aus der Geschäftsbesorgung erlangt hat, an den
Konkursverwalter herauszugeben. Danach ist der Steuerberater zunächst zur Rückgabe der ihm überlassenen Original-Belege des Gemeinschuldners verpflichtet.
Darüber hinaus hat er auch solche Sache herauszugeben, die er in Erfüllung des Ge-
schäftsbesorgungsvertrages von dritter Seite erhalten hat, so etwa ein ihm zugestell-
ten Steuerbescheid des Finanzamts (OLG Hamm ZIP 1987, 1330, 1331). Unter die
Herausgabepflicht fallen auch solche Arbeitsunterlagen, die der Steuerberater selbst
erstellt, um dadurch die von ihm geschuldete Leistung vorzubereiten (so etwa Com-
puterlisten, OLG Stuttgart ZIP 1982, 80, 81). Nicht unter die Vorschrift des § 667
BGB fallen hingegen die eigentlichen vom Steuerberater geschuldeten – im synallagmatischen Austauschverhältnis stehenden – „Arbeitserzeugnisse", wie etwa die
Erstellung eines Jahresabschlusses oder einer Hauptabschlußübersicht (BGH ZIP
1988, 1475; vgl. zur Herausgabe der DATEV-Buchhaltung LG Essen ZIP 1996,
1878; OLG Düsseldorf ZIP 1982, 471, 472). Diese „Erzeugnisse" hat der Steuerberater nicht aus der Geschäftsbesorgung erlangt, sondern stellen vielmehr dessen ge-
schuldetes Arbeitsergebnis dar, welches der Gemeinschuldner zur Erfüllung seiner
steuerlichen Pflichten benötigt. In Betracht kommt hier nur ein vertraglicher Herausgabeanspruch, der allerdings durch die Konkurseröffnung nach § 23 Abs. 2 KO
erloschen ist (BGH ZIP 1988, 1474, 1475). Besteht in dem dargestellten Umfange
ein Herausgabeanspruch des Konkursverwalters, kann der Steuerberater hieran ein
Zurückbehaltungsrecht nicht geltend machen. Da der zwischen dem Steuerberater
und dem Gemeinschuldner bestehende Geschäftsbesorgungsvertrag durch die Konkurseröffnung nach § 23 Abs. 2 KO erloschen ist, scheidet ein Zurückbehaltungsrecht nach § 320 BGB von vornherein aus, da dieses einen zwischen den Parteien
bestehenden gegenseitigen Vertrag voraussetzt. § 273 BGB findet als persönliches

Recht im Konkurs ebenfalls keine Anwendung (OLG Düsseldorf ZIP 1982, 471, 472; Breuer KTS 1995, 1 ff.).

Entsprechendes gilt im Ergebnis auch für Ansprüche des Konkursverwalters gegen den Rechtsanwalt des Gemeinschuldners auf Herausgabe von Handakten und deren Einsichtnahme (BGH NJW 1990, 510, 511).

Gesamtvollstreckungsordnung

Da es an einer dem § 23 KO entsprechenden Regelung in der Gesamtvollstreckungsordnung fehlt, hat der Verwalter nach § 9 Abs. 1 GesO die Erfüllungswahl (*Haarmeyer/Wutzke/Förster* § 9 Rdn. 96; vgl. Anmerkungen zu Formular B. VI. 1. und B. VI. 2.). Die Rechtsfolgen entsprechen denen der KO.

8. Mitteilung von der Konkurseröffnung durch den Konkursverwalter bei einem Girovertrag

An die
...... Bank AG

(Ort, Datum)

Konkursverfahren über das Vermögen der Firma ......

hier: Konto-Nr. ......

Sehr geehrte Damen,
Sehr geehrte Herren,

hiermit gebe ich Ihnen davon Kenntnis, daß durch Beschluß des Amtsgerichts – Konkursgerichts – ...... vom ...... das Konkursverfahren über das Vermögen der o. a. Gesellschaft eröffnet und der Unterzeichner zum Konkursverwalter ernannt wurde.

Eine Ausfertigung der Konkursverwalterbestallungsurkunde und des Konkurseröffnungsbeschlusses liegt zu Ihrer Kenntnisnahme in Fotokopie an.

Durch die Konkurseröffnung ist der zwischen Ihnen und der Gemeinschuldnerin bestehende Girovertrag sowie das damit verbundene Kontokorrentverhältnis nach § 23 KO kraft Gesetzes erloschen.

Ich darf Sie daher bitten, das o. a. Konto abzurechnen und ein etwaig sich danach ergebendes Guthaben auf das von mir bei der ..... Bank AG eingerichtete Konkurstreuhandkonto zu überweisen. Entsprechendes gilt für noch eingehende Gutschriften. Sofern das Konto debitorisch geführt werden sollte, weise ich vorsorglich darauf hin, daß die Möglichkeit der Saldierung mit noch eingehenden Beträgen nach § 55 Nr. 1 KO nicht besteht.

Ich bitte weiterhin um Bekanntgabe, ob die Gemeinschuldnerin bei Ihnen noch weitere Konten, Sparbücher, Depots oder Schließfächer unterhält bzw. unterhalten hat.

Der weiteren Ausführung Ihnen erteilter Daueraufträge widerspreche ich hiermit, Einzugs- und Abbuchungsermächtigungen werden widerrufen. Noch ausgeführte Lastschriften bitte ich, zu retournieren.

Schließlich darf ich um Übersendung sämtlicher Darlehens- und Sicherungsverträge nebst zeitlich zugehöriger Allgemeiner Geschäftsbedingungen,
Grundpfandrechtsbestellungsurkunden, Zweckerklärungen, Grundbuchauszüge etc. in Fotokopie bitten.

Mit vorzüglicher Hochachtung

Rechtsanwalt
als Konkursverwalter   *Anlagen*

Anmerkungen

Konkursordnung

Der Girovertrag ist ein Geschäftsbesorgungsvertrag, der mit der Konkurseröffnung
kraft Gesetzes nach § 23 KO erlischt (OLG Stuttgart ZIP 1994, 222, 224). Entsprechendes gilt für das daneben bestehende Kontokorrentverhältnis (BGHZ 74, 253,
255). Mit dessen Beendigung wird der Anspruch auf einen etwaigen Überschuß
(„kausaler Saldo") fällig (BGHZ 70, 86, 93). Trotz Beendigung des Girovertrages ist
die Bank verpflichtet, nach Verfahrenseröffnung eingehende Zahlungen für den Gemeinschuldner entgegenzunehmen und an den Konkursverwalter weiterzuleiten
(BGH ZIP 1995, 659, 660). Die Möglichkeit zur Aufrechnung mit der Saldoforde-
rung besteht für die Bank wegen § 55 Nr. 1 KO nicht. Mit der Konkurseröffnung
enden auch die vom Gemeinschuldner erteilten Abbuchungsaufträge (*Kuhn/Uhlen-
bruck* § 23 Rdn. 5). Das Widerspruchsrecht im Lastschriftenverfahren geht auf den
Konkursverwalter über. Nach dem von den Spitzenverbänden des Kreditgewerbes
geschlossenen Abkommens ist dies nur innerhalb einer Frist von 6 Wochen möglich
(ZIP 1982, 750ff.).

Gesamtvollstreckungsordnung

Da es an einer dem § 23 KO entsprechenden Regelung in der Gesamtvollstrek-
kungsordnung fehlt, hat der Verwalter nach § 9 Abs. 1 GesO die Erfüllungswahl
(*Haarmeyer/Wutzke/Förster* § 9 Rdn. 96, vgl. hierzu die Anmerkungen zu Formular
B. VI. 1. und B. VI. 2.). Die Rechtsfolgen entsprechen denen der Konkursordnung.
Das Aufrechnungsverbot gilt auch hier (§ 7 Abs. 1 GesO).

9. Forderungseinzug durch den Konkursverwalter

An die
Firma ...... (Ort, Datum)

Konkursverfahren über das Vermögen der Firma ......
hier: Forderung der Gemeinschuldnerin gegen Sie auf Zahlung
von DM..... gem. Rechnung vom ......

Sehr geehrte Damen,
Sehr geehrte Herren,

hiermit gebe ich Ihnen davon Kenntnis, daß durch Beschluß des Amtsgerichts
– Konkursgericht – ...... vom ...... das Konkursverfahren über das Vermögen der o. a. Gesellschaft eröffnet und der Unterzeichner zum Konkursverwalter ernannt wurde.

Eine Ausfertigung der Konkursverwalterbestallungsurkunde und des Konkurseröffnungsbeschlusses liegt zu Ihrer Kenntnisnahme in Fotokopie an.

Nach den mir vorliegenden Unterlagen verschulden Sie der Gemeinschuldnerin aus der Rechnung vom ...... noch einen Betrag von DM ......

In meiner Eigenschaft als Konkursverwalter habe ich Sie daher aufzufordern,
den o. a. Betrag bis spätestens

......

auf das von mir bei der ...... Bank AG eingerichtete Konkurstreuhandkonto
mit der Nr...... zu überweisen, oder aber, wenn die Zahlung verweigert
wird, mir ebenfalls innerhalb der gesetzten Frist die Gründe der Zahlungsverweigerung mitzuteilen.

Rein vorsorglich teile ich mit, daß mit der vorliegenden Zahlungsaufforde-
rung keine Erfüllungserklärung des zwischen Ihnen und der Gemeinschuldnerin bestehenden Vertrages i. S. des § 17 KO verbunden ist, die ich hiermit ausdrücklich ablehne.

Ich weise darauf hin, daß mit der Konkurseröffnung Zahlungen mit befreiender Wirkung nur noch an mich geleistet werden können.

Nach fruchtlosem Fristablauf müssen Sie damit rechnen, daß ich ohne weitere
Aufforderung gerichtliche Hilfe in Anspruch nehmen werde.

Mit vorzüglicher Hochachtung

Rechtsanwalt
als Konkursverwalter *Anlagen*

Anmerkungen

Zum Pflichtenkreis des Konkurs-/Gesamtvollstreckungsverwalters zählt es, Forderungen des Gemeinschuldners geltend zu machen und ggf. gerichtlich einzutreiben.

X. Abwicklung von laufenden Geschäften im Insolvenzverfahren

1. Erfüllungsablehnung eines beidseitig noch nicht vollständig erfüllten gegenseitigen Vertrages durch den Insolvenzverwalter[1]

An die
Firma A.

in ......   (Ort, Datum)

Insolvenzverfahren über das Vermögen der Firma

hier: Ablehnung der Erfüllung des zwischen Ihnen und der Schuldnerin
      am ...... (Datum) geschlossenen Kaufvertrages zu Kaufvertrags-
      Nr.: ......

Sehr geehrte Damen,
Sehr geehrte Herren,

hiermit gebe ich Ihnen davon Kenntnis, daß das Amtsgericht – Insolvenzgericht – ...... durch Beschluß vom ...... das Insolvenzverfahren über das Vermögen der Firma ...... eröffnet und den Unterzeichner zum Insolvenzverwalter bestellt hat.

Der Insolvenzeröffnungsbeschluß sowie die Verwalterbestallungsurkunde sind
in der Anlage zu Ihrer Kenntnisnahme in Fotokopie beigefügt.

Ausweislich der mir vorliegenden Unterlagen haben Sie den oben genannten
Kaufvertrag mit der (nachmaligen) Schuldnerin geschlossen, der bis heute von
beiden Seiten noch nicht erfüllt wurde. Sowohl die Lieferung als auch die
Kaufpreisbegleichung stehen noch vollständig aus.

In meiner Eigenschaft als Insolvenzverwalter lehne ich hiermit die Erfüllung
des Kaufvertrages ab.

Sollten Ihnen aus der Nichterfüllung des Vertrages wirtschaftliche Nachteile
erwachsen, stelle ich anheim, diese – unter Beifügung geeigneter Nachweise –
bei mir zur Insolvenztabelle geltend zu machen[2].

Mit vorzüglicher Hochachtung

Rechtsanwalt
als Insolvenzverwalter   *Anlagen*

Anmerkungen

1 Die Abwicklung laufender Geschäfte ist im Anschluß an die §§ 17 ff. KO nunmehr
geregelt in den §§ 103 ff. InsO.

Im Mittelpunkt der Regelungen stehen beidseitig noch nicht vollständig erfüllte gegenseitige Verträge einerseits sowie Dauerschuldverhältnisse andererseits. Ist ein Vertragsverhältnis bereits vom Vertragspartner des Insolvenzverwalters vollständig erfüllt (Vorleistung), so kann dieser seinen Anspruch auf die Gegenleistung regelmäßig lediglich als (einfacher) Insolvenzgläubiger geltend machen (vgl. § 38 InsO). Ist die Vertragsbeziehung hingegen bereits einseitig vom (nachmaligen) Schuldner erfüllt worden, hat der Vertragspartner ungeachtet der Insolvenzeröffnung die Gegenleistung zur Insolvenzmasse zu erbringen, was vom Insolvenzverwalter mit der Leistungsklage geltend gemacht werden kann.

Für die beidseitig noch nicht vollständig erfüllten gegenseitigen Verträge sowie die Dauerschuldverhältnisse ist methodisch zunächst zu fragen, ob die §§ 103 ff. InsO für bestimmte, enumerativ aufgeführte Vertragsbeziehungen Sonderregelungen enthalten. So ist teilweise bestimmt, daß die Vertragsbeziehung ungeachtet der Insolvenzeröffnung fortbesteht (vgl. etwa § 108 InsO), während andererseits in bestimmten Fällen auch das Erlöschen (vgl. etwa §§ 115 ff.) angeordnet ist. Erst wenn sich eine solche Spezialregelung nicht ermitteln läßt, gilt die Allgemeinvorschrift des § 103 InsO.

Nach § 103 InsO kann der Insolvenzverwalter in systematischer Anlehnung an die Regelung des § 17 KO entscheiden, ob der Vertrag zur Insolvenzmasse erfüllt werden soll.

Bedingung ist zunächst, daß es sich um einen gegenseitigen Vertrag im Sinne der §§ 320 ff. BGB handelt, in dem Leistung und Gegenleistung im synallagmatischen Austauschverhältnis stehen. Weiterhin dürfen beide Seiten ihre Leistungen noch nicht vollständig in das Vermögen des anderen Vertragspartners überführt haben. Hierbei ist regelmäßig der Leistungserfolg, nicht die Leistungshandlung maßgeblich. Umstritten ist, ob der Gesichtspunkt der noch nicht vollständigen Erfüllung greift, wenn es lediglich noch um die Geltendmachung von Rechts-, Sach- oder Werkmängeln geht, was vielfach unter dem Begriffspaar „Erfüllungs- und Gewährschaftstheorie" diskutiert wird (vgl. *Baur/Stürner*, Insolvenzrecht, Rdn. 9. 5.; *Henckel*, FS Wieacker, 1978, S. 366 ff.; *Jaeger/Henckel*, § 17 Rdn. 90 ff.; *Kilger/K. Schmidt*, § 17 Anm. 3 a; *Kuhn/Uhlenbruck*, § 17 Rdn. 18 u).

Liegen die vorgenannten tatbestandlichen Voraussetzungen vor, kann der Insolvenzverwalter wählen, ob er anstelle des Schuldners den Vertrag erfüllen und die Erfüllung vom anderen Teil verlangen will. Dabei hat sich der Insolvenzverwalter allein von wirtschaftlichen Gesichtspunkten leiten zu lassen, mit der Folge, daß er bei für die Masse vorteilhaften Verträgen die Erfüllung wählen wird, wohingegen er bei wirtschaftlich nachteiligen Verträgen die Erfüllung ablehnen wird.

Wählt er die Erfüllung, wird der Anspruch des Vertragspartners zu einem Masseanspruch nach § 55 Abs. 1 Nr. 2 InsO.

Lehnt der Insolvenzverwalter die Vertragserfüllung ab, so kann der Vertragspartner die von ihm bereits erbrachten (Teil-) Leistungen nicht zurückverlangen, sondern nur eine auf Geld gerichtete Schadensersatzforderung wegen Nichterfüllung im Rang einer Insolvenzforderung zur Insolvenztabelle geltend machen (§ 103 Abs. 2 S. 1 InsO).

Um den Vertragspartner nicht über längere Zeit im Ungewissen über das Schicksal der Vertragsbeziehung zu lassen, sieht § 103 Abs. 2 S. 2 InsO vor, daß er den Verwalter zur Ausübung seines Wahlrechtes auffordern kann. Hierauf hat sich der Verwalter unverzüglich, d. h. ohne schuldhaftes Zögern (§ 121 BGB) zu erklären, ob er die Erfüllung verlangen will. Unterläßt er dies, so kann er auf Erfüllung nicht bestehen (§ 103 Abs. 2 S. 3 InsO).

Das dogmatische Verständnis der Vorläufervorschrift des § 17 KO ist umstritten. Da das Wahlrecht des Insolvenzverwalters bei gegenseitigen Verträgen inhaltlich unverändert aus dem geltenden Konkursrecht übernommen wurde (vgl. die Begründung des RegE zu § 117 (BT-Drs. 12/2443, S. 145)) behält dieser Streit auch für das neue Recht Bedeutung.

Nach der inzwischen gefestigten Rechtsprechung des Bundesgerichtshofes bewirkt die Insolvenzeröffnung, daß sämtliche Erfüllungsansprüche, also die Hauptleistungsansprüche, aus dem gegenseitigen Vertrag erlöschen. Diese Rechtsfolge dauert fort, wenn sich der Verwalter nicht positiv erklärt, den Vertrag erfüllen zu wollen. Wählt er hingegen die Erfüllung, leben die Hauptleistungsansprüche der Vertragsbeziehungen mit Wirkung ex nunc wieder auf (vgl. BGHZ 103, 250, 252, 254; 106, 236, 241 ff; 116, 156, 158 ff; BGH ZIP 1989, 1413, 1415; WM 1993, 1057). Mit dieser Sichtweise ist eine Begünstigung der Insolvenzmasse verbunden, weil Gegenrechte oder Absonderungspositionen an den ursprünglichen Erfüllungsansprüchen infolge der Neubegründung durch die gestaltende Vertragserfüllungswahl des Verwalters verloren gehen und damit der Masse nicht entgegenzuhalten sind. Nach der Gegenansicht soll die Eröffnung des Insolvenzverfahrens die Erfüllungsansprüche unbeeinflußt lassen, so daß lediglich die Vertragsablehnung gestaltende Wirkung im Hinblick auf eine Veränderung der Rechtslage zeitigt. Während diese Veränderung der Rechtslage nach der früher vertretenen Ansicht (vgl. *Häsemeyer*, S. 403 m. w. N.) im Untergang der Erfüllungsansprüche liegen sollte, geht eine im Vordringen befindliche Ansicht der Literatur nunmehr auch im Falle der Vertragsablehnung durch den Insolvenzverwalter vom Fortbestand der Erfüllungsansprüche aus, die lediglich nur noch nach Maßgabe insolvenzrechtlicher Vorgaben (§ 38 InsO) verfolgt werden können sollen, bevor sie nach Abschluß des Insolvenzverfahrens nach § 201 Abs. 1 InsO wieder gegen den Schuldner geltend zu machen seien (vgl. hierzu allgemein *Marotzke*, Gegenseitige Verträge im neuen Insolvenzrecht).

Einfluß hat die Entscheidung der Streitfrage zum dogmatischen Verständnis für das Nachforderungsrecht des § 201 Abs. 1 InsO, für den Fortbestand einer bei Verfahrenseröffnung bestehenden Aufrechnungslage, für den Fortbestand einer Vorauszession hinsichtlich des dem (nachmaligen) Schuldner zustehenden Hauptleistungsanspruches, für den Fortbestand akzessorischer Sicherheiten sowie für die Rechtsgrundlage des nach § 103 Abs. 2 S. 1 InsO bestehenden Schadenersatzanspruches des Vertragspartners wegen Nichterfüllung. Obwohl allein die im Vordringen befindliche Literaturansicht in der Lage ist, diese Streitfragen unter Wahrung allgemeiner insolvenzrechtlicher Wertungen zu beantworten, ist für die Praxis wegen der eindeutigen Stellungnahmen des Bundesgerichtshofes die Sichtweise der herrschenden Rechtsprechung im Rahmen der Verfahrensabwicklung zugrundezulegen.

2 Auf Grundlage der herrschenden Rechtssprechung ist der Schadensersatzanspruch wegen Nichterfüllung nach § 103 Abs. 2 S. 1 InsO auf die allgemeinen Vorschriften des bürgerlichen Rechts über gegenseitige Verträge, also die §§ 325 f. BGB, zu stützen.

2. (Teil-)Erfüllungswahl eines beidseitig noch nicht vollständig erfüllten gegenseitigen Vertrages durch den Insolvenzverwalter[1]

An die
Firma A.

in . . . . . .   (Ort, Datum)

Insolvenzverfahren über das Vermögen der Firma . . . . . .

hier: (Teil-)Erfüllungswahl des zwischen Ihnen und der Schuldnerin bestehenden Liefervertrages vom . . . . . . zu Vertrags-Nr.: . . . . . .

Sehr geehrte Damen,
Sehr geehrte Herren,

hiermit gebe ich Ihnen davon Kenntnis, daß das Amtsgericht – Insolvenzgericht – . . . . . . durch Beschluß vom . . . . . . das Insolvenzverfahren über das Vermögen der vorbezeichneten Gesellschaft eröffnet und den Unterzeichner zum Insolvenzverwalter bestellt hat.

Der Insolvenzeröffnungsbeschluß sowie die Verwalterbestallungsurkunde sind in der Anlage zu Ihrer Kenntnisnahme in Fotokopie beigefügt.

Ausweislich der mir vorliegenden Unterlagen haben Sie mit der Schuldnerin den oben geannnten Kaufvertrag über die Lieferung von Montagezubehör geschlossen.

Bereits am . . . . . . erfolgte eine Teillieferung gem. Lieferschein zu Lieferschein-Nr.: . . . . . . Die insoweit am . . . . . . gestellte Teilrechnung über DM . . . . . . wurde von der Schuldnerin noch nicht beglichen.

In meiner Eigenschaft als Insolvenzverwalter wähle ich hinsichtlich des noch ausstehenden Lieferumfanges[2] die Erfüllung des Kaufvertrages. Der geschuldete Restkaufpreis in Höhe von DM . . . . . . wurde zwischenzeitlich von mir über das eingerichtete Insolvenztreuhandkonto zur Anweisung an Sie gebracht.

Ich darf bitten, das Montagematerial nach vorheriger Terminabsprache mit dem Mitarbeiter der Schuldnerin, Herrn . . . . . ., unmittelbar an den Lieferort anzuliefern.

Ich weise vorsorglich darauf hin, daß etwaige Ansprüche aus der teilweisen Nichterfüllung hinsichtlich der bereits erfolgten Lieferung als einfache Insolvenzforderung lediglich zur Insolvenztabelle bei mir geltend gemacht werden können, was ich hiermit anheim stelle[3].

Mit vorzüglicher Hochachtung

Rechtsanwalt
als Insolvenzverwalter   *Anlagen*

Anmerkungen

1 Vgl. zunächst die Anmerkung 1 zu Formular B.X.1.

Die Vorschrift des § 103 InsO wird bei Vorliegen von teilbaren Leistungen durch § 105 InsO ergänzt, wodurch eine Flexibilisierung gegenüber dem alten Recht eintritt. Während auf der Grundlage des bisherigen Rechts die Möglichkeit einer teilweisen Erfüllungswahl nahezu einhellig abgelehnt wurde, kann der Verwalter nunmehr bei einer teilbaren Leistung nur für die bei Verfahrenseröffnung noch ausstehenden Leistungsteile die Erfüllung begehren, so daß auch nur insoweit Masseverbindlichkeiten im Hinblick auf die Gegenforderung des Vertragspartner begründet werden. Damit wird insolvenzrechtlich die Konsequenz aus der Tatsache gezogen, daß der teilweise vorleistende Vertragspartner bereits zum Stichtag der Verfahrenseröffnung gegenüber dem Schuldner „kreditiert" hatte, so daß die Wertung des § 38 InsO bei Teilbarkeit Anwendung findet. Dementsprechend kann der Vertragspartner in dem kreditierten Umfang lediglich als Insolvenzgläubiger am Insolvenzverfahren teilnehmen, so daß er nicht berechtigt ist, die Erfüllung der noch ausstehenden Leistungsteile davon abhängig zu machen, daß seine aus der Zeit vor der Verfahrenseröffnung herrührenden Forderungen befriedigt werden.

Legislatorisches Anliegen der Neuregelung war es insbesondere, die Fälle der Sukzessivlieferungsverträge einer befriedigenden Beantwortung zuzuführen (vgl. die Begründung zu § 119 RegE (BT-Drs 12/2443, S. 145f.)). Die Reichweite des § 105 InsO geht aber weit über dieses Anwendungsfeld hinaus.

Zur Auslegung kann ergänzend auch auf die Kommentierungen zu § 36 Abs. 2 S. 1 VerglO verwiesen werden.

2 Vgl. § 105 S. 1 InsO.

3 Vgl. § 105 S. 1 InsO.

3. Antwortschreiben des Insolvenzverwalters in der Insolvenz des Eigentumsvorbehaltskäufers auf eine Aufforderung des Verkäufers zur Erfüllungswahl vor Durchführung des Berichtstermins[1]

An die
Firma A.

in . . . . . . (Ort, Datum)

Insolvenzverfahren über das Vermögen der Firma . . . . . .

hier: Ihr Herausgabeverlangen hinsichtlich der CNC-Fräsmaschine mit der Maschinen-Nr.:. . . . . .
Ihr Schreiben vom . . . . . .

Sehr geehrte Damen,
Sehr geehrte Herren,

in dem vorbezeichneten Insolvenzverfahren bestätige ich zunächst den Eingang Ihres Schreibens vom . . . . . ., in dem Sie die Herausgabe der unter Eigentumsvorbehalt stehenden Maschine im Wege der Aussonderung[2] begehren, da noch eine Restkaufpreiszahlung in Höhe von DM . . . . . . offensteht.

Wie sich aus dem in der Anlage überreichten Insolvenzeröffnungsbeschluß ergibt, wird der Berichtstermin[3] erst am . . . . . . (Datum) stattfinden.

Nach Maßgabe des Gesetzes (§ 107 Abs. 2 InsO) bin ich in meiner Eigenschaft als Insolvenzverwalter erst im Anschluß an den Berichtstermin verpflichtet, mich zur Erfüllung des Eigentumsvorbehaltskaufes zu erklären[4] . Insbesondere steht auch eine erhebliche Wertminderung der herausverlangten Maschine nicht zu besorgen, zumal auch Ihrerseits nicht auf einen solchen Umstand hingewiesen wurde[5].

Nach Abhaltung des Berichtstermins werde ich daher unaufgefordert auf die Angelegenheit zurückkommen.

Mit vorzüglicher Hochachtung

Rechtsanwalt
als Insolvenzverwalter   *Anlage*

Anmerkungen

Auch bei der Veräußerung eines Gegenstandes unter Eigentumsvorbehalt an den **1** nachmaligen insolvenzbefangenen Vorbehaltskäufer handelt es sich um einen beidseitig noch nicht vollständig erfüllten gegenseitigen Vertrag. Maßgeblich ist nämlich allein der Leistungserfolg (hier: Übereignung, nicht die bloße Vornahme der Erfüllungshandlung).

Dementsprechend findet in der Insolvenz des Eigentumsvorbehaltskäufers die Vorschrift des § 103 Abs. 1 InsO Anwendung, so daß der Insolvenzverwalter das dort statuierte Wahlrecht ausüben kann, vgl. hierzu Anmerkung 1 zu Formular B. X. 1.

Lehnt der Insolvenzverwalter die Erfüllung ab, so steht dem Eigentumsvorbehaltsverkäufer nach § 47 InsO ein Aussonderungsrecht an der Eigentumsvorbehaltsware zu. Zugleich kann er im Rang eines Insolvenzgläubigers Schadensersatz wegen Nichterfüllung verlangen (vgl. § 103 Abs. 2 S. 1 InsO). Eine Aussonderungsbefugnis steht dem Eigentumsvorbehaltsverkäufer auch dann zu, wenn der Insolvenzverwalter trotz Erfüllungswahl der Kaufpreisverpflichtung nicht nachkommt und der Verkäufer vom Vertrag zurücktritt (§§ 455, 346 BGB).

Wählt der Insolvenzverwalter hingegen die Erfüllung, so erwirbt der Schuldner bei vollständiger Tilgung der Kaufpreisraten das Eigentum am Vorbehaltsgut.

Während der Insolvenzverwalter auf eine Aufforderung des anderen Teils zur Ausübung seines Wahlrechtes gem. § 103 Abs. 2 S. 2 InsO unverzüglich seine Erklärung abzugeben hat, ermöglicht § 107 Abs. 2 InsO die Rückstellung des Wahlrechts bis zum Berichtstermin (vgl. §§ 29 Abs. 1 Nr. 1, 156 InsO), sofern es bereits zur Besitzüberlassung an den Schuldner gekommen ist. Eine Ausnahme sieht § 107 Abs. 2 S. 2 InsO lediglich bei einer drohenden Wertminderung vor und der Eigentumsvorbehaltsverkäufer den Verwalter auf diesen Umstand hingewiesen hat. Wie sich aus der Begründung zu § 121 RegE (BT-Drs. 12/2443, S. 146) ergibt, ist hiermit vor allem an leicht verderbliche Waren sowie Saisonartikel gedacht.

Zweck der Regelung ist es, das Vermögen im Besitz des Schuldners zunächst zusammenzuhalten, um Fortführungs- und Sanierungschancen zu wahren, über die sich die Gläubigerversammlung im Berichtstermin schlüssig zu werden hat. Faktisch wird auf diese Weise eine dilatorische Einwendung gegenüber einem Aussonderungsverlangen des Eigentumsvorbehaltsverkäufers begründet.

Noch ungeklärt ist, ob und ggf. welche Folgerungen sich aus § 107 Abs. 2 InsO ergeben, wenn der Eigentumsvorbehaltsverkäufer bereits vor der Verfahrenseröffnung – etwa während der Andauer der vorläufigen Insolvenzverwaltung – vom Kaufvertrag zurücktreten will (§§ 455 Abs. 1 i. d. F. durch Art. 33 Nr. 17 EGInsO, 346 ff. BGB). Dogmatisch gesehen ist in dieser Konstellation bei Zulässigkeit des Rücktrittsverlangens ein Wahlrecht hinsichtlich des zu erfüllenden Kaufvertrages nicht mehr gegeben; eine Erfüllungswahl wäre allein noch im Hinblick auf das beidseitig noch nicht vollständig erfüllte Rückabwicklungsschuldverhältnis (vgl. § 348 BGB) denkbar. Schon jetzt behalten sich die regelmäßig Verwendung findenden Allgemeinen Geschäftsbedingungen ein Rücktrittsrecht beim Eigentumsvorbehaltsverkauf vor, sofern es zur Einleitung eines Insolvenzantragsverfahrens kommt. Der Zielsetzung des zeitweiligen „Verwertungsstops" bis zur Abklärung der Sanierungsaussichten des § 107 Abs. 2 S. 2 InsO kann daher schon allein dadurch vor der Verfahrenseröffnung begegnet werden. Bei Miet- und Pachtverhältnissen hat der Gesetzgeber diese Problematik erkannt und in § 112 InsO eine Kündigungssperre ab der Ausbringung des Insolvenzantrages wegen vormaligen Zahlungsverzuges bzw. Vermögensverschlechterung statuiert. Will man daher den mit dem „Verwertungsstop" des § 107 Abs. 2 S. 1 InsO verbundenen Gesetzeszweck umfassend absichern, muß die Kündigungssperre des § 112 InsO entsprechend auch im Insolvenzantragsverfahren des Eigentumsvorbehaltskäufers gelten.

Für die Insolvenz des Eigentumsvorbehaltsverkäufers stellt § 107 Abs. 1 InsO nunmehr klar, daß das Wahlrecht des Insolvenzverwalters nach § 103 Abs. 1 InsO entgegen der herrschenden Rechtsprechung zum Konkursrecht (vgl. BGHZ 98, 160 ff.) ausgeschlossen ist. Dem Insolvenzverwalter in der Insolvenz des Eigentumsvorbehaltsverkäufers kommen daher lediglich diejenigen Befugnisse zu, die dem Schuldner und Eigentumsvorbehaltsverkäufer auch ohne das Insolvenzverfahren zugekommen wären.

2 Vgl. § 47 InsO.

3 Vgl. §§ 29 Abs. 1 Nr. 1, 156 InsO.

4 Vgl. § 107 Abs. 2 S. 1 InsO.

5 Vgl. § 107 Abs. 2 S. 2 InsO.

4. Geltendmachung eines vormerkungsgeschützten Anspruchs gegenüber dem Insolvenzverwalter

An
Herrn
Rechtsanwalt ......

in ......   (Ort, Datum)

Insolvenzverfahren über das Vermögen der Firma ......

hier: Geltendmachung des vormerkungsgeschützten Übereignungsanspruches hinsichtlich des von den Eheleuten A, ..., gem. notariellem Bauträgervertrag des Notars Dr. B vom ...... (Datum) zu Urkunds-Nr.: ...... (mit)erworbenen Grundbesitzes in ......

Sehr geehrter Herr Kollege,

in dem vorbezeichneten Insolvenzverfahren zeige ich zunächst die anwaltliche Interessenvertretung der Eheleute A an. Die auf mich ausgestellte Vollmacht liegt zu Ihrer Kenntnisnahme an.

Nach den mir vorliegenden Unterlagen hat das Amtsgericht – Insolvenzgericht – ...... durch Beschluß vom ...... das Insolvenzverfahren über das Vermögen der Firma ...... eröffnet und Sie zum Insolvenzverwalter bestellt.

Meine Auftraggeber haben am ......den beigefügten Bauträgervertrag – UR.-Nr....., Notar Dr. B in ...... – mit der nachmaligen Schuldnerin abgeschlossen.

In diesem hatte sich die Schuldnerin verpflichtet, ein im wesentlichen schlüsselfertiges Gebäude auf dem von meinen Mandanten zu erwerbenden Grundbesitz zu errichten.

Laut Ziff....... der notariellen Urkunde wurde zur Sicherstellung des Übereignunganspruches gem. § 433 Abs. 1 S. 1 BGB an der seinerzeit noch nicht vermessenen Teilfläche eine Auflassungsvormerkung für meine Mandantschaft vereinbart und bewilligt, die am ...... auch in das Grundbuch des noch bei dem Grundbuchamt des Amtsgerichts ...... im Grundbuch von ...... zu Bl. ......, Gemarkung ......, Flur ......, Flurstücks-Nr.: ......, lfd. Nr. 1 in Abt. 2 eingetragen wurde. Ein aktueller Grundbuchauszug ist ebenfalls in der Anlage beigefügt.

Nachdem die Vermessung und Neuparzellierung des Grundbesitzes zwischenzeitlich erfolgt ist, bittet meine Mandantschaft darum, kurzfristig verbindliche Vorschläge zum Messungsanerkenntnis, zur Beurkundung der Auflassung und Erteilung der Umschreibungsbewilligung zu unterbreiten.

Um weitere Folgeschäden für meine Mandantschaft aus der Nichtfertigstellung der Bauwerksleistungen zu vermeiden sowie die Eintragung dringend benötigter Grundpfandrechte zur weiteren Finanzierung zu ermöglichen, bitte ich um Verständnis dafür, daß für Ihre Rückäußerung eine Frist bis zum ...... notiert werden muß.

Mit freundlichen, kollegialen Grüßen

Rechtsanwalt   *Anlage*

Anmerkungen

Ist bei einem Grundstücksgeschäft für den Erwerber eine Vormerkung bestellt und im Grundbuch eingetragen worden, so kann der Insolvenzverwalter das durch die Vormerkung gesicherte Recht nicht dadurch vereiteln, daß er die Erfüllung des beidseitig noch nicht vollständig erfüllten gegenseitigen Vertrages ablehnt (§ 106 Abs. 1 InsO in Anlehung an § 24 S. 2 KO). Der gesicherte Anspruch des Vertragspartners ist daher von der Insolvenzmasse zu erfüllen. Dies gilt nach § 106 Abs. 1 S. 2 InsO auch dann, wenn der Schuldner dem Gläubiger gegenüber weitere Verpflichtungen übernommen hat und diese nicht oder nicht vollständig erfüllt sind.

Mangels sachlicher Abweichungen zum bisherigen Recht kann daher weiterführend auf die Standardkommentierung zu §§ 24 KO, 50 Abs. 4 VerglO, 9 Abs. 1 S. 3 GesO verwiesen werden. Hinzuweisen ist lediglich noch darauf, daß der Vormerkungsberechtigte bei Ausübung des Vormerkungsrechts seine Gegenleistung zur Masse zu erbringen ist, so daß in den Fällen des § 106 Abs. 1 S. 2 InsO eine Aufteilung vorzunehmen ist.

5. (Teil-)Erfüllungswahl eines Energielieferungsvertrages durch den Insolvenzverwalter

An die
Gas-, Wasser- und Elektrizitätswerke AG

in ......   (Ort, Datum)

Insolvenzverfahren über das Vermögen der Firma ......

hier: Vertragserklärung zum Energielieferungsvertrag vom ...... **für die Abnahmestelle** ......
   Ihr Zeichen: ......

Sehr geehrte Damen,
Sehr geehrte Herren,

hiermit gebe ich Ihnen davon Kenntnis, daß durch Beschluß des Amtsgerichts – Konkursgerichts – ...... vom ...... das Insolvenzverfahren über das Vermögen der Firma ...... eröffnet und den Unterzeichner zum Insolvenzverwalter ernannt wurde.

Der Insolvenzeröffnungsbeschluß sowie die Verwalterbestallungsurkunde sind in der Anlage zu Ihrer Kenntnisnahme in Fotokopie beigefügt.

In meiner Eigenschaft als Insolvenzverwalter erkläre ich gem. § 105 InsO die Erfüllungswahl hinsichtlich des Zukunftsteiles des Energielieferungsvertrages.

Ich darf Sie daher bitten, umgehend die Zählerstände abzulesen und stelle anheim, die bis zum gegenwärtigen Zeitpunkt entstandenen Kosten und Anspruchspositionen als Insolvenzforderung bei mir zur Tabelle geltend zu machen.

Mit vorzüglicher Hochachtung

Rechtsanwalt
als Insolvenzverwalter   *Anlagen*

Anmerkungen

Auch der Energielieferbezugsvertrag stellt als Sukzessivlieferungsvertrag nach ganz herrschender Ansicht eine beidseitig nicht vollständig erfüllte gegenseitige Vertragsbeziehung i. S. des § 103 Abs. 1 InsO dar. Während nach bisherigem Recht (§ 17 KO) die Erfüllungswahl bzw. Vertragsablehnung den Energielieferungsvertrag nur in toto erfaßte, kann die Erfüllungswahl nunmehr nach § 105 S. 1 InsO für den Zukunftsteil der Vertragsbeziehung allein erklärt werden. Hinsichtlich des abgelaufenen Teiles bleibt dem Vertragspartner nur, seine Ansprüche auf die Gegenleistung als Insolvenzgläubiger zur Tabelle geltend zu machen.

Weitergehend wird auf Anmerkung 1 zum Formular B. X. 2. verwiesen.

6. Vertragsablehnungserklärung des Insolvenzverwalters bei einem Mietverhältnis über einen beweglichen (nicht drittfinanzierten und sicherungsübereigneten) Gegenstand[1, 3]

An die
Firma ......

in ......   (Ort, Datum)

Insolvenzverfahren über das Vermögen der Firma ......

hier: Vertragsablehnungserklärung hinsichtlich des zu Mietvertrags-
      Nr.:......am ......(Datum) gemieteten Turmdrehkranes der
      Marke ......

Sehr geehrte Damen,
Sehr geehrte Herren,

hiermit gebe ich Ihnen davon Kenntnis, daß durch Beschluß des Amtsgerichts – Insolvenzgericht – ...... vom ...... das Insolvenzverfahren über das Vermögen der Firma ...... eröffnet und den Unterzeichner zum Insolvenzverwalter ernannt wurde.

Der Insolvenzeröffnungsbeschluß sowie die Verwalterbestallungsurkunde sind in der Anlage zu Ihrer Kenntnisnahme in Fotokopie beigefügt.

Ausweislich meiner Unterlagen haben Sie mit der Schuldnerin das o. a. Mietverhältnis abgeschlossen.

In meiner Eigenschaft als Insolvenzverwalter erkläre ich, daß ich das Mietverhältnis mit Wirkung für die Insolvenzmasse nicht fortsetzen werde.

Der unverzüglichen Rückführung des Mietgegenstandes[2] wird zugestimmt.

Mit vorzüglicher Hochachtung

Rechtsanwalt
als Insolvenzverwalter   *Anlagen*

Anmerkungen

1 In den §§ 103 ff. InsO enthält das neue Recht – abgesehen von § 108 Abs. 1 S. 2 InsO – keine Sonderbestimmung mehr für Miet- bzw. Pachtverhältnisse über bewegliche Gegenstände, die nicht in der Vermieter- oder Verpächterinsolvenz drittfinanziert und zu Refinanzierungszwecken sicherungsübereignet sind. Mangels einer speziellen Norm finden die allgemeinen Vorschriften über beidseitig noch nicht vollständig erfüllten gegenseitigen Verträge Anwendung, so daß der Insolvenzverwalter bei Dauerschuldverhältnissen über bewegliche Gegenstände (außerhalb des Anwendungsbereiches des § 108 Abs. 1 S. 2 InsO) das Wahlrecht des § 103 Abs. 1 InsO ausüben kann. Hierbei ist unerheblich, ob der Schuldner Mieter, Pächter oder Leasingnehmer oder aber Verpächter, Vermieter oder Leasinggeber ist.

Dadurch ergeben sich im Vergleich zum bisherigen Recht erhebliche Abweichungen. So entstehen zunächst bei einer Erfüllungsablehnung durch den Insolvenzverwalter nach Verfahrenseröffnung Masseansprüche – etwa wie bislang bis zum Auslaufen der Kündigungsfristen – nicht mehr. Etwas anderes gilt nach § 55 Abs. 2 S. 2 InsO nur dann, wenn ein vorläufiger Insolvenzverwalter den Vertragsgegenstand weiter nutzt. Für diesen Fall werden sonstige Masseverbindlichkeiten begründet.

Bei der Vertragsablehnung in der Insolvenz des Mieters, Pächters, Leasingnehmers kann der andere Teil den Vertragsgegenstand regelmäßig nach § 47 InsO aussondern. Etwaige Aussonderungskosten sind einfache Insolvenzforderungen.

Lehnt der Insolvenzverwalter in der Insolvenz des Vermieters, Verpächters oder Leasinggebers die Vertragserfüllung ab, so entfällt das Recht zum Besitz am Vertragsgegenstand. Dies gilt nach neuem Recht selbst dann, wenn sich der Vertragspartner vertragstreu verhält.

Wählt der Insolvenzverwalter in der Insolvenz des Vermieters, Verpächters oder Leasinggebers die Vertragserfüllung, so hat er den ordnungsgemäßen Gebrauch des Vertragsgegenstandes zu ermöglichen; der andere Teil ist dann zur Entrichtung der Gegenleistung an die Masse verpflichtet.

Schwieriger gestaltet sich die Erfüllungswahl des Verwalters in der Insolvenz des Mieters, Pächters oder Leasingnehmers. Hier ist zunächst gesichert, daß dem Vertragspartner die nach der Verfahrenseröffnung anfallenden Mietzins-, Pachtzins- bzw. Leasingraten als sonstige Masseverbindlichkeiten i. S. des § 55 Abs. 1 Nr. 2 InsO uneingeschränkt zustehen.

Ungeklärt ist jedoch, wie es sich – außerhalb der Privilegierung des § 55 Abs. 2 S. 2 InsO – mit den vor Verfahrenseröffnung bestehenden Rückständen verhält. Während einerseits davon ausgegangen wird, daß mit der Erfüllungswahl des Verwalters sämtliche Rückstände als Masseverbindlichkeiten zu regulieren sind (Obermüller/Livonios, DB 1995, 27, 28), wird zunehmend die (entsprechende) Anwendung des § 105 InsO über teilbare Leistungen bzw. die Heranziehung der Wertung des § 108 Abs. 2 InsO diskutiert (vgl. *Pape*, Wprax 1995, 28 f.; *ders.*, Kölner Schrift zur InsO, S. 405, 424 ff. (Rdn 35 ff.); *Tintelnot*, ZIP 1995, 619 f.). Auf dieser Grundlage wären die bis zur Verfahrenseröffnung aufgelaufenen Rückstände lediglich als Insolvenzforderungen anzusehen. Unabhängig von der dogmatischen Begründung im einzelnen ist eine solche Sichtweise zur Vermeidung von Wertungswidersprüchen im Rahmen der §§ 103 ff. InsO geboten, so daß die überwiegenden Gründe dafür sprechen, Altrückstände lediglich im Rang von Insolvenzforderungen zu berücksichtigen.

Die Wahlbefugnis des § 103 InsO wird in der Insolvenz des Mieters oder Pächters noch durch die in § 112 InsO statuierte Kündigungssperre abgesichert. Danach ist dem Vertragspartner die Kündigung nach dem Antrag auf Eröffnung des Insolvenzverfahrens wegen Verzuges mit der Entrichtung des Miet- oder Pachtzinses aus der

Zeit vor dem Eröffnungsantrag bzw. wegen einer Verschlechterung der Vermögensverhältnisse des Schuldners verwehrt. Die Begründung zu § 126 des RegE (BT-Drs. 12/2443, S. 148) erwähnt in diesem Zusammenhang ausdrücklich auch Leasingverhältnisse, bei denen Kündigungsklauseln für den Insolvenzfall zukünftig nicht mehr wirksam sein sollen.

Jedenfalls dann, wenn man den bis zur Verfahrenseröffnung aufgelaufenen Mietzins-, Pachtzins- und Leasingrückständen bei Erfüllungswahl durch den Verwalter lediglich den Rang von Insolvenzforderungen beimißt, wird eine Kündigung des Dauerschuldverhältnisses nach der Verfahrenseröffnung nicht mehr auf Altrückstände gestützt werden können (so auch *Pape*, S. 405, 434 (Rdn 57 aE)).

Problematisch erscheint, ob der durch § 112 InsO bezweckte Schutz der Absicherung des Wahlrechts des Insolvenzverwalters nicht durch die Zulässigkeit von sog. Lösungsklauseln für den Insolvenzfall bzw. die wirtschaftliche Verschlechterung der Schuldnerlage unterlaufen werden kann. § 119 Inso bestimmt zwar, daß Vereinbarungen, durch die im voraus die Anwendung der §§ 103 bis 118 InsO ausgeschlossen oder beschränkt wird, unwirksam sind. Jedoch hatte noch die Vorläufervorschrift des § 137 InsO in den in die Gesetzesfassung nicht übernommenen Absätzen 2 und 3 eine ausdrückliche Regelung zur Unzulässigkeit solcher insolvenzbedingter Lösungsklauseln enthalten (vgl. BT-Drs. 12/2443, S. 152 f.). Diese letzten beiden Absätze wurden jedoch durch § 137 i. d. F. des Rechtsausschusses mit der Begründung gestrichen, daß solche vertraglichen Vereinbarungen durch die Insolvenzordnung nicht in ihrer Wirksamkeit eingeschränkt werden sollen (vgl. die Begründung des Rechtsausschusses zu § 137, (BT-Drs. 12/7302, S. 170)). Hier bleibt zu hoffen, daß die Rechtsprechung den zwingenden Charakter der §§ 103 ff. InsO und damit die Unzulässigkeit insolvenzbedingter Lösungsklauseln ungeachtet dieser Begründung unmittelbar den Vorschriften der §§ 112, 119 InsO entnehmen wird. Anderenfalls dürfte die Kautelarjurisprudenz durch eine Neufassung der Allgemeinen Geschäftsbedingungen die §§ 103 ff. InsO, insbesondere bei Dauerschuldverhältnissen über bewegliche Gegenstände, auf eine theoretische Daseinsberechtigung reduzieren (so überzeugend *Pape*, S. 405, 434 ff (Rdn 58 ff.)).

Das Aussonderungsrecht (§ 47 InsO) folgt aus § 556 bzw. § 985 BGB.   **2**

Miet-, Pacht- sowie Leasingverhältnisse über bewegliche Gegenstände werden in der **3** Insolvenz des Vermieters, Verpächters bzw. Leasinggebers dann nicht dem Anwendungsbereich des § 103 InsO und der hiermit verbundenen Wahlbefugnis des Insolvenzverwalters unterstellt, wenn es sich um solche beweglichen Gegenstände handelt, die einem Dritten, der ihre Anschaffung oder Herstellung finanziert hat, zur Sicherheit übertragen wurden. Hier hat der Rechtsausschuß des Bundestages am 22. Mai 1996 beschlossen, daß in § 108 Abs. 1 InsO ein S. 2 angefügt wird, der die Vorschrift des § 108 Abs. 1 InsO über den Fortbestand von Dauerschuldverhältnissen über unbewegliche Gegenstände für entsprechend anwendbar erklärt (vgl. Gesetz vom 19. Juli 1996, BGBl. I S. 1013). Hintergrund der Regelung ist es, Abwicklungsproblemen zu begegnen, die sich andernfalls für die Kreditinstitute im Falle der Refinanzierung von Leasingverhältnissen bei einer Anwendung des § 103 InsO ergeben hätten (vgl. ZIP-aktuell 1996, A 56 sowie *Haarmeyer/Wutzke/Förster*, Handbuch, 5/189). Durch diese sach- und insolvenzzweckwidrige Regelung wird das Gesetzesanliegen geradezu in sein Gegenteil verkehrt, da es in der Insolvenz des Vermieters, Verpächters und Leasinggebers im Interesse der Kreditinstitute nunmehr zu einer zwingenden Fortsetzung der Dauerschuldverhältnisse kommen wird. Da nach der Rechtsprechung des Bundesgerichtshofes (BGHZ 109, 368, 370 ff.) Vorausabtretungen von

Leasingraten und damit auch Miet- und Pachtzinsraten über die Insolvenzeröffnung hinaus wirksam bleiben, hat die Insolvenzmasse den Gebrauch des Vertragsgegenstandes zu gewähren, ohne eine Gegenleistung zu erhalten. Die durch die Novellierung begünstigten Kreditinstitute geraten daher in den Genuß der im voraus zedierten Ansprüche, während die Insolvenzmasse zur vertragsgemäßen Leistungserbringung und Weiterführung der Verträge verpflichtet bleibt, ohne dafür einen Gegenwert verlangen zu können. Wäre es ohne die Novellierung zur Anwendbarkeit des § 103 Abs. 1 InsO gekommen, so wären nach dem dogmatischen Verständnis der herrschenden Rechtsprechung zu dieser Vorschrift (vgl. die Anmerkung 1 zum Formular D. VIII. 1) durch die Neubegründung der Hauptleistungsansprüche infolge Erfüllungswahl sämtliche Forfaitierungen zugunsten der Insolvenzmasse reguliert worden.

Bemerkenswert ist, daß zudem die Wirksamkeit der Vorauszessionen noch nicht einmal befristet wurden, wie dies etwa nach § 110 Abs. 1 InsO bei vermieteten oder verpachteten unbeweglichen Gegenständen erfolgt ist. Es stellt sich daher die Frage, ob hier nicht ein Gleichheitsverstoß mit verfassungsrechtlicher Relevanz anzunehmen ist, in dessen Rahmen wertungsmäßig gleichgelagerte Sachverhalte ohne rechtfertigendes Differenzierungskriterium im Partikularinteresse der Kreditinstitute bevorzugt werden. Sollte dieser Rechtszustand – wovon gegenwärtig auszugehen ist – nicht korrigiert werden, ist davon auszugehen, daß die Mehrzahl der Leasinggeber sowie auch professionell organisierte Vermieter und Verpächter solche Dauerschuldverhältnisse über konzernverbundene Unternehmen abwickeln werden, in deren Rahmen die eine Gesellschaft das Vertragsverhältnis eingeht, während der Vertragsgegenstand zugleich an das nahestehende Unternehmen, das den Erwerb finanzieren wird, sicherungsübereignet ist. *Haarmeyer/Wutzke/Förster*, Handbuch, 5/189, scheinen die Neuregelung jedoch uneingeschränkt zu begrüßen. Vgl. im übrigen *Eckert*, ZIP 1996, 897.; *Obermüller/Livenius*, DB 1997, 1649 ff; *Tindelnot*, ZIP 1995, 616, 618; Zahn, DB 1995, 1597, 1598 f., 1649 ff.).

7. Vertragsablehnungserklärung des Insolvenzverwalters von Fernmeldebeziehungen sowie gemieteten Fernmeldeeinrichtungen

An die
Deutsche Telekom AG

in ......   **(Ort, Datum)**

Insolvenzverfahren über das Vermögen der Firma ......

hier: Vertragsablehnungserklärung zu den Fernmeldeanschlüssen mit den Fernmeldekonto-Nr.: ...... sowie der gemieteten Fernmeldeeinrichtungen ......

Sehr geehrte Damen,
Sehr geehrte Herren,

hiermit gebe ich Ihnen davon Kenntnis, daß durch Beschluß des Amtsgerichts – Insolvenzgerichts – ...... vom ...... das Insolvenzverfahren über das Vermögen der vorbezeichneten Gesellschaft eröffnet und den Unterzeichner zum Insolvenzverwalter ernannt hat.

Der Insolvenzeröffnungsbeschluß sowie die Verwalterbestallungsurkunde sind in der Anlage zu Ihrer Kenntnisnahme in Fotokopie beigefügt.

In meiner Eigenschaft als Insolvenzverwalter lehne ich hiermit die weitere Erfüllung der o. a. Verträge ab.

Ich stelle anheim, die noch offenstehenden Gebühren als Insolvenzforderungen bei mir zur Tabelle geltend zu machen.

Wegen der Abholung der noch vorhandenen Fernmeldeeinrichtungen bitte ich um Terminabsprache mit dem Mitarbeiter der Schuldnerin, Herrn ......

Mit vorzüglicher Hochachtung

Rechtsanwalt
als Insolvenzverwalter   *Anlagen*

Anmerkungen

Das Fernsprechteilnehmerverhältnis wird als mietähnlich angesehen (vgl. *Mohrbutter/Mohrbutter*, S. 97, III. 144), so daß nunmehr – anders als nach § 19 KO – keine Kündigung mehr erforderlich ist, sondern mit der Insolvenzeröffnung bei Zugrundelegung der geltenden Rechtsprechung ein Abwicklungsverhältnis nach § 103 Abs. 1 InsO unter gleichzeitigem Erlöschen der Hauptleistungspflichten entsteht. Nach der Rechtsprechung hat die Vertragsablehnungserklärung nur noch klarstellende Funktion im Hinblick auf die gesetzlich ohnehin erlöschenden Hauptleistungsansprüche.

Während es bislang bis zum Wirksamwerden der Kündigung eines Fernmeldeverhältnisses bzw. gemieteter Fernmeldeeinrichtungen noch zum Entstehen von Masseschuldansprüchen kam, sind die Ansprüche des Vertragspartner nunmehr ab der Insolvenzeröffnung lediglich als einfache Insolvenzforderungen anzusehen. Denkbar bleibt jedoch, daß aus einer Weiterbenutzung der Fernmeldeeinrichtung nach der Verfahrenseröffnung Masseverbindlichkeiten i. S. des § 55 Abs. 1 Nr. 1 InsO begründet werden. Neu ist zudem, daß im Rahmen der vorläufigen Insolvenzverwaltung durch einen verfügungsbefugten vorläufigen Insolvenzverwalter begründete Verbindlichkeiten aus einem Dauerschuldverhältnis nach § 55 Abs. 2 S. 2 InsO (sonstige) Masseverbindlichkeiten begründen, wenn die Gegenleistung für das verwaltete Vermögen in Anspruch genommen wurde.

8. Kündigung eines Mietverhältnisses über einen unbeweglichen Gegenstand durch den Insolvenzverwalter

Anmerkungen

Hier kann zunächst vollinhaltlich auf das Formular B. IX. 5. verwiesen werden.

Bei Miet- und Pachtverhältnissen über unbewegliche Gegenstände verbleibt es im wesentlichen bei den bislang bekannten Grundsätzen der §§ 19 bis 21 KO. Sowohl für die Insolvenz des Mieters bzw. Pächters als auch für die Vermieter – bzw. Verpächterinsolvenz bestimmt § 108 Abs. 1 InsO, daß die Verträge auch nach der Verfahrenseröffnung mit Wirkung für die Insolvenzmasse fortbestehen.

§ 109 InsO befaßt sich sodann mit der Insolvenz des Mieters bzw. Pächters von unbeweglichen Gegenständen.

War das Miet- bzw. Pachtverhältnis über den unbeweglichen Gegenstand in der Insolvenz des Mieters/Pächters bereits vor der Verfahrenseröffnung durch Übergabe des Miet- bzw. Pachtgegenstandes in Vollzug gesetzt, so gewährt § 109 Abs. 1 S. 1 InsO dem Insolvenzverwalter ein Sonderkündigungsrecht, wonach die Kündigung ohne Rücksicht auf eine vereinbarte Vertragsdauer unter Einhaltung der gesetzlichen Frist ermöglicht wird. In Abweichung zu § 19 Abs. 1 S. 1 KO wird dem Vermieter bzw. Verpächter jedoch eine insolvenzbedingtes Sonderkündigungsrecht verwehrt. Der Ausschluß dieser Befugnis ist wiederum damit zu rechtfertigen, daß dringend benötigte Betriebsmittel zur Erhöhung der Sanierungschancen – wenigstens vorläufig – im Massebesitz verbleiben sollen (vgl. die Begründung zu § 122 des RegE (BT-Drs. 12/2443, S. 146 f.). Damit ist der Vermieter bzw. der Verpächter auf die allgemeinen Kündigungsbestimmungen des Bürgerlichen Rechts, insbesondere § 554 BGB, verwiesen, falls auch der Verwalter den Miet- bzw. Pachtzins nicht erbringen kann. Flankierend statuiert § 112 InsO eine Kündigungssperre für den Zeitraum ab Ausbringung des Insolvenzantrages. Hiernach kann ein Miet- oder Pachtverhältnis (ohne Beschränkung auf einen unbeweglichen Gegenstand), das der Schuldner als Mieter oder Pächter eingegangen war, nicht aus dem Gesichtspunkt des Verzuges, der bereits vor dem Eröffnungsantrag eingetreten ist bzw. Wegen einer Verschlechterung der Vermögensverhältnisse des Schuldners aufgekündigt werden. § 119 InsO mißt den §§ 103 bis 118 InsO zudem den Charakter zwingenden Rechts zu. Problematisch erscheint auch hier, inwieweit diese Vorgaben durch sog. Lösungsklauseln für den Insolvenzfall bzw. bereits für die Anhängigkeit eines Insolvenzantragsverfahrens unterlaufen werden können. Während § 137 Abs. 2, Abs. 3 des RegE (BT-Drs. 12/2443, S. 152 f.) solchen Lösungsklauseln noch ausdrücklich die Rechtswirksamkeit versagte, wurden diese Vorschriften durch den Rechtsausschuß (§ 137 i. d. F. des Rechtsausschusses (BT-Drs. 12/7302, S. 170)) mit der Begründung gestrichen, daß solche vertraglichen Vereinbarungen über die Auflösung eines gegenseitigen Vertrages im Falle der Eröffnung eines Insolvenzverfahrens oder der Verschlechterung der Vermögensverhältnisse einer Partei nicht in ihrer Wirksamkeit eingeschränkt werden sollen. Auch hier bleibt zu hoffen, daß die Rechtsprechung entgegen dieser ausdrücklichen Begründung des Rechtsausschusses das Anliegen der gestrichenen Bestimmungen des RegE bereits über § 119 der Gesetzesfassung wahren wird.

Kommt es gem. § 109 Abs. 1 S. 1 InsO zu einer verwalterbedingten Kündigung des Miet- bzw. Pachtverhältnisses, so sind Ersatzansprüche des anderen Teils wegen der vorzeitigen Beendigung des Vertragsverhältnisses nach § 109 Abs. 1 S. 2 InsO – ebenso wie die rückständigen Ansprüche aus der Zeit vor Eröffnung des Insolvenzverfahrens nach § 108 Abs. 2 InsO – lediglich einfache Insolvenzforderungen. Diese Grundsätze können allerdings durch § 55 Abs. 2 S. 1 InsO eine Einschränkung erfahren. Hat nämlich ein verfügungsbefugter vorläufiger Insolvenzverwalter den Miet- bzw. Pachtgegenstand während der Andauer der vorläufigen Insolvenzverwaltung genutzt, so wird hiermit in dem nachfolgenden Insolvenzverfahren eine sonstige Masseverbindlichkeit begründet.

Für den Zeitraum zwischen Verfahrenseröffnung und Wirksamwerden der Kündigung bleibt es beim bisherigen Rechtszustand, d. h. die fortlaufenden Miet- bzw. Pachtzinsansprüche sind als sonstige Masseverbindlichkeiten nach § 55 Abs. 1 Nr. 2 InsO zu regulieren.

Mit dem Wirksamwerden der Kündigung kann der Vertragspartner den vermieteten bzw. verpachteten Gegenstand aus der Insolvenzmasse aussondern (§ 47 InsO). Weitere Sekundäransprüche sind lediglich einfache Insolvenzforderungen (vgl. etwa BGHZ 72, 263, 264 ff.). Ein Vermieter- oder Verpächterpfandrecht gewährt nach § 50 Abs. 2 InsO ebenfalls eine Absonderungsbefugnis.

War dem insolvenzbefangenen Schuldner der unbewegliche Gegenstand zum Zeitpunkt der Eröffnung des Verfahrens noch nicht überlassen, so räumt § 109 Abs. 2 S. 1 InsO sowohl dem Insolvenzverwalter als auch dem Vermieter bwz. Verpächter ein Rücktrittsrecht ein. Dieses Rücktrittsrecht ist nach § 109 Abs. 2 S. 3 InsO auf die Aufforderung des anderen Teils gegenüber binnen zwei Wochen auszuüben. Entstehen dem Vertragspartner aus dem Rücktritt des Insolvenzverwalters wegen der vorzeitigen Beendigung Schadenersatzansprüche, so bilden diese nach § 109 Abs. 2 S. 2 InsO ebenfalls lediglich einfache Insolvenzforderungen.

Handelt es sich um ein Miet- bzw. Pachtverhältnis, in dem der Schuldner Vermieter oder Verpächter ist, so ist dieses nunmehr nach § 108 Abs. 1 S. 2 InsO auch nach der Insolvenzeröffnung ungeachtet dessen fortzuführen, ob bereits eine Invollzugsetzung stattgefunden hat oder nicht (anders § 21 Abs. 1 KO). Dementsprechend hat der Insolvenzverwalter die Vermieter-/Verpächterleistungen so zu erbringen, wie sie außerhalb des Insolvenzverfahrens vom Schuldner hätten erbracht werden müssen. Der laufende Miet- oder Pachtzins ist daher fortan an den Insolvenzverwalter zu entrichten.

Denkbar bleibt, daß sich der Insolvenzverwalter den Vermieter- bzw. Verpächterpflichten durch Freigabe des vermieteten oder verpachteten Gegenstandes entzieht (vgl. *Kilger/K. Schmidt*, § 21 Anm. 3), wobei jedoch ggf. die diskutierten Einschränkungen hinsichtlich der Freigabemöglichkeiten in der Gesellschaftsinsolvenz zu beachten sind.

Kommt es zu einer Veräußerung des Miet- oder Pachtobjektes durch den Insolvenzverwalter, so tritt der Erwerber zunächst anstelle des Schuldners in das Miet- oder Pachtverhältnis ein (§ 571 BGB). § 111 InsO ermöglicht dem Erwerber jedoch die Kündigung des Miet- oder Pachtverhältnisses unter Einhaltung der gesetzlichen Frist. Eingeschränkt wird das Kündigungsrecht durch die entsprechende Anwendung des § 57c ZVG für vom Mieter erbrachte Aufbaubeiträge bzw. Baukostenzuschüsse (§ 111 S. 3 InsO).

§ 110 InsO befaßt sich schließlich mit der Zulässigkeit von Vorausverfügungen, Zwangssicherungen sowie Aufrechnungen, wobei im wesentlichen auf die Erläuterungen zu § 21 Abs. 2 S. 2 KO verwiesen werden kann.

9. Mitteilung von der Insolvenzeröffnung durch den Insolvenzverwalter bei einem Geschäftsbesorgungsverhältnis

Anmerkungen

Hier kann zunächst auf Formular B. IX. 8. verwiesen werden.

Aufträge und Geschäftsbesorgungsverhältnisse erlöschen mit der Verfahrenseröffnung nach den §§ 115 f. InsO, so daß insoweit – wie im bisherigen Recht – kein Wahlrecht des Insolvenzverwalters besteht. Damit soll gewährleistet werden, daß fortan allein der Insolvenzverwalter zur Vertretung und Verpflichtung der Insolvenzmasse rechtszuständig ist und dessen Handlungskreis nicht durch einen vom Schuldner eingesetzten Dritten gestört werden kann. § 117 InsO bestimmt nunmehr ausdrücklich, daß durch den Schuldner erteilte Vollmachten mit der Insolvenzeröffnung erlöschen. Bei Gefahr im Verzug besteht allerdings ein Notgeschäftsführungsrecht (§§ 115 Abs. 2, 116 S. 1, 117 Abs. 2 InsO). Zum Gutglaubensschutz des Dritten bei unverschuldeter Unkenntnis von der erfolgten Verfahrenseröffnung vgl. §§ 115 Abs. 3, 116 S. 1, 117 Abs. 3 InsO.

10. Forderungseinzug durch den Insolvenzverwalter

Anmerkungen

Auf Formular B. IX. 10. kann verwiesen werden.

XI. *Abwicklung von Arbeitsverhältnissen*

1. Betriebsbedingte Kündigung eines Arbeitsverhältnisses durch den Insolvenzverwalter

Herrn . . . . . .   (Datum)

Insolvenzverfahren über das Vermögen der Firma . . . . . .

hier: Betriebsbedingte Kündigung des zur Schuldnerin bestehenden Arbeitsverhältnisses

Sehr geehrter Herr . . . . . .,

hiermit gebe ich Ihnen davon Kenntnis, daß durch Beschluß des Amtgerichts – Insolvenzgerichts – . . . . . . vom . . . . . . das Insolvenzverfahren über das Vermögen der o. a. Gesellschaft eröffnet und der Unterzeichner zum Insolvenzverwalter ernannt wurde.

Eine Ausfertigung des Insolvenzeröffnungsbeschlusses sowie der Insolvenzverwalterbestallungsurkunde sind zu Ihrer Kenntnisnahme beigefügt.

In meiner Eigenschaft als Insolvenzverwalter bin ich zu meinem Bedauern gezwungen, hiermit das zwischen Ihnen und der Schuldnerin bestehende Arbeitsverhältnis[1] aus betriebsbedingten Gründen[2] zum nächstmöglichen Zeitpunkt[3], das heißt zum . . . . . ., zu kündigen. Gleichzeitig stelle ich Sie hiermit mit sofortiger Wirkung von der Arbeitsleistung frei.

Die wirtschaftliche und finanzielle Situation der Schuldnerin gestatten eine Fortführung oder Sanierung des Unternehmens nicht.

Der Betrieb mußte daher am . . . . . . stillgelegt werden.

Der Betriebsrat wurde angehört[4].Dessen Stellungnahme liegt gem. § 102 Abs. 4 BetrVG an.

Ich rege an, daß Sie sich zwecks Bezuges von Arbeitslosen- und Insolvenz(ausfall)geld unverzüglich mit dem für Sie zuständigen Arbeitsamt unter Vorlage dieses Schreibens in Verbindung setzen.

Mit vorzüglicher Hochachtung

Rechtsanwalt
als Insolvenzverwalter   *Anlagen*

Anmerkungen

Insolvenzordnung

Die Eröffnung des Insolvenzverfahrens hat auf den Bestand von Arbeitsverhältnissen **1** keine Auswirkung. Vielmehr tritt mit der Verfahrenseröffnung der Insolvenzverwalter in die Rechtsstellung des Arbeitgebers ein (§ 80 Abs. 1 InsO), d. h. ab diesem Zeitpunkt treffen ihn alle Verpflichtungen aus dem zum Schuldner begründeten Arbeitsverhältnis. Die individual-arbeitsrechtlichen Ansprüche der Arbeitnehmer bleiben bis zum Ablauf der Kündigungsfristen in vollem Umfange bestehen (d. h. die Ansprüche auf Lohn- und Gehaltszahlungen, Provisionen, Prämien, Gratifikationen, Urlaubsgewährung etc.). Dies gilt unabhängig davon, ob der Insolvenzverwalter den Arbeitnehmer weiter beschäftigt oder von der Arbeitsleistung freistellt. Im Falle der Freistellung muß sich der Arbeitnehmer allerdings den Wert desjenigen anrechnen lassen, was er infolge des Unterbleibens der Arbeitsleistung erspart oder durch anderweitige Verwendung seiner Dienste erwirbt oder zu erwerben böswillig unterläßt (*Kuhn/Uhlenbruck* § 59 Rdn. 12i m. w. N.). Dem steht die Verpflichtung des Arbeitnehmers auf Erbringung seiner Arbeitsleistung gegenüber, einschließlich der Einhaltung von arbeitsvertraglichen Nebenpflichten, insbesondere Treuepflichten. Wegen bestehender Arbeitsentgeltrückstände steht dem Arbeitnehmer ein Zurückbehaltungsrecht in Form der Arbeitsverweigerung nur unter Beachtung des Grundsatzes von Treu und Glauben zu (BAG, Urt. v. 25. 10. 1984 – IIa ZR 417/83). Während der Dauer des Insolvenzverfahrens wird das Direktionsrecht vom Insolvenzverwalter ausgeübt, der dieses auf Dritte – auch auf den Schuldner – übertragen kann.

Kollektivrechtliche Vereinbarungen werden von der Insolvenzeröffnung ebenfalls nicht berührt. Tarifverträge gelten fort; diese können vom Insolvenzverwalter insbesondere nicht nach § 103 Abs. 1 InsO gekündigt werden. Entsprechendes gilt für Betriebsvereinbarungen. Hier besteht für den Verwalter lediglich die Kündigungsmöglichkeit nach § 77 Abs. 4 BetrVG. Danach können Betriebsvereinbarungen, soweit nichts anderes vereinbart ist, mit einer Frist von drei Monaten gekündigt werden. Nach § 120 Abs. 1 S. 2 InsO können Betriebsvereinbarungen – sofern sie Leistungen vorsehen, welche die Masse belasten – auch dann mit einer Frist von drei Monaten gekündigt werden, wenn eine längere Frist vereinbart ist. Unberührt bleibt das Recht, die Betriebsvereinbarung aus wichtigem Grund ohne Einhaltung einer Kündigungsfrist zu kündigen (§ 120 Abs. 2 InsO). Die Eröffnung des Insolvenzverfahrens kann als wichtiger Grund hierfür nicht angesehen werden (*Hess* § 22 Rdn. 310).

Unberührt von der Insolvenzeröffnung bleibt das Streikrecht der Arbeitnehmer (*Schaub* ZIP 1993, 974).

Für die Lohn- und Gehaltsansprüche der Arbeitnehmer gilt folgendes:
- Rückstände aus der Zeit vor Eröffnung des Insolvenzverfahrens sind einfache Insolvenzforderungen (§ 38 InsO);
- Rückstände von bis zu drei Monaten vor Insolvenzeröffnung berechtigen zum Antrag auf Insolvenz(ausfall)geld. Wird dieses von den Arbeitnehmern beantragt, gehen insoweit die Forderungen auf die Bundesanstalt für Arbeit über (§ 141m AFG i. d. F. des Art. 93 EGInsO).;
- Die nach Insolvenzeröffnung entstehenden Lohn- und Gehaltsansprüche sind entweder Masseverbindlichkeiten nach § 55 Abs. 1 Nr. 2 InsO (sofern das Arbeitsverhältnis bei Insolvenzeröffnung bestand) bzw. solche nach § 55 Abs. 1 Nr. 1 InsO (wenn das Arbeitsverhältnis nach Insolvenzeröffnung durch den Insolvenzverwalter begründet wurde). Soweit das Arbeitsamt für die Zeit nach der Insolvenzeröffnung Arbeitslosengeld zahlt, gehen insoweit die Ansprüche der Arbeitnehmer auf das Arbeitsentgelt auf die Bundesanstalt für Arbeit über (§ 115 Abs. 1 SGB X). Der danach verbleibende Anspruch kann von den Arbeitnehmern als Masseschuld gegenüber dem Insolvenzverwalter geltend gemacht werden.

Auch in der Insolvenz kann ein Arbeitsverhältnis nur dann aufgelöst werden, wenn **2** ein Kündigungsgrund vorliegt. Die Insolvenzeröffnung selbst begründet für sich allein noch keinen Kündigungsgrund (*Hess* § 22 Rdn. 332 ff.; *Kuhn/Uhlenbruck* § 22 Rdn. 12). Ein solcher läßt sich auch nicht aus § 113 Abs. 1 InsO ableiten. Die Bedeutung des § 113 InsO liegt allein darin, die vertraglich vereinbarten Kündigungsfristen, soweit sie länger als die gesetzlichen Fristen sind, auf die gesetzlichen Regelungen zu reduzieren. Vgl. zur Verfassungsmäßigkeit der Verkürzung der tariflichen Kündigungsfristen durch § 113 InsO LAG Hamburg ZIP 1998, 1404 ff.

Der in der Praxis häufigste auftretende Fall einer vom Insolvenzverwalter auszusprechende Kündigung ist eine solche aus betriebsbedingten Gründen (§ 1 Abs. 2, Abs. 3 KSchG). Es entspricht allgemeiner Auffassung, daß das Kündigungsschutzgesetz – sofern der Anwendungsbereich gegeben ist – auch auf vom Verwalter ausgesprochene Kündigungen Anwendung findet (BAG ZIP 1983, 205; *Jaeger/Henckel* § 22 Rdn. 22). Dabei sind die Kündigungsgründe sowie die Beachtung der sozialen Auswahl (§ 1 Abs. 3 KSchG) vom Verwalter darzulegen und ggf. zu beweisen.

Anerkannt ist, daß eine vom Verwalter ausgesprochene betriebsbedingte Kündigung dann wirksam ist, wenn der Geschäftsbetrieb des Gemeinschuldners umfassend und endgültig stillgelegt ist. Die Entscheidung des Verwalters zur Betriebsstilllegung ist gerichtlich nicht nachprüfbar, es sei denn, die Entscheidung ist mißbräuchlich (BAGE 31, 157; BAG ZIP 1980, 379, 380). Der Insolvenzverwalter muß allerdings darlegen, daß die Stillegungsentscheidung schon vor dem Zeitpunkt des Zugangs der Kündigung gefällt worden war und bereits greifbare Formen angenommen hatte (BAG ZIP 1984, 1524, 1525). Anerkannt ist auch, daß das Kündigungsschutzgesetz ebenfalls Anwendung findet, wenn der Verwalter den Betrieb ganz oder teilweise fortführt und nur einzelne Arbeitnehmer entlassen werden sollen oder aber bei einer etappenweisen Schließung. Die Kündigung ist hier nach § 1 Abs. 3 KSchG dahingehend zu überprüfen, ob der Insolvenzverwalter die Grundsätze über die soziale Auswahl beachtet hat (BAG NJW 1983, 1341 ff.). Das Erfordernis der sozialen Auswahl kann auch nicht dadurch umgangen werden, daß der Verwalter zunächst allen Arbeitnehmern betriebsbedingt kündigt und anschließend einzelnen Arbeitnehmern den Abschluß eines neuen (befristeten) Arbeitsvertrages anbietet. Hierin läge ein Verstoß gegen § 1 Abs. 3 KSchG mit der Folge, daß sämtliche ausgesprochene Kündigungen unheilbar nichtig wären (*Gottwald/Heinze*, InsRHdb., § 96, Rdn. 73, S. 945). Vgl. zur Kündigungsbefugnis des vorläufigen Insolvenzverwalters Berscheid, ZIP 1997, 1569 ff.

Neben der betriebsbedingten Kündigung hat der Insolvenzverwalter auch die Möglichkeit des Ausspruches von personen- oder verhaltensbedingten Kündigungen. Unberührt bleibt auch das Recht des Verwalters zur außerordentlichen Kündigung, er ist dabei aber auch hier an die Zwei-Wochen-Frist des § 622 BGB gebunden. Der Insolvenzverwalter hat daneben die Möglichkeit, eine Änderungskündigung (§ 2 KSchG) auszusprechen. Eine solche kommt insbesondere dann in Betracht, wenn er den Geschäftsbetrieb fortführen will, dies aber eine Umorganisation der Aufgabenverteilung erfordert. Grundsätzlich findet auch auf Änderungskündigungen in der Insolvenz das Kündigungsschutzgesetz uneingeschränkt Anwendung, d. h. sie können auf ihre soziale Gerechtfertigung überprüft werden. Dabei ist anerkannt, daß den Arbeitnehmern Änderungen von Arbeitsbedingungen in der Insolvenz eher zugemutet werden können. Entscheidend sind die jeweiligen Umstände des Einzelfalles.

Nach § 113 Abs. 1 S. 1 InsO kann ein Dienstverhältnis, bei dem der Schuldner der **3** Dienstberechtigte ist, vom Verwalter und vom anderen Teil ohne Rücksicht auf eine vereinbarte Vertragsdauer oder eines vereinbarten Ausschlusses des Rechts zur ordentlichen Kündigung gekündigt werden. Die Kündigungsfrist beträgt höchstens 3 Monate zum Monatsende, wenn nicht eine kürzere Frist maßgeblich ist (§ 113 Abs. 1 S. 2 InsO).

Ein besonderer Kündigungsschutz besteht auch im Anwendungsbereich der InsO für:

– Betriebsratsmitglieder sowie die ihnen durch § 15 Abs. 1 bis Abs. 3 KSchG gleichgestellten Personen. Diese können nur bei Stillegung des Betriebes bzw. der Betriebsabteilung, in der die Arbeit zu erbringen ist, ordentlich gekündigt werden, es sei denn, daß zwingende betriebliche Gründe eine frühere Kündigung erfordern (§ 15 Abs. 4, Abs. 5 KSchG).

– Schwangere. Auch in der Insolvenz des Arbeitgebers besteht nach § 9 MuSchG für Schwangere ein Kündigungsschutz, d. h. die Kündigung ist während der Schwangerschaft und bis zum Ablauf von 4 Monaten nach der Entbindung unzulässig (BAG AP § 22 KO Nr. 1; *Kuhn/Uhlenbruck* § 22 Rdn. 15; *Hess* § 22 Rdn. 571). In Ausnahmefällen kann die oberste bzw. die von ihr hierzu beauftragte Stelle die Kündigung für zulässig erklären (vgl. Formular B. VII. 3.). Das Kündigungsverbot des § 18 BErzGG greift in der Insolvenz des Arbeitgebers ebenfalls. Auch hier kann die Kündigung durch die oberste Landesbehörde für zulässig erklärt werden.

– Schwerbehinderte. Die Kündigung eines zu einem Schwerbehinderten bestehenden Arbeitsverhältnisses bedarf grundsätzlich der vorherigen Zustimmung durch die Hauptfürsorgestelle. Die Kündigungsfrist beträgt dabei mindestens 4 Wochen.

4   Spricht der Insolvenzverwalter betriebs-, verhaltens- oder personenbedingte Kündigungen aus, muß er den Betriebsrat nach § 102 Abs. 1 S. 1 BetrVG vor und zu jeder einzelnen Kündigung anhören (§ 102 Abs. 1 S. 2 BetrVG).

Bei Massenentlassungen trifft den Insolvenzverwalter die Anzeigepflicht nach § 17 KSchG (BSGE 46, 100; *Kuhn/Uhlenbruck* § 22 Rdn. 18; *Kilger/K. Schmidt* § 22 Anm. 7).

Konkurs-/Gesamtvollstreckungsordnung

Durch Art. 5 des Arbeitsrechtlichen Beschäftigungsförderungsgesetzes wurden im Geltungsbereich der Konkursordnung die §§ 113, 120 bis 122 sowie 125 bis 128 InsO vorzeitig zum 01. 10. 1996 in Kraft gesetzt. Insoweit kann auf die Anmerkungen zur Insolvenzordnung verwiesen werden.

Für die Lohn- und Gehaltsansprüche der Arbeitnehmer gilt folgendes:

– Rückstände von über 12 Monaten vor Konkurseröffnung sind einfache Konkursforderungen und zur Konkurstabelle anzumelden (§ 61 Abs. 1 Nr. 6 KO/ § 17 Abs. 3 Nr. 4 GesO);

– Rückstände von 6 bis 12 Monaten vor Konkurseröffnung sind bevorrechtigte Konkursforderungen und ebenfalls zur Konkurstabelle anzumelden (§ 61 Abs. 1 Nr. 1a KO/ § 17 Abs. 3 Nr. 1a GesO);

– Rückstände von 4 bis 6 Monaten vor Konkurseröffnung sind Masseschulden und daher vorab aus der Konkursmasse zu begleichen (§ 59 Abs. 1 Nr. 3a KO/ § 13 Abs. 1 Nr. 3a GesO);

– Rückstände von bis zu 3 Monaten vor Konkurseröffnung berechtigen zum Antrag auf Zahlung von Konkursausfallgeld (§ 141 aff. AFG). Wird dieses vom Arbeitnehmer beantragt, gehen insoweit die Forderungen auf die Bundesanstalt für Arbeit über (§ 141 m AFG). Diese kann die Forderungen allerdings nur als bevorrechtigt zur Konkurstabelle anmelden (§ 59 Abs. 2 KO).

Wird Konkursausfallgeld nicht beantragt, handelt es sich auch hier um Masseschulden (§ 59 Abs. 1 Nr. 3a KO/ § 13 Abs. 1 Nr. 3a GesO);
– die nach Konkurseröffnung entstehenden Lohn- und Gehaltsansprüche sind entweder Masseschulden nach § 59 Abs. 1 Nr. 2 KO/ § 13 Abs. 1 Nr. 3a GesO (sofern das Arbeitsverhältnis bei Konkurseröffnung bestand) bzw. solche nach § 59 Abs. 1 Nr. 1 KO/ § 13 Abs. 1 Nr. 1 GesO (wenn das Arbeitsverhältnis nach Konkurseröffnung durch den Konkursverwalter begründet wurde). Soweit das Arbeitsamt für die Zeit nach Konkurseröffnung Arbeitslosengeld zahlt, gehen insoweit die Ansprüche der Arbeitnehmer auf Arbeitsentgelt auf die Bundesanstalt für Arbeit über (§ 115 Abs. 1 SGB X). Der danach verbleibende Restbetrag kann als Masseschuld gegenüber dem Konkursverwalter geltend gemacht werden.

2. Anhörung des Betriebsrates bei beabsichtigter betriebsbedingter Kündigung durch den Insolvenzverwalter

An den
Betriebsrat
in der Firma ......   (Datum)

Insolvenzverfahren über das Vermögen der Firma ......

hier: Anhörung vor beabsichtigter betriebsbedingter Kündigung
nach § 102 Abs. 1 S. 1 BetrVG

Sehr geehrte Damen,
sehr geehrte Herren,

bekanntlich wurde durch Beschluß des Amtsgerichts – Insolvenzgerichts – ...... vom ...... das Insolvenzverfahren über das Vermögen der o. a. Gesellschaft eröffnet und der Unterzeichner zum Insolvenzverwalter ernannt.

Wie Ihnen bereits in mehrfach geführten Unterredungen erläutert, gestattet die wirtschaftliche und finanzielle Situation der Schuldnerin eine Fortführung oder Sanierung des Unternehmens nicht.

Die Stillegung des Geschäftsbetriebes ist nunmehr unvermeidbar.

Ich beabsichtige daher, das zwischen der Schuldnerin und Herrn ...... bestehende Arbeitsverhältnis aus betriebsbedingten Gründen zu kündigen.

Persönliche Daten des Arbeitnehmers:

Name, Vorname: ......
Geb. am: ......
Familienstand: ......
Anzahl der Kinder: ......
Im Unternehmen beschäftigt seit: ......
Eingruppierung: Lohngruppe: ......
Voraussichtlicher Kündigungstermin: ......

Rechtsanwalt
als Insolvenzverwalter

Die Bestätigung des Erhaltes der Anhörungen wird durch den Betriebsrat auf einer gesonderten Anlage vorgenommen.

Anmerkungen

Nach § 102 Abs. 1 S. 1 BetrVG hat der Arbeitgeber (Verwalter) den Betriebsrat vor jeder Kündigung, d. h. einer ordentlichen, außerordentlichen oder Änderungskündigung zu hören. Das Anhörungsrecht besteht in allen Betrieben, in denen ein Betriebsrat gewählt ist, unabhängig von der Anzahl der beschäftigten Arbeitnehmer und unabhängig davon, ob das Kündigungsschutzgesetz Anwendung findet. Das Anhörungsrecht entfällt bei Kleinbetrieben mit weniger als fünf Arbeitnehmern, da diese nicht betriebsratsfähig sind (§ 1 BetrVG), in Betrieben, in denen ein Betriebsrat nicht gewählt ist oder bei leitenden Angestellten i. S. des § 5 BetrVG. Bei letzteren besteht lediglich ein Informationsrecht des Betriebsrates nach § 105 BetrVG. Die Verletzung des Informationsrecht läßt die Kündigung unberührt (BAG AP Nr. 13 zu § 5 BetrVG 1972).

Die Anhörung erfordert, daß der Betriebsrat darüber informiert wird, wem gekündigt (Name des Arbeitnehmers), welche Art von Kündigung ausgesprochen (ordentliche, außerordentliche, Änderungskündigung, BAG AP Nr. 58 zu § 102 BetrVG 1972) und zu welchem Zeitpunkt das Arbeitsverhältnis aufgelöst werden soll (BAG AP Nr. 2 zu § 102 BetrVG 1972). Weiterhin sind anzugeben das Alter, der Familienstand und die Anzahl der Kinder des Arbeitnehmers. Schließlich sind dem Betriebsrat die in Betracht kommenden Kündigungsgründe mitzuteilen und diese zu begründen.

Keiner Mitteilung bedarf es, wenn der Betriebsrat die Kündigungsgründe bereits kennt (BAG AP Nr. 37 zu § 102 BetrVG 1972). Die Anhörung ist an den Betriebsrat zu Händen des Vorsitzenden zu richten.

Eine ohne Anhörung des Betriebsrates ausgesprochene Kündigung, gleich welcher Art, ist unheilbar nichtig (§ 102 Abs. 2 S. 3 BetrVG, § 134 BGB; BAG AP Nr. 62 zu 102 BetrVG 1972).

Hat der Betriebsrat gegen eine Kündigung Bedenken, so hat er diese schriftlich unter Angabe der Gründe dem Arbeitgeber bei einer ordentlichen Kündigung binnen einer Woche, bei einer außerordentlichen Kündigung binnen drei Tagen mitzuteilen. Äußert er sich innerhalb der Frist nicht, gilt seine Zustimmung zur Kündigung als erteilt (§ 102 Abs. 2 BetrVG).

Der Betriebsrat kann einer ordentlichen Kündigung widersprechen, wenn
- der Arbeitgeber bei der Auswahl des zu kündigenden Arbeitnehmers soziale Gesichtspunkte nicht oder nicht ausreichend berücksichtigt hat,
- die Kündigung gegen eine Auswahlrichtlinie (§ 95 BetrVG) verstößt,
- der zu kündigende Arbeitnehmer an einem anderen Arbeitsplatz im selben Betrieb oder in einem anderen Betrieb des Unternehmens weiter beschäftigt werden kann,
- die Weiterbeschäftigung des Arbeitnehmers nach zumutbaren Umschulungs- oder Fortbildungsmaßnahmen möglich ist,
- die Weiterbeschäftigung des Arbeitnehmers unter geänderten Vertragsbedingungen möglich ist und der Arbeitnehmer sein Einverständnis hiermit erklärt hat (§ 102 Abs. 3 BetrVG).

Hat der Betriebsrat aus den in § 102 Abs. 3 BetrVG genannten Gründen der Kündigung widersprochen, hat der Arbeitgeber dem Arbeitnehmer mit der Kündigung eine Abschrift der Stellungnahme des Betriebsrates zuzuleiten (§ 102 Abs. 4

BetrVG). Die Unterlassung der Mitteilung des Widerspruches führt nicht zur Unwirksamkeit der Kündigung. In diesem Falle ist allerdings dem Arbeitnehmer bei Versäumung der Frist zur Kündigungsschutzklage (§ 4 KSchG) die nachträgliche Zulassung zu gewähren, da der Arbeitgeber die sachgemäße Prüfung der Erfolgsaussichten einer Kündigungsschutzklage vereitelt hat (*Schaub*, Arbeitsrechtshandbuch, § 123 Anm. 12).

Hat der Betriebrat form- und fristgerecht Widerspruch erhoben, kann der Arbeitnehmer eine Kündigungsschutzklage auch hierauf stützen (§ 1 Abs. 2 S. 2 KSchG) und den Weiterbeschäftigungsanspruch nach § 102 Abs. 5 BetrVG geltend machen.

3. Antrag auf Zustimmung zur ordentlichen Kündigung eines unter das Mutterschutzgesetz fallenden Arbeitsverhältnisses

An die
Bezirksregierung

in ......   (Ort, Datum)

Insolvenzverfahren über das Vermögen der Firma ......

hier: Antrag auf Zustimmung zur ordentlichen Kündigung des
  mit Frau ...... bestehenden Arbeitsverhältnisses nach
  § 9 Abs. 3 S. 1 MuSchG

Sehr geehrte Damen,
sehr geehrte Herren,

hiermit gebe ich Ihnen davon Kenntnis, daß durch Beschluß des Amtsgerichts – Insolvenzgerichts – ...... vom ...... das Insolvenzverfahren über das Vermögen der o. a. Gesellschaft eröffnet und der Unterzeichner zum Insolvenzverwalter ernannt wurde.

Eine Ausfertigung der Insolvenzverwalterbestallungsurkunde sowie des Insolvenzeröffnungsbeschlusses liegen zu Ihrer Kenntnisnahme in Fotokopie an.

In meiner Eigenschaft als Insolvenzverwalter beantrage ich,

die Zustimmung zur Kündigung des mit Frau ...... bestehenden Arbeitsverhältnisses nach § 9 Abs. 3 S. 1 MuSchG zu erteilen.

Begründung:

Mit dem Tage der Insolvenzeröffnung wurde der Geschäftsbetrieb der Schuldnerin umfassend und endgültig stillgelegt.

Sämtliche Arbeitsverhältnisse mußten nach Verfahrenseröffnung vom Unterzeichner ordentlich aus betriebsbedingten Gründen gekündigt werden.

Bis auf einige wenige, dringend für die Abwicklungsarbeiten benötigte Arbeitnehmer wurden alle übrigen, auch Frau ......, von der Arbeitsleistung freigestellt.

Der Betriebsrat wurde zu den beabsichtigten Kündigungen angehört. Ausweislich der beigefügten Stellungnahme wurden Einwende hiergegen nicht erhoben.

Die Massenentlassungsanzeige wurde bei dem zuständigen Arbeitsamt eingereicht. Eine Entscheidung hierüber liegt noch nicht vor.

Aufgrund der Insolvenzeröffnung und den damit verbundenen umfassenden und endgültigen Betriebsstillegung des Unternehmens der Schuldnerin liegt ein besonderer Fall des § 9 Abs. 3 S. 1 MuSchG vor.

Die Kündigung ist daher für zulässig zu erklären.

Das zu Frau ...... bestehende Arbeitsverhältnis kann nächstmöglich am ...... zum ...... gekündigt werden.

Ich darf Sie daher dringend ersuchen, über den Antrag zeitnah zu entscheiden.

Mit vorzüglicher Hochachtung

Rechtsanwalt
als Insolvenzverwalter   *Anlagen*

Anmerkungen

Nach § 9 Abs. 1 S. 1 MuSchG ist die Kündigung gegenüber einer Frau während der Schwangerschaft bis zum Ablauf von 4 Monaten nach der Entbindung unzulässig, wenn dem Arbeitgeber zur Zeit der Kündigung die Schwangerschaft oder Entbindung bekannt war oder innerhalb zwei Wochen nach Zugang der Kündigung bekannt wird. Es handelt sich hierbei um ein absolutes Kündigungsverbot, d. h. jede ausgesprochene Kündigung, sei es eine ordentliche, außerordentliche oder Änderungskündigung, ist unheilbar nichtig (§ 134 BGB). Dies gilt auch für im Verlauf des Insolvenzverfahrens ausgesprochene Kündigungen (*Hess* § 22 Rdn. 571).

Der Kündigungsschutz dauert vom Beginn der Schwangerschaft bis hin zum Ablauf von 4 Monaten nach der Entbindung und, sofern die Mutter Erziehungsurlaub verlangt hat, bis zu dessen Ablauf (§ 18 Abs. 1 S. 1 BErzGG).

Nach § 9 Abs. 3 S. 1 MuSchG kann die für den Arbeitsschutz zuständige oberste Landesbehörde oder die von ihr bestimmte Stelle in besonderen Fällen ausnahmsweise die Kündigung für zulässig erklären. Als besonderer Grund ist die in der Insolvenz erfolgte Betriebsstillegung anerkannt (OVG Münster KTS 1978, 51; BVerwG AP Nr. 5 zu § 9 MuSchG; *Kuhn/Uhlenbruck* § 22 Rdn. 15).

Die Kündigung kann erst nach erteilter Zustimmung erklärt werden (BAG AP Nr. 28 zu § 9 MuSchG). Eine bereits zuvor ausgesprochene Kündigung muß nochmals wiederholt werden, eine rückwirkende Heilung tritt nicht ein.

4. Antrag auf Zustimmung zur ordentlichen Kündigung eines unter das Schwerbehindertengesetz fallenden Arbeitsverhältnisses

An den
Landschaftsverband ......

in ......   (Ort, Datum)

Insolvenzverfahren über das Vermögen der Firma ......

hier: Antrag auf Zustimmung zur ordentlichen Kündigung des
      Schwerbehinderten ......, geb. am ......, wohnhaft ......

Sehr geehrte Damen,
sehr geehrte Herren,

hiermit gebe ich Ihnen davon Kenntnis, daß durch Beschluß des Amtsgerichts – Insolvenzgerichts – ...... vom ...... das Insolvenzverfahren über das Vermögen der o. a. Gesellschaft eröffnet und der Unterzeichner zum Insolvenzverwalter ernannt wurde.

Eine Ausfertigung der Insolvenzverwalterbestallungsurkunde sowie des Insolvenzeröffnungsbeschlusses liegen in Fotokopie zu Ihrer Kenntnisnahme an.

Zwischen der Schuldnerin und Herrn ...... besteht ein Arbeitsverhältnis. Herr ...... ist schwerbehindert. Der Grad der anerkannten Minderung der Erwerbstätigkeit beträgt ...... v. H.

In meiner Eigenschaft als Insolvenzverwalter beantrage ich,

die Zustimmung zur Kündigung des mit Herrn ......
bestehenden Arbeitsverhältnisses nach § 19 Abs. 1 SchwbG
zu erteilen.

Begründung:

Mit dem Tage der Insolvenzeröffnung wurde der Geschäftsbetrieb der Schuldnerin umfassend und endgültig stillgelegt.

Sämtliche Arbeitsverhältnisse mußten nach Verfahrenseröffnung vom Unterzeichner ordentlich aus betriebbedingten Gründen gekündigt werden.

Bis auf einige wenige, dringend für die Abwicklungsarbeiten benötigten Arbeitnehmer wurden alle übrigen von der Arbeitsleistung freigestellt.

Der Betriebsrat wurde zu den beabsichtigten Kündigungen angehört.

Ausweislich der beigefügten Stellungnahme wurden Einwände hiergegen nicht erhoben.

Bei dem zuständigen Arbeitsamt wurde die Massenentlassunganzeige nach § 17 KSchG eingereicht. Eine Entscheidung hierüber liegt noch nicht vor.

Aufgrund der Insolvenzeröffnung und der damit verbundenen umfassenden und endgültigen Betriebsstillegung sind die Voraussetzungen zur Zustimmungserteilung nach § 19 Abs. 1 S. 1 SchwbG gegeben.

Das Arbeitsverhältnis soll am ...... zum ...... gekündigt werden. Der Zeitraum zwischen dem Tag der Kündigung und dem Tag, bis zu welchem Lohn- oder Gehalt gezahlt wird, beträgt somit 3 Monate.

Eine Ausfertigung des Antrages zwecks Zustellung an den Schwerbehinderten und den Betriebsrat der Gemeinschuldnerin liegt an.

Ich darf Sie dringend ersuchen, über den Antrag innerhalb der Monatsfrist des § 18 Abs. 1 SchwbG zu entscheiden.

Mit vorzüglicher Hochachtung

Rechtsanwalt
als Insolvenzverwalter   *Anlagen*

Anmerkungen

Jede ordentliche Kündigung des Arbeitsverhältnisses eines Schwerbehinderten durch den Arbeitgeber bedarf der vorherigen Zustimmung durch die Hauptfürsorgestelle (§ 15 SchwbG). Eine ohne Zustimmung ausgesprochene Kündigung ist nichtig (§ 134 BGB). Dem Schutzbereich unterfallen alle Personen mit einem Grad der Behinderung von wenigstens 50 v. H., sofern sie ihren Wohnsitz, ihren gewöhnlichen Aufenthalt oder ihre Beschäftigung auf einem Arbeitsplatz im Sinne von § 7 SchwbG im Geltungsbereich des Schwerbehindertengesetzes haben. Der besondere Kündigungsschutz gilt auch im Insolvenzverfahren, d. h. der Insolvenzverwalter kann das Arbeitsverhältnis erst dann kündigen, wenn er zuvor die Zustimmung hierzu von der Hauptfürsorgestelle eingeholt hat (*Jaeger/Henckel* § 22 Rdn. 33; Hess § 22 Rdn. 622). Die Zustimmung ist bei der für den Sitz des Betriebes (§ 4 BetrVG) zuständigen Hauptfürsorgestelle schriftlich und in doppelter Ausfertigung zu beantragen (§ 17 SchwbG) und zu begründen. Die Hauptfürsorgestelle holt hierzu eine Stellungnahme des zuständigen Arbeitsamtes, des Betriebsrates und ggf. der Schwerbehindertenvertretung ein. Der Schwerbehinderte selbst wird hierzu angehört, auch kann die Hauptfürsorgestelle eine mündliche Verhandlung ansetzen (§ 18 Abs. 1 SchwbG). Nach § 17 Abs. 3 SchwbG hat die Fürsorgestelle in jeder Lage des Verfahrens auf eine gütliche Einigung hinzuwirken. Diese kann auch darin bestehen, daß der Schwerbehinderte mit dem Arbeitgeber (Verwalter) einen Aufhebungsvertrag schließt.

Die Hauptfürsorgestelle entscheidet über den Antrag auf Zustimmung nach freiem pflichtgemäßen Ermessen durch Verwaltungsakt. Die Zustimmung ist unter den in § 19 SchwbG geregelten Voraussetzungen zu erteilen, d. h. insbesondere dann, wenn der Betrieb stillgelegt und nach der Kündigung der Lohn noch wenigstens drei Monate weiter gezahlt wird.

Wird die Zustimmung erteilt, kann der Arbeitgeber (Verwalter) nur binnen 1 Monates nach Zustellung der Entscheidung die Kündigung aussprechen (§ 18 Abs. 3 SchwbG). Vor Ausspruch der Kündigung hat er den Betriebsrat und ggf. die Schwerbehindertenvertretung zu hören (§ 25 Abs. 2 SchwbG). Die Kündigungsfrist beträgt mindestens 4 Wochen (§ 16 SchwbG). Ist die gesetzliche Kündigungsfrist länger, gilt diese.

5. Muster einer Massenentlassungsanzeige

An das
Arbeitsamt

in ......   (Ort, Datum)

Insolvenzverfahren über das Vermögen der Firma ......
hier: Anzeige von Entlassungen gem. § 17 KSchG

Sehr geehrte Damen,
Sehr geehrte Herren,

hiermit gebe ich Ihnen davon Kenntnis, daß durch Beschluß des Amtsgerichts – Insolvenzgerichts – ...... vom ...... das Insolvenzverfahren über das Vermögen der o. a. Gesellschaft eröffnet und der Unterzeichner zum Insolvenzverwalter ernannt wurde.

Die Insolvenzverwalterbestallungsurkunde sowie der Insolvenzeröffnungsbeschluß liegen zu Ihrer Kenntnisnahme in Fotokopie an.

Bei der Schuldnerin waren zum Zeitpunkt der Insolvenzeröffnung 78 Arbeitnehmer ständig beschäftigt.

Die wirtschaftliche und finanzielle Situation der Schuldnerin haben eine Fortführung oder Sanierung des Unternehmens nicht gestattet.

Der Geschäftsbetrieb mußte daher am ...... umfassend und endgültig stillgelegt werden.

Auf diesem Hintergrund war der Unterzeichner gezwungen, sämtliche zur Schuldnerin bestehenden Arbeitsverhältnisse aus betriebsbedingten Gründen zum nächst möglichen Zeitpunkt zu kündigen.

Entsprechend den gesetzlichen Vorgaben erstatte ich hiermit gem. § 17 KSchG folgende Massenentlassungsanzeige:

I. *Betriebliche Verhältnisse*
    1. Firma: ......
    2. Sitz: ......
    3. Gegenstand des Unternehmens: ......
    4. Betriebsrat: (vorhanden/nicht vorhanden)
    5. Betriebsratsvorsitzender: ......
II. *Beschäftigungsverhältnisse*
    1. Zahl der in der Regel
       beschäftigten Arbeitnehmer: 78
    2. Zum Zeitpunkt der Anzeige
       sind beschäftigt: 78

	Arbeiter		Angestellte		Auszubildende		
	m	w	m	w	m	w	Summe
insgesamt	50	11	4	13	–	–	78
über 45 Jahre	22	4	8	1	–	–	35
ausländ. Arbeitnehmer	15	6	–	–	–	–	21
Schwerbeh./Gleichgestellte	6	2	–	–	–	–	8

III. Angaben zu den Entlassungen
Es sollen entlassen werden:

	Arbeiter		Angestellte		Auszubildende		
	m	w	m	w	m	w	Summe
insgesamt	50	11	4	13	–	–	78
davon mit Ablauf des							
(Datum)							
(Datum)							
(Datum)							

Entlassungsgrund: Betriebsbedingte Kündigung wegen umfassender und endgültiger Betriebsstillegung am . . . . . .

Eine im Einvernehmen mit dem Betriebsrat erstellte Mitarbeiterliste, aus der sich Name, Beruf und Staatsangehörigkeit der Arbeitnehmer ergibt, ist beigefügt.

In den letzten 30 Tagen vor den angezeigten Entlassungen sind keine Arbeitnehmer entlassen worden.

IV. Sonstiges
Die Mitteilung betrieblicher Veränderungen nach § 8 AFG an den Präsidenten des zuständigen Landesarbeitsamtes ist am . . . . . . erfolgt.

Die Stellungnahme des Betriebsrates zu den angezeigten Entlassungen liegt an.

Aufgrund der Insolvenzeröffnung und der damit erforderlich gewordenen Schließung des Geschäftsbetriebes wird für die vor Ablauf der einmonatigen Entlassungssperre geplanten Entlassungen die Zustimmung zur Abkürzung nach § 18 Abs. 1 KSchG beantragt.

Mit vorzüglicher Hochachtung

Rechtsanwalt
als Insolvenzverwalter

Anlagen

Anmerkungen

Insolvenzordnung

Nach § 17 Abs. 1 KSchG ist der Arbeitgeber verpflichtet, dem Arbeitsamt Anzeige zu erstatten, bevor er
  1. in Betrieben mit in der Regel mehr als 20 und weniger als 60 Arbeitnehmern mehr als 5 Arbeitnehmer,
  2. in Betrieben mit in der Regel mindestens 60 und weniger als 500 Arbeitnehmern 10 v. H. der im Betrieb regelmäßig beschäftigten Arbeitnehmern oder aber mehr als 25 Arbeitnehmern,
  3. in Betrieben mit in der Regel mindestens 500 Arbeitnehmern mindestens 30 Arbeitnehmer innerhalb von 30 Kalendertagen entläßt. Die Anzeigepflicht trifft im Falle der Insolvenzeröffnung den Insolvenzverwalter (BSGE 46, 100).

Die Anzeige ist vor der Entlassung, also dem Zeitpunkt der tatsächlichen Beendigung des Arbeitsverhältnisses zu erstatten. Nicht erforderlich ist daher die Anzeige vor Ausspruch der Kündigung. Sie erfolgt regelmäßig auf von der Arbeitsverwaltung zu Verfügung gestellten Vordrucken, das auch dem gewählten Formular zugrunde liegt.

Der Anzeige ist eine Abschrift der Mitteilung an den Betriebsrat (§ 17 Abs. 3 S. 1 KSchG) sowie dessen Stellunganhme hierzu beizufügen (§ 17 Abs. 3 S. 2 KSchG). Eine ohne Stellungnahme des Betriebsrates eingereichte Anzeige ist unwirksam (BAG AP Nr. 11 zu § 15 KSchG). Nach § 125 Abs. 1 InsO ersetzt ein geschlossener Interessenausgleich die Stellungnahme des Betriebsrates nach § 17 Abs. 3 S. 2 KSchG (§ 125 Abs. 2 InsO). Ist ein solcher nicht vereinbart, ist die Anzeige gleichwohl dann wirksam, wenn der Arbeitgeber (Insolvenzverwalter) glaubhaft macht, daß er den Betriebsrat mindestens 2 Wochen vor Erstattung der Anzeige von der beabsichtigten Massenentlassung unterrichtet hat und den Stand der Verhandlungen darlegt.

Die Anzeige selbst hat Angaben über den Namen des Arbeitgebers, den Sitz und die Art des Betriebes, die Zahl der in der Regel beschäftigten Arbeitnehmer, die Zahl der zu entlassenden Arbeitnehmer, die Gründe für die Entlassungen und den Zeitraum, in dem die Entlassungen vorgenommen werden sollen, zu enthalten (§ 17 Abs. 3 S. 4 KSchG). Fehlt eine dieser Angaben, ist die Anzeige unwirksam (*Schaub*, Arbeitsrechtshandbuch, § 142 IV. 5). Daneben sollen im Einvernehmen mit dem Betriebsrat Angaben über Geschlecht, Alter, Beruf und Staatsangehörigkeit der zu entlassenden Arbeitnehmer gemacht werden (§ 17 Abs. 3 S. 5 KSchG).

Das Fehlen derartiger Angaben macht die Anzeige allerdings nicht unwirksam (Schaub, Arbeitsrechtshandbuch, § 142 IV. 5).

Ist die erforderliche Anzeige nicht, nicht fristgerecht, nicht in der geforderten Form oder ohne Stellungnahme des Betriebsrates erstattet, so sind alle anzeigepflichtigen Entlassungen unwirksam (*Löwisch* NJW 1978, 1237). Die Unwirksamkeit der Entlassung wirkt allerdings relativ, d. h. der Arbeitnehmer ist nicht verpflichtet, sie geltend zu machen. Beruft er sich auf die Unwirksamkeit, ist die Kündigung von Anfang an unwirksam; nimmt er sie hin, bleibt sie wirksam (*Schaub*, Arbeitsrechtshandbuch, § 142 V. 2).

Die ordnungsgemäße Anzeige bewirkt eine Entlassungssperre von regelmäßig einem Monat (§ 18 KSchG). Die ausgesprochenen Entlassungen werden vor Ablauf eines Monates nach Eingang der Anzeige beim Arbeitsamt nur mit Zustimmung des Landesarbeitsamtes wirksam; die Zustimmung kann rückwirkend bis zum Tag der Antragstellung erteilt werden. Im Einzelfall kann das Landesarbeitsamt bestimmen, daß die Entlassungen nicht vor Ablauf von längstens zwei Monaten nach Eingang der Anzeige beim Arbeitsamt wirksam werden. Nach Ablauf der Sperrfrist können dann Entlassungen beliebig vorgenommen werden.

Konkurs-/Geamtvollstreckungsordnung

Durch Art. 5 des Arbeitsrechtlichen Beschäftigungsförderungsgesetzes wurden im Geltungsbereich der Konkursordnung die §§ 113, 120 bis 122 sowie §§ 125 bis 128 InsO vorzeitig zum 01. 10. 1996 in Kraft gesetzt. § 125 Abs. 1 InsO findet daher auch hier Anwendung.

Ansonsten bestehen keine Abweichungen zur Insolvenzordnung.

6. Muster eines Interessenausgleichs

Vereinbarung

Zwischen   dem Rechtsanwalt . . . . . . in seiner Eigenschaft als Insolvenzverwalter über das Vermögen der Firma . . . . . .
– Insolvenzverwalter –

und   dem Betriebsrat der Firma . . . . . . in Konkurs, vertreten durch seinen Vorsitzenden, Herrn . . . . . .
– Betriebsrat –

Vorbemerkung

Der Insolvenzverwalter wurde durch Beschluß des Amtsgerichts
– Insolvenzgericht – . . . . . . vom . . . . . . – Geschäfts-Nr. . . . . . . – in dieser Funktion über das Vermögen der Firma . . . . . . (*nachfolgend:* Schuldnerin) eingesetzt.

Die Gesellschaft ist zahlungsunfähig und überschuldet.

Es bestehen ungedeckte Verbindlichkeiten von DM . . . . . .

Dies vorausgeschickt, schließen die Parteien folgenden

Interessenausgleich

1. Die Parteien sind sich darüber einig, daß die wirtschaftliche und finanzielle
   Situation der Schuldnerin eine auch nur kurzfristige Fortführung des Unternehmens nicht gestattet.

2. Der Geschäftsbetrieb muß daher zum . . . . . . geschlossen werden.

   Der Betriebsrat wird den zur Stillegung erforderlichen Einzelmaßnahmen
   zustimmen.

   Dies gilt insbesondere für vom Insolvenzverwalter auszusprechende Kündigungen von Arbeitsverhältnissen, die zu den aus der Anlage näher bezeichneten Arbeitnehmern bestehen.

3. Der Insolvenzverwalter verpflichtet sich, zur Milderung der wirtschaftlichen Nachteile, die den Arbeitnehmern der Schuldnerin infolge ihres Arbeitsplatzverlustes entstehen werden, umgehend mit dem Betriebsrat in
   Sozialplanverhandlungen zu treten.

(Ort, Datum)   *Anlage*

(. . . . .)   (. . . . .)
(Insolvenzverwalter)   (Betriebsratsvorsitzender)

Anmerkungen

Insolvenzordnung

Der Interessenausgleich ist eine in §§ 112 Abs. 1 bis 3, 113 BetrVG vorgesehene
schriftliche Vereinbarung zwischen Arbeitgeber und Betriebsrat über eine zukünftige Betriebsänderung. Als solche kommen nach § 111 S. 2 BetrVG in Betracht

- die Einschränkung und Stillegung des ganzen Betriebs oder von wesentlichen Betriebsteilen;
- Verlegung des ganzen Betriebs oder von wesentlichen Betriebsteilen;
- Zusammenschluß mit anderen Betrieben;
- grundlegende Änderungen der Betriebsorganisation, des Betriebszwecks oder der Betriebsanlagen;
- Einführung grundlegend neuer Arbeitsmethoden und Fertigungsverfahren.

Im Interessenausgleich wird geregelt, ob und ggf. zu welchem Zeitpunkt und auf welche Weise die geplante Betriebsänderung durchgeführt wird, während der Ausgleich der Nachteile, die den Arbeitnehmern infolge der Betriebsänderung entstehen, Gegenstand eines Sozialplanes sind.

Kommt ein Interessenausgleich nicht zustande, kann der Unternehmer (Insolvenzverwalter) oder der Betriebsrat den Präsidenten des Landesarbeitsamts um Vermittlung ersuchen. Nach § 121 InsO findet ein Vermittlungsverfahren nur dann statt, wenn der Insolvenzverwalter und der Betriebsrat gemeinsam hierum ersuchen. Geschieht dies nicht oder bleibt der Vermittlungsversuch ergebnislos, können beide Seiten die Einigungsstelle anrufen und notfalls ihre Einrichtung erzwingen (§ 76 BetrVG, § 8 ArbGG). Die Einigungsstelle hat eine Einigung zwischen den Parteien zu versuchen und hierzu auch Vorschläge zu unterbreiten, kann jedoch nicht verbindlich entscheiden. Weicht der Unternehmer (Verwalter) von einem Interessenausgleich ohne zwingenden Grund ab, oder führt er die Betriebsänderung durch, bevor das Verfahren zur Herbeiführung des Interessenausgleichs beendet ist, können die Arbeitnehmer, die infolge dessen entlassen wurden bzw. andere wirtschaftliche Nachteile erleiden einen Nachteilsausgleich in Form von Abfindungen verlangen (§ 113 BetrVG i. V. mit § 10 KSchG). Der Anspruch besteht neben einem solchen aus einem abzuschließenden Sozialplan; die Vereinbarung von Anrechnungsklauseln ist möglich (LAG Hamm DB 1972, 632, 633).

Besondere Bedeutung kommt dem Interessenausgleich in der Vorschrift des § 125 InsO zu. Danach gilt folgendes:

Ist eine Betriebsänderung i. S. des § 111 BetrVG geplant und kommt zwischen dem Insolvenzverwalter und Betriebsrat ein Interessenausgleich zustande, in dem die zu entlassenden Arbeitnehmer, denen gekündigt werden soll, namentlich bezeichnet sind,

- so wird zum einen gesetzlich vermutet, daß die Kündigung des Arbeitsverhältnisses der bezeichneten Arbeitnehmer durch dringende betriebliche Erfordernisse, die einer Weiterbeschäftigung in diesem Betrieb entgegenstehen, bedingt ist (§ 125 Abs. 1 S. 1 Nr. 1 InsO) und
- kann zum anderen die soziale Auswahl der Arbeitnehmer nur noch im Hinblick auf die Dauer der Betriebszugehörigkeit, des Lebensalters und die Unterhaltspflichten und auch insoweit nur auf grobe Fahrlässigkeit nachgeprüft werden; sie ist nicht als grob fahrlässig anzusehen, wenn eine angemessene Personalstruktur erhalten oder geschaffen wird (§ 125 Abs. 1 S. 1 Nr. 2 InsO).

Im Falle eines Betriebsüberganges erstreckt sich die Vermutung des § 125 Abs. 1 S. 1 Nr. 1 InsO auch darauf, daß die Kündigung der Arbeitsverhältnisse nicht wegen des Betriebsübergangs erfolgt ist (§ 128 Abs. 2 InsO).

Bei der Regelung in § 125 Abs. 1 S. 1 Nr. 1 InsO handelt es sich um eine widerlegliche Vermutung i. S. von § 292 S. 1 ZPO. Der Beweis des Gegenteils ist daher vom Arbeitnehmer zu erbringen.

Hat der Betrieb keinen Betriebsrat oder kommt es aus anderen Gründen innerhalb von drei Wochen nach Verhandlungsbeginn oder schriftlicher Aufforderung zur Aufnahme von Verhandlungen ein Interessenausgleich nach § 125 Abs. 1 InsO

nicht zustande, obwohl der Insolvenzverwalter den Betriebsrat rechtzeitig und umfassend unterrichtet hat, so kann der Verwalter beim Arbeitsgericht beantragen, festzustellen, daß die Kündigung der Arbeitsverhältnisse bestimmter, im Antrag be-
zeichneter Arbeitnehmer durch dringende betriebliche Erfordernisse bedingt und
sozial gerechtfertigt ist. Die soziale Auswahl kann nur noch auf die Dauer der Betriebszugehörigkeit, des Lebensalters und die Unterhaltspflichten nachgeprüft werden (§ 126 InsO). § 122 InsO erlaubt es dem Insolvenzverwalter, eine geplante Betriebsänderung auch dann durchzuführen, bevor das in § 112 Abs. 2 BetrVG
vorgesehene Verfahren für das Zustandekommen eines Interessenausgleichs ausgeschöpft ist, LAG Niedersachen ZIP 1997, 1201 ff.

Konkurs-/Geamtvollstreckungsordnung

Durch Art. 5 des Arbeitsrechtlichen Beschäftigungsförderungsgesetzes wurden im
Geltungsbereich der Konkursordnung die §§ 113, 120 bis 122 sowie §§ 125 bis 128
InsO vorzeitig zum 01. 10. 1996 in Kraft gesetzt. § 125 Abs. 1 InsO findet daher
auch hier Anwendung.

Ansonsten bestehen keine Abweichungen zur Insolvenzordnung.

7. Muster eines Sozialplans

Vereinbarung

Zwischen dem Rechtsanwalt . . . . . . in seiner Eigenschaft als Konkursverwalter über das Vermögen der Firma . . . . .
            – Konkursverwalter –

und   dem Betriebsrat der Firma . . . . . in Konkurs, vertreten durch
            seinen Vorsitzenden, Herrn . . . . .
            – Betriebsrat –

Vorbemerkung

Der Konkursverwalter wurde durch Beschluß des Amtsgerichts – Konkursgerichts – . . . . . . vom . . . . . – Geschäfts-Nr. . . . . . – in dieser Funktion über das
Vermögen der Firma . . . . . (<u>nachfolgend</u>: Gemeinschuldnerin) eingesetzt.

Die Gesellschaft ist zahlungsunfähig.

Der Geschäftsbetrieb ist seit dem . . . . . eingestellt.

**Sämtliche zur Gemeinschuldnerin bestehenden Arbeitsverhältnisse mußten
vom Konkursverwalter nach Anhörung des Betriebsrates aus betriebsbedingten Gründen unter Beachtung der jeweils im Einzelfall geltenden Kündigungsfristen gekündigt werden.**

**Dies vorausgeschickt, schließen die Parteien zur Milderung der wirtschaftli-
chen Nachteile, die den Arbeitnehmern der Gemeinschuldnerin infolge ihres
Arbeitsplatzverlustes entstanden sind, folgenden**

Sozialplan

§ 1 Anwendungsbereich
    (1) Anspruchsberechtigt aus dem Sozialplan sind alle Arbeitnehmer der
        Gemeinschuldnerin i. S. des § 5 Abs. 1 Betriebsverfassungsgesetz

(BetrVG), zu denen zum Zeitpunkt der Konkurseröffnung ein rechtswirksames Arbeitsverhältnis begründet war.

(2) Arbeitnehmer, die innerhalb der jeweiligen Kündigungsfrist ein neues Arbeitsverhältnis begründet haben, erhalten ebenfalls Leistungen aus dem Sozialplan.

(3) Teilzeitbeschäftigte Arbeitnehmer erhalten anteilige Sozialplanleistungen.

Die Höhe der Leistungen bestimmt sich aus der Gegenüberstellung der tariflich geschuldeten Arbeitszeit – die von den Parteien einvernehmlich auf 36 Wochenstunden festgelegt wird – mit der im Einzelfall tatsächlich geleisteten Arbeitszeit.

(4) Folgende Arbeitnehmer erhalten keine Sozialplanleistungen:
a) Arbeitnehmer, die zum Zeitpunkt der Konkurseröffnung in einem Probearbeitsverhältnis standen sowie Aushilfen;

b) Arbeitnehmer, bei denen eine in ihrer Person oder in ihrem Verhalten liegender Grund zur außerordentlichen oder ordentlichen Kündigung berechtigt.

§ 2 Sozialplanumfang
Nach § 2 des Gesetzes über den Sozialplan im Konkurs- und Vergleichsverfahren (SozPlG) kann in einem Sozialplan, der nach der Eröffnung des Konkursverfahrens aufgestellt wird, lediglich ein Gesamtbetrag von bis zu 2 ½ Monatsverdiensten (§ 10 Abs. 3 des Kündigungsschutzgesetzes (KSchG)) der von der Entlassung betroffenen Arbeitnehmer vorgesehen werden.

Monatsverdienst i. S. des § 10 Abs. 3 KSchG ist der Betrag, den der Arbeitnehmer bei der für ihn maßgebenden regelmäßigen Arbeitszeit im letzten Monat des Arbeitsverhältnisses verdient hat, ohne Abzug für Lohnsteuer und Sozialversicherungsbeiträge.

Die Summe der 2 ½ Monatsverdienste der von dem Sozialplan betroffenen Arbeitnehmer beträgt DM 614 216,95.

Der vereinbarte Umfang des berücksichtigungsfähigen, d. h. anmeldbaren und feststellungsfähigen Sozialplanes beläuft sich gem. der als Anlage zu dieser Vereinbarung genommenen Aufstellung auf DM 613 580,00.

Die Höchstgrenze des § 2 SozPlG ist damit nicht überschritten.

§ 3 Höhe der Abfindungen
(1) Grundbetrag
Die aus dem Sozialplan anspruchsberechtigten Arbeitnehmer erhalten zunächst folgende Grundbeträge:

Bei einer Betriebszugehörigkeit:
von bis zu 3 Jahren	DM	900,00
über 3 Jahren	DM	1 200,00.

Ab einer Betriebszugehörigkeit:
von 4 Jahren	DM	1 800,00

von 10 Jahren	DM	2 500,00
von 15 Jahren	DM	3 000,00
von 20 Jahren	DM	3 500,00.

(2) *Minderung der Erwerbstätigkeit (M.d.E.):*
Arbeitnehmer, die amtlich festgestellt in Höhe von 40 v. H. in ihrer Erwerbstätigkeit gemindert sind, erhalten
zusätzlich einen Betrag von   DM   2 000,00.

Bei einer Steigerung der M. d. E. um jeweils 10 v. H.
erhöht sich der Betrag um weitere   DM   500,00.

(3) *Ermittlung der Abfindungshöhe*
Die Höhe der Abfindungen bestimmt sich im übrigen nach einem Punktevergabesystem.

Maßgeblich hierfür sind im einzelnen die Dauer der Betriebszugehörigkeit, das Lebensalter sowie die Anzahl der auf der Lohnsteuerkarte ausgewiesenen Kinder.

Im einzelnen:

Betriebszugehörigkeit	*Punkte*
1 Jahr	1
2 Jahre	2
3 Jahre	3
4 Jahre	5
5 Jahre	7
6 Jahre	9
7 Jahre	12
8 Jahre	15
9 Jahre	17
10 Jahre	20.

Ab dem 11. bis zum 20. Jahr der Betriebszugehörigkeit werden für jedes weitere Beschäftigungsjahr 3 Punkte vergeben.

Ab dem 5. Jahr der Betriebszugehörigkeit werden nur volle Jahre berücksichtigt.

Lebensjahr	*Punkte*
bis zum 30. Lebensjahr	1
ab dem 31. bis zum 39. Lebensjahr	3
ab dem 40. bis zum 48. Lebensjahr	6
ab dem 49. bis zum 63. Lebensjahr	10.

Kinder
Für jedes auf der Lohnsteuerkarte eingetragene Kind werden weitere 5 Punkte vergeben.

Punktwert
Der Punktwert beträgt je Punkt DM 160,00.

Auf der Grundlage der vereinbarten Grundbeträge, der ggf. zu berücksichtigenden M. d. E. sowie des im weiteren zugrundegelegten Punktevergabesystems bestimmen sich die aus der Anlage ersichtlichen Abfindungen der Arbeitnehmer.

§ 4 Sonstiges

(1) Den Parteien ist bekannt, daß auf die geschlossene Vereinbarung das Gesetz über den Sozialplan im Konkurs- und Vergleichsverfahren Anwendung findet.

Nach § 4 SozPlG werden in einem Konkursverfahren die Forderungen aus einem Sozialplan nach § 2 SozPlG mit dem Rang des § 61 Abs. 1 Nr. 1 der Konkursordnung (KO) berichtigt. Für die Berichtigung dieser Forderungen darf nicht mehr als 1/3 der für die Verteilung an die Konkursgläubiger zur Verfügung stehenden Masse verwendet werden.

Konkursmasse ist der Betrag, der nach Abzug der Massekosten, der Masseschulden, der Ab- und Aussonderungsrechte zur Verteilung zur Verfügung steht.

Der Konkursverwalter weist ausdrücklich darauf hin, daß in dem Konkursverfahren Masseunzulänglichkeit besteht, die auch öffentlich bekanntgemacht ist. Ob daher überhaupt und ggf. in welcher Höhe Quotenzahlungen auf die Forderungen aus diesem Sozialplan geleistet werden können, ist zum Zeitpunkt des Abschlusses der Vereinbarung ungewiß.

(2) Die Forderungen aus diesem Sozialplan sind von den anspruchsberechtigten Arbeitnehmern mit dem Vorrecht des § 61 Abs. 1 Nr. 1 KO beziffert zur Konkurstabelle bei dem Amtsgericht – Konkursgericht – Köln anzumelden.

§ 5 Schlußbestimmungen

(1) Nebenabreden zu dieser Vereinbarung wurden nicht getroffen.

(2) Änderungen oder Ergänzungen bedürfen zu ihrer Rechtswirksamkeit der Schriftform. Das gleiche gilt für den Verzicht auf das Schriftformerfordernis.

(3) Im Falle der Unwirksamkeit einer oder mehrerer Bestimmungen dieser Vereinbarung werden die Vertragspartner unter Beachtung der einschlägigen gesetzlichen Bestimmungen eine der unwirksamen Regelung möglichst nahekommende rechtswirksame Ersatzregelung treffen.

......, den

....

(Rechtsanwalt   (Betriebsratsvorsitzender)

als Konkursverwalter)

Anmerkungen

Konkursordnung

Der Sozialplan ist eine Einigung zwischen Arbeitgeber und Betriebsrat über den Ausgleich oder die Milderung der wirtschaftlichen Nachteile, die den Arbeitnehmern infolge einer Betriebsänderung (§ 111 BetrVG) entstehen (§ 112 Abs. 1 S. 2 BetrVG).

Nach § 112 Abs. 4 S. 3 BetrVG hat der Betriebsrat in Betrieben mit in der Regel mehr als 20 Wahlberechtigten, d. h. über 18 Jahre alten, nicht leitenden Arbeitnehmern ein, notfalls mit Hilfe der Einigungsstelle durchsetzbares Mitbestimmungsrecht zur Aufstellung eines Sozialplanes. Es entsteht mit dem Entschluß des Arbeitgebers zur Betriebsänderung und besteht bis zum Abschluß des Sozialplanes fort, ggf. auch nach Betriebsstillegung. Nach § 112a Abs. 2 BetrVG besteht ein Anspruch auf Abschluß eines Sozialplanes nicht bei Betriebsänderungen in den ersten vier Jahren nach Gründung des Unternehmens. Dies gilt nicht für Neugründungen im Zusammenhang mit der rechtlichen Umstrukturierung von Unternehmen und Konzernen.

Leitende Angestellte haben keinen Anspruch auf Beteiligung am Sozialplan, doch hat der Arbeitgeber mit dem Sprecherausschuß über Maßnahmen zum Ausgleich oder zur Milderung wirtschaftlicher Nachteile infolge von Betriebsänderungen zu beraten (§ 32 Abs. 2 SprecherauschußG).

Der Spruch der Einigungsstelle (§ 76 BetrVG), durch den ein Sozialplan aufgestellt worden ist, kann im arbeitsgerichtlichen Beschlußverfahren angefochten werden (§ 2a ArbGG). Zur Anfechtung berechtigt sind der Arbeitgeber und der Betriebsrat. Das Arbeitsgericht entscheidet darüber, ob die Einigungsstelle im Rahmen ihres Beurteilungsspielraumes eine vertretbare Interessenabwägung getroffen hat. Die Überschreitung der Grenzen des Ermessens kann nur innerhalb der Zwei-Wochen-Frist des § 76 Abs. 5 S. 4 BetrVG geltend gemacht werden.

Die §§ 104ff. BetrVG gelten auch im Konkurs des Arbeitgebers. Das Gesetz über den Sozialplan in Konkurs- und Vergleichsverfahren regelt dabei den Rang der Konkursforderungen. Danach gilt folgendes:

Ansprüche aus Sozialplänen, die nicht früher als drei Monate vor dem Antrag auf Eröffnung des Konkursverfahrens oder nach dessen Eröffnung vereinbart werden, werden mit dem Rang des § 61 Abs. 1 Nr. 1a KO als bevorrechtigte Konkursforderungen berücksichtigt (§ 4 S. 1 SozplG). Dem Gesamtumfang nach darf für den Sozialplan nicht mehr als 1/3 der freien Konkursmasse verwendet werden (§ 4 S. 2 SozplG). Der Wert der Mobiliarsicherheiten bleibt bei der Berechnung unberücksichtigt. In Sozialplänen, die nach Konkurseröffnung aufgestellt werden, darf den einzelnen betroffenen Arbeitnehmern nur ein Betrag von 2 ½ Monatsverdiensten zugewendet werden (§ 2 SozplG). Ein Sozialplan, der vor Konkurseröffnung vereinbart wurde, wird gegenüber den Konkursgläubigern unwirksam, soweit die Forderungen diese Höchstgrenze überschreiten. Dem Konkursverwalter obliegt es, die Forderungen im Feststellungsverfahren zu prüfen und festzustellen, ob die Begrenzung eingehalten wurde (*Hess/Knörig*, Das Arbeitsrecht bei Sanierung und Konkurs, A. Rdn. 382). Teilzahlungen vor Konkurseröffnung sind auf den Höchstbetrag anzurechnen (§ 3 SozplG). Abfindungsansprüche aus Sozialplänen, die früher als 3 Monate vor Stellung des Antrages auf Eröffnung des Konkursverfahrens vereinbart wurden, bleiben dagegen einfache Konkursforderungen im Sinne des § 61 Abs. 1 Nr. 6 KO.

Die Vorschriften der §§ 123, 124 InsO über den Sozialplan vor bzw. nach der Eröffnung des Insolvenzverfahrens wurden durch das Arbeitsrechtliche Beschäftigungsförderungsgesetz vom 13. 09. 1996 nicht vorzeitig zum 01. 10. 1996 in Kraft gesetzt. Bis zum Inkrafttreten der Insolvenzordnung zum 01. 01. 1999 (§ 335 InsO i. V. m. Art. 110 EGInsO) findet das Gesetz über den Sozialplan in Konkurs- und Vergleichsverfahren weiter Anwendung. Das Gesetz tritt mit Ablauf des 31. 12. 1998 außer Kraft (§ 8 SozplG).

Gesamtvollstreckungsordnung

Im Gegensatz zur Konkursordnung sieht die Gesamtvollstreckungsordnung in § 17 Abs. 3 Nr. 1c GesO ausdrücklich vor, daß Forderungen aus einem vom Verwalter vereinbarten Sozialplan bevorrechtigt sind, soweit die Summe der Sozialplanforderungen nicht größer ist als der Gesamtbetrag von 3 Monatsverdiensten der von einer Entlassung betroffenen Arbeitnehmer und ein 1/3 des zu verteilenden Erlöses nicht übersteigt.

Forderungen aus Sozialplänen, die vor dem Antrag auf Eröffnung eines Gesamtvollstreckungsverfahren aufgestellt wurden, genießen dieses Vorrecht nicht, so daß sie nur im Range des § 17 Abs. 3 Nr. 4 GesO berücksichtigt werden können (*Hess/Binz/Wienberg* § 17 Rdn. 54).

Insolvenzordnung

Ein Sozialplan, der innerhalb von drei Monaten vor der Eröffnung des Insolvenzverfahrens aufgestellt worden ist, kann sowohl vom Insolvenzverwalter als auch vom Betriebsrat widerrufen werden (§ 124 Abs. 1 InsO). Bereits empfangene Leistungen sind jedoch nicht rückforderbar. Den Arbeitnehmern in einem solchen Sozialplan vermittelte oder auch bereits empfangene Leistungen können jedoch in einem nach Verfahrenseröffnung abzuschließenden Sozialplan berücksichtigt werden (§ 124 Abs. 2, Abs. 3 S. 2 InsO).

§ 123 InsO regelt den Umfang und die nähere Ausgestaltung eines nach der Eröffnung des Insolvenzverfahrens aufzustellenden Sozialplanes (sog. Verwaltersozialplan). Hier wird das Modell aufgegriffen, daß die Kommission für Insolvenzrecht für das Liquidationsverfahren vorgesehen hatte (vgl. die Leitsätze 4.1.1 bis 4.1.11 des ersten Berichts).

Danach darf nach § 123 Abs. 1 InsO das Sozialplanvolumen maximal bis zu 2 ½ Monatsverdiensten der von einer Entlassung betroffenen Arbeitnehmer betragen (absolute Grenze). Der Begriff der Entlassung erfaßt neben der betriebsbedingten Kündigung auch solche Fälle, in denen Arbeitnehmer auf Veranlassung des Arbeitgebers Aufhebungsverträge schließen oder eine Eigenkündigung aussprechen. Mißachtet der Sozialplan diese absolute Grenze, so ist er absolut, d. h. gegenüber jedermann unwirksam.

§ 123 Abs. 2 S. 2, 3 InsO statuiert sodann die sog. relative Grenze. Danach darf zur Begleichung von Sozialplanforderungen nicht mehr als 1/3 der Masse verwendet werden, die ohne einen Sozialplan für die Verteilung an die Insolvenzgläubiger zur Verfügung stünde. Übersteigt der Gesamtbetrag aller Sozialplanforderungen diese relative Grenze, so müssen die einzelnen Forderungen anteilig gekürzt werden, um dieser Vorgabe gerecht zu werden.

Bei den Ansprüchen aus einem Verwaltersozialplan handelt es sich nach § 123 Abs. 2 S. 1 InsO kraft legislatorischer Anordnung um sog. unechte (sonstige) Masseverbindlichkeiten i. S. des § 55 Abs. 1 InsO, obgleich sie in ihrer Anlage und ihrem Rechtsgrund auf die bereits vor der Verfahrenseröffnung abgeschlossenen Arbeitsverhältnisse zurückgehen.

Obwohl die Massegläubiger regelmäßig nicht an Einschränkungen bei der Geltendmachung der ihnen zustehenden Forderungspositionen gebunden sind, statuiert § 123 Abs. 3 S. 2 InsO für Forderungen aus einem Sozialplan ein gesetzliches Zwangsvollstreckungsverbot. Der Gesetzgeber hielt eine Zwangsrealisierung der Sozialplanforderungen deshalb für entbehrlich, weil er in § 123 Abs. 3 S. 1 InsO zu Abschlagszahlungen auffordert, so oft hinreichende Barmittel in der Masse vorhanden sind, die jedoch an die Zustimmung des Insolvenzgerichtes geknüpft sind. Darauf hinzuweisen ist, daß aufgrund der Regelung in § 123 Abs. 2 S. 2 InsO die Sozialplangläubiger trotz der Masseschuldqualität ihrer Forderungen in der masseunzulänglichen Insolvenz leer ausgehen, so daß der Abschluß eines Sozialplans hier nicht sinnvoll ist.

8. Kündigungsschutzklage eines Arbeitnehmers gegen eine vom Insolvenzverwalter ausgesprochene betriebsbedingte Kündigung

An das
Arbeitsgericht

in . . . . . .
(Ort, Datum)

Klage

der Frau . . . . . .

– Klägerin –

– Prozeßbevollmächtiger: Rechtsanwalt . . . . . .

gegen

den Rechtsanwalt . . . . . . in seiner Eigenschaft als Insolvenzverwalter über das Vermögen der Firma . . . . . .

– Beklagten –

wegen Kündigungsschutz[1].

Namens und mit Vollmacht der Klägerin erhebe ich Klage gegen den Beklagten.

Im Termin zur mündlichen Verhandlung werde ich beantragen zu erkennen:

Es wird festgestellt[2], daß das Arbeitsverhältnis der Klägerin durch die vom Beklagten ausgesprochene Kündigung vom . . . . . . – zugegangen am[3] . . . . . . – nicht aufgelöst worden ist.

Begründung:

Die Klägerin ist aufgrund des am . . . . . . abgeschlossenen Arbeitsvertrages seit dem . . . . . . bei der nachmaligen Schuldnerin als Montagehelferin beschäftigt.

Sie ist verheiratet und hat drei Kinder im Alter von . . . . . . Jahren.

Bei der Schuldnerin waren zum Zeitpunkt der Kündigung mehr als 80 Arbeitnehmer beschäftigt.

Durch Beschluß des Amtsgericht – Insolvenzgerichts – . . . . . . vom . . . . . . wurde über das Vermögen der Schuldnerin das Insolvenzverfahren eröffnet und der Beklagte zum Insolvenzverwalter ernannt.

Mit Schreiben vom . . . . . . – der Klägerin zugegangen am . . . . . . – kündigte der Beklagte das zur Klägerin bestehende Arbeitsverhältnis aus betriebsbedingten Gründen zum . . . . . .

Beweis: Vorlage des Kündigungsschreibens vom . . . . . . in Fotokopie.

Die ausgesprochene Kündigung ist sozial ungerechtfertigt, da eine soziale Auswahl nicht stattgefunden hat[4].

Bei der Schuldnerin besteht ein Betriebsrat. Dieser ist nicht ordnungsgemäß angehört worden[5].

Der Beklagte hat zum . . . . . . im mindesten 50 Arbeitsverhältnisse gekündigt. Es handelt sich somit um eine Massenentlassung. Es wird bestritten, daß vom Beklagten eine ordnungsgemäße Massenentlassungsanzeige abgegeben wurde[6].

Rechtsanwalt

Anmerkungen

Es entspricht allgemeiner Auffassung, daß das Kündigungsschutzgesetz auch auf **1** vom Insolvenzverwalter ausgesprochene Kündigungen Anwendung findet (BAG ZIP 1983, 205; *Jaeger/Henckel* § 22 Rdn. 22).Mangels sachlicher Abweichungen gelten die nachstehenden Grundsätze auch für das Konkurs-/Gesamtvollstreckungsverfahren.

Das Kündigungsschutzgesetz gilt nur in Betrieben, in denen in der Regel mehr als zehn Arbeitnehmer (ohne Auszubildende) beschäftigt sind (§ 23 KSchG) und nur für Kündigungen solcher Arbeitnehmer, deren Arbeitsverhältnisse in demselben Betrieb oder Unternehmen ohne Unterbrechung länger als 6 Monate bestanden hat (§ 1 Abs. 1 KSchG).

Nach § 1 Abs. 1 KSchG ist die Kündigung des Arbeitsverhältnisses gegenüber einem Arbeitnehmer rechtsunwirksam, wenn sie sozial ungerechtfertigt ist. Sozial ungerechtfertigt ist eine Kündigung dann, wenn sie nicht durch Gründe, die in der Person oder in dem Verhalten des Arbeitnehmers liegen, oder durch dringende betriebliche Erfordernisse, die einer Weiterbeschäftigung des Arbeitnehmers in diesem Betrieb entgegenstehen, bedingt ist (§ 1 Abs. 2 S. 1 KSchG). Entsprechendes gilt, wenn der Betriebsrat aus bestimmten, im Gesetz aufgezählten Gründen der Kündigung widersprochen hat (§ 1 Abs. 2 S. 1 KSchG).

Da es nicht Aufgabe der Formularsammlung sein kann, die einzelnen Kündigungsgründe zu kommentieren, werden diese im folgenden nur gedrängt dargestellt. Weiterführend wird auf die einschlägige Kommentierung und Literatur verwiesen.

Personenbedingte Kündigungsgründe sind solche, die auf der Person oder die in persönlichen Eigenschaften des Arbeitnehmers beruhen. Hierzu zählen etwa mangelnde körperliche oder geistige Eignung, fehlende Vorbildung oder Krankheit, wozu auch die Trunksucht fallen kann (BAG AP KSchG § 1 Krankheit Nr. 18). Von der Rechtsprechung sind hierzu zahlreiche Einzelgrundsätze entwickelt worden.

Verhaltensbedingte Kündigungsgründe beruhen auf dem Verhalten des Arbeitnehmers gegenüber dem Arbeitgeber, seinen Arbeitskollegen und Dritten. Hierzu zählen insbesondere Vertragsverletzungen, Verstöße gegen arbeitsvertragliche Nebenpflichten (Treuepflichten), Beleidigungen oder Tätlichkeiten sowie strafbare Handlungen im Zusammenhang mit dem Arbeitsverhältnis. Auch hier hat die Rechtsprechun Fallgruppen entwickelt, in denen eine verhaltensbedingte Kündigung gerechtfertigt sein kann.

Betriebsbedingte Kündigungsgründe beruhen auf dringenden betrieblichen Erfordernissen, die einer Weiterbeschäftigung des Arbeitnehmers in diesem Betrieb entgegenstehen. Solche können wirtschaftliche, technische oder organisatorische Umstände sein, die auf externen oder internen Ursachen beruhen. Dringend sind sie erst dann, wenn sich die Kündigung nicht durch andere zumutbare Maßnahmen vermeiden läßt. So ist der Arbeitgeber u. a. verpflichtet, vor Ausspruch der Kündigung zu überprüfen, ob der Arbeitnehmer auf einem anderen Arbeitsplatz des Betriebes oder Unternehmens eingesetzt werden kann und muß ggf. vor einer Beendigungs- eine Änderungskündigung aussprechen (§ 2 KSchG). Liegen betriebsbedingte Kündigungsgründe vor, hat der Arbeitgeber eine soziale Auswahl vorzunehmen, bei der zu entscheiden ist, wer von mehreren Arbeitnehmern entlassen werden soll (§ 1 Abs. 3 S. 1 KSchG). Dabei sind horizontal nur Arbeitnehmer desselben Betriebes, nicht des Unternehmens zu vergleichen (BAG AP KSchG § 1 Soziale Auswahl). Vertikal sind zur Sozialauswahl solche auf vergleichbaren Arbeitsplätzen heranzuziehen (BAG NJW 1996, 2336). Bei der sozialen Auswahl sind vor allem zu berücksichtigen das Lebensalter, die Dauer der Betriebszugehörigkeit, der Familienstand, der Anzahl der Kinder und die sonstigen wirtschaftlichen Verhältnisse. Auf Verlangen hat der Arbeitgeber die Gründe zur sozialen Auswahl, deren Gewichtung und die Namen der in die soziale Auswahl einbezogenen Arbeitnehmer mitzuteilen (BAG NJW 1984, 78). Der Arbeitnehmer kann alsdann darlegen und beweisen, daß die herangezogenen Gründe rechtsfehlerhaft sind (BAG AP KSchG § 1 Betriebsbedingte Kündigung Nr. 7). In die soziale Auswahl sind solche Arbeitnehmer nicht einzubeziehen, deren Weiterbeschäftigung insbesondere wegen ihrer Kenntnisse, Fertigkeiten und Leistungen im berechtigten betrieblichen Interesse liegt (§ 1 Abs. 3 S. 2 KSchG).

Die Kündigung ist auch dann sozialwidrig, wenn sie gegen betriebsverfassungsrechtliche Grundsätze verstößt und der Betriebsrat deswegen widerspricht (§ 1 Abs. 2 S. 2 KSchG).

Der Arbeitgeber trägt die Darlegungs- und Beweislast für personen-, verhaltens- und betriebsbedingte Gründe, der Arbeitnehmer für die fehlerhafte Sozialauswahl. In der Insolvenz des Arbeitgebers trifft die Darlegungs- und Beweislast den Insolvenzverwalter. Wurde zwischen dem Insolvenzverwalter und dem Betriebsrat ein Interessenausgleich (§ 112 Abs. 1 BetrVG) vereinbart, gilt auch im Geltungsbereich der Konkursordnung seit dem 01. 10. 1996 die Regelung des § 125 InsO (vgl. Art. 5 des Arbeitsrechtlichen Beschäftigungsförderungsgesetzes vom 13. 09. 1996). Ist danach eine Betriebsänderung i. S. des § 111 BetrVG geplant und hierüber zwischen dem Verwalter und dem Betriebsrat ein Interessenausgleich zustande gekommen, in dem die zu entlassenden Arbeitnehmer, denen gekündigt werden soll, namentlich bezeichnet sind,

– wird gesetzlich vermutet, daß die Kündigung des Arbeitsverhältnisses der bezeichneten Arbeitnehmer durch dringende betriebliche Erfordernisse, die einer Weiterbeschäftigung in diesem Betrieb entgegenstehen, bedingt ist (§ 125 Abs. 1 S. 1 Nr. 1 INsO) und

– kann zum anderen die soziale Auswahl der Arbeitnehmer nur im Hinblick auf die Dauer der Betriebszugehörigkeit, des Lebensalters und die Unterhaltspflichten und auch insoweit nur auf grobe Fahrlässigkeit nachgeprüft werden; sie ist nicht als grob fahrlässig anzusehen, wenn eine ausgewogene Personalstruktur erhalten oder geschaffen wird (§ 125 Abs. 1 S. 1 Nr. 2 InsO).

Bei der Regelung in § 125 Abs. 1 S. 1 Nr. 1 InsO handelt es sich um eine widerlegliche Vermutung i. S. des § 292 S. 1 ZPO, d. h. der Beweis des Gegenteils obliegt dem Arbeitnehmer.

2 Es handelt sich um eine Feststellungsklage i. S. des § 256 ZPO, obgleich ihr auch geschaltete Wirkung zukommt, d. h. sie verhindert die Heilung einer sozialwidrigen Kündigung (LAG Niedersachsen DB 1986, 1126). Ein besonderes Feststellungsinteresse ist für sie nicht erforderlich (*Schaub*, Arbeitsrechtshandbuch, § 136 I. 2).

Nach § 4 S. 1 KSchG muß ein Arbeitnehmer, der geltend machen will, daß eine 3
Kündigung sozial ungerechtfertigt ist, innerhalb von drei Wochen nach Zugang der
Kündigung Klage beim Arbeitsgericht mit dem Antrag einreichen, festzustellen, daß
das Arbeitsverhältnis durch die Kündigung nicht aufgelöst worden ist. Entsprechendes gilt, wenn er die Rechtswirksamkeit einer außerordentlichen Kündigung geltend machen will (§ 13 Abs. 1 S. 2 KSchG). Die Klagefrist des § 4 KSchG gilt auch
für Änderungskündigungen (BAG NZA 1988, 328). Bedarf die Kündigung der be-
hördlichen Zustimmung – etwa nach § 9 Abs. 3 MuSchG oder § 15 SchwbG – beginnt die Klagefrist erst mit der Bekanntgabe der Entscheidung an den Arbeitnehmer zu laufen (§ 4 S. 4 KSchG). Will ein Arbeitnehmer geltend machen, daß die
Kündigung seines Arbeitsverhältnisses durch den Insolvenzverwalter unwirksam ist,
so muß er auch dann innerhalb von drei Wochen nach Zugang der Kündigung
Klage beim Arbeitsgericht erheben, wenn er sich auf andere als die in § 1 Abs. 2 und
Abs. 3 KSchG bezeichneten Gründe beruft (§ 113 Abs. 2 InsO). § 113 Abs. 2 InsO
erweitert daher den Streitgegenstand und zwingt den Arbeitnehmer, bei einer Kün-
digung durch den Verwalter auch außerhalb des Kündigungsschutzgesetzes liegende
Kündigungsgründe geltend machen, so etwa das Bestehen eines Kündigungsverbo-
tes nach § 613a Abs. 4 S. 1 BGB oder aber wegen besonderen Kündigungsschutzes.
Nur wenn der Arbeitnehmer nach erfolgter Kündigung trotz aller ihm nach Lage
der Umstände zuzumutenden Sorgfalt verhindert war, die Klage innerhalb von drei
Wochen nach Zugang der Kündigung einzureichen, ist diese vom Arbeitsgericht auf
Antrag hin nachträglich zuzulassen (§ 5 Abs. 1 KSchG).

Siehe Anmerkung 1.   4

Vgl. Formular B. XI. 2.   5

Vgl. Formular B. XI. 5.   6

9. Geltendmachung von Lohn-/Gehaltsansprüchen als Masseschulden für die Zeit nach Insolvenzeröffnung im Falle der Kündigung und Freistellung durch den Insolvenzverwalter

Herrn Rechtsanwalt......
als Insolvenzverwalter
über das Vermögen der Firma ......

(Ort, Datum)

Insolvenzverfahren über das Vermögen der Firma ......

hier: Geltendmachung eines Masseschuldanspruches nach
§ 55 Abs. 1 Nr. 1 InsO

Sehr geehrter Herr Rechtsanwalt......,

in dem vorbezeichneten Insolvenzverfahren hatten Sie mit Schreiben vom
......, mir zugegangen am ......, das zwischen mir und der Schuldnerin bestehende Arbeitsverhältnis fristgerecht zum ...... gekündigt.

Gleichzeitig hatten Sie mich mit sofortiger Wirkung von der Arbeitsleistung freigestellt.

Ich habe mich daraufhin bei dem für mich zuständigen Arbeitsamt arbeitslos gemeldet. Bis zum Auslaufen der Kündigungsfrist bezog ich an Arbeitslosengeld insgesamt DM . . . . . ., wie sich aus dem beigefügten Bescheid des Arbeitsamtes vom . . . . . . ergibt.

Den Differenzbetrag zwischen meinem Nettolohnanspruch in Höhe von DM . . . . . und dem erhaltenen Arbeitslosengeld von DM . . . . . ., mithin DM . . . . . ., mache ich hiermit Ihnen gegenüber als Masseschuldanspruch nach § 55 Abs. 1 Nr. 1 InsO geltend und bitte um unverzüglichen Ausgleich.

Mit vorzüglicher Hochachtung

(. . . . . .)
Arbeitnehmer

Anmerkungen

Die nach Insolvenzeröffnung bis zur Beendigung des Arbeitsverhältnisses entstehenden Lohn-/Gehaltsansprüche sind Masseschulden nach § 55 Abs. 1 Nr. 1 InsO (§ 59 Abs. 1 Nr. 2 KO/§ 13 Abs. 1 Nr. 3a GesO).

Können – wie häufig – Arbeitnehmer innerhalb der gesetzlichen Kündigungsfrist im Unternehmen des Schuldners nicht mehr weiter beschäftigt werden, so erhalten sie, wenn sie vom Verwalter von der Arbeitsleistung freigestellt worden sind, nach § 117 Abs. 4 AFG Arbeitslosengeld, sofern die übrigen Voraussetzungen hierfür vorliegen. Nach § 115 Abs. 1 SGB X geht der Anspruch des Arbeitnehmers gegen den Arbeitgeber (Verwalter) auf die Bundesanstalt für Arbeit über. Die Legalzession ändert am insolvenzrechtlichen Rang des Anspruches nichts, so daß die Ansprüche der Bundesanstalt für Arbeit und des Arbeitnehmers gleichrangig nebeneinander stehen. Der Arbeitnehmer nimmt daher neben der Arbeitsverwaltung wegen des Differenzbetrages zwischen dem Bruttolohnanspruch und dem Arbeitslosengeld gleichrangig mit den auf die Bundesanstalt für Arbeit übergegangenen Lohnansprüchen an der Befriedigung aus der Masse teil (*Kuhn/Uhlenbruck* § 60 Rdn. 10a). Die Differenz kann daher nach § 55 Abs. 1 Nr. 1 InsO (§ 59 Abs. 1 Nr. 2 KO/§ 13 Abs. 1 Nr. 3a GesO), als Masseschuld gegenüber dem Verwalter geltend gemacht werden und ist von diesem aus der Masse vorweg zu berichtigen.

10. Antrag auf Konkursausfallgeld/Insolvenzgeld

Anmerkungen

Konkurs-/Gesamtvollstreckungsordnung

Von der Erstellung eines Formulars wurde abgesehen. Die amtlichen Vordrucke zur Beantragung von Konkursausfallgeld sind bei der Arbeitsverwaltung erhältlich. Der Antrag ist zu richten an das jeweils zuständige Arbeitsamt.

Das Konkursausfallgeld (Kaug) ist eine Lohnersatzleistung der Konkursausfallgeld-Versicherung der Bundesanstalt für Arbeit (BfA) und soll dazu dienen, Lohneinbußen der Arbeitnehmer bei der Insolvenz des Arbeitgebers zu verhindern und sicherzustellen.

Es wird gewährt für Ansprüche auf Arbeitsentgelt für die letzten drei Monate des Arbeitsverhältnisses, die der Konkurseröffnung (§ 141b Abs. 1 AFG) oder dem gleichgestellten Ereignis, nämlich Abweisung mangels Masse (§ 141b Abs. 3 Nr. 1 AFG) oder vollständiger Betriebseinstellung und offensichtlicher Masselosigkeit (§ 141b Abs. 3 Nr. 2 AFG) vorausgehen. Soweit die Arbeitnehmer für diesen Zeitraum kein Arbeitsentgelt erhalten haben, erhalten sie auf Antrag lohnsteuerfrei Kaug in Höhe des Nettolohns (§ 141b Abs. 1 AFG). Zum Arbeitsentgelt zählen alle Ansprüche, die nach § 59 Abs. 1 Nr. 3a KO Masseschulden sein können, so etwa auch Weihnachts- und Urlaubsgelder, Urlaubsabgeltungsansprüche (vgl. hierzu BSG ZIP 1994, 1873, 1874) oder Beiträge zu einer Direktversicherung nach § 1 Abs. 2 BetrAVG, sofern der Arbeitnehmer diese wegen der Insolvenz seines Arbeitgebers selbst eingezahlt hat (BAG NJW 1994, 276, 277). Rückständige Sozialversicherungsbeiträge werden von der BfA auf Antrag hin unmittelbar an die zuständigen Stellen gezahlt (§ 141n Abs. 1 AFG).

Tritt das Insolvenzereignis während einer Lohn- oder Gehaltsperiode ein, so ist diese in eine Zeit vor und nach Eintritt des Ereignisses aufzuteilen (*Schaub*, ZIP 1993, 969, 976). Wird das Gehalt somit zum Monatsletzten geschuldet und tritt der Insolvenzfall am 10. des Monates ein, hat der Arbeitnehmer – unabhängig von weiteren Rückständen – Anspruch auf Kaug für die Zeit vom 01. bis 09. des Monates. Für den Tag der Konkurseröffnung wird Kaug nicht gewährt (BSG ZIP 1995, 935, 940).

Der Antrag auf Konkursausfallgeld ist innerhalb einer Ausschlußfrist von zwei Monaten nach Konkurseröffnung oder dem gleichgestellten Ereignis beim zuständigen Arbeitsamt zu stellen (§ 141e AFG). Wird die Frist ohne Verschulden des Antragstellers versäumt, kann er den Antrag binnen zwei Wochen seit Wegfall des Hindernisses stellen (§ 141e Abs. 1 S. 3 AFG). Auf Antrag zahlt das Arbeitsamt hierauf einen Vorschuß (§ 141f AFG). Der Konkursverwalter, der Gemeinschuldner und die in der Lohnabteilung Beschäftigten haben dem Arbeitsamt alle erforderlichen Auskünfte zu erteilen (§ 141g AFG). Der Verwalter hat den Arbeitnehmern auf einem Vordruck die Höhe des Arbeitsentgeltes, die gesetzlichen Abzüge und der bisherigen Leistungen zu bescheinigen (§ 141h AFG). Auf Verlangen des Arbeitsamtes hat der Konkursverwalter das Konkursausfallgeld auszurechnen und auszuzahlen, wenn ihm dafür geeignete Arbeitnehmer des Betriebes zur Verfügung stehen und das Arbeitsamt die Mittel für die Auszahlung bereitstellt. Für die Abrechnung hat er einen von der BfA vorgesehenen Vordruck zu verwenden. Kosten werden der Masse nicht erstattet (§ 141i AFG). Mit Stellung des Antrages auf Kaug geht der Lohnanspruch der Berechtigten auf die BfA als bevorrechtigte Konkursforderung (§ 61 Abs. 1 Nr. 1a KO) über (§ 141m Abs. 1 AFG, § 59 Abs. 2 KO).

Als Lohnersatz erfaßt eine Lohnpfändung auf das später beantragte Kaug (§ 141k Abs. 2 AFG). Der Pfändungsgläubiger ist auch berechtigt, neben dem Arbeitnehmer Antrag auf Kaug zu stellen. Einen Vorschuß können nur Unterhaltsgläubiger verlangen (§ 141k Abs. 1 S. 2, Abs. 2 S. 2 AFG). Nach Stellung des Kaug-Antrages kann der Kaug-Anspruch wie Arbeitseinkommen gepfändet werden (§ 141l Abs. 2 AFG). Drittschuldner ist das zuständige Arbeitsamt. Eine vor Antragstellung ausgebrachte Pfändung ist nicht nichtig, sondern erfaßt den Kaug-Anspruch erst vom Zeitpunkt der Antragstellung an (§ 141l Abs. 1 S. 2 AFG). Der Gläubiger, der den rückständigen Arbeitslohn bereits vor Antragstellung gepfändet hat, hat daher Vorrang.

Zur Vorfinanzierung von Kaug vgl. Formular B.XI.11.

Die Vorschriften über die Voraussetzungen über die Gewährung von Kaug gelten sowohl in den alten wie auch in den beigetretenen Bundesländern (vgl. *Schaub*, Arbeitsrechtshandbuch, § 94 Anm. 1).

Insolvenzordnung

Das Insolvenzgeld wurde in den §§ 183–189 SGB III (Arbeitsförderung) vom 24. 3. 1997 (BGBl. I S. 504) neu geregelt. Danach hat ein Arbeitnehmer nach wie vor Anspruch auf Insolvenzgeld, der bei Eröffnung des Insolvenzverfahrens über das Vermögen seines Arbeitgebers für die letzten der Eröffnung des Insolvenzverfahrens vorausgehenden drei Monate des Arbeitsverhältnisses Ansprüche auf Arbeitsentgelt hat.

Neu ist, daß der Anspruch auf Insolvenzgeld nicht dadurch ausgeschlossen ist, daß der Arbeitnehmer vor der Eröffnung des Insolvenzverfahrens gestorben ist (§ 183 Abs. 3 SGB III). Für die Zeit nach Beendigung des Arbeitsverhältnisses besteht kein Anspruch auf Insolvenzgeld (§ 184 Abs. 1). Hat ein Arbeitnehmer in Unkenntnis des Abweisungsbeschlusses weitergearbeitet oder die Arbeit aufgenommen, besteht der Anspruch für die letzten dem Tag der Kenntnisnahme vorausgehenden drei Monate des Arbeitsverhältnisses (§ 183 Abs. 2 SGB III).

11. Muster einer Vereinbarung über die Vorfinanzierung von Konkursausfallgeld/Insolvenzgeld

Vereinbarung

Zwischen   der Firma ......
                 – nachstehend: Firma –

und   der ...... Bank AG
                 – nachstehend: Bank –

und   dem Betriebsrat der Firma ......
                 – nachstehend: Betriebsrat –

und   dem Rechtsanwalt ......
                 – nachstehend: Sequester –

Vorbemerkung:

Die Firma hat am ...... bei dem Amtsgericht – Konkursgericht – in ...... Antrag auf Eröffnung des Konkursverfahrens über ihr Vermögen gestellt.

Zum Sachverständigen und nachfolgend zum Sequester ist der Rechtsanwalt ...... eingesetzt.

Über den Konkursantrag ist bislang noch nicht entschieden.

Die Geschäftsleitung der Firma sowie der Sequester stehen derzeit in aussichtsreichen Verhandlungen mit der Firma ......, an diese das Unternehmen der Firma zu veräußern. Die Verhandlungen dauern an.

Die nachstehende Vereinbarung soll dazu dienen, eine Fortführung und Sanierung des Unternehmens der Firma und damit auch den Erhalt von Arbeitsplätzen zu ermöglichen.

Dies vorausgeschickt, schließen die Parteien folgende

Vereinbarung

zur Vorfinanzierung der Löhne und Gehälter für den Monat ......

1. Mit Zustimmung des amtlich bestellten Sequesters erteilt hiermit die Firma der Bank den Kreditauftrag, den Arbeitnehmern der Firma ihre Ansprüche auf Arbeitsentgelt für den kaug-fähigen Monat ...... entsprechend den beigefügten und von den Arbeitnehmern unterzeichneten Erklärungen zu bevorschussen. Die von den Arbeitnehmern insoweit abgegebenen Erklärungen werden wesentlicher Bestandteil dieser Vereinbarung. Die dort im einzelnen angegebenen Nettoarbeitsentgelte werden von der Bank umgehend bargeldlos an die Arbeitnehmer überwiesen.

2. Die Bank ist bereit, jedoch nicht verpflichtet, die Arbeitsentgeltansprüche der Arbeitnehmer für den kaug-fähigen Monat ...... in Höhe des um die gesetzlichen Abzüge und die gepfändeten und aufgedeckt abgetretenen Beträge verminderten Arbeitsentgelts zu bevorschussen. Dies gilt nicht für solche Ansprüche auf Nettoarbeitsentgelt, die auf den Zeitraum nach Konkurseröffnung oder einem der Eröffnung gleichstehenden Ereignis i. S. des Arbeitsförderungsgesetzes entfallen.

3. Im Gegenzug verpflichten sich die Arbeitnehmer in den beigefügten Erklärungen, gegen Zahlung eines Geldbetrages in Höhe des Nettoarbeitsentgelts für den o. a. kaug-fähigen Zeitraum ihre insoweit bereits fälligen Ansprüche auf Zahlung des Nettoarbeitsentgeltes für den Monat ...... gegen die Firma – mit deren Kenntnisnahme und der des Sequesters – an die Bank abzutreten.

   Zwischen den Parteien besteht Übereinstimmung darüber, daß alsdann der Bank die Ansprüche auf Konkursausfallgeld nach § 141k AFG zustehen.

4. Die Firma, der Sequester sowie der Betriebsrat verpflichten sich, nach Eröffnung des Konkursverfahrens (§ 141a AFG) oder bei einem der Eröffnung gleichgestellten Ereignis (§ 141b AFG), die Bank bei der Durchsetzung ihrer Ansprüche auf Konkurausfallgeld zu unterstützen.

5. Die Firma erklärt mit Zustimmung des amtlich bestellten Sequesters, daß sie die Bank für sämtliche eventuellen Verluste aus der Bevorschussung der Nettoarbeitsentgelte schadlos halten wird.

6. Die Firma verpflichtet sich mit Zustimmung des amtlich bestellten Sequesters für die von der Bank zur Verfügung gestellten Beträge Zinsen in Höhe von 8,5% p. a. bis auf weiteres zu zahlen. Daneben berechnet die Bank die üblichen Kontoführungsgebühren.

7. Zur Sicherung aller gegenwärtiger und zukünftiger Ansprüche der Bank aus dem vorstehenden Kreditauftrag wird die Firma mit Zustimmung des amtlich bestellten Sequesters bei Auszahlung der Nettoarbeitsentgelte ein Bardepot von 20% der auszuzahlenden Beträge einrichten. Das Depot steht der Bank in seiner Gesamtheit zur Abdeckung sämtlicher eventueller Verluste aus der Ausfallgeldfinanzierung zur Verfügung und kann aus einem Massedarlehen hinterlegt werden.

8. Die Verbindlichkeiten der Firma aus diesem Kreditauftrag erlöschen erst

nach vollständiger Rückführung der bevorschußten Arbeitsentgeltung und
sämtlicher aufgrund dieser Vereinbarung entstandenen Zinsen und Kosten.

(Ort, Datum)

(......)
Firma

(......)
Bank

(......)
Betriebsratsvorsitzender

(......)
Sequester   *Anlagen*

Vereinbarung

zwischen   dem Herrn ......
             – nachstehend: Arbeitnehmer –

und   der ...... Bank AG
             – nachstehend: Bank –

Vorbemerkung

Zwischen dem Arbeitnehmer und der Firma ...... besteht seit dem ......
ein ungekündigtes Arbeitsverhältnis.

Die Firma ...... hat am ...... bei dem Amtsgericht – Konkursgericht –
...... Antrag auf Eröffnung des Konkursverfahrens über ihr Vermögen gestellt.

Über den Konkursantrag ist bislang noch nicht entschieden.

Der Arbeitnehmer hat gegenüber der Firma ...... für den Monat ...... noch
Anspruch auf Zahlung des vertraglich vereinbarten Nettoentgeltes in Höhe
von DM......

Dies vorausgeschickt, schließen die Parteien folgenden

Forderungskaufvertrag:

1. Der Arbeitnehmer verkauft und überträgt der Bank seine Ansprüche gegen
   die Firma ...... auf Zahlung des für den Monat ...... kaug-fähigen Nettoarbeitsentgelts in Höhe von DM......

   Die Bank nimmt die Abtretung hiermit an.

2. Zug um Zug zahlt die Bank an den Arbeitnehmer als Kaufpreis das für den
   o. a. kaug-fähigen Zeitraum um die gesetzlichen Abzüge und ggf. gepfändeten und bereits aufgedeckt abgetretenen Beträge verminderte Arbeitsentgelt in Höhe von DM......

3. Dem Arbeitnehmer ist bekannt, daß sein Eventual-Anspruch auf Auszahlung entsprechender Beträge an Konkursausfallgeldleistungen nach § 141 a AFG für den Fall der Eröffnung des Konkursverfahrens oder eines der Eröffnung gleichstehenden Ereignisses i. S. des § 141 b AFG aufgrund dieser Vereinbarung der Bank nach § 141 k AFG zustehen.

4. Der Arbeitnehmer weist bereits jetzt die zur Zahlung Verpflichteten, nämlich die Firma ...... bzw. für den Fall der Konkurseröffnung oder eines der Eröffnung gleichstehenden Ereignisses das Arbeitsamt unwiderruflich an, den ihm zustehenden Betrag mit schuldbefreiender Wirkung ausschließlich an die Bank zu zahlen und ermächtigt diese, beim Arbeitsamt den Antrag auf Gewährung des ihm eventuell zustehenden Konkursausfallgeldbetrages zu stellen.

5. Der Arbeitnehmer sichert zu, daß er den Anspruch auf Arbeitsentgelt für den Monat ...... weder abgetreten noch verpfändet hat oder dieser gepfändet ist.

   Er sichert weiter zu, daß er keinen Antrag auf Konkursausfallgeld gestellt und für den o. a. Zeitraum auch keine Arbeitslosenunterstützung erhalten oder beantragt hat oder beantragen wird.

6. Außer ihrer Verpflichtung zur Kaufpreiszahlung übernimmt die Bank keine weiteren Verpflichtungen, etwa für die Lohnnebenkosten wie Steuern und Sozialversicherungsbeiträge.

7. Der Arbeitnehmer verpflichtet sich, die Bank nach Eröffnung des Konkursverfahrens (§ 141 a AFG) oder einem der Eröffnung gleichgestellten Ereignis (§ 141 b AFG) bei der Durchsetzung ihres Anspruches auf Konkurausfallgeld zu unterstützen.

(Ort, Datum)

(......)
Arbeitnehmer

(......)
Bank

Anmerkungen

Konkurs-/Gesamtvollstreckungsordnung

Der Sequester steht häufig vor der Situation, daß er bzw. die sequestrierte Masse nicht über ausreichende Mittel verfügt, die laufenden Löhne und Gehälter auszugleichen. Zwar haben die Arbeitnehmer für die letzten drei Monate vor dem Insolvenzereignis Anspruch auf Konkursausfallgeld. In der Mehrzahl der Fälle werden die Arbeitnehmer nach Stellung eines Konkursantrages nicht mehr dazu bereit sein, bis zum Zeitpunkt der Auszahlung des Kaug zuzuwarten. Da der Anspruch auf Kaug auch erst dann gestellt werden kann, wenn das Konkursverfahren eröffnet, (§ 141 a AFG) bzw. der Antrag mangels Masse abgewiesen wurde (§ 141 b AFG), kann im Verlaufe des Sequestrationsverfahrens auch kein Vorschuß hierauf (§ 141 f AFG) gefordert werden. Hier besteht die Möglichkeit der Vorfinanzierung des Kaug durch einen finanzkräftigen Dritten, zumeist ein Kreditinstitut. Diese kann auf zweierlei Art und Weise erfolgen:

- Zum einen kann der finanzierende Dritte dem Arbeitnehmer ein Darlehen in Höhe der rückständigen, kaug-fähigen Lohnforderungen gewähren und sich hierfür als Sicherheit den Anspruch auf das Arbeitsentgelt gegen den Arbeitgeber abtreten lassen. In diesem Falle bleibt Schuldner des finanzierenden Dritten der Arbeitnehmer. Aufgrund der Sicherungszession erwirbt der Dritte eine Forderung gegen den insolventen Arbeitgeber. Stellt der Dritte nach dem Insolvenzereignis den Antrag auf Auszahlung des Kaug, geht die Forderung gegen den Arbeitgeber mit Antragstellung auf die Bundesanstalt für Arbeit über (§ 141 m AFG), der Anspruch des Dritten auf das Arbeitsentgelt wandelt sich in einen solchen auf Auszahlung des Kaug um (§ 141 k AFG).

- Zum anderen kann der finanzierende Dritte den Arbeitnehmern ihre kaug-fähigen Lohnforderungen abkaufen und sich abtreten lassen. In diesem Falle ist der insolvente Arbeitgeber Schuldner des Dritten; eine Haftung der Arbeitnehmer für die Einbringlichkeit ihrer Forderungen besteht nicht (§ 437 BGB). Die übrigen Rechtsfolgen entsprechen denjenigen der Darlehensgewährung.

Nach der neueren Rechtsprechung des Bundessozialgerichts ist nur noch die letztere Form der Vorfinanzierung möglich (BSG ZIP 1992, 941, 944). Hintergrund ist das Abtretungsverbot des § 400 BGB. Danach kann eine Forderung nicht abgetreten werden, soweit sie der Pfändung nicht unterworfen ist, wie dies etwa bei Arbeitseinkommen der Fall ist (§ 811 ZPO). Das Abtretungsverbot greift nach herrschender Meinung nur dann nicht ein, wenn der Abtretende vom Abtretungsempfänger eine wirtschaftlich gleichwertige Leistung erhält (BGHZ 4, 153, 156; BGHZ 59, 109, 115). Dies ist nur im Falle der Vorfinanzierung durch einen Forderungsverkauf der Fall, da die Arbeitnehmer hier den vollen Gegenwert für ihre Forderungen erhalten und ihre Einstandpflicht für deren Einbringlichkeit nach § 437 BGB ausgeschlossen ist. Etwas anderes gilt im Falle der Darlehensgewährung. Wegen des hier bestehenden Rückgriffsrisikos der Arbeitnehmer findet nach der neueren Rechtsprechung des Bundessozialgerichts künftig § 400 BGB Beachtung, mit der Folge, daß sich die Abtretung nicht auf den vollen Nettolohn, bezieht, sondern beschränkt ist auf den pfändbaren Teil (BSG ZIP 1992, 941, 944). Für die Praxis kommt danach nur noch das Forderungskaufverfahren zur Vorfinanzierung von Konkursausfallgeld in Betracht (vgl. hierzu auch den Runderlaß der Bundesanstalt für Arbeit 11/92 vom 24. 07. 1992, abgedruckt in ZIP 1992, 1279 f.).

Voraussetzung für eine wirksame Kaug-Vorfinanzierung sind ernsthafte Sanierungsbemühungen. So kann etwa eine Vorfinanzierung dann rechtsmißbräuchlich sein, wenn durch sie lediglich zur Massemehrung Löhne und Gehälter eingespart oder aber einzelnen Gläubigern oder Gläubigergruppen Sondervorteile auf Kosten der Kaug-Versicherung verschafft werden sollen (BSG ZIP 1995, 935, 938).

Zu beachten ist schließlich, daß der vorfinanzierende Dritte nach § 111 K Abs. 2 a AFG nicht zugleich Gläubiger des (künftigen) Gemeinschuldners sein darf (vgl. *Hirschlinger/Dambach*, Die Abrechnung von Kaug und Alg in der Insolvenzpraxis, S. 41 ff.).

Handelt es sich bei dem vorfinanzierenden Dritten um ein Kreditinstitut, kann das Forderungskaufverfahren die Meldepflichten des § 14 KWG auslösen (vgl. hierzu *Obermüller*, Insolvenzrecht in der Bankpraxis, Rdn. 5 262 ff., S. 604 ff.).

Insolvenzordnung

Auch im Anwendungsbereich der Insolvenzordnung ist eine Vorfinanzierung von Insolvenzgeld zulässig. Allerdings dürften die o. a. Grundsätze des BSG und der

Runderlaß der Bundesanstalt für Arbeit nur noch bedingt Anwendung finden. So wird die Darlehensaufnahme durch den vorläufigen Insolvenzverwalter im Eröffnungsverfahren dadurch erleichtert, daß nach § 55 Abs. 2 InsO die dadurch begründeten Verbindlichkeiten Masseschulden sind. Weiterhin ist der vorläufige Insolvenzverwalter, auf den die Verwaltungs- und Verfügungsbefugnis übergegangen ist, nach § 22 Abs. 1 Nr. 2 InsO verpflichtet, das Schuldnerunternehmen bis zur Entscheidung über die Eröffnung des Insolvenzverfahrens fortzuführen, soweit nicht das Insolvenzgericht einer vorzeitigen Stillegung zustimmt, um eine erhebliche Verminderung des Vermögens zu vermeiden. Fordert aber das Gesetz vom vorläufigen Insolvenzverwalter eine zeitweilige Betriebsfortführung, kann die Beschaffung der hierfür erforderlichen Liquidität über eine Vorfinanzierung von Insolvenzgeld grundsätzlich nicht rechtsmißbräuchlich sein (*Uhlenbruck*, in: Das neue Insolvenzrecht, S. 55). Vgl. zur Vorfinanzierung allgemein *Hauser/Hawelka*, ZIP 1998, 1261 ff. sowie *Kind*, InVO 1998, 57 ff.

12. Meldung an den Träger der Insolvenzsicherung nach dem Gesetz zur Verbesserung der betrieblichen Altersversorgung (BetrAVG)

An den
Pensions-Sicherungs-Verein
auf Gegenseitigkeit

50963 Köln

Konkursverfahren über das Vermögen der Firma ......

hier: Mitteilung von laufenden Versorgungsleistungen und unverfallbaren Versorgungsanwartschaften auf Leistungen der betrieblichen Altersversorgung

Sehr geehrte Damen,
sehr geehrte Herren,

hiermit gebe ich Ihnen davon Kenntnis, daß durch Beschluß des Amtsgerichts – Konkursgericht – ...... vom ...... das Konkursverfahren über das Vermögen der Firma ...... eröffnet und der Unterzeichner zum Konkursverwalter ernannt wurde.

Eine Ausfertigung des Konkurseröffnungsbeschlusses und der Konkursverwalterbestallungsurkunde liegt jeweils in Fotokopie zu Ihrer Kenntnisnahme an.

Nach den mir vorgelegten Unterlagen wurden von der Gemeinschuldnerin zugunsten der in der *Anlage 1* namentlich benannten Personen laufende Versorgungsleistungen (Betriebsrenten) in der dort genannten Höhe erbracht.

Unverfallbare Versorgungsanwartschaften bestehen zugunsten der in der *Anlage 2* aufgeführten Arbeitnehmer.

Mit vorzüglicher Hochachtung

Rechtsanwalt
als Konkursverwalter

Anlagen

309

Anmerkungen

Konkurs-/Gesamtvollstreckungsordnung

Träger der gesetzlichen Insolvenzsicherung für Betriebsrentner und Rentenanwartschaftsberechtigte ist nach § 14 Abs. 1 S. 1 BetrAVG der Pensions-Sicherungs-Verein auf Gegenseitigkeit (PSVaG) mit Sitz in Köln.

Nach § 7 Abs. 1 S. 1 BetrAVG haben Versorungsempfänger aus einer unmittelbaren Versorgungszusage im Falle der Konkurseröffnung über das Vermögen des Arbeitgebers (oder bei Eintritt der nach § 7 Abs. 1 S. 3 BetrAVG gleichstehenden Voraussetzungen) Ansprüche gegen den PSVaG in Höhe der Leistung, die der Arbeitgeber aufgrund der Versorgungszusagen zu erbringen hätte, wenn das Konkursverfahren nicht eröffnet worden wäre. Personen, die bei Eintritt des Insolvenzereignisses eine nach § 1 BetrAVG unverfallbare Versorgungsanwartschaft haben sowie ihre Hinterbliebenen erhalten bei Eintritt des Versorgungsfalles einen Anspruch gegen den Träger der Insolvenzsicherung, wenn die Anwartschaft beruht
1. auf einer unmittelbaren Versorgungszusage des Arbeitgebers oder
2. auf einer Direktversicherung und der Arbeitnehmer hinsichtlich der Leistungen des Versicherers widerruflich bezugsberechtigt ist oder die Ansprüche aus dem Versicherungsvertrag durch den Arbeitgeber beliehen oder an Dritte abgetreten sind (§ 7 Abs. 2 BetrAVG).

Hat der Arbeitgeber eine dynamische Rente zugesagt, ist diese nach § 16 BetrAVG anzupassen. Vgl. weitere Einzelheiten bei Hess/Knörig, Das Arbeitsrecht bei Sanierung und Konkurs, E).

Mit Eintritt des Insolvenzfalles hat der PSVaG zu prüfen, ob er für die laufenden Versorgungsleistungen und die unverfallbaren Versorgungsanwartschaften auf Leistungen der betrieblichen Altersversorgung eintrittspflichtig ist.

Gemäß § 11 Abs. 3 BetrAVG hat der Konkursverwalter dem PSVaG die Eröffnung des Konkursverfahrens, Namen und Anschriften der Versorgungsempfänger und die Höhe ihrer Versorgung nach § 7 BetrAVG sowie Namen und Anschriften der Personen, die bei Eröffnung des Konkursverfahrens eine nach § 1 unverfallbare Versorgungsanwartschaft haben, sowie deren Höhe mitzuteilen. Dies erfolgt regelmäßig auf vom PSVaG hierzu verwandten Vordrucken „Meldeliste Versorgungsempfänger" und „Meldeliste Anwärter", die nachstehend neben dem hierzu herausgebrachten Merkblatt abgedruckt sind. Vgl. zu aktuellen Problemkreisen *Hahn*, ZIP 1996, 209 ff.)

Die vorstehenden Ausführungen gelten sowohl für den Anwendungsbereich der Konkursordnung als auch der Gesamtvollstreckungsordnung.

Insolvenzordnung

Durch Art. 91 EGInsO wurde das BetrAVG wesentlich geändert. So kann nach § 3 Abs. 1 BetrAVG dem Arbeitnehmer ohne dessen Zustimmung für die nach Eröffnung des Insolvenzverfahrens erdienten Anwartschaften eine einmalige Abfindung bei vollständiger Betriebseinstellung und Liquidation des Unternehmens gewährt werden. Diese Anwartschaften sind im Geltungsbereich der Konkursordnung und Gesamtvollstreckungsordnung bis zur Beendigung des Arbeitsverhältnisses Masseschulden, die weder abgefunden werden können noch auf die der Arbeitnehmer wirksam verzichten kann (BAG ZIP 1988, 596). In § 7 BetrAVG wurden die anspruchsbegründenden Tatbestände und die Anwartschaftsvoraussetzungen neu geregelt. Nach § 9 Abs. 4 BetrAVG kann in einem Insolvenzplan, der die Fortführung des Unternehmens oder eines Betriebes vorsieht, für den Träger der Insolvenzsicherung eine besondere Gruppe gebildet werden. Vgl. zur Insolvenzsicherung von Versorgungszusagen für Mitunternehmer *Goette*, ZIP 1997, 1 ff.

XII. Kauf eines insolventen Unternehmens

1. Muster eines Unternehmenskaufvertrages in der Insolvenz (vereinfacht)

Vereinbarung

zwischen   dem Rechtsanwalt . . . . . . in seiner Eigenschaft als Insolvenzverwalter über das Vermögen der Firma . . . . . .
          – nachstehend: „Insolvenzverwalter" –

und   Herrn . . . . . .
          – nachstehend: „Käufer" –

I. Vorbemerkung
Der Insolvenzverwalter wurde durch Beschluß des Amtsgerichts – Insolvenzgerichts – . . . . . . vom . . . . . . in dieser Funktion über das Vermögen der Firma . . . . . . (nachstehend: „Schuldnerin") eingesetzt.

Bereits zuvor war aufgrund des Beschlusses des Amtsgerichts . . . . . . vom . . . . . . als vorläufiger Insolvenzverwalter tätig.

Nach seinen Feststellungen bestehen ungedeckte Verbindlichkeiten der Schuldnerin von mindestens DM . . . . . .

Die Gesellschaft ist zahlungsunfähig und überschuldet.

Der Käufer ist bereit, von dem Insolvenzverwalter – bis auf die nachstehend aufgeführten Positionen – das gesamte, mit Sitz in . . . . . . betriebene Unternehmen der Schuldnerin mit allen Aktiven und – mit Ausnahme der bestehenden Leasingverträge – allen Passiven zu erwerben.

Von der Veräußerung ausgenommen sind:
1. der vorhandene Warenbestand;
2. das vorhandene Inventar;
3. der bis zum Zeitpunkt des Vertragsschlusses vorhandene Kassenbestand;
4. die bis zum Zeitpunkt des Vertragsschlusses – aus welchem Rechtsgrund auch immer – entstandenen Forderungen der Schuldnerin gegenüber Dritten, einschließlich bereits streitbefangener Forderungen;
5. die bis zum Zeitpunkt des Vertragsschlusses entstandenen Steuererstattungsansprüche;
6. die Geschäftsanteile der Gemeinschuldnerin an der Firma . . . . . . einschließlich der hieraus fließenden Gewinnbezugsrechte.

Die Schuldnerin beschäftigt Mitarbeiter, die sich aus der Anlage zu diesem Vertrag ergeben.

Die Schuldnerin verschuldet den Arbeitnehmern Löhne seit . . . . . .
Dem Käufer ist bekannt, daß mit dem Erwerb des Unternehmens sämt-

liche Arbeitsverhältnisse der noch verbliebenen Mitarbeiter – sofern diese nicht zuvor rechtswirksam gekündigt worden sind – auf ihn im Wege der Rechtsnachfolge nach § 613 a BGB übergehen. Auf die gesetzliche Bestimmung und deren Bedeutung wurde ausdrücklich hingewiesen.

II. *Kaufvertrag*

Dies vorausgeschickt, schließen der Insolvenzverwalter und der Käufer, vorbehaltlich der Genehmigung des Gläubigerausschusses, oder, wenn ein solcher nicht bestellt ist, einer Gläubigerversammlung, folgenden

Vertrag

1. Der Insolvenzverwalter verkauft und überträgt dem Käufer oder einer von diesem zu benennenden Gesellschaft – mit Ausnahme der nachstehend aufgeführten Positionen – das gesamte, mit Sitz in ...... betriebene Unternehmen der Schuldnerin mit allen Aktiven – und mit Ausnahme der bestehenden Leasingverträge – allen Passiven ab ...... einschließlich des Rechts zur Firmenfortführung mit sofortiger Wirkung.

   Ausgenommen hiervon sind:
   a) der vorhandene Warenbestand;
   b) das vorhandene Inventar;
   c) der bis zum Zeitpunkt des Vertragsschlusses vorhandene Kassenbestand;
   d) die bis zum Zeitpunkt des Vertragsschlusses – aus welchem Rechtsgrund auch immer – entstandenen Forderungen der Schuldnerin gegenüber Dritten, einschließlich bereits streitbefangener Forderungen;
   e) die bis zum Zeitpunkt des Vertragsschlusses entstandenen Steuererstattungsansprüche;
   f) die Geschäftsanteile der Schuldnerin an der Firma ...... einschließlich der hieraus fließenden Gewinnbezugsrechte.

2. Die Veräußerung der Aktiva der Schuldnerin erfolgt unter Ausschluß jeglicher Gewährleistungsansprüche in dem Zustand, in dem sich die Aktiva derzeit befinden.

3. Als Kaufpreis wird zwischen den Parteien ein Betrag von DM ...... zzgl. gesetzlicher Umsatzsteuer festgelegt.

   Der Betrag wurde bereits mittels Verrechnungsscheck auf das Anderkonto des Insolvenzverwalters bei der ...... Bank AG, *Konto-Nr.* ......, eingezahlt.

4. Auf den Käufer gehen die Arbeitsverhältnisse der Schuldnerin – sofern diese nicht zuvor rechtswirksam gekündigt worden sind – über, die sich aus der beigefügten Anlage ergeben.

5. Die Übergabe des Geschäftsbetriebes der Schuldnerin erfolgt am ......

   In der Zeit zwischen Vertragsunterzeichnung und Übergabe wird der Geschäftsbetrieb im normalen Umfange fortgeführt, ohne daß außergewöhnliche Verbindlichkeiten eingegangen werden.

6. Der Käufer übernimmt für die Schuldnerin die Aufbewahrung der Buchführungs- und Steuerunterlagen im Rahmen der gesetzlichen Aufbewahrungsfristen.

Er wird dem Insolvenzverwalter Hilfestellung leisten, soweit dies im Rahmen der Abwicklung der Schuldnerin erforderlich ist. Insbesondere wird er die zuständigen Mitarbeiter zu Auskünften zur Verfügung stellen.

7. Sollten einzelne Bestimmungen dieser Vereinbarung ganz oder teilweise nichtig oder nicht durchführbar sein, wird hierdurch die Gültigkeit der übrigen Bestimmungen des Vertrages nicht berührt. Die nichtige oder undurchführbare Bestimmung wird durch eine angemessene Regelung ersetzt, die wirtschaftlich dem am nächsten kommt, was die Vertragsparteien gewollt haben.

8. Der alleinvertretungsberechtigter Geschäftsführer der Schuldnerin, Herr . . . . . ., wurde gem. § 158 Abs. 2 InsO von dem Inhalt des Vertrages unterrichtet.

Er erklärte, daß er gegen den Vertrag keine Einwände erhebe.

Köln, den . . . . . .

. . . .
(Rechtsanwalt als   (Käufer)
Insolvenzverwalter)

Anmerkungen

Vgl. zur Unternehmensveräußerung zunächst allgemein *Holzapfel/Pöllath*, Recht und Praxis des Unternehmenskaufs, sowie *Picot*, Kauf und Restrukturierung von Unternehmen.

Für den Bereich des Unternehmenskaufs im eröffneten Insolvenzverfahren gilt folgendes:

Nach ganz herrschender Meinung findet der Haftungstatbestand des § 25 HGB im eröffneten Insolvenzverfahren keine Anwendung (*Jaeger/Henckel* § 1 Rdn. 16; *Kuhn/Uhlenbruck* § 1 Rdn. 80 e; *Kilger/K. Schmidt* § 1 Anm. 2 e). Die Haftungsvorschrift des § 419 BGB wurde durch Art. 33 Nr. 16 EGInsO abgeschafft. Veräußert daher das Insolvenzverwalter das Geschäft des Schuldners im Ganzen, haftet der Erwerber nicht für die vor Insolvenzeröffnung im Betrieb des Geschäfts begründeten Verbindlichkeiten, da sich die an der Insoilvenz beteiligten Gläubiger nicht in Widerspruch zu der vom Verwalter zu tätigenden Masseverwertung setzen dürfen (RGZ 58, 167); § 25 HGB gilt als abbedungen (BAG KTS 1966, 189, 191).

Für Steuerverbindlichkeiten sieht § 75 Abs. 2 AO ausdrücklich eine entsprechende Einschränkung vor.

Als Rechts- und Sachgesamtheit zählt das Geschäft des Schuldners zur Insolvenzmasse i. S. des § 35 InsO und kann daher vom Insolvenzverwalter verwertet werden. Hierunter fallen nicht nur die pfändbaren Gegenstände wie Grundstücke, Maschinen, Inventar, Warenvorräte etc., sondern auch die nicht der Pfändung unterliegenden, dem Unternehmen zugehörigen Gegenstände wie etwa Betriebsgeheimnisse, Kundenlisten, Arbeitsanweisungen sowie alle durch die handelsgewerbliche Tätigkeit geschaffenen oder entstandenen tatsächlichen Geschäftsbeziehungen und Vorteile, die sich aus der Zusammensetzung, Auslese und Schulung des Personals und aus der Erschließung von Märkten oder Einkaufs- und Absatzmöglichkeiten ergeben (*Kuhn/Uhlenbruck* § 1 Rdn. 79). Die rechtsgeschäftliche Übertragung der einzelnen Gegenstände erfolgt dabei nach den allgemeinen Regeln.

Auch die Firma des Schuldners zählt zur Insolvenzmasse (*Jaeger/Henckel* § 1 Rdn. 15; *Kuhn/Uhlenbruck* § 1 Rdn. 80). Ob diese vom Insolvenzverwalter ebenfalls veräußert werden kann ist strittig (vgl. hierzu die Übersicht bei *Bockelmann* KTS 1982, 27 ff.). Dies insbesondere dann, wenn in ihr der Name des Schuldners enthalten ist. Hier ist abzuwägen, inwieweit der durch die Namenswahl verbleibende personale Bezug als schützenswertes Persönlichkeitsrecht die vermögensrechtlichen Interesse an der freien Verwertung der Firma überwiegt. Handelt es sich um ein einzelkaufmännisches Unternehmen, kann der Verwalter jedenfalls die Firma nur mit Zustimmung des Schuldners veräußern, sofern in ihr sein Familienname enthalten ist (OLG Düsseldorf ZIP 1982, 720, 721). Bei einem Verstoß gegen dieses Zustimmungserfordernis kommen Haftungsansprüche nach § 82 KO in Betracht. Handelt es sich um eine GmbH, ist der Verwalter allerdings berechtigt, das Unternehmen ohne Einwilligung des Namensträgers mit der Firma zu veräußern (BGH NJW 1983, 755, 756). Ein Gesellschafter kann der Veräußerung daher nicht widersprechen, auch wenn sein Name in der Firma enthalten ist. Nach § 8 Abs. 1 WZG können nunmehr vom Insolvenzverwalter auch zugunsten des Schuldners angemeldete und eingetragene Warenzeichen selbständig veräußert werden. Lautet das massezugehörige Warenzeichen auf den Namen des Schuldners, ist auch hier seine Zustimmung zur Veräußerung erforderlich (BGH ZIP 1990, 388, 389; BGHZ 32, 103, 113).

Anders als bei den Haftungstatbeständen der § 25 HGB und § 75 AO ist die Anwendbarkeit des § 613a BGB im eröffneten Insolvenzverfahren nicht ausgeschlossen.

Die Literatur zu § 613a BGB ist nahezu unüberschaubar, vgl. hierzu nur die Nachweise bei *Schaub*, Arbeitsrechtshandbuch, § 118. Da es nicht Aufgabe der Formularsammlung sein kann, sämtliche mit § 613a BGB sich ergebenden Problemkreise zu erörtern, beschränken sich die nachstehenden Ausführungen auf deren gedrängte Darstellung unter Berücksichtigung der insolvenzspezifischen Rechtsfolgen.

Geht ein Betrieb oder Betriebsteil durch Rechtsgeschäft auf einen anderen Inhaber über, so tritt dieser in die Rechte und Pflichten aus den im Zeitpunkt des Übergangs bestehenden Arbeitsverhältnisse ein (§ 613a Abs. 1 S. 1 BGB).

Unter Betrieb ist eine organisatorische Einheit zu verstehen, innerhalb derer ein Arbeitgeber in Gemeinschaft mit seinen Mitarbeitern unter Zuhilfenahme von sächlichen und immateriellen Mitteln bestimmte arbeitstechnische Zwecke fortgesetzt verfolgt (BAG AP Nr. 58 zu § 613a BGB). Betriebsteil ist eine Teilorganisation des Betriebes, der arbeitsorganisatorisch einen für sich eigenständigen Leistungszweck mit Eigenwert repräsentiert, auch wenn dieser ein arbeitstechnisch wie wirtschaftlich dienender im Rahmen des gesamten Betriebes ist (BAG AP Nr. 26 zu § 613a BGB).

Für den Begriff des Übergangs ist entscheidend, ob dadurch eine im wesentlichen unveränderte Fortführung ermöglicht wird (BAG AP Nr. 58 zu § 613a BGB).

Der Betriebsübergang muß weiterhin durch Rechtsgeschäft erfolgen. Entscheidend ist, daß ein Erwerber unter Zuhilfenahme der Formen des rechtsgeschäftlichen Handelns die Leitungsmacht über die sachlichen und immateriellen Betriebsmittel erhält, um die Organisationseinheit fortführen zu können (BAG BB 1986, 193, 194 f.). Die Veräußerung des Unternehmens des Schuldners durch den Insolvenzverwalter erfolgt stets durch Rechtsgeschäft.

Ob ein Betrieb oder Betriebsteil übertragen wurde oder lediglich eine Vielzahl von Betriebsmitteln, richtet sich danach, ob die nach der Eigenart des Betriebes wesentlichen Betriebsmittel übernommen wurden (BAG WiB 1995, 291). Einer Umgehung des § 613a BGB durch das sog. „Lemgoer Modell" hat das Bundesarbeitsgericht eine Absage erteilt. Danach wurden die Arbeitnehmer unter Hinweis auf eine geplante Betriebsveräußerung veranlaßt, ihre Arbeitskräfte mit dem Betriebsveräußerer selbst zu kündigen bzw. entsprechende Auflösungsverträge zu unterzeichnen, um danach mit dem Betriebserwerber aufgrund einer von diesem abgegebenen Arbeitsplatzgarantie neue Arbeitsverhältnisse abzuschließen. Die Kündigungen bzw. Vertragsauflösungen wurden vom Bundesarbeitsgericht als Umgehung des § 613a BGB für rechtsunwirksam erachtet (BAG ZIP 1988, 120, 122f.). Von einem Betriebsübergang kann allerdings dann nicht mehr ausgegangen werden, wenn der Insolvenzverwalter den Geschäftsbetrieb endgültig und umfassend stillgelegt hat und nur noch einzelne Wirtschaftsgüter verwertet. Dies gilt selbst dann, wenn der Erwerber der Wirtschaftsgüter mit Teilen der ehemaligen Belegschaft einen neuen Betrieb eröffnet (LAG Frankfurt/M. ZIP 1980, 788, 789).

Liegen die tatbestandlichen Voraussetzungen des § 613a Abs. 1 S. 1 BGB vor, scheidet der bisherige Betriebsinhaber als Arbeitgeber aus allen Arbeitsverhältnissen aus und tritt der Übernehmer in diese als Rechtsnachfolger ein. Für den Zeitpunkt der Rechtsnachfolge ist entscheidend, wann der Erwerber in die Lage versetzt wird, gegenüber den Arbeitnehmern das Direktionsrecht auszuüben.

Für den Fall des eröffneten Insolvenzverfahrens – nicht auch für den Fall der Abweisung mangels Masse (BAG BB 1985, 869) – sind die haftungsrechtlichen Folgen des § 613a BGB im Wege der teleologischen Reduktion insoweit einzuschränken, als daß der Erwerber nicht für solche Verbindlichkeiten haftet, die vor der Insolvenzeröffnung entstanden sind, unabhängig von der Qualität der Forderung. Diese sind entweder zur Insolvenztabelle anzumelden oder aber unmittelbar gegenüber dem Insolvenzverwalter geltend zu machen. Dies gilt insbesondere auch für die auf die Bundesanstalt für Arbeit wegen beantragtem Insolvenz(ausfall)geld übergegangenen Arbeitsentgeltansprüche der Arbeitnehmer (BAG ZIP 1989, 1422, 1424) oder aber für die bis zum Zeitpunkt der Insolvenzeröffnung erdienten Versorgungsanwartschaften, für die im vollen Umfange der Pensions-Versicherungs-Verein a.G. einstandspflichtig bleibt (BAG NJW 1980, 1124ff.; Einzelheiten hierzu bei Grunsky, Das Arbeitsverhältnis im Konkurs- und Vergleichsverfahren, S. 89f.). Für die nach Insolvenzeröffnung, jedoch vor Betriebsübergang entstandenen Forderungen haftet der neue Betriebsinhaber allerdings uneingeschränkt nach § 613a Abs. 2 BGB (BAG AP Nr. 56 zu § 613a BGB). Die im Betrieb geltenden kollektivrechtlichen Vereinbarungen wie Tarifverträge und Betriebsvereinbarungen sind für den Übernehmer ebenfalls bindend. So schuldet ein Betriebserwerber die volle tarifliche Sonderzahlung (13. Monatsgehalt) auch dann, wenn er den Betrieb aus der Insolvenzmasse erworben hat und das Insolvenzverfahren im Laufe des Bezugszeitraumes eröffnet worden ist (BGH ZIP 1996, 239, 241).

Auch im eröffneten Insolvenzverfahren gilt das gesetzliche Kündigungsverbot des § 613a Abs. 4 S. 1 BGB. Danach ist die Kündigung des Arbeitsverhältnisses eines Arbeitnehmers durch den bisherigen Arbeitgeber oder durch den neuen Inhaber wegen des Betriebsüberganges unwirksam. Eine Einschränkung erfährt § 613a Abs. 4 BGB allerdings durch § 128 InsO. Nach § 128 Abs. 1 InsO wird die Anwendung der §§ 125 bis 127 InsO nicht dadurch ausgeschlossen, daß die Betriebsänderung, die einem abgeschlossenen Interessenausgleich oder dem Feststellungsantrag zugrundeliegt, erst nach einer Betriebsveräußerung durchgeführt werden soll. Die (widerlegliche) Vermutung des § 125 Abs. 1 S. 1 Nr. 1 InsO, daß die Kündigung der betroffenen Arbeitsverhältnisse durch dringende betriebliche Erfordernisse, die einer Weiterbeschäftigung in diesem Betrieb oder einer Weiterbeschäftigung zu unveränderten Arbeitsbedingungen entgegenstehen, bedingt ist, erstreckt sich nach § 128 InsO auch darauf, daß die Kündigung des Arbeitsverhältnisses nicht nach § 613a Abs. 4 BGB „wegen" des Betriebsübergangs erfolgt. Das gleiche gilt für die gerichtliche Feststellung nach § 126 Abs. 1 S. 1 InsO, wonach die Kündigung bestimmter Arbeitsverhältnisse durch dringende betriebliche Erfordernisse bedingt und sozial gerechtfertigt ist. Auch hier erstreckt sich die Vermutung des § 125 Abs. 1 S. 1 Nr. 1 InsO auch darauf, daß die Kündigung des Arbeitsverhältnisses nicht wegen des Betriebsübergangs erfolgt ist (§ 128 Abs. 2 InsO).

XIII. *Verfahrenseröffnung und prozessuale Folgen*

1. Anzeige der Verfahrensunterbrechung durch den Insolvenzverwalter (§ 240 ZPO)

An das
Landgericht . . . . .

in . . . . . .   (Ort, Datum)

Geschäfts-Nr.

In dem Rechtsstreit

. . . . . . / . . . . . .

zeige ich an, daß durch Beschluß des Amtsgerichts – Insolvenzgerichts –
. . . . . . vom . . . . . . das Insolvenzverfahren über das Vermögen der Beklagten
eröffnet und der Unterzeichner zum Insolvenzverwalter ernannt wurde.

Der Insolvenzeröffnungsbeschluß sowie die Insolvenzverwalterbestallungsurkunde liegen zur Kenntnisnahme in anwaltlich beglaubigter Fotokopie an.

Der vorliegende Rechtsstreit ist kraft Gesetzes unterbrochen (§ 240 S. 1 ZPO).

Rechtsanwalt
als Insolvenzverwalter   *Anlagen*

Anmerkungen

Im Falle der Eröffnung des Insolvenzverfahrens über das Vermögen einer Partei wird
das Verfahren, wenn es die Insolvenzmasse betrifft, unterbrochen, bis es nach den
für das Insolvenzverfahren geltenden Vorschriften aufgenommen oder aber das Insolvenzverfahren beendet wird (§ 240 S. 1 ZPO). Die Unterbrechung erfolgt kraft
Gesetzes mit dem Tag der Insolvenzeröffnung, ohne Rücksicht darauf, ob der Pro-
zeßgegner von der Eröffnung Kenntnis hat oder nicht.
§ 240 S. 1 ZPO gilt sowohl für Aktiv- als auch für Passivprozesse des Schuldners.
Ist während der Verfahrensunterbrechung gleichwohl mündlich verhandelt und gegen den Schuldner ein Urteil erlassen worden, liegt ein absoluter Revisionsgrund
vor (BGH ZIP 1988, 446). Als von § 240 S. 1 ZPO betroffene Verfahrensarten kommen in Betracht Klage-, Beschwerde-, Kostenfestsetzungs-, Arrest- und einstweilige
Verfügungsverfahren (*Kuhn/Uhlenbruck* Vorbem. §§ 10–12 Rdn. 3). Unterbrochen
wird auch das gerichtliche Mahnverfahren (*Stein/Jonas/Schlosser*, ZPO, § 693
Rdn. 15; *Baumbach/Lauterbach/Albers/Hartmann*, ZPO,
§ 693 Rdn. 11). Kommt es noch vor Zustellung des Mahnbescheids zur Insolvenzeröffnung über das Vermögen des Antragsgegners, greift § 240 S. 1 ZPO nicht
ein, da nur ein schon eingeleitetes Verfahren unterbrochen werden kann (RGZ 129,
339, 344). Die Zustellung an den Schuldner ist nach § 81 InsO, eine an den Insolvenzverwalter nach § 87 InsO unwirksam. War der Mahnbescheid allerdings schon

im Zeitpunkt der Insolvenzeröffnung zugestellt, tritt eine Verfahrensunterbrechung nach § 240 ZPO analog ein (*Stein/Jonas/Schlosser* § 693 Rdn. 15). Der Einspruch des Insolvenzverwalters gegen ein nach Unterbrechung des Verfahrens gegen den Schuldner ergangenes Versäumnis-Urteil ist als unzulässig zu verwerfen, da der Verwalter kein rechtliches Interesse daran hat, daß das Versäumnis-Urteil aufgehoben wird, da dieses ihm und gegenüber dem Schuldner endgültige Rechtswirkungen nicht erzeugt, solange es nicht wirksam zugestellt ist (OLG Köln ZIP 1988, 447, 448). Schiedsgerichtliche Verfahren werden durch die Insolvenzeröffnung ebensowenig nach § 240 ZPO unterbrochen (BGH WM 1967, 56) wie ein Beweissicherungsverfahren (OLG München OLGZ 35, 90). § 240 ZPO ist entsprechend auch auf das Steuerfestsetzungs-, Rechtsbehelfs- und Rechtsmittelverfahren, soweit die Insolvenzmasse in Anspruch genommen wird, anwendbar (RFH 17, 185; 18, 141; BFH 78, 172). Ein gleichwohl ergangener Steuerbescheid ist nichtig (RFH 19, 355, 357;).Ein ausländisches Insolvenzverfahren führt zur Unterbrechung eines inländischen Rechtsstreits nach § 240 ZPO, sofern die ausländische Insolvenz hier anerkennungsfähig ist und er in Deutschland belegenes Vermögen erfaßt (OLG München ZIP 1996, 385, 386)

Voraussetzung für eine Verfahrensunterbrechung ist weiterhin, daß der Schuldner Partei ist. So unterbricht etwa die Gesellschaftsinsolvenz nur einen Rechtsstreit, der sich gegen die Gesellschaft richtet und sich auf das Gesellschaftsvermögen bezieht (RGZ 51, 54); umgekehrt unterbricht die Insolvenz eines Gesellschafters nur den Rechtsstreit, der das persönliche Vermögen des Gesellschafters betrifft (RGZ 34, 363). Sind sowohl die Gesellschaft (oHG, KG) und deren persönlich haftender Gesellschafter verklagt, wird durch eine Gesellschaftsinsolvenz nicht der Rechtsstreit gegen die Gesellschafter und umgekehrt unterbrochen (OLG Nürnberg, KTS 1968, 188, 189).

Das Verfahren muß schließlich die Insolvenzmasse betreffen. Maßgeblich ist die Sollmasse nach § 35 InsO, zu der der Rechtsstreit in rechtlicher oder wirtschaftlicher Beziehung stehen muß (BGHZ 72, 234). Prozesse, die das insolvenzfreie Vermögen des Schuldners oder einen in der Insolvenz nicht anmeldbaren Anspruch betreffen, werden nicht unterbrochen (BGH VersR 1982, 1054; BAG NJW 1984, 998).

Durch die Unterbrechung wird der Lauf von Fristen, auch der Notfristen, unterbrochen (§ 249 ZPO). Sie beginnen nach Ablauf der Unterbrechung neu an zu laufen. Hierzu zählen insbesondere Klagebegründungs-, Klageabweisungs-, Berufungs- und Revisionsfristen (vgl. hierzu im einzelnen *Kuhn/Uhlenbruck* Vorbem. §§ 10, 12, Rdn. 17). Die während der Unterbrechung von einer Partei vorgenommenen Prozeßhandlungen sind gegenüber der anderen Partei ohne Rechtswirkung (*Münch/Komm-Feiber* ZPO § 240 Rdn. 9). Dies gilt auch für Prozeßhandlungen des Gerichts gegenüber den Parteien (BGHZ 66, 59, 61; OLG Köln ZIP 1988, 447, 448). Die Unterbrechung des Verfahrens endet entweder mit seiner Aufnahme (§§ 85, 86 InsO) oder mit der Rechtskraft der Aufhebung des Insolvenzverfahrens (*Baumbach/Lauterbach/Albers/Hartmann* ZPO § 240 Rdn. 22; *Zöller/Stephan*, ZPO, § 240 Rdn. 10). Die Unterbrechung endet auch bei Einstellung mangels Masse (BGHZ 36, 258, 262; BGH NJW 1990, 1239, 1240), hier aber nicht mit der Rechtskraft der Entscheidung, sondern in dem Zeitpunkt, zu dem die Bekanntmachung des Einstellungsbeschlusses nach § 9 InsO als bewirkt gilt. Trotz Aufhebung des Insolvenzverfahrens entfällt die Unterbrechungswirkung nicht, wenn der streitbefangene Gegenstand nach §§ 203, 205 InsO einer Nachtragsverteilung vorbehalten ist (BGH NJW 1973, 1198, 1199). Ist die Nachtragsverteilung nicht angeordnet, unterbricht die Aufhebung des Insolvenzverfahrens einen vom oder gegen den Verwalter geführten Rechtsstreit nach §§ 239, 242 ZPO (OLG Köln ZIP 1987, 1004).

Neu ist, daß gem. § 240 S. 2 ZPO bereits die Anordnung der vorläufigen Insolvenzverwaltung unter gleichzeitigem Erlaß eines allgemeinen Verfügungsverbotes an den Schuldner schwebende Prozeßverfahren unterbricht.

2. Aufnahme eines unterbrochenen Rechtsstreits durch den Gläubiger gegen den Insolvenzverwalter[1]

An das
Landgericht[2]

in . . . . . .   (Ort, Datum)

Geschäfts-Nr.

In dem Rechtsstreit

der Firma A . . . . . .
                                                                     – Klägerin –

Prozeßbevollmächtigter: Rechtsanwalt . . . . . .

gegen

die Firma B . . . . . .
                                                                     – Beklagte –

wegen Herausgabe

nehme ich als Prozeßbevollmächtigter der Klägerin den nach § 240 ZPO unterbrochenen Rechtsstreit auf.

Es wird zunächst beantragt, das Rubrum auf Beklagtenseite wie folgt zu ändern:

> Rechtsanwalt C in seiner Eigenschaft als Insolvenzverwalter über das Vermögen der Firma B[3] und diesen Schriftsatz dem Insolvenzverwalter zuzustellen[4].

Im Termin zur mündlichen Verhandlung werde ich beantragen,

1. den Beklagten zu verurteilen, an die Klägerin folgende Waren . . . . . . (genaue Bezeichnung) herauszugeben,
2. dem Beklagten die Kosten des Rechtsstreit auf zuerlegen[5],
3. das Urteil für vorläufig vollstreckbar zu erklären.

Begründung:

Durch Beschluß des Amtsgerichts – Insolvenzgerichts . . . . . . vom . . . . . . – Geschäfts-Nr. . . . . . . – wurde das Insolvenzverfahren über das Vermögen der Firma B eröffnet und der Beklagte zum Insolvenzverwalter ernannt.

Beweis: Beiziehung der Akten . . . . . . AG . . . . . .

Bereits vor Eröffnung des Insolvenzverfahrens hat die Klägerin die Schuldnerin auf Herausgabe der in Ziffer 1 des Klageantrages näher bezeichneten Sachen gerichtlich in Anspruch genommen.

Die Waren wurden unter Eigentumsvorbehalt geliefert.

Die Schuldnerin hat bislang Zahlungen hierauf nicht geleistet.

Auf die Klageschrift vom . . . . . . nebst dem dortigen Beweisanerbieten nehme ich Bezug.

Bei dem geltend gemachten Herausgabeanspruch handelt es sich um ein Aussonderungsrecht i. S. von § 47 InsO.

Die Klägerin ist daher dazu berechtigt, diesen Anspruch außerhalb des Insolvenzverfahrens durch Aufnahme des unterbrochenen Rechtsstreits gemäß §§ 240, 250 ZPO, § 86 InsO weiterzuverfolgen.

Der Insolvenzverwalter hat trotz Aufforderung vom . . . . . . unter Fristsetzung bis zum . . . . . . die Ware nicht herausgegeben und die Erfüllung des Kaufvertrages verweigert.

Beweis: **Vorlage des Schreibens des Beklagte an die Klägerin vom . . . . . .**

Die Aufnahme des Rechtsstreits war daher geboten.

Rechtsanwalt

Anmerkungen

Insolvenzordnung

1 Durch die Insolvenzeröffnung werden alle Prozeßverfahren kraft Gesetzes nach § 240 ZPO unterbrochen, die die Insolvenzmasse betreffen und an denen der Schuldner als Partei beteiligt ist (vgl. Formular B.XIII.1.).

    Bei der Aufnahme von Rechtsstreitigkeiten ist zu unterscheiden in Aktiv- und Passivprozesse.

    Aktivprozesse, d. h. solche, in denen der Schuldner einen Anspruch verfolgt, können vom Insolvenzverwalter aufgenommen werden (§ 85 InsO). Die Aufnahme erfolgt durch Zustellung eines Schriftsatzes (§ 250 ZPO). In diesem muß der Wille erkennbar werden, daß der Verwalter mit Zustellung der Erklärung den Rechtsstreit fortsetzen will, wobei hierfür ausreichend der Antrag auf Änderung des Rubrums ist (BGH WM 1983, 401). Nimmt der Insolvenzverwalter nach angemessener Frist den Rechtsstreit nicht auf, kann der Gegner ihn – nicht aber den Prozeßbevollmächtigten des Schuldners – nach § 85 Abs. 1 S. 2 InsO i. V. m. § 239 Abs. 2 ZPO eine Ladung zur Aufnahme zustellen lassen und gleichzeitig die Verhandlung zur Hauptsache beantragen (*Kilger/K. Schmidt* § 10 Anm. 6). Lehnt der Verwalter die Aufnahme des Rechtsstreits ab, können sowohl der Schuldner als auch der Gegner den Rechtsstreit aufnehmen (§ 85 Abs. 2 InsO).

    Die Ablehnung der Aufnahme gilt als Freigabe aus der Insolvenzmasse (BGH KTS 1974, 47, 48). Fraglich ist, ob der Insolvenzverwalter in der Insolvenz einer Handelsgesellschaft die Prozeßaufnahme ablehnen kann, da aufgrund der damit einhergehenden Freigabe problematisch ist, inwieweit hier massefreies Vermögen bestehen kann. Zum alten Recht erkannte die ganz herrschende Meinung massefreies Vermögen in der Insolvenz einer Handelsgesellschaft an (vgl. LG Osnabrück NdsRpfleger 1993, 364; Pape, EWiR 1994, 165 f.; a. A. K. *Schmidt*, KTS 1994, 309 ff. m. w. N. zum Streitstand). Für das neue Recht ist allerdings umstritten, inwieweit das Insolvenzverfahren über ein reines Gesamtvollstreckungsverfahren hinaus auch der Vollabwicklung des Rechtsträgers dient, dessen Liquidation gesellschaftsrechtlich mit der Eröffnung des Insolvenzverfahrens ausgelöst wird (vgl. § 42 Abs. 1 S. 1 BGB; § 728 Abs. 1 S. 1 BGB; § 131 Abs. 1 Nr. 3 HGB; § 262 Abs. 1 Nr. 3 AktG; § 60 Abs. 1 Nr. 4 GmbHG). Der RegE hatte in § 1 Abs. 2 S. 3 (BT-Drs. 12/2443, S. 10) noch ausdrücklich hervorgehoben, daß das Insolvenzverfahren auch der Vollabwicklung des Rechtsträgers diene. Diese Vorschrift wurde vom Rechtsausschuß zur Straffung des Gesetzes enger gefaßt. Eine sachliche Änderung war damit jedoch nicht beabsichtigt, wie sich aus der Begründung zu Art. 23 Nr. 1 EGInsO, § 141a AFG ergibt (vgl. BT-Drs. 12/3803, S. 70 f. zu Art. 22 RegE EGInsO). Entgegen der überwiegenden Auffassung (vgl. *Häsemeyer*, S. 173; *Henckel*, FS Merz, 197 ff.; *Pape*, NJW 1994, 2205 f.) erscheint es für das neue Recht mit *K. Schmidt* (a. a. O.) geboten, den Liquidationszweck der Insolvenz und damit das Verbot massefreien Vermögens anzuerkennen. Im Hinblick auf die Ablehnung der Aufnahme eines Teilungsmassestreites hat daher eine teleologische Reduktion des § 85 InsO zu erfolgen, mit der Folge, daß eine Verfahrensablehnung in der Insolvenz der Handelsgesellschaft nicht anzuerkennen ist.

Passivprozesse, d. h. solche, die einen gegen den Schuldner erhobenen Vermögensanspruch betreffen, können, wenn sie auf Aussonderung eines Gegenstandes aus der Insolvenzmasse (§ 47 InsO) oder auf abgesonderte Befriedigung (§§ 50 f. InsO) gerichtet sind oder aber einen Masseschuldanspruch betreffen (§ 55 InsO), sowohl vom Insolvenzverwalter als auch vom Gegner aufgenommen werden (§ 81 InsO). Passivprozesse, die eine Insolvenzforderung (§§ 38, 40 InsO) zum Gegenstand haben, können zunächst nicht aufgenommen werden. Der Gläubiger hat seine Forderung vielmehr zur Tabelle anzumelden (§ 28 InsO). Wird diese im Prüfungstermin bestritten, kann er die Klage nach §§ 178, 184 InsO gegen den widersprechenden Schuldner(RG JW 1916, 326) und nach §§ 179 ff. InsO gegen den widersprechenden Verwalter oder Insolvenzgläubiger zum Zwecke der Feststellung seiner Forderung zur Tabelle aufnehmen. Die Anträge sind entsprechend umzustellen. Der Widersprechende ist ebenfalls zur Aufnahme des Rechtsstreits berechtigt, wenn sich sein Widerspruch gegen eine titulierte Forderung richtet.

Die Zuständigkeit des ursprünglich angerufenen Prozeßgerichts wird durch die Insolvenzeröffnung nicht berührt (§ 261 Abs. 3 Nr. 2 ZPO). **2**

Der Rechtsstreit wird in der Lage aufgenommen, in der er sich befindet (*Jaeger/* **3** *Henckel* § 10 Anm. 117). Der aufnehmende Schriftsatz ist nicht dem Schuldner oder seinem Prozeßbevollmächtigten zuzustellen, sondern dem Insolvenzverwalter, dem durch die Insolvenzeröffnung auch die Prozeßführungsbefugnis zusteht (§ 80 InsO). Die vor der Insolvenz erteilte Prozeßvollmacht ist durch die Insolvenzeröffnung erloschen (BGH LM Nr. 5 zu § 250 ZPO; *Kuhn/Uhlenbruck* § 23 Rdn. 7). Die Aufnahme kann mit einer Rechtsmitteleinlegung verbunden werden (BGHZ 36, 258). Zur Aufnahme des Rechtsstreits in der Revisionsinstanz vgl. BGH WM 1965, 626; zur Frage der Aufnahme eines Rechtsstreits gegen den Verwalter und den Schuldner vgl. BGH ZIP 1980, 23.

Die Aufnahme erfolgt durch einen bei Gericht nach § 250 ZPO einzureichenden **4** Schriftsatz, der dem Insolvenzverwalter von Amts wegen zuzustellen ist. Die mangelnde Zustellung kann durch Verzicht geheilt werden (BGHZ 50, 397, 400).

Bei der Kostenentscheidung sind drei Fälle zu unterscheiden: **5**
Unterliegt der Insolvenzverwalter, sind die Kosten des Rechtsstreits in ihrer Ge-

samtheit Masseschuldnen nach § 55 Abs.1 Nr. 1 InsO. Eine Unterscheidung nach Kosten, die vor und nach Insolvenzeröffnung entstanden sind, erfolgt dabei nicht (*Jaeger/Henckel* § 11 Anm. 20).

Hat der Schuldner Veranlassung zur Klage gegeben oder erkennt der Verwalter den Anspruch sofort an, trägt er zwar die Kosten. Nach § 86 Abs. 2 InsO handelt es sich bei dem Kostenerstattungsanspruch allerdings nicht um eine Masseforderung, sondern lediglich um eine einfache Insolvenzforderung

Hat der Schuldner keine Veranlassung zur Klage gegeben, trägt der Kläger die Kosten des Rechtsstreits. Der hieraus folgende Erstattungsanspruch ist ein solcher der Masse (*Jaeger/Henckel* § 11 Anm. 20).

Konkursordnung

Die Aufnahme von Rechtsstreitigkeiten ist geregelt in den §§ 10, 11 KO.
Sachlich bestehen keine Abweichungen zur Insolvenzordnung.

Gesamtvollstreckungsordnung

Die Kosten des aufgenommenen Rechtsstreits stellen in ihrer Gesamtheit Masseansprüche im Sinne des § 13 Abs. 1 S. 1 GesO dar, wenn der Verwalter ganz oder teilweise unterliegt.

3. Erinnerung des Insolvenzverwalters gegen eine innerhalb der Monatsfrist des § 88 InsO vor Verfahrenseröffnung ausgebrachte Zwangsvollstreckungsmaßnahme

An das
Amtsgericht
– Vollstreckungsgericht –

in . . . . . .   (Ort, Datum)

Geschäfts-Nr.: . . . . . .

Erinnerung gem. § 766 ZPO

in der Zwangsvollstreckungssache

A ./. Firma B (Schuldnerin)

In meiner Eigenschaft als Insolvenzverwalter in dem Insolvenzverfahren über das Vermögen der Schuldnerin beantrage ich im Wege der Erinnerung,

den Pfändungs- und Überweisungsbeschluß des Amtsgerichts . . . . . .
vom . . . . . .– Geschäfts-Nr.: . . . . . . – aufzuheben.

Begründung:

Durch Beschluß des Amtsgerichts – Insolvenzgericht – . . . . . . vom . . . . . . –
Geschäfts-Nr.: . . . . . . wurde über das Vermögen der Vollstreckungsschuldnerin das Insolvenzverfahren eröffnet und der Unterzeichner zum Insolvenzverwalter bestellt.

Beweis: 1. **Vorlage des Insolvenzeröffnungsbeschlusses in Fotokopie (Anlage A1)**
2. **Vorlage der Verwalterbestallungsurkunde in Fotokopie (Anlage A2)**
3. **Beiziehung der Insolvenzakte des Amtsgerichts – Insolvenzgerichts – . . . . . . zu Geschäfts-Nr.**

Innerhalb des letzten Monats vor Eröffnung des Insolvenzverfahrens, nämlich am . . . . . ., pfändete der Gläubiger durch Pfändungsbeschluß des Amtsgerichts vom . . . . . .– Geschäfts-Nr: . . . . . . – die Forderung der Schuldnerin gegen die Firma C und ließ sich diese zur Einziehung überweisen.

Beweis: **Vorlage des Pfändungs- und Überweisungsbeschlusses vom . . . . . . in Fotokopie (Anlage A3).**

Die ausgebrachte Zwangsvollstreckungsmaßnahme ist gem. § 88 InsO mit der Eröffnung des Insolvenzverfahrens unwirksam geworden und unterliegt daher der Aufhebung.

**Rechtsanwalt
als Insolvenzverwalter**

Anmerkungen

Hat ein Insolvenzgläubiger im letzten Monat vor dem Antrag auf Eröffnung des Insolvenzverfahrens oder nach diesem Antrag durch Zwangsvollstreckung eine Sicherung an dem zur Insolvenzmasse gehörenden Vermögen des Schuldners erlangt, so wird diese Sicherung nach § 88 InsO mit der Eröffnung des Verfahrens unwirksam (zur Fristberechnung vgl. § 139 Abs. 1 InsO).

Legislatorisches Vorbild für diese Regelung ist die sog. Rückschlagsperre der Vergleichsordnung (vgl. §§ 28, 87, 104 VerglO). Die Vorschrift ist im systematischen Zusammenhang mit § 114 Abs. 3 InsO zu sehen, wonach auch Pfändungen von Lohn- und Gehaltsansprüchen, die den Zeitraum nach der Verfahrenseröffnung betreffen, nur noch eingeschränkt Wirksamkeit beigemessen ist.

Die Unwirksamkeit einer innerhalb der Monatsfrist vor Verfahrenseröffnung ausgebrachten Pfändungsmaßnahme kann mit der Erinnerung (§ 766 ZPO) gerügt werden. Ist auf Grundlage der (unwirksamen) Zwangsvollstreckungssicherung bereits eine Befriedigung des Gläubigers erfolgt, hat dieser die Insolvenzmasse nach dem Zweck der Vorschrift so zu stellen, als wäre die unwirksame Sicherung nicht erfolgt, so daß der Masse ein Erstattungsanspruch zuzusprechen ist (vgl. auch *Haarmeyer/Wutzke/ Förster*, Handbuch, 4/10).

Für die Nachlaßinsolvenz bestimmt § 321 InsO weitergehend, daß alle Maßnahmen der Zwangsvollstreckung in den Nachlaß, die erst nach dem Eintritt des Erbfalls erfolgt sind, keine Absonderungsbefugnis vermitteln.

Vgl. allgemein zu Einzelzwangsvollstreckungen im neuen Insolvenzrecht Vallender, ZIP 1997, 1993 ff.

4. Erinnerung des Verwalters gegen eine vor Eröffnung des Gesamtvollstreckungsverfahrens ausgebrachte Zwangsvollstreckungsmaßnahme

An das
Amtsgericht
– Vollstreckungsgericht –

in ......   (Ort, Datum)

Geschäfts-Nr.

Erinnerung nach § 766 ZPO

in der Zwangsvollstreckungssache

A ./. Firma B

In meiner Eigenschaft als Gesamtvollstreckungsverwalter über das Vermögen der Schuldnerin beantrage ich im Wege der Erinnerung,

> den Pfändungs- und Überweisungsbeschluß des Amtsgerichts ......
> vom ...... – Geschäfts-Nr. ...... – aufzuheben und den Antrag auf
> Erlaß des Pfändungsbeschlusses zurückzuweisen.

Begründung:

Durch Beschluß des Amtsgerichts – Gesamtvollstreckungsgerichts- ......
vom ...... – Geschäfts-Nr. ...... – wurde über das Vermögen der Vollstrek-
kungsschuldnerin das Gesamtvollstreckungsverfahren eröffnet und der Unterzeichner zum Gesamtvollstreckungsverwalter ernannt.

Der Gesamtvollstreckungseröffnungsbeschluß sowie meine Bestallungsurkunde liegen zur Kenntnisnahme in anwaltlich beglaubigter Fotokopie an.

Unmittelbar vor Eröffnung der Gesamtvollstreckung, nämlich am ......,
pfändete der Gläubiger durch Pfändungsbeschluß des Amtsgerichts vom
...... – Geschäfts-Nr. ...... – die Forderung der Schuldnerin gegen die Firma
C und ließ sich diese zur Einziehung überweisen.

Die ausgebrachte und noch nicht beendete Vollstreckungsmaßnahme ist mit
Eröffnung des Gesamtvollstreckungsverfahrens unwirksam geworden (§ 7
Abs. 3 S. 1 GesO).

Der Beschluß ist daher aufzuheben.

Rechtsanwalt
als Gesamtvollstreckungsverwalter   *Anlagen*

Anmerkungen

Gesamtvollstreckungsordnung

Während § 14 KO Einzelzwangsvollstreckungsmaßnahmen lediglich vom Zeitpunkt der Konkurseröffnung an bis zur Aufhebung des Verfahrens ausschließt, ver-

lieren nach § 7 Abs. 3 S. 1 GesO alle gegen den Schuldner eingeleiteten Zwangs-vollstreckungsmaßnahmen ihre Wirksamkeit, soweit sie im Zeitpunkt der Eröffnung noch nicht beendet sind. Aufgrund des Verhältnisses zu § 2 Abs. 4 GesO, wonach das Gericht gegen den Schuldner eingeleitete anderweitige Vollstreck-ungsmaßnahmen vorläufig einzustellen hat, handelt es sich bei § 7 Abs. 3 S. 1 GesO um eine das gesamte Verfahren sichernde Rückschlagsperre, ähnlich der des § 87 VerglO.

Aufgrund der Regelung des § 7 Abs. 3 S. 1 GesO werden daher noch nicht ab-geschlossene Einzelzwangsvollstreckungsmaßnahmen materiell unwirksam, d. h. ein Pfändungspfandrecht entsteht nicht. Durch die ausgebrachte Pfändungsmaß-nahme tritt jedoch eine öffentlich-rechtliche Verstrickung ein, die – wie hier bei einer Forderungspfändung – nach § 829 ZPO ein allgemeines Verfügungsverbot für den Drittschuldner mit Zustellung der Pfändungsverfügung bewirkt. Ist der Pfändungsbeschluß als solcher zwar anfechtbar, aber nicht nichtig und lediglich ein Pfändungspfandrecht nicht entstanden, so kann der Drittschuldner der Leistungs-aufforderung durch den Schuldner bzw. den Verwalter den Einwand der Pfändung entgegenhalten (*Zöller/Stöber*, ZPO, § 829 Rdn. 26; *Münch/Komm-Smid*, ZPO, § 829 Rdn. 46). Solange der Pfändungsbeschluß daher noch besteht, darf der Drittschuldner nicht an den Vollstreckungsschuldner bzw. den Verwalter zahlen. Der Verwalter muß daher, um Zugriff auf die Forderung nehmen zu können, bei dem zuständigen Vollstreckungsgericht nach § 766 ZPO Erinnerung gegen die Art und Weise der Zwangsvollstreckung einlegen, um durch Aufhebung des Pfändungs- und Überweisungsbeschlusses die Pfändungswirkungen zu beseitigen (§ 776 ZPO).

Konkursordnung

Im Gegensatz zu § 7 Abs. 2 S. 1 GesO schließt § 14 KO Einzelzwangsvollstreckungs-maßnahmen in das zur Konkursmasse gehörige und in das freie Vermögen des Ge-meinschuldners lediglich vom Zeitpunkt der Konkurseröffnung an bis zur Aufhe-bung des Verfahrens aus. War schon vor Konkurseröffnung ein allgemeines Veräußerungsverbot (§ 106 KO) erlassen worden, ist bereits ab diesem Zeitpunkt je-der Sonderzugriff eines Konkursgläubigers unzulässig (§§ 135, 136 BGB). Vorher erwirkte Arrestvollziehungen und Zwangsvollstreckungen sind rechtsgültig, jedoch unter Umständen nach §§ 29 ff. KO anfechtbar.

Entgegen der Vorschrift des § 14 KO ausgebrachte Zwangsvollstreckungsakte sind – wie bei § 7 Abs. 3 S. 1 GesO – zwar materiell unwirksam, aber nicht nichtig. Die Aufhebung kann daher auch hier vom Konkursverwalter hinsichtlich des mas-sezugehörigen Vermögens und vom Gemeinschuldner bezüglich seines konkurs-freien Vermögens nur im Wege der Erinnerung nach § 766 ZPO erreicht werden (*Kuhn/Uhlenbruck* § 14 Rdn. 17 m.w.M.).

Insolvenzordnung

Siehe § 88 InsO sowie Formular B.XIII.3.

5. Antrag des Insolvenzverwalters auf Umschreibung der Vollstreckungsklausel (§ 727 ZPO)

An das
Amtsgericht
– Vollstreckungsgericht –

in . . . . . .   (Ort, Datum)

In der Mahnsache

Firma A . . . . . . gegen Herrn B

zeige ich an, daß durch Beschluß des Amtsgerichts – Insolvenzgerichts – vom
. . . . . . – Geschäfts-Nr. . . . . . – das Insolvenzverfahren über das Vermögen der
Gläubigerin eröffnet und der Unterzeichner zum Insolvenzverwalter ernannt
wurde.

Als solcher überreiche ich in der Anlage den Vollstreckungsbescheid des
Amtsgerichts . . . . . . vom . . . . . ., dem Schuldner zugestellt am . . . . . ., sowie
im Original den Insolvenzeröffnungsbeschluß des Amtsgerichts . . . . . . vom
. . . . . . mit dem Antrag,

> die Vollstreckungsklausel gemäß § 727 ZPO auf den Unterzeichner
> als Insolvenzverwalter umzuschreiben.

Nach erfolgter Umschreibung darf ich bitten, den Insolvenzeröffnungsbeschluß nach hier zurückzuleiten.

Rechtsanwalt
als Insolvenzverwalter   *Anlagen*

Anmerkungen

Insolvenzordnung

Nach § 727 Abs. 1 ZPO kann für den Rechtsnachfolger des in dem Urteil bezeichneten Gläubigers eine vollstreckbare Ausfertigung erteilt werden, sofern die Rechtsnachfolge dem Gericht offenkundig ist oder durch öffentliche oder öffentlich be-
glaubigte Urkunden nachgewiesen ist. Der Insolvenzverwalter ist als Partei kraft
Amtes Rechtsnachfolger des Schuldners im Sinne dieser Norm. Bei dem Insolvenzeröffnungsbeschluß handelt es sich um eine öffentliche Urkunde. Teilweise wird angenommen, daß die Vorlage einer beglaubigten Abschrift ausreicht (*Zöller/Stöber*,
ZPO, § 726 Rdn. 6 und § 727 Rdn. 20). Auch hier kann jederzeit Vorlage des Ori-
ginals angeordnet werden (§ 435 ZPO).

Konkurs-/Gesamtvollstreckungsordnung

Abweichungen zur Insolvenzordnung ergeben sich nicht.

6. Muster eines Prozeßkostenhilfeantrages des Insolvenzverwalters

An das
Landgericht ......

in ......   (Ort, Datum)

Klage
und Antrag auf Bewilligung von Prozeßkostenhilfe

des Rechtsanwalts ...... in seiner Eigenschaft als Insolvenzverwalter über das
Vermögen der Firma ......

– Klägers –

Prozeßbevollmächtigter: Rechtsanwalt ......

gegen

den Herrn ......

– Beklagten –

wegen Zahlung.

Gegenstandswert: DM 267 381,63

Ich erhebe Klage gegen den Beklagten.

Im Termin zur mündlichen Verhandlung werde ich beantragen,

1. den Beklagten zu verurteilen, an den Kläger DM 267 381,63
   nebst 4 % Zinsen seit Rechtshängigkeit zu zahlen;
2. das Urteil – ggf. gegen Sicherheitsleistung – die auch durch
   selbstschuldnerische Bürgschaft einer deutschen Großbank
   oder öffentlich-rechtlichen Sparkasse erbracht werden
   kann – für vorläufig vollstreckbarzu erklären,

im Falle der Klageabweisung,

dem Kläger nachzulassen, die Zwangsvollstreckung durch
Sicherheitsleistung – auch durch selbstschuldnerische
Bürgschaft einer deutschen Großbank oder öffentlich-
rechtlichen Sparkasse – abwenden zu können.

Weiterhin wird beantragt,

1. dem Kläger für die 1. Instanz Prozeßkostenhilfe zu bewilligen;
2. dem Kläger zur vorläufigen unentgeltlichen Wahrnehmung seiner Rechte den Unterzeichner als Rechtsanwalt
   beizuordnen.

Begründung:

   I. Zum Klageantrag
      (...... wird ausgeführt)

327

II. Zum Prozeßkostenhilfeantrag

Nach herrschender Meinung besteht für die Rechtsverfolgung durch einen Konkursverwalter ein schutzwürdiges öffentliches Interesse

BGH NJW 1993, 135 = ZIP 1992, 1644;
BGH NJW 1991, 40 = ZIP 1990, 1490;
Kuhn/Uhlenbruck, KO, 11. Aufl., München 1994,
§ 6 Rdn. 31 m. w. Nachw..

Die Bewilligung von Prozeßkostenhilfe ist daher der Regelfall

BGH NJW 1993, 135 = ZIP 1992, 1644.

1. Bezüglich der Erfolgsaussichten der Klage wird auf die vorstehenden Ausführungen Bezug genommen.

2. Nach herrschender Meinung kann das Unvermögen, die Prozeßkosten aus der Masse aufzubringen, allgemein vermutet werden

Kuhn/Uhlenbruck, a. a. O., § 6 Rdn. 31 a. E. und
Rdn. 31 c m. w. Nachw..

Im vorliegenden Falle ist die Konkursmasse auch nicht dazu in der Lage, die anfallenden Prozeßkosten zu tragen, da das Verfahren massearm ist.

Massearmut liegt vor, wenn die Masse nicht ausreicht, um alle Massekosten und vorrangigen Masseschulden gem. § 59 Abs. 1 Nr. 1, 2 KO zu befriedigen.

Der sonach vorzunehmende Vergleich zwischen Massebestand und Masseverbindlichkeiten stellt sich wie folgt dar:

a) Massebestand per		
Konkurstreuhandkonto		
Bank AG, Konto-Nr......	DM	19 493,28
b) Masseverbindlichkeiten gem.		
§ 59 Abs. 1 Nr. 1 u. 2 KO		
– Arbeitnehmerverbindlichkeiten in noch unbekannter Höhe;		
– Dauerschuldverhältnisse, Versicherungsprämien etc.	DM	1 500,00
– Verwaltungskosten	DM	1 000,00
– Bilanzierungskosten	DM	15 000,00
– Versicherungen, Rechtsstreite	DM	10 000,00
c) Masseverbindlichkeiten gem. § 58 KO	DM	30 000,00
d) Masseverbindlichkeiten gem. § 59 Abs. 1 Nr. 3 u. 4 KO		
– Arbeitnehmer, Sozialversicherungs- und Berufsgenossenschaftsbeiträge in noch unbestimmter Höhe;		
Summe b) – d) mindestens	DM	57 500,00
./. a)	DM	19 493,28
Unterdeckung	DM	38 006,72

Die Veröffentlichung der Masseunzulänglichkeit im Regierungsamtsblatt ist veranlaßt.

3. Gläubiger, denen die Finanzierung der Prozeßkosten zugemutet werden können, sind nicht vorhanden, da zunächst die o. a. Masseverbindlichkeiten gedeckt werden müssen und die Wertigkeit des Anspruchs gegen den Beklagten aus Gründen der Vorsicht lediglich mit 50 % bewertet werden kann.

4. Die Klageerhebung erfolgt unter dem Vorbehalt, daß die Klage nur im Falle der Bewilligung der Prozeßkostenhilfe zugestellt werden soll.

Rechtsanwalt

Anmerkungen

Vgl. zum Prozeßkostenhilfeantrag des Konkursverwalters Pape, Finanzierung von Rechtsstreitigkeiten der Masse über Prozeßkostenhilfe, ZAP Nr. 19 vom 07. 10. 1994, Fach 14, S. 167.

XIV. Anfechtung und Aufrechnung im Konkurs-/Gesamtvollstreckungsverfahren

1. Muster einer Konkursanfechtungsklage

An das
Landgericht ......

in ......   (Ort, Datum)

Klage

des Rechtsanwalts ...... in seiner Eigenschaft als Konkursverwalter über das Vermögen der Firma......

– Klägers –

gegen

die ...... Bank AG, ...

– Beklagte –

wegen Zahlung.

Gegenstandswert: DM 16 966,48.

Namens und in Vollmacht des Klägers erhebe ich Klage gegen die Beklagte.

Im Termin zur mündlichen Verhandlung werde ich beantragen,

1. die Beklagte zu verurteilen, an den Kläger DM 16 966,48 nebst 4% Zinsen seit dem 16. 05. 19.. zu zahlen;
2. der Beklagten die Kosten des Rechtsstreits aufzuerlegen;
3. das Urteil – ggf. gegen Sicherheitsleistung, die auch durch selbstschuldnerische Bürgschaft einer deutschen Großbank oder öffentlich-rechtlichen Sparkasse erbracht werden kann, für vorläufig vollstreckbar zu erklären,

im Falle der Klageabweisung,

dem Kläger nachzulassen, die Zwangsvollstreckung durch Sicherheitsleistung – auch durch selbstschuldnerische Bürgschaft einer deutschen Großbank oder öffentlich-rechtlichen Sparkasse – abwenden zu können.

Begründung:

I. Zum Sachverhalt

Der Kläger wurde durch Beschluß des Amtsgerichts – Konkursgerichts – ...... vom ...... – ...... – zum Konkursverwalter über das Vermögen der Firma ...... (nachfolgend: Gemeinschuldnerin) mit Sitz in Köln ernannt, nachdem diese selbst am 11. 02. 19.. Konkursantrag gestellt hatte.

Beweis: Beiziehung der Akten . . . . . . AG . . . . . .

In seiner Eigenschaft als Konkursverwalter macht er gegenüber der Beklagten einen konkursrechtlichen Anfechtungs- sowie einen Bereicherungsanspruch geltend, dem folgender Sachverhalt zugrundeliegt:

1. Die Gemeinschuldnerin unterhielt bei der Beklagten ein Geschäftskonto mit der Nr. . . . . .

   Das Konto wies per 31. 01. 19.. ein Guthaben von DM 16 966,48 aus, wie sich aus dem beigefügten Kontoauszug ergibt
   – Anlage K 1 –.

   Die der Gemeinschuldnerin nahestehende Firma . . . . . . führte bei der Beklagten ebenfalls ein Geschäftskonto mit der Nr. . . . . .

   Das Konto war ausweislich des als
   – Anlage K 2 –

   überreichten Kontoauszuges bis zum 04. 02. 19.. mit DM 143 604,69 überzogen.

   Am 04. 02. 1997 wurde das zugunsten der Gemeinschuldnerin bestehende Guthaben von DM 16 966,48 auf das debitorisch geführte Konto der Firma . . . . . . überwiesen.

   Nach erfolgter Umbuchung war das Konto der Gemeinschuldnerin mit DM 15,00 überzogen
   – Anlage K 3 –,

   dasjenige der Firma . . . . . . wies demgegenüber nur noch einen Schuldsaldo von DM 126 638,21 aus (vgl. Anlage K 2).

2. Hintergrund der getätigten Umbuchung war folgender:
   Bereits im November des Jahres 19.. war die Konkursreife der Gemeinschuldnerin Gegenstand einer Unterredung, anläßlich derer unter Einbeziehung von Vertretern der Beklagten eine etwaige Übertragung der Geschäftsanteile des Gesellschafters . . . . . . auf eine von dem Zeugen . . . . . . vertretene englische Gesellschaft erörtert wurde.

   Beweis: 1. Zeugnis des Herrn . . . . . .
          2. Zeugnis des Herrn . . . . . .

Nachdem die Übertragung der Geschäftsanteile endgültig scheiterte, setzte die Gemeinschuldnerin die Beklagte Ende Januar 19.. davon in Kenntnis, daß sie in der 6. Kalenderwoche Konkursantrag stellen werde.

Beweis: wie vor

Daraufhin führte die Beklagte über ihren zuständigen Sachbearbeiter, den nachbenannten Zeugen . . . . . ., weitere Gespräche mit der Gemeinschuldnerin, insbesondere mit deren Mitarbeiterin, der Zeugin . . . . . .

Gegenstand der Unterredungen war stets das noch zugunsten der Gemeinschuldnerin bei der Beklagten bestehende Kontoguthaben.

Anläßlich eines am 04. 02. 19. . geführten Telefonats drang der Zeuge
. . . . . . darauf, daß das zugunsten der Gemeinschuldnerin bestehende
Guthaben von DM 16 966,48 von dieser auf das debitorisch geführte
Konto der Firma . . . . . . überwiesen werde.

Beweis: 1. Zeugnis der Frau . . . . . .
          2. Zeugnis des Herrn . . . . . .

Auf die Nachfrage der Zeugin, ob die Umbuchung in Ansehung des
unmittelbar bevorstehenden Konkursantrages keinen rechtlichen Bedenken unterliege, antwortete der Zeuge . . . . . ., daß dies bereits mit
der Rechtsabteilung der Beklagten abgeklärt sei.

Beweis: wie vor.

Da die Zeugin . . . . . . nach wie vor Bedenken hatte, übergab sie das
Gespräch an den anwesenden Steuerberater der Gemeinschuldnerin,
den Zeugen . . . . . .

Auch diesem gegenüber bestätigte der Zeuge . . . . . . die Unbedenk-
lichkeit der geforderten Umbuchung.

Der Gesprächsinhalt ergibt sich weiterhin aus der von der Zeugin
. . . . . . gefertigten Gesprächsnotiz vom 17. 03. 19. ., die als
– Anlage K 4 –

überreicht wird und auf die der Kläger voll inhaltlich Bezug nimmt.

Alsdann wurde von der Gemeinschuldnerin wie vom Zeugen . . . . . .
gefordert verfahren.

Die Überweisung wurde vorab der Beklagten zugefaxt und ihr noch
am selben Tage im Original zugeleitet.

Beweis: Zeugnis der Frau . . . . . .

Die Umbuchung erfolgte mit Wertstellung zum 04. 02. 19. . (vgl. Anlagen K 2 und K 3).

Ein Rechtsgrund für die Umbuchung bestand nicht.

So hatte weder die Firma . . . . . . noch die Beklagte einen derartigen
Anspruch gegenüber der Gemeinschuldnerin.

Beweis: 1. Zeugnis des Herrn . . . . . .
          2. Zeugnis der Frau . . . . . .
          3. Zeugnis des Herrn . . . . . .

II. *Zur Rechtslage*
Die Beklagte ist zur Rückgewährung bzw. Herausgabe des umgebuch-
ten Betrages von DM 16 966,48 unter dem rechtlichen Gesichtspunkt der
Konkursanfechtung (§ 37 KO) und der ungerechtfertigten Bereicherung
(§ 812 BGB) verpflichtet.

Im einzelnen:
1. Die Konkursanfechtung wird zunächst gestützt auf § 30 Abs. 1
   Nr. 2 KO.

Danach können Rechtshandlungen des Gemeinschuldners, die dieser nach der Zahlungseinstellung, dem Konkursantrag oder in den letzten 10 Tagen davor vorgenommen hat und einem Konkursgläubiger Sicherung oder Befriedigung gewähren, die er nicht, nicht in der Art oder nicht zu der Zeit zu beanspruchen hatte, angefochten werden, falls er nicht beweist, daß ihm zur Zeit der Handlung weder die Zahlungseinstellung noch der Eröffnungsantrag, noch eine Absicht des Schuldners, ihn vor den übrigen Gläubigern zu begünstigen, bekannt war.

a) Der Konkursantrag wurde am 11. 02. 19.. gestellt.

Die Umbuchung erfolgte daher innerhalb der o. a. 10-Tages-Frist.

Im übrigen hatte die Beklagte von dem zu stellenden Konkursantrag zu diesem Zeitpunkt Kenntnis.

b) Bei der Überweisung des Guthabens handelt es sich um eine Rechtshandlung i. S. dieser Norm.

c) Durch die Umbuchung wurde eine bestehende Forderung der Beklagten gegenüber der Firma ...... teilweise befriedigt.

Es wurde dargelegt und steht zu Beweis, daß ein Rechtsgrund für die Umbuchung des Guthabens nicht bestand.

Da auch die Tilgung einer – wie hier – fremden Schuld der Konkursanfechtung des § 30 Abs. 1 Nr. 2 KO unterliegen kann

– vgl. Kuhn/Uhlenbruck, KO, 11. Auflage, § 30 Rdn. 40 –

ist die Klage bereits unter diesem rechtlichen Gesichtspunkt begründet.

2. Die Voraussetzungen für eine Konkursanfechtung nach § 31 Nr. 1 KO sind ebenfalls erfüllt.

Hiernach sind Rechtshandlungen anfechtbar, welche der Gemeinschuldner in dem anderen Teil bekannten Absicht, seine Gläubiger zu benachteiligen, vorgenommen hat.

Der Beklagten war bekannt, daß durch die rechtsgrundlose, masseschmälernde Überweisung des Guthabens die übrigen Gläubiger der Gemeinschuldnerin benachteiligt wurden.

Auf die Beweisanerbieten wird Bezug genommen.

3. Schließlich ist die Konkursanfechtung auch begründet aus § 32 Nr. 1 KO.

Danach sind anfechtbar die in dem letzten Jahr vor Eröffnung des Verfahrens von dem Gemeinschuldner vorgenommenen unentgeltlichen Verfügungen, sofern nicht dieselben gebräuchliche Gelegenheitsgeschenke zum Gegenstand haben.

Da vorliegend kein Rechtsgrund für die Umbuchung des Kontoguthabens vorlag, für die die Gemeinschuldnerin ein Entgelt nicht zu beanspruchen hatte, handelt es sich hierbei um eine unentgeltliche Verfügung i. S. dieser Norm.

Die Voraussetzungen für eine Konkursanfechtung sind daher auch hier gegeben.

Die Rückgewährsverpflichtung der Beklagten folgt aus § 37 KO.

4. Schließlich ist die Beklagte auch unter dem Gesichtspunkt der ungerechtfertigten Bereicherung nach § 812 Abs. 1 BGB zur Herausgabe des Erlangten verpflichtet.

Durch die Umbuchung erlangte sie eine Befriedigung ihrer Forderung gegenüber der Firma . . . . . .

Diese erfolgte – wie ausgeführt – ohne Rechtsgrund, so daß die Beklagte den erlangten Vermögensvorteil an die Gemeinschuldnerin herauszugeben hat.

5. Der Zinsanspruch ergibt sich aus dem Gesichtspunkt des Verzuges.

Die Beklagte wurde vom Kläger mit Schreiben vom 30. 04. 19.. unter Fristsetzung zum 15. 05. 19.. vergeblich zur Zahlung aufgefordert

– Anlage K 5 –

Sie befindet sich daher seit dem 16. 05. 19.. mit der Zahlung in Verzug.

Die Zinshöhe entspricht der Gesetzeslage.

Zusammenfassend besteht daher ein Anspruch des Klägers gegenüber der Beklagten auf Zahlung von DM 16 966,48 nach § 37 KO und § 812 Abs. 1 BGB.

Weiterer Sachvortrag bleibt vorbehalten.

Rechtsanwalt

Anmerkungen

Konkursordnung

Es kann nicht das Anliegen der Formularsammlung sein, eine Kommentierung zu den einzelnen Insolvenzanfechtungstatbeständen zu geben. Das gewählte (Klage-)Formular ist daher nur beispielhaft. Die einzelnen Anfechtungstatbestände sollen daher im folgenden nur gedrängt dargestellt werden. Wegen der weiteren Einzelheiten wird auf die einschlägigen Kommentierungen und insolvenzrechtliche Fachliteratur verwiesen.

Häufig wird noch in der letzten Zeit vor Konkurseröffnung das Massevermögen dadurch geschmälert, daß der (nachmalige) Gemeinschuldner Notverkäufe unter Wert durchführt, um an liquide Mittel zu kommen, solchen Gläubigern, die ihm meisten zusetzen, Sicherheiten noch gewährt, Vermögenswerte an Bekannte oder Verwandte überträgt etc. . Um diese Rechtshandlungen, die vor Konkurseröffnung wirksam getätigt worden sind und den Massebestand schmälern, zugunsten der Gesamtheit der Konkursgläubiger rückgängig machen zu können, dient die Anfechtung im Konkurs. Diese hat mit der Anfechtung einer Willenserklärung nach dem BGB nichts gemein und führt nicht wie diese zur Nichtigkeit des Rechtsgeschäfts (§ 142 BGB), sondern zur Verpflichtung, die aus dem Vermögen des Gemeinschuldners entfernten Werte zur Masse zurückzugewähren (§ 37 KO). Das Anfechtungsrecht wird vom Konkursverwalter ausgeübt (§ 36 KO) und kann auch nur binnen einer Ausschlußfrist von einem Jahr nach Eröffnung des Verfahrens erfolgen (§ 41 Abs. 1 S. 1 KO). Zur Fristwahrung ist die Klageerhebung innerhalb der Jahresfrist ausreichend, sofern die Zustellung demnächst erfolgt (*Kuhn/Uhlenbruck* § 41 Rdn. 5). Ist durch die anfechtbare Handlung eine Verpflichtung des Gemeinschuldners zu einer Leistung begründet, so kann der Konkursverwalter die Leistung verweigern, auch wenn die Jahresfrist verstrichen ist (§ 41 Abs. 2 KO). Der Anspruch selbst richtet sich auf Rückgewährung an die Konkursmasse (§ 37 Abs. 1 KO); ist eine solche nicht möglich, ist Wert- und unter Umständen Nutzungsersatz zu leisten. Nach § 38 KO hat der Anfechtungsgegner einen Erstattungsanspruch gegen die Masse auf die von ihm erbrachte Gegenleistung, soweit sich diese noch in der Masse befindet oder soweit sie um ihren Wert bereichert ist. Es handelt sich hierbei um eine Masseschuld nach § 59 Abs. 4 KO (*Kuhn/Uhlenbruck* § 38 Rdn. 1). Insoweit steht dem Anfechtungsgegner auch ein Zurückbehaltungsrecht nach § 273 BGB zu. Soweit sich die Gegenleistung nicht mehr in der Masse befindet und diese auch nicht bereichert ist, hat der Anfechtungsgegner lediglich eine einfache Konkursforderung (§ 38 S. 2 KO).

Das Gesetz unterscheidet vier Anfechtungstatbestände, nämlich
– die Absichtsanfechtung (§ 31 KO);
– die Schenkungsanfechtung (§ 32 KO);
– die (besondere) Konkursanfechtung (§ 30 KO);
– die Anfechtung wegen Sicherung und Befriedigung eigenkapitalersetzender Rechtshandlungen (§ 32a KO).

Im einzelnen gilt folgendes:

Die besondere Konkursanfechtung nach § 30 KO beinhaltet drei Fallgruppen, die jeweils für sich eine Anfechtbarkeit begründen können.

Nach § 30 Nr. 1 1. Fall KO sind die vom Gemeinschuldner eingegangenen (dinglichen oder schuldrechtlichen) Rechtsgeschäfte anfechtbar, durch deren Eingehung die Konkursgläubiger benachteiligt werden, wenn dem anderen Teil zu der Zeit, als er das Geschäft einging, die Zahlungseinstellung oder der Eröffnungsantrag bekannt war. Zahlungseinstellung liegt dabei nur dann vor, wenn der (nachmalige) Gemeinschuldner wegen eines voraussichtlich dauernden Mangels an Zahlungsmitteln seine fälligen und von den jeweiligen Gläubigern ernsthaft eingeforderten Verbindlichkeiten im allgemeinen nicht mehr erfüllen kann und wenn dieser Zustand mindestens für die Beteiligten Verkehrskreise nach außen hin erkennbar geworden ist (*Kuhn/Uhlenbruck* § 30 Rdn. 2 mit zahlreichen w. N.). Weiterhin muß dem Anfechtungsgegner zum Zeitpunkt der Vornahme des Rechtsgeschäfts die Zahlungseinstellung oder der Eröffnungsantrag bekannt gewesen sein. Die Kenntnis eines Vertreters ist dabei ausreichend (§ 166 Abs. 2 BGB), unter Umständen auch die eines Besitzdieners oder einer sonstigen Vertrauensperson (BGHZ 41, 17, 22). § 30 Nr. 1 1. Fall KO erfaßt den Fall der sog. „Verschleuderungsanfechtung", so etwa, wenn der Gemeinschuldner in der Krise in seinem Eigentum stehende Gegenstände unter Wert veräußert. Erforderlich ist – wie auch bei allen übrigen Anfechtungstatbeständen der §§ 30 – 32 KO, das Vorliegen einer Gläubigerbenachteiligung. Eine solche liegt dann vor, wenn sich die Befriedigung der Gläubiger im Falle des Unterbleibens der anfechtbaren Handlung günstiger gestaltet hätte. Die Darlegungs- und Beweislast obliegt dem Konkursverwalter.

Nach § 30 Nr. 1 2. Fall KO sind anfechtbar die nach der Zahlungseinstellung oder dem Eröffnungsantrag erfolgten Rechtshandlungen, welche einem Konkursgläubiger Sicherung oder Befriedigung gewähren, wenn dem Gläubiger zu der Zeit,

als die Handlung erfolgte, die Zahlungseinstellung oder der Eröffnungsantrag bekannt war. Von dieser Regelung erfaßt werden die sog. „kongruenten" Deckungsgeschäfte, in denen der Gläubiger in dem genannten Zeitraum eine Sicherung erhält, die er zu beanspruchen hatte. Eine Handlung des Gemeinschuldners ist hierfür
nicht erforderlich (BGH NJW 1972, 633, 634). Anfechtbar sind danach etwa Verrechnungen von Gutschriften auf einem Giro- oder Kontokorrentkonto (BGHZ
58, 108), Pfändungen im Rahmen der Zwangsvollstreckung oder auch Rechtshandlungen, die der Konkursverwalter in seiner Eigenschaft als Sequester vor Konkurseröffnung vorgenommen hat (BGH ZIP 1992, 1008, 1009; OLG Köln ZIP 1992,
1326). Wechsel- und Scheckzahlungen sind nicht anfechtbar, soweit sie angenommen werden müssen, um Regreßansprüche zu erhalten (§ 34 KO). Die Darlegungs-
und Beweislast obliegt auch hier dem Konkursverwalter.

Nach § 30 Nr. 2 KO sind anfechtbar, die nach der Zahlungseinstellung oder dem
Antrag auf Eröffnung des Verfahrens oder in den letzten zehn Tagen vor der Zahlungseinstellung oder dem Eröffnungsantrag erfolgten Rechtshandlungen, welche
einem Konkursgläubiger eine Sicherung oder Befriedigung gewähren, die er nicht
oder nicht in der Art oder nicht zu der Zeit zu beanspruchen hatte, sofern er nicht
beweist, daß ihm zur Zeit der Handlung weder die Zahlungseinstellung und der Eröffnungsantrag, noch eine Absicht des Gemeinschuldners, ihn vor den übrigen
Gläubigern zu begünstigen, bekannt war. Von dieser Regelung erfaßt werden die
sog. „inkongruenten" Deckungsgeschäfte, in denen einem Gläubiger eine Sicherheit gewährt wird, auf die er keinen Anspruch hatte. Anfechtbar sind danach etwa
Leistungen erfüllungshalber, Kontoumbuchungen zur Verrechnung des Debetsal-
dos, Leistungen vor Fälligkeit, Bestellung oder Verstärkung von Pfandrechten oder
Mobiliarsicherheiten (BGHZ 33, 389; BGHZ 59, 230). Der Konkursverwalter hat
darzulegen und zu beweisen, daß der Anfechtungsgegner eine ihm nicht, nicht in
der Art oder nicht zu der Zeit zustehende Deckung erhalten hat, der Gemeinschuldner zum Zeitpunkt der Gewährung der Deckung seine Zahlungen eingestellt
hatte und die Konkursgläubiger durch die Rechtshandlung benachteiligt wurden
(*Kuhn/Uhlenbruck* § 30 Rdn. 58). Der Anfechtungsgegner trägt die Beweislast dafür,
daß ihm weder die Zahlungseinstellung und die Konkursantragstellung noch die
Begünstigungsabsicht des Gemeinschuldners bekannt waren.

Die sog. „Absichtsanfechtung" des § 31 KO unterscheidet zwei Tatbestände.

Nach § 31 Nr. 1 KO sind solche Rechtshandlungen anfechtbar, welche der Gemeinschuldner in der dem Anfechtungsgegner bekannten Absicht vorgenommen
hat, die Gesamtheit der Gläubiger zu benachteiligen. Ausreichend ist, wenn der Gemeinschuldner die Gläubigerbenachteiligung billigend in Kauf genommen hat (BGH
ZIP 1993, 276, 278). Bei der inkongruenten Deckung ist eine Benachteiligungsabsicht dann anzunehmen, wenn der Gemeinschuldner die Benachteiligung anderer
Gläubiger als notwendige Folge seines Handelns erkannt hat (*Kuhn/Uhlenbruck* § 31
Rdn. 9a) Die Darlegungs- und Beweislast obliegt hier dem Konkursverwalter.

Nach § 31 Nr. 2 KO sind anfechtbar die in dem letzten Jahr vor der Eröffnung
des Verfahrens geschlossenen entgeltlichen Verträge des Gemeinschuldners mit seinem Ehegatten, vor oder während der Ehe, sowie mit den dort näher bezeichneten
Verwandten. Im Konkurs einer GmbH wird der Begriff der „Verwandten" ausge-
dehnt auf ihre Gesellschafter (BGH ZIP 1990, 459, 460). Der Konkursverwalter hat
dabei darzulegen und zu beweisen, daß der Anfechtungsgegner zu den genannten
Angehörigen zählt, der Vertrag im letzten Jahr vor Konkurseröffnung abgeschlossen
wurde und eine Gläubigerbenachteiligung gegeben ist (BGHZ 58, 20, 22 f.). Dem
Anfechtungsgegner obliegt der Beweis, daß ihm die Gläubigerbenachteiligungsab-
sicht nicht bekannt war (BGH WM 1965, 1152).

Die „Schenkungsanfechtung" des § 32 KO unterscheidet ebenfalls zwei Tatbestände.

Anfechtbar sind zum einen die im letzten Jahr vor Konkurseröffnung vom Gemeinschuldner vorgenommenen unentgeltlichen Verfügungen, soweit es sich hierbei nicht um gebräuchliche Gelegenheitsgeschenke gehandelt hat (§ 32 Nr. 1 KO). Verfügungen i. S. dieser Norm sind nicht nur Rechtsgeschäfte, durch die bestehende Rechte unmittelbar aufgehoben, übertragen, belastet oder verändert werden, sondern auch verpflichtende Rechtsgeschäfte und Rechtshandlungen (BGHZ 41, 298, 299). Unentgeltlich ist die Verfügung dann, wenn der Zuwendung nach dem Inhalt des Rechtsgeschäfts keine Gegenleistung gegenübersteht (*Kuhn/Uhlenbruck* § 32 Rdn. 2); sie erfordert daher keine Bereicherung und im Gegensatz zur Schenkung auch keine Einigung über die Unentgeltlichkeit der Zuwendung (BGHZ 71, 61). § 32 Nr. 2 KO erweitert die o. a. Jahresfrist bei unentgeltlichen Verfügungen zugunsten eines Ehegatten auf 2 Jahre.

Darlegungs- und beweispflichtig für die Zuwendung und ihre Unentgeltlichkeit ist in beiden Fällen des § 32 KO der Konkursverwalter (BGH NJW 1955, 20).

Schließlich sind nach § 32a KO anfechtbar Rechtshandlungen, die dem Gläubiger einer von § 32a Abs. 1, Abs. 3 GmbHG erfaßten Forderung Sicherung gewähren. Entsprechendes gilt für Rechtshandlungen, die dem Gläubiger einer solchen Forderung Befriedigung gewähren, wenn sie in dem letzten Jahr vor der Eröffnung des Verfahrens vorgenommen wird.

Gesamtvollstreckungsordnung

Das Anfechtungsrecht des Verwalters ist abschließend geregelt in § 10 Abs. 1 GesO. Danach kann der Verwalter Rechtshandlungen des Schuldners anfechten, wenn

1. sie in der Absicht vorgenommen wurden, die Gläubiger zu benachteiligen und dem Dritten diese Absicht bekannt war;

2. durch sie im letzten Jahr vor Eröffnung der Gesamtvollstreckung zum Nachteil der Gläubiger entgeltliche Leistungen an den Schuldner nahestehende Personen erbracht worden sind, sofern diese nicht beweisen, daß ihnen die Absicht der Benachteiligung nicht bekannt war;

3. sie innerhalb des letzten Jahres vor Eröffnung der Gesamtvollstreckung vorgenommen wurden und eine unentgeltliche Übertragung von Vermögenswerten zum Gegenstand hatten; gegenüber dem Schuldner nahestehende Personen beträgt die Frist 2 Jahre vor Eröffnung der Gesamtvollstreckung.

Im Verhältnis zur Konkursordnung sind die Anfechtungsmöglichkeiten nach der Gesamtvollstreckungsordnung beschränkt auf die Absichtsanfechtung (§ 10 Abs. 1 Nr. 1 u. 2 GesO) sowie die Schenkungsanfechtung (§ 10 Abs. 1 Nr. 3 GesO), erweitert diese aber auf dem Schuldner nahestehende Personen. Es entspricht allgemeiner Auffassung, daß der hiervon betroffene Personenkreis nach der Neuregelung in § 138 InsO zu bestimmen ist (*Haarmeyer/Wutzke/Förster* § 10 Rdn. 62; Smid/Zeuner § 10 Rdn. 54). Danach gelten als nahestehende Personen

– die persönlich nahestehenden Personen, d. h. Ehegatten, Verwandte in auf- und absteigender Linie sowie die in häuslicher Gemeinschaft mit dem Gemeinschuldner lebenden Personen (§ 138 Abs. 1 InsO);

– die gesellschaftsrechtlich nahestehenden Personen, insbesondere die organschaftlichen Vertreter juristischer Personen sowie diejenigen Aktionäre, Kommanditaktionäre oder Gesellschafter, die mehr als ein Viertel des Grund- oder Stammkapitals einer AG, KGaA oder GmbH halten (vgl. hierzu auch BGH ZIP 1996, 83, 85). Nahestehend sind auch die persönlich haftenden Gesellschafter einer oHG, KG, GbR und einer Partenreederei sowie Unternehmen, die vom Schuldner abhängig sind oder von denen der Schuldner i. S. des § 17 AktG abhängig ist (§ 138 Abs. 2 Nr. 1 InsO);

— sonstige nahestehende Personen, wie etwa Prokuristen und unter Umständen auch ehemalige Gesellschafter oder deren Ehegatten oder Verwandte, wenn sie die Möglichkeit hatten, sich über die wirtschaftlichen Verhältnisse zu unterrichten (§ 138 Abs. 2 Nr. 2 Inso).

Die Anfechtung kann nur innerhalb von zwei Jahren seit Eröffnung der Gesamtvollstreckung erfolgen (§ 10 Abs. 2 GesO). Ist für das Wirksamwerden einer Rechtshandlung eine Eintragung im Grundbuch erforderlich, so gilt die Handlung als in dem Zeitpunkt vorgenommen, in dem die übrigen Voraussetzungen für das Wirksamwerden erfüllt sind, die von dem Schuldner abgegebene Willenserklärung für ihn bindend geworden ist und der andere Teil die Eintragung beantragt hat (§ 10 Abs. 3 GesO).

Anders als nach der Konkursordnung sind nach der Gesamtvollstreckungsordnung Rechtshandlungen von Gläubigern nicht anfechtbar (OLG Dresden ZIP 1994, 1128, 1129; *Haarmeyer/Wutzke/Förster* § 10 Rdn. 16 m. w. N.). Dies führt dazu, daß eine Anfechtung von von Kreditinstituten im Verlaufe der Sequestration vorgenommenen Verrechnungen mit einem bestehenden Debetsaldo nach der GesO nicht möglich ist. Eine derartige Verrechnung ist nur dann unwirksam, wenn das Gericht nach § 2 Abs. 2 GesO ein allgemeines Veräußerungsverbot erlassen hat, in dem Beschlußtag und Beschlußstunde angegeben sind, da in diesem Falle analog § 7 Abs. 5 GesO ein Aufrechnungsverbot besteht (BGH ZIP 1995, 40, 41; OLG Dresden ZIP 1994, 1128, 1129).

Eine dem § 32a KO entsprechende Regelung sieht die GesO nicht vor, so daß eigenkapitalersetzende Rechtshandlungen i. S. des § 32a Abs. 1, Abs. 3 GmbHG nicht angefochten werden können. Die Regelung wird allgemein als gewollt angesehen (*Haarmeyer/Wutzke/Förster* § 10 Rdn. 98; *Smid/Zeuner* § 10 Rdn. 128), da daneben die Ansprüche aus §§ 31, 32a GmbHG bestehen (BGH ZIP 1995, 284; *Kilger/K. Schmidt* KO § 10 GesO Anm. 2 e).

Die Rechtsfolgen der Insolvenzanfechtung sind in der GesO nicht geregelt, entsprechen aber denen der KO, d. h. es entsteht ein schuldrechtlicher Rückgewähranspruch an die Masse (*Haarmeyer/Wutzke/Förster* § 10 Rdn. 33).

2. Einwand des insolvenzrechtlichen Aufrechnungsverbotes durch den Konkursverwalter

An die
Firma ......   **(Ort, Datum)**

Konkursverfahren über das Vermögen der Firma ......

hier: Anspruch der Gemeinschuldnerin gegen Sie auf Zahlung von DM ......
      Ihr Schreiben vom ......

Sehr geehrte Damen,
Sehr geehrte Herren,

in dem vorbezeichneten Konkursverfahren nehme ich Bezug auf Ihr Schreiben vom ......, in welchem Sie gegen die gegen Sie bestehende Forderung der Gemeinschuldnerin auf Zahlung von DM ...... die Aufrechnung erklären.

Ich führe hierzu folgendes aus:

Nach § 55 S. 1 Nr. 1 KO ist eine Aufrechnung im Konkursverfahren unzulässig, wenn jemand vor oder nach Eröffnung des Verfahrens eine Forderung an den Gemeinschuldner erworben und nach der Eröffnung etwas zur Masse schuldig geworden ist.

So liegt der Fall hier.

Bei der von Ihnen zur Aufrechnung gestellten Forderung handelt es sich um eine solche, die vor Konkurseröffnung entstanden ist. Die Ihnen gegenüber aus Warenlieferung geltend gemachte Forderung der Gemeinschuldnerin wurde demgegenüber erst nach Verfahrenseröffnung begründet. Eine Aufrechnung ist danach nicht zulässig.

Ich darf Sie daher bitten, den Betrag von DM . . . . . . bis spätestens . . . . . . auf das Ihnen bereits bekanntgegebene Konkurstreuhandkonto zu überweisen.

Ich stelle anheim, Ihre Gegenforderung unmittelbar bei dem Amtsgericht – Konkursgericht – . . . . . . zu der o. a. Geschäfts-Nummer zur Konkurstabelle anzumelden.

Mit vorzüglicher Hochachtung

Rechtsanwalt
als Konkursverwalter

Anmerkungen

Konkursordnung

Soweit ein Gläubiger gegenüber dem Gemeinschuldner zur Aufrechnung befugt ist, braucht er seine Forderung im Konkursverfahren nicht geltend zu machen (§ 53 KO). Die Aufrechnungsbefugnis besteht selbst dann, wenn der Gläubiger die Forderung im vollen Umfange zur Konkurstabelle angemeldet hat (RGZ 26, 116). Zugunsten des Gläubigers ist die Aufrechnungsmöglichkeit dadurch erleichtert, daß er auch mit Forderungen aufrechnen kann, die nicht gleichartig oder noch nicht fällig, d. h. bedingt oder betagt sind (§ 54 KO).

Die Aufrechnung ist unzulässig,
– wenn jemand vor oder nach der Eröffnung des Verfahrens eine Forderung an den Gemeinschuldner erworben hat und nach der Eröffnung etwas zur Masse schuldig geworden ist (§ 55 S. 1 Nr. 1 KO). Der Zeitpunkt der Sequestrationsanordnung steht dabei dem Zeitpunkt der Konkurseröffnung gleich (OLG Hamm ZIP 1995, 140, 142; OLG Stuttgart ZIP 1994, 798, 799; *Kilger/ K. Schmidt* § 55 Anm. 3 a);
– wenn jemand dem Gemeinschuldner vor der Eröffnung des Verfahrens etwas schuldig war und nach derselben eine Forderng an den Gemeinschuldner erworben hat, auch wenn diese Forderung vor der Eröffnung für einen anderen Gläubiger entstanden war (§ 55 S. 1 Nr. 2 KO);
– wenn jemand vor der Eröffnung des Verfahrens dem Gemeinschuldner etwas schuldig war und eine Forderung an den Gemeinschuldner durch ein Rechtsgeschäft mit demselben oder durch Rechtsabtretung oder Befriedigung eines Gläubigers erworben hat, falls ihm zur Zeit des Erwerbes bekannt war, daß der

Gemeinschuldner seine Zahlungen eingestellt hatte, oder daß die Eröffnung des Verfahrens beantragt war (§ 55 S. 1 Nr. 3 KO).

Ein Sicherungsnehmer, der bei Verwertung des Sicherungsgutes einen Verwertungsüberschuß erzielt hat, kann gegen den Anspruch der Masse auf Auskehrung des Überschusses nicht die Aufrechnung mit anderen, ungesicherten Forderungen erklären (BGH ZIP 1994, 1347, 1349).

Die §§ 53 – 56 KO finden nur Anwendung bei einer Aufrechnung durch den Gläubiger. Die Aufrechnungsbefugnis des Konkursverwalters richtet sich nach den allgemeinen Regeln (§ 387 ff. BGB).

Gesamtvollstreckungsordnung

Die Aufrechnungsbefugnis des Gläubigers ist geregelt in § 7 Abs. 5 GesO und entspricht der in § 53 KO. Danach kann der Gläubiger, wenn er zum Zeitpunkt der Eröffnung des Verfahrens der Gesamtvollstreckung zur Aufrechnung befugt war, diese auch noch im Verfahren erklären. Auch hier wird der Zeitpunkt der Gesamtvollstreckungseröffnung dem der Anordnung der Sequestration gleichgestellt (BGH ZIP 1995, 40, 41).

Eine den §§ 54 und 55 KO entsprechende Regelung enthält die Gesamtvollstreckungsordnung nicht. Die entsprechende Anwendbarkeit wird für § 54 KO abgelehnt, für § 55 KO allgemein bejaht (vgl. die Nachweise bei *Haarmeyer/Wutzke/ Förster* § 7 Rdn. 50 ff.).

3. Muster einer Klage wegen Bestehens eines insolvenzrechtlichen Aufrechnungsverbotes

**An das
Landgericht**

in . . . . . .   **(Ort, Datum)**

Klage

des Rechtsanwalts . . . . . . , **als Konkursverwalter über das Vermögen der Firma**
. . . . . .

– **Klägers** –

Prozeßbevollmächtigter: Rechtsanwalt . . . . . .

gegen

die . . . . . . **Bank AG,** . . . . . .

– **Beklagte** –

wegen Bereicherung.

Vorläufiger Gegenstandswert: DM 32 800,00

Namens und in Vollmacht des Klägers erhebe ich Klage gegen die Beklagte. Im Termin zur mündlichen Verhandlung werde ich beantragen,

1. **die Beklagte zu verurteilen, an den Kläger als Konkursverwalter DM 32 800,00 nebst 4% Zinsen seit dem** . . . . . . **zu zahlen,**
2. **der Beklagten die Kosten des Rechtsstreits aufzuerlegen.**

Begründung:

I. *Zum Sachverhalt*

Der Kläger ist Konkursverwalter in dem Konkursverfahren über das Vermögen der Firma ...... mit Sitz in ...... (nachstehend: Gemeinschuldnerin) aufgrund Beschlusses des Amtsgerichts ...... vom ...... – Geschäfts-Nr. –.

Bereits zuvor, nämlich mit Beschluß vom ...... hatte das Amtsgericht die Sequestration des Vermögens der nachmaligen Gemeinschuldnerin zwecks Sicherstellung und Feststellung der Masse angeordnet und den Kläger zum Sequester bestellt. Zugleich hatte es am ......, ... Uhr, gegen die Schuldnerin ein allgemeines Veräußerungsverbot zur Sicherstellung der Masse erlassen.

Zu diesem Zeitpunkt unterhielt die Gemeinschuldnerin bei der Beklagten das Geschäftskonto mit der Nummer ......

Per ...... wies das Konto einen Sollbestand von DM 118 516,38 aus.

Beweis: Vorlage des Kontoauszuges vom ......
    – Anlage K 1 –

In der Zeit vom ...... bis ...... ging auf dem Konto der Gemeinschuldnerin insgesamt ein Betrag von DM 32 800,00 ein.

Die Beklagte verrechnete diese Eingänge im laufenden Kontokorrentverhältnis mit der Gemeinschuldnerin, so daß sich der Sollbestand entsprechend reduzierte.

Beweis: Vorlage der Kontoauszüge vom ......
    – Anlage K 2 –

In seiner Eigenschaft als Konkursverwalter forderte der Kläger die Beklagte mit Schreiben vom ...... zur Rückzahlung der verrechneten Beträge auf.

Beweis: Vorlage des Schreibens vom ......
    – Anlage K 3 –

Diese Aufforderung wiederholte er mit Schreiben vom ...... mit einer Zahlungsfrist zum ......

Zahlungen hierauf sind bis heute nicht eingegangen.

Klage war daher geboten.

Die Beklagte befand sich spätestens nach der ihr mit Schreiben vom ...... gesetzten Zahlungsfrist zum ......mit der Rückzahlung in Verzug.

Die Zinshöhe entspricht der Gesetzeslage.

II. *Zur Rechtslage*

Der Kläger hat gegen die Beklagte einen Anspruch auf Rückzahlung von DM 32 800,00 nach § 812 Abs. 1 S. 1, 2. Alt. BGB.

Die Beklagte ist in dieser Höhe aufgrund der nach dem ...... vorgenommenen Verrechnungen auf dem Konto der Gemeinschuldnerin ohne rechtlichen Grund bereichert.

Die Befugnis der Beklagten, eingehende Zahlungen auf dem bei ihr geführten Konto der nachmaligen Gemeinschuldnerin zu verrechnen, ist mit der Anordnung des allgemeinen Veräußerungsverbots am ...... entfallen.

Das allgemeine Veräußerungsverbot nach § 106 KO wurde bereits mit seinem Erlaß durch Unterschriftsleistung des Richters wirksam, da Beschlußstunde und -minute des Erlasses angegeben sind (BGH ZIP 1995, 40; OLG Köln ZIP 1995, 1684).

Demnach kommt es vorliegend weder auf die Zustellung des Sequestrationsbeschlusses an die Beklagte noch an die Zustellung an die Gemeinschuldnerin an.

Eine Aufrechnung der Beklagten mit den ab Einlaß des Veräußerungsverbotes eingegangenen Zahlungen ist nicht möglich, da nach überwiegender und zutreffender Auffassung das Aufrechnungsverbot nach § 55 Nr. 1 KO entsprechend anwendbar ist (OLG Hamm ZIP 1995, 140, 142 m. w. N.).

Unstreitig hat die Beklagte nach Erlaß des Veräußerungsverbotes in der Zeit vom ...... bis zum ...... DM 32 800,00 saldiert.

Der Betrag ist daher von ihr herauszugeben.

Weiterer Sachvortrag bleibt vorbehalten.

Rechtsanwalt

XV. Anfechtung und Aufrechnung im Insolvenzverfahren

1. Muster einer Insolvenzanfechtungsklage[1]

An das

Landgericht......

– Kammer für Handelssachen[2] –

in ......   (Ort, Datum)

Klage[3]

des Rechtsanwalts ...... in seiner Eigenschaft als Insolvenzverwalter über das Vermögen des Fabrikanten B,

–Klägers–

– Prozeßbevollmächtigte: Rechtsanwälte ...... –

gegen

den Kaufmann C, ...,

–Beklagten–

wegen Insolvenzanfechtung[4].

Streitwert: DM......

Namens und in Vollmacht des Klägers erheben wir Klage.

Im Termin zur mündlichen Verhandlung werden wir beantragen,

1. den Beklagten zu verurteilen, Eigentum und Besitz an dem am ..... (Datum[5]) von dem nachmaligen Schuldner erworbenen Lkw, Marke ......, amtliches Kennzeichen: ...... (Fahrgestell-Nr.: ......) zurückzugewähren[6];

2. den Beklagten zu verurteilen, auf die am ......(Datum[7]) zu Urkunds-Nr.:...... des Notars C bestellte Sicherungsbuchgrundschuld über DM...... zuzüglich ......% Zinsen, die am ......(Datum) auf dem in ......belegenen Grundbesitz des nachmaligen Schuldners, eingetragen bei dem Grundbuch des Grundbuchamtes bei dem Amtsgericht ......, Bl......, eingetragen wurde, zu verzichten[8];

3. den Beklagten zu verurteilen, die von dem Schuldner am ......(Datum[9]) erlassene Forderung aus Warenlieferung gem. Auftrags-Nr.: ...... in Höhe von DM...... wieder zu begründen[10];

4. dem Beklagten die Kosten des Rechtsstreits aufzuerlegen;

5. das Urteil für vorläufig vollstreckbar zu erklären;

6. dem Kläger nachzulassen, in allen Fällen der Anordnung einer Sicherheitsleistung diese auch durch selbstschuldnerische Bürgschaft einer deutschen Großbank oder öffentlich-rechtlichen Sparkasse erbringen zu können.

Im übrigen werden folgende Verfahrensanträge gestellt:
(...... wird ausgeführt)

Begründung:

A. *Allgemeines*

Das Amtsgericht – Insolvenzgericht – ...... eröffnete mit Beschluß vom
06. Mai 1999 das Insolvenzverfahren über das Vermögen des Fabrikanten
B, ... (Geschäfts-Nr.: ......) und bestellte den Kläger zum Insolvenzverwalter.

Beweis: 1. Vorlage des Insolvenzeröffnungsbeschlusses in Fotokopie
           (Anlage K1);
        2. Vorlage der Verwalterbestallungsurkunde[11] in Fotokopie
           (Anlage K2);
        3. Beiziehung der Insolvenzakte des Amtsgerichts
           – Insolvenzgerichts – ......zur Geschäfts-Nr.:......

Bereits zuvor, nämlich durch Beschluß vom 02. April 1999 wurde die vorläufige Insolvenzverwaltung unter gleichzeitigem Erlaß eines allgemeinen
Verfügungsverbotes an den Schuldner angeordnet und der Kläger zum vorläufigen Insolvenzverwalter bestellt.

Beweis: 1. Vorlage des Anordnungsbeschlusses vom 02. April 1999
           in Fotokopie
           (Anlage K3);
        2. Beiziehung der Insolvenzakten.

Diesen Anordnungen lag ein Insolvenzeigenantrag des Schuldners vom 01.
April 1999 zugrunde.

Beweis: 1. Vorlage der Insolvenzantragsschrift des Schuldners in Fotokopie
           (Anlage K4);
        2. Beiziehung der Insolvenzakte.

B. *Zum Klageantrag zu 1)*
  I. *Zum Sachverhalt*

Noch am 15. März 1999, also 14 Tage vor Ausbringung des Insolvenzantrages, übereignete der Schuldner den im Klageantrag zu 1) näher bezeichneten Lkw an den Beklagten, der diesen noch am selben Tage
durch eigene Hilfspersonen abholen ließ. Sowohl der Schuldner als auch
der Beklagte gaben in der vorgerichtlichen Korrespondenz an, bereits
vor geraumer Zeit ein mündlichen Kaufvertrag über den Lkw geschlossen zu haben. Nur am Rande sei darauf hingewiesen, daß eine Kaufpreiszahlung bis heute nicht dargetan werden konnte, was im übrigen
aber dahinstehen mag.

Bereits in seiner Insolvenzantragsschrift hat der Schuldner – auch anhand der beigefügten Buchhaltungsunterlagen – dizidiert dargelegt, daß
er spätestens ab Anfang Februar 1999 nicht mehr in der Lage war, die
an ihn herangetragenen fälligen Verbindlichkeiten auch nur annähernd
zu begleichen. Zahlungsausgänge betrafen vielmehr nur noch sog. „lä-
stige" Gläubiger.

Dieser Befund wurde auch durch die gutachterlichen Ermittlungen des Klägers im Rahmen der vorläufigen Insolvenzverwaltung (vgl. § 22 Abs. 1 Nr. 3 InsO) bestätigt, so daß spätestens ab Mitte Februar 1999 von dem Tatbestand der Zahlungsunfähigkeit auszugehen ist.

Im einzelnen kann hierzu folgendes vorgetragen werden:
(...... wird ausgeführt).

Bereits zum 01. März 1999 hatte der Beklagte die Arbeitskräfte E, F und G in seinen eigenen Betrieb übernommen, da diese bei dem Schuldner seit geraumer Zeit ihre Lohn- und Gehaltsansprüche offenstehen hatten. Allein deshalb waren sie an den auch ihnen bekannten Beklagten herangetreten, mit der Bitte, im Hinblick auf die drohende Insolvenz ihres bisherigen Arbeitgebers eine Anstellung offerieren zu können.

Beweis: Zeugnis der Arbeitnehmer E, F, G.

II. *Zur Rechtslage:*

Die Übereignung des im Klageantrag zu 1) näher bezeichneten Lkw stellt eine anfechtbare Rechtshandlung[12] i. S. des § 130 Abs. 1 Nr. 1 InsO dar, durch die dem Beklagten eine Befriedigung gewährt wurde. Unterstellt man den außergerichtlichen Vortrag des Beklagten als richtig, daß dieser bereits seit geraumer Zeit mit dem nachmaligen Schuldner einen Kaufvertrag über den streitgegenständlichen Lkw geschlossen habe, so stellt das Übereignungsgeschäft i. S. des § 929 S. 1 BGB eine Befriedigungshandlung dar, da hiermit der kaufvertragliche Verschaffungsanspruch des § 433 Abs. 1 S. 1 BGB aus dem Kaufvertrag erfüllt wurde.

Diese Handlung erfolgte auch innerhalb der 3-Monats-Frist vor dem Antrag auf Eröffnung des Insolvenzverfahrens[13]. Zu diesem Zeitpunkt war bereits von der Zahlungsunfähigkeit des Schuldners auszugehen, die der Beklagte gekannt haben dürfte, als die aufgeführten Arbeitnehmer ihn um Anstellung baten und bekundeten, ihrerseits zur außerordentlichen Kündigung gegenüber dem Schuldner infolge der aufgelaufenen Lohn- und Gehaltsrückstände sowie der drohenden Insolvenz berechtigt zu sein.

Darüber hinaus stellt das Gesetz in § 130 Abs. 2 InsO praktisch das Kennenmüssen der Zahlungsunfähigkeit der positiven Kenntnis gleich, wenn Umstände bekannt sind, die zwingend auf die Zahlungsunfähigkeit schließen lassen. Hiervon ist im vorliegenden Fall durch die erhaltenen Informationen seitens der übernommenen Mitarbeiter in jedem Falle auszugehen.

Der Beklagte hat daher Eigentum und Besitz an dem im Antrag zu 1) streitgegenständlichen Lkw insolvenzanfechtbar erlangt und ist gem. § 143 Abs. 1 S. 1 InsO zur Rückgewähr verpflichtet.

C. *Zum Klageantrag zu 2)*
I. *Zum Sachverhalt*

Am 03. März 1999 bestellt der nachmalige Schuldner noch zu Gunsten des Beklagten die im Klageantrag zu 2) näher umschriebene Sicherungsgrundschuld, um hiermit noch nicht absehbare Gewährleistungsschäden aus mehreren im Vorjahr an den Beklagten sowie dessen Abnehmern erfolgen Lieferungen von Fertigungsmaschinen, die der nachmalige Schulder entwickelt hatte, abzusichern.

Beweis: Vorlage der Grundschuldbestellungsurkunde zu
Urkunds-Nr.:...... des Notars ......in Fotokopie
(Anlage K5).

Im übrigen wird auf die Ausführungen zu B I Bezug genommen.

II. *Zur Rechtslage*

Die Grundschuldbestelllung stellte eine anfechtbare Rechtshandlung i. S. des § 131 Abs. 1 Nr. 1 InsO dar, mit der dem Beklagten eine inkongruente Sicherung eingeräumt wurde, da ihm kein Anspruch auf Einräumung einer Grundschuldposition zustand[14].

Diese Sicherung erfolgte auch innerhalb des letzten Monats vor dem Insolvenzeröffnungsantrag.

Wegen dieses zeitlichen Zusammenhanges bedarf es subjektiver Anfechtungsvoraussetzungen nicht, so daß auch hier die Rückgewähr gem. § 143 Abs. 1 S. 1 InsO verschuldet ist, die in dem Verzicht auf die erlangte Grundschuldposition liegt.

D. *Zum Klageantrag zu 3)*

I. *Zum Sachverhalt*

Noch am 01. April 1999, also dem Datum der Insolvenzantragstellung, hat der Schuldner dem Beklagten eine Kaufpreisforderung aus Warenlieferung vom ......zu Auftrags-Nr.:......in Höhe von DM......erlassen.

Beweis: Vorlage der außergerichtlichen Korrespondenz vom ......
in Fotokopie
(Anlage K6).

Weitergehend wird auch hier auf die Ausführungen zu B.I ergänzend Bezug genommen.

II. *Zur Rechtslage*

Der Erlaß stellt eine unmittelbar nachteilige Rechtshandlung i. S. des § 132 Abs. 1 InsO[15] dar.

Auch hier war dem Beklagten die Zahlungsunfähigkeit bekannt bzw. hätte diese gem. §§ 132 Abs. 3, 130 Abs. 2 InsO kennen müssen.

Der Beklagte hat daher auch hier gem. § 143 Abs. 1 S. 1 InsO den in dem Erlaß der Forderung liegenden Vorteil zurückzugewähren, was durch Widerbegründung erfolgen muß.

Da der Beklagte seine Verpflichtungen infolge der geltend gemachten Insolvenzanfechtungstatbestände außergerichtlich bestritten hat, war die vorliegende Klage geboten.

Weiterer Sachvortrag sowie Beweisantritte bleiben ergänzend vorbehalten.

Rechtsanwalt

Anmerkungen

Das Recht der Insolvenzanfechtung ist in den §§ 129 bis 147 InsO geregelt. Es kann **1** nicht Anliegen des Formularbuches sein, zu einer umfassenden Erläuterung dieser Normen zu gelangen. Auch ist die Materie einer musterhaften Behandlung nur schwer zugänglich, da jeweils – wie die Kasuistik zum geltenden Konkursanfechtungsrecht zeigt – einzelfallabhängig Wertungen und Folgerungen vorzunehmen sind. Dementsprechend begnügt sich die folgende Darstellung mit einer gedrängten Darstellung der Regelungsystematik des Gesetzes.

Nach der Legaldefinition des § 35 InsO umfaßt die Insolvenzmasse das Vermögen, das dem Schuldner zur Zeit der Verfahrenseröffnung gehört sowie den Neuerwerb. Rechtstatsächlich ist das Schuldnervermögen im unmittelbaren Vorfeld oder zur Krisenvorsorge anfällig gegen Vermögensverschiebungen, die das Schuldnervermögen bis zum Stichtag der Verfahrenseröffnung verkürzen. Legislatorisches Anliegen des Insolvenzanfechtungsrechtes ist es nun, die haftungsrechtliche Zuordnung weggegebener Vermögensbestandteile im Gläubigerinteresse wieder herzustellen, damit letztendlich dem obersten Prinzup des Insolvenzrechts, dem Grundsatz der Gläubigergleichbehandlung, genügt werden kann.

Auf diesem Hintergrund erweitert das Reformgesetz die Anfechtungsmöglichkeiten erheblich, wobei insbesondere auf der subjektiven Tatbestandsebene geringere Voraussetzungen sowie Beweiserleichterungen statuiert werden. Durch die Verschärfung des Anfechtungsrechtes hält der Gesetzgeber zudem die Haftungsüberleitungsnorm des § 419 BGB für entbehrlich, die durch Art. 33 Nr. 16 EGInsO nunmehr aufgehoben wird.

Grundvoraussetzung der Insolvenzanfechtung ist zunächst die Eröffnung des Insolvenzverfahrens. Dabei entbindet § 88 InsO bei im letzten Monat vor der Verfahrenseröffnung ausgebrachten Zwangsvollstreckungsmaßnahmen von den Mühen der Insolvenzanfechtung, indem die dort normierte Rückschlagsperre die Unwirksamkeit der Zwangsvollstreckungsmaßnahmen eo ipso begründet. Ähnlich wird einem Insolvenzgläubiger auch die Aufrechnungsbefugnis versagt, wenn die Aufrechnungslage in insolvenzanfechtbarer Weise herbeigeführt wurde (§ 96 Nr. 3 InsO).

Gegenstand der Anfechtung ist nach §§ 129 ff. InsO eine Rechtshandlung, die grundsätzlich vor der Eröffnung des Insolvenzverfahrens vorgenommen worden sein muß. Wie sich durch die Aufnahme der Unterlassung in § 129 Abs. 2 InsO zeigt, ist der Begriff der Rechtshandlung im Schutzinteresse der Vorschriften weit auszulegen, so daß jedes Verhalten mit rechtlicher Relevanz angefochten werden kann, sofern die einzelnen Insolvenzanfechtungstatbestände nicht explizit Abweichendes bestimmen. Auch Rechtshandlungen eines vorläufigen Insolvenzverwalters bleiben (selbst bei Personenidentität mit dem Insolvenzverwalter) anfechtbar, weil diese Handlungen dem Schuldner zuzurechnen sind (vgl. etwa BGHZ 86, 190, 195 f; 97, 87, 91 sowie *Jaeger/Henckel*, § 29 Rdn. 27). Ebensowenig wird die Insolvenzanfechtung dadurch ausgeschlossen, daß für die Rechtshandlung ein vollstreckbarer Schuldtitel erlangt oder die Anfechtungsposition durch Zwangsvollstreckungsmaßnahmen erwirkt wurde (§ 141 InsO).

Ob eine Rechtshandlung vor der Verfahrenseröffnung vorgenommen wurde, ist nach § 140 InsO zu bestimmen. Nach § 140 Abs. 1 InsO gilt eine Rechtshandlung als in dem Zeitpunkt vorgenommen, in dem ihre rechtlichen Wirkungen eintreten; lediglich bei bedingten oder befristeten Rechtshandlungen bleibt der Eintritt der Bedingung oder des Termins nach § 140 Abs. 3 InsO außer Betracht. § 140 Abs. 2 InsO enthält eine Sondernorm für solche Rechtshandlungen, die zu ihrer Wirksamkeit an eine Registereintragung, insbesondere eine Grundbucheintragung gebunden sind.

Hier gilt die Rechtshandlung als vorgenommen, sobald neben den übrigen Voraussetzungen der Wirksamkeit das Eintragungsverfahren so weit vorangetrieben ist, daß dem anderen Teil bereits eine Anwartschaftsposition zukommt.

Nach § 147 InsO unterliegen ausnahmsweise auch Rechtshandlungen nach Verfahrenseröffnung noch der Insolvenzanfechtung. Dies wird verständlich, wenn man sich vor Augen führt, daß die in § 81 InsO statuierte Unwirksamkeit von Schuldnerverfügungen sowie der in § 91 InsO geregelte Ausschluß sonstigen Rechtserwerbs durch die „Gutglaubens-Vorschriften" durchbrochen wird. Kommt es daher zu einem Rechtsverlust auf Grundlage gutgläubigen Erwerbs nach der Verfahrenseröffnung, kann auch der dem gutgläubigen Erwerb zugrunde liegende Rechtshandlung mit der Insolvenzanfechtung begegnet werden.

Weitere Voraussetzung eines jeden Insolvenzanfechtungstatbestandes ist es, daß mit der Rechtshandlung eine Gläubigerbenachteiligung einhergeht. Sofern das Gesetz hier in den Einzeltatbeständen keine abweichende Regelung enthält, genügt jeder – auch mittelbare – Nachteil für die Schuldnerposition (vgl. BGH NJW 1995, 1093 f. zum bisherigen Recht). Von einer Benachteiligung ist bei einem unmittelbar erfüllten, ausgewogenen Bargeschäft nicht auszugehen, sofern keine Benachteiligungsabsicht vorliegt (§ 142 InsO). Von einer Benachteiligung der Insolvenzgläubiger läßt sich auch dann nicht sprechen, wenn es im Rahmen der Abwicklung eines masseunzulänglichen Verfahrens (vgl. § 208 Abs. 3 InsO) vorhersehbar nur noch um die (anteilige) Befriedigung der (Alt-)Massegläubiger geht. Man wird hier allenfalls eine Insolvenzanfechtung noch zur Erfüllung der sog. unechten und systemwidrig eingeordneten Masseverbindlichkeiten zulassen können, die das neue Recht nur noch in § 123 Abs. 2 InsO für Ansprüche aus einem Verwaltersozialplan kennt.

Über diese allgemeinen Anfechtungsvoraussetzungen hinaus erfordert die Insolvenzanfechtung das Vorliegen eines Insolvenzanfechtungsgrundes nach den §§ 130 bis 137 InsO. Die Erläuterungen beschränken sich im folgenden auf eine kurze Darstellung des objektiven und subjektiven Tatbestandes des jeweiligen Anfechtungsgrundes nebst Verteilung der Darlegungs- und Beweislast.

Als besonderer Insolvenzanfechtungstatbestand, der im Anfechtungsgesetz keine Parallele aufweist, befaßt sich § 130 InsO zunächst mit der Anfechtung kongruenter Deckungen. Eine kongruente Deckung erfordert auf der Ebene des objektiven Tatbestandes, daß ein Insolvenzgläubiger eine Sicherung oder Befriedigung erhalten hat, die er auf Grundlage einer Anspruchsposition vom (nachmaligen) Schuldner verlangen konnte. Die der Sicherung oder Befriedigung zugrunde liegende Rechtshandlung muß objektiv in den letzten drei Monaten vor dem Insolvenzeröffnungsantrag bzw. nach diesem vorgenommen worden sein, wobei der (nachmalige) Schuldner zu diesem Zeitpunkt bereits zahlungsunfähig gewesen sein muß.

Subjektiv ist erforderlich, daß der Gläubiger die Zahlungsunfähigkeit bzw. den Eröffnungsantrag kannte, wobei § 130 Abs. 2 InsO der positiven Kenntnis die Kenntnis von Umständen gleichstellt, die zwingend auf die Zahlungsunfähigkeit oder den Eröffnungsantrag schließen lassen, so daß im Ergebnis bereits das „Kennenmüssen" genügt. Die Fristenberechnung ist in § 139 InsO eingehend geregelt.

Sämtliche dieser Umstände des objektiven und subjektiven Tatbestandes sind vom Insolvenzverwalter darzutun und unter Beweis zustellen. Eine Ausnahme ist lediglich in § 130 Abs. 3 InsO bei nahestehenden Personen normiert, bei denen gesetlich vermutet wird, daß diese die Zahlungsunfähigkeit oder den Eröffnungsantrag kannten. Der Kreis der nahestehenden Personen ist definiert in § 138 InsO.

§ 131 InsO befaßt sich mit der Anfechtung inkongruenter Deckungen. Hierunter sind Rechtshandlungen zu verstehen, die einem Insolvenzgläubiger eine Sicherung oder Befriedigung gewähren oder ermöglichen, die dieser nicht oder nicht in der Art oder nicht zu der Zeit verlangen konnte. Eine solche, auf eine inkongruente Sicherung oder Befriedigung angelegte Rechtshandlung ist gem. § 131 Abs. 1 Nr. 1 InsO ohne weitere Erfordernisse anfechtbar, wenn sie im letzten Monat vor dem Insolvenzeröffnungsantrag oder hiernach vorgenommen worden ist. Eine Rechtshandlung aus dem zweiten oder dritten Monat vor dem Insolvenzantrag ist nach § 131 Abs. 1 Nr. 2 InsO anfechtbar, wenn der Schuldner zum Zeitpunkt der Vornahme der Handlung bereits zahlungsunfähig war; das Gesetz unterstellt dem Gläubiger hier wegen der besonderen Verdächtigkeit der Inkongruenz die Kenntnis. Schließlich ermöglicht § 131 Abs. 1 Nr. 3 InsO die Anfechtung solcher Handlungen aus dem zweiten oder dritten Monat vor dem Eröffnungsantrag, wenn der Gläubiger wußte oder hätte wissen müssen (§ 131 Abs. 2 S. 1 InsO), daß mit der Rechtshandlung eine Benachteiligung der übrigen Insolvenzgläubiger verbunden ist. Darlegungs- und beweisbelastet ist erneut der Insolvenzverwalter, es sei denn, es handelt sich um nahestehende Personen (§ 131 Abs. 2 S. 2 InsO).

Führen Rechtshandlungen, die vom Anwendungsbereich der §§ 130f. InsO (kongruente und inkongruente Deckung) nicht erfaßt sind, zu einer unmittelbaren Benachteiligung der Insolvenzgläubiger, so sind diese gem. § 132 InsO unter denselben Voraussetzungen anfechtbar, wie kongruente Deckungen. Einem solchen unmittelbar benachteiligten Rechtsgeschäft stehen andere Rechtshandlungen des Schuldners nach § 132 Abs. 2 InsO ausdrücklich gleich, durch die der Schuldner ein Recht verliert oder nicht mehr geltend machen kann oder durch die ein vermögensrechtlicher Anspruch gegen ihn erhalten oder durchsetzbar wird. § 132 InsO ist demzufolge als Auffangtatbestand der besonderen Insolvenzanfechtungstatbestände zu verstehen. Hinsichtlich der sonstigen Voraussetzungen sowie zur Darlegungs- und Beweislast wird auf die Ausführungen zu § 130 InsO Bezug genommen.

§ 133 InsO, der in § 3 Anfechtungsgesetz in der Fassung durch Art. 1 EGInsO eine Entsprechung hat, befaßt sich sodann mit der Absichtsanfechtung aus vorsätzlicher Gläubigerbenachteiligung. Hat der Schuldner eine Rechtshandlung mit dem Vorsatz vorgenommen, seine Gläubiger zu benachteiligen, so ist sie anfechtbar, wenn der Empfänger diesen Vorsatz im Zeitpunkt der Handlung kannte und wenn die Handlung innerhalb der letzten zehn Jahre vor dem Eröffnungsantrag bzw. hiernach bis zur Verfahrenseröffnung vorgenommen wurde (§ 133 Abs. 1 S. 1 InsO). Dabei genügt es, wenn der Schuldner die gläubigerbenachteiligende Wirkung seiner Handlungsweise mit bedingtem Vorsatz erkannt hatte. Grundsätzlich ist auch hier der Insolvenzverwalter in vollem Umfange darlegungs- und beweisbelastet. Erleichterungen enthalten § 133 Abs. 1 S. 2 sowie Abs. 2 InsO. Nach § 133 Abs. 1 S. 2 InsO ist von der Kenntnis des Gegners von dem Benachteiligungsvorsatz des Schuldners auszugehen, wenn dieser wußte, daß die Zahlungsunfähigkeit des Schuldners drohte und die Handlung die Gläubiger benachteiligte. Letzteres ist jedoch vom Insolvenzverwalter darzulegen und zu beweisen. § 133 Abs. 2 InsO statuiert schließlich eine unwiderlegliche Vermutung der Kenntnis vom Benachteiligungsvorsatz, sofern es sich um die Anfechtung eines entgeltlichen Vertrages mit einer nahestehenden Person handelt, der in den letzten zwei Jahren vor dem Insolvenzantrag geschlossen wurde.

In § 134 InsO ist die Anfechtung von unentgeltlichen Leistungen normiert, die das Recht auch ansonsten nur mit schwachen Bestandsgarantien ausstattet (vgl. etwa die §§ 528, 816 Abs. 1 S. 2, 822, 988, 2287, 2325 BGB). Hier wird die Insolvenzanfechtung bei unentgeltlichen Leistungen des Schuldners zugelassen, sofern sie innerhalb der letzten vier Jahre vor dem Insolvenzantrag vorgenommen wurden. Ausgenommen sind lediglich nach § 134 Abs. 2 InsO gebräuchliche Gelegenheitsgeschenke geringen Wertes.

Anfechtbar sind nach § 135 InsO weiterhin Rechtshandlungen, die zur Sicherung oder Befriedigung einer Forderung aus einem kapitalersetzenden Sachverhalt geführt haben. Ansprüche aus Kapitalersatz (vgl. §§ 32a, b GmbHG, §§ 129a, 172a HGB) stellen nach § 39 Abs. 1 Nr. 5 InsO lediglich nachrangige Insolvenzforderungen dar. Ist hier zur Sicherung des Rückzahlungsanspruches zugunsten des Gläubigers einer kaptialersetzenden Darlehensforderung bzw. eines gleichgestellten Anspruches eine Sicherung vereinbart, ist die zur Sicherung führende Rechtshandlung nach § 135 Nr. 1 InsO anfechtbar, wenn sie innerhalb der letzten zehn Jahre vor dem Insolvenzantrag oder nach diesem Antrag gewährt worden ist. Bei einer Befriedigung ist die Anfechtung der Befriedigungshandlung nach Nr. 2 der Vorschrift nur innerhalb des letzten Jahres vor dem Eröffnungsantrag möglich.

In den §§ 136 f. InsO werden schließlich spezielle Anfechtungstatbestände für Leistungen an stille Gesellschafter und bei Wechsel- und Scheckzahlungen normiert.

Auf der Rechtsfolgenseite führt die Insolvenzanfechtung nicht zur Nichtigkeit oder Unwirksamkeit der angefochtenen Rechtshandlung, sondern nur zu einem Rückgewähranspruch, der von dem Insolvenzverwalter für die von ihm verwaltete Masse und damit den Schuldner geltend zu machen ist. Dabei wird dieser Anspruch von der ganz herrschenden Meinung in Rechtsprechung und Literatur als schuldrechtlicher Rückgewähranspruch begriffen (vgl. etwas BGHZ 22, 128, 134; 101, 286, 288 sowie die Begründung des RegE). Der Umfang des Rückgewähranspruchs wird in § 143 Abs. 1 S. 2 InsO unter Verweis auf die Rechtsfolgen einer ungerechtfertigten Bereicherung, bei der dem Empfänger der Mangel des rechtlichen Grund bekannt ist, geregelt. In diesem Zusammenhang ist bedeutsam, daß der Rückgewähranspruch bereits mit der Eröffnung des Insolvenzverfahrens und nicht erst mit der Geltendmachung der Anfechtung entsteht (vgl. BGHZ 15, 333, 337; 101, 286, 288). Vor der Eröffnung des Insolvenzverfahrens haftet der Anfechtungsgegner durch den Verweis in § 143 Abs. 1 S. 2 InsO folglich für Verschlechterungen des herauszugebenden Gegenstandes bei Verschulden auf Wertersatz (§ 819 Abs. 1, § 818 Abs. 4, § 292 Abs. 1, § 989 BGB), während er Nutzungen und Surrogate nach § 818 Abs. 1 BGB herauszugeben hat. Ab der Verfahrenseröffnung, mit der der Rückgabeanspruch entsteht, tritt an diese Stelle eine verschuldensunabhängige Schadenseratzpflicht (§ 819 Abs. 1, § 818 Abs. 4, § 292 Abs. 1, § 287 S. 2 BGB), während Nutzungen ohne Rücksicht auf eine noch fortbestehende Bereicherung herauszugeben und für schuldhaft nicht gezogene Nutzungen Ersatz zu leisten ist (§ 819 Abs. 1, § 818 Abs. 4, § 292 Abs. 2, § 987 BGB).

Ausgenommen von diesen verschärften Haftungsfolgen wird gem. § 143 Abs. 2 InsO lediglich der Empfänger einer unentgeltlichen Leistung, solange er weder weiß noch aus den Umständen folgern muß, daß die empfangene Leistung gläubigerbenachteiligende Wirkung hat. Mit der Insolvenzanfechtung lebt die Gegenforderung des Anfechtungsgegners (ggf. mit etwaigen Sicherungsrechten) wieder auf (§ 144 Abs. 1 InsO). Eine Gegenleistung ist aus der Insolvenzmasse zu erstatten, soweit sie in dieser noch unterscheidbar vorhanden ist oder soweit die Masse um ihren Wert bereichert ist. Die erste Alternative entspricht einem aussonderungsweisen Vorgehen, während hinsichtlich der zweiten Alternative eine sonstige Masseverbindlichkeit gem. § 55 Abs. 1 Nr. 3 InsO begründet ist. Weitergehende Gegenansprüche kann der Anfechtungsgegner allein als Insolvenzforderungen zur Tabelle geltend machen. Verwendungsersatzansprüche bestimmen sich in Folge der Verweisung des § 143 Abs. 1 S. 2 InsO allein gem. den §§ 819 Abs. 1, 818 Abs. 4, 292 Abs. 2, 994 Abs. 2, 683, 670 BGB nach den Vorschriften der Geschäftsführung ohne Auftrag.

Darauf hinzuweisen ist schließlich, daß der Anfechtungsgegner nicht zur Aufrechnung berechtigt ist, da der anfechtungsbedingte Rückgewähranspruch erst mit der Eröffnung des Insolvenzverfahrens entsteht, so daß das Aufrechnungsverbot gem. § 96 Nr. 1 InsO Anwendung findet.

Die Anfechtung kann klageweise durch den Insolvenzverwalter innerhalb der zweijährigen Verjährungsfrist des § 146 Abs. 1 InsO geltend gemacht werden. Da das Gesetz diese Frist nunmehr nicht mehr als Ausschlußfrist, sondern als Verjährungsfrist ausgestaltet, finden die §§ 202ff. BGB hinsichtlich Hemmung und Unterbrechung unmittelbare Anwendung.

Das einredeweise Vorbringen der Insolvenzanfechtbarkeit des Erwerbs ist gem. § 146 Abs. 2 InsO unabhängig vom Eintritt der Verjährung möglich. Dogmatisch ist dieses Leistungsverweigerungsrecht des Insolvenzverwalters auf § 242 BGB zurückzuführen (dolo agit qui petit quod statim redditurus est) zurückzuführen.

§ 145 Abs. 1 InsO läßt die Geltendmachung der Insolvenzanfechtung schließlich auch gegenüber einem Gesamtrechtsnachfolger zu, während nach § 145 Abs. 2 InsO die Insolvenzanfechtbarkeit einem Einzelrechtsnachfolger nur dann entgegengehalten werden kann, wenn diesem beim Erwerb die Umstände bekannt waren, aus denen sich die Anfechtung ergibt oder ihm das Erlangte unentgeltlich zugewendet wurde.

Zur Entscheidung über eine Insolvenzanfechtungsklage ist nicht etwa das Insolvenzgericht zuständig, sondern es gelten die allgemeinen Vorschriften. 2

Die Anfechtung nach Maßgabe der §§ 129ff. InsO ist keine Gestaltungerklärung, sondern Geltendmachung eines schuldrechlichen Rückgewähranspruches gem. § 143 Abs. 1 S. 1 InsO. Dementsprechend ist eine Klage, Widerklage, Einrede oder Replik erforderlich. Der Klageerhebung stehen, soweit der Rückgewähranspruch auf eine Geldleistung gerichtet ist, in entsprechender Anwendung des § 209 Abs. 2 BGB die Zustellung eines Mahnbescheides im Mahnverfahren sowie die Anmeldung in der Insolvenz und eine Aufrechnung im Prozeß gleich. Die aktive Geltendmachung hat innerhalb der zweijährigen Verjährungsfrist des § 146 Abs. 1 InsO zu erfolgen. Zur Fristwahrung genügt auch die Klageerhebung bei einem sachlich unzuständigen Gericht, wenn die Klagezustellung demnächst erfolgt und die Unzuständigkeit geheilt oder durch Verweisung überwunden wird. 3

Ggf. kann es sich anbieten, neben dem schuldrechtlichen Anspruch auf Rückgewähr anfechtbar empfangener Leistungen auch die Unwirksamkeit gem. § 138 BGB, § 9 AGBG oder sogar § 826 BGB geltend zu machen. 4

Die datenmäßige Angabe ist für die zeitlichen Schranken des jeweiligen Anfechtungstatbestandes bedeutsam. 5

Nach herrschender Meinung ist ein schuldrechtlicher Rückgewähranspruch geltend zu machen (vgl. Anmerkung 1). Wurde die Übereignung eines beweglichen Gegenstandes insolvenzanfechtbar erlangt, ist der Anfechtungsgegner zur Abgabe der auf Einigung i.S. des § 929 S. 1 BGB gerichteten Willenserklärung, die ggf. durch das Urteil ersetzt wird (§ 894 ZPO), sowie zur Besitzverschaffung zu verurteilen. 6

Vgl. Anmerkung 5. 7

8 Vgl. Anmerkung 6. Ist die Bestellung eines Grundpfandrechtes insolvenzanfechtbar
erlangt, besteht die Rückgewähr in dem Verzicht auf das Grundpfandrecht; zum
grundbuchrechtlichen Vollzug ist die Löschungsbewilligung in öffentlich – beglaubigter Form (§ 29 GBO) erforderlich.

9 Vgl. Anmerkung 5.

10 Vgl. Anmerkung 6. Eine erlassene Forderung ist wiederzubegründen; vielfach wird
sogleich unmittelbar wegen Wertersatzes vorgegangen werden können (vgl. *Bork*,
Rdn. 223, Fn. 46).

11 Da die Bestallungsurkunde nach Abschluß des Insolvenzverfahrens zurückzureichen
ist, ist ihre Vorlage im Termin Beweis für die Fortdauer des Insolvenzverfahrens. Mit
der Insolvenzanfechtung wird eine auf den Zweck des Insolvenzverfahrens beschränkte Befugnis geltend gemacht, die mit Abschluß des Verfahrens erlischt und
deshalb vom Schuldner nicht mehr geltend gemacht werden kann (BGHZ 83, 102,
105 f).

12 Der Begriff der Rechtshandlung ist entsprechend dem Schutzzweck der Insolvenz-
anfechtungsnormen weit auszulegen. Anfechtbar ist jedes Verhalten (Handeln, Dulden, Unterlassen), das rechtlich relevante Wirkungen auslöst (vgl. zum bisherigen
Recht *Kilger/K. Schmidt*, § 29 Anm. 8 bis 12).

13 Anders als nach bisherigem Recht ist nicht mehr erforderlich, daß der in Bezug
genommene Insolvenzantrag Eröffnungsgrundlage ist. § 139 Abs. 2 InsO bestimmt
vielmehr, daß bei mehreren Eröffnungsanträgen der zuerst zulässige und begründete Antrag maßgeblich ist, auch wenn das Verfahren auf Grundlage eines späteren
Antrages eröffnet worden ist. Ein rechtskräftig abgewiesener Antrag wird nur
berücksichtigt, wenn er mangels Masse abgewiesen worden ist (139 Abs. 2 S. 2
InsO).

14 Von einer inkongruenten Deckung i. S. des § 131 InsO ist auszugehen, wenn die be-
wirkte Leistung (Befriedigung oder Sicherung) bei objektiver Betrachtung von dem
abweicht, was der Gläubiger nach Maßgabe des Schuldverhältnisses – auch unter
Einbeziehung rechtzeitiger vertraglicher Änderungen der ursprünglichen Vereinbarung – im Zeitpunkt der Leistung zu beanspruchen hatte (übersichtlich insoweit
Gottwald/Huber, InsrHdb., § 49 Rdn. 39 ff.).

15 Von einem unmittelbar benachteiligenden Rechtsgeschäft ist auszugehen, wenn die
späteren Insolvenzgläubiger schon durch die Vornahme des Rechtsgeschäftes selber
einen Nachteil erfahren. Anders als § 30 Nr. 1, 1. Alt. KO spricht § 132 Abs. 1 InsO
nicht mehr von einem eingegangenen, sondern von einem vorgenommenen
Rechtsgeschäft, womit zum Ausdruck kommen soll, daß nunmehr auch einseitige
Rechtsgeschäfte zur Tatbestandserfüllung genügen. Ergänzend kann auf die Kommentierung von *Jaeger/Henckel* zu § 30 KO, Anm. 104 ff. mit Beispielen in Anm. 106
verwiesen werden.
Vgl. zu Einzelproblemen der Insolvenzanfechtung weiterführend Breutigam/
Tanz, ZIP 1998, 717 ff.; Kirchhof, ZInsO 1988, 3 ff.; Hess/Weis, InVO 1996, 141 ff.

2. Einwand des insolvenzrechtlichen Aufrechnungsverbotes durch den Insolvenzverwalter[1]

An die
Firma ......

in ......   (Ort, Datum)

Insolvenzverfahren über das Vermögen der Firma ......

hier: Forderung der Schuldnerin gegen Sie auf Zahlung von DM......
Ihr Schreiben vom ......

Sehr geehrte Damen,
Sehr geehrte Herren,

in dem vorbezeichneten Insolvenzverfahren bestätige ich zunächst den Eingang Ihres Schreibens vom ......

In diesem erkennen Sie an, daß der Schuldnerin gegen Sie eine fällige Forderung in Höhe von DM...... zusteht. Gleichzeitig erklären Sie Aufrechnung mit einer betragsmäßig höheren Gegenforderung. Diese Gegenforderung haben Sie jedoch erst am ......, also nach der Eröffnung des Insolvenzverfahrens[2,] im Wege der Abtretung von dem bisherigen Gläubiger ...... erworben.

Ich weise darauf hin, daß nach § 96 Nr. 2 InsO die Aufrechnung unzulässig ist, wenn ein Insolvenzgläubiger seine Forderung erst nach der Eröffnung des Verfahrens von einem anderen Gläubiger erworben hat.

So liegt der Fall hier, da die an Sie abgetretene Forderung des bisherigen Gläubigers ...... aus einer Rohstofflieferung noch vor Stellung des Insolvenzantrages herrührt.

Aufgrund des banach bestehenden Aufrechnungsverbotes sind Sie verpflichtet, die gegen Sie bestehende Forderung der Schuldnerin zu erfüllen.

In meiner Eigenschaft als Insolvenzverwalter habe ich Sie daher aufzufordern, die offen stehende Forderung bis zum ...... auf das Ihnen bereits bekanntgegebene Insolvenztreuhandkonto anzuweisen.

Ich stelle anheim, Ihre erworbene Gegenforderung im Rahmen des Insolvenzverfahrens bei mir zur Insolvenztabelle geltend zu machen.

Mit vorzüglicher Hochachtung

Rechtsanwalt
als Insolvenzverwalter

Anmerkungen

Eine entscheidende Frage für einen Gläubiger im Insolvenzverfahren ist es, inwieweit [1] er mit seiner Forderung gegen eine gleichzeitig gegen ihn gerichtete Forderung des Schuldners aufrechnen kann.

Die Insolvenzordnung befaßt sich in den §§ 94 bis 96, 110 Abs. 3 und 114 Abs. 2 InsO mit der Aufrechnung. Wird dem Gläubiger die Aufrechnung versagt, so muß er die ihm obliegende Leistung voll zur Masse erbringen, während er andererseits die ihm selbst gebührende Leistung nur in Höhe einer etwaigen Quote zu erwarten hat. Auf diesem Hintergrund wird die Möglichkeit der Aufrechnung in der Insolvenz zu meist als „Recht auf abgesonderte Befriedigung aus der eigenen Schuld" gedeutet (vgl. *Bork*, Rdn. 263). Zunächst müssen zur Zulässigkeit der Aufrechnung auch in der Insolvenz die allgemeinen zivilrechtlichen Aufrechnungsvoraussetzungen gegeben sein, d. h.

 - es müssen sich gleichartige Forderungen gegenüberstehen;
 - die Forderung des Gläubigers muß fällig sein;
 - die Forderung des Schuldners muß wenigstens erfüllbar sein;
 - ein zivilrechtlicher Aufrechnungsausschluß (§ 390, § 393, § 394 BGB) darf der Aufrechnung nicht entgegenstehen.

Der Gleichartigkeit der Forderungen steht – in Erweiterung von § 244 Abs. 1 BGB – nicht entgegen, daß sich Forderungen unterschiedlicher Währung gegenüberstehen (§ 95 Abs. 2 InsO).

Auflösend bedingte Forderungen gelten im Rahmen des Insolvenzverfahrens als fällig (§ 42 InsO).

Neben den genannten allgemeinen Voraussetzungen erfordert die Zulässigkeit der Aufrechnung im Rahmen des Insolvenzverfahrens die Beachtung weiterer, insolvenzspezifischer Wertungen.

Grundsätzlich soll die Aufrechnungsbefugnis einschränkungslos für den Fall zur Verfügung stehen, daß die Aufrechnungslage bereits im Zeitpunkt der Eröffnung des Insolvenzverfahrens bestand. Dabei ist – anders als bei der KO – gleichgültig, ob die Aufrechnungsberechtigung im Zeitpunkt der Verfahrenseröffnung kraft Gesetzes oder aufgrund einer Vereinbarung bestand (§ 94 InsO).

§ 95 InsO schafft daneben einen Vertrauenstatbestand im Hinblick auf das zukünftige Entstehen einer Aufrechnungslage, sofern der Eintritt der Aufrechnungslage nicht mehr vom Schuldner durch einseitige Rechtshandlungen verhindert werden kann. Die Aufrechnung ist danach zulässig, wenn dem Gläubiger bereits eine „Anwartschaft auf Aufrechnung" vor Verfahrenseröffnung erwachsen ist, die sich erst nach diesem Zeitpunkt zur vollen Aufrechnungsbefugnis verfestigt. § 95 Abs. 1 InsO erfaßt im Zeitpunkt der Insolvenzeröffnung noch nicht fällige, aufschiebend bedingte oder noch nicht auf gleichartige Leistungen gerichtete Forderungen. Einer „Anwartschaft auf Aufrechnung" hat der Gläubiger dann erlangt, wenn seine Forderung vor der des Schuldners fällig wird, eher unbedingt wird bzw. sich in eine gleichartige Forderung verwandelt, bevor die Gegenforderung der Insolvenzmasse durchgesetzt werden kann. Wird demgegenüber die Gegenforderung früher fällig, scheidet eine Aufrechnung aus (§ 95 Abs. 1 S. 3 InsO). Damit verengt die Neuregelung die Aufrechnungsmöglichkeiten gegenüber dem bisherigen Recht der Konkursordnung (§ 54 KO) erheblich, während gegenüber § 7 Abs. 5 GesO eine Erweiterung festzustellen ist.

Hieran anschließend normiert § 96 InsO insolvenzspezifische Aufrechnungsverbote, die von der Zielsetzung her dem Gläubigergleichbehandlungsgrundsatz Rechnung tragen sollen. Die Aufrechnungsverbote beziehen sich lediglich auf Insolvenzgläubiger; gegenüber Massegläubigern greifen diese Einschränkungen nicht ein. Die Aufrechnungsbefugnis von Massegläubigern bei Eintritt der Masseunzulänglichkeit wird von der Gesetzesfassung nicht geregelt, wird aber nach der Systematik des Gesetzes bei Masseunzulänglichkeit entsprechend § 96 InsO zu bewerten sein sein (vgl. auch BGH ZIP 1995, 1204, 1208).

Nach § 96 Nr. 1 InsO ist die Aufrechnung unzulässig, wenn ein Insolvenzgläubiger erst nach Eröffnung des Insolvenzverfahrens etwas zur Insolvenzmasse schuldig geworden ist.

Eingeschränkt wird das Aufrechnungsverbot durch die Ausnahmevorschriften der §§ 110 Abs. 3 und 114 Abs. 2 InsO. Danach bleiben bestimmte Gegenansprüche des Mieters in der Insolvenz des Vermieters sowie bestimmte Gegenansprüche des Arbeitgebers in der Insolvenz des Arbeitnehmers aufrechenbar, auch wenn der Mieter bzw. Arbeitgeber diese (jeweils zeitlich beschränkt) erst nach dem Zeitpunkt der Verfahrenseröffnung schuldig wird.

§ 96 Nr. 2 InsO versagt die Aufrechnung weiterhin dann, wenn der Insolvenzgläubiger seine Gegenforderung erst nach der Verfahrenseröffnung von einem anderen Gläubiger erwirbt, wobei unbeachtlich ist, ob die Gegenforderung in dessen Händen bereits bei Verfahrenseröffnung bestanden hat.

Hiermit in Zusammenhang steht die Regelung des § 96 Nr. 4 InsO, wonach ein Aufrechnungsverbot besteht, wenn ein Gläubiger, dessen Forderung aus dem freien Vermögen des Schuldners zu erfüllen ist, etwas zur Insolvenzmasse schuldet. Hiermit wird dem Umstand Rechnung getragen, daß der Schuldner nur sein freies Vermögen, nicht aber die Masse verpflichten kann (vgl. § 80 Abs. 1 InsO).

§ 96 Nr. 3 InsO versagt schließlich die Aufrechnung auch bei einer bereits vor der Eröffnung des Insolvenzverfahrens entstandenen Aufrechnungslage, wenn diese durch eine anfechtbare Rechtshandlung herbeigeführt wurde. Hier entbindet das Gesetz den Insolvenzverwalter von der Notwendigkeit einer Insolvenzanfechtung nach den §§ 129 ff. InsO, sofern lediglich irgendeine Voraussetzung für die Aufrechnung anfechtbar geschaffen wurde. Über den Wortlaut der Vorschrift hinaus ist eine teleologische Extension vom Sinn und Regelungsanliegen der Vorschrift geboten, so daß sowohl der anfechtbare Erwerb der Gläubiger wie auch der Schuldnerposition hierher zu zählen ist (vgl. *Bork*, Rdn. 266; *Häsemeyer*, Kölner Schrift zur Insolvenzordnung, S. 489, S. 499 f. (Rdn. 34)).

§ 94 InsO setzt die auf Vereinbarung beruhende Aufrechnungsmöglichkeit mit der gesetzlichen Aufrechnungsbefugnis gleich. Damit dürften die sog. Konzernverrechnungsklauseln, die bislang in der Insolvenz keine Aufrechnungsbefugnis vermittelten (vgl. BGHZ 81, 15, 18 ff.), eine solche nunmehr wirksam begründen. Diesen kann daher in Zukunft nur noch mit der Insolvenzanfechtung (§§ 129 ff. InsO) begegnet werden.

Auffällig ist, daß das Reformgesetz den aufrechnungsbefugten Gläubigern trotz der absonderungsgleichen Wirkung der Aufrechnung keinen Verfahrenskostenbeitrag i. S. der §§ 170 f. InsO auferlegt, so daß verschiedentlich schon eine analoge Anwendung gefordert wird (vgl. *Häsemeyer*, a. a. O., S. 489, S. 493 f (Rdn. 11), der zumindest bei der „vereinbarten" Aufrechnung einen Verfahrensbeitrag in Abzug bringen will.).

Ungeregelt ist schließlich nach wie vor die Aufrechnungsbefugnis im Rahmen des Insolveneröffnungsverfahrens, insbesondere bei Anordnung eines Verfügungsverbotes und vorläufiger Insolvenzverwaltung. Die Anwendbarkeit des Aufrechnungsverbotes des § 394 BGB wird von der (noch) herrschenden Meinung für den Bereich des § 106 KO verneint (BGHZ 99, 36, 40 f.; 109, 321, 322), während er im Anwendungsbereich des § 2 Abs. 4 GesO bejaht wird (BGH, ZIP 1995, 1200). Die Literatur vertritt ein uneinheitliches Bild, vgl. *Gerhardt*, FS für Albrecht Zeuner, 1994, S. 353 ff. m. w. N.).

Für eine Anwendbarkeit des § 394 BGB spricht, daß es sich bei der Anordnung eines Verfügungsverbotes nach der InsO nicht um ein relatives, sondern um ein absolutes Verfügungsverbot handelt (§ 24 Abs. 1 i. V. m. § 81 InsO). Andererseits können Aufrechnungslagen durch Rechtshandlungen des Schuldners nach Ausspruch eines allgemeinen Verfügungsverbotes nicht mehr entstehen, während das Verfügungsverbot zugleich Aufrechnungslagen durch Rechtshandlungen Dritter nicht vermeiden kann, zumal § 24 Abs. 1 InsO die Vorschrift des § 91 InsO nicht in Bezug nimmt. Diese Erwägungen sprechen mehr für die Beibehaltung der bisherigen Sichtweise zu § 106 KO.

Vgl. zur Aufrechnung im neuen Insolvenzrecht auch *Holzer*, DStR 1998, 1268 ff.

2 Ist die Aufrechnungslage abtretungsbedingt bereits vor der Verfahrenseröffnung herbeigeführt worden, ist das Aufrechnungsverbot des § 96 Nr. 3 InsO zu prüfen.

XVI. Gesellschaftsrechtliche Haftungsrealisierungen

1. Muster eines Aufforderungsschreibens des Insolvenzverwalters bei Verletzung der Insolvenzantragspflicht

Herren
. . . . . .

(Ort, Datum)

Insolvenzverfahren über das Vermögen der Firma .'. . . . .

hier: Zahlungsvorgänge auf dem Geschäftskonto Nr. . . . . .
      bei der . . . . . . Bank AG

Sehr geehrte Herren . . . . . .,

bekanntlich wurde durch Beschluß des Amtsgerichts – Insolvenzgericht –
. . . . . . vom 05. 02. 19.. das Insolvenzverfahren über das Vermögen der o. a.
Gesellschaft eröffnet und der Unterzeichner zum Insolvenzverwalter ernannt.

Rein vorsorglich füge ich in der Anlage einer Ausfertigung der Insolvenzverwalterbestallungsurkunde zu Ihrer Kenntnisnahme in Fotokopie bei.

In meiner Eigenschaft als Insolvenzverwalter wende ich mich aufgrund nachstehenden Sachverhaltes an Sie:

1. Sie waren alleinige Gesellschafter und Geschäftsführer der Schuldnerin.

   Letztere führte bei der . . . . . . Bank AG, Zweigstelle . . . . . . ein Geschäftskonto mit der Nr. . . . . . .

   Das Konto war per 06. 12. 19.. mit DM 75 180,07 überzogen.

   Spätestens zu diesem Zeitpunkt war die Schuldnerin nach meinen Ermittlungen zahlungsunfähig und überschuldet.

   In dem Zeitraum nach dem 06. 12. 19.. bis zum 23. 12. 19.. (Insolvenzantragstellung) wurden nachstehende Beträge dem Konto gutgeschrieben:

   (. . . . . . wird ausgeführt)

   Am 23. 12. 19.. wies das vorgenannte Konto einen Schuldsaldo von nur
   noch DM 48 871,10 aus.

2. Weiterhin leisteten Sie am 06. 12. 19.. von dem o. a. Geschäftskonto folgende Zahlungen:
   (1) Überweisung an das Finanzamt in Höhe von   DM 31 699,96
   (2) Überweisung an die AOK in Höhe von   DM 15 388,61

                                                             DM 47 088,57

Für diese Verbindlichkeiten waren Sie als Gesellschafter/Geschäftsführer
persönlich einstandspflichtig.

3. Die genannten Beträge sind nach Auffassung des Unterzeichners der Insolvenzmasse zu erstatten.

Nach § 64 Abs. 2 S. 1 GmbHG sind die Geschäftsführer der Gesellschaft zum Ersatz von Zahlungen verpflichtet, die nach Eintritt der Zahlungsunfähigkeit der Gesellschaft oder nach Feststellung ihrer Überschuldung geleistet werden.

Diese Voraussetzungen sind vorliegend gegeben.

Die Schuldnerin war spätestens seit dem 06. 12. 19.. zahlungsunfähig und überschuldet.

Sie haben daher zunächst gegen die Ihnen als Geschäftsführer der Gesellschaft obliegenden Sorgfaltspflichten verstoßen, indem Sie Kundenschecks auf das debitorisch geführte Geschäftskonto eingereicht haben.

Ein ordentlicher Kaufmann ist nach Eintritt der Konkursreife verpflichtet, ein neues Konto einzurichten und Kundenschecks dort einziehen zu lassen

OLG Frankfurt, Urteil vom 21. 04. 1995
11 U 195/93 ZIP 1995, 913.

Das Verschulden der Geschäftsführer wird gem. § 64 Abs. 2 S. 2 GmbHG gesetzlich vermutet

BGH, Urteil vom 01. 03. 1993
II ZR 31/94 ZIP 1994, 891 f. .

Weiterhin haben Sie gegen Ihre Sorgfaltspflichten verstoßen, indem Sie auf dem debitorischen Geschäftskonto Gutschriften in der genannten Höhe zuließen.

Die Ausführungen zur Einziehung der Kundenschecks gelten hier entsprechend.

Schließlich haben Sie gegen Ihre Sorgfaltspflichten dadurch verstoßen, daß Sie im Zeitpunkt der Krise aus dem Gesellschaftsvermögen Zahlungen an das Finanzamt und die AOK leisteten und damit einzelne Gläubiger vor der Gesamtgläubigerschaft begünstigten und sich damit einer eigenen persönlichen Haftung entzogen.

Sie sind daher verpflichtet, den Gesamtbetrag von

DM 37 339,69
DM 47 088,57
DM 84 428,26

der Gesellschaft zu erstatten.

Es obliegt meinem gesetzlichen Pflichtenkreis, diesen Erstattungsanspruch Ihnen gegenüber als Geschäftsführer hiermit geltend zu machen, wobei ich zunächst – ohne Anerkennung einer Rechtspflicht – zu Ihren Gunsten von einer Zahlungsunfähigkeit und/oder Überschuldung erst ab dem 06. 12. 19.. ausgehe.

In meiner Eigenschaft als Insolvenzverwalter habe ich Sie daher aufzufordern, den o. a. Betrag bis zum
(......)

auf das von mir bei der ...... Bank AG, Filiale ......, Zweigstelle ......,
eingerichtete Konkurstreuhandkonto mit der Nr. ...... zu überweisen, oder
aber, wenn die Zahlung verweigert wird, mir ebenfalls innerhalb der gesetzten Frist die Gründe der Zahlungsverweigerung mitzuteilen.

Sollten Sie den Betrag nicht in einer Summe aufbringen können, sehe ich
Ihren angemessenen Ratenzahlungsvorschlägen entgegen.

Mit vorzüglicher Hochachtung

Rechtsanwalt
als Insolvenzverwalter   *Anlage*

Anmerkungen

Insolvenzordnung

Der Anspruch nach § 64 Abs. 2 GmbHG setzt voraus, daß entweder das Insolvenzverfahren eröffnet oder der Insolvenzantrag mangels Masse abgewiesen worden ist.
Die Haftung nach § 64 Abs. 2 GmbHG besteht selbst dann, wenn der Insolvenzverwalter es unterlassen hat, innerhalb der Fristen der §§ 133, 135, 146 InsO aussichts-
reiche Insolvenzanfechtungsansprüche gegen die Zahlungsempfänger geltend zu
machen (BGH ZIP 1996, 420, 421).

Eine Haftung der Geschäftsführer kann weiterhin bestehen nach § 43 Abs. 2
GmbHG, § 823 Abs. 2 BGB i. V. mit § 64 Abs. 1 GmbHG, § 823 Abs. 2 BGB i. V.
mit §§ 263, 265b StGB und § 826 BGB (vgl. die Übersicht bei *Baumbach/Hueck*
§ 64 Rdn. 23 ff.).

Nach § 92 InsO wird dem Insolvenzverwalter weiterhin für die Dauer des Insolvenzverfahrens eine (verdrängende) Einziehungsermächtigung sowie Prozeßführungsbefugnis zur Geltendmachung sog. „Masseverkürzungsschäden" erteilt, die
dadurch gekennzeichnet sind, daß das schädigende Verhalten eines Dritten zu einer
Reduzierung der Aktivmasse oder zu einer Erhöhung der Passivmasse geführt hat
und damit eine Quotenverkürzung mit sich gebracht hat (sog. „Quotenschaden").
Durch die Konzentration der Geltendmachung in Händen des Insolvenzverwalters
der anderweit begründeten Ansprüche soll gleichsam eine „Wiederauffüllung der
Masse" den Quotenschaden kompensieren (vgl. zur Berechnung des Quotenscha-
dens BGH ZIP 1997, 1542 ff.). Wertungsmäßig liegt der Regelung des § 92 InsO
der Gläubigergleichbehandlungsgrundsatz zugrunde, da vermieden wird, daß die
anspruchsberechtigten, jeweils geschädigten Gläubiger im Wege des Einzelzugriffs
trotz etwaiger Unzulänglichkeit der Haftungsmasse Befriedigung erhalten.

Dabei muß es sich stets um Schadensersatzansprüche handeln. Gleichgültig ist,
ob der Anspruch vor Verfahrenseröffnung entstanden ist (Musterbeispiel ist hier die
Haftung wegen verspäteter Insolvenzantragstellung gegenüber den Altgläubigern)
oder ob die Schadensentstehung nach der Verfahrenseröffnung datiert (Musterbeispiel ist hier ein schädigendes Verhalten des Insolvenzverwalters). Jedoch muß der
Schaden immer als sog. „Gesamtschaden" zu werten sein, wobei unwesentlich ist,
wenn nur ein Teil der am Verfahren teilnehmenden Gläubiger betroffen ist. Im letzteren Fall ist lediglich im Rahmen der Anspruchsrealisierung eine Sondermasse zu
bilden (vgl. *Kuhn/Uhlenbruck*, § 82 Rdn. 6). Von § 92 InsO nicht erfaßt ist die Haftung wegen verspäteter Insolvenzantragstellung. Neugläubiger, also diejenigen, die

ihre Ansprüche gegen den erst später insolvenzbefangenen Rechtsträger nach Entstehung der Insolvenzantragspflicht erworben haben, können ihr negatives Interesse nach mittlerweile gefestigter Rechtsprechung (vgl. BGHZ 126, 181, 190ff.; BGH, ZIP 1995, 31, 32; 124, 125; 211, 212) individuell geltend machen (vgl. aus der Literatur *K. Schmidt*, ZGR 1996, 209, 213, Bork, Kölner Schrift zur Insolvenzordnung, S. 1017, 1023 ff (Rdn. 17ff.)).

Noch nicht abschließend geklärt ist, wie der Gesamtschadenanspruch etwa mit der Aufrechnung (durch den materiell anspruchsberechtigt bleibenden Gläubiger einerseits bzw. dem Schuldner andererseits) zu harmonisieren ist. Gleiches gilt für die Frage, wenn der Anspruchsverpflichtete in Unkenntnis der Verfahrenseröffnung den Ersatzanspruch noch gegenüber den Individualgläubigern erfüllt (vgl. hierzu *Bork*, a. a. O., S. 1017, 1026 ff (Rdn. 26 ff)).

Hat der Individualgläubiger vor Verfahrenseröffnung bereits ein Klageverfahren gegen den Anspruchsverpflichteten angestrengt, wird hier – entsprechend den zu § 171 Abs. 2 HGB entwickelten Grundsätzen – eine analoge Anwendung des § 16 AnfG i. d. F. des Art. 1 EGInsO in Betracht kommen müssen, wonach eine Prozeßunterbrechung eintritt, bis der Insolvenzverwalter das Verfahren aufnimmt oder das Insolvenzverfahren beendet wird. Dies entspricht dem Vorschlag des RegE zu §§ 104, 105 Abs. 3, der vom Rechtsausschuß unter Verweisung der Frage an die Rechtsprechung nicht in die Gesetzesfassung übernommen wurde (vgl. BT-Drs. 12/7302, S. 37, 165).

Konkurs-/Gesamtvollstreckungsordnung

Eine dem § 92 InsO entsprechende Vorschrift sehen die Konkurordnung und Gesamtvollstreckungsordnung nicht vor.

Im übrigen bestehen keine Abweichungen zur Insolvenzordnung.

2. Muster eines Aufforderungsschreibens des Insolvenzverwalters bei Gesellschafterhaftung des persönlich haftenden Gesellschafters (§ 93 InsO)[1]

An
Herrn ......

in ......   **(Ort, Datum)**

Insolvenzverfahren über das Vermögen der Firma A-KG ......

**hier: Geltendmachung Ihrer persönlichen Gesellschafterhaftung
       gem. §§ 161 Abs. 2, 128 HGB, 93 InsO.**

Sehr geehrter Herr ......,

**bekanntlich wurde durch Beschluß des Amtsgerichts – Insolvenzgerichts –
...... vom ...... das Insolvenzverfahren über das Vermögen der A-KG[2] eröffnet und der Unterzeichner zum Insolvenzverwalter bestellt.**

Rein vorsorglich füge ich den Insolvenzeröffnungsbeschluß nochmals zu Ihrer Kenntnisnahme in Fotokopie bei.

Ausweislich der im Rahmen des Insolvenzverfahrens gem. § 153 InsO gefer-

tigten Vermögensübersicht errechnet sich eine Überdeckung der Passiva über die Aktiva in Höhe von DM . . . . . .

Für diesen Betrag sind Sie in Ihrer Eigenschaft als persönlich haftender Gesellschafter gem. den §§ 161 Abs. 2, 128 HGB den Gläubigern der Schuldnerin gegenüber einstandspflichtig[3].

Diese persönliche Gesellschafterhaftung[4] ist während der Dauer des Insolvenzverfahrens gem. § 93 InsO ausschließlich von mir geltend zu machen.

In meiner Eigenschaft als Insolvenzverwalter habe ich Sie daher aufzufordern, den oben genannten Betrag auf das von mir eingerichtete Insolvenztreuhandkonto mit der Nr. . . . . . bei der . . . . . .-Bank (BLZ . . . . . .) bis zum . . . . . . zu erbringen.

Ich bitte um Verständnis, daß ich aufgrund meines gesetzlichen Pfichtenkreises nach Fristablauf gehalten bin, die Forderung gerichtlich geltend zu machen.

Sollten Sie den Betrag nicht in einer Summe aufbringen können, sehe ich Ihren angemessenen Ratenzahlungsvorschlägen entgegen.

Mit vorzüglicher Hochachtung

Rechtsanwalt
als Insolvenzverwalter *Anlagen*

Anmerkungen

Insolvenzordnung

In Anlehnung an die Regelung des § 171 Abs. 2 HGB ist nach § 93 InsO in der Insolvenz einer Gesellschaft die Haftung der (unbeschränkt) persönlich haftenden Gesellschafter gegenüber den Gläubigern vom Insolvenzverwalter geltend zu machen. Im wesentlichen geht es hier um die Haftung der GBR-Gesellschafter, der oHG-Gesellschafter, der Komplementäre der KG sowie der persönlich haftenden Gesellschafter bei der KGaA. Hier soll ebenfalls der Wettlauf der Gesellschaftsgläubiger vermieden werden, um ggf. bei nicht ausreichendem Haftungsvermögen dem Gläubigergleichbehandlungsgrundsatz Rechnung tragen zu können. Es muß als rechtstatsächlicher Befund hingenommen werden, daß in der vorausgegangenen Insolvenz der Personen (Handels-) Gesellschaft auch die persönlich haftenden Gesellschafter nicht mehr über genügend Haftungssubstrat verfügen, da sie ansonsten eine Schuldenregulierung durch Liquidation vorgezogen hätten (vgl. K. Schmidt, Gesellschaftsrecht, § 49 VI 3). Auch hier sind die Gesellschaftsgläubiger nach wie vor als Anspruchsberechtigte anzusehen, so daß der Insolvenzverwalter – wie in § 92 InsO – lediglich eine ausschließliche Einziehungsermächtigung sowie Prozeßführungsbefugnis über § 93 InsO zugewiesen erhält.

In diesem Zusammenhang kann noch nicht als abschließend geklärt gelten, inwieweit auch eine Einstandspflicht der persönlich haftenden Gesellschafter für die erst durch das Insolvenzverfahren hervorgebrachten, also nicht aufoktroyierten Masseverbindlichkeiten begründet ist. Hier spricht viel dafür, mit dem Übergang der Verwaltungs- und Verfügungsbefugnis auf den Insolvenzverwalter den persönlich

1

haftenden Gesellschafter einem ausgeschiedenen Gesellschafter wertungsmäßig gleich zu stellen, so daß eine Einstandspflicht hierfür abzulehnen ist.

War die persönliche Gesellschafterhaftung vor Verfahrenseröffnung bereits prozessual durch einen Gesellschaftsgläubiger geltend gemacht, so wird auch hier eine analoge Anwendung des § 16 AnfG i. d. F. durch Art. 1 EGInsO angezeigt sein. Zu Fragen des Gutglaubensschutzes, der Aufrechnungsbefugnis sowie dem Vorbringen weiterer Einwendungen vgl. *Bork*, Kölner Schrift zur Insolvenzordnung, S. 1017, 1026 ff. (Rdn. 27 ff.)).

2 Die Gesellschafterhaftung wird im Rahmen der nunmehr zulässigen Insolvenz über das Vermögen der Gesellschaft Bürgerlichen Rechts, der Partnerschaftsgesellschaft, der offenen Handelsgesellschaft, der Kommanditgesellschaft sowie der Kommanditgesellschaft auf Aktien virulent. Auch wird man hierunter den unbeschränkt haftenden Kommanditisten fassen können, den die Rechtsprechung bislang nicht der Regelung des § 171 Abs. 2 HGB unterstellte (vgl. BGHZ 82, 209, 214; BGH, BB 1983, 1561, 1562).

3 Der Haftungsanspruch verbleibt materiell-rechtlich in der Rechtszuständigkeit des Gläubigers; er wird lediglich dem Insolvenzverwalter zur Einziehung und prozessualen Geltendmachung zugewiesen. § 93 InsO ist daher ebensowenig anspruchsbegründend wie § 92 InsO.

4 Zur Haftung für nicht aufoktroyierte Masseverbindlichkeiten vgl. Anmerkung 1.

Konkurs-/Gesamtvollstreckungsordnung

Eine dem § 93 InsO entsprechende Vorschrift enthalten die Konkursordnung und Gesamtvollstreckungsordnung nicht.

3. Muster einer Klage des Insolvenzverwalters wegen eigenkapitalersetzender Gesellschafterleistungen

An das
Landgericht......

in ......   **(Ort, Datum)**

Klage

des Steuerberaters ...... in seiner Eigenschaft als Insolvenzverwalter über das Vermögen der Firma ......

                                                                – Klägers –

Prozeßbevollmächtigter: ......

gegen

1. Herrn ......,
2. Frau ......,

                                                                – Beklagten –

wegen Zahlung.

Gegenstandswert: DM 153 666,95

Namens und mit Vollmacht des Klägers erhebe ich Klage gegen die Beklagten.

Im Termin zur mündlichen Verhandlung werde ich beantragen,

1. den Beklagten zu 1) zu verurteilen, an den Kläger DM 64 000,00 nebst 4% Zinsen seit Rechtshängigkeit zu zahlen;
2. die Beklagten als Gesamtschuldner zu verurteilen, an den Kläger DM 89 666,95 nebst 4% Zinsen seit Rechtshängigkeit zu zahlen;
3. dem Beklagten zu 1) im Klageantrag zu 1. die Kosten des Rechtsstreits aufzuerlegen;
4. den Beklagten zu 1) und 2) als Gesamtschuldner im Klageantrag zu 2. die Kosten des Rechtsstreits aufzuerlegen;
5. das Urteil – ggf. gegen Sicherheitsleistung, die auch durch selbstschuldnerische Bürgschaft einer deutschen Großbank oder öffentlichrechtlichen Sparkasse erbracht werden kann – für vorläufig vollstreckbar zu erklären;

im Falle der Klageabweisung,

dem Kläger nachzulassen, die Zwangsvollstreckung durch Sicherheitsleistung – auch durch selbstschuldnerische Bürgschaft einer deutschen Großbank oder öffentlich-rechtlichen Sparkasse – abwenden zu können.

Begründung:

Der Kläger wurde durch Beschluß des Amtsgerichts – Insolvenzgerichts – ..... vom 02. 05. 19.. – ...... – zum Insolvenzverwalter über das Vermögen der Firma ...... (nachstehend: Schuldnerin) ernannt.

Das Stammkapital der Gesellschaft betrug DM 50 000,00.

Hierauf übernahm der Beklagte zu 1) Geschäftsanteile von DM 30 000,00, die Beklagte zu 2) solche von DM 20 000,00.

In seiner Eigenschaft als Insolvenzverwalter macht der Kläger gegenüber den Beklagten als Gesellschafter Zahlungsansprüche der Schuldnerin geltend, denen folgende Sachverhalte zugrundeliegen:

I. Klageantrag zu 1.
1. Durch schriftlichen Einheitsmietvertrag vom 01. 01. 19.. mietete die Schuldnerin vom Beklagten zu 1) das von ihr bis zuletzt genutzte und 300 qm große Betriebsgrundstück ...... in ...... nebst Aufbauten an.

Beweis: Vorlage des Einheitsmietvertrages vom 01. 01. 19.. in Fotokopie – Anlage K 1 –.

Der monatlich zuletzt geschuldete und für den streitgegenständlichen Zeitraum maßgebliche Mietzins belief sich auf DM 4 000,00.

Zum Zeitpunkt der Insolvenzeröffnung bestanden Mietrückstände von 3 Monatsmieten, insgesamt also in Höhe von DM 12 000,00.

Zur Ablösung des vom Beklagten zu 1) geltend gemachten Vermieterpfandrechts wurden die Rückstände vom Kläger zunächst aus der Insolvenzmasse ausgeglichen.

Nach der Insolvenzeröffnung wurde das Betriebsgelände vom Kläger noch über 4 Monate hinweg genutzt. Hierfür leistete er an den Beklagten zu 1) weitere Mietzinszahlungen aus der Masse in Höhe von insgesamt DM 16 000,00.

2. Der Beklagte zu 1) ist zur Erstattung der im letzten Jahr vor Insolvenzeröffnung von der Schuldnerin bzw. dem Kläger geleisteten Mietzinszahlungen in Höhe von DM 48 000,00 verpflichtet, da die Überlassung des Betriebsgrundstückes haftendes Eigenkapital ersetzte.

Seine Verpflichtung hierzu ergibt sich entweder aus §§ 143, 135 InsO unter dem Gesichtspunkt der Insolvenzanfechtung, die hiermit für den Kläger ausdrücklich erklärt wird, oder aber entsprechend § 31 GmbHG

    – BGHZ 109, 55, 66 –.

Im einzelnen:

Es dürfte nunmehr unstreitig sein, daß die Überlassung von Sachen durch einen Gesellschafter an eine Gesellschaft dem Eigenkapitalersatz unterliegen kann

    – vgl. nur BGHZ 109, 55 ff.; BGH ZIP 1994, 1261 ff;
    BGH ZIP 1994 Heft 18 –.

a) Voraussetzung ist zunächst, daß ein Gesellschafter der Gesellschaft einen Gegenstand zur Nutzung überläßt.

Dies ist vorliegend durch die entgeltliche Überlassung des Betriebsgrundstückes durch den Beklagten zu 1) an die Schuldnerin der Fall.

b) Weiterhin ist erforderlich, daß die Gesellschaft zu dem Zeitpunkt, da ihr der Gegenstand zum Gebrauch überlassen wird, insolvent ist – sei es wegen Überschuldung oder Illiquidität

    – BGHZ 109, 55, 60; BGH GmbHR 1993, 503, 504 –.

Der Gebrauchsüberlassung an die Gesellschaft steht es gleich, wenn diese zwar bei der Einbringung noch gesund war, der Gesellschafter jedoch bei Eintritt einer Krise oder Überschuldung den überlassenen Gegenstand „stehenläßt"

    – BGH ZIP 1994, 1261, 1263 –.

Hiervon ist auszugehen, wenn der Gesellschafter den Kriseneintritt kennt oder erkennen konnte und er trotzdem den Gegenstand beläßt, obwohl er rechtlich dazu in der Lage ist, ihn zurückzufordern, sei es, weil er das Nutzungsrecht ordentlich kündigen kann oder aber außerordentlich

    – BGHZ 109, 55, 60 –.

So liegt der Fall hier:

Die Schuldnerin war bereits Ende des Jahres 19.. überschuldet.

So weist die Bilanz zum 31. 12. 19.. einen nicht durch Eigenkapital gedeckten Fehlbetrag von DM 74 133,34 aus.

Beweis: 1. Vorlage der Bilanz zum 31. 12. 19.. in Fotokopie
– Anlage K 2 –;
2. Einholung eines Sachverständigengutachtens.

Dieser potenzierte sich ausweislich des vorläufigen Jahresabschlusses zum 29. 02. 19.. auf DM 134 196,74.

Beweis: 1. Vorlage des vorläufigen Jahresabschlusses zum 29. 02. 19..
in Fotokopie
– Anlage K 3 –;
2. Einholung eines Sachverständigengutachtens.

Weiterer Sachvortrag bleibt im Falle des Bestreitens ausdrücklich vorbehalten.

Aufgrund der fortschreitenden Überschuldung ersetzte die Gebrauchsüberlassung durch den Beklagten zu 1) spätestens seit dem Januar 19.. haftendes Eigenkapital der Schuldnerin.

So war diese bereits zu diesem Zeitpunkt außerstande, sich den für den Kauf des überlassenen Betriebsgrundstücks erforderlichen Kredit auf dem Kapitalmarkt zu besorgen, noch wäre aufgrund der festgestellten Überschuldung ein außenstehender Dritter bereit gewesen, der Gesellschaft das Anwesen zum Gebrauch zu überlassen

– vgl. BGHZ 121, 31, 38 –.

Beweis: Einholung eines Sachverständigengutachtens.

Abgesehen davon ist aufgrund der bestehenden Überschuldung die Gebrauchsüberlassung seit Anfang Januar 19.. zwingend als eigenkapitalersetzend anzusehen, ohne daß es darauf noch ankommt, ob ein außenstehender Dritter der Schuldnerin das Betriebsgrundstück zum Gebrauch überlassen hätte

– so BGHZ 31, 258, 272 für den Fall der Darlehensgewährung –.

Aufgrund des vorgelegten und dem Beklagten zu 1) bekannten Zahlenmaterials kannte er die Überschuldung der Schuldnerin zu diesem Zeitpunkt bzw. hätte er diese erkennen können.

Beweis: Einholung eines Sachverständigengutachtens.

Dadurch, daß er das zur Schuldnerin bestehende Nutzungsverhältnis weder ordentlich noch außerordentlich auflöste, mithin die Gebrauchsüberlassung seit Januar 19.. „stehen ließ", wandelte sich diese spätestens zu diesem Zeitpunkt in eine eigenkapitalersetzende um.

c) Der monatlich vereinbarte und von der Schuldnerin bzw. dem Kläger vor Insolvenzeröffnung geleistete Mietzins hatte daher der Gesellschaft zu verbleiben, da es nicht aus freiem, das Stammkapital übersteigendem Vermögen gezahlt wurde

– BGHZ 109, 55, 66 –.

Der Beklagte zu 1) ist daher entweder nach §§ 143, 135 InsO oder aber entsprechend § 31 GmbHG zur Rückerstattung der an ihn im letzten

Jahr vor Insolvenzeröffnung von der Schuldnerin bzw. dem Kläger gezahlten Mieten in Höhe von insgesamt DM 48 000,00 verpflichtet.

3. Mit der Insolvenzeröffnung entfiel der Anspruch des Beklagten zu 1) auf Leistung eines Nutzungsentgelts analog § 32a Abs. 1 GmbHG.

Die hiervon vom Kläger geleisteten Zahlungen in Höhe von insgesamt DM 16 000,00 erfolgten daher rechtsgrundlos und sind somit ebenfalls der Masse zu erstatten.

Aus der eigenkapitalersetzenden Gebrauchsüberlassung des Betriebsgrundstücks bestehen somit folgende Forderungen gegenüber dem Beklagten zu 1):

DM 48 000,00 (Mietzahlungen 1 Jahr vor Insolvenzeröffnung)
DM 16 000,00 (Mietzahlungen nach Insolvenzeröffnung)

insgesamt DM 64 000,00,

die mit dem Klageantrag zu 1) geltend gemacht werden.

II. Klageantrag zu 2.

1. Die Schuldnerin unterhielt Geschäftsbeziehungen zur ...... Bank AG.

Diese gewährte der Gesellschaft am 15. 08. 19.. folgende – von der Schuldnerin in voller Höhe in Anspruch genommene – Betriebsmittelkredite:

– Konto-Nr. ...... – (Kontokorrentkredit) DM 90 000,00
– Konto-Nr. ...... – (Darlehen) DM 105 712,56

insgesamt DM 195 712,56

Beweis: Vorlage des Kredit-Vertrages vom 15. 08. 19.. in Fotokopie – Anlage K 4 –.

Zur Absicherung der Darlehen bestellten die Beklagten zugunsten der ...... Bank AG auf dem in ihrem Eigentum stehenden und im Grundbuch von ......, Bl. ......, Flur ......, Flurstücke .. u. ..., eingetragenen Grundbesitz Grundschulden in Höhe von insgesamt DM 200 000,00.

Beweis: wie vor.

Weiterer Sachvortrag bleibt im Falle des Bestreitens ausdrücklich vorbehalten.

Im Zeitpunkt der Insolvenzeröffnung beliefen sich die Verbindlichkeiten der Schuldnerin gegenüber der ...... Bank AG auf

Konto-Nr. ...... DM 2 108,62
DM 19,67
Konto-Nr. ...... DM 103 420,43
DM 1 424,89

insgesamt DM 106 045,41

Beweis: Vorlage der Forderungsanmeldung der ...... Bank AG vom 20. 05. 19.. in Fotokopie – Anlage K 5 –.

2. Die Beklagten sind nach §§ 32b S. 1, 32a Abs. 2 GmbHG verpflichtet, die aus dem Vermögen der Schuldnerin zurückgeführten Darlehensverbindlichkeiten derselben in Höhe von

        DM 195 712,56
./. DM 106 045,41
        DM   89 666,95

der Gesellschaft zu erstatten.

Die von den Beklagten zur Besicherung des Darlehens gestellten dinglichen Sicherheiten sind als kapitalersetzende Kredithilfen i. S. des § 32a Abs. 2 GmbHG zu qualifizieren.

Im einzelnen:

a) Die ...... Bank AG war als Kreditgeberin außenstehender Dritter i. S. dieser Norm.

b) Weiterhin hat sie als Dritter der Gemeinschuldnerin ein Darlehen gewährt, welches erkennbar von Anfang an eigenkapitalersetzende Qualität gehabt bzw. eine solche in der Folgezeit durch „Stehenlassen" erlangt hat

    – vgl. Scholz/K. Schmidt, GmbH-Gesetz, Kommentar,
    8. Aufl., §§ 32a, 32b, Rdn. 128, 132 –.

Ob ein Drittdarlehen diese Funktion hat, bestimt sich danach, ob es als eigenkapitalersetzende Kredithilfe einzustufen wäre, wenn es von einem Gesellschafter – statt von einem Dritten – gewährt worden wäre.

Entscheidend hierfür ist die Kreditwürdigkeit der Gesellschaft, d. h. ob diese das Darlehen auch ohne Besicherung durch den Gesellschafter von einem vernünftig denkenden, außenstehenden Kreditgeber zu marktüblichen Bedingungen hätte erhalten können

    – BGH ZIP 1992, 177, 178; Lutter/Hommelhoff, GmbH-Gesetz,
    Kommentar, 13. Aufl., §§ 32a, b Rdn. 90 –.

Dies ist vorliegend zu verneinen.

Es steht zu Beweis, daß die Schuldnerin bereits zum Zeitpunkt der Kreditvergabe durch die ...... Bank AG überschuldet war.

Insbesondere wäre diese – noch ein anderer außenstehender Kreditgeber – zu diesem Zeitpunkt bereit gewesen, der Gemeinschuldnerin das Darlehen ohne die Stellung privater, werthaltiger Sicherheiten durch die Beklagten zu gewähren.

Beweis: 1. Zeugnis N.N., zuständiger Sachbearbeiter
           der ...... Bank AG, dessen Namen und
           ladungsfähige Anschrift im Falle des
           Bestreitens nachgereicht wird;
        2. Einholung eines Sachverständigengutachtens.

Im übrigen entspricht es nahezu einhelliger Auffassung in Rechtsprechung und Kommentierung, daß ein Darlehen, welches einer GmbH im Stadium der Überschuldung und der damit verbundenen Insolvenzreife gewährt wird, zwingend kapitalersetzenden Charakter hat, ohne daß es auf die Prüfung noch ankommt, ob ein außenstehender Dritter der Gesellschaft einen Kredit zu marktüblichen Konditionen gewährt hätte

– vgl. BGHZ 31, 258, 272; BGHZ 75, 334, 337f.; BGH ZIP 1993, 1072, 1074; Hachenberg/Ulmer, GmbH-Gesetz, Großkommentar, 7. Aufl., §§ 32a, b Rdn. 47f., 54, 48; Scholz/K. Schmidt a.a.O., §§ 32a, b, Rdn. 133 m.w.N. –.

Abgesehen davon besteht Einigkeit darüber, daß die Kapitalschutzvorschriften auch dann zur Anwendung gelangen, wenn der Kreditgeber das Darlehen der Gesellschaft weiterhin bis zur Krise beläßt

– Scholz/K. Schmidt, a.a.O., §§ 32a, 32b Rdn. 133 m.w.N. –

Die ...... Bank AG hat den der Schuldnerin gewährten Kredit bis zur Insolvenzbeantragung „stehengelassen", so daß dieser spätestens zu diesem Zeitpunkt eigenkapitalersetzende Qualität erlangte.

c) Schließlich hatte auch die Besicherung durch die Beklagten – ebenso wie der Drittkredit – entweder von Beginn an oder aber durch ihr „Stehenlassen" kapitalersetzenden Charakter

– BGH ZIP 1992, 177, 179; BGH ZIP 1985, 158 –.

Die Voraussetzungen des § 32a Abs. 2 GmbHG sind somit gegeben.

d) Daraus folgt, daß die Beklagten nach § 32b S. 1 GmbHG die von der Schuldnerin im letzten Jahr vor Insolvenzeröffnung veranlaßten Darlehensrückzahlungen der Gesellschaft zu erstatten haben, die sich – wie dargelegt – insgesamt auf DM 89 666,95 belaufen.

3. Der Rückerstattungsanspruch ist weiterhin begründet aus §§ 31 Abs. 1, 30 Abs. 1 GmbHG analog.

Die Darlehensrückführung hat gleichzeitig zu einer Auszahlung von Gesellschaftsvermögen, das zur Erhaltung des Stammkapitals erforderlich war, an die Gesellschafter geführt.

Die Auszahlung an die ...... Bank AG ist rechtlich und wirtschaftlich eine Auszahlung an die Beklagten gewesen, die auf diese Weise von von ihnen gestellten Sicherheiten befreit wurden

– BGHZ 81, 252, 259ff. –.

Zusammenfassend ist festzuhalten, daß der Kläger gegenüber dem Beklagten zu 1) einen Anspruch auf Zahlung von DM 64 000,00 nach §§ 143, 135 InsO bzw. § 31 GmbHG, 812 BGB sowie gegenüber den Beklagten zu 1) und 2) einen solchen auf Zahlung von DM 89 666,95 aus §§ 32b S. 1, 32a Abs. 2 GmbHG und §§ 31 Abs. 1, 30 Abs. 1 GmbHG analog hat.

Rechtsanwalt

Anmerkungen

Insolvenzordnung

Es kann nicht das Anliegen der Formularsammlung sein, eine Kommentierung zum Eigenkapitalersatz zu liefern. Die Rechtsprechung und Literatur hierzu sind nahezu unüberschaubar (vgl. nur die Nachweise bei *K. Schmidt,* Gesellschaftsrecht § 18 III u. § 37 IV). Das gewählte (Klage-)Formular reißt die Problematik daher nur an. Die nachfolgenden Ausführungen beschränken sich auf eine vereinfachte Darstellung der Problemkreise. Wegen der weiteren Einzelheiten darf auf die einschlägige Rechtsprechung und Fachliteratur verwiesen werden.

– Eigenkapitalersetzende Gesellschafterdarlehen
Wie jeder Dritte Kreditgeber können auch Gesellschafter aufgrund ihrer Finanzierungsfreiheit einer GmbH Fremdkapital in Form eines Darlehens zur Verfügung stellen. Eigenkapitalersetzenden Charakter erlangt das Darlehen dann, wenn die Gesellschaft dieses von einem vernünftig denkenden, außenstehenden Dritten zu marktüblichen Bedingungen nicht mehr erhalten hätte (BGH ZIP 1992, 177, 178). Entscheidend hierfür ist die Würdigung aller in Betracht kommender Gesamtumstände (BGHZ 119, 201, 207). Wurde das Darlehen im Zeitpunkt einer bereits bestehenden Überschuldung gewährt, hat dieses zwingend eigenkapitalersetzenden Charakter, ohne daß es auf die Prüfung noch ankommt, ob ein außenstehender Dritter der Gesellschaft einen Kredit zu marktüblichen Konditionen gewährt hätte (BGHZ 31, 258, 272; BGH 75, 334, 337f.; BGH ZIP 1993, 1072, 1074). Die Kapitalerhaltungsvorschriften finden auch dann Anwendung, wenn der Gesellschafter das der Gesellschaft gewährte Darlehen bis hin zur Krise beläßt. Voraussetzung ist allerdings nach der neueren Rechtsprechung, daß der Gesellschafter wenigstens die Möglichkeit gehabt haben muß, die Krise zu erkennen. Hieran sind jedoch keine allzu hohen Anforderungen zu stellen, da es grundsätzlich Sache des Gesellschafters ist, sich über die wirtschaftliche Lage der Gesellschaft zu informieren (BGH ZIP 1995, 23; BGH ZIP 1994, 1934). Zum eigenkapitalersetzenden Lieferantendarlehen siehe OLG Hamburg Zip 1996, 709f. .
Ersetzt danach ein Darlehen haftendes Eigenkapital oder dient es der Bescitigung einer darüber hinaus bestehenden Überschuldung, hat der Gesellschafter in entsprechender Anwendung der §§ 30, 31 GmbHG keinen Rückzahlungsanspruch. Eine Rückzahlung ist nur dann möglich, wenn danach noch ein Vermögen in Höhe der Stammkapitalziffer von mindestens DM 50 000,00 verbleibt (BGHZ 31, 258; BGHZ 76, 326). Darlehensbeträge, die vor Aufhebung dieser Sperre zurückgezahlt wurden, kann der Geschäftsführer bzw. Insolvenzverwalter entsprechend § 31 GmbHG zurückfordern. Der Erstattungsanspruch verjährt nach § 31 Abs. 5 GmbHG in fünf Jahren.
Liegen die Voraussetzungen eines Eigenkapitalersatzes vor, wird das Darlehen in der Insolvenz wie Eigenkapital behandelt und kann vom Gesellschafter nur als nachrangige Insolvenzforderung geltend gemacht werden. Das Darlehen selbst bleibt wirksam und ist ohne ausdrücklichen Rangrücktritt bei der Feststellung der Überschuldung zu berücksichtigen. Wird ein eigenkapitalersetzendes Darlehen innerhalb eines Jahres vor Insolvenzeröffnung an den Gesellschafter zurückgezahlt, so kann der Insolvenzverwalter nach §§ 143, 135 Nr. 2 InsO i. V. mit § 32a GmbHG die Rückgewährung der bis zu diesem Zeitpunkt geleisteten Darlehenszahlungen – also nicht nur den zur Deckung des Stammkapitals notwendigen Betrag – zur Masse verlangen. Das zweistufige Haftungssystem nach §§ 30, 31 GmbHG einerseits und dem

§ 135 InsO i. V. mit § 32a GmbHG ist anschaulich an einem von *Lutter/Hommelhoff* gebildeten Beispiel verdeutlicht (§ 31a/b Rdn. 12). Durch Art. 2 des KapAEG wurde § 32a Abs. 3 GmbHG um einen Zusatz ergänzt, der besagt, daß von der Anwendung der Kapitalersatzregeln Darlehen des nicht geschäftsführenden Gesellschafters, der mit 10% oder weniger am Stammkapital beteiligt ist, ausgenommen sind. Darüber hinaus wurde durch Art. 10 KonTraG dem § 32a Abs. 3 GmbHG ein weiterer Satz mit dem Inhalt angefügt: „Erwirbt ein Darlehensgeber in der Krise der Gesellschaft Geschäftsanteile zum Zweck der Überwindung der Krise, führt dies für seine bestehenden oder neu gewährten Kredite nicht zur Anwendung der Regeln über den Kapitalersatz."

– Gesellschafterbesicherte Drittdarlehen
Die vorstehenden Ausführungen gelten entsprechend für gesellschafterbesicherte Drittdarlehen. Voraussetzung hierfür ist, daß ein außenstehender Dritter der Gesellschaft ein Darlehen gewährt hat, der gewährte oder belassene Kredit eigenkapitalersetzenden Charakter hat und der Gesellschafter diesen Kredit absichert, und zwar ebenfalls mit eigenkapitalersetzender Wirkung. Als Dritter kommt jeder in Betracht, der der Gesellschaft nicht als Gesellschafter angehört und auch nicht i. S. des § 32a Abs. 3 GmbHG eine Funktion innehat, die wirtschaftlich der eines Gesellschafters entspricht (*Scholz/K. Schmidt* §§ 32a, 32b Rdn. 127). Der Dritte muß der Gesellschaft ein Darlehen (oder aber eine andere Finanzierungshilfe) gewährt haben, welches erkennbar von Anfang an eigenkapitalersetzende Qualität gehabt oder eine solche in der Folgezeit durch „Stehenlassen" erlangt hat (*Scholz/K. Schmidt* §§ 32a, 32b Rdn. 128, 132). Ob das Drittdarlehen diese Funktion hat, bestimmt sich danach, ob es als eigenkapitalersetzende Kredithilfe einzustufen wäre, wenn es von einem Gesellschafter – statt von einem Dritten – gewährt worden wäre. Entscheidend hierfür ist die Kreditwürdigkeit der Gesellschaft, d. h. ob diese das Darlehen auch ohne Besicherung durch den Gesellschafter von einem vernünftig denkenden, außenstehenden Kreditgeber zu marktüblichen Bedingungen hätte erhalten können (BGH ZIP 1992, 177, 178). Weiterhin muß der Gesellschafter dem Dritten eine Sicherheit zur Absicherung des Darlehens gewährt haben. Ausdrücklich im Gesetz genannt ist die Bürgschaft (§ 32a Abs. 2 GmbH). In Betracht kommt allerdings jede Absicherung, so etwa auch ein Schuldbeitritt, die Übernahme wechselrechtlicher Verpflichtungen (*Hachenburg/Ulmer* §§ 32a, b Rdn. 135), Realkredite jeder Art, insbesondere Grundpfandrechte, Sicherungsübereignungen, die Verpfändung von Sachen und Rechten oder aber ein Schuldversprechen gegenüber dem Kreditgeber (BGH ZIP 1992, 616, 617). Schließlich muß die Besicherung – ebenso wie der Drittkredit – kapitalersetzenden Charakter haben (Scholz/K. Schmidt §§ 32a, 32b Rdn. 132). Die Ausführungen zur Darlehensgewährung gelten hier entsprechend. Sollte die Gesellschaft erst nach der Bestellung der Sicherheiten kreditunwürdig geworden sein und hält der Gesellschafter die Sicherung weiter aufrecht, so steht dies einem anfänglichen Gewähren einer Finanzierungshilfe gleich (BGH ZIP 1992, 177, 179; BGH ZIP 1985, 158).

Hat der Gesellschafter eine Kreditschuld der Gesellschaft in eigenkapitalersetzender Weise besichert, ist er der Gesellschaft nach § 30 Abs. 1 GmbHG analog gegenüber verpflichtet, diese von der Verbindlichkeit freizustellen (BGH ZIP 1992, 108, 109). Sollte die Gesellschaft ohne Freistellung durch den Gesellschafter das Darlehen getilgt oder die Verwertung eigener Sicherheiten erlitten haben, so stehen der Gesellschaft Erstattungsansprüche gegenüber dem Gesellschafter zu, die in der Insolvenz vom Insolvenzverwalter geltend zu machen sind. Der kreditgebende Dritte ist verpflichtet, wegen seiner Forderung zunächst Befriedigung aus der vom Gesellschafter gestellten Sicherheit zu suchen. Er nimmt daher nur noch mit der Restforderung, in deren Höhe er bei der Verwertung der Sicherheit ausgefallen ist, am Insolvenzverfahren teil (§ 32a Abs. 2 GmbHG). Soweit die Gesellschaft durch Tilgung oder Sicherheitenverwertung Gesellschaftsvermögen verloren hat, das zur Erhaltung des Stammkapitals benötigt wurde, hat sie in entsprechender Anwendung des § 31 GmbHG einen sofort fälligen Erstattungsanspruch gegen den Gesellschafter. Der Anspruch ist der Höhe nach begrenzt auf die Stammkapitalziffer von mindestens DM 50 000,00 (BGHZ 81, 252, 260; *Scholz/K. Schmidt* §§ 32a, 32b Rdn. 158).

Hat die Gesellschaft das Darlehen im letzten Jahr vor Insolvenzeröffnung zurückgezahlt, so hat der Gesellschafter, der die Sicherung bestellt hatte oder als Bürge haftete, der Gesellschaft den zurückgezahlten Betrag nach §§ 32b S. 1, 32a GmbHG auch oberhalb der Stammkapitalziffer zurückzuzahlen. Die Verpflichtung besteht nach § 32b S. 2 GmbHG nur bis zur Höhe des Betrages, mit dem der Gesellschafter als Bürge haftete oder der dem Wert der von ihm bestellten Sicherheit im Zeitpunkt der Rückzahlung des Darlehens entspricht.

– Eigenkapitalersetzende Nutzungs- und Gebrauchsüberlassung
Es entspricht allgemeiner Auffassung, daß die Überlassung von Sachen, insbesondere Betriebsgrundstücken, durch einen Gesellschafter an eine Gesellschaft eigenkapitalersetzenden Charakter haben kann (BGH ZIP 1997, 1375, 1376 – Lagergrundstück V; BGH ZIP 1994, 1261, 1265 – Lagergrundstück III; *Baumbach/Hueck* § 32a Rdn. 32ff.; *Lutter/Hommelhoff* §§ 32a, 32b Rdn. 111ff.). Voraussetzung ist zunächst, daß ein Gesellschafter der Gesellschaft einen Gegenstand zur Nutzung überläßt. Weiterhin ist erforderlich, daß die Gesellschaft zu dem Zeitpunkt, da ihr der Gegenstand zum Gebrauch überlassen wird, insolvenzreif ist, – sei es wegen Überschuldung oder Illiquidität (BGHZ 109, 55, 60 – Lagergrundstück I; BGH GmbHR 1993, 503, 504). Entscheidend ist, daß die Gesellschaft außerstande ist, sich den für den Kauf des überlassenen Gegenstandes erforderlichen Kredit auf dem Kapitalmarkt zu besorgen, und ein außenstehender Dritter nicht bereit gewesen wäre, der Gesellschaft die Sache noch zum Gebrauch zu überlassen (BGH ZIP 1997, 1375, 1377 – Lagergrundstück V). Der eigenkapitalersetzenden Gebrauchsüberlassung steht es gleich, wenn die Gesellschaft zwar bei der Einbringung noch gesund war, der Gesellschafter jedoch bei Eintritt der Krise oder Überschuldung den überlassenen Gegenstand stehen läßt (BGH ZIP 1994, 1261, 1263 – Lagergrundstück III). Hiervon ist auszugehen, wenn der Gesellschafter den Kriseneintritt kennt oder erkennen konnte und er der Gesellschaft trotzdem den Gegenstand beläßt, obwohl er rechtlich dazu in der Lage ist, ihn zurückzufordern, sei es, weil er das Nutzungsrecht ordentlich kündigen kann oder außerordentlich (BGHZ 109, 55, 60 – Lagergrundstück I).

Liegen die Voraussetzungen einer eigenkapitalersetzenden Gebrauchsüberlassung vor, kann der Gesellschafter entsprechend § 30 GmbHG kein Entgelt hierfür beanspruchen, soweit dieses benötigt wird, um eine Unterbilanz oder Überschuldung der Gesellschaft abzudecken (BGHZ 109, 55, 66 – Lagergrundstück I). Dennoch gezahltes Entgelt ist der Gesellschaft bis zur Höhe der Stammkapitalziffer von mindestens DM 50 000,00 zu erstatten. Mit der Eröffnung des Insolvenzverfahrens entfällt der Anspruch auf das Nutzungsentgelt auch oberhalb der Stammkapitalziffer (§ 32a Abs. 1 GmbHG analog). Die im letzten Jahr vor Insolvenzeröffnung geleisteten Zahlungen können vom Insolvenzverwalter nach § 135 InsO angefochten werden und sind nach § 143 InsO der Masse zurückzugewähren. In den Haftungsverband fällt weiterhin das Nutzungsrecht, das der Gesellschafter der Gesellschaft eingeräumt hat. Dieses kann ebenfalls vom Insolvenzverwalter verwertet werden, etwa durch Vermietung des überlassenen Gegenstandes und Vereinnahmung des Mietzinses zur Masse (OLG Hamm GmbHR 1992, 754, 755; vgl. zur Dauer der Nutzungsüberlassung BGH ZIP 1994, 1261, 1265 – Lagergrundstück III). Hat der Gesellschafter den überlassenen Gegenstand gegen den Willen der Gesellschaft oder des Insolvenzverwalters veräußert, ist er zum Nutzungsersatz verpflichtet. Demgegenüber hat der Insolvenzverwalter keinen Anspruch auf Übereignung der überlassenen Sache, da eine Qualifizierung der Gebrauchsüberlassung als Eigenkapitalersatz die dingliche Rechtslage unberührt läßt (BGH ZIP 1994, Heft 18A II 2b – Lagergrundstück IV). Vermieten mehrere Miteigentümer ein Grundstück an eine GmbH, an welcher nur einer als Gesellschafter beteiligt ist und stellt die Vermietung für ihn eine eigenkapitalersetzende Gesellschafterhilfe dar, so müssen sich die Miteigentümer die mit Rücksicht auf das Eingreifen der Eigenkapitalersatzregeln fehlende Durchsetzbarkeit der Mietzinsforderung in der Höhe entgegenhalten lassen, die der internen Berechtigung des Gesellschafters an dem Mietzinsanspruch entspricht (BGH ZIP 1997, 1375, 1377 – Lagergrundstück V).

Konkursordnung

Zur Konkursanfechtung vgl. § 32a KO.
Ansonsten bestehen keine Abweichungen zur Insolvenzordnung.

Gesamtvollstreckungsordnung

Eine den § 32a KO entsprechende Regelung enthält die GesO nicht. Im übrigen bestehen keine Abweichungen zur Insolvenzordnung.

XVII. Geltendmachung von (sonstigen) Masseverbindlichkeiten[1]

1. Schreiben an den Insolvenzverwalter mit Geltendmachung einer Masseforderung

Herrn
Rechtsanwalt . . . . . .   (Ort, Datum)

Insolvenzverfahren über das Vermögen der Firma . . . . . .

hier: Geltendmachung unserer Masseforderung[2]

Sehr geehrter Herr Rechtsanwalt . . . . . .,

wie wir den einschlägigen Pressemitteilungen entnommen haben, hat das Amtsgericht – Insolvenzgericht – . . . . . . am . . . . . . das Insolvenzverfahren über das Vermögen der Firma . . . . . . eröffnet und Sie zum Insolvenzverwalter bestellt.

Die Schuldnerin hat bei uns am . . . . . . einen Turmdrehkran zu Vertrags-Nr.: . . . . . . geleast, der sich nach wie vor im Gebrauch befindet. Eine Abschrift des Leasingvertrages ist zu Ihrer Kenntnisnahme beigefügt.

Bitte teilen Sie uns umgehend, spätestens jedoch bis zum . . . . . . mit, wie mit dem Leasingverhältnis und dem Leasinggegenstand weiter verfahren werden soll.

Bereits jetzt wird darum gebeten, die ab der Verfahrenseröffnung weiter anfallenden Leasingraten in Höhe von DM . . . . . . jeweils innerhalb der ersten drei Werktage eines jeden Monats auf eines der unten angegebenen Konten als sonstige Masseverbindlichkeit zu begleichen.

Mit freundlichen Grüßen

(. . . . . .)
Massegläubiger   *Anlage*

Anmerkungen

Aus der Insolvenzmasse sind gem. § 53 InsO die Kosten des Insolvenzverfahrens und 1
die sonstigen Masseverbindlichkeiten vorweg zu berichten. Dabei ist unter Insolvenzmasse die sog. „Sollmasse" zu verstehen, d. h. die nach Vollzug der Aussonderung, Absonderung und Aufrechnung verbleibende Masse. Massegläubiger i. S. des § 53 InsO gehören weder zu den Aussonderungs- oder Absonderungsberechtigten noch sind sie besonders bevorrechtigte Gläubiger; sie sind vielmehr Gläubiger eigener Art (vgl. *Kilger/K. Schmidt* § 57 Anm. 1).
Die Befriedigung der Massegläubiger vollzieht sich unabhängig vom Gang des Insolvenzverfahrens. Die für Insolvenzgläubiger statuierten Einschränkungen, die durch die Zusammenfassung in einer Verlust- und Befriedigungsgemeinschaft hervorgerufen werden, gelten für die Massegläubiger nicht.

Jeder Massegläubiger kann daher seinen Anspruch klageweise (Leistungs- oder Feststellungsklage) selbständig geltend machen und im Vollstreckungswege Sicherung und Befriedigung erzwingen. Eine ausdrückliche Einschränkung hinsichtlich der Vollstreckung ist nunmehr in § 90 InsO statuiert. Danach sind Zwangsvollstreckungen wegen Masseverbindlichkeiten, die nicht durch eine Rechtshandlung des Insolvenzverwalters begründet worden sind, für die Dauer von sechs Monaten seit der Eröffnung des Insolvenzverfahrens unzulässig.

2 Anders als die Konkursordnung unterscheidet das neue Recht nicht mehr zwischen Massekosten und Masseschulden. Die InsO differenziert vielmehr alleine noch zwischen den Kosten des Insolvenzverfahrens einerseits und den sonstigen Masseverbindlichkeiten andererseits (vgl. § 53 InsO).

Die Kosten des Insolvenzverfahrens werden zunächst in § 54 InsO festgeschrieben. Danach ist der Verfahrenskostenbegriff des neuen Rechts gegenüber der bisherigen Rechtslage wesentlich verengt.

§ 54 InsO beschränkt die Verfahrenskosten nunmehr neben den Gerichtskosten allein noch auf die Vergütungen und Auslagen des vorläufigen Insolvenzverwalter, des Insolvenzverwalters sowie der Mitglieder des Gläubigerausschusses. Auswirkungen hat dieser minimalisierte Verfahrenskostenbegriff insbesondere bei der Abgrenzung zur Masselosigkeit. Eröffnungs- und Durchführungsvoraussetzung eines Insolvenzverfahrens ist zukünftig allein noch die Verfahrenskostendeckung, d. h. wenn allein die in § 54 InsO aufgeführten Positionen gedeckt sind, darf eine Abweisung des Insolvenzantrages mangels Masse (§ 26 Abs. 1 S. 1 InsO) bzw. eine Einstellung des Insolvenzverfahrens mangels Masse (§ 207 Abs. 1 S. 1 InsO) nicht erfolgen. Demgegenüber mußten nach der insoweit engsten Auffassung zur Konkursordnung, die zur Verfahrenskostendeckung allein auf die Vorschriften des § 58 Nr. 1, 2 KO abstellte (*Jaeger/Weber*, § 107 Rdn. 4; Kuhn/Uhlenbruck, § 107 Rdn. 19; a. A. die Gegenansicht, die unter Berufung auf die Rangfolge des § 60 KO zu einem weiteren Verständnis gelangt, indem sie auch die (vorgehenden) Masseschulden des § 59 Abs. 1 Nr. 1, 2 KO mit einstellt, vgl. *Kilger/K. Schmidt*, § 107 Anm. 2), neben den gerichtlichen Kosten des Verfahrens wenigstens zusätzlich die Ausgaben für die Verwaltung, Verwertung und Verteilung der Masse gedeckt sein. Diese Ausgaben sind zukünftig erst unter den sonstigen Masseverbindlichkeiten berücksichtigungsfähig, so daß bei einer bloßen Verfahrenskostendeckung Rechtsfolgen aus einer Masseinsuffizienz hinsichtlich der sonstigen Masseverbindlichkeiten erst im Rahmen des eröffneten und durchzuführenden Insolvenzverfahrens zu ziehen sind.

Anknüpfend an die bekannte Systematik zur Konkursordnung lassen sich auch die nunmehrigen „sonstigen Masseverbindlichkeiten" in echte, unechte und aufoktroyierte Masseverbindlichkeiten unterteilen.

Mit der Ergänzung um die bislang zu den Massekosten gehörigen Ausgaben für die Verwaltung, Verwertung und Verteilung der Masse außerhalb des § 54 Nr. 2 InsO, entspricht die Neuregelung des § 55 Abs. 1 InsO im wesentlichen den in § 59 Abs. 1 KO aufgeführten Masseschulden. Entsprechend dem Anliegen des Reformgesetzes, zu einer möglichst weitgehenden Abschaffung der Vorrechte zu gelangen, entfallen jedoch die unechten Masseschulden des § 59 Abs. 1 Nr. 3 KO.

Sog. unechte (sonstige) Masseverbindlichkeiten kennt das neue Recht allein noch in § 123 Abs. 2 S. 1 InsO, in dem Ansprüchen aus einem Verwaltersozialplan kraft Gesetzes Masseschuldqualität zugewiesen ist, obwohl sie letztendlich in den bereits vor der Verfahrenseröffnung geschlossenen Arbeitsverhältnissen ihrem Rechtsgrunde nach angelegt sind.

Zu begrüßen ist, daß die Neuregelung nunmehr in § 55 Abs. 2 InsO die durch einen gleichzeitig verfügungsbefugten vorläufigen Insolvenzverwalter begründeten Verbindlichkeiten im Falle der Verfahrenseröffnung als Masseverbindlichkeiten erfaßt, wobei S. 2 der Vorschrift dies auch auf Verbindlichkeiten aus Dauerschuldverhältnissen erweitert, soweit die Gegenleistung des Vertragspartners im Rahmen der vorläufigen Verwaltung in Anspruch genommen wurde. Nach der Grundsatzentscheidung des Bundesgerichtshofes (BGHZ 97, 87, 91 f.) konnten die vom Sequester eingegangenen Verbindlichkeiten in einem nachfolgenden Konkursverfahren nicht als Masseschulden reguliert werden, so daß sich die Praxis mit einer Barabwicklung bzw. einer Treuhandkontenlösung behelfen mußte (vgl. *Weber-Irschlinger-Wirth*, KTS 1980, 92, 94; Kreft, FS März, S. 313 ff.).

Hervorzuheben ist noch, daß die echten Masseverbindlichkeiten durch das neue Recht (wesentlich) erweitert werden, wenn der (gem. § 166 InsO verwertungsberechtigte) Insolvenzverwalter absonderungsbefangene Gegenstände für die Masse weiter nutzt oder nicht fristgerecht verwertet (vgl. im einzelnen die §§ 169, 172 InsO).

Aus der Wertung des § 209 Abs. 1 Nr. 3 letzter HS InsO läßt sich ableiten, daß auch eine dem Schuldner oder seiner Familie (§ 100 InsO) bzw. dem persönlich haftenden Gesellschafter mit Vertretungsberechtigung in der Gesellschaftsinsolvenz (§ 101 Abs. 1 S. 3 InsO) gewährte Unterstützung als sonstige Masseverbindlichkeit anzusehen ist.

Für die Nachlaßinsolvenz ist schließlich die Regelung des § 324 InsO bedeutsam.

XVIII. Masseunzulänglichkeit in Konkurs-/ Gesamtvollstreckungsverfahren

1. Mitteilung der Masseunzulänglichkeit durch den Konkursverwalter

Herrn . . . . . .

in . . . . . .   (Ort, Datum)

Konkursverfahren über das Vermögen der Firma . . . . . .

hier: Geltendmachung eines Masseschuldanspruchs nach § 59 Abs. 1 Nr. 2 KO
Ihr Schreiben vom . . . . . .

Sehr geehrter Herr . . . . . .,

in dem vorbezeichneten Konkursverfahren nehme ich Bezug auf Ihr Schreiben vom . . . . . ., in welchem Sie gegenüber der Konkursmasse einen Zahlungsanspruch in Höhe von DM . . . . . . geltend machen.

Bei dem geltendgemachten Anspruch handelt es sich um eine Masseschuld i. S. des § 59 Abs. 1 Nr. 2 KO.

Der Masseschuldanspruch wird von mir anerkannt.

Ich weise allerdings darauf hin, daß in dem Konkursverfahren Masseunzulänglichkeit besteht, die auch öffentlich bekannt gemacht ist.

Das bedeutet, daß die Masseschulden und Massekosten nur nach dem Verhältnis ihrer Beträge rang- und quotenmäßig nach dem Verteilungsschlüssel des § 60 KO befriedigt werden können.

Da noch nicht abschließend feststeht, in welchem Umfange in dem hiesigen Konkursverfahren Massekosten und Masseschulden begründet werden, kann ich Ihre Forderung aus Rechtsgründen lediglich in die von mir geführte Masseschuldtabelle aufnehmen, was ich heute veranlaßt habe.

Nach dem derzeitigen Stand des Verfahrens können Sie mit einer Quotenzahlung auf Ihre Forderung rechnen, deren Höhe aus den dargestellten Gründen jedoch noch nicht abschließend feststeht.

Insoweit komme ich unaufgefordert auf die Angelegenheit zurück.

Mit vorzüglicher Hochachtung

Rechtsanwalt
als Konkursverwalter

2. Öffentliche Bekanntmachung der Masseunzulänglichkeit

Der Regierungspräsident
– Abteilung Amtsblatt –

in . . . . . .   (Ort, Datum)

Konkursverfahren über das Vermögen der Firma . . . . . .
hier: Öffentliche Bekanntmachung der Masseunzulänglichkeit

Sehr geehrte Damen,
Sehr geehrte Herren,

in meiner Eigenschaft als Konkursverwalter über das Vermögen der o. a. Gesellschaft bitte ich, im öffentlichen Anzeiger zum Amtsblatt folgende Bekanntmachung aufzunehmen:

„In dem Konkursverfahren über das Vermögen der Firma . . . . . .
beträgt die Konkursmasse . . . . . .

Die Massekosten und Masseschulden gemäß §§ 58, 59 KO belaufen
sich auf DM . . . . . .

Die Konkursmasse reicht somit zur vollständigen Befriedigung
aller Massegläubiger nicht aus.

Es sind deshalb die Masseschulden und Massekosten nach dem
Verhältnis ihrer Beträge quotenmäßig entsprechend der Regelung
§ 60 KO zu befriedigen.

Der Konkursverwalter „

Die Rechnung nebst eines Belegblattes bitte ich, mir zuzuleiten.

Mit vorzüglicher Hochachtung

Rechtsanwalt
als Konkursverwalter

3. Muster einer Masseschuldtabelle

Masseschuldtabelle

In dem Konkursverfahren über das Vermögen der Firma . . . . . .

Gläubiger	Masseschuld § 59 I Nr. 1, 2 DM	Massekosten § 58 Nr. 1, 2 DM	Masseschuld § 59 I Nr. 3, 4 DM	anerkannt in Höhe von DM	bestritten in Höhe von DM
Name: Anschrift: Tel./Telefax: Bankverbindung:					

Anmerkungen zu 1. bis 3.

Konkursordnung

Der Konkursverwalter ist von Amts wegen zur Befriedigung und Sicherstellung der ihm bekannten und von ihm begründeten Masseansprüche verpflichtet. Stellt sich im Verlaufe des Verfahrens heraus, daß die Konkursmasse zur vollständigen Befriedigung der Masseansprüche nicht ausreicht (sog. „Konkurs im Konkurs") ist die Rangfolge des § 60 KO zu beachten. Danach sind die Masseansprüche nach folgender Rangordnung, bei gleichem Rang nach dem Verhältnis ihrer Beträge wie folgt zu berichtigen:

- Die Masseschulden i. S. von § 59 Abs. 1 Nr. 1 und 2 KO (d. h. die Ansprüche aus Geschäften und Handlungen des Konkursverwalter, Ansprüche aus gegenseitigen Verträgen, deren Erfüllung der Konkursverwalter verlangt sowie die für die Zeit nach der Konkurseröffnung kraft Gesetzes zu erfüllenden Ansprüche);
- die Massekosten i. S. von § 58 Nr. 1 und 2 KO, und von diesen zuerst die baren Auslagen (d. h. die Gerichtskosten des Verfahrens und die Ausgaben der Verwaltung, Verwertung und Verteilung der Masse);
- die Masseschulden i. S. von § 59 Abs. 1 Nr. 3 und 4 KO
  (d. h. die Lohnansprüche und die diesen gleichgestellten Ansprüche sowie die Ansprüche aus einer rechtsgrundlosen Bereicherung der Masse);
- die Massekosten i. S. von § 58 Nr. 3 KO (d. h. die für den Gemeinschuldner und dessen Familie bewilligte Unterstützung).

Die Feststellung der Massearmut obliegt allein dem Konkursverwalter, nicht dem Konkursgericht (*Kuhn/Uhlenbruck* § 60 Rdn. 3a). Er ist verpflichtet, den Massegläubigern die Massearmut anzuzeigen, wobei sich ihre öffentliche Bekanntmachung empfiehlt. Vollstreckt der Massegläubiger wegen eines Masseanspruchs nach Bekanntgabe der Massearmut, hat der Konkursverwalter die Möglichkeit der Vollstreckungsgegenklage nach § 767 ZPO (*Kuhn/Uhlenbruck* § 60 Rdn. 3h).

Besondere Bedeutung kommt der Begründung von sog. „Neu- Masseschulden" nach Eintritt der Masseunzulänglichkeit zu. Nach ganz herrschender Meinung in der Insolvenzliteratur unterliegen die nach festgestellter Massearmut durch Handlungen des Konkursverwalters neu entstandenen Masseschulden nicht dem Verteilungsschlüssel des § 60 KO, sondern sind vorweg in voller Höhe zu berücksichtigen, um so die restliche Konkursmasse im Interesse der Gläubiger und einer ordnungsgemäßen Verfahrensabwicklung zu verwerten (*Kuhn/Uhlenbruck* § 60 Rdn. 2b, Hess § 60 Rdn. 20ff.; *Kilger/K. Schmidt* § 60 Anm. 4 jeweils mit weiteren Nachweisen). Der Bundesgerichtshof hat in seiner Entscheidung vom 05. 12. 1991 (BGHZ 116, 233ff. seine frühere Auffassung der Gleichbehandlung von Alt- und Neumasseschulden (BGHZ 90, 145ff.) – jedenfalls was die bevorzugte Befriedigung des Vergütungsanspruchs des Konkursverwalters anbelangt – aufgegeben. Die Entscheidung wird so aufgefaßt, daß sie auch andere Fälle der Begründung von Neumasseverbindlichkeiten erfaßt (*Kuhn/Uhlenbruck* § 60 Rdn. 2c m. w. N.). Danach sind die nach der Zäsur des § 60 KO verdienten Vergütungsansprüche des Konkursverwalters, die grundsätzlich nach § 60 Abs. 1 Nr. 2 KO nachrangig zu befriedigen wären, vor den übrigen Masseverbindlichkeiten auszugleichen. Danach ist die Vergütung des Verwalters in masseärmen Verfahren in einen vor Eintritt der Masseinsuffizienz verdienten Anteil und in einen danach entstandenen Anspruch aufzuteilen (LG Göttingen RPfleger 1995, 26; AG Göttingen EWiR 1994, 375). Dabei ist nach § 287 ZPO zu schätzen, welchen Teil der Arbeitsleistung des Verwalters auf die Zeit vor Eintritt der Massearmut und welche auf den danach liegenden Zeitraum entfällt. Hinsichtlich der vor Eintritt der Massearmut entstandenen Vergütungsanteile kann sich der Verwalter vor einem Ausfall dadurch schützen, daß er sich frühzeitig Vorschüsse auf seine Verwaltertätigkeit genehmigen läßt und diese aus der Masse entnimmt (BGHZ 116, 233 ff.). Da die Vorschüsse nicht rückforderbar sind, soweit sie der Verwalter vor der Zäsur des § 60 KO verdient hat, kann so das Ausfallrisiko mit einem Teil der Vergütungs- und Auslagenersatzansprüche minimiert werden. Die auf die Zeit nach der Massearmut festgesetzten Vergütungs- und Auslagenersatzanteile können nach der Rechtsprechung des Bundesgerichtshofs nunmehr vorab der Masse entnommen werden, so daß insoweit ein Ausfallrisiko nicht mehr besteht.

Gesamtvollstreckungsordnung

Da § 13 GesO eine dem § 60 KO entsprechende Regelung nicht enthält, ist im Rahmen der Gesamtvollstreckungsordnung § 60 KO analog anzuwenden (*Smid/ Zeuner* § 13 Rdn. 26; *Hess/Binz/Wienberg* § 13 Rdn. 11a; a. A. *Haarmeyer/Wutzke/ Förster* § 19 Rdn. 14 ff.*, die im Vorgriff zur Reform des Insolvenzrechts die Anwendbarkeit der §§ 208, 209 InsO befürworten, was inhaltlich jedoch zu keinen Abweichungen führt.
 Die Ausführungen zur Konkursordnung gelten daher hier entsprechend.

4. Klage eines Masseschuldgläubigers[10] bei Unzulänglichkeit der Masse[1, 11]

An das
Landgericht[2] . . . . . .

in . . . . . .   (Ort, Datum)

Klage

des Herrn . . . . . .
                                                       – Klägers –
Prozeßbevollmächtigter: Rechtsanwalt . . . . . .

gegen

den Rechtsanwalt . . . . . . **in seiner Eigenschaft als Konkursverwalter über das Vermögen der Firma[3]** . . . . . .
                                                       – Beklagten –

wegen Forderung.

Vorläufiger Gegenstandswert[4]: DM . . . . . .

Namens und mit Vollmacht des Klägers erhebe ich Klage gegen den Beklagten.

Im Termin zur mündlichen Verhandlung werde ich beantragen,

   1. **es wird festgestellt, daß dem Kläger ein Masseschuldanspruch
      in Höhe von DM** . . . . . . **zusteht[5, 12];**

2. der Beklagte wird verurteilt, an den Kläger die auf seinen fest-gestellten Masseanspruch entfallende Quote zu zahlen[6, 13];

3. der Beklagte trägt die Kosten des Rechtsstreits.

Begründung:

Durch Beschluß des Amtsgerichts – Konkursgerichts – ...... vom ...... – Geschäfts-Nr. ...... – wurde über das Vermögen der Firma ...... (nachste-hend: Gemeinschuldnerin) das Konkursverfahren eröffnet und der Beklagte zum Konkursverwalter ernannt.

Beweis: Beiziehung der Akten ...... AG ......

Zwischen der Gemeinschuldnerin und dem Kläger bestand ein unbefristetes Mietverhältnis über in der ...... Straße in ...... gelegene Gewerberäume. Der von der Gemeinschuldnerin hierfür zu entrichtende, am 3. Werktag eines jeden Monats fällige Mietzins beträgt DM ......

<u>Beweis:</u> Vorlage des Mietvertrages vom ...... in Fotokopie
                – Anlage K 1 –.

Mit Schreiben vom ...... kündigte der Beklagte das Mietverhältnis fristge-recht zum .....

<u>Beweis:</u> Vorlage des Schreibens des Beklagten an die Klägerin vom ......
                in Fotokopie
                – Anlage K 2 –.

Für die Zeit ab Konkurseröffnung bis zur Beendigung des Mietverhältnisses stehen dem Kläger Mietzinsforderungen in Höhe von DM ...... zu.

Es handelt sich hierbei um Masseschulden i. S. des § 59 Abs. 1 Nr. 2 KO[7, 14].

Der Beklagte bestreitet die Höhe der Forderung[8].

Auch wendet er Massearmut ein[9].

Klage war daher geboten.

Rechtsanwalt

Anmerkungen

Konkursordnung

1 Vgl. zur Masseunzulänglichkeit zunächst die Anmerkungen zu Formular B.XIII.1 bis 3. Die Massegläubiger sind berechtigt, ihre Forderungen während der Dauer des Konkursverfahrens gerichtlich geltend zu machen. Das Vollstreckungsverbot des § 14 KO gilt für sie nicht, so daß auch eine Vollstreckung in die Konkursmasse zulässig ist. Ausgenommen hiervon sind nur Gläubiger von sog. unechten Masse-schulden nach § 59 Abs. 1 Nr. 3 KO (*Kuhn / Uhlenbruck* § 14 Rdn. 14 m. w. N.). Wegen der Rechtsfolgen eingetretener Masseunzulänglichkeit vgl. unten Anmer-kung 5.

Das Konkursgericht ist zur Feststellung der Unzulänglichkeit der Masse nicht zu- 2
ständig (*Kilger/K. Schmidt* § 60 Anm. 2). Die sachliche und örtliche Zuständigkeit
eines die Teilungsmasse betreffenden Rechtsstreits richtet sich vielmehr nach den
allgemeinen Vorschriften der Zivilprozeßordnung, wobei auch die Zuständigkeit
der besonderen Gerichtsbarkeiten (Arbeits- und Sozialgericht etc.) zu beachten ist.
Für Passivprozesse, die die Konkursmasse betreffen, ist für den örtlichen Gerichtsstand nicht der Wohnsitz des Gemeinschuldners, sondern der des Konkursverwalters
maßgeblich (OLG Celle KTS 1974, 238, 239;).

Nach § 6 KO wird ab der Konkurseröffnung das Verwaltungs- und Verfügungsrecht 3
in Ansehung der Masse anstelle des Gemeinschuldners durch den Konkursverwalter
ausgeübt, der in Bezug auf das konkursbefangene Vermögen auch die Prozeßführungsbefugnis erlangt. Er ist „Partei kraft Amtes" (*Kilger/K. Schmidt* § 6 Anm. 3, 8).

Zur Höhe des Gegenstandswertes ist entsprechend § 48 KO vom Interesse des Klä- 4
gers an der begehrten Feststellung sowie der zu erwartenden Quote auszugehen.

Vor Kenntnis der Massearmut kann jeder Massegläubiger seine Forderung im Wege 5
der Leistungsklage gerichtlich geltend machen und sich im Wege der Zwangsvollstreckung Befriedigung aus der Masse verschaffen (*Kilger/K. Schmidt* § 60 Anm. 1).
Hatte der Massegläubiger allerdings Kenntnis von der Masseinsuffizienz gilt folgendes:
  – Steht bereits im Erkenntnisverfahren fest, daß eine Masse ausreicht, alle Mas-
    segläubiger oder jedenfalls die einschlägige Rangklasse des § 60 Abs. 1 KO zu
    befriedigen, kann auch hier noch ein Leistungsurteil gegen den Konkursver-
    walter ergehen (RGZ 61, 261; *Kilger/K. Schmidt* § 60 Anm. 1) und die
    Zwangsvollstreckung hieraus betrieben werden. Entsprechendes gilt, wenn
    objektiv zwar Massearmut vorliegt, dies jedoch vom Konkursverwalter nicht
    eingewandt worden ist. Hier besteht im Falle der Zwangsvollstreckung nur
    noch die Möglichkeit, die Masseinsuffizienz im Rahmen der Vollstreckungs-
    gegenklage (§ 767 ZPO) geltend zu machen; der Einwand kann allerdings
    nach § 767 Abs. 2 ZPO präkludiert sein (BGH WM 1988, 1391);
  – Ist die Klage des Massegläubigers zugrunde liegende Forderung dem
    Grunde und der Höhe nach ebenso unstreitig wie die Massearmut, steht aller-
    dings die zu verteilende Quote noch nicht fest, ist ein Leistungsurteil ausge-
    schlossen, weil die Höhe des Anspruchs von einem künftigen Ereignis abhän-
    gig ist. Zulässig ist danach nur noch die Feststellungsklage (BAG AP Nr. 17 zu
    § 60 KO; BSG ZIP 1982, 191, 192; OLG Köln ZIP 1980, 855, 860; *Kilger/
    K. Schmidt* § 60 Anm. 2;).

Ist die Höhe des Masseschuldanspruchs unstreitig, ist entweder der anhängige 6
Rechtsstreit nach § 148 ZPO auszusetzen, bis die die Höhe Quote nach § 60 KO
endgültig feststeht (*Kuhn/Uhlenbruck* § 60 Rdn. 3f) oder aber der Anspruch dem
Grunde nach durch Zwischen-Urteil festzustellen und die endgültige Entscheidung
über die Höhe nach Feststellung des Verteilungsschlüssels einem End-Urteil vorzu-
behalten (BSG ZIP 1981, 1108, 1110). Ist die Höhe des Masseschuldanspruchs streitig, hat der Masseschuldgläubiger die Möglichkeit, die Verurteilung des Konkursverwalters in Höhe der sich nach § 60 KO zu bestimmenden Höhe zu begehren
(vgl. hierzu LG Mannheim KTS 1979, 129, 131; LAG Düsseldorf BB 1976, 1465,
1466).

7 Auf Miet- und Pachtverhältnisse finden die §§ 19 bis 21 KO Anwendung. Die vor
Konkurseröffnung entstandenen Mietzinsforderungen sind einfache Konkursforderungen gem. § 61 Abs. 1 Nr. 6 KO. Die während des Konkursverfahrens (noch) entstehenden Mietzinsansprüche sind hingegen Masseschuldansprüche nach § 59
Abs. 1 Nr. 2 KO.

8 Vgl. Anmerkung 5 u. 6.

9 Ist die Masseunzulänglichkeit streitig, so trifft den Konkursverwalter die Darle-
gungs- und Beweislast für die Voraussetzungen des § 60 KO (BAGE 31, 288, 295 =
AP Nr. 1 zu § 60 KO; LAG Hamm DB 1977,1610, 1611; LAG Köln EzA § 60
Nr. 2). An die Beweispflicht sind geringe Anforderungen zu stellen. So ist es ausreichend, wenn der Konkursverwalter die drohende Massearmut nachweist. Der Beweis ist geführt, wenn der Konkursverwalter die Masseunzulänglichkeit, etwa durch
öffentliche Bekanntmachung, angezeigt hat (*Kuhn /Uhlenbruck* § 60 Rdn. 3 e).

Gesamtvollstreckungsordnung

10 Die Gesamtvollstreckungsordnung sieht in § 13 GesO eine Unterscheidung zwischen Massekosten und Masseschulden nicht vor. Zur entsprechenden Anwendung
des § 60 KO vgl. die Anmerkungen in Formular B. XVIII. 1 bis 3.

11 Die Masseunzulänglichkeit ist durch den Verwalter den bekannten Massegläubigern
mitzuteilen und öffentlich bekanntzumachen (*Kilger/K. Schmidt* § 60 Anm. 2).

12 Solange die Masse zulänglich ist, hat der Verwalter entsprechend der Rangfolge des
§ 13 Abs.1 GesO die Forderungen der Massegläubiger zu befriedigen. Im Gegensatz
zu § 57 KO bedarf der Verwalter hierzu der Einwilligung durch das Gericht, die in
der Praxis durch Beschluß generell erteilt werden sollte (*Haarmeyer/Wutzke/Förster*
§ 13 Rdn. 16, 17).

13 Die Ausführungen zur Konkursordnung gelten entsprechend.

14 Auf Miet- und Pachtverhältnisse findet § 9 Abs. 3 Geso Anwendung. Die vor Eröffnung des Gesamtvollstreckungsverfahrens entstandenen Mietzinsansprüche sind
einfache Forderungen nach § 17 Abs. 3 Nr. 4 GesO, solche nach Eröffnung vorab
aus der Masse zu begleichende Ansprüche (§ 13 Abs. 1 Nr. 1 GesO).

XIX. *Masseunzulänglichkeit im Insolvenzverfahren*

1. Anzeige der voraussichtlichen Masseunzulänglichkeit[1] gegenüber dem Insolvenzgericht

An das
Amtsgericht
– Insolvenzgericht[2] –

in ...... (Ort, Datum)

Geschäfts-Nr.

In dem Insolvenzverfahren über das Vermögen der Firma ...... zeige ich in meiner Eigenschaft als Insolvenzverwalter an,

> daß die Masse voraussichtlich nicht ausreichen wird, um die bestehenden sonstigen Masseverbindlichkeiten im Zeitpunkt der Fälligkeit zu erfüllen[3].

Begründung:[4]

In dem vorliegenden Insolvenzverfahren ist überwiegend wahrscheinlich, daß die sonstigen Masseverbindlichkeiten im Zeitpunkt der Fälligkeit nicht aus der Masse beglichen werden können.

Die zu berücksichtigenden sonstigen Masseverbindlichkeiten sind zunächst aus der in der Anlage 1 beigefügten Tabelle der sonstigen Masseverbindlichkeiten[5] ersichtlich, in die in einer gesonderten Spalte die jeweiligen Fälligkeitstermine der einzelnen Verbindlichkeiten aufgenommen wurden[6].

Aufwendungen zur Bestreitung notwendiger Erhaltungsmaßnahmen gegenüber noch nicht feststehenden Gläubigern sind zusätzlich mit DM ...... schätzweise in Ansatz gebracht[7].

Gegenwärtig weist die Insolvenzkasse ein Bestand von DM ...... auf, der in Höhe von DM ...... auf dem bei der ...... Bank AG zur Konto-Nr. ...... gehaltenen Insolvenztreuhandkonto sowie in Höhe von DM ...... auf dem Festgeldkonto zum vorgenannten Insolvenztreuhandkonto ausgewiesen wird. Die entsprechenden Kontenbelege liegen an.

Gleichzeitig kann bei realistischer Betrachtung nur mit dem Zufluß weiterer Einnahmen in Höhe von DM ...... gerechnet werden, die in der ebenfalls als Anlage beigefügten Übersicht zu den voraussichtlichen Abwicklungseinnahmen[8] aufgeführt sind.

Es steht daher zu erwarten, daß spätestens zum ...... (Datum) Masseinsuffizienz eintreten wird.

Um entsprechende Veröffentlichung und Benachrichtigung der Massegläubiger wird gebeten[9].

Rechtsanwalt
als Insolvenzverwalter

Anmerkungen

1   Die Insolvenzordnung enthält in den Vorschriften der §§ 207 ff. InsO nunmehr erstmals eine eingehende Regelung zur Bewältigung massearmer Verfahren. Zielsetzung des Gesetzgebers war es, zu einer deutlichen Erhöhung eröffneter Insolvenzverfahren zu gelangen, die im Rahmen einer geordneten Abwicklung ansonsten brachliegende Vermögenswerte realisieren sollen.

Abzugrenzen ist die Masseunzulänglichkeit von der Masselosigkeit, der Abweisung des Insolvenzantrages und der Einstellung des Insolvenzverfahrens „mangels Masse". Ähnlich wie bisher § 107 Abs. 1 S. 1 KO bestimmt auch § 26 Abs. 1 S. 1 InsO, daß eine Abweisung des Insolvenzeröffnungsantrages mangels Masse erfolgt, wenn das Vermögen des Schuldners voraussichtlich nicht ausreichen wird, um die Kosten des Verfahrens zu decken. Die zu berücksichtigenden Kosten des Insolvenzverfahrens wurden durch die Neuregelung des § 54 InsO entscheidend verengt. Danach kommen künftig als Verfahrenskosten nur noch die Gerichtskosten sowie die Vergütungen und Auslagen des vorläufigen Insolvenzverwalters, des Insolvenzverwalters und der Mitglieder des Gläubigerausschusses in Betracht. Noch weitergehend hatte sogar § 30 Abs. 1 S. 1 des RegE (BT-Drs. 12/2443, S. 118 f.) vorgesehen, daß für die Eröffnung die Verfahrenskostendeckung alleine bis zum Berichtstermin (vgl. § 29 Abs. 1 Nr. 1 InsO) ausreichend sein sollte.

Gleichlautend sieht § 207 Abs. 1 S. 1 InsO die Einstellung des Verfahrens vor, falls sich nach der Eröffnung herausstellen sollte, daß die Insolvenzmasse nicht ausreicht, um die Verfahrenskosten bestreiten zu können.

Mit diesen Bestimmungen geht einher, daß die in § 55 InsO umschriebenen „sonstigen Masseverbindlichkeiten" für die Frage der Verfahrenseröffnung oder Verfahrensdurchführung ohne Belang sind. Systematisch knüpft § 55 InsO für die sonstigen Masseverbindlichkeiten zunächst an die Vorschriften des § 59 Abs. 1 Nr. 1, 2 und 4 KO an, erfaßt jedoch zusätzlich die über die „Kosten des Verfahrens" (§ 54 InsO) hinausgehenden Ausgaben für die Verwaltung, Verwertung und Verteilung der Masse, die nach bisherigem Recht als Massekosten in § 58 Nr. 2 KO enthalten waren. Die regelwidrig zu Masseforderungen erhobenen Ansprüche des § 59 Abs. 1 Nr. 3 KO wurden – entsprechend der Abschaffung der Vorrechte – vom neuen Recht nicht übernommen. Abweichend zur Ausdeutung des bisherigen Rechts durch die Rechtsprechung werden in § 55 Abs. 2 InsO nunmehr die mit Zustimmung eines verfügungsbefugten vorläufigen Insolvenzverwalters begründeten Verbindlichkeiten aus dem Insolvenzeröffnungsverfahren als Masseansprüche privilegiert. Nach § 209 Abs. 1 Nr. 3 2. HS InsO hat über den Wortlaut des § 55 InsO hinaus eine dem Schuldner bzw. seiner Familie oder dem persönlich haftenden Gesellschafter des Schuldners gewährte Unterstützung (letztrangige) Masseschuldqualität (vgl. § 100 Abs. 1 S. 3 InsO).

Die §§ 208 bis 211 InsO regeln nunmehr eingehend, welche Besonderheiten zu beachten sind, wenn zwar einerseits die Kosten des Insolvenzverfahrens gedeckt sind, andererseits aber feststeht bzw. absehbar ist, daß die sonstigen Masseschulden nicht vollständig befriedigt werden können.

Als Grundaussage läßt sich zunächst formulieren, daß das Insolvenzverfahren, dessen Kosten ja gedeckt sind, mit der Zielsetzung der wenigstens anteiligen Befriedigung der Massegläubiger unter vollständiger Verwertung des Schuldnervermögens fortgesetzt und zu Ende geführt werden soll. Dabei werden besondere Verhaltenspflichten und Abwicklungsmodalitäten für die Beteiligten begründet. § 208 Abs. 1 S. 1 InsO statuiert zunächst die Anzeige der Masseunzulänglichkeit für den Verwalter gegenüber dem Insolvenzgericht, die in S. 2 dergestalt vorverlagert wird, daß bereits die „drohende Masseunzulänglichkeit" die Anzeigepflicht begründet. Ist im Rahmen einer Prognoseerwartung des Verwalters überwiegend wahrscheinlich, daß die Masse voraussichtlich nicht ausreichen wird, um die bestehenden sonstigen Masseverbindlichkeiten im Zeitpunkt der Fälligkeit vollständig erfüllen zu können, ist das Gericht zu unterrichten. Daraufhin hat das Gericht die Anzeige der Masseunzulänglichkeit öffentlich bekanntzumachen und den Massegläubigern besonders zuzustellen. Durch dieses Vorgehen ist gewährleistet, daß – abweichend zum bisherigen Recht – die Rechtsfolgen, die das Gesetz aus dem Eintritt der Masseunzulänglichkeit zieht, nunmehr mit Wirkung gegenüber allen Massegläubigern auf einen einheitlichen Zeitpunkt bezogen werden können. Dem Wortlaut der Vorschriften läßt sich jedoch noch keine Aussage darüber entnehmen, ob die maßgebliche Feststellung des Eintritts der Masseunzulänglichkeit dem Verwalter allein obliegt oder daneben eine Feststellungskompetenz oder wenigstens eine Überprüfungsbefugnis durch das Insolvenzgericht besteht. Nach der Gesetzesbegründung zu § 318 RegE (BT-Drs. 12/2443, S. 218 f) sowie zu § 234b EGInsO in der Fassung des Rechtsausschusses (BT-Drs. 12/7302, S. 179 f.) hat allein der Insolvenzverwalter die Masseunzulänglichkeit festzustellen. Die in § 318 RegE (BT-Drs.12/2443, S. 218 f.) vorgesehene Feststellung der Masseunzulänglichkeit durch das Insolvenzgericht wurde aus Entlastungsgründen im Gesetzgebungsverfahren verworfen (vgl. die Begründung zu § 234b der Fassung des Rechtsausschusses (vgl. BT-Drs. 12/7302, S. 179 f.)). Rechtsschutzmöglichkeiten für die Gläubiger zu einer gerichtlichen Überprüfung dieser Verwalterhandlung sind ebenfalls nicht vorgesehen.

Mit der Anzeige der Masseunzulänglichkeit findet eine Herabstufung der bis zu diesem Zeitpunkt begründeten sonstigen Masseverbindlichkeiten („Altmasseverbindlichkeiten") statt. § 209 Abs. 1 InsO bestimmt, daß die nach der Anzeige der Masseunzulänglichkeit begründeten sonstigen Masseverbindlichkeiten („Neumasseverbindlichkeiten") vorab zu begleichen sind.

Eine nähere Erläuterung zu diesen „Neumasseverbindlichkeiten" findet sich in § 209 Abs. 2 InsO.

§ 209 Abs. 2 Nr. 1 InsO knüpft zunächst an die Regelungen der § 103 Abs. 1 i. V. mit § 55 Abs. 1 Nr. 2 InsO an, wonach die Erfüllungswahl des Verwalters bei beidseitig nicht vollständig erfüllten Verträgen einen Masseschuldanspruch des Vertragspartners begründet. Neumasseverbindlichkeiten resultieren aus einer Erfüllungswahl eines beidseitig nicht vollständig erfüllten Vertrages, wenn die Wahl durch den Verwalter nach der Anzeige der Masseunzulänglichkeit erfolgt. Problematisch und noch nicht abschließend geklärt ist, wie sich diese Vorschrift zu durch den (vorläufigen) Verwalter getätigten, noch beidseits nicht vollständig erfüllten Verträgen verhält. Im Gesetzgebungsverfahren wurde die Vorschrift des § 320 Abs. 2 des RegE (BT-Drs. 12/2443, S. 219) zur InsO gestrichen, wonach dem Verwalter auch hier das Wahlrecht des jetzigen § 103 InsO zugebilligt wurde.

Nach § 209 Abs. 2 Nr. 2 InsO sind die Ansprüche des Vertragspartners bei Dauerschuldverhältnissen als Neumasseverbindlichkeiten anzusehen, soweit sie für die Zeit nach dem erstmöglichen Beendigungstermin entstehen. Der Eintritt der Masseunzulänglichkeit begründet kein Sonderkündigungsrecht für den Verwalter.

Nach § 209 Abs. 2 Nr. 3 InsO sind ferner die Ansprüche des Vertragspartners aus einem Dauerschuldverhältnis Neumasseschulden, soweit der Verwalter nach Anzeige der Masseunzulänglichkeit die Gegenleistung für die Masse in Anspruch nimmt. Virulent wird diese Regelung in erster Linie bei Arbeitsverhältnissen. Im Falle der Weiterbeschäftigung sind die ausstehenden Lohnforderungen aus der Weiterbeschäftigung nach Anzeige der Masseunzulänglichkeit Neumasseverbindlichkeiten. Eine Freistellung – ohne Kündigungserfordernis – beläßt es hingegen bei Altmasseverbindlichkeiten. Aus der Gesetzesbegründung zu § 321 des RegE (BT-DRs. 12/2443, S. 220) läßt sich für das geltende Recht weiter schließen, daß auch nicht auf eine Geldleistung gerichtete Masseschuldansprüche für den Fall der lediglich quotalen Berücksichtigung als Altmasseverbindlichkeit zu monetarisieren sind, womit letztendlich auf die Wertungen des § 45 InsO zurückgegriffen werden kann.

Die vorstehende Herabstufung bedingt gleichzeitig die gesetzlich beabsichtigte Erweiterung des Handlungsrahmens für den Insolvenzverwalter im Hinblick auf die notwendige, vielfach unvermeidliche Begründung von Neumasseverbindlichkeiten. Für die Altmassegläubiger bleibt die Haftungsregelung des § 61 InsO als Regulativ bedeutsam. Hier wird nämlich eine gesetzliche Ausfallhaftung des Verwalters normiert, falls eine von ihm begründete Masseverbindlichkeit nicht vollständig befriedigt werden kann. Diese Haftungsfolge trifft den Verwalter nur dann nicht, wenn er darlegen und beweisen kann, daß bei Eingehung der Verbindlichkeiten die zukünftige Masseinsuffizienz nicht erkennbar war.

§ 210 InsO normiert nunmehr ein ausdrückliches Vollstreckungsverbot für Altmassegläubiger. Mangels sachlicher Änderungen wird es für Erkenntnisverfahren bei dem Befund des bisherigen Rechts bleiben können, daß lediglich ein Feststellungsurteil gegenüber dem Verwalter erstritten werden kann.

Aus § 211 Abs. 2 InsO läßt sich schließlich ableiten, daß der Verwalter für seine Tätigkeit nach Anzeige der Masseunzulänglichkeit gesondert Rechnung zu legen hat.

Nach § 211 Abs. 3 InsO findet nach der Einstellung des Verfahrens mangels Masse eine Nachtragsverteilung statt, falls weitere Gegenstände der Insolvenzmasse ermittelt werden können. Ob diese Möglichkeit auf die vorherige Einstellung nach Anzeige der Masseunzulänglichkeit beschränkt ist oder auch auf die Fälle des § 207 Abs. 1 S. 1 InsO Anwendung findet, ist noch nicht abschließend geklärt.

2   Nach § 208 Abs. 1 S. 1 InsO ist Adressat der Masseunzulänglichkeitsanzeige das Insolvenzgericht. Eine besondere Anzeige gegenüber den Massegläubigern durch den Verwalter ist nicht vorgesehen, da diese gemäß § 208 Abs. 2 S. 2 InsO durch das Insolvenzgericht erfolgt.

3   Über die Masseunzulänglichkeit des § 208 Abs. 1 S. 1 InsO hinaus erklärt S. 2 dieser Vorschrift auch die drohende Masseunzulänglichkeit zur ausreichenden Grundlage der Unzulänglichkeitsanzeige.

4   Eine Begründung der Masseschuldanzeige wird vom Gesetz nicht vorgeschrieben. Damit das Insolvenzgericht die ihm in § 208 Abs. 2 InsO aufgetragenen Pflichten erfüllen kann, wird jedoch die Beifügung einer Aufstellung der sonstigen Masseverbindlichkeiten unumgänglich sein.

5   Vgl. insoweit auch das nachfolgende Muster einer Tabelle der sonstigen Masseverbindlichkeiten.

6   Hier bietet sich an, vor der Frage der Anerkennung oder dem Bestreiten der Masseverbindlichkeit eine Spalte zur Fälligkeit aufzunehmen.

7   Sofern der Umfang der entstehenden Masseschulden noch nicht vollständig absehbar ist, sollte mit Rücksicht auf die Haftungsfolgen des § 61 InsO entsprechend dem Vorsichtsprinzip des Bilanzrechts eine Schätzung erfolgen.

Hier empfiehlt es sich die entsprechend der Gliederung der Aktiva der Vermögens- 8
übersicht (§ 153 InsO) erwarteten Abwicklungsergebnisse zusammenzustellen.

Vgl. § 208 Abs. 2 InsO. 9

2. Muster einer Tabelle der sonstigen Masseverbindlichkeiten[1]

Tabelle der sonstigen Masseverbindlichkeiten

in dem Insolvenzverfahren über das Vermögen der Firma ......

Amtsgericht
– Insolvenzgericht –

Geschäfts-Nr.

Gläubiger[2]	Masseverbindlichkeit gem.						
	§ 55 Abs. 1 Nr. 1 InsO	§ 55 Abs. 1 Nr. 2 InsO	§ 55 Abs. 1 Nr. 3 InsO	§ 55 Abs. 2 InsO[3]	§§ 100, 100 Abs. 1 Satz 3 InsO[4]	anerkannt in Höhe von DM	bestritten in Höhe von DM
	DM	DM	DM	DM	DM	DM	DM
Name: Anschrift: Telefon/Fax: Bankverbindung: Konto-Nr.: Bankleitzahl:							

Anmerkungen

Von der Nomenklatur her gibt die Insolvenzordnung die Unterscheidung der Kon- 1
kursordnung in den §§ 58ff. KO zwischen Massekosten und Masseschulden auf;
auch wurde der Begriff der notwendigen Ausgaben in § 13 GesO nicht aufgegriffen.
Vielmehr wird nunmehr in § 54 InsO zwischen den Kosten des Insolvenzverfahrens
einerseits und in § 55 InsO den sonstigen oder auch weiteren Masseverbindlichkeiten andererseits unterschieden.

Mit der Verengung der Kosten des Insolvenzverfahrens auf die Gerichtskosten sowie die Vergütungen und Auslagen des vorläufigen Insolvenzverwalters, des Insolvenzverwalters und der Mitglieder des Gläubigerausschusses kann die bisherige
Masseschuldtabelle als Tabelle der sonstigen Masseverbindlichkeiten überschrieben
werden. Gleichzeitig entfällt die Notwendigkeit, im Rahmen dieser Aufstellung
eine Spalte für die Kosten des Insolvenzverfahrens vorzusehen; hier empfiehlt es
sich, diese wegen des feststehenden Gläubigerkreises ggf. auf einen gesonderten
Blatt hervorzuheben. Dies ist auch sachlich geboten, da nunmehr die Kosten des Insolvenzverfahrens in jedem Verfahrensstadium und gerade bei eingetretener Masseunzulänglichkeit vorab in voller Höhe bedient werden müssen.

Sog. unechte Masseverbindlichkeiten kennt das neue Recht nur noch in § 123
Abs. 2 S. 1 InsO, wonach Ansprüche aus einem sog. Verwaltersozialplan mit der

Qualität einer (sonstigen) Masseverbindlichkeit zu regulieren sind. Nach der relativen Drittelgrenze des § 123 Abs. 2 S. 2 InsO darf jedoch zur Berichtigung dieser Ansprüche nicht mehr als ein Drittel der Masse verwendet werden, die ohne den Sozialplan an die Insolvenzgläubiger zur Verfügung stünde. Da die Insolvenzgläubiger aber im masseunzulänglichen Verfahren keine Befriedigung zu erwarten haben, sind die Masseverbindlichkeiten des § 123 Abs. 2 S. 1 InsO hier nicht zu berücksichtigen.

2 Der Gläubiger muß so hinreichend individualisiert werden, daß dem Gericht seine Benachrichtigung nach § 208 Abs. 2 S. 1 InsO möglich wird.

3 Die hier gewählte gesonderte Berücksichtigung der durch einen vorläufigen Insolvenzverwalter mit Verfügungsbefugnis begründeten Ansprüche erfolgt nur aus Gründen der Übersichtlichkeit.

4 § 55 InsO nimmt zwar einen etwaigen, dem Schuldner und seiner Familie zu gewährenden Unterhalt nicht (entsprechend der Regelung für vertretungsberechtigte persönlich haftende Gesellschafter des Schuldners in § 101 Abs. 1 S. 3 InsO) explizit in das dortige Masseschuldprogramm auf. Aus § 209 Abs. 1 Nr. 3 2. HS InsO läßt sich jedoch ableiten, daß auch solche Ansprüche nach der InsO mit der Qualität einer (letztrangigen) sonstigen Masseforderung berücksichtigungt werden.

3. Einwand des gesetzlichen Vollstreckungsverbotes bei angezeigter Masseunzulänglichkeit[1]

An die
Firma ......
......

in ......   **(Ort, Datum)**

Insolvenzverfahren über das Vermögen der Firma ......

hier: Einwand des Vollstreckungsverbotes gemäß § 210 InsO

Sehr geehrte Damen,
Sehr geehrte Herren,

in dem vorbezeichneten Insolvenzverfahren weise ich in meiner Eigenschaft als Insolvenzverwalter darauf hin, daß am ...... **(Datum) ordnungsgemäß die Massearmut gegenüber dem Insolvenzgericht angezeigt wurde[2].**

Der zu Ihren Gunsten in Höhe von DM ...... **titulierte Anspruch ist eine sonstige Masseverbindlichkeit i. S. des § 55 InsO und wurde dementsprechend von mir in der Masseschuldtabelle[3] aufgenommen.**

Mit der Anzeige der Masseunzulänglichkeit ist dieser Anspruch kraft Gesetzes nach § 209 Abs. 1 Nr. 3 InsO nur noch als nachrangiger Masseschuldanspruch zu berücksichtigen, wobei Zeitpunkt und Höhe der Befriedigung derzeit noch nicht abgesehen werden können.

Für diesen Fall sieht § 210 InsO ein gesetzliches Vollstreckungsverbot vor. Voll-

streckungsmaßnahmen sind daher unzulässig[4]. Sollten von Ihnen gleichwohl Vollstreckungsmaßnahmen eingeleitet oder fortgeführt werden, muß ich mich hiergegen unter Inanspruchnahme gerichtlicher Hilfe zur Wehr setzen, schon um meinen Obliegenheiten als Insolvenzverwalter zu genügen[5].

Mit vorzüglicher Hochachtung

Rechtsanwalt
als Insolvenzverwalter

Anmerkungen

§ 210 InsO statuiert nunmehr ein ausdrückliches Vollstreckungsverbot für alle bis **1** zur Anzeige der Masseunzulänglichkeit begründeten sonstigen Masseverbindlichkeiten. Diese Regelung greift für Altmassegläubiger denselben Rechtsgedanken auf wie § 89 InsO für die Insolvenzgläubiger.

Die Rechtsfolge des gesetzlichen Vollstreckungsverbotes knüpft allein an den objek- **2** tiven Tatbestand der Anzeige der Masseunzulänglichkeit durch den Insolvenzverwalter. Eine aus taktischen Überlegungen des Insolvenzverwalters geführten Anzeige der Masseunzulänglichkeit kann der einzelne Gläubiger daher nur im Rahmen einer Haftungsklage gegenübertreten.

Vgl. hierzu das Formular B.XIX.2.   **3**

Mit der Statuierung des gesetzlichen Vollstreckungsverbotes ist der Gesetzgeber den **4** Vorstellungen des RegE (§ 322) zur Entlastung der Insolvenzgerichte entgegengetreten, wonach einzelfallabhängig eine Einstellung der Zwangsvollstreckung durch das Insolvenzgericht nur auf besonderen Antrag des Verwalters möglich sein sollte.

Das Vollstreckungsverbot des § 210 InsO ist ebenso wie dasjenige nach § 89 InsO **5** von Amts wegen zu beachten. Hier dürften sich sachlich keine Abweichungen zu § 14 KO ergeben, so daß im einzelnen aus der Rechtssprechung etwa auf LG Oldenburg ZIP 81, 1011 f. sowie aus der Literatur auf die Ausführungen von *Jaeger/ Henckel* § 14 Rdn. 41 bis 43 verwiesen werden kann. Verbotswidrig vorgenommene Vollstreckungen und Arreste sind materiell rechtlich unwirksam; nach der herrschenden gemischt privat-öffentlich-rechtlichen Theorie begründet eine verbotswidrig vorgenommene Maßnahme jedoch die öffentlich-rechtliche Beschlagswirkung (Verstrickung).
    Der Insolvenzverwalter hat die Unzulässigkeit der Zwangsvollstreckungsmaßnahme in insolvenzbefangenes Vermögen mit der beim Vollstreckungsgericht einzulegenden Erinnerung nach § 766 ZPO geltend zu machen; die Aufhebung der Vollstreckungsmaßregel erfolgt dann nach §§ 775 Nr. 1, 776 ZPO. Eine unzulässige Maßnahme des einstweiligen Rechtsschutzes wird bei einer Beschlußentscheidung durch Widerspruch oder im Falle der Urteilsentscheidung mittels Einspruches oder Berufung abgewehrt werden können. Grundbuchbelastungen führen wegen der materiell rechtlichen Unwirksamkeit zu Unrichtigkeit des Grundbuches, so daß Berichtigung des Grundbuches verlangt werden kann. Eine Amtslöschung soll daneben nicht in Betracht kommen, so daß allein an die Eintragung eines Amtswiderspruches zu denken ist (§§ 53, 71 Abs. 2 S. 2 GBO).

4. Klage eines Massegläubigers bei angezeigter Unzulänglichkeit der Masse

Mangels sachlicher Abweichungen kann auf das Formular B. XVIII. 4. verwiesen werden.

XX. Verteilungsverfahren im Konkurs-/ Gesamtvollstreckungsverfahren

1. Anzeige einer beabsichtigten Abschlagsverteilung durch den Konkursverwalter (§ 149 KO)

An das
Amtsgericht
– Konkursgericht –

in ......   (Ort, Datum)

Geschäfts-Nr.

In dem Konkursverfahren

über das Vermögen der Firma ......

halte ich die Vornahme einer Abschlagsverteilung für angezeigt.

Ich überreiche hierzu in der Anlage ein Verzeichnis der bei der Abschlagsverteilung zu berücksichtigenden Gläubiger. Ich bitte, das Verzeichnis auf der Geschäftsstelle zur Einsicht der Beteiligten niederzulegen.

Zur Verteilung steht ein Betrag von DM 20 000,00 zur Verfügung. Die bei der Verteilung zu berücksichtigenden nicht bevorrechtigten Forderungen belaufen sich auf DM 190 000,00.

Die Quote der Abschlagsverteilung soll 10% betragen.

Der Gläubigerausschuß hat nachstehend sein Einverständnis zur Verteilung erklärt.

Rechtsanwalt
als Konkursverwalter   *Anlage*

Der Gläubigerausschuß erklärt hiermit sein Einverständnis zu der vorstehend angezeigten Abschlagsverteilung.

(Ort, Datum) ......

......
(Unterschriften der Mitglieder)

Verzeichnis

der in dem Konkursverfahren über das Vermögen der Firma...... bei der
Abschlagsverteilung zu berücksichtigenden Forderungen
– Geschäfts-Nr....... –

lfd. Nr.	Name/Firma/ Anschrift der Gläubiger	Betrag der festgestellten Forderungen		Quote	Berichtigungen
I. Bevorrechtigte Forderungen		0,00			
II. Nicht bevorrechtigte Forderungen					
1	A-Bank GmbH	15 000,00		1 500	
2	Finanzamt	2 000,00		200	
2	Herr B	a) b)	1 000,00 150,00	100,00 15,00	
(......)					

Die unter lfd. Nr. II 1, 6, 11 genannten Forderungen sind bis zum Nachweis
des Ausfalls bzw. des Eintritts der aufschiebenden Bedingung bzw. des Aus-
gangs des Rechtsstreits einzuhalten (§ 163 KO).

(Ort, Datum)   Rechtsanwalt
                                           als Konkursverwalter

2. Öffentliche Bekanntmachung der Abschlagsverteilung

Der Regierungspräsident
– Abteilung Amtsblatt –

in ......   (Ort, Datum)

Konkursverfahren über das Vermögen der Firma ......

hier: Öffentliche Bekanntmachung einer Abschlagsverteilung

Sehr geehrte Damen,
sehr geehrte Herren,

in meiner Eigenschaft als Konkursverwalter über das Vermögen der o. a. Gesellschaft bitte ich, im öffentlichen Anzeiger zum Amtsblatt folgende Bekanntmachung aufzunehmen:

„In dem Konkursverfahren über das Vermögen der Firma ......
soll eine Abschlagsverteilung stattfinden. Hiervon verfügbar sind
DM 20 000,00. Zu berücksichtigen sind nicht bevorrechtigte Forderungen in Höhe DM 190 000,00. Das Verzeichnis der zu berücksichtigenden Forderungen ist auf der Geschäftsstelle des Amtsgerichts
– Konkursgerichts – in ......, Geschäfts-Nr. ...... , zur Einsicht
der Beteiligten niedergelegt.

Der Konkursverwalter"

Die Rechnung nebst eines Belegblattes bitte ich, mir zuzuleiten.

Mit vorzüglicher Hochachtung

**Rechtsanwalt
als Konkursverwalter**

Anmerkungen zu 1. und 2.
Konkursordnung

Zu unterscheiden sind die Abschlagsverteilung (§ 149 KO), die Schlußverteilung (§ 161 KO) und die Nachtragsverteilung (§ 166 KO). Die Berichtigung der Masse-schulden (§ 59 KO) erfolgt unabhängig von den Verteilungen, soweit solche bekannt geworden sind und hinreichende baren Mittel zur Verfügung stehen. Reicht die Kon-kursmasse zur vollständigen Befriedigung aller Massegläubiger nicht aus, so hat der Konkursverwalter die Rangfolge des § 60 KO zu beachten. Zahlungen auf Vorrechts-forderungen können unabhängig von den Verteilungen erfolgen (§ 170 KO).

Nach Abhaltung des allgemeinen Prüfungstermins sollen, so oft hinreichende bare Masse vorhanden ist, Abschlagsverteilungen an die Gläubiger erfolgen (§ 149 KO). Die Vornahme der Abschlagsverteilung steht im pflichtgemäßen Ermessen des Konkursverwalters. Sie hat zu unterbleiben, wenn die Kosten der Verteilung in kei-nem wirtschaftlich vernünftigen Verhältnis zu den auszuzahlenden Beträgen stehen (*Kuhn/Uhlenbruck* § 150 Rdn. 1). Im Rahmen seiner Aufsichtspflicht kann das Kon-kursgericht den Verwalter zu einer Abschlagsverteilung anhalten, diese jedoch nicht selbst anordnen (*Uhlenbruck/Delhaes* HRP Rdn. 861). Ist ein Gläubigerausschuß be-stellt, bedarf der Verwalter zur Vornahme der Verteilung dessen Genehmigung, d. h. vorherige Einwilligung (§ 150 KO). Lehnt der Gläubigerausschuß eine Verteilung ab, kann eine solche nicht erfolgen. Die Genehmigung kann weder durch das Kon-kursgericht noch durch die Gläubigerversammlung ersetzt werden; es besteht hier nur die Möglichkeit, daß das Gericht in einer besonders einberufenen Gläubiger-versammlung (§ 93 KO) den Widerruf der Bestellung des Gläubigerausschuß anregt (*Uhlenbruck/Delhaes* HRP Rdn. 861).

Die Quote der Abschlagszahlung wird vom Verwalter und, wenn ein Gläubiger-ausschuß bestellt ist, von diesem auf Antrag des Verwalters bestimmt (§ 159 Abs. 1 KO). Der Verwalter hat den Prozentsatz den zu berücksichtigenden Gläubiger mit-zuteilen (§ 159 Abs. 2 KO), dies entweder schriftlich oder durch öffentliche Be-kanntmachung. Alsdann hat der Verwalter ein Verzeichnis der zu berücksichtigen-den Forderungen auf der Geschäftsstelle des Konkursgerichts zur Einsicht der Beteiligten niederzulegen und nach der Niederlegung die Summe der Forderungen sowie den zur Verteilung verfügbaren Massebestand öffentlich im Amtsblatt be-kanntzumachen (§§ 151, 76 Abs. 1 KO). In das Verzeichnis sind aufzunehmen:
- alle festgestellten Forderungen (§§ 144 Abs. 1, 147 KO),
- vom Konkursverwalter bestrittene Forderungen, für die ein vollstreckbarer Titel vorgelegt wurde (§§ 146 Abs. 6, 152 KO)
- vom Konkursverwalter bestrittene Forderungen, wenn dem Verwalter die Er-hebung der Feststellungsklage oder die Aufnahme des zur Zeit der Konkurs-eröffnung anhängig gewesenen Rechtsstreit (§ 146 Abs. 1 – Abs. 3 KO) nach-gewiesen ist.

Bei Ausfallforderungen ist es ausreichend, daß gegenüber dem Verwalter der Nachweis, daß die Verwertung des der Absonderung unterliegenden Gegenstandes geführt und der Betrag des mutmaßlichen Ausfalls glaubhaft gemacht wird (§ 153 Abs. 2 KO). Aufschiebend bedingte Forderungen werden bei einer Abschlagsverteilung zu dem Betrag in das Verzeichnis eingestellt, der auf die unbedingte Forderung fallen würde (§ 154 KO); jedoch werden die Anteile bei der Ausschüttung zurückbehalten (§ 168 Nr. 2 KO). Auflösend bedingte Forderungen werden wie unbedingte eingestellt, es sei denn, daß die Bedingung bereits eingetreten ist. Nicht geprüfte Forderungen werden in das Verzeichnis nicht eingestellt, auch wenn für sie bereits ein vollstreckbarer Titel vorliegt.

Das Konkursgericht hat das Verzeichnis auf der Geschäftsstelle zur Einsicht der Beteiligten auszulegen. Eine von Amts wegen bestehende Verpflichtung zur Nachprüfung besteht nicht, sondern erst dann, wenn Einwendungen hiergegen erhoben werden (vgl. hierzu Formular B. XIV. 4). Die Auszahlung der Quote ist Sache des Verwalters (§ 167 KO). Sie erfolgt aufgrund des niedergelegten Verzeichnisses.

Gesamtvollstreckungsordnung

Die Möglichkeit einer Abschlagsverteilung ist in der Gesamtvollstreckungsordnung (§ 18 GesO) nicht vorgesehen. Es steht allerdings in der Entscheidungsmacht des Verwalters und der Gläubiger, ob sie schon vor einer Schlußverteilung Abschlagszahlungen auf festgestellte Forderungen zustimmen. Im Zweifel hat der Verwalter die Zustimmung des Gerichts hierzu einzuholen (vgl. *Haarmeyer/Wutzke/Förster* § 18 Rdn. 36). Sollen Abschlagszahlungen erfolgen, ist vom Verwalter ein Abschlagsverteilungsplan aufzustellen, dem die Gläubiger zustimmen müssen. Inhaltlich entspricht der Abschlagsverteilungsplan dem Abschlagsverzeichnis nach der Konkursordnung, so daß insoweit auf die Ausführungen Bezug genommen werden kann.

3. Antrag eines Gläubigers auf nachträgliche Einsetzung in das Verzeichnis der bei der Abschlagsverteilung zu berücksichtigenden Forderungen

Herrn Rechtsanwalt ......
als Konkursverwalter
über das Vermögen der
Firma ......   (Ort, Datum)

Konkursverfahren über das Vermögen der Firma ......

hier: Nachträgliche Einsetzung in das Verzeichnis der bei der Abschlagsverteilung zu berücksichtigenden Forderungen

Sehr geehrter Herr Rechtsanwalt ......,

in dem vorbezeichneten Konkursverfahren haben Sie im allgemeinen Prüfungstermin meine zur Konkurstabelle angemeldete und dort in Abteilung 2 unter laufender Nr...... eingetragene Forderung bestritten.

Die Forderung wurde von Ihnen daher nicht in das Gläubigerverzeichnis für die Abschlagsverteilung aufgenommen.

Ich überreiche in der Anlage Klageschrift nebst Terminsladung, aus der sich ergibt, daß ich Klage auf Feststellung meiner Forderung erhoben habe.

Ich bitte daher, die Forderung in das Verzeichnis nachträglich einzustellen.

Mit vorzüglicher Hochachtung

(Unterschrift) *Anlagen*

Anmerkungen

Die Bekanntmachung der Abschlagsverteilung durch den Konkursverwalter gilt als bewirkt mit dem Ablauf des zweiten Tages nach der Ausgabe des die Einrückung enthaltenen Blattes (§ 76 Abs. 1 S. 2 KO). Vom Beginn des dritten Tages nach Ausgabe läuft die Ausschlußfrist von zwei Wochen (§ 152 KO), innerhalb derer die in dem Verzeichnis nicht oder nicht voll oder nicht mit dem beanspruchten Vorrecht berücksichtigten Gläubiger ihre nachträgliche Einsetzung in das Verzeichnis noch dadurch herbeiführen können, daß sie die in §§ 152, 153 KO geforderten Nachweise dem Konkursverwalter beibringen. Eine Fristverlängerung der Ausschlußfrist oder ein Antrag auf Wiedereinsetzung in den vorigen Stand bei Versäumen der Frist ist unzulässig, da es sich um keine Notfrist handelt (§§ 223 Abs. 2, 233 ZPO).

Gläubiger von bestrittenen Forderungen, die über keinen vollstreckbaren Titel verfügen, können innerhalb der Ausschlußfrist den Nachweis der Erhebung der Feststellungsklage oder der Aufnahme des bereits vor Konkurseröffnung anhängig gewesenen Rechtsstreits führen (§ 152 KO). Absonderungsberechtigte Gläubiger können noch den Nachweis des Verzichts auf die Absonderung, den Nachweis des Ausfalls oder den Nachweis des Betreibens der Zwangsvollstreckung und die Glaubhaftmachung des Ausfalls erbringen (§ 153 Abs. 1, Abs. 2 KO). Werden die Nachweise rechtzeitig geführt, so hat der Konkursverwalter das Verzeichnis entsprechend zu berücksichtigen oder zu ergänzen. Neu aufzunehmende Forderungen sind am Ende des Verzeichnisses einzutragen, Berichtigungen unter der gleichlautenden Spalte. Die Änderungen sind vom Verwalter binnen drei Tagen nach Ablauf der Ausschlußfrist zu bewirken (§ 157 KO). Danach sind solche nicht mehr möglich.

4. Einwendung eines Gläubigers gegen das Verzeichnis der bei der Abschlagsverteilung zu berücksichtigenden Forderungen

An das
Amtsgericht
– Konkursgericht –

in . . . . . . (Ort, Datum)

Geschäfts-Nr.

In dem Konkursverfahren

über das Vermögen . . . . . .

erhebe ich hiermit Einwendungen gegen das Verzeichnis der bei der Abschlagsverteilung zu berücksichtigende Forderungen.

Ich beantrage,

> meine zur Konkurstabelle angemeldete und dort in
> Abt. 2, lfd. Nr. . . . . ., angemeldete und festgestellte
> Forderung in Höhe von DM . . . . . . bei der Ab-
> schlagsverteilung zu berücksichtigen und das
> Verzeichnis entsprechend zu berichtigen.

Begründung:

Im allgemeinen Prüfungstermin wurde meine zur Konkurstabelle angemeldete und dort in Abt. 2, lfd. Nr. . . . . . ., eingetragene Forderung vom Konkursverwalter festgestellt. Gleichwohl hat der Verwalter die Forderung nicht in das Verzeichnis der bei der Abschlagsverteilung zu berücksichtigenden Forderungen aufgenommen. Er behauptet, die Forderung sei vom Bruder des Gemeinschuldners, Herrn . . . . . ., der sich für die Forderung selbstschuldnerisch verbürgt hat, nach dem Prüfungstermin ausgeglichen worden. Es ist zutreffend, daß Herr . . . . . . Zahlungen an mich leistete. Diese wurden jedoch nicht auf die angemeldete Forderung, sondern wegen einer daneben bestehenden persönlichen Verbindlichkeit geleistet.

Beweis: Zeugnis des Herrn . . . . . .

Um antragsgemäße Entscheidung wird gebeten.

(Unterschrift)

Anmerkungen

Bei einer Abschlagsverteilung sind Einwendungen gegen das Verzeichnis bis zum Abschluß einer Woche nach dem Ende der Ausschlußfrist (§ 152 KO) bei dem Konkursgericht zu erheben (§ 158 Abs. 1 KO) Einwendungsberechtigt sind alle Konkursgläubiger, soweit sie eine Forderung angemeldet haben. Für Massegläubiger oder Vorrechtsgläubiger gegenüber nicht bevorrechtigten Konkursgläubigern fehlt es an einem Interesse für eine Berichtigung des Verzeichnisses, da sie hiervon nicht berührt werden. Einwendungsberechtigt ist auch nicht der Gemeinschuldner (*Uhlenbruck/Delhaes* HRP Rdn. 876). Die Einwendung kann schriftlich oder zu Protokoll der Geschäftsstelle erhoben werden. Vor einer Entscheidung hört das Gericht regelmäßig den Verwalter, bei Einwendungen gegen die Berücksichtigung eines anderen Gläubigers, auch letzteren an.

Über die Einwendungen entscheidet das Gericht durch Beschluß (§ 158 Abs. 2 S. 1 KO). Die Entscheidung, durch welche eine Berichtigung des Verzeichnisses angeordnet wird, ist auf der Geschäftsstelle niederzulegen (§ 158 Abs. 2 S. 2 KO). Die Beschwerdefrist hiergegen beginnt mit dem Tage nach der Niederlegung (§ 158 Abs. 2 S. 3 KO).

5. Antrag des Gemeinschuldners auf Aussetzung der Abschlagsverteilung bei Einbringung eines Zwangsvergleichsvorschlages (§ 160 KO)

An das
Amtsgericht
– Konkursgericht –

in . . . . . .   (Ort, Datum)

Geschäfts-Nr.

In dem Konkursverfahren

über mein Vermögen

beantrage ich,

> nach § 160 KO die Aussetzung der Abschlagsverteilung bis zur
> Beschlußfassung über den von mir eingereichten Zwangsvergleichs-
> vorschlag anzuordnen.

Begründung:

Ich habe innerhalb der Ausschlußfrist des § 152 KO ein Zwangsvergleichsvorschlag (§§ 174, 175 KO) eingebracht.

Danach bestehen begründete Aussichten, das Konkursverfahren durch einen
Zwangsvergleich zu beenden.

Um antragsgemäße Entscheidung wird gebeten.

(Unterschrift)

Anmerkungen

Nach § 160 KO kann das Konkursgericht nach seinem Ermessen auf Antrag des Gemeinschuldners die Aussetzung des Abschlagsverteilung anordnen, wenn von diesem ein Zwangsvergleichsvorschlag eingebracht ist und bei Antragstellung nicht bereits die Ausschlußfrist des § 152 KO abgelaufen ist. Die Aussetzung hat die
Wirkung, daß der Lauf der Ausschlußfrist (§§ 152, 158 KO) aufhört und nach Ablauf der Aussetzung neu zu laufen beginnt (§ 72 KO, § 249 Abs. 1 ZPO). Da die
Aussetzung nur bis zur Beschlußfassung über den Zwangsvergleichsvorschlag angeordnet wird, tritt sie von selbst außer Kraft, sobald der Vergleichsvorschlag von der
Gläubigerversammlung abgelehnt oder vom Konkurgericht rechtskräftig verworfen
wird (§§ 182 ff. KO). Alsdann wird das Verfahren der Abschlagsverteilung fortge-
setzt. Zahlungen an bevorrechtigte Konkursgläubiger nach § 170 KO sind trotz der
Aussetzung zulässig, da diese am Zwangsvergleichsverfahren nicht beteiligt sind
(*Kuhn/Uhlenbruck* § 160 Rdn. 4).

6. Antrag des Konkursverwalters auf Erteilung der Ermächtigung zur Vorwegausschüttung an die bevorrechtigten Gläubiger (§ 170 KO)

An das
Amtsgericht
– Konkursgericht –

in . . . . . .   (Ort, Datum)

Geschäfts-Nr.

In dem Konkursverfahren

über das Vermögen der Firma . . . . . .

beantrage ich,

> mich gemäß § 170 KO zu ermächtigen, die festgestellten bevorrechtigten Forderungen unabhängig von den Verteilungen zu befriedigen.

Nach Deckung und Sicherstellung der Masseansprüche ist noch eine ausreichende Masse für eine Vorwegausschüttung vorhanden, nämlich in Höhe von DM . . . . . .

Rechtsanwalt
als Konkursverwalter

7. Antrag eines Vorrechtsgläubigers auf Vorwegausschüttung (§ 170 KO)

An das
Amtsgericht
– Konkursgericht –

in . . . . . .   (Ort, Datum)

Geschäfts-Nr.

In dem Konkursverfahren

über das Vermögen der Firma . . . . . .

beantrage ich als Vorrechtsgläubiger der zur Konkurstabelle festgestellten Forderung, eingetragen in Abt. 1/I, lfd. Nr. . . . . . .,

> den Konkursverwalter nach § 170 KO zu ermächtigen, die festgestellten bevorrechtigten Forderungen unabhängig von den Verteilungen zu befriedigen.

Nach Deckung und Sicherstellung der Masseansprüche ist noch eine ausreichende Masse für eine Vorwegausschüttung vorhanden, nämlich in Höhe von DM . . . . . .

(Unterschrift)

Anmerkungen zu 6. und 7.

Konkursordnung

Nach § 170 KO kann der Verwalter auf die festgestellten bevorrechtigten Forderungen (§ 61 Abs. 1 Ziffer 1 bis 5 KO) mit Ermächtigung des Gerichts Zahlungen unabhängig von den Verteilungen leisten. Hierunter fallen auch Sozialplanforderungen der Arbeitnehmer (§ 4 SozplG).

Voraussetzung ist zunächst, daß die Forderungen, Betrag und Vorrecht festgestellt sind. Daher darf grundsätzlich vor dem Prüfungstermin eine Ausschüttung nicht erfolgen. Eine Ausnahme kann für rückständige Lohn- und Gehaltsansprüche gelten. Da oftmals bis zur Feststellung der bevorrechtigten Forderungen geraume Zeit vergeht, können Arbeitnehmer eine Vorwegausschüttung beim Gericht beantragen. Erteilt das Gericht seine Ermächtigung hierzu, erfolgt die Auszahlung allerdings auf eigenes Risiko des Konkursverwalters (§ 82 KO); gleichzeitig bestehen Amtshaftungsansprüche gegenüber dem Gericht (§ 839 BGB), vgl. *Uhlenbruck/Delhaes* HRP Rdn. 856.

Das Gericht hat die Möglichkeit einer Vorwegausschüttung nach § 170 KO zu überwachen und bei Pflichtversäumnis den Verwalter zur Auszahlung anzuhalten. Hat der Verwalter ohne Ermächtigung des Gerichts Zahlungen an bevorrechtigte Gläubiger geleistet, steht den Gleich- oder Besserberechtigten sowie den Massegläubigern kein Bereicherungsanspruch gegen die Vorrechtsgläubiger zu (*Jaeger/Weber* § 170 Rdn. 4; *Kilger/K. Schmidt* § 170 Anm. 1). Der entstandene Masseschaden kann auch nicht von den mittelbar geschädigten Gläubigern aus eigenem Recht geltend gemacht werden. Dies kann nur durch einen neu zu bestellenden Konkursverwalter erfolgen. Hat der Verwalter unter Verletzung des § 170 KO auf nicht festgestellte Vorrechtsforderungen, etwa Sozialplanforderungen von Arbeitnehmern, Zahlungen geleistet, muß er nach § 82 KO den gesamten ausgeschütteten Betrag der Masse erstatten (BGH ZIP 1989, 1407, 1410).

Neben dem Konkursverwalter sind zur Vorausausschüttung antragsberechtigt die bevorrechtigten Gläubiger. Ein Anspruch hierauf haben sie allerdings nicht (*Kuhn/Uhlenbruck* § 170 Rdn. 3). Die Entscheidung des Gerichts ergeht durch Beschluß. Lehnt das Gericht den Antrag eines Vorrechtsgläubigers ab, hat dieser das Recht zur sofortigen Beschwerde (§ 73 Abs. 3 KO). Gegen die Erteilung der Ermächtigung steht allen Beteiligten, die gleich- oder besserberechtigt sind, die befristete Rechtspflegererinnerung (§ 11 Abs. 1 Satz 2 RepflG) bzw. die sofortige Beschwerde (§ 73 Abs. 3 KO) zu.

Gesamtvollstreckungsordnung

Eine dem § 170 KO entsprechende Regelung enthält die Gesamtvollstreckungsordnung nicht.

8. Öffentliche Bekanntmachung der Schlußverteilung durch den Konkursverwalter

Der Regierungspräsident
– Abteilung Amtsblatt –

in . . . . . .   (Ort, Datum)

Konkursverfahren über das Vermögen der Firma . . . . . .

Sehr geehrte Damen,
Sehr geehrte Herren,

in meiner Eigenschaft als Konkursverwalter über das Vermögen der o. a. Firma bitte ich, im öffentlichen Anzeiger zum Amtsblatt einmalig folgende Bekanntmachung aufzunehmen:

„In dem Konkursverfahren über das Vermögen der Firma . . . . . . findet mit Genehmigung des Amtsgerichts die Schlußverteilung statt.

Das Schlußverzeichnis ist auf der Geschäftsstelle des Amtsgerichts – Konkursgerichts . . . . . . niedergelegt. Die Summe der zu berücksichtigenden bevorrechtigten Forderungen beläuft sich auf DM . . . . . ., die der nicht bevorrechtigten Forderungen auf DM . . . . . . Es ist ein Massebestand verfügbar von DM . . . . . . abzüglich noch zu berücksichtigender Massekosten und Masseschulden.

Der Konkursverwalter."

Das Belegexemplar sowie die Rechnung bitte ich, mir zuzuleiten.

Mit vorzüglicher Hochachtung

Rechtsanwalt
als Konkursverwalter

Anmerkungen

Konkursordnung

Nach § 151 KO hat der Konkursverwalter nach Niederlegung des Schlußverzeichnisses die Summe der Forderungen sowie den zur Verteilung verfügbaren Massebestand öffentlich bekanntzumachen. Daneben erfolgt eine besondere Mitteilung an die Gläubiger nicht. Konkursgläubiger, deren Forderungen nicht festgestellt sind und für deren Forderungen ein mit der Vollstreckungsklausel versehener Schuldtitel, ein End-Urteil oder ein Vollstreckungsbescheid nicht vorliegt, haben bis zum Ablauf einer Ausschlußfrist von 2 Wochen nach der öffentlichen Bekanntmachung gegenüber dem Verwalter den Nachweis zu führen, daß und für welchen Betrag die Feststellungsklage erhoben oder das Verfahren in einem früher anhängigen Prozeß aufgenommen ist. Wird der Nachweis nicht geführt, so werden die Forderungen bei der vorzunehmenden Verteilung nicht berücksichtigt (§ 152 KO).
    Hat der Verwalter die Veröffentlichung der Schlußverteilung durch Vorlage des Belegblattes und damit den Lauf der Ausschlußfrist des § 152 KO nachgewiesen, be-

stimmt das Gericht zur Abnahme der Schlußrechnung, zur Erhebung von Einwendungen gegen das Schlußverzeichnis und zur Beschlußfassung der Gläubiger über die nicht verwertbaren Vermögenswerte einen Schlußtermin, welcher nicht unter 3 Wochen und nicht über 1 Monat hinaus anzuberaumen ist (§ 162 Abs. 1 KO). Nach Abhaltung des Schlußtermins beschließt das Gericht die Aufhebung des Konkursverfahrens. Der Beschluß ist bei Erlaß durch den Richter unanfechtbar (§ 163 Abs.1. KO); gegen die Entscheidung des Rechtspflegers ist die befristete Erinnerung nach § 11 Abs. 1 S. 1 RPflG zulässig (*Uhlenbruck/Delhaes* HRP Rdn. 936).

Gesamtvollstreckungsordnung

Nach § 17 Abs. 2 GesO hat der Verwalter nach Abschluß der Verwertung auf der Grundlage der in den Verzeichnissen aufgeführten anerkannten und angemeldeten Forderungen einen Vorschlag über die Reihenfolge ihrer Erfüllung aufzustellen (vgl. Formular B.XIX.4). Der Verteilungsvorschlag ist mit den Gläubigern und dem Verwalter im Schlußtermin zu erörtern (§ 18 Abs. 1 GesO). Einwendungen hiergegen können – im Gegensatz zu den §§ 152 ff. KO – nur im Schlußtermin erhoben werden (*Haarmeyer/Wutzke /Förster* § 18 Rdn. 7ff.). Über die Einwendungen entscheidet das Gericht durch Beschluß. Im Ergebnis des Schlußtermins ist der Verteilungsvorschlag des Verwalters entweder zu ändern oder aber zu ergänzen und danach zu bestätigen (§ 18 Abs. 1 S. 2 GesO). Ebenfalls im Schlußtermin wird über die Verwendung der nicht verwertbaren Sachen entschieden (§ 18 Abs. 3 GesO). Der Schlußtermin wird vom Gericht auf Antrag des Verwalters anberaumt, welches auch die öffentliche Bekanntmachung veranlaßt. In dieser sollte neben dem Termin der Versammlung die Tagesordnung, die Summe der Forderungen und der Massebestand angegeben werden (*Haarmeyer/Wutzke/Förster* § 18 Rdn. 12). Da die Regelung des § 162 KO in die Gesamtvollstreckungsordnung nicht übernommen wurde, steht die Anberaumung des Schlußtermins nicht unter zeitlichen Vorgaben. Um dem Gläubiger jedoch die Möglichkeit zur Rechtsverfolgung bestrittener Forderungen zu geben, wird hier eine Ausschlußfrist von 2 Wochen entsprechend der Regelung in § 152 KO empfohlen (*Haarmeyer/Wutzke/Förster* § 18 Rdn. 13). Nach Verteilung des Erlöses und Prüfung des Abschlußberichts ist die Gesamtvollstreckung einzustellen (§ 19 Abs. 1 Nr. 1 GesO). Der Einstellungsbeschluß ist dem Schuldner und dem Verwalter zuzustellen und öffentlich bekanntzumachen (§ 19 Abs. 2 S. 1 GesO). Der Beschluß ist unanfechtbar (§ 19 Abs. 3 GesO), unabhängig davon, ob er vom Richter oder Rechtspfleger erlassen wurde (*Haarmeyer/Wutzke/ Förster* § 19 Rdn. 7; a. A. *Smid/Zeuner* § 19 Rdn. 21, die bei einem Beschluß durch den Rechtspfleger die Erinnerung zulassen wollen).

401

9. Ausschüttungsnachweis des Konkursverwalters im Falle der Schlußverteilung

An das
Amtsgericht ......
– Konkursgericht –

in ......   (Ort, Datum)

Geschäfts-Nr.

Bericht

über die Ausschüttung der Masse in dem Konkursverfahren über das Vermögen der Firma ......

In meiner Eigenschaft als Konkursverwalter über das Vermögen der o. a. Gesellschaft berichte ich über die Ausschüttung der Masse wie folgt:

I. Der nach der Schlußrechnung vom ......
vorhandene Bestand betrug   DM 48 925,47

II. Nach diesem Zeitpunkt wurden noch folgende Zahlungen vereinnahmt:
  1. Zahlung Gesellschafterin gem. Vereinbarung vom ......   DM 10 000,00
  2. Umsatzsteuer-Erstattungen   DM 6 910,22
  3. Gerichtskostenerstattungen   DM 1 182,23
  4. Festgeldzinsen   DM 272,39
  insgesamt   DM 67 290,31

III. An weiteren Ausgaben wurden getätigt:
  1. *Massekosten (§ 58 KO)*
  Massekosten nach § 58 Nr. 2 KO   DM 40 548,13

  2. *Masseschulden (§ 59 KO)*
  a) Masseschuld nach § 59 I Nr. 1 KO   DM 168,44
  b) Masseschuld nach § 59 I Nr. 3 e KO   DM 10 337,35
  insgesamt   DM 10 505,79

  3. *Ausschüttungen an bevorrechtigte Gläubiger (§ 61 KO)*
  a) Vorrechte 1/I   DM 16 236,39
  b) Vorrechte 1/II   DM 0,00
  c) Vorrechte 1/III   DM 0,00
  insgesamt   DM 16 236,39
  Quote: 41,98258%

  4. *Ausschüttungen an nicht bevorrechtigte Gläubiger (§ 61 KO)*   DM 0,00
  Einnahmen insgesamt   DM 67 290,31
  ./. Ausgaben insgesamt   DM 67 290,31
  insgesamt   DM 0,00

Der Nachweis über die Ausschüttungen ergibt sich aus den im Original beigefügten Kontobelegen.

Köln, den ......

**Rechtsanwalt
als Konkursverwalter** *Anlagen*

Anmerkungen

Konkursordnung

Die Schlußverteilung obliegt – wie die Abschlagsverteilung – dem Konkursverwalter (§ 167 KO) und erfolgt auf der Grundlage des Schlußverzeichnisses und der Schlußrechnung. Sie wird durch Auszahlung oder Zurückbehaltung von Quoten vollzogen (§§ 167, 168 KO). Zurückzubehalten sind die Quoten

- auf Forderungen, welche infolge eines bei der Prüfung erhobenen Widerspruchs streitbefangen sind (§ 168 Nr. 1 KO). Wurde die Forderung bereits vorher tituliert, hat der Widersprechende die Verfolgung seines Widerspruchs nachzuweisen (§ 146 Abs. 6 KO). Bei nicht titulierten Forderungen ist die Erhebung der Feststellungsklage (§ 146 Abs. 2 KO) innerhalb der Frist des § 152 KO nachzuweisen. Ist das Urteil rechtskräftig, ist die Quote auszuzahlen, im Falle des Unterliegens fließt der Betrag der Masse zu;
- auf Forderungen, welche von einer aufschiebenden Bedingung abhängen (§ 168 Nr. 2 KO). Nach Bedingungseintritt ist die Quote auszuzahlen. Ein Einbehalt scheidet aus, wenn die Möglichkeit des Eintritts der Bedingung eine so entfernte ist, daß die bedingte Forderung einen gegenwärtigen Vermögenswert nicht hat;
- auf Forderungen unter auflösender Bedingung, sofern der Gläubiger zu einer Sicherheitsleistung verpflichtet ist und die Sicherheit nicht leistet (§ 168 Nr. 4 KO).

§ 168 Nr. 3 KO findet auf die Schlußverteilung keine Anwendung (§§ 153 Abs. 1, 156 KO). Nur bei einem Streit darüber, ob der absonderungsberechtigte Gläubiger die Voraussetzungen des § 153 Abs. 1 KO erfüllt hat, kommt ein Einbehalt der Quote in Betracht (*Uhlenbruck/Delhaes* HRP Rdn. 933c). Die Beträge, die bei Vollzug der Schlußverteilung zurückzubehalten sind, oder welche bis zu diesem Zeitpunkt nicht erhoben wurden, hat der Verwalter nach Anordnung des Gerichts für Rechnung der Beteiligten zu hinterlegen (§ 169 KO). Wenn nach Vollzug der Schlußverteilung Beträge, die aus der Masse zurückbehalten werden, für diese frei werden, oder Beträge, welche von der Masse gezahlt sind, zu dieser zurückfließen, so sind dieselben vom Verwalter nach Anordnung des Gerichts aufgrund des Schlußverzeichnisses zur nachträglichen Verteilung zu bringen. Die über die Verwaltung und Verteilung solcher Beträge abzulegende Rechnung durch den Konkursverwalter unterliegt der Prüfung des Konkursgerichts (§ 166 Abs. 1 KO). Dasselbe gilt, wenn nach der Schlußverteilung oder der Aufhebung des Verfahrens zur Masse gehörige Vermögensstücke ermittelt werden (§ 166 Abs. 2 KO). Eine Nachtragsverteilung kommt nur in Betracht, wenn sie sich lohnt. Sind die dadurch entstehenden Kosten höher als eine zu überweisende Quote, sollte von einer Nachtragsverteilung Abstand genommen werden (*Uhlenbruck/Delhaes* HRP Rdn. 949). Die Nachtragsverteilung scheidet aus nach Beendigung des Konkursverfahrens durch einen Zwangsvergleich (§ 190 KO) oder nach Einstellung des Verfahrens (§§ 202, 204 KO), a. A. LG Oldenburg ZIP 1992, 200, 201).

Gesamtvollstreckungsordnung

Gem. § 18 Abs. 2 S. 1 GesO hat der Verwalter nach Bestätigung des Vergleichsvorschlages durch das Gericht die Verteilung vorzunehmen und den Gläubigern, deren Forderungen ganz oder teilweise erfüllt wurden, unter Rücksendung eingereichter Unterlagen mitzuteilen, daß die nicht erfüllte Forderung gegen den Schuldner im Wege der Vollstreckung geltend gemacht werden kann. Die zur Erfüllung nicht anerkannter Forderungen erforderlichen Geldbeträge hat der Verwalter bis zur Einstellung der Gesamtvollstreckung bzw. bis zur Entscheidung über das Bestehen bestrittener Anspüche zurückzubehalten (§ 12 Abs. 3 GesO). Da die Gesamtvollstreckungsordnung eine den § 152 KO entsprechende Regelung nicht enthält, besteht für den Gläubiger kein Zwang zur Klageerhebung zwecks Feststellung seiner Forderung, so daß diese bis zum Abschluß der Verjährungsfrist einbehalten werden müßten. Zur Beschleunigung des Verfahrens wird hier eine analoge Anwendung des § 152 KO vorgeschlagen (*Haarmeyer/Wutzke/Förster* § 18 Rdn. 29). Die Behandlung aufschiebend bedingter Forderungen bei der Schlußverteilung ist in der Gesamtvollstreckungsordnung ebenfalls nicht geregelt; die entsprechende Anwendung des § 154 Abs. 2 KO wird auch hier befürwortet, d. h. der Bedingungseintritt darf nicht unwahrscheinlich sein (*Haarmeyer/Wutzke/Förster* § 18 Rdn. 30). Die Beträge, die zurückzubehalten sind, sind vom Verwalter zu hinterlegen. Nach der Schlußverteilung hat der Verwalter einen Abschlußbericht zu fertigen, der vom Gericht zu prüfen ist (§ 18 Abs. 4 GesO). Er entspricht inhaltlich dem gewählten Formular. Eine Nachtragsverteilung ist in der GesO ausdrücklich nicht vorgesehen. Aus der Regelung in § 12 Abs. 3 GesO folgt allerdings, daß der Gesetzgeber die Zulässigkeit einer solchen vorausgesetzt hat. Ihre Durchführung entspricht der der Konkursordnung, so daß insoweit auf die Ausführungen Bezug genommen werden kann.

XXI. Verteilungsverfahren im Insolvenzverfahren

Anmerkungen

Das Verteilungsverfahren wird vorliegend nicht anhand eigener Muster aufgearbeitet, da die Regelungen der Verteilung (§§ 187 bis 206 InsO) bis auf Marginalien dem Rechtszustand der Konkursordnung gleichkommt (vgl. auch *Eckardt*, Kölner Schrift zur Insolvenzordnung, S. 579, 611 (Rdn. 62)).

Zu unterscheiden sind auch hier die Abschlagsverteilung (§ 187 InsO), die Schlußverteilung (§ 196 InsO) und die Nachtragsverteilung (§§ 203, 205 InsO). Die Berichtigung der Masseschulden (§§ 54, 55 InsO) erfolgt unabhängig von den Verteilungen, soweit solche bekannt geworden sind und hinreichende bare Mittel zur Verfügung stehen. Reicht die Insolvenzmasse zur vollständigen Befriedigung aller Massegläubiger nicht aus, so hat der Insolvenzverwalter die Rangfolge des § 209 InsO zu beachten.

Nach Abhaltung des allgemeinen Prüfungstermins sollen, so oft hinreichende bare Masse vorhanden ist, Abschlagsverteilungen an die Gläubiger erfolgen (§ 187 InsO). Dabei sollen nachrangige Insolvenzgläubiger (§ 39 InsO) nicht berücksichtigt werden. Die Vornahme der Abschlagsverteilung steht im pflichtgemäßen Ermessen des Insolvenzverwalters. Sie hat zu unterbleiben, wenn die Kosten der Verteilung in keinem wirtschaftlich vernünftigen Verhältnis zu den auszuzahlenden Beträgen stehen. Im Rahmen seiner Aufsichtspflicht kann das Insolvenzgericht den Verwalter zu einer Abschlagsverteilung anhalten, diese jedoch nicht selbst anordnen. Ist ein Gläubigerausschuß bestellt, bedarf der Verwalter zur Vornahme der Verteilung dessen Zustimmung (§ 187 Abs. 2 InsO). Lehnt der Gläubigerausschuß eine Verteilung ab, kann eine solche nicht erfolgen. Die Genehmigung kann weder durch das Insolvenzgericht noch durch die Gläubigerversammlung ersetzt werden; es besteht hier nur die Möglichkeit, daß das Gericht in einer besonders einberufenen Gläubigerversammlung (§§ 74, 75 InsO) den Widerruf der Bestellung des Gläubigerausschusses anregt.

Die Quote der Abschlagszahlung wird vom Verwalter und, wenn ein Gläubigerausschuß bestellt ist, von diesem auf Vorschlag des Verwalters bestimmt (§ 195 Abs. 1 InsO). Der Verwalter hat den Prozentsatz den zu berücksichtigenden Gläubiger mitzuteilen (§ 195 Abs. 2 InsO), dies entweder schriftlich oder durch öffentliche Bekanntmachung. Alsdann hat der Verwalter ein Verzeichnis der zu berücksichtigenden Forderungen auf der Geschäftsstelle des Insolvenzgerichts zur Einsicht der Beteiligten niederzulegen und nach der Niederlegung die Summe der Forderungen sowie den zur Verteilung verfügbaren Massebestand öffentlich im Amtsblatt bekanntzumachen (§ 188 InsO). In das Verzeichnis sind aufzunehmen:

– alle festgestellten Forderungen (§ 178 InsO);
– vom Verwalter bestrittene Forderungen, für die ein vollstreckbarer Titel vorgelegt wurde (§§ 179 Abs. 2 InsO);
– vom Verwalter bestrittene Forderungen, wenn dem Verwalter die Erhebung der Feststellungsklage oder die Aufnahme des zur Zeit der Konkurseröffnung anhängig gewesenen Rechtsstreit nachgewiesen ist (§ 189 InsO).

Bei Ausfallforderungen ist es ausreichend, daß gegenüber dem Verwalter der Betrag des mutmaßlichen Ausfalls glaubhaft gemacht wird (§ 190 Abs. 1 InsO). Aufschiebend bedingte Forderungen werden bei einer Abschlagsverteilung zu dem Betrag in das Verzeichnis eingestellt, der auf die unbedingte Forderung fallen würde; jedoch werden die Anteile bei der Ausschüttung zurückbehalten (§ 191 InsO). Auflösend bedingte Forderungen werden wie unbedingte eingestellt, es sei denn, daß die Bedingung bereits eingetreten ist. Nicht geprüfte Forderungen werden in das Verzeichnis nicht eingestellt, auch wenn für sie bereits ein vollstreckbarer Titel vorliegt.

Das Insolvenzgericht hat das Verzeichnis auf der Geschäftsstelle zur Einsicht der Beteiligten auszulegen. Eine von Amts wegen bestehende Verpflichtung zur Nachprüfung besteht nicht, sondern erst dann, wenn Einwendungen hiergegen erhoben werden. Bei einer Abschlagsverteilung sind Einwendungen gegen das Verzeichnis bis zum Abschluß einer Woche nach dem Ende der Ausschlußfrist (§ 189 InsO) bei dem Insolvenzgericht zu erheben (§ 194 Abs. 1 InsO). Einwendungsberechtigt sind alle Insolvenzgläubiger, soweit sie eine Forderung angemeldet haben. Für Massegläubiger fehlt es an einem Interesse für eine Berichtigung des Verzeichnisses, da sie hiervon nicht berührt werden. Einwendungsberechtigt ist auch nicht der Schuldner. Die Einwendung kann schriftlich oder zu Protokoll der Geschäftsstelle erhoben werden. Vor einer Entscheidung hört das Gericht regelmäßig den Verwalter, bei Einwendungen gegen die Berücksichtigung eines anderen Gläubigers, auch letzteren an. Über die Einwendungen entscheidet das Gericht durch Beschluß (§ 194 Abs. 2 InsO). Die Entscheidung, durch welche eine Berichtigung des Verzeichnisses angeordnet wird, ist auf der Geschäftsstelle niederzulegen (§ 194 Abs. 3 S. 1 InsO). Die Beschwerdefrist hiergegen beginnt mit dem Tage nach der Niederlegung (§ 194 Abs. 3 S. 3 InsO). Die Auszahlung der Quote ist Sache des Verwalters (§ 187 Abs. 3 InsO). Sie erfolgt aufgrund des niedergelegten Verzeichnisses.

Die Schlußverteilung obliegt – wie die Abschlagsverteilung – dem Insolvenzverwalter und erfolgt auf der Grundlage des Schlußverzeichnisses und der Schlußrechnung nach Verwertung der Masse. Sie bedarf der Zustimmung durch das Insolvenzgericht (§ 196 InsO). Sie wird durch Auszahlung oder Zurückbehaltung von Quoten vollzogen (§§ 187, 189, 190, 191 InsO). Zurückzubehalten sind die Quoten
- auf Forderungen, welche infolge eines bei der Prüfung erhobenen Widerspruchs streitbefangen sind (§ 189 Abs. 1 InsO). Bei nicht titulierten Forderungen ist die Erhebung der Feststellungsklage (§ 180 InsO) innerhalb der Frist des § 189 InsO nachzuweisen. Ist das Urteil rechtskräftig, ist die Quote auszuzahlen, im Falle des Unterliegens fließt der Betrag der Masse zu;
- auf Forderungen, welche von einer aufschiebenden Bedingung abhängen (§ 191 InsO). Nach Bedingungseintritt ist die Quote auszuzahlen. Ein Einbehalt scheidet aus, wenn die Möglichkeit des Eintritts der Bedingung eine so entfernte ist, daß die bedingte Forderung einen gegenwärtigen Vermögenswert nicht hat.

§ 190 Abs. 2 S. 2 InsO findet auf die Schlußverteilung keine Anwendung (§ 190 Abs. 2 S. 3 InsO). Nur bei einem Streit darüber, ob der absonderungsberechtigte Gläubiger die Voraussetzungen des § 190 Abs. 1 InsO erfüllt hat, kommt ein Einbehalt der Quote in Betracht. Die Beträge, die bei Vollzug der Schlußverteilung zurückzubehalten sind, oder welche bis zu diesem Zeitpunkt nicht erhoben wurden, hat der Verwalter nach Anordnung des Gerichts für Rechnung der Beteiligten zu hinterlegen (§ 198 InsO).

Wenn nach Vollzug der Schlußverteilung Beträge, die aus der Masse zurückbehalten werden, für diese frei werden, oder Beträge, welche von der Masse gezahlt sind, zu dieser zurückfließen, so sind dieselben vom Verwalter nach Anordnung des Gerichts aufgrund des Schlußverzeichnisses zur nachträglichen Verteilung zu bringen, sog. Nachtragsverteilung (§ 203 InsO). Dasselbe gilt, wenn nach der Schlußverteilung oder der Aufhebung des Verfahrens zur Masse gehörige Vermögensstücke ermittelt werden (§ 203 Abs. 1 Nr. 2 InsO). Eine Nachtragsverteilung kommt nur in Betracht, wenn sie sich lohnt. Sind die dadurch entstehenden Kosten höher als eine zu überweisende Quote, sollte von einer Nachtragsverteilung Abstand genommen werden.

XXII. Zwangsvergleich (§§ 173–201 KO)

1. Muster eines Zwangsvergleichsvorschlages[1, 10]

An das
Amtsgericht ......
– Konkursgericht[2] –

in ......   (Ort, Datum)

Geschäfts-Nr.

In dem Konkursverfahren

über das Vermögen der Firma ...... KG

schlage ich als alleiniger Komplementär der Gemeinschuldnerin den nicht bevorrechtigten Gläubigern den Abschluß des folgenden

Zwangsvergleiches[3]

vor:

I. Einleitung[4]
  1. Nach dem bisherigen Ergebnis der Verwertung des Vermögens der Gemeinschuldnerin können die Masseschulden, Massekosten und Vorrechtsforderungen voll befriedigt sowie auf die einfachen Konkursforderungen eine Quote von ......% ausgeschüttet werden.

  2. Aufgrund eines während des Verfahrens abgeschlossenen Vertrages ist von dritter Seite[5] im Falle eines Zwangsvergleiches mit den Gläubigern der Gemeinschuldnerin eine Zahlung zu erbringen, die mit der gerichtlichen Bestätigung eines von den Gläubigern angenommenen Zwangsvergleiches fällig wird und nach Abzug entstehender Auslagen und Kosten die Ausschüttung einer weiteren Quote von ......% auf die einfachen Konkursforderungen ermöglicht.

  3. Mangels Fälligkeit konnten bislang vertragsgemäß einbehaltene Sicherheitsbeträge nicht zur Masse eingezogen und somit nicht verwertet werden. Sofern keine begründeten Abzüge vorgenommen werden können, würden diese Beträge, die am ...... und ...... fällig werden, die Ausschüttung einer weiteren Quote von ......% nach Abzug von Auslagen und Kosten ermöglichen.

  4. Bei Annahme und gerichtlicher Bestätigung des Zwangsvergleiches können somit die nicht bevorrechtigten Gläubiger mit einer Quote von ca. ......% rechnen.

II. Liquidations-Vergleichsvorschlag[6, 11, 12]
  1. Die erläuternden Ausführungen unter Ziff. I. „Einleitung" sind ihrem Inhalt nach Teil des Vergleichsvorschlages.

2. Masseschulden, Massekosten und Vorrechtsforderungen werden aus der vorhandenen Teilungsmasse durch den Konkursverwalter in voller Höhe reguliert.

3. Der durch
   a) die Verwertung des Vermögens der Gemeinschuldnerin und
   b) den mit gerichtlicher Bestätigung des Vergleiches fälligen Betrag

   nicht gedeckte Teil der Forderungen der nicht bevorrechtigten Gläubiger wird von diesen erlassen. Der Erlaß erstreckt sich jedoch nicht auf den an ...... % der Forderung fehlenden Betrag.

4. Die Ausschüttung einer Teilquote von ...... % erfolgt aus der vorhandenen Teilungsmasse durch den Konkursverwalter innerhalb von 4 Wochen nach Rechtskraft des gerichtlichen Bestätigungsbeschlusses.

5. Der Konkursverwalter wird unwiderruflich als Treuhänder[7,13] der Gemeinschuldnerin und der Gläubiger beauftragt und bevollmächtigt, den mit gerichtlicher Bestätigung des Vergleiches fälligen Betrag einzuziehen und innerhalb von 4 Wochen nach Eingang dieses Betrages eine weitere Teilquote von ...... % auszuschütten.

6. Weiterhin wird der Konkursverwalter gleichfalls als Treuhänder der Gemeinschuldnerin und der Gläubiger unwiderruflich beauftragt und bevollmächtigt, die bisher nicht verwerteten Masseteile, insbesondere die noch nicht fälligen Sicherheitsbeträge, zu verwerten und innerhalb von 4 Wochen nach abgeschlossener Verwertung, voraussichtlich im Jahre ......, die Schlußquote auszuschütten.

7. Die Verwertung und Verwaltung erfolgt durch den Konkursverwalter als Treuhänder selbständig und unabhängig im Interesse der Gläubiger. Der Treuhänder ist in der Eigenschaft als unbeschränkt und unwiderruflich Beauftragter und Bevollmächtigter der Gemeinschuldnerin und, soweit erforderlich, gleichzeitig auch als Beauftragter und Bevollmächtigter aller Gläubiger für seine angegebene Tätigkeit gerichtlich und außergerichtlich aktiv und passiv legitimiert[8].

8. Für seine Tätigkeit als Treuhänder erhält der Konkursverwalter eine Vergütung in Höhe von DM .....

(......)
Komplementär

Anmerkungen

Konkursordnung

Der Zwangsvergleich ist in den §§ 173 bis 201 KO geregelt. Er ist ein vom Kon- **1** kursgericht bestätigter Vertrag des Gemeinschuldners mit den nicht bevorrechtigten Konkursgläubigern über eine bestimmte, an die Stelle der Konkursverteilung tretende Befriedigung dieser Gläubiger (*Weber/Lenz* § 173 Anm. 1). Der Abschluß eines Zwangsvergleichs ist unzulässig, wenn die Masse zur Befriedigung der Masseansprüche und der Vorrechtsgläubiger nach Maßgabe des § 191 KO nicht ausreicht und dieser Mangel auch nicht behoben werden kann (vgl. *Kilger/K. Schmidt* § 175 Anm. 5; *Uhlenbruck/Delhaes* HRP Rdn. 955, 957).

Der Abschluß eines Zwangsvergleichs ist gem. § 273 KO zeitlich nur zulässig nach Abhaltung des allgemeinen Prüfungstermines und vor Genehmigung der Schlußverteilung durch das Konkursgericht (vgl. §§ 141, 161 KO; *Kilger/K. Schmidt* § 173 Anm. 2; *Uhlenbruck/Delhaes* Rdn. 958). Der Vergleichstermin kann mit dem allgemeinen Prüfungstermin verbunden werden; der Vergleichsvorschlag kann bereits vor dem Prüfungstermin eingereicht werden (*Kuhn/Uhlenbruck* § 173 Rdn. 5).

Der Zwangsvergleich stellt an den Schuldner geringere Anforderungen als der Vergleich im Vergleichsverfahren, insbesondere da im Gegensatz zu § 7 VerglO, abgesehen von der Einschränkung des § 187 KO eine Mindestquote nicht vorgeschrieben ist (*Kilger/K. Schmidt* § 173 Anm. 4; *Uhlenbruck/Delhaes* HRP Rdn. 960).

Da das Konkursgericht von Amts wegen zu prüfen und ggf. nach § 75 KO zu ermitteln hat, ob einer der Hinderungsgründe des § 175 KO dem Zwangsvergleich entgegenstehen, empfiehlt sich in der Praxis mit Einreichung des Zwangsvergleiches eine entsprechende eidesstattliche Erklärung des Gemeinschuldners vorzulegen.

Weiterhin bedarf es nach § 177 KO der Erklärung des Gläubigerausschusses über die Annehmbarkeit des Vorschlages, sofern ein Gläubigerausschuß bestellt ist. Eine Anhörung des Konkursverwalters schreibt das Gesetz zwar nicht vor, ist aber stets zweckmäßig und üblich, insbesondere wenn kein Gläubigerausschuß bestellt ist (*Jaeger/Weber* § 177 Anm. 5). In jedem Falle ist vor Einleitung eines Zwangsvergleiches eine eingehende Erörterung des Vorschlages mit dem Konkursverwalter und ggf. auch mit dem Gläubigerausschuß zu empfehlen.

Gem. § 193 Satz 1 KO wirkt der rechtskräftig bestätigte Zwangsvergleich für und gegen alle nicht bevorrechtigten Konkursgläubiger, auch wenn sie am Verfahren nicht teilgenommen haben. Der Zwangsvergleich unterscheidet sich daher grundlegend von dem außergerichtlichen Sanierungsvergleich, da letzterer nur die an ihm Beteiligten bindet (BGHZ 116, 319).

Die Zwangsvollstreckung aus dem Vergleich regelt § 194 KO.

Die gerichtliche Bestätigung des Zwangsvergleiches beendet nach § 190 KO nicht von selbst das Konkursverfahren, sondern es bedarf eines ausdrücklichen Aufhebungsbeschlusses durch das Konkursgericht. Mit Wirksamkeit dieses Beschlusses endet auch das Amt des Konkursverwalters. Ist er im Zwangsvergleich mit der Durchführung des Vergleichs beauftragt oder zum Treuhänder bestellt, so beruht diese weitere Tätigkeit auf Vertrag ohne Aufsicht durch das Konkursgericht und ist gesondert zu vergüten.

Vgl. wegen weiterer Besonderheiten im Gesellschaftskonkurs § 211 KO, im Nachlaßkonkurs § 230 KO, im Konkurs des Gesamtguts der fortgesetzten Gütergemeinschaft § 236 KO und im Konkurs der Eheleute über das gemeinschaftlich verwaltete Gesamtgut § 236b KO. Für den Genossenschaftskonkurs ist § 115e GenG und im Konkurs eines Versicherungsvereins aG § 52 VAG zu beachten.

2 Der Vorschlag ist schriftlich beim Konkursgericht einzureichen oder mündlich zu Protokoll der Geschäftsstelle zu erklären (*Kilger/K. Schmidt* § 174 Anm. 1).

3 Der Zwangsvergleich erfordert nach § 173 KO einen Vergleichsvorschlag, der vom Gemeinschuldner oder seinem Vertreter ausgehen muß. Gem. § 211 Abs. 1 KO müssen im Konkurs von Personengesellschaften, also der oHG, der KG und der KGaA, alle persönlich haftenden Gesellschafter den Zwangsvergleich mit einem einheitlichen Inhalt vorschlagen (vgl. *Kilger/K. Schmidt* § 173 Anm. 2, § 211 Anm. 2; *Uhlenbruck/Delhaes* HRP Rdn. 959). Der Zwangsvergleich begrenzt im Gesellschaftskonkurs gem. § 211 Abs. 2 KO, soweit er nichts anderes festsetzt, zugleich den Umfang der persönlichen Haftung der Gesellschafter nach §§ 128, 161 Abs. 2 HGB, § 278 AktG (vgl. *Kilger/K. Schmidt* § 211 Anm. 3). Die Haftung als Bürge besteht allerdings weiter fort (§ 193 Satz 2 KO). Die Beseitigung kann nicht im Rahmen des Zwangsvergleichsvorschlages, sondern nur durch Vereinbarung mit den betroffenen Gläubigern erfolgen (*Kilger/K. Schmidt* § 193 Anm. 6).

Eine Einleitung ist zweckdienlich. Sie informiert die nicht bevorrechtigten Konkursgläubiger über den Stand des Konkursverfahrens sowie über die tatsächlichen Voraussetzungen des Zwangsvergleichsvorschlages. Durch Aufgabe zur Post gem. § 77 KO werden die nicht bevorrechtigten Gläubiger, die Forderungen angemeldet haben, unter Mitteilung des Vergleichsvorschlages und ggf. des Ergebnisses der Erklärung des Gläubigerausschusses nach § 179 Abs. 1 Satz 3 KO zum Vergleichstermin geladen und erhalten so auch Kenntnis von der informatorischen Einleitung (vgl. *Kilger/K. Schmidt* § 179 Anm. 2; *Uhlenbruck/Delhaes* HRP Rdn. 974).   **4**

Zur Vorbereitung der Abwicklung eines Zwangsvergleichs zahlen oft der Gemeinschuldner oder Dritte erforderliche Geldbeträge an den Konkursverwalter, was rechtlich unbedenklich ist (vgl. *Uhlenbruck/Delhaes* HRP Rdn. 960). Derartige Zuschüsse sind in der Praxis die Regel und stellen Sondervermögen dar (*Kuhn/Uhlenbruck* § 173 Rdn. 11); denn die bei der Verwertung erzielte Teilungsmasse steht den nicht bevorrechtigten Konkursgläubigern nach Befriedigung der Vorrechte auch ohne Zwangsvergleich zu. Um also die Annahme eines Zwangsvergleichsvorschlages zu erreichen, muß der Gemeinschuldner etwas mehr als die vorhandene Masse zur Verteilung anbieten.   **5**

Notwendiges Inhaltserfordernis ist gem. § 174 KO die bestimmte Angabe über Höhe, Art und Zeit der Befriedigung der Gläubiger. In der Regel ist der Vergleich ein Erlaß- und Stundungsvergleich. Praktisch bedeutsam sind auch die Liquidationsvergleiche. Zulässig ist auch die Verbindung von Quoten- und Liquidationsvergleich dergestalt, daß die Gläubiger jedenfalls eine bestimmte Quote erhalten sollen, auch wenn die Liquidationsmasse bei ihrer Verwertung weniger erbringen sollte (*Kilger/K. Schmidt* § 174 Anm. 2; *Uhlenbruck/Delhaes* HRP 960).   **6**

Der Liquidationsvergleich in der Form einer Treuhand bedeutet Sicherstellung i. S. des § 174 KO. In der Regel dienen zur Sicherstellung: Bürgschaft, Verpfändung, Eintragung einer Grundschuld, Sicherungsübereignung, Sicherungsabtretung usw. (*Kilger/K. Schmidt* § 174 Anm. 3; *Uhlenbruck/Delhaes* HRP Rdn. 960).   **7**

Dem Treuhandverhältnis liegt hier eine Ermächtigung des Konkursverwalters ohne Übereignung der Masse, somit eine unechte Treuhand, zugrunde. Die hier gewählte Formulierung lehnt sich an das Beispiel bei *Uhlenbruck/Delhaes* HRP Rdn. 967 an.   **8**

Für seine Tätigkeit kann der Konkursverwalter eine gesonderte Vergütung nach §§ 675, 612 Abs. 1 u. 2 BGB verlangen (*Kilger/K. Schmidt* § 85 Anm. 5), über die im Streitfall nicht das Konkursgericht, sondern das Prozeßgericht entscheidet (*Kuhn/Uhlenbruck* § 192 Rdn. 6a). Die Vereinbarung im Zwangsvergleichsvorschlag ist problematisch, da zumindest Gebührenvereinbarung mit dem Sachwalter nach   **9**

§ 92 VerglO vor Bestätigung des Vergleichs nichtig sind (BGH ZIP 1981, 1350, 1353). Der Abschluß einer Vergütungsvereinbarung zwischen Zustandekommen des Vergleichs und der gerichtlichen Vergleichsbestätigung ist zulässig (*Kuhn/Uhlenbruck* § 85 Rdn. 15).

Gesamtvollstreckungsordnung

10 Eine Beendigung des Gesamtvollstreckungsverfahrens kann durch Vergleich erfolgen (vgl. § 16 Abs. 1 GesO). Die Regelungen in § 16 GesO lehnen sich eng an die Regelungen in der Konkursordnung über den Zwangsvergleich an (vgl. *Haarmeyer/Wutzke/Förster* § 16 Rdn. 1).

Der Vergleich kann nach Abhaltung des allgemeinen Prüfungstermins und vor Genehmigung der Schlußverteilung abgeschlossen werden (§ 16 Abs. 2 GesO). Die Regelung entspricht § 173 KO. Durch § 16 Abs. 4 Satz 2 GesO wird ausdrücklich die Verbindung von Prüfungstermin und Vergleichstermin gestattet, was der Praxis im Geltungsbereich der Konkursordnung entspricht.

Eine Mindestquote ist nicht vorgeschrieben; allerdings sind Gläubigerforderungen nach § 13 Abs. 1 GesO und die Vorrechtsforderungen nach § 17 Abs. 3 Nr. 1 – 3 GesO in voller Höhe zu befriedigen. Die Gläubiger mit Forderungen gem. § 17 Abs. 3 Nr. 4 GesO sind gleich zu behandeln. Eine Ungleichbehandlung ist auch nicht mit Einwilligung der zurückgesetzten Gläubiger möglich (*Haarmeyer/Wutzke/Förster* § 16 Rdn. 18).

Ein gem. § 15 Abs. 2 GesO gewählter Gläubigerausschuß hat mangels einer den § 177 KO entsprechenden Regelung zu dem Vergleichsvorschlag keine Stellungnahme abzugeben.

Der Vergleich wirkt für und gegen alle Gläubiger mit Forderungen gem. § 17 Abs. 3 Nr. 4 GesO (vgl. § 16 Abs. 5 Satz 2 GesO).

Die Zwangsvollstreckung aus dem Vergleich regelt § 16 Abs. 6 GesO.

Der Vergleich ist gerichtlich zu bestätigen (§ 16 Abs. 5 Satz 1 GesO). Die Bestätigung kann nur versagt werden, wenn der Vergleich auf unlautere Weise zustandegekommen ist (so auch § 188 Abs. 1 Nr. 1 KO) oder einen Teil der Gläubiger unangemessen benachteiligt (§ 16 Abs. 5 Satz 3 GesO). Wenn die beiden genannten Versagungsgründe nicht vorliegen, hat das Gericht die Vergleichsbestätigung vorzunehmen, da ein Ermessensspielraum nicht besteht. Die Vergleichsbestätigung ist auch nicht von Würdigkeitsvoraussetzungen (vgl. § 187 KO) abhängig. Auch eine nachträgliche Aufhebung des Bestätigungsbeschlusses wegen Verurteilung wegen Bankrotts (vgl. § 197 Abs. 1 KO) sieht § 16 GesO nicht vor.

Das Quorum für die Annahme des Vergleichsvorschlages (vgl. § 16 Abs. 4 Satz 3 GesO) bezieht sich auf die im Vergleichstermin anwesenden Gläubiger und erleichtert somit im Gegensatz zu § 74 VerglO und insbesondere auch § 182 Abs. 1 KO die Möglichkeit des Zustandekommens eines Vergleichs.

11 Der Vergleichsvorschlag kann nur vom Schuldner unterbreitet werden. Er ist schriftlich bei Gericht oder mündlich zu Protokoll der Geschäftsstelle zu stellen.

Der Vergleichsvorschlag muß zwingend (vgl. § 16 Abs. 3 GesO) Höhe, Art und Zeit der Befriedigung der Gläubiger angeben sowie Angaben darüber enthalten, ob und in welcher Weise eine Sicherstellung der Vergleichserfüllung erfolgt (*Haarmeyer/Wutzke/Förster* § 16 Rdn. 10). Mit Vorlage eines Vergleichsvorschlages, der den Voraussetzungen des § 16 Abs. 3 GesO entspricht, wird kraft Gesetzes das Gesamtvollstreckungsverfahren in ein Vergleichsverfahren übergeleitet.

Als Vergleichsvorschlag gem. § 16 Abs. 3 Satz 1 GesO sind ein Liquidations-, Stun-   **12**
dungs- oder Quotenvergleich sowie Kombinationen dieser Vergleichsarten zulässig.
Insbesondere ist auch ein Sanierungsvergleichsvorschlag dahingehend möglich, daß
das schuldnerische Vermögen auf eine Auffanggesellschaft übertragen wird (*Haar-
meyer/Wutzke/Förster* § 16 Rdn. 24 – 28).

Wegen der Vergleichssicherstellung vgl. zunächst oben Anmerkung 7. Mangels ei-   **13**
ner den § 194 KO entsprechenden Regelung kann gegen einen Vergleichsgaranten
nicht vollstreckt werden, sondern bedarf es hier der Zahlungsklage.

(Quelle: Beck'sches Prozeßformularbuch, Formular III.f. 31)

Insolvenzordnung

Nach dem gesetzlichen Leitbild eines einheitlichen Insolvenzverfahrens tritt nunmehr anstelle von Vergleich und Zwangsvergleich in Anlehnung an das amerikanische Recht die insolvenzplanmäßige Haftungsverwirklichung (siehe Abschnitt C).

XXIII. Einstellung des Verfahrens im Konkurs-/
Gesamtvollstreckungsverfahren

1. Antrag des Gemeinschuldners auf Einstellung des Konkursverfahrens (§ 202 KO)

An das
Amtsgericht . . . . . .
– Konkursgericht –

in . . . . . .   (Ort, Datum)

Geschäfts-Nr. . . . . . .

In dem Konkursverfahren

über mein Vermögen

beantrage ich in meiner Eigenschaft als Gemeinschuldner,

    das Konkursverfahren nach § 202 KO einzustellen.

Die Zustimmungserklärungen der Konkursgläubiger, die Forderungen angemeldet haben, liegen an.

Die Anmeldefrist ist am . . . . . . abgelaufen.

Gemeinschuldner
(. . . . .)   *Anlagen*

Anmerkungen

Konkursordnung

Nach § 202 Abs. 1 KO ist das Konkursverfahren auf Antrag des Gemeinschuldners einzustellen, wenn er nach dem Ablauf der Anmeldefrist die Zustimmung aller Konkursgläubiger, welche Forderungen angemeldet haben, beifügt. Das Konkursgericht entscheidet nach freiem Ermessen darüber, inwieweit es der Zustimmung oder der Sicherstellung von Gläubigern bedarf, deren Forderungen zwar angemeldet aber nicht festgestellt sind. Da die Einstellung keine rückwirkende Kraft hat, bleiben zwischenzeitlich getroffene Verfügungen des Gerichts und des Konkursverwalters gültig. Verfügungen die der Gemeinschuldner entgegen den §§ 7 ff. KO getätigt hat, werden nachträglich geheilt, wobei die vom Verwalter getroffenen Verfügungen vorgehen (*Uhlenbruck/Delhaes* HRP Rdn. 1003). Vor dem Ablauf der Anmeldefrist kann das Verfahren auf Antrag des Gemeinschuldners eingestellt werden, wenn außer den Gläubigern, deren Zustimmung der Gemeinschuldner beibringt, andere Gläubiger nicht bekannt sind (§ 202 Abs. 2 KO). Die Entscheidung hierüber liegt im pflichtgemäßen Ermessen des Gerichts. In beiden Fällen des § 202 KO ist die Zustimmung der bevorrechtigten und nicht bevorrechtigten Konkursgläubiger erforderlich, auch der absonderungsberechtigten, nicht aber die der aussonderungsberechtigten und der Massegläubiger. Der Verwalter muß jedoch in der Lage sein, die Masseverbindlichkeiten zu erfüllen (*Uhlenbruck/Delhaes* HRP Rdn. 1003 a). Die Zustimmungserklärung ist unwiderruflich und bedingungsfeindlich, kann aber befristet abgegeben werden (*Kuhn/Uhlenbruck* § 202 Rdn. 4 a) Für den Antrag selbst besteht kein Formzwang, d. h. er kann schriftlich, zu Protokoll der Geschäftsstelle oder in der Gläubigerversammlung gestellt werden. Nach § 203 Abs. 1 KO ist der Antrag öffentlich bekanntzumachen und mit den zustimmenden Erklärungen auf der Geschäftsstelle zur Einsicht der Konkursgläubiger niederzulegen. Die Konkursgläubiger können binnen einer mit der öffentlichen Bekanntmachun beginnenden Frist von 1 Woche Widerspruch gegen den Antrag erheben. Im Falle des § 202 Abs. 1 KO steht der Widerspruch jedem Gläubiger zu, welcher bis zum Ablauf der Frist eine Forderung angemeldet hat. Alsdann entscheidet das Gericht über die Einstellung nach Anhörung des Gemeinschuldners und des Verwalters durch Beschluß. Im Falle eines Widerspruchs ist auch der widersprechende Gläubiger zu hören (§ 202 Abs. 2 KO). Der Einstellungsbeschluß und der Grund der Einstellung sind öffentlich bekanntzumachen (§ 205 Abs. 1 KO). Mit der Einstellung geht das Verwaltungs- und Verfügungsrecht wieder auf den Gemeinschuldner über (§ 206 Abs. 1 KO). Gegen den Einstellungsbeschluß können der Verwalter, der Gemeinschuldner sowie alle Beteiligten die befristete Erinnerung (§ 11 Abs. 1 S. 1 RPflG) bzw. die sofortige Beschwerde (§ 73 Abs. 3 KO) einlegen. Gegen den die Einstellung zurückweisenden Beschluß stehen allein dem Gemeinschuldner die genannten Rechtsmittel zu (*Uhlenbruck/Delhaes* HRP Rdn. 1018).

Gesamtvollstreckungsordnung

Nach § 19 Abs. 1 Nr. 4 GesO ist die Gesamtvollstreckung einzustellen, wenn der Schuldner während des Verfahrens die Einstellung beantragt und entweder alle Gläubiger zustimmen oder der Eröffnungsgrund (§ 1 Abs. 1 GesO) beseitigt ist. Hinsichtlich des Zustimmungserfordernisses durch die Gläubiger kann auf die Ausführungen zur Konkursordnung verwiesen werden. In Abweichung hierzu hat der Gesetzgeber der Zustimmung der Gläubiger die Beseitigung des Eröffnungsgrundes gleichgestellt. Die vollzogene Beseitigung der Zahlungsunfähigkeit und/oder der Überschuldung sind vom Schuldner durch Vorlage geeigneter Unterlagen glaubhaft zu machen (*Haarmeyer/Wutzke/Förster* § 19 Rdn. 24). Die betroffenen Gläubiger sind hierzu zu hören. Ist das Gericht von der Vorlage der Einstellungsgründe überzeugt, hat es das Verfahren einzustellen. Der Einstellungsbeschluß ist dem Schuldner und dem Verwalter zuzustellen und öffentlich bekanntzumachen. Die in § 6 Abs. 2 GesO genannten Behörden sind von der Einstellung zu benachrichtigen (§ 19 Abs. 2 GesO). Gegen den Einstellungsbeschluß steht den Gläubigern, gegen einen die Einstellung ablehnenden Beschluß dem Schuldner die sofortige Beschwerde zu (§ 20 GesO).

2. Anregung des Konkursverwalters auf Einstellung des Konkursverfahrens mangels einer die Verfahrenskosten deckenden Masse (§ 204 KO)

An das
Amtsgericht ......
– Konkursgericht –

in ......   (Ort, Datum)
Geschäfts-Nr. ......

In dem Konkursverfahren

über das Vermögen der Firma ......

rege ich unter gleichzeitiger Überreichung der Schlußrechnung an,

    das Konkursverfahren mangels einer die Kosten des Verfahrens
    entsprechenden Konkursmasse nach § 204 Abs. 1 KO einzustellen.

Die Massekosten betragen voraussichtlich DM ......

Dem steht lediglich ein Massebestand von DM ......
gegenüber.

Verwertbares Vermögen besteht nicht mehr.

Die Konkursmasse reicht daher noch nicht einmal aus, die Massekostengläubiger zu befriedigen.

Rechtsanwalt
als Konkursverwalter   *Anlage*

Anmerkungen
Konkursordnung

Reicht die Masse noch nicht einmal aus, die Kosten des Verfahrens (§ 58 Nr. 1, 2 KO) zu decken, kann das Konkursgericht das Konkursverfahren nach § 204 Abs. 1 S. 1 KO einstellen. Die Feststellung der Masselosigkeit erfolgt durch den Verwalter (*Kuhn/Uhlenbruck* § 204 Rdn. 1). Nach herrschender Meinung darf eine Einstellung nach § 204 KO erst nach Verteilung des vorhandenen Restvermögens erfolgen (*Kilger/K. Schmidt* § 204 Anm. 2; *Jaeger/Weber* § 205/206 Rdn. 2; *Kuhn/Uhlenbruck* § 204 Rdn. 1). Die Einstellung unterbleibt, wenn ein zur Deckung der in § 58 Nr. 1, 2 KO bezeichneten Massekosten ausreichender Geldbetrag vorgeschossen wird (§ 204 Abs. 1 S. 2 KO). Der Massekostenvorschuß darf sich nur auf die vorgenannten Massekosten, nicht aber auch die durch die Restabwicklung entstehenden „Neu-Masseschulden" mitbeinhalten. Zur Höhe des Kostenvorschusses und zur Kostendeckung bei Verfahrenseinstellung Uhlenbruck KTS 1976, 212, 219. Vgl. zur Nachschußpflicht der Genossen im Genossenschaftskonkurs ausführlich *Uhlenbruck/Delhaes* HRP Rdn. 1027 ff.. Die Anregung zur Einstellung erfolgt in der Regel durch den Konkursverwalter. Dieser sollte zweckmäßigerweise zugleich zum Nachweis der Masseverwertung die Schlußrechnung miteinreichen, damit gleichzeitig

Termin zur Abnahme der Schlußrechnung bestimmt werden kann (§ 86 KO). Die Erstellung eines Schlußverzeichnisses erübrigt sich, da es zu keiner Schlußverteilung kommt (*Kuhn/Uhlenbruck* § 204 Rdn. 4b). Der Einstellungsbeschluß und der Grund der Einstellung sind öffentlich bekanntzumachen (§ 205 Abs. 1 KO). Gegen den Einstellungsbeschluß steht allen Beteiligten (Konkursverwalter, Gläubigern, Gemeinschuldner) die sofortige Beschwerde (§ 72 Abs. 3 KO) bzw. die befristete Erinnerung (§ 11 Abs. 1 S. RPflG) zu. Nach der Einstellung erhält der Gemeinschuldner das Recht zurück, über die Konkursmasse frei zu verfügen.

Gesamtvollstreckungsordnung

Nach § 19 Abs. 1 Nr. 3 GesO ist die Gesamtvollstreckung einzustellen, wenn sich während des Verfahrens ergibt, daß die Kosten des Verfahrens nicht gedeckt werden können. § 19 Abs. 1 Nr. 3 GesO entspricht im wesentlichen der Regelung des § 204 Abs. 1 KO, so daß insoweit auf die Anmerkungen zur Konkursordnung Bezug genommen werden kann. Eine den § 204 Abs. 2 KO entsprechende Vorschrift sieht die Gesamtvollstreckungsordnung nicht vor, so daß das Gericht vor einer Entscheidung über den Einstellungsantrag die Gläubiger nicht anhören muß (für eine Anhörungspflicht im Vorgriff auf § 207 Abs. 2 InsO *Haarmeyer/Wutzke/Förster* § 19 Rdn. 11). Der Einstellungsbeschluß ist dem Schuldner und dem Verwalter zuzustellen und öffentlich bekanntzumachen. Die in § 6 Abs. 2 GesO genannten Behörden sind von der Entscheidung zu benachrichtigen (§ 19 Abs. 2 GesO). Der Beschluß ist unanfechtbar (§ 19 Abs. 3 GesO).

XXIV. Einstellung des Verfahrens im Insolvenzverfahren

1. Antrag des Schuldners auf Einstellung des Insolvenzverfahrens (§ 213 InsO)

Anmerkungen

Auf das Formular B. XXIII. 1. kann Bezug genommen werden.

Die Einstellung des Insolvenzverfahrens auf Antrag des Schuldners bei Zustimmung der Gläubiger nach § 213 InsO entspricht im wesentlichen der bisherigen Regelung in § 202 KO (vgl. auch § 19 Abs. 1 Nr. 4 1.Alt. GesO). Als Neuerung sieht § 213 Abs. 1 S. 2 InsO vor, daß bei absonderungsberechtigten Gläubigern das Insolvenzgericht – wie bei Gläubigern bestrittener Forderungen – nach seinem Ermessen entscheidet, ob ihre Zustimmung zur Einstellung erforderlich ist bzw. durch eine Sicherheitsleistung substituiert werden kann. Wie sich aus der Begründung zu § 326 des RegE (BT-Drs 12/2443, S. 221 f) ableiten läßt, ist bei einem Absonderungsberechtigten nicht erforderlich, daß diesem auch eine persönliche Forderung gegenüber dem Schuldner zusteht.

2. Anregung des Insolvenzverwalters auf Einstellung des Insolvenzverfahrens wegen fehlender Deckung der Verfahrenskosten (§ 207 InsO)

Anmerkungen

Auf das Formular B. XXIII. 2. wird zunächst Bezug genommen.

Die (nachträgliche) Einstellung des (eröffneten) Insolvenzverfahrens „mangels Masse" nach § 207 Abs. 1, Abs. 2 InsO entspricht im wesentlichen der bisherigen Rechtslage nach § 204 KO.

Eine vorgelagerte Änderung ergibt sich lediglich daraus, daß § 54 InsO den Begriff der Verfahrenskosten gegenüber dem bisherigen Recht entscheidet verengt. § 54 InsO beschränkt die Verfahrenskosten nunmehr neben den Gerichtskosten (§ 54 Nr. 1 InsO) allein noch auf die Vergütungen und Auslagen des vorläufigen Insolvenzverwalters, des Insolvenzverwalters sowie der Mitglieder des Gläubigerausschusses (§ 54 Nr. 2 InsO). Demgegenüber mußten nach der insoweit engsten Auffassung zur KO neben den gerichtlichen Kosten des Verfahrens wenigstens zusätzlich die Ausgaben für die Verwaltung, Verwertung und Verteilung der Masse nach § 58 Nr. 1, 2 KO gedeckt sein (vgl. *Jaeger/Weber*, § 107 Rdn. 4; *Kuhn/Uhlenbruck*, § 107 Rdn. 1 g). Die Gegenansicht kommt unter Berufung auf die Rangfolge des § 60 KO zu einem weiteren Verständnis, indem sie auch die vorgehenden Masseschulden des § 59 Abs. 1 Nr. 1, 2 KO mit in die Betrachtung einstellt (vgl. *Kilger/ K. Schmidt*, § 107 Anm. 2). Diese Ausgaben werden nunmehr erst unter den sonstigen Masseverbindlichkeiten des § 55 Abs. 1 InsO erfaßt, wo ihnen allein im Rahmen der Finanzierung des zu eröffnenden und durchzuführenden Insolvenzverfahrens Bedeutung beigemessen ist (vgl. §§ 208 ff. InsO).

Die Einstellung des Insolvenzverfahrens hat nach § 207 InsO von Amts wegen zu erfolgen. Damit dem jedoch eine umfassende Information des Insolvenzgerichtes vorausgeht und die Beteiligten Gelegenheit zur Leistung eines Kostenvorschusses gem. § 207 Abs. 1 S. 2 InsO haben, der der Höhe nach auch an der Regelung des § 54 InsO auszurichten ist, sind nach § 207 Abs. 2 InsO vor der Entscheidung über die Einstellung außer der Gläubigerversammlung der Insolvenzverwalter und die Massegläubiger zu hören.

Weiterhin erklärt § 207 Abs. 2, 2. HS InsO die Vorschrift des § 26 Abs. 3 InsO zugunsten eines vorschußleistenden Gläubigers für entsprechend anwendbar. In § 26 Abs. 3 InsO ist ein besonderer Ersatzanspruch der Vorschußgeber gegen insolvenzantragspflichtige Personen normiert, die ihrer Insolvenzantragspflicht (vgl. §§ 42 Abs. 2, 48, 53, 86, 88, 89 Abs. 2, 1489 Abs. 2, 1980, 1985 BGB, 130a HGB, 92 Abs. 2, 268 Abs. 3, 278 Abs. 3, 283 Nr. 14 AktG, 64 GmbHG, 99 GenG) pflichtwidrig und schuldhaft nicht nachgekommen sind und damit – wie das Gesetz vermutet – eine Masseverkürzung veranlaßt haben. Dogmatisch wird dieser Anspruch seinem Anliegen und Wesen nach als Schadensersatzanspruch zu begreifen sein (vgl. Häsemeyer, in *Leipold*, Insolvenzrecht im Umbruch, S. 101, 110). Trotz des zu engen Wortlauts, der allein den Fall der (völlig) unterbliebenen Insolvenzantragstellung thematisiert, dürfte es im Wege der Gesetzesanalogie vom Schutzzweck her geboten sein, bereits die verspätete Antragstellung genügen zu lassen, was auch in der Begründung zu § 30 des RegE (BT-Drs. 12/2443, S. 118f.) hervorgehoben ist.

Gegenüber dem bisherigen Recht stellt § 207 Abs. 3 InsO nunmehr ausdrücklich klar, daß der Insolvenzverwalter bei fehlender Kostendeckung nur noch verpflichtet ist, mit den vorhandenen Barmitteln gleichmäßig die Kosten des Verfahrens zu berichtigen.

XXV. *Vergütung des Verwalters im Konkurs-/ Gesamtvollstreckungsverfahren*

1. Antrag des Verwalters auf Festsetzung der Vergütung und der Auslagen

An das
Amtsgericht . . . . . .
– Konkursgericht –

in . . . . . .   (Ort, Datum)

Geschäfts-Nr.

In dem Konkursverfahren

über das Vermögen der Firma . . . . . .

beantrage ich,

> mir eine angemessene Konkursverwaltervergütung sowie die mir
> entstandenen baren Auslagen festzusetzen.

Begründung:

Die Vergütung des Konkursverwalters bestimmt sich nach der VergVO vom
25. 05. 1960 in der Fassung der 4. VO vom 11. 06. 1979.

Ausweislich der mit dem Schlußbericht überreichten Schlußrechnung vom
. . . . . . wurden im Verlaufe des Konkursverfahrens Einnahmen

in Höhe von   DM . . . . . .
erzielt.
Hiervon abzusetzen sind der geleistete
Verfahrenskostenvorschuß
(§ 2 Ziff. 6 VergVO) von   DM . . . . . .
sowie die entstandenen Rechtsanwaltsgebühren
des Unterzeichners (§ 2 Ziff. 3 Satz 2 VergVO)
von insgesamt   DM . . . . . .,
so daß eine Teilungsmasse[2] von   DM . . . . . .
verbleibt.

Aus dieser Teilungsmasse errechnet sich nach § 3 VergVO eine
Regelvergütung[3] von DM . . . . . .

Der Unterzeichner geht davon aus, daß der Regelvergütung der vierfache Regelsatz zugrunde gelegt wird (BVerfG ZIP 1989, 382; LG Köln ZIP 1990, 877).

Nach § 4 Abs. 1 VergVO ist die Vergütung in Abweichung vom Regelsatz festzusetzen, wenn Besonderheiten der Geschäftsführung des Konkursverwalters es erfordern.

So liegt der Fall hier.

In dem Konkursverfahren waren in einem ganz erheblichen Umfange Aus- und Absonderungsrechte zu prüfen, die sich im einzelnen aus dem Konkursverwalterbericht vom ...... und den Abwicklungsberichten vom ...... ergeben. Auch wurde der Geschäftsbetrieb der Gemeinschuldnerin in den ersten 3 Monaten nach Konkurseröffnung fortgeführt.

Angesichts dieser Umstände ist eine Erhöhung des Regelsatzes nach § 4 Abs. 2a und b VergVO um 2 weitere Regelsätze, d. h. insgesamt auf eine 6-fache Regelvergütung angemessen.

Die zur Festsetzung und Erstattung der beantragten Auslagen[4] sind in der Anlage im einzelnen erfaßt.

Ich **beantrage** daher,

meine Vergütung und Auslagen insgesamt wie folgt festzusetzen:
1. Vergütung (6-facher Regelsatz)   DM ......
2. 7,5 % Umsatzsteuerausgleich
   gem. § 4 Abs. 5 VergVO[5]   DM ......
3. Auslagen   DM ......
4. 16 % Umsatzsteuer auf die Auslagen[6]   DM ......

   insgesamt   DM ......

Mit Genehmigung des Amtsgerichts durch Beschluß vom ...... habe ich den mir für die Vergütung und Auslagen bewilligten Vorschuß[7] in Höhe von DM ...... der Masse entnommen. Dieser ist einschließlich des Umsatzsteuerausgleichs in Höhe von DM ...... anzurechnen.

Rechtsanwalt
als Konkursverwalter   *Anlage*

Anmerkungen

Konkursordnung

Nach § 85 KO hat der Konkursverwalter Anspruch auf Erstattung angemessener barer Auslagen und auf Vergütung für seine Geschäftsführung. Diese werden auf Antrag des Verwalters durch das Konkursgericht festgesetzt. Rechtsgrundlage ist die Verordnung über die Vergütung des Konkursverwalters, des Vergleichsverwalters, der Mitglieder des Gläubigerausschusses und der Mitglieder des Gläubigerbeirates vom 25. 05. 1960 in der Fassung vom 11. 06. 1975.   **1**

Grundlage für die Bemessung der Konkursverwaltervergütung ist die Teilungsmasse, auf die sich die Schlußrechnung erstreckt (§ 1 Abs. 1 VergVO). Ist der Gesamtbetrag der Konkursforderungen geringer, so ist diese maßgeblich (§ 1 Abs. 2 VergVO).   **2**
  Die Bestimmung der Teilungsmasse ist in § 2 VergVO geregelt. Hierzu zählt grundsätzlich das gesamte, dem Konkursbeschlag unterliegende Vermögen des Gemeinschuldners. Massegegenstände, die mit Absonderungsrechten (z. B. Hypotheken, Vertrags- und Pfändungspfandrechten, Rechten aus einer Sicherungsübereignung) belastet sind, werden nur insoweit berücksichtigt, als aus ihnen ein Überschuß

zur Masse geflossen ist oder voraussichtlich noch fließen wird. Gegenstände, die dem Vermieterpfandrecht unterliegen, werden jedoch voll berücksichtigt, auch wenn aufgrund des Pfandrechtes Zahlungen aus der Masse an den Vermieter geleistet wurden (§ 2 Ziff. 1. VergVO). Werden Aus- oder Absonderungsrechte abgefunden, so wird die aus der Masse hierfür gewährte Leistung vom Sachwert der Gegenstände, auf die sich diese Rechte erstreckten, abgezogen (§ 2 Ziff. 2 VergVO). Massekosten und Masseschulden werden nicht abgesetzt. Beträge, die der Konkursverwalter als Rechtsanwaltsgebühren aus der Masse erhält, werden jedoch in Abzug gebracht (§ 2 Ziff. 3 VergVO). Steht einer Forderung eine Gegenforderung gegenüber, so wird lediglich der bei einer Verrechnung sich ergebende Überschuß berücksichtigt (§ 2 Ziff. 4 VergVO). Wird das Geschäft des Gemeinschuldners weitergeführt, so ist aus den Einnahmen nur der Überschuß zu berücksichtigen, der sich nach dem Abzug der Ausgaben ergibt (§ 2 Ziff. 5 VergVO). Ein zur Durchführung des Verfahrens von einem anderen als dem Gemeinschuldner geleisteter Vorschuß oder ein zur Erfüllung eines Zwangsvergleichs zur Masse geleisteter Vorschuß bleibt außer Betracht. Gleiches gilt für den Verzicht eines Gläubigers auf seine Forderung (§ 2 Ziff. 6 VergVO).

3 Ist eine Teilungsmasse nicht feststellbar, beträgt die Mindestvergütung des Konkursverwalters DM 400,00 (§ 3 Abs. 2 VergVO).

Ist die Teilungsmasse festgesetzt, beträgt die Regelvergütung des Verwalters
- von den ersten DM 10 000,00 der Teilungsmasse 15 v. H.;
- von dem Mehrbetrag bis zu DM 50 000,00 der Teilungsmasse 12 v. H.;
- von dem Mehrbetrag bis zu DM 100 000,00 der Teilungsmasse 6 v. H.;
- von dem Mehrbetrag bis zu DM 500 000,00 der Teilungsmasse 2 v. H.;
- von dem Mehrbetrag bis zu DM 1 000 000,00 der Teilungsmasse 1 v. H.;
- von dem darüber hinausgehenden Betrag ½ v. H. .

So ergibt sich beispielsweise bei einer Teilungsmasse von DM 250 000,00 folgende Regelvergütung:

15% von DM	10 000,00	= DM	1 500,00
12% von DM	40 000,00	= DM	4 800,00
6% von DM	50 000,00	= DM	3 000,00
2% von DM	150 000,00	= DM	3 000,00
insgesamt		DM	12 300,00

Nach herrschender Meinung ist in sog. „Normalverfahren" der vierfache Satz der Regelvergütung als Konkursverwaltervergütung festzusetzen (*Kuhn/Uhlenbruck* § 85 Rdn. 4a, 6; LG Mönchengladbach ZIP 1986, 1588). Als solche „Normalverfahren" können angesehen werden Verfahren
- die bis zu 2 Jahre andauern;
- mit nur wenigen Aus- und Absonderungsrechten;
- ohne Geschäftsfortführung;
- ohne Haus- und Grundstücksverwaltung;
- mit bis zu 100 Gläubigern (vgl. *Eickmann*, VergVO, § 4 Rdn. 6).

4 Die „Normalvergütung" ist nach § 4 Abs. 2 VergVO insbesondere zu erhöhen, wenn
- die Bearbeitung von Aus- und Absonderungsrechten einen erheblichen Teil der Verwaltertätigkeit ausgemacht hat, ohne daß die Teilungsmasse entsprechend größer geworden ist oder
- der Verwalter zur Vermeidung von Nachteilen für die Masse das Geschäft weitergeführt oder Häuser verwaltet hat und die Teilungsmasse nicht entsprechend größer geworden ist.

Die in § 4 Abs. 2 VergVO aufgezählten Fälle sind nur beispielhaft, so daß auch noch andere Umstände zur Erhöhung führen können, so etwa eine besonders große Anzahl von Gläubigern, umfangreiche Tätigkeit im Zusammenhang mit der Erstellung von Kaug-Bescheinigungen, Sozialplanverhandlungen, Vielzahl von Rechtsstreitigkeiten etc.. Vgl. zur Ermittlung von Zusatzmultiplikatoren die „Faustregeltabelle" bei *Eickmann*, VergVO, § 4 Rdn. 15.

In besonderen Fällen sieht § 4 Abs. 3 VergVO auch eine Reduzierung der Regelvergütung vor, so, wenn der Konkursverwalter schon als Vergleichsverwalter erhebliche Vorarbeiten geleistet hat (lit. a), die Masse bei Übernahme des Amtes bereits im wesentlichen verwertet war (lit b), das Verfahren vorzeitig beendet wird (lit c) oder die Teilungsmasse groß war und die Geschäftsführung verhältnismäßig geringe Anforderungen an den Konkursverwalter stellte (lit d).

Sind mehrere Konkursverwalter nebeneinander bestellt, so sind die Vergütungen so zu berechnen, daß sie zusammen den Betrag nicht übersteigen, der als Vergütung für einen Konkursverwalter vorgesehen ist.

Die dem Konkursverwalter zu erstattenden baren Auslagen sind nach § 85 KO gesondert festzusetzen. **5**

Zu den Auslagen zählen nicht die allgemeinen Geschäftsunkosten des Verwalters, etwa für seinen Büroaufwand, Gehälter für ständig beschäftigte Mitarbeiter oder Schreibgebühren. Diese werden durch die Vergütung abgegolten (§ 5 Abs. 1 VergVO). Erstattungsfähig sind danach Postgebühren, Telefon-, Telefax- und Reisekosten, soweit sie nachgewiesen sind. Festsetzungsfähig sind auch solche Auslagen, die dem Konkursverwalter im Einzelfall durch die Einsetzung von Hilfskräften entstehen (§ 5 Abs. 2 VergVO). Vgl. in diesen Fällen zur Frage der Einordnung als Massekosten (§ 58 KO) oder Masseschuld (§ 59 KO) BGH ZIP 1991, 324. Nach § 5 Abs. 1 Satz 4 VergVO zählen zu den nicht erstattungsfähigen Geschäftsunkosten auch die Kosten einer Haftpflicht-Versicherung. Ob dies, insbesondere in Großverfahren, auch für den Abschluß eines Vermögenshaftpflicht-Versicherung des Verwalters gilt, ist strittig (vgl. die Übersicht bei *Eickmann*, VergVO, § 5 Rdn. 2).

Nach § 4 Abs. 5 VergVO erhält der Konkursverwalter einen Umsatzsteuerausgleich **6** in Höhe der Hälfte des Betrages, der sich aus der Anwendung des allgemeinen Steuersatzes ergibt. Bei einem Steuersatz von derzeit 15% beträgt der Ausgleich somit 8,0%. Ist der Gemeinschuldner zum Vorsteuerabzug berechtigt, kann der Betrag nach § 15 UStG zugunsten der Masse realisiert werden.

§ 4 Abs. 5 VergVO gilt nicht für die entstandenen Auslagen, denen die gesetzliche **7** Umsatzsteuer in voller Höhe zuzusetzen ist.

Mit Genehmigung des Konkursgerichts kann der Konkursverwalter aus der Masse **8** einen Vorschuß auf seine Vergütung und Auslagen entnehmen. Die Genehmigung soll erteilt werden, wenn das Konkursverfahren ungewöhnlich lange dauert oder besonders hohe Auslagen erforderlich wurden (§ 7 VergVO). Grundlage für die Vorschußberechnung ist die zum Zeitpunkt der Antragstellung bestehende Teilungsmasse, der auch hier die Regelvergütung zugrundezulegen ist. Zur Vorschußzahlungen in Fällen sich abzeichnender Massearmut vgl. BGH ZIP 1992, 120.

Gesamtvollstreckungsordnung

Abweichungen zur Konkursordnung bestehen nicht.

XXVI. Vergütung des Verwalters im Insolvenzverfahren

1. Vergütungsantrag des Insolvenzverwalters

An das
Amtsgericht ......
– Insolvenzgericht –

in ......   (Ort, Datum)

Geschäfts-Nr.

In dem Insolvenzverfahren

über das Vermögen der Firma ......

beantrage ich,

    mir eine angemessene Insolvenzverwaltervergütung sowie die mir
    entstandenen baren Auslagen festzusetzen.

Begründung:

Die Vergütung des Insolvenzverwalters bestimmt sich nach der Insolvenzrechtlichen Vergütungsverordnung (InsVV) vom 18. 08. 1998.

Berechnungsgrundlage der Verwaltungsvergütung ist nach § 63 InsO der Wert
der Insolvenzmasse zur Zeit der Beendigung des Insolvenzverfahrens.

Ausweislich der mit dem Schlußbericht überreichten Schlußrechnung vom
...... wurden im Verlaufe des Insolvenzverfahrens Einnahmen

in Höhe von erzielt.	DM	410 000,00
Hiervon abzusetzen sind die entstandenen Rechtsanwaltsgebühren des Unterzeichners (§ 1 Abs. 2 Nr. 2a InsVV) von insgesamt sowie die durch Zahlung abgelöste Valuta der Sicherungsübereignung an dem durch den Unterzeichner verwerteten Vorratsvermögen	DM	10 000,00
(§ 1 Abs. 2 Nr. 1 InsVV) in Höhe von	DM	100 000,00
so daß eine maßgebliche Masse verbleibt von	DM	300 000,00

Aus dieser Masse errechnet sich nach § 2 InsVV eine Regelvergütung von

–	40 %	aus DM	50 000,00	DM	20 000,00
–	25 %	aus DM	50 000,00	DM	12 500,00
–	7 %	aus DM	200 000,00	DM	1 400,00
–				DM	33 900,00

Nach § 3 Abs. 1a InsVV ist eine den Regelsatz übersteigende Vergütung festzusetzen, wenn die Bearbeitung von Aus- und Absonderungsrechten einen er-

heblichen Teil der Tätigkeit des Insolvenzverwalters ausgemacht hat, ohne daß ein entsprechender Mehrbetrag nach § 1 Abs. 2 Nr. 1 InsVV angefallen ist.

So liegt der Fall hier.

In dem Insolvenzverfahren waren in einem ganz erheblichen Umfange Aussonderungsrechte zu prüfen, die sich im einzelnen aus dem Insolvenzverwalterbericht vom ...... und den Abwicklungsberichten vom ...... ergeben, ohne daß hierauf ein Mehrbetrag für die Masse angefallen ist.

Auch wurde der Geschäftsbetrieb der Schuldnerin in den ersten drei Monaten nach Eröffnung des Insolvenzverfahrens fortgeführt. Auch hierfür sieht § 3 Abs. 1b InsVV eine Erhöhung der Regelvergütung vor.

Angesichts dieser Umstände ist eine Erhöhung des Regelsatzes um 0,5 %, mithin auf 1,5 % der Regelvergütung angemessen.

Die Insolvenzverwaltung beträgt danach DM 33 900,00 x 1,5 = 50 850,00.

Die zur Festsetzung und Erstattung der beantragten Auslagen in Höhe von DM 1 500,00 sind in der Anlage im einzelnen erfaßt.

Ich beantrage daher,

meine Verfügung und Auslagen insgesamt wie folgt festzusetzen:

1. Vergütung (1,5 Regelsatz)	DM	50 850,00
2. Auslagen	DM	1 500,00
3. 16% Umsatzsteuer	DM	8 376,00
insgesamt	DM	60 726,00

Rechtsanwalt
als Insolvenzverwalter   *Anlage*

Anmerkungen

Nach § 63 S. 1 hat der Insolvenzverwalter Anspruch auf Vergütung für seine Geschäftsführung und auf Erstattung angemessener Auslagen. § 63 S. 2 InsO bestimmt, daß der Regelsatz der Vergütung nach dem Wert der Insolvenzmasse zur Zeit der Beendigung des Insolvenzverfahrens (also der sog. Sollmasse als bereinigter Masse) zu berechnen ist. Nach § 63 S. 3 InsO kann dem Umfang und der Schwierigkeit der Geschäftsführung durch Abweichungen vom Regelsatz Rechnung getragen werden.

Auf dieser Grundlage setzt das Insolvenzgericht die Vergütung und die zu erstattenden Auslagen des Insolvenzverwalters durch Beschluß fest (§ 64 Abs. 1 InsO). Der Beschluß ist öffentlich bekannt zu machen und dem Verwalter, dem Schuldner und, sofern ein Gläubigerausschuß bestellt ist, den Gläubigerausschußmitgliedern besonders zuzustellen. Im Rahmen der öffentlichen Bekanntmachung sind die Beträge nicht zu veröffentlichen, so daß es bei dem Hinweis verbleibt, daß der vollständige Beschluß in der Geschäftsstelle eingesehen werden kann (§ 64 Abs. 2 InsO). Der Beschluß ist für den Insolvenzverwalter, den Schuldner und jeden Insolvenzgläubiger nach § 64 Abs. 3 InsO mit der sofortigen Beschwerde angreifbar; wird der Beschluß vom Rechtspfleger erlassen, kommt die befristete Erinnerung (§ 11 Abs. 1

S. 2 RpflG) in Betracht. Damit ist dem Gläubigerausschuß sowie der Gläubigerversammlung sowie den einzelnen Gläubigerausschußmitgliedern kein Beschwerderecht eingeräumt. Nach dem Wortlaut der Vorschrift sind auch die Massegläubiger nicht beschwerdebefugt, was nicht gerechtfertigt erscheint, so daß an eine analoge Anwendung der Vorschrift gedacht werden kann.

Zur Regelung der Einzelheiten der Vergütung ermächtigt § 65 InsO den Bundesminister der Justiz Näheres im Wege einer Rechtsverordnung zu regeln. Dies ist am 19. 08. 1998 durch den Erlaß der Insolvenzrechtlichen Vergütungsverordnung (InsVV) erfolgt (BGBl. I S. 2205). Sie ist abgedruckt bei *Haarmeyer/Wutzke/Förster*, Handbuch, Anh. 4 und erläutert in *Haarmeyer/Wutzke/Förster*, Vergütung in Insolvenzverfahren (InsVV. VergVO), 2. Auflage 1999.

§ 1 InsVV konkretisiert zunächst § 63 S. 2 InsO zur Berechnungsgrundlage der Vergütung (Sollmasse). Sodann sind die Regelsätze in § 2 InsVV ausgeformt, wobei in Abs. 2 der Vorschrift bestimmt wird, daß eine Mindestvergütung von DM 1 000,00 zu gewähren ist.

Die Regelbeträge werden wie folgt festgelegt:

– von den ersten	DM	50 000,00	der Insolvenzmasse	40,0 v. H.
– von dem Mehrbetrag bis zu	DM	100 000,00		20,0 v. H.
– von dem Mehrbetrag bis zu	DM	500 000,00		7,0 v. H.
– von dem Mehrbetrag bis zu	DM	1 000 000,00		3,0 v. H.
– von dem Mehrbetrag bis zu	DM	10 000 000,00		1,0 v. H.
– von dem darüber hinaus gehenden Betrag				0,5 v. H.

Regelbeispielhaft sind sodann in § 3 InsVV Zu- und Abschläge zu den Regelsätzen bestimmt, die sich im wesentlichen an der bislang ergangenen Rechtsprechung orientieren. Als wesentlich hervorzuheben ist, daß zusätzlich zur Vergütung und zur Erstattung der Auslagen ein Betrag in Höhe der vom Insolvenzverwalter zu entrichtenden Umsatzsteuer festgesetzt wird. (§ 7 InsVV), so daß die bislang gültige Regelung über den sog. Mehrwertsteuerausgleichsbetrag hinfällig wird.

In § 5 InsVV ist der Einsatz besonderer Sachkunde geregelt. Ist der Insolvenzverwalter danach als Rechtsanwalt zugelassen, so kann er für Tätigkeiten, die ein nicht als Rechtsanwalt zugelassener Verwalter sachgerechter Weise einem Rechtsanwalt übertragen hätte, nach Maßgabe der BRAGO Gebühren und Auslagen gesondert aus der Insolvenzmasse entnehmen. Ist der Verwalter Wirtschaftsprüfer oder Steuerberater oder besitzt eine andere besondere Qualifikation, so gelten die für den Rechtsanwalt normierten Grundsätze entsprechend, so daß diese Tätigkeiten nach Maßgabe der für sie geltenden Vorschriften zu vergüten sind. Die Kosten einer Haftpflichtversicherung gelten grundsätzlich als mit der Vergütung abgegolten, es sei denn, die Verwaltung ist mit einem besonderen Haftungsrisiko verbunden (§ 4 Abs. 3 InsVV). Zu den allgemeinen Geschäftskosten, die weiterhin betriebswirtschaftlich falsch als „Geschäftsunkosten" bezeichnet sind, vgl. § 4 Abs. 1 InsVV.

Eine gesonderte Vergütung ist bei der Nachtragsverteilung bzw. Überwachung der Planerfüllung eines Insolvenzplanes nach billigem Ermessen festzusetzen (§ 6 InsVV). Ein Vergütungsvorschuß soll mit Zustimmung des Insolvenzgerichts dann in Betracht kommen, wenn das Insolvenzverfahren länger als ein Jahr andauert oder besonders hohe Auslagen erforderlich sind (vgl. § 9 InsVV).

XXVII. Kosten und Gebühren im Konkurs-/ Gesamtvollstreckungsverfahren

1. Gerichtskosten

Die Gebühr für die Durchführung des Konkursverfahrens bestimmt sich nach der Aktivmasse (vgl. hierzu Formular A. 33).

Handelt es sich um einen Eigenantrag, wird für die Durchführung des Verfahrens nach Nr. 4220 KostVerz. eine 2 1/2-fache Gebühr erhoben. Sie ermäßigt sich um 1/2, wenn das Konkursverfahren vor Ablauf der Anmeldefrist nach § 202, 204 KO (Nr. 4221 KostVerz.) bzw. auf 1 1/2, wenn das Verfahren nach Ablauf der o. a. Anmeldefrist eingestellt wird (Nr. 4222 KostVerz.).

Bei einem Gläubigerantrag fällt nach Nr. 4225 KostVerz. eine 3-fache Gebühr an. Sie wird mit der Entscheidung über die Konkurseröffnung fällig (§ 61 GKG). Auch hier ermäßigt sich die Gebühr bei Einstellung des Konkursverfahrens vor Ablauf der o. a. Anmeldefristen auf 1 Gebühr (Nr. 4226 KostVerz.), nach deren Ablauf auf eine 2 ½ Gebühr (Nr. 4227 Kostverz.) Die Verfahrensgebühren entfallen, wenn der Konkurseröffnungsbeschluß aufgrund Beschwerde aufgehoben wird (Nr. 4220, 4225 KostVerz.).

Werden Forderungen von Gläubigern verspätet angemeldet und in einem besonders anberaumten Prüfungstermin (§ 142 KO) geprüft, so fällt für jeden Gläubiger die Gebühr aus dem KostVerz. Nr. 4230 an. Sie beträgt DM 25,00. Kostschuldner ist nach § 60 GKG i. V. m. § 142 Abs. 3 KO der säumige Gläubiger. Eine besondere Kostenentscheidung ergeht nicht.

Bei Verfahren über die Beschwerde gegen den konkurseröffnenden bzw. -abweisenden Beschluß fällt eine Gerichtsgebühr nach Nr. 4400 KostVerz. an. Alle übrigen Beschwerden im Verlaufe des Konkursverfahrens sind nur dann gebührenpflichtig, wenn sie als unzulässig verworfen oder zurückgewiesen werden. Auch hier entsteht eine volle Gebühr (Nr. 4402 KostVerz.). Der Wert für die Gebührenberechnung bestimmt sich auch hier nach der Aktivmasse (§§ 38, 37 Abs. 1, Abs. 3 GKG), es sei denn, die Schuldenmasse ist geringer (§§ 38, 37 Abs. 2 GKG).

2. Rechtsanwaltsgebühren

Für seine Tätigkeit im eröffneten Konkursverfahren erhält der Rechtsanwalt eine 05/10 Gebühr (§ 73 BRAGO), unabhängig davon, ob er den Gemeinschuldnerin oder einen Gläubiger vertritt. Die Gebühr des § 73 BRAGO tritt neben die im Eröffnungsverfahren entstandene Gebühr nach § 72 BRAGO.

Beschränkt sich die Tätigkeit des Rechtsanwalts auf die Anmeldung einer Konkursforderung, so erhält er lediglich eine 03/10 Gebühr (§ 75 BRAGO). Meldet der Rechtsanwalt Forderungen von mehreren Gläubigern an, so entsteht für jeden Gläubiger die Gebühr nach § 75 BRAGO, es sei denn, es handelt sich um eine Gesamtforderung.

Für die Vertretung im Beschwerdeverfahren erhält der Rechtsanwalt eine 05/10 Gebühr (§ 31 BRAGO). Sie entsteht erst dann, wenn das Verfahren aufgrund einer Erinnerung gegen die Entscheidung des Rechtspflegers (§ 11 Abs. 1 S. 2 RpflG) dem Landgericht als Beschwerdegericht vorgelegt wird (§ 11 Abs. 2, Abs. 3 RpflG).

Gegenstandswert ist bei der Vertretung des Gemeinschuldners die Aktivmasse (§ 77 Abs. 1 BRAGO) bzw. wenn die Schuldenmasse geringer ist als die Aktivmasse, die Schuldenmasse, bei Vertretung eines Gläubigers die gesamte Forderung einschließlich Zinsen und Kosten im Zeitpunkt der Konkurseröffnung (§ 72 Abs. 2 BRAGO).

Die Gebühren eines vom Gläubiger beauftragten Rechtsanwalts werden aus der Konkursmasse nicht erstattet (§ 63 Ziff. 2 KO). Entsprechend § 788 ZPO können die Gläubiger jedoch den Gemeinschuldner, soweit er über konkursfreies oder vom Verwalter freigegebenes Vermögen verfügt bzw. nach Beendigung des Konkursverfahren in Anspruch nehmen (*Uhlenbruck/Delhaes* HRP Rdn. 1369).

Die Kosten für die Vertretung des Gläubigers sind festsetzungsfähig i. S. des § 19 BRAGO. Gegenüber dem Gemeinschuldner ist eine Kostenfestsetzung nach § 19 BRAGO ausgeschlossen (§ 240 ZPO), es sei denn, der Rechtsanwalt hat auf seine Teilnahme am Konkursverfahren verzichtet (BGHZ 25, 395).

Die vorstehenden Ausführungen gelten sowohl für den Anwendungsbereich der Konkursordnung als auch der Gesamtvollstreckungsordnung, vgl. Art. 8 EinigungsV.

XXVIII. Kosten und Gebühren im Insolvenzverfahren

1. Gerichtskosten

Auf die Ausführungen in Formular XXVII.1. kann Bezug genommen werden.

2. Rechtsanwaltsgebühren

Die Rechtsanwaltsgebühren sind zunächst von den jeweiligen Auftraggebern aufzubringen. Eine Erstattung kommt in entsprechender Anwendung der allgemeinen Grundsätze (§§ 91 ZPO, 50 Abs. 1 GKG in der Fassung durch Art. 29 Nr. 8 EGInsO) gegenüber einer unterlegenen Partei in Betracht, wenn diese die Gerichtsgebühren und die erstattungsfähigen Auslagen auf Grundlage einer gerichtlichen Entscheidung zu tragen hat. Zu den erstattungsfähigen Auslagen gehören regelmäßig auch die Rechtsanwaltskosten.

Wird eine Honorarabsprache zwischen Auftraggeber und Rechtsanwälten nicht getroffen, werden die gesetzlichen Gebühren des Rechtsanwalts nach Maßgabe des § 11 BRAGO auf Grundlage des Gegenstandswertes der anwaltlichen Tätigkeit errechnet.

Beauftragt der Schuldner einen Rechtsanwalt, so berechnet sich der Gegenstandswert gem. § 37 Abs. 1 GKG in der Fassung durch Art. 29 EGInsO nach dem Wert der Insolvenzmasse zur Zeit der Beendigung des Insolvenzverfahrens, also der sog. Sollmasse. Klarstellend weist § 37 Abs. 1 Satz 2 GKG n.F. darauf hin, daß hier die absonderungsbefangenen Gegenstände nur in Höhe des nicht für die absonderungsweise Befriedigung benötigten Betrages einfließen.

Beauftragt der Gläubiger den Rechtsanwalt, so wird der Gegenstandswert nach dem Nennwert der Forderung (zuzügl. Nebenleistungen) bestimmt (§ 77 Abs. 2 BRAGO i. d. F. durch Art. 31 EGInsO).

Im übrigen ist der Gegenstandswert im Insolvenzverfahren unter Berücksichtigung des wirtschaftlichen Interesses, das der Auftraggeber im Verfahren verfolgt, nach § 8 Abs. 2 S. 2 BRAGO zu bestimmen, wie sich aus der Allgemeinvorschrift des § 77 Abs. 3 BRAGO n.F. folgern läßt.

Vertritt der Rechtsanwalt den Schuldner, so erhält er im Rahmen des eröffneten Insolvenzverfahrens für die Vertretung eine ½ Geschäftsgebühr (§ 73 BRAGO n.F.).

§ 74 BRAGO n.F. befaßt sich sodann mit den Gebühren im Rahmen insolvenzplanmäßiger Abwicklung sowie der Restschuldbefreiung. Für Tätigkeiten im Verfahren über einen Antrag auf Restschuldbefreiung sowie im Verfahren über einen Insolvenzplan wird dem Rechtsanwalt eine besondere volle Gebühr zugebilligt (§ 74 Abs. 1 S. 1 BRAGO n.F.). Handelt es sich um die Vertretung des Schuldners, der den Insolvenzplan vorlegt, so fallen daneben zwei weitere volle Gebühren an, so daß der verfahrensbevollmächtigte Rechtsanwalt im Ergebnis drei volle Gebühren erhält (§ 74 Abs. 1 S. 2 BRAGO n.F.). Erfolgt die Vertretung jedoch gleichzeitig im Verfahren über einen Antrag auf Restschuldbefreiung als auch im Verfahren über einen Insolvenzplan, erhält der Rechtsanwalt die Gebühr nur einmal nach dem höchsten Gebührensatz (§ 74 Abs. 1 S. 3 BRAGO n.F.).

Kommt es im Anschluß an die Aufhebung des Insolvenzverfahrens zu einem

Antrag auf Versagung oder Widerruf der Restschuldbefreiung (§§ 296 f, 300, 303 InsO), so erhält der Rechtsanwalt im Rahmen dieser, als besondere Angelegenheit zu wertenden Tätigkeit die Hälfte der vollen Gebühr (§ 74 Abs. 2 BRAGO n. F.).

Vertritt der Rechtsanwalt den Gläubiger, so erhält er für die Forderungsanmeldung 3/10 der vollen Gebühr (§ 75 BRAGO n.F.). Für die Vertretung des Gläubigers im Insolvenzverfahren, im Verfahren über einen Antrag auf Restschuldbefreiung bzw. einen Insolvenzplan erhält der Rechtsanwalt die gleichen Gebühren wie bei einer Beauftragung durch den Schuldner.

XXIX. Berichte

1. Muster eines Konkursverwalterberichts

Konkursverwalterbericht:

In dem Konkursverfahren

über das Vermögen

der Firma ......KG, ..., diese vertreten durch ihre persönlich haftenede Gesellschafterin, Frau ......

– 73 N ...... AG Köln –

Amtsgericht Köln
– Abteilung 73 –
Reichenspergerplatz 1

50670 Köln

Geschäfts-Nr.: 73 N ......

In dem Konkursverfahren

über das Vermögen der Firma ......KG, ..., diese vertreten durch ihre persönlich haftende Gesellschafterin, Frau ......,

wurde ich durch Beschluß des Amtsgerichts – Konkursgerichts – Köln vom ...... – 73 N ...... AG Köln – zum Konkursverwalter ernannt.

Ich erstatte hiermit folgenden

Konkursverwalterbericht:

A. Gesellschaftliche Entwicklung der Gemeinschuldnerin
Die Gemeinschuldnerin wurde im Jahre 1903 als einzelkaufmännische Firma des Herrn ...... gegründet.

Gegenstand des Unternehmens war zunächst die Herstellung von Schrankschiebetürrollen und dazugehörigen Laufschienen.

Seit dem Jahre 1909 domizilierte die Firma in der ...... Straße in Köln.

Zu den bisherigen Erzeugnissen, deren Güte der Firma bereits einen ausgezeichneten Ruf eingebracht hatten, kam in der Folgezeit die Fertigung von Kugelröhren für Schrankschiebetüren hinzu, die unter der Bezeichnung ...... Röhren Weltruf erlangten.

Der Firmengründer ...... verstarb im Jahre 1939. Die Leitung der Firma wurden sonach von seinen beiden Söhnen übernommen.

Persönlich haftende Gesellschafterin war seit dem 01.01.19.. und ist bis heute Frau ......

Die durch die Folgen des 1. und 2. Weltkrieges bedingten konjunkturellen Einbrüche wurden von dem Unternehmen aufgrund der Güte der hergestellten Erzeugnisse außerordentlich schnell überwunden.

So zeichnete sich das nach dem Tode von Herrn ...... seit dem Jahre 1945 von Herrn ...... allein geführte Unternehmen in den Folgejahren durch zahlreiche Erfindungen, etwa des sog. Garagenschwingtores, sowie durch die Erweiterung des Exportgeschäftes aus.

Die Zahl der beschäftigten Arbeitnehmer wuchs teilweise auf über 200 Mitarbeiter.

Seit dem Jahre 1965 wurde das Unternehmen in der Rechtsform einer Kommanditgesellschaft geführt.

Kommanditisten waren ursprünglich Frau ......, geb. ......, sowie nachfolgend im Wege der Gesamtrechtsnachfolge Frau ......, geb. ......, zuletzt mit einer Kommanditeinlage von DM 75 000,00.

Am 14. 01. 19.. trat als weiterer Gesellschafter Herr Dr. ......, als Kommanditist in die Gesellschaft mit einer Einlage von zunächst DM 500 000,00 ein.

Frau ...... schied am 21. 02. 19.. aus der Gesellschaft aus; noch am selben Tage wurden die Einlage des Kommanditisten Dr. ...... auf DM 750 000,00 erhöht.

In der Folgezeit erwarben die Mitgesellschafter ...... und seine Ehefrau, Frau ......, das Betriebsgelände der Gemeinschuldnerin.

Teile des Unternehmens der Gemeinschuldnerin wurden auf mit dem Gesellschafter Dr. ...... verbundene Gesellschaften, etwa die im Jahre 19.. gegründete Firma ...... Vertriebs GmbH & Co. KG, ausgegliedert.

Auf die dem Unterzeichner hierzu übergebene Unternehmensstruktur wird Bezug genommen *(Anl. 1)*.

Daneben bestehen Sicherungsübereignungsverträge betreffend das gesamte Anlagevermögen der Gemeinschuldnerin, abgeschlossen zugunsten des Gesellschafters Dr. ...... sowie der ihm verbundenen Unternehmen *(Anlagenkonvolut 2)*.

Es bedarf noch weiterer Prüfung, ob und ggf. in welcher Höhe gegenüber dem Gesellschafter Dr. ...... konzernrechtliche Haftungsansprüche bestehen.

B. *Verlauf des Sequestrationsverfahrens*
Bei meiner ersten Vorsprache in den Geschäftsräumen der Gemeinschuldnerin stellte sich deren personelle und wirtschaftliche Lage wie folgt dar:

Zum Zeitpunkt der Konkursantragstellung waren bei der Gemeinschuldnerin 83 Mitarbeiter beschäftigt.

Die Arbeitsverhältnisse waren sämtlich ungekündigt.

Für den Monat Dezember 19.. bestanden Lohn- und Gehaltsrückstände von insgesamt DM 316 188,00 (einschl. Weihnachtsgelder).

Die Hausbanken der Gemeinschuldnerin, nämlich die ...... Bank und die

Sparkasse ......, hatten die eingeräumten Kontokorrentkredite aufgekündigt und die bestehenden Kreditverbindlichkeiten von insgesamt DM 586 000,00 fällig gestellt.

Die Vermieter des Betriebsgeländes ......, die Eheleute ......, hatten sämtliche Mietverhältnisse wegen bestehender Mietrückstände fristlos gekündigt Gleichzeitig wurde das Vermieterpfandrecht geltend gemacht.

Die Gas-, Elektrizitäts- und Wasserwerke Köln AG drohte an, die Versorgung einzustellen.

Nahezu sämtliche Lieferanten stellten dringend benötigtes Fertigungsmaterial nur noch gegen Vorkasse zur Verfügung.

Nachdem sich der Unterzeichner gegenüber der GEW AG zunächst persönlich für eine für den Zeitraum vom 19. 01. – 31. 01. 19.. zu leistende Vorauszahlung von DM 16 980,00 stark gesagt hatte, wurde in Ansehung eines noch vorhandenen Auftragsbestandes von ca. DM 800 000,00 der Geschäftsbetrieb der nachmaligen Gemeinschuldnerin vorläufig fortgeführt.

Im Verlaufe der Betriebsfortführung bis zur Konkurseröffnung konnte – nach Abzug noch zu berichtigender Kosten – ein Betrag von DM 169 145,00 (abgerundet) vereinnahmt werden.

Die mit erheblichen Risiken verbundene Fortführung des Geschäftsbetriebes konnte allerdings aus nachstehenden Gründen nur bis zum 30. 01. 19.. verantwortet werden.

Zum einen erklärten sich die dringend zur Auftragsabwicklung benötigten Arbeitnehmer im Hinblick auf die nunmehr bestehenden dreimonatlichen Lohn- und Gehaltsrückstände nicht mehr dazu bereit, für die Gesellschaft weiterhin tätig zu sein.

Zum anderen hätten zur weiteren Auftragsabwicklung folgende Beträge – ohne Löhne und Gehälter – kurzfristig aufgebracht werden müssen:

(1) Miete Betriebsgelände	DM	33 000,00
(2) Miet-, Leasing- und Wartungsverträge	DM	50 000,00
(3) Betriebskosten	DM	45 000,00
(4) Materialkosten	DM	260 000,00
	DM	388 000,00

Da diese Mittel kurzfristig nicht zur realisieren waren, mußte der Geschäftsbetrieb der Gesellschaft – im Einvernehmen mit der Geschäftsleitung – eingestellt werden.

Der Betriebsrat wurde von der beabsichtigten Betriebsstillegung gem. den §§ 111 ff. BetrVG angehört.

C. Bisheriger Verlauf des Konkursverfahren

Unmittelbar nach Konkurseröffnung mußten sämtliche Arbeitsverhältnisse vom Konkursverwalter zum nächstzulässigen Zeitpunkt gekündigt und die Arbeitnehmer – bis auf wenige Ausnahmen – von der Arbeitsleistung freigestellt werden.

Nachstehende, dringend für den Bereich des Rechnungswesens sowie für die Personalabwicklung benötigte Mitarbeiter wurden bislang nicht freigestellt:

(......wird ausgeführt)

Lediglich vorläufig freigestellt wurden zur etwaigen Abwicklung des noch vorhandenen Auftragsbestandes elf im Fertigungsbereich tätige Arbeitnehmer.

Daraufhin nahmen folgende Mitarbeiter in der Zeit vom 09. bis voraussichtlich längstens 28. 02. 19. . ihre Arbeitsleistung wieder auf:

(......wird ausgeführt).

Im Verlaufe der Weiterbeschäftigung wurden zahlreiche, der Höhe nach noch abzustimmende Aufträge der Gemeinschuldnerin über die Firma ...... Vertriebs GmbH & Co. KG abgewickelt.

Durch handschriftliche Vereinbarung vom 08. 12. 19. . verpflichtete sich die Firma ...... zur Übernahme sämtlicher, durch die Weiterbeschäftigung der nur vorläufig freigestellten Arbeitnehmer entstehenden Massekosten und Masseschulden und gab zugunsten des Konkursverwalters eine umfassende Freistellungserklärung ab *(Anl. 3)*.

Die zur Auftragsabwicklung benötigten und im Eigentum der Gemeinschuldnerin stehende Rohbestände und Halbfertigprodukte wurde der Firma ...... zum Einkaufspreis bzw. Tageswert des Halbfertigproduktes abzüglich eines Nachlasses von 25% überlasen Darüber hinaus erhält die Gemeinschuldnerin eine Vergütung von 20% des Netto-Kaufpreises des jeweiligen Auftrages *(Anl. 4)*.

Eine etwaig in Aussicht genommene Veräußerung der gesamten Materialbestände der Gemeinschuldnerin steht unter dem Vorbehalt der Genehmigung der Gläubigerversammmlung.

Die Verhandlungen hierüber waren im Berichtszeitpunkt noch nicht abgeschlossen.

D. Gesellschaftliche und geschäftliche Verhältnisse der Gemeinschuldnerin
   I Gesellschaftliche Verhältnisse der Gemeinschuldnerin

Firma:	(......wird ausgeführt)
Gegenstand des Unternehmens:	(......wird ausgeführt)
Sitz:	(......wird ausgeführt)
Handelsregister:	Amtsgericht Köln, HR A......
Gesellschaftsvertrag:	Ein Gesellschaftsvertrag konnte bislang nicht vorgelegt werden.
Gesellschafter und Kapitalanteile:	1. *Persönlich haftende Gesellschafter* a) Frau ...... Der Kapitalanteil beträgt DM 50 000,00 (Buchwert).

b) Firma ......
Nach den dem Konkursverwalter erteilten – urkundlich allerdings nicht belegten – Informationen soll die o. a. Gesellschaft ebenfalls persönlich haftende Gesellschafterin der Gemeinschuldnerin sein.

Alleinige Gesellschafterin der Firma ...... GmbH i. Gr. ist wiederum die Gemeinschuldnerin.

Der Sachverhalt ist aufklärungsbedürftig.

2. *Kommanditist*
Herr Dr. ......

Der Kapitalanteil beträgt – bezogen auf die Pflichteinlage – DM 750 000,00.

Der Nachweis, daß die Einlage erbracht worden ist, konnte bislang nicht geführt werden.

Geschäftsführung: Organschaftliche Vertreterin der Gemeinschuldnerin ist deren persönlich haftende Gesellschafterin, Frau ......

Als Prokurist war zuletzt Herr ...... bestellt.

Seit dem 15. 03. 19.. war daneben Herr Dipl.-Ing. ...... , aufgrund eines mit der Firma ...... GmbH i. Gr. abgeschlossenen Geschäftsführervertrages als alleinvertretungsberechtigter Geschäftsführer eingesetzt *(Anl. 5)*.

Es bestehen diesseits erhebliche Bedenken, ob hierdurch sowohl im Innen- als auch im Außenverhältnis eine organschaftliche Vertretungsmacht des Herrn ...... überhaupt begründet werden konnte.

Der Sachverhalt bedarf auch hier weiterer Ermittlungen.

Geschäftsjahr: Kalenderjahr.

II. Geschäftliche Verhältnisse der Gemeinschuldnerin
  1. Mietverträge
    *a) Mietvertrag über aufstehende Gebäude und Nutzflächen der Liegen-
    schaften* . . . . . .

Die mehrere hundert Quadratmeter umfassende Gewerbefläche
wurde durch schriftlichen Mietvertrag für gewerbliche Räume
vom 30. 10. 19.. vom Mitgesellschafter Dr. . . . . . . angemietet.

Der Mietvertrag ist bis zum 30. 09. 20.. befristet.

Der hierfür monatlich geschuldete Mietzins betrug zuletzt
DM 20 520,00 (brutto).

Mit Schreiben vom 12. 12. 19.. kündigte der Vermieter wegen
bestehender – vom Unterzeichner nicht abgestimmter – Mietrückstände von DM 414 000,00 das Mietverhältnis mit sofortiger
Wirkung.

Das Vermieterpfandrecht wurde geltend gemacht.

    b) Mietvertrag über eine Halle und Freiflächen, gelegen in der Liegenschaft
    Über die mit ca. 570 qm angegebene Gewerbefläche besteht ein
schriftlicher Mietvertrag für gewerbliche Räume vom 02. 01. 19..

Vermieterin ist die Ehefrau des Mitgesellschafters Dr. . . . . . . ,
Frau . . . . . .

Der monatlich geschuldete Mietzins beträgt DM 3 648,00.

Aufgrund der mit DM 55 200,00 angegebenen Mietrückstände
wurde auch dieses Mietverhältnis mit Schreiben vom 12. 12. 19..
fristlos gekündigt.

Das Vermieterpfandrecht wurde auch hier geltend gemacht.

    Zu a) – b):
Zur Abwicklung der Mietverhältnisse wurde mit den Vermietern
die aus der Analge ersichtliche Vereinbarung geschlossen (Anl. 6).

    c) Sonstige Mietverträge
    (. . . . . . wird ausgeführt)

Sämtliche Mietverhältnisse wurden vom Konkursverwalter gekündigt.

Die Gegenstände wurden zwischenzeitlich von den Vermietern
sichergestellt.

  2. Leasingverträge
    (. . . . . . wird ausgeführt)

    Zu a) – l):
Sämtliche Leasingverträge wurden vom Konkursverwalter gekündigt.

Die Leasinggeber wurden aufgefordert, die Gegenstände umgehend
sicherzustellen.

3. *Wartungs- und Serviceverträge*
   (......wird ausgeführt)

   Zu a) – m):
   Sämtliche Vertrage wurden vom Konkursverwalter gekündigt.

4. *Dienst- und Arbeitsverhältnisse:*
   a) *Dienstverhältnisse*
   Es wurde bereits dargestellt, daß zwischen der Gemeinschuldnerin über die Firma...... GmbH i. Gr. mit Herrn Dipl-Ing....... ein Geschäftsführervertrag abgeschlossen wurde.

   Der Anstellungsvertrag wurde vom Konkursverwalter vorsorglich aufgekündigt.

   b) *Arbeitsverhältnisse*
   Zum Zeitpunkt der Konkursantragstellung waren bei der Gemeinschuldnerin – mit Ausnahme des „Geschäftsführers"...... – 83 Arbeitnehmer beschäftigt, die sich aus der beigefügten Mitarbeiterliste ergeben *(Anl. 7).*

   Die Arbeitsverhältnisse unterliegen dem Änderungs-Tarifvertrag vom 15. 03. 19.. zum Manteltarifvertrag-Metall/NRW.

   Der aus 6 Mitgliedern bestehende Betriebsrat setzt sich wie folgt zusammen:

   (......wird ausgeführt)

   Nachstehende Arbeitnehmer unterliegen dem besonderen Kündigungsschutz des Gesetzes zur Sicherung der Eingliederung Schwerbehinderter in Arbeit, Beruf und Gesellschaft (Schwerbehindertengesetz i. d. F. vom 26. 08 1986):

   (......wird ausgeführt)

   Zugunsten der Arbeitnehmerin ...... greift das Gesetz zum Schutze der erwerbstätigen Mutter (Mutterschutzgesetz i. d. F. vom 18. 04. 1968) ein.

   Sämtliche Arbeitsverhältnisse wurden vom Konkursverwalter – nach Anhörung des Betriebsrates – zum nächstzulässigen Zeitpunkt gekündigt, die Mitarbeiter in dem dargestellten Umfange von der Arbeitsleistung freigestellt.

   Für die Monate Dezember 19.. und Januar 19.. bestehen Lohn- und Gehaltsrückstände von DM 650 000,00 (geschätzt).

   Bis zur endgültigen Beendigung der Arbeitsverhältnisse können Masseschulden bis zu DM 1,0 Mio. entstehen.

5. *Bankverbindungen*
   Die Gemeinschuldnerin unterhält bei nachstehenden Kreditinstituten Konten:

   (......wird ausgeführt)

6. *Buchhaltung und Jahresabschlüsse*
   Die Finanz- und Lohnbuchhaltung der Gemeinschuldnerin wurde hausintern erstellt.

Sie ist bis zum Zeitpunkt der Konkursantragstellung auf dem Laufenden.

Die Gewinn- und Verlustrechnung per 30. 11. 19.. sowie ein unkorrigierter Entwurf des Jahresabschlusses zum 30. 12. 19.. wurden vorgelegt.

Die Gemeinschuldnerin wird steuerlich bei dem Finanzamt Köln ...... unter der Steuer-Nr...... geführt.

Nach den mir erteilten Informationen sollen Steuerrückstände in Höhe von DM 120 000,00 (geschätzt) bestehen.

7. *Berater*

Die Gemeinschuldnerin wird steuerlich von der Firma...... GmbH,......, betreut.

Ein Rechtsberater war nicht tätig.

E. *Vermögensverhältnisse der Gemeinschuldnerin*
   I. *Vermögen*

	DM
1. *Anlagevermögen*	1,00

Es wurde bereits dargestellt, daß dem Unterzeichner Sicherungsübereignungsverträge vorliegen, ausweislich derer sämtliche dem Geschäftsbetrieb dienende Gegenstände der Betriebs- und Geschäftsausstattung, Patente, Musterschutze, Zeichnungen, Skizzen und Modelle ...... sicherungsübereignet sind an (......wird ausgeführt)

Da die Rechtswirksamkeit der Sicherungsübereignungen nicht unstrittig ist, wurde für das Anlagevermögen zunächst insgesamt ein Erinnerungswert von

DM 1,00

eingesetzt.

Dies vorausgeschickt, wurden vom Konkursverwalter hierzu folgende Feststellungen getroffen:
(a) *Grundstücke* 0,00
Grundbesitz ist nicht – mehr – vorhanden.

(b) *Maschinen* 300 000,00
(geschätzt)

Dem Unterzeichner wurde hierzu ein von der Gemeinschuldnerin erstellter Anlagespiegel überreicht, aus dem sich ergibt, daß die maschinellen Anlagen (einschließlich des dazugehörigen Werkzeuges) per 31. 12. 19.. einen Buchwert von insgesamt DM 283 248,00 hatten *(Anl. 8)*.

Nach Auflösung der stillen Reserven und vorzunehmender Wertberichtigungen (Zeitwert) ist von einem Vermögenswert in der genannten Höhe auszugehen.

(c) Betriebs- und Geschäftsausstattung 15 000,00
(geschätzt)

Die im Eigentum der Gesellschaft stehenden Gegenstände ergeben sich ebenfalls aus dem von der Gemeinschuldnerin hierzu erstellten Anlagespiegel *(Anl. 9)*.

Die zum Teil erheblich abgenutzten Sachen haben
einen Wert von geschätzt – DM 15 000,00.

(d) Fahrzeuge und sonstige Transportmittel 10 000,00
(geschätzt)

Im Eigentum der Gemeinschuldnerin stehen ein
Lastkraftwagen Marke MAN-VW 8 136 F, *amtl.
Kennzeichen:* ......, sowie die aus der Anlage
ersichtlichen weiteren Transportmittel *(Anl. 10)*.

Es ist von einem Verwertungserlös in der genannten
Höhe auszugehen.

(e) Gebrauchsmuster 1,00
Zugunsten der Gemeinschuldnerin sind nachstehende Gebrauchsmuster in der Gebrauchsmusterrolle des Deutschen Patentamtes
eingetragen:

(......wird ausgeführt)

Für folgende Gebrauchsmuster wurde die Eintragung
in die Gebrauchsmusterrolle beantragt:

(......wird ausgeführt)

Ob und ggf. in welcher Höhe den Gebrauchsmustern
ein kapitalisierbarer Wert zuzuschreiben ist, bedarf
weiterer Aufklärung.

Es wurde ein Erinnerungswert eingesetzt.

(f) Rückständige Kommanditeinlage 1,00
Es wurde bereits ausgeführt, daß bislang ein
Nachweis über die Erbringung der Kommanditeinlage von DM 750 000,00 durch den Kommanditisten Dr. ...... nicht erbracht wurde.

Eine etwaig sich danach ergebende Forderung
wurde mit einem Erinnerungswert berücksichtigt.

2.Umlaufvermögen
   a) Roh-, Halb- und Fertigprodukte 200 000,00
   Nach den dem Konkursverwalter vorliegenden
   – mehrere hundert Seiten fassende – Bestands-
   listen, waren per 31. 12. 19.. folgende – freie –
   Materialbestände vorhanden:
   (1) Roh-, Hilfs- und Betriebsstoffe DM 557 088,00
   (2) Halbfertigerzeugnisse DM 159 499,00

(3) Fertigerzeugnisse	DM	381 052,00
(4) Außenlager Vertreter	DM	19 255,00
insgesamt	DM	1 116 894,00

Während des Zeitraumes vom 02. 01. 19.. bis zur Konkurseröffnung tätigte die Gemeinschuldnerin Umsätze in Höhe von ca. DM 420 000,00 (geschätzt).

Bei einem kalkulierten durchschnittlichen Materialeinsatz von 32,5 % ist davon auszugehen, daß zum Zeitpunkt der Konkurseröffnung ein freier Materialbestand von nominell

(1) Roh-, Hilfs- und Betriebsstoffe	DM	489 000,00
(2) Halbfertigerzeugnisse	DM	140 078,00
(3) Fertigerzeugnisse	DM	334 653,00
(4) Außenlager Vertreter	DM	16 911,00
insgesamt	DM	980 642,00

vorhanden war.

Die sich danach zu (1) – (3) ergebenden Werte sind allerdings erheblich wertzuberichtigen.

Zu (1):
Ausschlaggebend für die Bewertung der Roh-, Hilfs- und Betriebsstoffe ist deren Nutzbarkeit im Produktionsprozeß anderer Betriebe.

Bei den hier vorhandenen Stoffen handelt es sich nahezu gänzlich um Spezialmaterial- und Zubehörteile zur Fertigung von Sonderprodukten, die lediglich für einen eingeschränkten Abnehmerkreis nutzbar gemacht werden können.

Erschwerend tritt hinzu, daß es sich bei den Materialien um eine Vielzahl verschiedener Gütearten in hoher Stückzahl handelt. Beispielhaft zu nennen sind Kugellager, Führungsschienen, Drehscheiben, Vielzweckhalter, Schlösser, Laufwagen, Schrauben und Bandeisen unterschiedlichster Art und Größe.

Der Verwertungsaufwand für den Fall der Zerschlagung steht zu den hieraus – wenn überhaupt – zu erwartenden Erlösen nahezu in keinem Verhältnis.

Zu (2):
Entsprechendes gilt für die noch vorhandenen Halbfertigprodukte.

Aufgrund der Struktur der Halbprodukte und der geringen Marktgängigkeit der (Spezial-) Fertigprodukte eignen sich diese nicht für eine Fertigstellung in anderen Betrieben.

Um wenigstens einen Teil der vorhandenen Halbfertigerzeugnisse noch fertigzustellen, wurde – wie bereits
ausgeführt – mit der Firma . . . . . . vereinbart, daß diese
unter den dargestellten Voraussetzungen die noch
bestehenden Aufträge mit Materialien der Gemeinschuldnerin abwickelt.

Zu (3):
Hinsichtlich von Teilen der Fertigprodukte bestanden
bereits vorkonkurslich Absatzprobleme.

Nach Angaben des Prokuristen und Betriebsleiters
der Gemeinschuldnerin, Herrn . . . . . . , waren bereits
unter normalen Verkaufsbedinggungen ein Drittel
der vorhandenen Erzeugnisse der Gemeinschuldnerin
nahezu unverkäuflich, ein weiteres Drittel nur
schwer absetzbar und lediglich ein Drittel der
hergestellten Produkte kurzfristig veräußerbar.

Diese Marktwiderstände haben sich im Verlauf
des Konkursverfahrens noch verstärkt.

Sämtliche Versuche, wenigstens den Materialbestand
der Gesellschaft an Konkurrenzunternehmen,
etwa die Firma . . . . . . , oder die Firma . . . . . . , zu
veräußern, scheiterten am Produktangebot der
Gemeinschuldnerin.

Für den Fall der Möglichkeit der Gesamtveräußerung
des Materialbestandes geht der Unterzeichner von
einem allenfalls realisierbaren Erlös von
DM 200 000,– aus.

Anderenfalls ist – wenn überhaupt – nur von einem
äußerst geringen Konkurswert auszugehen.

b) *Forderungen aus Lieferungen und Leistungen*   617 965,00
   (abgerundet)

Ausweislich der bereits zu den Akten gereichten
Debitorenliste berühmt sich die Gemeinschuldnerin
Forderungen in Höhe von DM 617 965,14.

Die insoweit bei der Gemeinschuldnerin im Verlaufe
des Sequestrations- und bisherigen Konkursverfahrens
eingegangenen Schecks wurden zugunsten des
Konkurstreuhandkontos eingereicht.

Nach noch vorzunehmender Abstimmung der Forderungen werden sämtliche Schuldner vom Konkursverwalter zur Zahlung aufgefordert werden.

c) *Guthaben Postbank*   75 088,38

Das bei der Postbank . . . . . . unterhaltene Geschäftskonto der Gemeinschuldnerin wies per 20. 01. 19. .
ein Guthaben von DM 45 522,48 aus.

Der Betrag wurde noch im Verlaufe des Sequestrationsverfahren auf das vom Unterzeichner eingerichtete (Konkurs-)Treuhandkonto eingezahlt.

Nach Konkurseröffnung gingen auf dem Konto noch Zahlungen in Höhe von insgesamt DM 29 565,90 ein.

d) *Guthaben Landeszentralbank*   8 158,07
Auf dem bei der Landeszentralbank eingerichteten Geschäftskonto ging nach Konkurseröffnung noch ein Betrag von DM 8 158,07 ein.

Der „Geschäftsführer" der Gemeinschuldnerin, Herr . . . . . ., sowie deren Prokurist, Herr . . . . . ., wurden eingehend nach weiterem Vermögen befragt. Sie erklärten übereinstimmend, daß kein sonstiges – als das angegebene – Vermögen vorhanden sei.

Es ergeben sich danach voraussichtlich folgende freie Vermögenswerte:

		DM
(1)	Anlagevermögen	1,00
(2)	Rückständige Kommanditeinlage	1,00
(3)	Roh-, Halb- und Fertigprodukte	200 000,00
(4)	Forderungen aus Lieferungen und Leistungen	617 965,00
(5)	Bankguthaben (abgerundet)	83 246,00
	insgesamt	901 213,00

Zu (1):
Es wurde ausführlich dargestellt, aus welchem Grunde das bewegliche Anlagevermögen zunächst lediglich mit einem Erinnerungswert zu berücksichtigen ist.

II. *Verbindlichkeiten*

                                                       DM

1. *Darlehensverbindlichkeiten Dr. . . . . .*   836 000,00
In der genannten Höhe will der Mitgesellschafter Dr. . . . . . der Gemeinschuldnerin ein Darlehen gewährt haben.

2. *Bankverbindlichkeiten*   486 322,00
(abgerundet)

a) Sparkasse – Konto-Nr.:	DM	451 407,21
b) . . . . . . Bank AG – Konto-Nr.:	DM	17,00
c) . . . . . .Bank – Konto-Nr.:	DM	34 987,92
	DM	486 322,13

3. *Verbindlichkeiten aus Warenlieferungen und Leistungen*   1 504 600,00
(abgerundet)

Auf die zu den Akten gereichten Kreditorenlisten wird
Bezug genommen.

Eine Saldenabstimmung erfolgte nicht, so daß keine
Gewähr für die Richtigkeit und Vollständigkeit übernommen werden kann.

4. *Rückständige Löhne und Gehälter*   650 000,00
(geschätzt)

In der genannten Höhe bestehen Lohn- und
Gehaltsrückstände.

5. *Sozialabgaben*   120 000,00
(geschätzt)

In der genannten Höhe sollen Beitragsrückstände
bestehen.

6. *Steuerrückstände Finanzamt* 120 000,00
(geschätzt)

Auf die Ausführungen wird verwiesen.

7. *Mietrückstände Eheleute* 469 200,00

a) Dr.	DM	414 000,00
b) Frau	DM	55 200,00
	DM	469 200,00

8. *Sonstige Mietrückstände*   20 000,00
Der Betrag ist geschätzt.

Danach bestehen Gesamtverbindlichkeiten in Höhe von   4 206 122,00

Die Gemeinschuldnerin ist in Höhe von   2 779 909,00
überschuldet, wie sich aus der beigefügten
Konkurseröffnungsbilanz ergibt *(Anl. 11).*

Der materielle Konkursgrund der Zahlungsunfähigkeit ist ebenfalls gegeben.

Die Gemeinschuldnerin ist nicht dazu in der Lage, die bestehenden
– sämtlich fälligen – Verbindlichkeiten auch nur ansatzweise zurückzuführen.

F. *Quotenberechnung*
Es ist eine – voraussichtlich – freie Masse von   DM   901 213,00
(abgerundet) vorhanden.

Hiervon sind bereits bestehende bzw. noch zu
erwartende Masseverbindlichkeiten von (geschätzt)   DM 1 200 000,00
abzusetzen.

Daraus folgt, daß die Konkursmasse derzeit zur vollständigen Befriedigung aller Massegläubiger nicht ausreicht.

Es sind daher die Masseschulden und Massekosten nach
dem Verhältnis ihrer Beträge quotenmäßig entsprechend
der Regelung des § 60 KO zu befriedigen.

Die Veröffentlichung der Masseunzulänglichkeit wurde
zwischenzeitlich veranlaßt.

In Ansehung des Umstandes, daß die Frage der Rechtswirksamkeit der Sicherungsübereignung des gesamten Anlagevermögens nicht unstrittig ist, ist nicht ausgeschlossen, daß noch
weitere Beträge für die Masse zu realisieren sein werden, mit der
Folge, daß auf die bevorrechtigten Forderungen zumindest
eine geringe Quote entfällt.

G. *Gründe der Insolvenz*
Die Gründe der Insolvenz der Gesellschaft sind vielschichtig.

Hervorzuheben ist hierbei zunächst die ungünstige Kostenstruktur des Unternehmens. Vom Gesamtumsatz mußten – ohne die sonstigen Betriebskosten – allein 50% für Personalkosten und weitere 32,5% für den Materialeinsatz aufgewandt werden.

So erzielte die Gesellschaft – trotz eines mit zuletzt durchschnittlich angegebenen monatlichen Umsatzes von DM 600 000,00 – in den letzten 12 Monaten ein monatliches negatives Ergebnis in einer Größenordnung von ca.
DM 50 000,00 bis DM 60 000,00.

Dies führte dazu, daß in den letzten Monaten vor Konkursantragstellung
für die Lohnzahlungen weder ausreichende Geldmittel noch zusätzliche
Kreditlinien vorhanden waren. Die Lohn- und Gehaltszahlungen wurden
nur zögerlich geleistet, teilweise von den Arbeitnehmern der Gemeinschuldnerin gestundet.

Aufgrund der sich mehr und mehr potenzierende Illiquidität konnte dringend zur Auftragsabwicklung benötigtes Fertigungsmaterial – wenn überhaupt – nur in einem geringen Umfange erworben werden, was zu weiteren
Umsatzeinbußen führte.

Ursächlich für die negative Entwicklung der Gesellschaft war weiterhin eine
jahrelange Investitionszurückhaltung zur Innovation des Fertigungsberei-
ches. So ist ein hoher Bestand von qualitativ ungenügenden und überalteten Maschinen und technischen Anlagen vorhanden, die teilweise zu hohen
spezifischen Fertigungskosten führten.

Auch wurden die Entwicklungsarbeit vernachlässigt. War die Gemeinschuldnerin durch zahlreiche Patent- und Gebrauchsmusteranmeldungen
noch vor 10 Jahren ein Marktführer in der Branche, kam es in den Folgejahren nur noch selten zu Neuanmeldungen.

Schließlich war mitursächlich für die Insolvenz eine in den letzten Jahren
verfehlte Personalauswahl im Bereich der Führungsebene, was letztlich
dazu führte, daß eine Kommunikation zwischen der Geschäftsleitung und
der Belegschaft nur noch selten erfolgte.

H. Treuhandkonten

Die von mir bei der . . . . . .Bank AG, Filiale Köln, Zweigstelle . . . . . ., unterhaltenen Treuhandkonten weisen im Berichtszeitpunkt folgende Guthaben aus:

(1) Konto-Nr.:   DM 265 426,07

(2) Konto-Nr.:   DM 100 000,00

insgesamt   DM 365 426,07

Ich werde weiter berichten.

Köln, den 22. Februar 19. .

Rechtsanwalt

als Konkursverwalter   *Anlagen*

Konkurseröffnungsbilanz

in dem Konkursverfahren über das Vermögen der Firma . . . . . .,
diese vertreten durch ihre persönlich haftende Gesellschafterin, Frau . . . . . .
− 73 N . . ./.. AG Köln −

Aktiva	Wert bei Zerschlagung (KO-Eröffnung § 124 KO) DM	Gesicherte (konkursfeste) Gläubigerrechte (Aus- und Absonderung/ Aufrechnung) DM	für den Konkurs freie Vermögenswerte DM
I. Anlagevermögen			
1. Maschinen	300 000,00	299 999,00	1,00
2. Betriebs- und Geschäftsausstattung	15 000,00	15 000,00	(Zu 1) − 4))
3. Fahrzeuge und sonstige Transportmittel	10 000,00	10 000,00	
4. Gebrauchsmuster	1,00	1,00	
5. rückständige Kommanditeinlage	1,00	0,00	1,00
II. Umlaufvermögen			
1. Roh-, Halb- und Fertigprodukte	400 000,00	200 000,00	200 000,00
2. Forderungen aus Warenlieferungen und Leistungen	617 965,00	0,00	617 965,00
3. Bankguthaben	83 246,00	0,00	83 246,00
III. Summe Vermögen	1 426 213,00		
IV. Überschuldung	2 779 909,00		
	4 206 122,00		

Passiva	Wert bei Zerschlagung (KO-Eröffnung § 124 KO) DM	Gesicherte (konkursfeste) Gläubigerrechte (Aus- und Absonderung/Aufrechnung DM	Masseschulden DM	bevorrechtigte Forderungen DM	nicht bevorrechtigte Forderungen DM	Wert im Überschuldungsstatus DM
1) Darlehen	836 000,00	325 000,00	0,00	0,00	511 000,00	511 000,00
2) Bankverbindlichkeiten	486 322,00	0,00	0,00	0,00	486 322,00	486 322,00
3) Verbindlichkeiten aus Warenlieferungen u. Leistungen	1 504 600,00	200 000,00	0,00	0,00	1 304 600,00	1 304 600,00
4) Löhne und Gehälter (Konkursausfallgeld)	650 000,00	0,00	0,00	650 000,00	0,00	650 000,00
5) Sozialabgaben	120 000,00	0,00	0,00	120 000,00	0,00	120 000,00
6) Steuerrückstände	120 000,00	0,00	0,00	120 000,00	0,00	120 000,00
7) Mietrückstände	489 200,00	0,00	0,00	0,00	489 200,00	489 200,00
8) Rückstellungen für zu erwartende						
a) Arbeitslosengeldzahlungen an Arbeitnehmer	0,00	1 000 000,00	0,00	0,00	0,00	0,00
b) Sozialplanforderungen Arbeitn.	0,00	0,00	750 000,00	0,00	0,00	0,00
c) Abwicklungskosten – sonstige Masseschulden –	0,00	200 000,00	0,00	0,00	0,00	0,00
	4 206 122,00	525 000,00	1 200 000,00	1 640 000,00	2 791 122,00	3 681 122,00

2. Muster eines Abwicklungsberichts

Amtsgericht Köln
Abteilung 71
Reichenspergerplatz 1

50670 Köln

Geschäfts-Nr.: 71 N. . . . .

In dem Konkursverfahren

über das Vermögen der Firma. . . . . .

nehme ich Bezug auf die dortigen Schreiben und erstatte hiermit folgenden

Abwicklungsbericht:

A. *Vorbemerkung*
Zur Vermeidung von Wiederholungen beziehe ich mich zunächst auf meinen umfangreichen Sequesterbericht vom 07. 03. 19.. sowie auf meinen Konkursverwalterbericht vom 19. 04. 19. . .

Soweit danach Berichtigungen vorzunehmen oder Änderungen eingetreten sind, wird hierauf nachstehend eingegangen werden.

B. *Geschäftliche Verhältnisse der Gemeinschuldnerin*
1. *Mietvertrag über Telefonanlage* . . . . . .
Der zwischen der Gemeinschuldnerin und der Firma . . . . . . bestehende Mietvertrag wurde vom Konkursverwalter gekündigt.

Die Telefonanlage wurde von der Vermieterin zwischenzeitlich in Besitz genommen.

Mietrückstände wurden von der Vermieterin nicht geltend gemacht.

2. *Leasingverträge*
Sämtliche bestehende – in den Vorberichten im einzelnen aufgeführten – Leasingverträge wurden von dem Konkursverwalter gekündigt, die Leasinggegenstände von den Leasinggebern in Besitz genommen.

3. *Dienst- und Arbeitsverhältnisse*
Bereits im Konkursverwalterbericht wurde dargestellt, daß sämtliche mit der Gemeinschuldnerin bestehenden Arbeitsverhältnisse per 07. 03. 19.. – Konkurseröffnung – auf den Erwerber Herrn. . . . . . bzw. auf die von ihm vertretene Firma. . . . . . entsprechend der Regelung des § 613a BGB übergegangen sind.

Für die Zeit nach Konkurseröffnung machten gleichwohl nachstehende Mitarbeiter Gehaltsansprüche gegenüber dem Konkursverwalter als Masseschulden geltend:

(. . . . . . wird ausgeführt)

In Ansehung der o. a. Vereinbarung verwies der Konkursverwalter die Arbeitnehmer mit ihren Forderungen an die Erwerbergesellschaft.

Da diese in der Folgezeit – entgegen der eindeutigen vertraglichen Regelung – einen Zahlungsausgleich ablehnte, reichten beide Arbeitnehmer über die Rechtsanwälte ...... sowohl gegen die Erwerbergesellschaft als auch gegen den Konkursverwalter Zahlungsklage bei dem Arbeitsgericht Köln ein.

Termin zur Güterverhandlung steht an am 09. 09. 19...

4. Bankverbindungen

Der Sachverhalt, ob und ggf. in welcher Höhe bei den bei der ...... Bank AG und der...... Bank AG unterhaltenen Geschäftskonten der Konkursanfechtung unterliegende Verrechnungen erfolgt sind, ist nach wie vor aufklärungsbedürftig.

C. Vermögensverhältnisse der Gemeinschuldnerin

I. Vermögen

DM

1. Anlagevermögen
Beteiligungen

1,00

In den Vorberichten wurde bereits dargestellt, daß die Gemeinschuldnerin an der ...... Genossenschaftsanteile von DM 170 000,00 hält.

Die Genossenschaft hat zwischenzeitlich die Geschäftsanteile eingezogen und mit den dort bestehenden Verbindlichkeiten der Gemeinschuldnerin verrechnet.

Die Rechtswirksamkeit der Aufrechnung bedarf weiterer Prüfung.

Aus diesem Grunde wurde ein Erinnerungswert angesetzt.

2. Umlaufvermögen
a) Sonstige Vermögensgegenstände

4 000,00

Der Unterzeichner geht nach wie vor von einem Verwertungserlös in der genannten Höhe aus.

b) Forderungen aus Lieferungen und Leistungen

70 000,00

Wie im Konkursverwalterbericht ausgeführt, waren die Außenstände der Gemeinschuldnerin aufgrund bestehender verlängerter Eigentumsvorbehaltsrechte zu 80% an den ...... abgetreten.

Auch wurde darauf hingewiesen, daß dem Konkursverwalter eine nicht unstrittige „laufende" Abtretung zugunsten der ...... Bank AG vorliegt, in der sämtliche Forderungen der Gemeinschuldnerin gegen Dritte an die Bank abgetreten wurden.

Mit den Beteiligten wurde vereinbart, daß die Forderungen zunächst vom Konkursverwalter auf ein bei der ...... gesondert geführtes Treuhandkonto eingezogen werden sollen.

Hierauf konnte bislang ein Betrag von DM 141 916,96 vereinnahmt werden.

Mit dem . . . . . . wurde vereinbart, daß 20% der dem verlängerten Eigentumsvorbehalt unterfallenden Erlöse der Masse zufließen.

Für den Fall der Wirksamkeit der Globalzession erklärte sich die . . . . . . Bank AG damit einverstanden, daß 10% des zu ihren Gunsten verbleibenden Forderungsbestandes ebenfalls der Konkursmasse zur Verfügung gestellt werden sollen.

Der Unterzeichner geht nach wie vor davon aus, daß ein Betrag von DM 70 000,00 realisiert werden kann.

c) *Wartungsverträge*
Der im Konkursverwalterbericht dargestellte Sachverhalt betreffend mit Dritten abgeschlossener Wartungsverträge bestätigte sich.

Sämtliche Schuldner wurden von der Konkurseröffnung in Kenntnis gesetzt und zur Zahlung aufgefordert.

d) *Anfechtungsansprüche gegenüber Kreditinstituten*   1,00
Auf die Ausführungen wird verwiesen.

Es wurde ein Erinnerungswert angesetzt.

e) *Forderung gegen Finanzamt*   0,00
Das Finanzamt . . . . . . brachte wegen bestehender Steuerrückstände unter dem 26. 01. 19.. in das bei der . . . . . . unterhaltene Konto der Gemeinschuldnerin – *Konto-Nr.* . . . . .– eine Pfändung aus, aufgrund derer eine Drittschuldnerzahlung von DM 23 825,38 erfolgte.

Anhaltspunkte dafür, daß die Pfändung der Konkursanfechtung unterliegt, haben sich nicht ergeben.

Die Forderung wurde daher wertberichtigt.

f) *Forderung gegen Herrn*   1,00
Bereits im Konkursverwalterbericht wurde dargestellt, daß der Mehrheitsgesellschafter und Geschäftsführer der Gemeinschuldernerin, Herr . . . . . ., gleichzeitig Gesellschafter-Geschäftsführer der Firma . . . . . . war.

Hausbank beider Gesellschaften war die . . . . . . Bank AG mit Sitz in Köln.

Aufgrund einer – nach Angaben von Herrn . . . . . . von der . . . . . . Bank AG vorgefertigten Vereinbarung ermächtigten beide Gesellschaften – jeweils vertreten durch Herrn . . . . . . – unter dem 27. 12. 19.. die Bank AG

„. . .die jeweiligen Guthaben und/ oder Schuldsalden der für uns geführten Konten jederzeit gegeneinander aufzurechnen bzw. wahlweise auch auf die Konten der vorgenannten umzubuchen. . .‟

Gleichzeitig übernahmen die Gesellschaften für die
jeweiligen bankmäßigen Forderungen der . . . . . .
Bank AG die wechselseitige Haftung.

Zum Zeitpunkt der Konkursantragstellung der Firma
. . . . . . bestanden dort Verbindlichkeiten gegenüber
der. . . . . .Bank AG in Höhe von ca. 500 000,00, die in der
Folgezeit aufgrund der o. a. Vereinbarung auf das Geschäftskonto der Gemeinschuldnerin umgebucht und
dann aus deren Vermögen teilweise zurückgeführt wurden.

Der Unterzeichner ist der Auffassung, daß die unter
dem 27. 12. 19. . zugunsten der . . . . . . Bank AG geschlossene Vereinbarung beider Gesellschaften rechtsunwirksam
ist und durch deren nachfolgende Vollziehung zumindest gegenüber dem Gesellschafter-Geschäftsführer eine
Schadensersatzforderung der Gemeinschuldnerin
noch unbestimmten Umfanges begründet wurde.

Der Sachverhalt ist noch aufklärungsbedürftig.

	DM
II. Verbindlichkeiten	
1. Masseschulden	25 836,00

An Masseschulden wurde bislang ein Betrag in der
genannten Höhe geltend gemacht.

Die Forderungen wurden in die Masseschuldtabelle
aufgenommen.

2. Bevorrechtigte Forderungen	386 167,00
3. Nicht bevorrechtigte Forderungen	2 925 305,00

Zu 2. und 3.:
Auf die Ausführungen im Konkursverwalterbericht wird
verwiesen.

An dem Sachverhalt änderte sich nichts.

D. Treuhandkonten
Die vom Konkursverwalter bei der . . . . . . Bank AG, Filiale Köln, eingerichteten Treuhandkonten weisen im Berichtszeitpunkt folgende Guthaben
aus:

1. Konto-Nr.	DM	32 529,43
– laufendes Konto –		
2. Konto-Nr.	DM	175 484,90
– Festgeldkonto –		
insgesamt	DM	208 014,33

Ich werde weiter berichten.

Köln, den. . . . . .

Rechtsanwalt
als Konkursverwalter

3. Muster eines Schlußberichts

Schlußbericht

In dem Konkursverfahren

über das Vermögen der Firma . . . . . ., diese ehemals vertreten durch ihren alleinvertretungsberechtigtern Liquidator, Herrn . . . . . .

Amtsgericht Köln
Abteilung . .
Reichenspergerplatz 1

50670 Köln

Geschäfts-Nr. . . . . .

In dem Konkursverfahren

über das Vermögen der Firma . . . . . ., diese ehemals vertreten durch ihren alleinvertretungsberechtigten Liquidator, Herrn . . . . . .

erstatte ich folgenden

Schlußbericht

I. Allgemeines

1. Das Amtsgericht – Konkursgericht – Köln hat durch Beschluß vom 19. August 19.. – . . . . . . – das Konkursverfahren über das Vermögen der Firma . . . . . ., diese ehemals vertreten durch ihren alleinvertretungsberechtigten Liquidator, Herrn . . . . . ., eröffnet und den Unterzeichner zum Konkursverwalter ernannt.

   Ich nehme Bezug auf meinen umfangreichen Sequesterbericht vom 19.August 19.., meinen Konkursverwalterbericht vom 10. Oktober 19.. sowie auf meine Abwicklungsberichte vom 10. Februar, 29. August 19.., 12. Januar und 07. Juni 19.., die ich mit ihren Anlagen zum Gegenstand dieses Schlußberichtes mache.

2. *Gründe der Insolvenz*
   Der wirtschaftliche Niedergang der Gemeinschuldnerin war in der Hauptsache darauf zurückzuführen, daß zahlreiche der Gesellschaft erteilte Sanierungsaufträge aufgrund bestehender Koordinationsmängel auf der Führungsebene und in der Personalauswahl nicht ordnungsgemäß abgewickelt werden konnten.

   Hinzu kam, daß bestehende Außenstände nicht oder nur zu einem geringen Teil eingezogen werden konnten und die Gemeinschuldnerin für die Geschäfte der von ihr betriebenen Art von Anfang an kapitalmäßig zu gering ausgestattet war.

3. *Masseunzulänglichkeit*
   Der Konkursverwalter war wegen der bestehenden Masseverbindlichkeiten gezwungen, nach Eröffnung des Konkursverfahrens die Masseunzulänglichkeit anzuzeigen, die auch im Amtsblatt für den Regierungsbezirk Köln veröffentlicht wurde.

Das Belegblatt liegt dem Amtsgericht vor.

Es steht abzuwarten, ob die bislang bekannt gewordenen und anerkannten Masseschulden von insgesamt DM 15 103,35 nach abschließender Festsetzung der Gerichtskosten und der Konkursverwaltervergütung in voller Höhe ausgeglichen werden können.

II. *Verlauf des Konkursverfahrens*

1. *Liquidiertes Vermögen*

Im Verlaufe des Konkursverfahrens konnten vom Konkursverwalter folgende Vermögenswerte der Gemeinschuldnerin realisiert werden:

a) *Eingänge vor Konkurseröffnung*   DM   4 042,59
Der Betrag setzt sich wie folgt zusammen:

(. . . . . . wird ausgeführt)

b) *Betriebs- und Geschäftsausstattung*   DM   12 650,00
Die noch vorhandene Betriebs- und Geschäfts-
ausstattung der Gemeinschuldnerin konnte zu
einem Kaufpreis von DM 12 650,00 an die Unter-
nehmensberatungsgesellschaft . . . . . . veräußert
werden.

c) *Forderung gegenüber dem Gesellschafter.* . . . . .   DM   11 281,44
Der Alleingesellschafter und vormalige Geschäfts-
führer der Gemeinschuldnerin, Herr . . . . . .,
entnahm auf sein Geschäftsführergehalt unmittelbar vor Konkursantrag- stellung, nämlich am
05. 07. 19. ., aus dem Vermögen der Gesellschaft
noch einen Betrag von insgesamt DM 11 281,44.

Die Entnahmen unterlagen nach Auffassung des
Konkursverwalters der Konkursanfechtung, die
gegenüber Herrn . . . . . . geltend gemacht wurde.

Daraufhin wurde der Betrag von Herrn . . . . . . an
die Masse zurückerstattet.

d) *Offene Stammeinlage*   DM   37 718,56
Zwischen dem Konkursverwalter und dem Allein-
gesellschafter . . . . . . war eine bestehende Einzahlungsverpflichtung des Gesellschafters auf das mit
DM 50 000,00 angegebene Stammkapital der Gesellschaft streitig.

In einem daraufhin am 19. 01. 19. . geschlossenen Vergleich verpflichtete sich Herr . . . . . ., zu Händen des
Konkursverwalters an die Konkursmasse einen Betrag
von DM 50 000,00 zu zahlen.

Nachdem Herr . . . . . . trotz mehrfacher Aufforderun-
gen Zahlungen hierauf nicht leistete, mußte gegen ihn
vor dem Landgericht Köln Zahlungsklage erhoben
werden.

Durch Versäumnis-Urteil vom 10. 07. 19.. wurde der Klage im vollen Umfange stattgegeben. Das Urteil ist rechtskräftig.

Auf die titulierte Schuldsumme leistete Herr ...... in der Folgezeit bis zum 30. August 19.. Teilzahlungen in Höhe von insgesamt DM 22 718,56.

Zu weiteren Zahlungen sah sich der Gesellschafter finanziell außerstande.

Auf diesem Hintergrund bot er dem Konkursverwalter den Abschluß eines Vergleichs an, der vorsah, daß zur Erledigung der Angelegenheit von dritter Seite ein Betrag von DM 15 000,00 an die Konkursmasse gezahlt werde.

Im Hinblick auf die finanzielle Situation des Gesellschafters erklärte sich der Konkursverwalter aus wirtschaftlichen Erwägungen heraus mit dem Vergleichsabschluß einverstanden. Der Betrag wurde zwischenzeitlich auf das Konkurstreuhandkonto überwiesen.

e) *Verkaufserlöse vor Konkurseröffnung*   DM   2 300,00
Der Betrag setzt sich aus vorkonkurslich getätigten Verkäufen des Gesellschafters/Geschäftsführers zusammen.

f) *Erstattung ...... Lebensversicherung AG*   DM   1 495,75
Es handelt sich um die Erstattung der Rückkaufwerte zur VS.-Nr..... und VS.-Nr......

g) *Erstattung Finanzamt ......*   DM   1 441,22
Auf Antrag des Konkursverwalters wurden vom Finanzamt ...... an Umsatzsteuern DM 407,64 und DM 1 033,58 der Konkursmasse erstattet.

h) *Zinserlös*   DM   46,58
In der genannten Höhe wurden Zinserlöse erzielt.

2. *Noch zu liquidierendes Vermögen*
Folgende Vermögenswerte sind noch zu liquidieren:
a) *Forderung gegen die Firma ......*
Bereits in den Vorberichten wurde dargestellt, daß sich die Gemeinschuldnerin bei Konkursbeantragung Forderungen in Höhe von insgesamt DM 332 559,00 berühmte.

Sämtliche Forderungen der Gesellschaft aus Warenlieferungen und sonstigen Leistungen sowie aus sonstigen Rechtsgründen waren durch Globalzession vom 05. 05. 19.. sicherungsabgetreten an die ...... Bank AG.

In Ansehung der bei der ...... Bank AG zum Zeitpunkt der Konkursantragstellung bestehenden Verbindlichkeiten von DM 152 612,00 (abgerundet) war diese mindestens in Höhe von DM 66 000,00 übersichert.

Auf diesem Hintergrund wurde mit der ...... Bank AG vereinbart, daß die Forderungen vom Unterzeichner treuhänderisch eingezogen und 20 v. H. der eingehenden Beträge der Konkursmasse zufließen sollen.

Daraufhin wurden sämtliche Schuldner nochmals vom Konkursverwalter zur Zahlung aufgefordert. Trotz zeitgleicher Bemühungen des Gesellschafters ...... konnten Zahlungen hierauf nicht vereinnahmt werden. In der überwiegenden Zahl der Fälle wurde die Aufrechnung mit Gegenansprüchen erklärt.

Nach nochmaliger Überprüfung der Werthaltigkeit der Forderungen wurde im Einvernehmen und auf Kosten der ...... Bank AG Zahlungsklage in Höhe von DM 44 644,72 zum Landgericht ...... eingereicht.

Termin zur mündlichen Verhandlung ist noch nicht bestimmt.

Für den Fall des Obsiegens entfällt entsprechend der vereinbarten Quote auf die Konkursmasse ein Betrag von ca. DM 8 800,00.

b) Veräußerung des Unternehmens
Der Gesellschafter ...... stellte in Aussicht, daß er die Möglichkeit sehe, das Unternehmen der Gemeinschuldnerin einschließlich des Rechts zur Firmenfortführung ohne Aktiva und Passiva für die Konkursmasse zu einem Kaufpreis von DM 5 000,00 an einen noch zu benennenden Dritten zu veräußern.

c) Umsatzsteuer-Erstattungsanspruch aus der noch festzusetzenden Konkursverwaltervergütung
Der Erstattungsanspruch ist gegenüber dem Finanzamt noch geltend zu machen.

Zu a) – c):
Es wird *beantragt,*

die Einziehung der vorstehenden Ansprüche dem Konkursverwalter treuhänderisch zu übertragen und insoweit die Nachtragsverteilung anzuordnen, soweit Zahlungen hierauf nicht bis zum Abschluß des Verfahrens eingehen.

3. Nicht liquidierbares Vermögen
Forderungen aus Lieferungen und Leistungen

Aus den bereits dargestellten Gründen wurde – mit Ausnahme der gegen die Firma ...... bestehenden Forderung – von einer Weiterverfolgung der Ansprüche abgesehen.

III. Feststellung der Forderungen
1. Masseschulden   DM   15 103,35
Bis zum Zeitpunkt der Berichterstattung wurden
Masseschulden in der genannten Höhe geltend
gemacht.

Der Betrag setzt sich wie folgt zusammen:
(...... wird ausgeführt)

Zahlungen hierauf wurden aufgrund der angezeigten
Masseunzulänglichkeit bislang nicht geleistet.

2. *Massekosten*
Die Gerichtskosten und die Konkursverwaltervergütung
müssen durch das Amtsgericht noch festgesetzt werden.

An die Gerichtskasse wurde zur Deckung der Massekosten
ein Vorschuß von DM 2 000,00 eingezahlt.

3. *Festgestellte Konkursforderungen*
Ausweislich des beigefügten Schlußverzeichnisses wurden
folgende Forderungen zur Konkurstabelle festgestellt:
a) *Bevorrechtigte Konkursforderungen*
Die zur Konkurstabelle festgestellten, bevorrechtigten
Forderungen betragen in

Abt. 1/I	DM	1 861,91
Abt. 1/II	DM	71,00
Abt. 1/III	DM	0,00

b) *Einfache Konkursforderungen*
Die zur Konkurstabelle festgestellten, einfachen
Konkursforderungen betragen in Abt. 2   DM 584 289,94

IV. Schlußrechnung und Schlußverzeichnis
1. Die Schlußrechnung wird überreicht
– Anlage 1 –.

Diese schließt mit Einnahmen in Höhe von	DM	74 278,60
denen Ausgaben in Höhe von	DM	19 438,18
gegenüberstehen, so daß ein Bestand von	DM	54 840,42

vorhanden ist.

2. Das Schlußverzeichnis wird überreicht
– Anlage 2 –.

Aus diesem geht hervor, daß bevorrechtigte Gläubiger mit Forderungen von	DM	1 932,91
und nicht bevorrechtigte mit solchen von	DM	584 289,94

an dem Konkursverfahren teilgenommen haben.

3. Der derzeitige Massebestand beträgt   DM 54 840,42.
Eine abschließende Übersicht über die für die Verteilung
zur Verfügung stehende Masse läßt sich erst nach abschließender Festsetzung der Gerichtskosten und der
Konkursverwaltervergütung gewinnen.

4. Die bei der ...... Bank AG, Filiale ......, Zweigstelle ......, unterhaltenen Treuhandkonten weisen im
Berichtszeitpunkt folgende Guthaben aus:

a) *Konto-Nr.* ..... (laufendes Konto)	DM	24 793,84
b) *Konto-Nr.* ..... (Festgeldkonto)	DM	30 046,58
insgesamt	DM	54 840,42

Die Kontenbelege sind im Original beigefügt.

V. Es wird beantragt,
1. die Schlußverteilung zu genehmigen
   und Schlußtermin anzuberaumen,

2. die Gerichtskosten für das Verfahren
   festzusetzen.

Der Antrag auf Festsetzung der Konkursverwaltervergütung wird mit gesondertem Schriftsatz gestellt.

Köln, den ......

Rechtsanwalt
als Konkursverwalter   *Anlagen*

Anlage 1

Schlußrechnung

In dem Konkursverfahren über das Vermögen der Firma ......,
diese ehemals vertreten durch ihren alleinvertretungsberechtigten Liquidator,
Herrn ......,

⁻ .... ⁻

I. Einnahmen
1. Übernommenes Kontoguthaben
   (Sequestration)   DM   4 042,59
2. Übernahme Kassenbestand   DM   19,55
3. Veräußerung Betriebs- und Geschäftsausstattung/
   Warenbestand   DM   12 650,00
4. Erstattung ....../Verkaufserlöse vor
   Konkurseröffnung   DM   2 300,00
5. Zahlungen Gesellschafter   DM   49 000,00
6. Erstattung ...... Versicherung   DM   1 495,75
7. Erstattung Finanzamt ......   DM   1 441,22
8. Fehlüberweisung ......   DM   3 282,91
9. Zinserlöse   DM   46,58

   Einnahmen insgesamt   DM   74 278,60

II. Ausgaben
1. Masseschulden   DM   0,00
2. Massekosten   DM   19 438,18
   a) Sequestervergütung ......
      gem. Beschluß des Amtsgerichts
      Köln vom 19. 08. 19..   DM   1 725,00
   b) Sachverständigenvergütung
      gem. Beschluß des Amtsgerichts
      Köln vom 19. 08. 19..   DM   1 400,24
   c) Gerichtskostenvorschuß   DM   2 000,00
   d) Kosten Veröffentlichung
      Masseunzulänglichkeit   DM   37,20

e) Gerichtskosten
Rechtsstreit
......   DM 1 965,00
f) Gebühren......   DM 8 822,12
g) Fehlüberweisung...... DM 3 282,91
h) Bankspesen   DM 205,71

Ausgaben insgesamt   DM 19 438,18

Einnahmen   DM 74 278,60
./. Ausgaben   DM 19 438,18

vorhandener Massebestand   DM 54 840,42

Der Betrag wird auf den bei der...... Bank AG, Filiale......,
Zweigstelle......, eingerichteten Treuhandkonten wie folgt ausgewiesen:

1. Konto-Nr.......
(laufendes Konto)   DM 24 793,84
2. Konto-Nr.......
(Festgeldkonto)   DM 30 046,58

            DM 54 840,42

Köln, den.......

**Rechtsanwalt
als Konkursverwalter**

C. Insolvenzplanverfahren

1. Muster zum Aufbau eines Insolvenzplanes[1]

A. Vorbemerkungen
   Anliegen, Ausarbeitungsgrund des Planes sowie Angaben
   zum Planverfasser[2]

B. Darstellender Teil (§ 220 InsO)[3]
   I. Rechtliche Verhältnisse des Schuldners[4]
      1. Rechtliche Entwicklung
         – Historische Aufarbeitung der Entwicklung
      2. Geschäftsführungs- und Vertretungsverhältnisse
      3. Einlage, Haftkapital bzw. Haftungsverhältnisse

   II. Wirtschaftliche Verhältnisse des Schuldners[5]
      1. Zur unternehmerischen Betätigung und wirtschaftlichen Entwicklung
      2. Umsatz- und Ergebnisentwicklung der vergangenen Perioden
         – Ggf. aufgeteilt nach Hauptproduktgruppen bzw.
           einzelnen Marktsegmenten
      3. Betriebswirtschaftliche Kennzahlanalyse[6]
         a) Cash-flow-Entwicklung
         b) Verschuldensfaktor
         c) Gemitteltes Lieferantenziel
         d) Gemitteltes Kundenziel
         e) Dynamische Liquidität
            – ersten Grades
            – zweiten Grades
            – dritten Grades
         f) Abschreibungsquote vom Anlagevermögen
         g) Investitionsquote vom Anlagevermögen
         h) Nettoinvestitionshöhe und -quote
         i) Umschlagskennzahlen des/der
            – Gesamtkapitals
            – Eigenkapitals
            – Anlagevermögens
            – Vorräte
            – Forderungen
      4. Auflistung noch nicht abgewickelter bzw. noch nicht
         akquirierter Aufträge
      5. Grundbesitz[7]
      6. Miet- und Leasingverträge (mit Laufzeit und Zahlungsverpflichtungen)
      7. Versicherungsverträge
      8. Dienst- und Arbeitsverhältnisse[8]
         – Alter, Einstellungsdatum, Funktion, Vergütung, Sonderkündigungsschutz, Pensionszusage

9. Bankverbindungen/Sicherheitsvereinbarungen
10. Anhängige Prozeßverfahren
    – Ausführungen zu Schuldenmassestreitigkeiten ggf. nachrangig
11. Auflistung beidseitig noch nicht vollständig erfüllter Verträge[9]
12. Steuerliche Verhältnisse

III. Konkurrenzsituationen
   – wichtige Wettbewerber mit (geschätzten) Marktanteilen
   – ggf. Ausführungen zu strategischen Abweichungen und
     Neuerungen der Konkurrenz

IV. Gründe der Insolvenz und Analyse der Krisenursachen[10]

V. Maßnahmen und Rechtshandlungen seit Anordnung der
   (vorläufigen) Insolvenzverwaltung (§ 220 Abs. 1 InsO)[11]
   1. Bereits abgeschlossene Maßnahmen
   2. Bereits eingeleitete Maßnahmen
   3. Bereits festgeplante Maßnahmen

VI. Beschreibende Gegenüberstellung denkbarer Verwertungs-
    alternativen
    1. Leitbildverwertung[12] des Schuldnervermögens gemäß den
       §§ 38, 187 ff. InsO
       – Darlegungen zur Quotenerwartung, ggf. in Anknüpfung
         zur Vermögensübersicht-[13] bzw. Überschuldungsbilanz
    2. Sonstige Verwertungskonzepte oder Sanierungsmodelle
       a) Übertragende Sanierungsansätze[14]
       b) Ansätze zur Sanierung des Unternehmensträgers[15]

VII. Darlegung eines angedachten Sanierungskonzeptes mit
     Laufzeitangabe
     1. (Neu-) Definition des strategischen Unternehmenszieles
     2. Strategische und operative Sanierungsmaßnahmen
        – Liquiditätssicherung
        – nachhaltige Betreibung des Forderungseinzuges sowie
          der Forderungssicherung
        – Organisationsstraffung
        – Produktivitätssteigerung
        – Produktneueinführungen
        – Akquise neuer Kunden
        – Synergieeffekte
        – Werbemaßnahmen
        . . . . . .
     3. Finanzierung der angesprochenen Maßnahmen
        a) Autonome Mittel[16]
           – sale and lease back
           – Leasing statt Kauf
           – Beschleunigte Rechnungslegung
           – Ausnutzung von Zahlungszielen
           – Straffung des Mahnwesens
           – Vereinbarung von Kundenanzahlungen
           – Forfaitierung
           – Sonderverkaufs- und Vertriebsaktionen

    – Bestandsabbau
    – Personalabbau
    – Abbau freiwilliger Sozialleistungen ......
  b) Heteronome Mittel[17]
    – Zufuhr neuen Haftkapitals
    – Aufnahme neuer Gesellschafter
    – Zufuhr von Fremdkapital
    – Darlehnsneuvalutierungen oder Stehenlassen von Masse-
     verbindlichkeiten im Sinne der §§ 264 ff. InsO
    – ......
  4. Prognose der Zukunftserwartungen unter Berücksichtigung
    der vorgenannten Maßnahmen mit Chancen und Risikobewertung
    der Planumsetzung[18]
    – ggf. Anknüpfung an Planbilanz, Planerfolgsrechnung und Plan-
     liquiditätsrechnung als Plananlagen[19]

VIII. Vergleichende Gegenüberstellung und Bewertung der in Betracht
    kommenden Verwertungsalternativen zur Regelverwertung
    – Vergleichsrechnung[20]
    (– die vergleichende Bewertung sollte sich bereits an der Gruppen-
    bildung des gestaltenden Teils des Insolvenzplanes orientieren)

  IX. Zwischenergebnis

C. Gestaltender Teil (§ 221 InsO)[21]
  I. Gruppenbildung[22] unter Benennung der Abgrenzungskriterien, etwa
    1. Absonderungsberechtigte Gläubiger[23]
     a) Absonderungsgläubiger am Immobiliarvermögen
     b) Absonderungsgläubiger am Mobiliarvermögen
     aa) Banken
     bb) Lieferanten
     c) Absonderungsgläubiger auf Grundlage von Zwangsvoll-
     streckungsmaßnahmen
    2. Insolvenzgläubiger[24]
     a) Arbeitnehmer
     b) Bundesanstalt für Arbeit und Sozialversicherungsträger
     c) Steuer- und Abgabenverwaltung
     d) Sonstige Insolvenzgläubiger
     aa) Vermögensansprüche bis DM 1 000,00
     bb) Vermögensansprüche bis DM 10 000,00
     cc) Vermögensansprüche bis DM 50 000,00
     dd) Vermögensansprüche bis DM 100 000,00
     ee) Vermögensansprüche über DM 100 000,00
    3. Nachrangige Insolvenzgläubiger[25]

  II. Programm der vorgesehenen Rechtsänderungen[26] für die Plan-
    beteiligten entsprechend den vorherigen Gruppen
    – ggf. unter Bezugnahme auf eine Aufstellung bzw. Übersicht zum
     Befriedigungsverlauf der einzelnen Gläubiger (Anlage)

  III. Änderung sachenrechtlicher Verhältnisse sowie Verpflichtungs-
    erklärungen[27]

Anmerkungen

1   I. Allgemeines

In dem einheitlichen Insolvenzverfahren tritt nunmehr anstelle von Vergleich und
Zwangsvergleich entsprechend den Grundsätzen der Deregulierung und der Gläubigerautonomie (RegE, BT-Drs. 12/7302, S. 181) in Anlehnung an das amerikanische Recht (vgl. das Reorganisationsverfahren nach Kapitel 11 des amerikanischen
Bankruptcy Code, skizziert bei Pearson/Tatelbaum/Tyson, Bankruptcy Reorgani-
zation Guide, 1991) die insolvenzplanmäßige Haftungsverwirklichung gleichbe-
rechtigt neben die dem gesetzlichen Leitbild folgende Verwertung und Verteilung
des Schuldnervermögens.
    Hierbei fungiert der sog. Insolvenzplan (vgl. §§ 1 Satz 1, 2. HS, 217 InsO) als
universelles Instrument zur Realisierung der Schuldnerhaftung, der den Beteiligten
entsprechend dem Regelungsanliegen des Gesetzes inhaltlich die Ausschöpfung aller privatautonomen Gestaltungsspielräume eröffnet, um einzelfallabhängig die
wirtschaftlich effektivste Verwertungsalternative auswählen zu können. Begrenzt
wird dieser inhaltliche Gestaltungsspielraum aus Gründen des Minderheitenschutzes
allein durch das Verbot einer Schlechterstellung eines Planbeteiligten gegenüber
dem gesetzlichen Leitbild der Regelverwertung (vgl. § 251 InsO). Im übrigen wird
gerade mit Rücksicht auf die inhaltlich weite Gestaltungsfreiheit in den §§ 217 ff.
InsO im wesentlichen ein verfahrensrechtlich geprägter Rechtsrahmen zur Umset-
zung dieser flexiblen Haftungsrealisierung bereitgestellt, die den enummerativ zugelassenen Planbeteiligten (vgl. §§ 217, 222 InsO) eine Entscheidungsfindung im
Wege einer grundsätzlich (qualifizierten) Mehrheitsübereinkunft ermöglichen soll.
Zur Absicherung des gesetzlichen Regelungsanliegens kann bei Vorliegen bestimmter Voraussetzungen schließlich auch eine fehlende Mehrheitsbildung (vgl.
§ 245 InsO) infolge des Obstruktionsverbotes gerichtlich überwunden werden.

II. Planinhalt und Plananlagen

Der Insolvenzplan ist gemäß § 219 InsO in einen darstellenden und einen gestaltenden Teil gegliedert. Der darstellende Teil soll die Grundlagen und die Auswirkungen des Planes verdeutlichen, die erforderlich sind, um den Gläubigern eine Entscheidungsfindung über die Annahme des Planes zu ermöglichen, während der gestaltende Teil spezifiziert darlegt, wie sich die Rechtsstellung der Beteiligten durch den Plan verändern soll. Dem Insolvenzplan sind außerdem nach § 219 InsO die in den §§ 229 f. InsO beschriebenen Plananlagen beizufügen.

1. Darstellender Teil (§ 220 InsO)

Im darstellenden Teil soll zunächst eine Informationsbasis geschaffen werden, die es den Planbeteiligten sowie dem Insolvenzgericht ermöglicht, zu einer abgesicherten Entscheidungsfindung über die im gestaltenden Teil vorgeschlagenen Maßnahmen sowie letztendlich der Chance einer Plandurchführung gelangen zu können. Über Inhalt und Aufbau des darstellenden Teils enthält das Gesetz nur wenige Anhaltspunkte. So soll der darstellende Teil alle entscheidungserheblichen Angaben für die Befindung über den Plan hinsichtlich Grundlagen und Auswirkungen enthalten (§ 220 Abs. 2 InsO) sowie die nach der Verfahrenseröffnung betroffenen und eingeleiteten Maßnahmen mitteilen (§ 220 Abs. 1 InsO). Aus den Regelungen der §§ 245 Abs. 1 Satz 1, 247 Abs. 2 Satz 1, 251 Abs. 1 Satz 2 InsO läßt sich ableiten, daß dem darstellenden Teil eine vergleichende Aussage der Planauswirkungen im Verhältnis zum Modell der Regelabwicklung zu entnehmen sein muß. Kernstück dürfte aber immer eine ausführliche Sanierungsprüfung sein. Im übrigen muß der Aufbau des darstellenden Teils als eine Frage der einzelfallabhängigen Sachgerechtigkeit und Zweckmäßigkeit angesehen werden. Am Ende dieser Erläuterung findet sicheine sehr ausführliche Mustergliederung.

2. Gestaltender Teil (§ 221 InsO)

Der gestaltende Teil enthält Angaben darüber, wie die Rechtsstellung der Beteiligten planbedingt geändert werden soll.

Den Kreis der Beteiligten hat die Gesetzesfassung gegenüber § 253 RegE in § 217 InsO auf die absonderungsberechtigten Gläubiger und die Insolvenzgläubiger verengt. Damit können insbesondere gegenüber dem Schuldner und etwa an ihm beteiligte Personen keine Eingriffe begründet werden; reglementierungsfähig ist allein die Nachhaftung des Schuldners nach Abschluß des Insolvenzverfahrens, wobei § 227 InsO bei Schweigen des Planes hierzu mit der Planerfüllung grundsätzlich eine Restschuldbefreiung statuiert.

Die Beteiligten sind in Gruppen zusammenzufassen, wobei § 222 Abs. 1 InsO eine Mindesteinteilung vorschreibt. Esbietet es sich daher an, daß der gestaltende Teil die vorgeschlagenen Änderungen der Rechtsstellungen der Beteiligten gruppenbezogen aufgreift.

Enthält der Plan keine abweichende Regelung, so bleiben zunächst die Rechte der Absonderungsberechtigten (§§ 165 ff. InsO) vom Plan unberührt; die Forderungen der nachrangigen Insolvenzgläubiger (§ 39 InsO) gelten als erlassen (§ 225 InsO). Hinsichtlich der Insolvenzgläubiger sind die Abweichungen zur Regelverteilung (§§ 38, 187 ff. InsO) zu normieren.

Über die Veränderungen der Rechtsstellung der Planbeteiligten sowie die Nachhaftung des Schuldners hinaus, kann der gestaltende Teil weitere Anordnungen treffen, wie etwa

- die Überwachung der Planerfüllung durch den Verwalter (§ 259 f InsO);
- die Normierung eines Zustimmungsvorbehalts des Verwalters bei bestimmten Rechtshandlungen des Schuldners oder einer (neuerrichteten)
  Übernahmegesellschaft für den Überwachungszeitraum (§ 263 InsO);
- die Aufnahme eines Rangrücktritts für Darlehensneuvalutierungen oder
  stehenbleibende Masseverbindlichkeiten (vgl. §§ 264 ff. InsO).

3. Plananlagen (§§ 217, 229 f. InsO)

Soweit zukünftige Erträge des Schuldnerunternehmens oder des von einem Dritten fortgeführten Unternehmens zur Gläubigerbefriedigung Verwendung finden
sollen, sind dem Insolvenzplan als Anlagen gemäß § 229 InsO eine Planbilanz,
eine Plan-Erfolgsrechnung als prognostizierte Gewinn- und Verlustrechnung für
den Zeitraum der Plandurchführung sowie eine Planliquiditätsrechnung beizufügen. Daneben sind bei einer Unternehmensfortführung ggf. Erklärungen des
Schuldners, der Gläubiger und evtl. auch Dritter nach Maßgabe des § 230 InsO
dem Plan als Anlagen beizufügen.

III. Planverfahren

Das Planverfahren durchläuft beginnend mit der Entscheidung, einen Insolvenzplan
aufstellen zu wollen, bis zur Rechtskraft des Planes verschiedene Stadien.

1. Planinitiativrecht

Die Berechtigung zur Vorlage eines Insolvenzplanes ist in § 218 Abs. 1 Satz 1
InsO auf den Insolvenzverwalter und den Schuldner beschränkt. Damit ist den
einzelnen Gläubigern kein Planinitiativrecht eingeräumt worden; diese können
lediglich den Insolvenzverwalter durch Beschluß der Gläubigerversammlung im
Berichtstermin beauftragen, einen Plan auszuarbeiten (§ 157 Satz 2 InsO). Berücksichtigt man die verstreichende Zeitspanne bis zum Berichtstermin sowie die
erst hierauf folgende mit weiteren zeitlichen Verlusten verbundene Planaufstel-
lung durch den beauftragten Verwalter, so muß die Effektivität eines solchen Vor-
gehens ex ante bezweifelt werden. Der Verwalter kann jedoch regelmäßig in Abstimmung mit dem Schuldner von sich aus einen Plan vorschlagen (a. A. allein
Maus, Kölner Schrift zur InsO, S. 707 ff., Rdn. 23)
    Dadurch, daß der Schuldner zudem seinen Insolvenzeigenantrag, der sich ge-
mäß § 18 InsO auch auf den Insolvenzgrund der drohenden Zahlungsunfähigkeit
stützen kann, nach § 218 Abs. 1 Satz 2 InsO bereits mit der Vorlage eines Insolvenzplanes verbinden kann, ist dies jedoch als Chance einer frühzeitigen Krisen-
bewältigung zu begrüßen, wenn nur die Praxis von der gesetzlich aufgezeigten
Möglichkeiten einer „Sanierung durch Insolvenz" hinreichend Gebrauch macht.
Hat sich die Krise nämlich mangels frühzeitiger Reaktionen erst verfestigt, werden auch die an sich bestehenden weiten Gestaltungsspielräume einer insolvenzplanmäßigen Abwicklung nur noch begrenzt sein.

2. Vorlage und Prüfung des Insolvenzplanes

Der Insolvenzplan ist gemäß § 218 Abs. 1 Satz 1 InsO dem Insolvenzgericht vorzulegen. Stellt der Insolvenzverwalter von sich aus oder im Zusammenwirken mit
dem Schuldner den Plan, so dürfte dieser regelmäßig zum Berichtstermin vorzulegen sein.
    Unmittelbar nach seiner Vorlage tritt das Insolvenzgericht gemäß § 231 InsO

in eine „Vorabprüfung" des Planes ein, in deren Rahmen neben der Prüfung der formellen Ordnungsgemäßheit von Plan und Verfahren eine Evidenz- und Schlüssigkeitskontrolle des Planes im Hinblick auf dessen Durchführbarkeit vorgenommen wird. Hat der Plan hiernach offensichtlich keine Aussicht, von der Gläubigerschaft gebilligt zu werden, so weist das Insolvenzgericht den Plan durch Beschluß zurück, der mit der sofortigen Beschwerde anfechtbar ist (§ 231 Abs. 3 InsO). Anderenfalls erfolgt eine Weiterleitung des Planes an die übrigen Beteiligten und die Auslage zur Einsichtnahme in der Geschäftsstelle (§§ 232 Abs. 1, 234 InsO). Ggf. kann auch die Verwertung oder Verteilung durch das Insolvenzgericht zur Sicherstellung der Plandurchführung ausgesetzt werden (§ 233 InsO).

3. Abstimmung über die Planannahme

Der Insolvenzplan muß zunächst zu seiner Legitimation auf eine qualifizierte Mehrheitsübereinkunft der planbeteiligten Gläubiger zurückgeführt werden können. Hierfür wird vom Insolvenzgericht ein gesonderter Erörterungs- und Abstimmungstermin als besondere Gläubigerversammlung anberaumt (§ 235 InsO). Nach Erörterung des Insolvenzplans folgt – ggf. in einem gesonderten Termin – die Abstimmung. Die Abstimmung erfolgt jeweils in den im gestaltenden Teil des Insolvenzplans festgelegten Gruppen. Stimmberechtigt sind alle dort aufgeführten Gläubiger, deren Forderungen durch den Plan tangiert werden (§§ 237, 238 InsO).

Die Gläubiger bestrittener Forderungen dürfen bei Scheitern einer Einigung nur nach gerichtlicher Zulassung zur Abstimmung mitstimmen (§§ 237 Abs. 1 Satz 1, 238 Abs. 1 Satz 3, 77 Abs. 2 InsO).

Die Stimmrechte werden vom Urkundsbeamten der Geschäftsstelle in einer Stimmliste gesondert festgehalten (§ 239 InsO).

Der Insolvenzplan ist angenommen, wenn alle Gruppen (eine Gruppenmehrheit genügt nicht) zustimmen und in jeder Gruppe sowohl die Kopf- als auch die Summenmehrheit erreicht ist (§ 244 InsO). Für die Gruppe der absonderungsberechtigten Gläubiger ist bedeutsam, daß diese zugleich als Insolvenzgläubiger nur bei gleichzeitiger persönlicher Haftung des Schuldners insoweit mitstimmen dürfen, wie sie auf die abgesonderte Befriedigung verzichtet haben oder bei ihr ausgefallen sind (§ 237 Abs. 1 Satz 2 InsO).

Werden die Abstimmungsmehrheiten nicht erreicht, kommt ggf. das in § 245 InsO normierte Obstruktionsverbot zur Anwendung. Danach gilt die Zustimmung gleichwohl als erteilt, wenn die Gläubiger der betreffenden Gruppe durch den Plan nicht schlechter gestellt werden, als sie ohne den Plan stünden, und gleichzeitig eine angemessene Partizipation am Erlös stattfindet (Werterhaltungs- und Gleichbehandlungsgedanke); Voraussetzung ist dabei immer, daß die Mehrzahl der Gruppen den Plan billigt (vgl. weiterführend etwa *Smid*, InVo 1996, 314 ff.).

4. Schuldnerzustimmung

Nach § 247 InsO ist auch die Zustimmung des Schuldners zum Insolvenzplan erforderlich, die bei Schweigen des Schuldners im Abstimmungstermin fingiert wird (§ 247 Abs. 1 InsO). Widerspricht der Schuldner greift nach § 247 Abs. 2 InsO ebenfalls ein Obstruktionsverbot, wenn der Schuldner durch den Plan nicht schlechter gestellt wird, als er ohne den Plan stünde, und wenn kein Gläubiger mehr erhält, als ihm ohne den Plan zustünde.

5. Gerichtliche Bestätigung des Planes

Der Insolvenzplan entfaltet nur dann Maßgeblichkeit, wenn er durch das Insolvenzgericht bestätigt wird (§§ 248 ff. InsO). Zu beachten ist der in § 251 normierte Minderheitenschutz einzelner Gläubiger.

Die Normanwendung dürfte hier, ebenso wie bei den Obstruktionsverboten, in der Praxis zu erheblichen Schwierigkeiten führen, da eine Schlechterstellung gegenüber der gesetzlichen Regelverwertung anhand von Prognosedaten darzutun ist. Ein handhabbarer Insolvenzplan wird diese Fragen daher ausführlich abhandeln müssen.

IV. Planwirkungen

Mit Eintritt der Rechtskraft des Bestätigungsbeschlusses werden die Rechtsbeziehungen der Planbeteiligten zum Schuldner entsprechend dem gestaltenden Teil des Planes neu geordnet (§ 254 Abs. 1 Satz 1 InsO). Erlassene Forderungen bestehen jedoch als natürliche Verbindlichkeiten weiter fort (vgl. die Begründung zu § 301 des RegE, BT Drucks. 12/2443, 213). Hervorzuheben ist, daß die für Verfügungen notwendigen Willenserklärungen sowie vorgesehene Verpflichtungserklärungen gemäß § 254 InsO als formwirksam abgegeben gelten, wenn sie in den Plan aufgenommen wurden.

Mit dem Eintritt der Rechtskraft des Bestätigungsbeschlusses hat der Insolvenzverwalter die unstreitigen Masseansprüche zu berichtigen und für die streitigen Sicherheit zu leisten; anschließend beschließt das Insolvenzgericht die Aufhebung des Verfahrens (§ 258 InsO).

V. Planerfüllung und Plandurchsetzung

Die Planerfüllung obliegt nunmehr dem (wieder)verfügungsbefugten Schuldner. Als Druckmittel stellt das Gesetz in den §§ 255 f. InsO (dispositiv) eine sog. Wiederauflebensklausel zur Verfügung. Dem Plan kommt zudem nach § 257 InsO i.V.m dem Tabelleneintrag Titelfunktion für eine Zwangsvollstreckung zu.

2 Das Planinitiativrecht ist in § 218 Abs. 1 S. 1 InsO auf den Insolvenzverwalter und den Schuldner beschränkt. Damit ist den einzelnen Gläubigern kein Initiativrecht eingeräumt worden; diese können lediglich den Insolvenzverwalter durch Beschluß der Gläubigerversammlung im Berichtstermin (vgl. die §§ 29 Abs. 1 Nr. 1, 156 InsO) beauftragen, einen Insolvenzplan auszuarbeiten (§ 157 S. 2 InsO).

Wegen der Komplexität und der Notwendigkeit weitergehender, insbesonderer betriebswirtschaftlicher Ermittlungen, wird die Ausarbeitung eines Insolvenzplanes in einer Vielzahl der Fälle die Notwendigkeit der Hinzuziehung externer Berater mit sich bringen, wie dies bereits in dem als Vorbild dienenden amerikanischen Reorganisationsrecht Alltagspraxis ist; ein solcher Planverfasser ist zu benennen.

3 Der Insolvenzplan ist gem. § 219 InsO in einen darstellenden und einen gestaltenden Teil gegliedert. Der darstellende Teil befaßt sich im wesentlichen mit dem vorgeschlagenen Abwicklungs-, in der Regel Sanierungskonzept. Hier sind die wirtschaftlichen Grundlagen und Eckdaten des Unternehmens aufzuzeigen, auf deren Grundlage eine Analyse der Insolvenzgründe zu erfolgen hat. Sodann sind die denkbaren und zu ergreifenden Maßnahmen in ihrer wirtschaftlichen Auswirkung darzustellen.

Bei der Darstellung der rechtliche Verhältnisse des Schuldners wird im wesentlichen **4** auf die Ermittlungen des Gutachtens bzw. des vorläufigen Insolvenzverwalterberichtes und des Insolvenzverwalterberichtes zurückgegriffen werden können.

Vgl. Anmerkung 4, wobei die wirtschaftlichen Verhältnisse wegen der noch weiter- **5** gehenden Ermittlungstiefe im Hinblick auf die Aufstellung des Insolvenzplanes noch dezidierter aufgezeigt werden können.

Eine wirtschaftliche Schwachstellenanalyse im darstellenden Teil des Insolvenzpla- **6** nes wird im wesentlichen auf die anerkannten betriebwirtschaftlichen Bewertungs- muster gestützt werden müssen, in deren Rahmen die sog. Kennzahlanalyse den höchsten Aussagewert enthält. Insoweit kann weitergehend auf die einschlägige Li- teratur zur Bilanzanalyse verwiesen werden.

Die Grundbesitzverhältnisse werden mindestens in dem Verzeichnis der Massege- **7** genstände nach § 151 InsO sowie der Vermögensübersicht nach § 153 InsO enthal- ten sein, die nach § 154 InsO spätestens eine Woche vor dem Berichtstermin in der Geschäftsstelle des Insolvenzgerichts zur Einsicht der Beteiligten niederzulegen sind.

Dienst- und Arbeitsverhältnisse bestehen nach § 108 Abs. 1 InsO trotz der Insol- **8** venzeröffnung fort.

Die Auflistung beidseitig noch nicht vollständig erfüllter Verträge klammert an die- **9** ser Stelle die nunmehr dem Anwendungsbereich des § 103 InsO unterfallenden Miet- unde Leasingverhältnisse über (nicht drittfinanzierte und sicherungsübereig- nete) bewegliche Gegenstände aus.

Bei der Analyse der Krisenursache wird auf die Ergebnisse der betriebswirtschaft- **10** lichen Kennzahlanalyse zurückgegriffen werden können.

Nach § 220 Abs. 1 InsO muß im darstellenden Teil des Insolvenzplanes aufgezeigt **11** werden, welche Maßnahmen nach der Eröffnung des Insolvenzverfahrens getroffen worden sind oder noch getroffen werden sollen, um die Grundlage für die geplante Gestaltung der Rechte der Beteiligten zu schaffen. Wird der Insolvenzplan auf In- itiative des Schuldners bzw. des Insolvenzverwalters zum Berichtstermin vorgelegt, dürfte es sich anbieten, bereits den Zeitraum seit Anordnung der vorläufigen Insol- venzverwaltung zugrunde zu legen.

Auch die Insolvenzordnung geht nach wie vor grundsätzlich von der vollständigen **12** Liquidation, also der Zerschlagung unter Ansatz von Einzelveräußerungswerten (§§ 1 S. 1 1. Alt., 159 InsO).

Die Quotenerwartung wird regelmäßig aus der Vermögensübersicht (§ 153 InsO) **13** abzuleiten sein.

Die übertragende Sanierung kann sowohl auf Grundlage des Gesetzes als besonderer **14** Fall der (Liquidations-) Verwertung en bloc sowie auf Grundlage eines Insolvenz- planes erfolgen. Soll die übertragende Sanierung Zielsetzung der Leitbildverwer- tung sein, ist Bedingung, daß der Insolvenzverwalter bei der Gesamtveräußerung ohne den sog. „Paketnachlaß" operiert, um die gleichen Erlöse wie bei einer Ein- zelzerschlagung zu erzielen (vgl. auch die Begründung zum RegE (BR-Drs. 1/92,

S. 227 f.)). Nach der Definition von *K. Schmidt* (ZIP 1980, 329, 336) ist die übertragende Sanierung als „Gründung einer neuen Gesellschaft, die dann das Unternehmen mit Anlage- und Umlaufvermögen zum Liquidationsansatz aus der Masse erwirbt", zu verstehen.

15 Während die übertragende Sanierung sich allein auf eine leistungswirtschaftliche Gesundung des Unternehmens bezieht, ist die Sanierung des Unternehmensträgers auf die endgültige Beseitigung des Insolvenzgrundes angelegt. Nachteilig ist hierbei, daß die Gesetzesfassung entgegen früheren Vorschlägen von Zugriffsbefugnissen auf die Gesellschafterstellung abgesehen hat.

16 Hierbei handelt es sich um mögliche Eigenmaßnahmen.

17 Hierbei handelt es sich um von außen kommende Maßnahmen, also fremde Hilfestellungen.

18 Um den Gläubigern eine Abstimmung über die Annahme des Insolvenzplanes zu ermöglichen, wird sich die Prognose sowie die Risikoeinschätzung als „Kernstück" für die zu treffende Entscheidung begreifen lassen.

19 Sofern die Gläubiger aus den Erträgen des vom Schuldner oder von einem Dritten fortgeführten Unternehmens befriedigt werden sollen, muß dem Insolvenzplan nach § 229 InsO eine Planbilanz, eine Planerfolgs- sowie eine Planliquiditätsrechnung als Anlage beigefügt werden.
   Planbilanz und Planerfolgsrechnung orientieren sich dabei zweckmäßigerweise an der bekannten Gestaltung einer Bilanz- bzw. Gewinn- und Verlustrechnung, nur daß die Ansätze hier nicht auf gesicherten Erkenntnissen, sondern auf zukünftigen Erwartungen und Prognosen beruhen.

20 Da die Einzelgläubiger ihre Zustimmung zum Insolvenzplan grundsätzlich von wirtschaftlichen Erwägungen abhängig machen dürften, bildet die Vergleichsrechnung zur außerplanmäßigen Abwicklung neben der Risikoeinschätzung den zentralen Punkt des Planes im Hinblick auf das weitere Schicksal des Unternehmens.

21 Im gestaltenden Teil wird nach § 221 InsO festgelegt, wie sich die Rechtsstellung der Beteiligten durch den Plan verändern soll. Als denkbare Rechtsänderung erwähnen *Hess/Weis* (InVo 1996, 91,92) etwa den Verzicht absonderungsberechtigter Gläubiger auf die Zinsen, die Zahlung höherer als der gesetzlich vorgesehenen Verwertungskosten, für alle Gläubiger den Forderungserlaß sowie die Stundung des nicht erlassenen Teiles oder aber die Beteiligung von Insolvenzgläubigern am schuldnerischen Unternehmen.

22 Beteiligte am Insolenzplan sind die absonderungsberechtigten Gläubiger sowie die Insolvenzgläubiger (§ 221 InsO). Der Schuldner sowie die an ihm beteiligten Personen werden anders als nach § 253 des RegE (vgl. die Begründung zu § 253 RegE, BT-Drs. 12/2443, S. 195 einerseits sowie die Begründung des Rechtsausschusses, BT-Drs. 12/7352, S. 181 andererseits) nicht mehr zu den Beteiligten gezählt.
   Die Beteiligten sind nach § 222 InsO in Gruppen aufzuteilen, wobei eine Mindestunterteilung nach absonderungsberechtigten Gläubigern, in deren Rechte eingegriffen wird, in nicht nachrangige Insolvenzgläubiger sowie die Rangklassen der nachrangigen Insolvenzgläubiger vorgegeben ist. Ob in die Rechte der absonde-

rungsberechtigten Gläubiger eingegriffen wird, ist nach den §§ 165 ff. InsO zu bestimmen. Bei einem Schweigen des Planes geht das Gesetz davon aus, daß in die gesetzlichen Rechte dieser Gläubiger nicht eingegriffen wird (§ 223 Abs. 1 InsO).

Die Forderungen der nachrangigen Insolvenzgläubiger gelten beim Schweigen des Insolvenzplanes als erlassen (§ 225 InsO).

Darüber hinausgehend können aus Gründen der Sachgerechtigkeit weitere, auch aus den Gläubigern mit gleicher Rechtsstellung, zusammengefaßte Gruppen gebildet werden. Denkbar und naheliegend ist insbesondere die Gruppe der Arbeitnehmer eigenständig zusammenzufassen (vgl. § 222 Abs. 3 InsO).

Vgl. §§ 49 ff. InsO; die Unterteilung gibt lediglich einen Vorschlag wieder. **23**

Vgl. §§ 38, 187 ff. InsO; die Unterteilung gibt lediglich einen Vorschlag wieder. **24**

Vgl. § 39 InsO und die dort statuierte Rangfolge. **25**

Darauf hinzuweisen ist, daß die im gestaltenden Teil des Insolvenzplanes vorgesehen **26** Rechtsänderungen im Falle der Rechtskraft des Planes, soweit es nicht um Registerakte, insbesondere um Grundbucheintragungen geht, möglichst weitgehend aus sich heraus Wirksamkeit entfalten sollen. Zu diesem Zweck ordnet § 254 InsO an, daß die in den Plan aufgenommenen Willenserklärungen der Beteiligten bezüglich Verfügungen sowie Verpflichtungserklärungen in der vorgeschriebenen Form abgegeben gelten. Notarielle Umsetzungsakte sind daher – auch zur Vermeidung weiterer Kosten – entbehrlich. Hieraus erklärt sich auch die Regelung des § 228 InsO.

Vgl. §§ 228, 254 InsO sowie die Begründung zu § 271 des RegE (BT-Drs. 12/2443, **27** S. 202 f.)

Da das Gesetz davon ausgeht, daß nach Rechtskraft des Bestätigungsbeschlusses in- **28** folge der Annahme des Insolvenzplanes die unstreitigen Masseansprüche zu berichtigen und für die streitigen Sicherheit zu leisten ist, damit im Anschluß hieran die Aufhebung des Insolvenzverfahrens beschlossen werden kann (vgl. § 258 InsO), ermöglicht das Gesetz in § 260 InsO eine Überwachung der Planerfüllung. Eine Überwachung ist dabei sowohl gegenüber dem Schuldner (§ 260 Abs. 2 InsO) als auch gegenüber einer neu errichteten Übernahmegesellschaft (§ 260 Abs. 3 InsO) vorgesehen. Gegenüber einer bereits vor Verfahrenseröffnung bestehenden Gesellschaft scheidet die Überwachung aus, so daß bei dem nicht selten praktizierten Modell einer sog. „kontrollierten Insolvenz" mit der Zielsetzung einer geplanten übertragenden Sanierung einer Planüberwachung durch eine Gesellschaftsgründung „auf Vorrat" begegnet werden kann.

Wird eine Überwachung der Planerfüllung nach § 260 InsO vorgesehen, kann der **29** gestaltende Teil des Insolvenzplanes ebenso die Vornahme bestimmter Rechtsgeschäfte an die Zustimmung des Insolvenzverwalters binden.

Die §§ 264 ff. InsO begünstigen schließlich bei Vorliegen der übrigen gesetzlichen **30** Voraussetzungen Gläubiger mit Forderungen aus Darlehen und sonstigen Krediten in der Zeit der Überwachung des Insolvenzplanes sowie Massegläubiger, die im Rahmen einer getroffenen Kreditabsprache ihren Masseanspruch nicht geltend gemacht haben.

31 Die §§ 229 f. InsO befassen sich mit etwaig notwendigen Plananlagen.

Sollen die Gläubiger aus den Erträgen des vom Schuldner oder von einem Dritten fortgeführten Unternehmens (übertragende Sanierung) befriedigt werden, so ist dem Insolvenzplan eine Planbilanz, eine Planerfolgs- sowie eine Planliquiditätsrechnung beizufügen (§ 229 InsO).

32 Für die Planbilanz kann auf die allgemeinen Bilanzierungsgrundsätze verwiesen werden, wobei die Ansätze hier nicht auf feststehenden Ermittlungen und Buchführungsansätzen, sondern Zukunftserwartungen und Prognosen beruhen.

33 Die Planerfolgsrechnung entspricht einer Gewinn- und Verlustrechnung auf Prognosebasis.

34 Vgl. insoweit auch die Muster C. 3. bis 5.

2. Muster eines Insolvenzplanes[1]

Insolvenzplan

In dem Insolvenzverfahren über das Vermögen der A. GmbH ...... diese gesetzlich vertreten durch ihre Geschäftsführer, Herrn B und Frau C

Amtsgericht ......
– Insolvenzgericht[2] –

Geschäfts-Nr.: ......

durch:

Rechtsanwalt/Wirtschaftsprüfer/Steuerberater
(Insolvenzverwalter)

Inhaltsverzeichnis:

   A. Vorbemerkungen
      In dem Insolvenzverfahren über das Vermögen der A.-GmbH, ...,
      diese gesetzlich vertreten durch ihre Geschäftsführer, Herrn B sowie
      Frau C, lege ich in meiner Eigenschaft als Insolvenzverwalter[3] mit Rück-
      sicht auf den am ......(Datum) stattfindenden Prüfungstermin[4] den
      folgenden, in Abstimmung mit den Geschäftsführern der Schuldnerin
      erarbeiteten Insolvenzplan zur Prüfung und ggf. Erörterung und
      Abstimmung[5] vor.

B. Darstellender Teil des Insolvenzplans
 I. Rechtliche Verhältnisse der Schuldnerin[6]
  1. Rechtliche Entwicklung
   Die Schuldnerin ist nach der Wende aus dem ehemaligen volkseigenen Betrieb VEB......, der im Register der volkseigenen Wirtschaft beim BVG...... zur Nr...... eingetragen war, hervorgegangen.

   Auf Grundlage der Verordnung zur Umwandlung volkseigener Kombinate, Betriebe und Einrichtungen vom 01. März 1990 (Gbl I, Nr. 14, S. 107) wurde der vorgenannte VEB durch Umwandlungserklärung und Gesellschaftsvertrag vom 25. Juni 1990 des Notars Dr......zu Urkunds-Nr.:...... in eine Gesellschaft mit beschränkter Haftung überführt.

   Die Gesellschaftsanteile wurden zunächst zu 100% durch die Treuhandanstalt gehalten. Das Stammkaptial belief sich auf DM 5. Mio. der DDR, bis es entsprechend den gesetzlichen Vorgaben mit DM 5. Mio. ausgewiesen wurde.

   In der Folgezeit interessierten sich ausländische Investoren für den Erwerb der Schuldnerin. So kam es am ...... vor dem Urkundsbeamten des Notariats Zürich (Altstadt)/Schweiz nach vorheriger Teilung der Anteile durch die Treuhandanstalt zu einem Geschäftsanteilsübertragungsvertrag (share-deal). Mit dieser Vereinbarung wurden die Geschäftsanteile in Höhe von DM 4,95 Mio. durch die E-Holding Deutschland AG, sowie in Höhe von DM 500 000,00 durch die ausländische Staatsangehörige, Frau ......, erworben.

   Den Anteilserwerbern wurden in dem Übernahmevertrag seitens der Treuhandanstalt eine Vielzahl von Verpflichtungen auferlegt, die das wirtschaftliche Fortkommen der Schuldnerin in der Folgezeit behindern sollten.

   Kurz darauf, nämlich am ......, übertrug die Minderheitsgesellschafterin ihren Geschäftsanteil in Höhe von DM 500 000,00 ebenfalls auf die E-Holding Deutschland GmbH. Ein entsprechender Übertragungsvertrag konnte bis heute nicht eingesehen werden.

   Am ......kam es sodann mit Urkunde des ausländischen Notars, Herrn Dr......, zur Geschäftszahl ......, zu einer umfassenden Änderung des Gesellschaftsvertrages der Schuldnerin, mit der die gesellschaftsvertraglichen Regelungen entsprechend den Ausgestaltungen der übrigen Tochterunternehmen der E-Holding Deutschland GmbH auf die Bedürfnisse der Unternehmensgruppe abgestellt wurde.

   Weitere gesellschaftsvertragliche Änderungen erfolgten in der Folgezeit nicht mehr.

   Die Schuldnerin ist nunmehr zu HRB ...... bei dem Handelsregister des Amtsgerichts ...... eingetragen.

Der Gegenstand des Unternehmens bezieht sich auf die

- Vorbereitung, Projektierung und Realisierung von Baumaßnahmen und damit zusammenhängender Leistungen;

- sowie fachliche Aus- und Weiterbildung von Werktätigen in unternehmenseigenen Einrichtungen;

- Baustoffhandel und Baustoffgewinnung;

- Erwerb, Bebauung, Vermietung, Verpachtung, Verwaltung und Veräußerung oder sonstige Verwendung von Grundstücken, grundstücksgleichen Rechten und Gebäuden;

- Projektierung und Vertrieb von Immobilienobjekten.

Das Geschäftsjahr ist das Kalenderjahr.

Geschäftsführer der Schuldnerin sind Herr B sowie Frau C.

2. Beteiligungen der Schuldnerin
Die Schuldnerin ist an vier weiteren Gesellschaften mit beschränkter Haftung beteiligt, wobei die Beteiligungen wegen der fehlenden Werthaltigkeit im folgenden lediglich skizziert werden sollen:

(wird ausgeführt)

3. Konzerneinbindung
Die Schuldnerin ist – wie bereits dargelegt – als verbundenes Unternehmen im Rahmen der „E-Holding-Gruppe" anzusehen.

Die unternehmensmäßigen und gesellschaftlichen Verpflechtungen sind synoptisch in dem als sonstige Anlage 1 zum Insolvenzplan beigefügten Schaubild dargestellt.

Die Anteile an der Holding werden wie folgt gehalten:

(wird ausgeführt)

Über das Vermögen der E-Holding Deutschland GmbH wurde bereits am ...... durch Beschluß des Amtsgerichts – Insolvenzgericht – ...... zur Geschäfts-Nr.: ...... ein Insolvenzverfahren eröffnet, in dem bereits am ...... die Masseunzulänglichkeit veröffentlicht wurde.

II. Wirtschaftliche Verhältnisse der Schuldnerin[7]
1. Zur unternehmerischen Betätigung und wirtschaftlichen Entwicklung
Die Schuldnerin gehörte mit zu den Marktführern für Leistungen des Hoch- und Tiefbaus, des Industriebaus, des Wohnungsbaus, des Gesellschaftsbaus und des Montagebaus in der Region ......

Sie unterhielt zuletzt 4 Niederlassungen, die mehr oder weniger selbständig das gesamte Programm der angebotenen Bauleistungen vorhielten und selbständig geführt wurden.

In der in ...... gelegenen (Haupt-) Niederlassung 3 wurden zum Zeitpunkt der Ausbringung des Insolvenzantrages insgesamt 20 Bauprojekte betreut, die sich auf eine Gesamtnettoauftragssumme in Höhe von DM . . . . . . beliefen. Von den übrigen 3 Niederlassungen in

− . . . . . .

− . . . . . .

− . . . . . .

wurden noch weitere 26 Bauprojekte mit einem Gesamtnettoauftragsvolumen in Höhe von DM . . . . . . betreut.

Im Rahmen der wirtschaftlichen Entwicklung ist bedeutsam, daß bereits im Sommer des Jahres . . . . . . die wesentlichen Verbindlichkeiten der Schuldnerin bereits einmal zum Fälligkeitstermin nicht beglichen werden konnten. Im Zuge heteronom eingeleiteter Sanierungsmaßnahmen und des Zusammenschlusses der in Geschäftsbeziehung stehender Banken in einem Bankenpool konnten die Zahlungen jedoch durch (eher verhaltene) Neukreditierungen wieder aufgenommen werden; gleichzeitig kam es jedoch in erheblichem Maße zur Bestellung von Sicherheiten zugunsten des Bankenpools, die auch Nachbesicherungen der früher ausgereichten Kredite beinhalteten. Es ließ sich jedoch nicht vermeiden, daß diese nachteilige wirtschaftliche Entwicklung, insbesondere die Zahlungseinstellung, in hohem Maße presse- und medienwirksam wurde, so daß die Schuldnerin bei der Vergabe von Neuaufträgen ab diesem Zeitpunkt so gut wie nicht mehr berücksichtigt wurde. Der vorstehend skizzierte Auftragsbestand bezieht sich daher noch im wesentlichen auf vormalige Aufträge aus dem Zeitraum vor dem Auftreten der erstmaligen Zahlungsprobleme.

Nach den bislang gewonnenen Kenntnissen ist auch für weite Bereiche in Rechnung zu stellen, daß die angenommenen Aufträge kalkulatorisch zwar zumeist kostendeckend waren, jedoch bei Verzögerung oder Mängeln zu erheblichen Unterdeckungen führten.

2. Umsatz- und Ergebnisentwicklung der abgelaufenen Perioden
   a) Gesamtbetrachtung
      Die Schuldnerin weist ausweislich der eingesehenen Jahresabschlußdaten sowie der kumulierten Werte der letzten betriebswirtschaftlichen Auswertung für die vergangenen Perioden folgende Umsatz- und Ergebnisentwicklung auf:

	Jahr 1	Jahr 2	Jahr 3	Jahr 4
Umsatzerlöse sonstige Erlöse Materialaufwendungen Personalaufwendungen Sonstige Aufwendungen				
Ergebnis der gewöhnlichen Geschäftstätigkeit				

   b) Betrachtung der Niederlassungen
      Dabei verteilt sich die Umsatz- und Ergebnisentwicklung wie folgt auf die 4 Niederlassungen:

      (wird im einzelnen wie im Rahmen der Gesamtbetrachtung ausgeführt)

c) Spartenspezifische Betrachtung
Systematisiert man die Umsatz- und Ergebnisentwicklung nach
den Sparten der Geschäftstätigkeit, so ergibt sich folgendes
Bild:

(wird wie zur Gesamtbetrachtung ausgeführt)

Infolge der Eigeninsolvenz der E-Holding GmbH Deutschland
scheidet auch faktisch ein Verlustausgleich aus.

3. Betriebswirtschaftliche Kennzahlenanalyse[8]
   a) Cash-Flow-Entwicklung
   b) Verschuldensfaktor
   c) Gemitteltes Lieferantenziel
   d) Gemitteltes Kundenziel
   e) Dynamische Liquidität
   f) Abschreibungsquote vom Anlagevermögen
   g) Investitionsquote vom Anlagevermögen
   h) Nettoinvestitionshöhe- und Quote
   i) Umschlagskennzahlen des/der
      – Gesamtkapitals
      – Eigenkaptials
      – Anlagevermögens
      – Vorratsvermögens
      – Forderungen
   k) Pro-Kopf-Umsätze nach Menge und Wert
   l) Betriebsnotwendiges Vermögen Pro-Kopf
   m)Fertigungsstunden und Beschäftigungsgrad
   n) Umsatzanteil der Personalaufwendungen
   o) ......

(wird im einzelnen ausgeführt und unter Hinweis auf Anlagen
zum Insolvenzplan bzw. bereits im Rahmen der Berichte (Gutachten, vorläufiger Insolvenzverwalterbericht, Insolvenzverwalterbericht) belegt)

4. Grundbesitz
   Die Grundbesitzverhältnisse der Schuldnerin sind in der bereits
   zum Berichtstermin vorzulegenden Vermögensübersicht[9] sowie in
   dem Verzeichnis der Massegegenstände[10] in einzelnen aufgeführt,
   worauf verwiesen wird. Auszugsweise wird der Grundbesitzteil der
   Vermögensübersicht in der sonstigen Anlage 2 dem vorliegenden
   Insolvenzplan beigefügt.

5. Miet- und Leasingverhältnisse[11]
   a) Vertragsbeziehungen über angemietete Gegenstände
      Die zum Zeitpunkt der Insolvenzeröffnung bestehenden Ver-
      träge über angemietete Gegenstände sind in der sonstigen Anlage
      3 unter Laufzeitangabe und Zahlungsverpflichtung aufgeführt.

   b) Vertragsbeziehungen über vermietete Gegenstände
      (wird ausgeführt, sonstige Anlage 4)

   c) Vertragsbeziehungen über geleaste Gegenstände
      (wird ausgeführt, sonstige Anlage 5)

6. Versicherungsverträge
   Die bestehenden Versicherungsverträge sind ebenfalls in einer separaten Übersicht als sonstige Anlage 6 erfaßt. Davon sind die als
   unbedingt notwendig anzusehenden Versicherungsverhältnisse
   farbig gekennzeichnet.

7. Dienst- und Arbeitsverhältnisse
   a) Dienstverhältnisse
      Hinsichtlich der Dienstverhältnisse wird im einzelnen auf Aus-
      führungen in dem vorläufigen Insolvenzverwalterbericht
      (S. . . . . .) verwiesen.

   b) Arbeitsverhältnisse
      Die Arbeitsverhältnisse ergeben sich im einzelnen aus der in
      der sonstigen Anlage 7 beigefügten Personalübericht, die je-
      doch die Arbeitsverhältnisse aus Geheimhaltungsgründen[12]
      nicht nach den einzelnen Arbeitnehmern individualisiert, son-
      dern Gruppenaussagen enthält.

8. Bankverbindungen / Sicherheitsvereinbarungen
   Die Schuldnerin unterhielt Geschäftsbeziehungen zu folgenden
   Bank- und Kreditinstituten, die mittlerweise allesamt insolvenz-
   bedingt durch diese aufgekündigt wurden:

   (wird ausgeführt)

   In dem Insolvenzverfahren werden von den vorgenannten Banken, die sich allesamt in einem Bankenpool zusammengeschlos-
   sen haben und von der F-Bank AG als Poolführerin vertreten
   werden, Verbindlichkeiten in Höhe von aufsummiert DM . . . . . .
   nebst . . . . . . geltend gemacht. Die Einzelaufteilung der Forderungen sowie die bestellten Sicherheiten sind im einzelnen der
   Vermögensübersicht sowie dem Gläubigerverzeichnis zu entnehmen, auf die verwiesen wird.

9. Anhängige Prozeßverfahren
   Die anhängigen Prozeßverfahren sind im folgenden nach Verfahren im Rahmen der ordentlichen Gerichtsbarkeit, hier unterglie-
   dert nach Aktiv- und Passivverfahren, nach Arbeitsgerichtsver-
   fahren und sonstigen Prozeßverfahren in der sonstigen Anlage 8
   aufgeführt.

   (wird ausgeführt).

10. Auflistung noch nicht (vollständig) abgearbeiteter Aufträge sowie
    noch akquirierter Aufträge
    Zum Zeitpunt der Planerstellung weist die Schuldnerin insge-
    samt noch 17 nicht vollständig abgearbeitete und noch 3 (unter
    Vorbehalt) akquirierte Aufträge auf. Die Zusammensetzung der
    noch nicht abgearbeiteten Aufträge ist aus der sonstigen Anlage
    9 zum Insolvenzplan erichtlich, in die tabellarisch eine Auftrags-
    gliederung in Auftragsvolumen, bereits abgearbeiteten Teil, be-
    reits mit Teilrechnungen vereinnahmten bzw. angeforderten For-
    derungsteil sowie dem Fertigstellungsaufwand nach Material,

Personal- und sonstigen Kosten sowie die Höhe der noch zu erwirtschafteten Restforderung eingestellt ist.

Die Kalkulation der 3 (unter Vorbehalt) akquirierten Aufträge ist
ebenfalls in der weiteren sonstigen Anlage 9 zum Insolvenzplan
entsprechend gegliedert aufgenommen.

11. Auflistung beidseitig noch nicht vollständig erfüllter Verträge[13]
Ebenfalls wird als sonstige Anlage 10 eine Auflistung der beidseitig noch nicht vollständig erfüllten Verträge beigefügt.

12. Steuerliche Verhältnisse, insbesondere Verlustabzugspotentiale[14]
(wird ausgeführt)

III. Konkurrenzsituation und (regionale) Hauptwettbewerber
Hauptkonkurrentinnen der Schuldnerin im regionalen Umfeld der
Niederlassungen sind die G und H-GmbH mit jeweils (geschätzten)
Marktanteilen von 25 und 35 %. Bereits 1 ½ Jahre vor der Schuldnerin
haben beide Konkurrentinnen umfangreiche Sozialpläne vereinbart
und ihre Standorte jeweils in . . . . . . bzw. . . . . . . zusammengelegt.

IV. Gründe der Insolvenz und Analyse der Krisenursache[15]
Gründe der Insolvenz sind vielschichtig.

Neben der verhaltenen oder sogar rückläufigen Konjunktur in der
Bauwirtschaft führte zunächst der verschärfte Preiswettbewerb aufgrund der aufgezeigten Entwicklung, daß die gewinnträchtigen Kal-
kulationsspannen zurückgefahren und sogar gerade kostendeckende
Angebote akzeptiert werden mußten, zu rückläufigen Ergebnissen.

Weiterhin   traten   bei   der   Schuldnerin   beginnend   mit
. . . . . .gravierende Fehler im Baustellenmanagement auf, die unter
anderem zu kurzfristigen Entlassungen von wichtigen Entschei-
dungsträgern führten.

Bedingt durch die Konjunkturlage in der Baubranche mußten auch
in erheblichem Umfange Forderungsausfälle durch Insolvenzen bei
Auftraggebern und damit Nachvergaben im Hinblick auf insolvenz-
befangene Subunternehmer hingenommen werden.

Ganz wesentlich ist jedoch, daß die Schuldnerin stets mit einer zu
hohen und kostenintensiven Personaldecke eines überalteten Mitar-
beiterbestandes operierte, wobei es auch nicht gelang, die Mitarbei-
termotivation marktwirtschaftlichen Erfordernissen anzupassen.

Schließlich gelang es der Schuldnerin nicht, den hohen offenen
Forderungsbestand wegen der schlechten Zahlungsbereitschaft der
Auftraggeber zu reduzieren und in den Vertragsgestaltungen kürzere
Intervalle für die aufgelaufenen und an sich abschlagsweise verre-
chenbaren Leistungen durchzusetzen. Ebenso wurde versäumt, sowohl von Seiten der Auftraggeber als auch der Subunternehmer in
ausreichendem Maße Sicherheiten hereinzunehmen.

Schlußendlich fand ein Controlling der laufenden Aufträge der
Schuldnerin überhaupt nicht statt, so daß korrigierende Maßnahmen
unterblieben und die Unterdeckung einzelner Aufträge erst bei Abschluß der Arbeiten auffällig wurde.

V. Maßnahmen und Rechtshandlungen seit Anordnung der vorläufigen
Insolvenzverwaltung[16]

1. Bereits abgeschlossene Maßnahmen

Seit Anordnung der vorläufigen Insolvenzverwaltung am ......
bis zum Planerstellungsdatum konnten zunächst die in der sonstigen Anlage 11 aufgelisteten Bauvorhaben zum Abschluß gebracht
werden. Aus der Aufstellung ist auch ersichtlich, mit welchem Ko-
steneinsatz die inzwischen schlußgerechneten Bauvorhaben fertig-
gestellt wurden, und ob ggf. für die Auftraggeber die Möglichkeit
zu Garantieeinbehalten besteht.

In den bereits überreichten Aufstellungen zu Miet- und Leasingverhältnissen sowie zu den Versicherungsverträgen (vgl. die sonstigen Anlagen 4–6) ist hervorgehoben, welche Rechtsverhältnisse
bereits infolge einer insolvenzbedingten Verwalterkündigung[17]
bzw. einer Vertragsablehnung[18] beendet wurden.

Von den gesetzlich unterbrochenen[19] Aktivverfahren vor der ordentlichen Gerichtsbarkeit wurden die in der sonstigen Anlage 8
besonders gekennzeichneten 9 Prozeßverfahren nach der Insolvenzeröffnung wegen aussichtsreicher Rechtsverfolgung wieder
aufgenommen[20].

Aus dem Programm der beidseitig noch nicht vollständig erfüllten
Verträge wurden – wie aus der sonstigen Anlage 11 ersichtlich –
jeweils die Vertragserfüllung gewählt bzw. das gesetzlich eingetretene Abwicklungsverhältnis beibehalten[21].

In der Aufstellung zu den Arbeitsverhältnissen (sonstige Anlage 7)
ist auch verdeutlicht, daß bereits eine hohe Zahl der Mitarbeiter
insolvenzbedingte Eigenkündigungen ausgesprochen haben, was
jeweils vermerkt wurde.

2. Bereits eingeleitete Maßnahmen

Auch nach Anordnung der vorläufigen Insolvenzverwaltung bzw.
nach der Insolvenzeröffnung hat sich die Schuldnerin um die in
der sonstigen Anlage 12 aufgeführten Auftragserteilungen bewor-
ben, die vorab – wie ebenfalls aus dieser Anlage ersichtlich – kal-
kuliert wurden.

Gleichfalls konnten in unmittelbar nach der Verfahrenseröffnung
aufgenommenen langwierigen Verhandlungen mit dem Betriebsrat und Gewerkschaftsvertretern die als sonstige Anlagen 12 und
13 beigefügten Entwürfe eines Interessenausgleiches[23] sowie eines
Sozialplanes[24] ausgehandelt werden. Dabei schöpft der Entwurf
des Sozialplanes sowohl die absolute Grenze der 2 ½ Monatsverdienste[25] als auch die relative 1/3 Grenze[26] der Insolvenzmasse
aus.

VI. Denkbare Verwertungs- und Abwicklungsalternativen

1. Leitbildverwertung[27] des Schuldnervermögen im Falle der Liquidation.

Eine vollständige Liquidation des Schuldnervermögens wird voraussichtlich die in der Vermögensübersicht aufgeführten Werte der
freien Masse bei Liquidation erzielen. Die Ansätze beruhen hier

ganz überwiegend auf Sachverständigenansätzen[28] zu Schätzungen verbleibender Einzelveräußerungswerte[29]. Im einzelnen wird auf die Vermögensübersicht[30] nebst Erläuterungen sowie das Verzeichnis der Massegegenstände[31] verwiesen.

Für die Insolvenzgläubiger wird hieraus eine Quotenerwartung von ca. 4 % resultieren; nachrangige Insolvenzforderungen können auf keinen Fall bedient werden.

2. Insolvenzplanmäßiges Verwertungs- bzw. Sanierungsmodell[32]

Bereits unmittelbar nach Anordnung der vorläufigen Insolvenzverwaltung haben sich verschiedene Interessenten sowie eine Gruppe leitender Mitarbeiter an mich gewandt, mit dem Anliegen, in Überlegungen einzutreten, inwieweit – wenigstens in Teilbereichen, insbesondere niederlassungsspezifisch – Fortführungs- oder übertragende Sanierungslösungen[33] darstellbar sind. Hier kann nach intensiven und langwierigen Verhandlungen und Kalkulationen niederlassungsspezifisch folgendes Verwertungs- bzw. Sanierungsmodell einer insolvenzplanmäßigen Abwicklung vorgeschlagen werden:

a) Veräußerung der wesentlichen Einzelwirtschaftsgüter der Niederlassung 1.

An einer Übernahme der wesentlichen Einzelwirtschaftsgüter der Niederlassung 1, die sich überwiegend neben der Baustoffgewinnung mit dem Baustoffhandel befaßte, ist die Konkurrentin, die H-AG interessiert.

Diese ist bereit, das Betriebsgrundstück der Niederlassung 1 sowie den wesentlichen Teil des Anlagevermögens und die höherwertigen Baustoffe des Umlaufvermögens zu übernehmen.

Die Einzelheiten dieses Konzeptes ergeben sich aus dem in der sonstigen Anlage 15 beigefügten Entwurf eines Kauf- und Übertragungsvertrages, in dessen Anlage die zu übernehmenden Gegenstände des Anlage- und Umlaufvermögens mit dem jeweiligen Wertansatz der Liquidationsbewertung des Sachverständigen aufgeführt sind.

Nicht interessiert ist die H-AG an der Übernahme der der Baustoffgewinnung dienenden Kiesgrube in ......, die somit gesondert zu veräußern bliebe.

Die Übernehmerin ist auch bereit, hier die noch nicht infolge Eigenkündigung ausgeschiedenen Arbeitnehmer zu gleichen, nämlich den übereinstimmenden tariflichen Bedingungen zu übernehmen.

b) Pachtlösungen für die Niederlassung 2

Mehrere leitende Mitarbeiter der Schuldnerin unter Federführung des ehemaligen Niederlassungsleiter der Niederlassung 2 haben ein Konzept vorgelegt, mit dem eine Übernahme und Aufrechterhaltung des Geschäftsbetriebes dieser Niederlassung auf einer Pachtbasis erreicht werden soll, um mittelfristig eine Erwerbslösung darzustellen.

Das Konzept ist im einzelnen aus dem in der sonstigen Anlage 15 beigefügten Entwurf eines Unternehmenspachtvertrages ersichtlich.

Es läßt sich im wesentlichen wie folgt umschreiben:

Die neu zu gründende I-GmbH, an der die leitenden Mitarbeiter unter Federführung des bisherigen Niederlassungsleiters, Herrn J beteiligt sind, pachtet als Vorgesellschaft die Betriebsimmobilie der Niederlassung 2 zunächst für drei Jahre.

Der Pachtzins wird nach Quadratmetern bemessen, für die Geschäftsräumlichkeiten DM 12,50 netto-Kaltmiete pro m^2 , für die Betriebs- und Lagerhallen DM 6,50 pro m^2 sowie für die Freifläche DM 1,25 pro m^2. Es wird eine jährliche Pachtzinsanpassung von 2% vereinbart.

Der I-GmbH wird ein Vorkaufsrecht an der Betriebsimmobilie der Niederlassung 2 eingeräumt.

Weiterhin erwirbt die I-GmbH die in der Anlage zum Pachtvertrag (sonstige Anlage zum Insolvenzplan 16) aufgelisteten Gegenstände des beweglichen Anlagevermögens der Schuldnerin der Niederlassung 2, die ca. 20% der dort befindlichen Gegenstände ausmachen, zum Liquidationsansatz des Sachverständigen zuzüglich jeweils 17,5%.

Der I-GmbH werden sodann unter dem Vorbehalt der Zustimmung der Auftraggeber sämtliche Rechte der Schuldnerin aus den von der Niederlassung 2 betreuten Aufträgen und Auftragsbeziehungen übertragen. Die in Frage kommenden Aufträge und Auftragsbeziehungen sind in der sonstigen Anlage 9 über die noch nicht abgewickelten Auftagsbeziehungen mit „NL 2" besonders gekennzeichnet.

Als Gegenleistung hierfür wird bei Zustimmung der Auftraggeber zur Auftragsübernahme ein Betrag von DM . . . . . . bedungen. Verweigern einzelnen Auftraggeber die Zustimmung zur Auftragsübernahme, so ermäßigt sich dieser Betrag im Verhältnis zwischen offener Einzelauftragssumme und Gesamtpreis.

Die so bedungene Gegenleistung wird in Teilbeträgen 10 Wochen nach jeweiliger Legung der Schlußrechnung des betroffenen Auftrages fällig und ist auf das eingerichtete Insolvenztreuhandkonto zu begleichen. Bis dahin wird die jeweils ausstehende Restwerklohnforderung an den Insolvenzverwalter sicherungshalber zediert.

Weiterhin verpflichtet sich die I-GmbH sämtliche, zur Forderungsrealisierung noch notwendige Fertigstellungs- und Gewährleistungsarbeiten der nicht übernommenen Bauprojekte für die volle Laufzeit der Gewährleistungsfristen zu marktgerechten Preisen zu übernehmen.

Die Pachtzinszahlungen werden unmittelbar nach rechtskräftiger Annahme des Insolvenzplanes[34] aufgenommen, während die Kaufpreisverpflichtungen für die zu übernehmenden Einzelwirtschaftsgüter zu diesem Zeitpunkt in Höhe von 30 % sowie im übrigen innerhalb von 2 Jahren ratierlich in ¼ jährlich gleichen Raten zu tilgen sind.

Sämtliche Preisangaben verstehen sich zuzüglich der gesetzlichen Umsatzsteuer.

Schließlich ist die I-GmbH an der Übernahme der zu Bauträgerzwecken gehaltenen und projektierten Grundbesitzflächen in . . . . . . sowie in . . . . . ., jeweils eingetragen beim Grundbuchamt des Amtsgerichts . . . . . ., Bl. . . . . . bzw. Bl. . . . . . ., interessiert.

Dabei hat sie für den erstgenannten Grundbesitz nebst Projektierungsunterlagen, Bau- und Genehmigungsunterlagen ein bindendes Angebot über DM . . . . . . unterbreitet, was dem seinerzeitigen Kaufpreis der Schuldnerin zuzüglich 25 % entspricht. Am Erwerb der weiter benannten Grundstücksfläche nebst Unterlagen ist sie ebenfalls zu gleichen Konditionen interessiert, wenn ihrerseits Kreditierungsabsprachen mit Banken, zu denen sie derzeit in Verhandlung steht, erfolgreich abgeschlossen werden können.

c) Fortführung des Geschäftsbetriebes der (Haupt) Niederlassung 3
Nicht ausgeschlossen und sogar naheliegend erscheint, den Versuch zu unternehmen, den Geschäftsbetrieb der (Haupt-) Niederlassung 3 – wenigstens zeitweise – fortzuführen, um insoweit Veräußerungs- und Übernahmechancen im Ganzen zu erhalten. Eine Übernahme zu marktgerechten Preisen ist dann gewährleistet, wenn es gelingen sollte, innerhalb eines mittelfristigen Zeitraumes bei der Neuvergabe von weiteren Aufträgen in ausreichendem Maße trotz der derzeitigen Insolvenzsituation berücksichtigt zu werden. Gleichzeitig können zunächst die noch bestehenden und unter Vorbehalt hereingenommenen Aufträge abgearbeitet werden, wozu jedoch ein finanzieller Vorlauf in Höhe von DM . . . . . . erforderlich ist, auf den mindestens 6 Monate lange keine Zins- und Tilgungsdienste erfolgen können.

Nicht zu verkennen ist, daß diese Fortführungslösung mit einem enormen Risiko verbunden ist, da nicht absehbar ist, wie die Berücksichtungschancen bei der Auftragsneuvergabe einzuschätzen sind.

Sollten die erstrebten Vorgaben erreicht werden können, sind hier ebenfalls leitende Mitarbeiter im Zusammenwirken mit dem externen Interessent und Investor K bereit, mittelfristig Beteiligungsrechte zu übernehmen, wobei für den Investor K auch die Verlustabzugspotentiale interessant sind.

d) Schließung der Niederlassung 4
Hinsichtich der Niederlassung 4 kommt allein die Liquidationslösung entsprechend dem Modell der insolvenzmäßigen Regelverwertung in Betracht.

VII. Darlegung des angedachten Sanierungskonzeptes
Die vorstehend skizzierte, im nachfolgenden im einzelnen erläuterte Sanierungskonzeption erfordert eine Vielzahl von Zugeständnissen der Beteiligten, auf die nunmehr in einzelnen eingegangen werden soll. Dabei ist zu berücksichtigen, daß die Sanierung begleitend auf der skizzierten Veräußerungslösung zur Niederlassung 1 sowie der Pachtlösung zur Niederlassung 2 unter endgültiger Veräußerung der Immobilie nach Ablauf der Pachtdauer aufbaut.

1. Neudefinition des Unternehmenszieles auf diesem Hintergrund
Um zu einer schlankeren Struktur des Geschäftsbetriebes der nunmehr an der Hauptniederlassung konzentrierten Schuldnerin zu gelangen, ist beabsichtigt, den Gegenstand des Unternehmens zukünftig allein auf der Realisierung von Baumaßnahmen zu beschränken. Projektierungstätigkeiten sowie der kapitalbindende Gewinn und Vertrieb von Baustoffen sowie das Immobiliengeschäft sollen eliminiert und zu Marktpreisen bei Dritten beschafft werden, mit denen ggf. auf absehbare Zeit eine engere Zusammenarbeit zu sich herausbildenden Sonderkonditionen erfolgen soll.

2. Sanierungsmaßnahmen
Zunächst ist die gesamte Führungsorganisation der Schuldnerin zu straffen und ein effektives Controlling einzurichten. Im gleichen Zuge muß der Forderungseinzug forciert und auf drohende Rechtsstreitigkeiten im Baubereich hin eine ordnungsgemäße Dokumentation erbrachter Arbeiten nachgeholt werden und zukünftig taggenau erfolgen. Ganz wesentlich ist darüber hinaus, daß eine augenblickliche Liquiditätszufuhr gewährleistet wird.

Hierzu bieten sich folgende Maßnahmen an:

Soweit die im Eigentum der Schuldnerin stehenden Gegenstände des beweglichen Anlagevermögens nicht mit Sicherungsrechten der Banken belegt sind und im Rahmen des Geschäftsbetriebes nicht eine ständige Auslastung erfahren, sollen diese in einer Sonderverkaufsaktion – notfalls in einer Insolvenzversteigerung – kurzfristig unmittelbar nach rechtskräftiger Billigung des Insolvenzplanes verwertet werden. Soweit ähnliche Gegenstände zukünftig temporär benötigt werden, soll hier eine zeitraumbezogene Anmietung den vormals praktizierten Erwerb ablösen.

Für die Liquiditätszufuhr wird folgendes vorgeschlagen:

Da den beteiligten Kreditinstiuten bei einer vollständigen Liquidationslösung eine sichere Inanspruchnahme aus den zugunsten der Schuldnerin ausgelegten Vertragserfüllungsbürgschaften droht, stellen diese zur Fertigstellung der Aufträge finanzielle Anlaufmittel in Höhe von 85 % der Bürgschaftssumme zur Verfügung, was einen Gesamtbetrag in Höhe von DM . . . . . . ausmacht. Gleichzeitig verzichten die Kreditinstitute auf die Realisierung ihrer Absonderungsrechte für die betriebsnotwendig beizubehaltenden Gegenstände des beweglichen Anlagevermögens. Bei den nicht unbedingt betriebsnotwendigen absonderungsbelasteten Gegenständen erfolgt eine kurzfristige Verwertung durch die angesprochene Sonderverkaufsaktion, wobei es bei den Kostenbeiträgen in Höhe von 9% des § 171 InsO sowie der Umsatzsteuerkorrektur verbleibt.

Die nicht in die oben skizzierte Planabwicklung eingebundenen und benötigten Immobilien werden unter Berücksichtigung der bestehenden Grundpfandrechtspositionen der Kreditinstitute mit einer Massebeteiligung von 9% freihändig verwertet. Das die Beteiligung um 5% höher angesiedelt wird als die gesetzlich vorgesehene Beteiligung von 4% erklärt sich daraus, daß aus einer freihändigen Veräußerung höhere Werte zu erwarten stehen als im Wege der Zwangsversteigerung.

Sollte die Verwertungsphase länger andauern, bleibt dem Insolvenzverwalter gestattet, bei frei werdenden Immobilien befristete Mietverhältnisse abzuschließen. Die Mieteinnahmen stehen hier bis zu einer maximalen Laufzeit von 6 Monaten der Insolvenzmasse alleine zu, bis zu einer Laufzeit von weiteren 12 Monaten werden diese nach Abzug der Kosten (vgl. hierzu das Modell der Zwangsverwaltung) zwischen den grundpfandrechtsberechtigten Kreditinstituten und der Insolvenzmasse verteilt, so daß die Grundpfandrechtsberechtigten für die Dauer von 18 Monaten verpflichtet bleiben, keinen Zwangsverwaltungantrag auszubringen.

Soweit die Forderung der Warenlieferanten, insbesondere der Baustofflieferanten, auf solche Materiallieferungen zurückgehen, die bereits in die noch nicht fertiggestellten Gewerke eingebaut wurden, verzichten diese Lieferanten – wie aus der sonstigen Anlage 17 ersichtlich – bis auf einen Restbetrag von 7,5% auf ihr Absonderungsrecht[35] an den Werklohnforderungen der Schuldnerin. Dies wird damit begründet, daß die entsprechenden Lieferanten bei einer Liquidationslösung ohnehin aus dem Absonderungsrecht keine Befriedigung zu erwarten hätten, da bei Nichtfertigstellung der Arbeiten den Restwertlohnansprüchen der Schuldnerin überschießende Ersatzansprüche der Auftraggeber gegenüberstehen.

Im Hinblick auf die Arbeitsverhältnisse gilt folgendes:

Zunächst ist als Prämisse vorgelagert, daß die Arbeitnehmer der Niederlassung 1 von der Übernehmerin fortbeschäftigt werden; gleiches gilt im Hinblick auf die pachtweise Überlassung zur Niederlassung 2.

Hinsichtlich der übrigen, noch nicht durch Eigenkündigungen ausgeschiedenen Arbeitnehmer der (Haupt-) Niederlassung 3 sowie der zu schließenden Niederlassung 4, die in der Hauptniederlassung fortbeschäftigt werden, werden der Entwurf des Interessenausgleiches sowie des Sozialplanes umgesetzt. Hierbei wird davon ausgegangen, daß zunächst in einem Zeitraum von 6 Monaten ein Personalabbau in einer Größenordnung von ca. 15% gelingt.

3. Prognostizierte Zukunftserwartung

Die von diesem planmäßigen Sanierungsmodell ausgehende Zukunftserwartung ergibt sich im einzelnen aus den beigefügten Plananlagen.

Unter Zugrundelegung einer Umsatzplanung, die sich an der Auftragshereinnahme zur eigentlichen Bautätigkeit der (Haupt-) Niederlassung 3 gemindert um 20 % vor Eingreifen der Verrufwirkungen der erstmaligen Zahlungsschwierigkeiten orientiert und nach Ablauf von 9 weiteren Monaten einsetzt, ist die geplante wirtschaftliche Entwicklung aus der Planerfolgsrechnung sowie Planliquiditätsrechnung ersichtlich. Ebenso ist eine Planbilanz beigefügt, auf die im einzelnen verwiesen wird.

VIII. Vergleichende Gegenüberstellung und Bewertung der in Betracht kommenden Verwertungsalternativen

Stellt man die Planbilanz in eine Vergleichsrechnung[36] der Vermögensübersicht (§ 153 InsO) bei Zugrundelegung von Liquidationswerten gegenüber, so zeigt sich, daß die einfachen Insolvenzgläubiger bei Wirksamwerden des Planes eine bessere Quotenerwartung zu gegenwärtigen haben. Die nachrangigen Insolvenzgläubiger bleiben nach wie vor unberücksichtigt.

Hinsichtlich der Absonderungsberechtigten ergibt sich folgendes Bild:

Die grundpfandrechtsberechtigten Banken am Immobiliarvermögen erhalten zunächst aus der Veräußerung der Immobilien den Veräußerungserlös abzüglich von 9 % bis zur Höhe der offenen Forderungen. Der Veräußerungspreis wird die Höhe der offenen Forderungen nicht erreichen. Gleichzeitig sind sie nicht auf die Mühen eines Zwangsversteigerungsverfahrens und die hiermit regelmäßig verbundenen niedrigeren Werte angewiesen, so daß die 5 %-ige Schlechterstellung gegenüber dem gesetzlich vorgesehenen Verwertungsmodell (§ 165 InsO) aufgewogen ist.

Im übrigen, soweit es die Immobilie der (Haupt-) Niederlassung 3 anbetrifft, werden die geschuldeten Zinsen aus der Insolvenzmasse erbracht, wobei für den Ansatz der zugrunde liegenden Forderungshöhe die Bewertung in der Zweckerklärung zu dem dort eingetragenen erstrangigen Grundpfandrecht abzüglich 25 % maßgeblich ist[37].

Soweit den Grundpfandrechtsberechtigten die Verpachtungsforderung der Betriebsimmobilie der Niederlassung 2 nicht bzw. nicht vollständig zugute kommt, werden diese zugleich aus weitgehenden Inanspruchnahmen aus den Gewährleistungsbürgschaften der dort betrauten Bauprojekte faktisch herausgehalten, indem der Pächterin die Übernahme der Gewährleistungsarbeiten über die Masse auferlegt werden konnte. Klarstellend ist darauf hinzuweisen, daß die Grundpfandrechtsberechtigten mit den gewährleistungsverbürgenden Kreditinstituten identisch sind.

Soweit es um Absonderungsrechte am beweglichen Anlagevermögen geht, führt die beabsichtigte Verwertung im Wege der Sonderverkaufsaktion zu den gesetzlichen Folgen; darüber hinaus wird auch hier der Zinsdienst entsprechend den gesetzlichen Vorgaben erbracht.

Den Absonderungsrechten am Forderungsbestand ist zunächst, soweit es – wie überwiegend – um Teilwerklohnforderungen aus noch nicht abgeschlossener Bautätigkeit geht, ohnehin keine Werthaltigkeit beizumessen, falls es nicht zur Fertigstellung kommt. Soweit Werklohnforderungen aus abgeschlosser Bautätigkeit (voraus-) zediert sind, wird in diese Rechte duch den Plan nicht eingegriffen.

VIV. Zwischenergebnis

Als Zwischenergebnis kann daher festgehalten werden, daß dem Verwertungskonzept des vorliegenden Insolvenzplanes zur Folge sämtliche Beteiligten besser gestellt sind als bei einer vollständigen Liquidationslösung[38].

C. Gestaltender Teil des Insolvenzplanes

I. Gruppenbildung[39]

Der vorliegende Insolvenzplan geht von folgender Gruppenbildung aus:

1. Absonderungsberechtigte Gläubiger[40]

Die absonderungsberechtigten Gläubiger werden zunächst nach Absonderungsgläubigern am Immobiliarvermögen und am Mobiliarvermögen unterschieden. Soweit es um Absonderungsrechte am Mobiliarvermögen geht, ist es sachgerecht, zwischen Banken und Kreditinstituten einerseits sowie Lieferanten andererseits zu differenzieren. Weitere Absonderungsgläubiger nehmen vorliegend nicht am Verfahren teil.

2. Insolvenzgläubiger

a) Im Rahmen der Insolvenzgläubiger ist zunächst den Arbeitnehmern eine besondere Gruppe eingeräumt, da diese als besonders schutzbedürftig anzusehen sind, so daß eine Sonderbehandlung angezeigt ist.

b) Eine weitere Gruppe wird von den Gläubigern öffentlich-rechtlicher Forderungen, nämlich der Bundesanstalt für Arbeit, den Sozialversicherungsträgern sowie der Finanzverwaltung und den Kommunalbehörden sowie dem PSV aG gebildet.

c) Die verbleibenden Insolvenzgläubiger sind in 5 weiteren Gruppen entsprechend ihrer Anspruchshöhe bis DM 1 000,00, bis DM 10 000,00, bis DM 50 000,00, bis DM 100 000,00 sowie über DM 100 000,00 unterteilt.

3. Nachrangige Insolvenzgläubiger[41]

Sodann folgen die nachrangigen Insolvenzgläubiger, die jedoch vorliegend bei jeder denkbaren Verwertungsalternative keine Befriedigung erwarten können.

II. Einordnung und Zuordnung zu den Gruppen

Die Zusammensetzung der Gruppen bei Anlegung dieser Kriterien ist aus der in der sonstigen Anlage 18 im einzelnen erfolgten Gruppenzuordnung ersichtlich, so daß für jeden – bislang bekannten – Gläubiger seine Einordnung erkennbar wird.

III. Programm der vorgesehenen Rechtsänderungen des Insolvenzplanes für die Planbeteiligten
  1. Absonderungsberechtigte Gläubiger
    a) Absonderungsgläubiger am Immobiliarvermögen
       Die Absonderungsgläubiger am Immobiliarvermögen, die ausschließlich aus den grundpfandrechtsberechtigten Banken und Kreditinstituten gebildet werden, erklären sich mit einer freihändigen Verwertung des Immobilienbesitzes – soweit der Insolvenzplan nicht Abweichendes vorsieht – gegen eine Massebeteiligung von 9% einverstanden. Sie erklären weiterhin, für eine Laufzeit von 6 Monaten keine Ansprüche sowie für weitergehende 12 Monate Ansprüche lediglich in Höhe des hälftigen Überschusses der nach Abzug der Kosten anfallenden Pacht für die Niederlassung 2 zu erheben; gleichzeitig wird für die Laufzeit von 18 Monaten insoweit kein Zwangsverwaltungsantrag ausgebracht. Im übrigen beurteilt sich ihre Rechtsposition nach den gesetzlichen Vorgaben, womit sich diese Absonderungsgläubiger einverstanden erklären. Auf die Geltendmachung von Zwangsversteigerungs- und Zwangsverwaltungsbefugnissen wird verzichtet.

    b) Absonderungsgläubiger am sonstigen Vermögen
      aa) Banken
         Soweit die Banken Sicherungsübereignungen am beweglichen Anlagevermögen hereingenommen haben, stimmen sie einer Verwertung im Rahmen des Insolvenzverfahrens gegen den üblichen Kostenbeitrag von 9% sowie die gesetzlich vorgesehene Übernahme der Umsatzsteuer zu. Soweit unbedingt betriebsnotwendige Gegenstände im Rahmen der planmäßig vorgesehenen Fortführungslösung sicherungsübereignungsbefangen sind, wird die Absonderungsbefugnis nicht aktualisiert, sofern im Gegenzug nach Rechtskraft des Planes den gesetzlichen Erfordernissen des Zinsdienstes genügt wird. Soweit den Banken Rechtspositionen aus Forderungsabtretungen an solchen Forderungen zustehen, denen bereits abgeschlossene Bauvorhaben zugrunde liegen, bleibt es ebenfalls bei den gesetzlichen Erfordernissen; für die im übrigen abgetretenen Forderungen wird die Freigabe nach Maßgabe des Planes erklärt. In jedem Falle sind die Kosten der Forderungseinziehung zunächst vorab in Abzug zu bringen.

      bb) Lieferanten
         Soweit es um Rechtspositionen der Lieferanten aus verlängerten Eigentumsvorbehaltslieferungen für solche Materialien geht, die in noch nicht fertiggestellten Gewerke eingebaut wurden, verzichten die Lieferanten ebenfalls vollständig bis auf 7,5% auf ihre Absonderungsbefugnis. Soweit die entsprechenden Rechtspositionen Forderungen aus bereits abgeschlossenen Bauprojekten erfassen, gelten die gesetzlichen Vorschriften.

2. Insolvenzgläubiger
   a) Arbeitnehmer
   Die Rechtsstellung der Arbeitnehmer richtet sich ausschließlich nach den vorgesehenen Entwürfen des Interessenausgleiches sowie des Sozialplanes.

   b) Öffentliche Gläubiger
   Die Gläubiger öffentlich-rechtlicher Forderungen werden ebenso behandelt, wie die sonstigen Insolvenzgläubiger mit Vermögensansprüchen zwischen DM 50 000,00 und DM 100 000,00.

   c) Sonstige Insolvenzgläubiger
   aa) Vermögensansprüche bis DM 1 000,00
   Gläubiger von Vermögensansprüchen bis DM 1 000,00 werden zu 25 % befriedigt, wobei bis zum Ablauf von 6 Monaten nach rechtkräftiger Annahme des Planes eine hälftige Befriedigung und im Verlaufe eines weiteren Jahres die vollständige Befriedigung erfolgen soll.

   bb) Vermögensansprüche bis DM 10 000,00
   Insolvenzgläubiger von Vermögensansprüchen bis DM 10 000,00 werden mit einer Quote von 15 % bedient.
   Hier soll die hälftige Befriedigung innerhalb von 15 Monaten, die vollständige Befriedigung innerhalb von 24 Monaten erfolgen.

   cc) Vermögensansprüche bis DM 50 000,00
   Vermögensansprüche bis DM 50 000,00 werden in Höhe von 10 % befriedigt. Die Befriedigung soll nach Ablauf eines Jahres in Höhe von 2,5 %, nach Ablauf eines weiteren Jahres in Höhe von 2,5 % sowie nach Ablauf des dritten Jahres der dreijährigen Laufzeit von weiteren 5 % erfolgen.

   dd) Insolvenzgläubiger mit Ansprüchen bis zu DM 100 000,00
   Vermögensansprüche bis zu DM 100 000,00 sollen in Höhe von 7,5 % befriedigt werden. Die Befriedigung erfolgt nach 3 Jahren. Sollte eine günstige wirtschaftliche Entwicklung eine abschlagsmäßige Vorausschüttung zulassen, soll diese nach 18 Monaten erfolgen.

   ee) Vermögensansprüche über DM 100 000,00
   Vermögensansprüche über DM 100 000,00 werden in Höhe von 5 % erfüllt. Die Befriedigung soll nach Ablauf von 3 Jahren abgeschlossen sein; je nach freier Masse sollen auch hier Abschlagsverteilungen vorgesehen werden.

3. Nachrangige Insolvenzgläubiger
   Nachrangige Insolvenzgläubiger scheiden im Rahmen der Berücksichtigung aus.

4. Verzicht
   Im übrigen verzichten sämtliche Planbeteiligten für den Fall der Planerfüllung auf alle weitergehenden Ansprüche.

IV. Änderung sachenrechtlicher Verhältnisse sowie Verpflichtungs-
    erklärungen[42]
    (Wird im einzelnen ausgeführt; an dieser Stelle müssen die notwen-
    digen Willenserklärungen sowie (Grundbuch-) Verfahrenserklärun-
    gen zur Änderung von Rechtsverhältnissen in hinreichend spezifi-
    ziert Form aufgenommen werden, daß insbesondere ein
    Registervollzug möglich wird. Zudem ist der Eingriff in die Rechts-
    position der Beteiligten, insbesondere der Absonderungsberechtig-
    ten, hinreichend bestimmt festzulegen.

    Da insbesondere bei Grundbesitzveräußerungen durch die Insolvenz-
    planabwicklung ein notarieller Vollzug vermieden werden soll, sind
    de facto die allgemein üblichen Vertrags- und Verfahrenserklärungen
    eines notariellen Grundstücksveräußerungsgeschäftes zu regeln; dies
    gilt insbsondere auch für eine Sicherung der Rechtsstellung des Er-
    werbers im Hinblick auf Vormerkungsschutz für die Lastenfreiheit
    von Grundpfandrechten und weiteren Belastungen.

    Aus Raumgründen wird an dieser Stelle von Einzelausführungen ab-
    gesehen, zumal auf die gängigen Vertragshandbücher der notariellen
    Gestaltungspraxis, etwa das Münchener Vertragshandbuch, Band 4,
    Bürgerliches Recht, 1. Halbband, verwiesen werden kann).

V. Flankierende Maßnahmen
   1. Überwachung der Planerfüllung
      Der Insolvenzverwalter soll die Planerfüllung i. S. des § 260 InsO
      überwachen[43].

   2. Begründung von Zustimmungsvorbehalten[44]
      Die Schuldnerin bedarf zum Abschluß von Rechtsgeschäften mit
      einem Volumen von über DM 30 000,00 der Zustimmung des In-
      solvenzverwalters.

   3. Wiederauflebensklausel[45]
      Sofern im Rahmen der Planerfüllung Leistungsstörungen auftre-
      ten, findet die Vorschrift des § 255 InsO Anwendung.

   4. Kreditrahmenabrede[46]
      Soweit die beteiligten Kreditinstitute aus den ausgelegten Ver-
      tragserfüllungsbürgschaften finanzielle Anlaufmittel zur Plan-
      durchführung zur Verfügung stellen, werden diese Beträge für den
      Fall des Scheiterns des Insolvenzplanes in Höhe von 20% des Be-
      trages nach Maßgabe des § 264 Inso begünstigt.

D. *Gesamtergebnis und Ausblick*
   Mit der Annahme des Planes ist eine wirtschaftliche Verbesserung jeder
   planbeteiligten Gruppe gegenüber einer sofortigen Liquidation des Schuldnervermögens verbunden. Da die Leitungsorgane der Schuldnerin seit geraumer Zeit der wirtschaftlichen Entwicklung nicht entgegenwirken, besteht eine optimistische Sanierungsprognose. Mit der Billigung des
   Insolvenzplanes wird zudem der überwiegende Zahl der Arbeitnehmern
   ein Fortbeschäftigungschance offeriert erhalten.

E. Plananlagen[46]
  1. Planbilanz[47]
  **2. Planerfolgsrechnung als prognostizierte Gewinn- und Verlustrechnung
  für den Planzeitraum**
  3. Planliquiditätsrechnung[49]

**Rechtsanwalt/Wirtschaftsprüfer/Steuerberater
– Insolvenzverwalter –**

Sonstige Anlagen

(Übersicht und Aufzählung der sonstigen Anlagen)

Anmerkungen

1 Vgl. zunächst die Anmerkung 1 zum vorherigen Muster C. 1.

2 Adressat des Insolvenzplanes ist gem. § 218 Abs. 1 S. 2 Inso das Insolvenzgericht.

3 Zum Planinitiativrecht vgl. die Anmerkung 2 zum vorherigen Muster C.1.

4 Der Insolvenzplan ist nach Niederlegung in der Geschäftsstelle zur Einsichtnahme
der Beteiligten (§ 234 InsO) in einer besonders anzuberaumenden Gläubigerversammlung (dem sog. Erörterungs- und Abstimmungstermin) zu erörtern (vgl. § 235
InsO). Der Termin soll nach § 235 Abs. 2 S. 2 InsO nicht über einen Monat hinaus
angesetzt werden. Der Erörterungs- und Abstimmungstermin ist unter Hinweis auf
die Einsichtsmöglichkeiten in der Geschäftsstelle öffentlich bekannt zu machen
(§ 235 InsO). Zudem sind in § 235 Abs. 3 InsO besondere Ladungspflichten statuiert. Nach § 236 InsO darf der Erörterungs- und Abstimmungstermin nicht vor dem
Prüfungstermin stattfinden; beide Termine können jedoch verbunden werden.

5 Die Gläubiger haben über die Annahme abzustimmen.

6 Die rechtlichen Verhältnisse werden sich regelmäßig bereits aus einem etwaigen
Gutachten bzw. dem vorläufigen Insolvenzverwalterbericht, mindestens aber dem
zusammen mit der Vermögensübersicht und dem Verzeichnis der Massegegenstände
sowie dem Gläubigerverzeichnis vorzulegenden Insolvenzverwalterbericht ergeben
(§§ 151 ff. InsO).

7 Vgl. Anmerkung 6.

8 Insoweit kann auf die einschlägigen Standardwerke zur Bilanzanalyse verwiesen
werden.

9 Vgl. § 153 InsO.

10 Vgl. § 151 InsO.

11 An dieser Stelle findet keine Unterteilung nach Rechtsfolgen (vgl. §§ 103 ff. InsO)
statt.

Es dürfte geboten sein, die Individualdaten der Arbeitsverhältnisse nicht gläubiger- 12
kundig zu machen.

An dieser Stelle werden die Miet- und Leasingverhältnisse über (nicht finanzierte und 13
sicherheitsübereignete) bewegliche Gegenstände nicht erfaßt, die nunmehr dem Anwendungsbereich des § 103 InsO unterfallen (arg. e contrario § 108 Abs. 1 InsO)

Vgl. Anmerkung 10 zum vorherigen Muster C. 1.   14

Vgl. Anmerkung 11 zum vorherigen Muster C. 1.   15

Nach § 220 Abs. 1 InsO ist im darstellenden Teil des Insolvenzplanes zu beschreiben, 16
welche Maßnahmen nach der Eröffnung des Insolvenzverfahrens getroffen worden
sind oder noch getroffen werden sollen, um die Grundlagen für die geplante Gestaltung der Rechte der Beteiligten zu schaffen.

Bei Miet- und Leasingverhältnissen ist eine Verwalterkündigung mit gesetzlicher 17
Frist nunmehr nur noch in der Insovenz des Mieters, Pächters bzw. Leasingnehmers
über unbewegliche Gegenstände erforderlich. Die Miet- und Leasingverhältnisse im
übrigen unterfallen der Regelung des § 103 InsO.

Vgl. Anmerkung 17.   18

Vgl. § 240 ZPO i. d. F. durch Art. 18 EGInsO.   19

Die Aufnahme eines unterbrochenen Rechtsstreites erfolgt durch Zustellung eines 20
bei Gericht einzureichenden Schriftsatzes an den Gegner (§ 250 ZPO).

Nach herrschendem Verständnis führt die Insolvenzeröffnung zum Erlöschen der 21
ursprünglichen Primärerfüllungsansprüche (vgl. grundlegend BGHZ 103, 250, 252,
254; 106, 236, 241 ff; 116, 156, 158ff.; BGH WM 1993, 1057; BGH ZIP 1989,
1413, 1415).

Arbeitsverhältnisse bestehen nach § 108 Abs. 1 S. 1 InsO ungeachtet der Insolvenz- 22
eröffnung fort.

Vgl. § 112 Abs. 1 S. 1 BetrVG.   23

Vgl. hierzu § 112 Abs. 1 S. 2 BetrVG.   24

Vgl. § 23 Abs. 1 InsO.   25

Vgl. § 123 Abs. 2 S. 2 InsO.   26

Vgl. §§ 1 S. 1 1. Alt., 159 InsO.   27

Nach § 151 Abs. 2 S. 3 InsO können besonders schwierige Bewertungen einem 28
Sachverständigen übertragen werden.

Im Liquidationsfall beruhen die Wertansätze zumeist auf Schätzungen verbleibender 29
Einzelveräußerungswerte.

30 Vgl. § 153 InsO.

31 Vgl. § 151 InsO.

32 Hier geht es nun um die eigentliche Vorstellung der insolvenzplanmäßigen Alternativabwicklung, die zumeist ein Sanierungsmodell beinhalten wird.

33 Zur übertragenden Sanierung vgl. die Anmerkung 15 zum vorherigen Muster C .1.

34 Vgl. §§ 248, 253 InsO sowie die Anmerkung 28 zum vorherigen Muster C. 1.

35 Die Verlängerungsformen des Eigentumsvorbehaltes führen gem. § 51 Nr. 1 InsO lediglich zu einem Absonderungsrecht.

36 Vgl. Anmerkung 21 zu Muster C. 1.

37 Zu den kompensatorischen Ansprüche des Gläubigers bei einer einstweiligen Einstellung der Zwangsversteigerung vgl. § 30 e ZVG i. d. F. durch Art. 20 Nr. 5 EGInsO.

38 Das sog. Werterhaltungsgebot ergibt sich mittelbar aus § 245 Abs. 1 Nr. 1 InsO.

39 Vgl. Anmerkung 23 zu Muster C. 1.

40 Vgl. §§ 49 ff. InsO

41 Vgl. §§ 39, 225 InsO.

42 Vgl. §§ 228, 254 InsO

43 Vgl. § 260 InsO sowie Anmerkung 28 zu Muster C. 1.

44 Vgl. § 263 InsO sowie Anmerkung 29 zu Muster C. 1.

45 Zur Wiederauflebensklausel vgl. § 255 InsO.

46 Zur Kreditrahmenabrede vgl.§§ 264 ff. InsO.

47 Vgl. Anmerkung 31 zu Muster C. 1.

48 Vgl. Anmerkung 32 zu Muster C. 1.

49 Vgl. Anmerkung 33 zu Muster C. 1.

50 Vgl. Anmerkung 34 zu Muster C. 1.

3. Erklärung zur Fortführung und Haftung (§ 230 Abs. 1 Satz 2 InsO)

An das
Amtsgericht
– Insolvenzgericht –

in . . . . . .   (Ort, Datum)

Geschäfts-Nr.

In dem Insolvenzverfahren über das Vermögen der B-KG, ..., an der ich als persönlich haftender Gesellschafter beteiligt bin, erkläre ich zu dem von Herrn C in seiner Eigenschaft als . . . . . . vorgelegten Insolvenzplan vom . . . . . . (Datum),

> daß ich zur Fortführung des Unternehmens – wie im Insolvenzplan im einzelnen vorgesehen – unter Fortbestand meiner persönlichen Haftung bereit bin.

(. . . . . .)
Gesellschafter

Anmerkungen

Die Fortführung und Haftungserklärung ist gemäß § 230 Abs. 1 Satz 3 InsO nur erforderlich, wenn der Insolvenzplan vom Insolvenzverwalter oder einem anderen persönlich haftenden Mitgesellschafter vorgelegt wurde. Trotz der Streichung des § 255 Abs. 1 Nr. 2 RegE wird man das Planinitiavrecht des § 218 Abs. 1 Satz 1 InsO bei einer Personen- (Handels-) Gesellschaft in Anlehnung an die o. a. beabsichtigte Regelung des RegE dergestalt begreifen müssen, daß jeder persönlich haftende Gesellschafter allein vorlageberechtigt ist. Auch die Begründung des Rechtsausschusses (vgl. *Kübler*, Prütting, InsO, Band 1, S. 449) führt die Streichung des § 255 RegE lediglich auf die Vermeidung derjenigen Schwierigkeiten, die bei konkurrierenden Insolvenzplänen von Gläubigergruppen auftreten, zurück.

4. Zustimmungserklärung zur Übernahme von Anteilsrechten (§ 230 Abs. 2 InsO)

An das
Amtsgericht
– Insolvenzgericht –

in . . . . . .   (Ort, Datum)

Geschäfts-Nr.

Zustimmungserklärung zur Übernahme von Anteilsrechten

In meiner Eigenschaft als Gläubiger in dem Insolvenzverfahren über das Ver-

mögen der B-GmbH, ..., nehme ich Bezug auf den Insolvenzplan des
Herrn C in seiner Eigenschaft als ...... vom ...... (Datum) und erkläre,

> daß ich der im Plan vorgesehenen Übernahme von Anteilsrechten
> anstelle einer Befriedigung in Geld zustimme.

(......)
Gläubiger

5. Zustimmungserklärung zur Übernahme von Verpflichtungen (§ 230 Abs. 3 InsO)

An das
Amtsgericht
– Insolvenzgericht –

in ......   (Ort, Datum)

Geschäfts-Nr.

Zustimmungserklärung zur Übernahme einer Verpflichtung

In dem Insolvenzverfahren über das Vermögen der Frau B, ..., nehme ich
Bezug auf den durch Herrn C in seiner Eigenschaft als ...... vorgelegten Insolvenzplan vom ...... (Datum) und erkläre,

> daß ich mich für den Zeitraum von 2 ½ Jahren verpflichte, einen
> monatlichen Geldbetrag von DM 1 200,00 zur Gläubigerbefriedigung
> zur Verfügung zu stellen.

(......)
Verwandter

Anmerkungen

Die Begründung zum Regierungsentwurf stellt beispielhaft auf die Bereitschaft ei-
nes Verwandten des Schuldners ab, der diesem helfen will. Handelt es sich bei dem
Schuldner nicht um eine natürliche Person, ist an eine zu finanziellen Zugeständ-
nissen bereite Muttergesellschaft gedacht. Schließlich hat die Begründung auch die
Konstellation im Auge, daß ein Dritter, der das Unternehmen fortführen will, die
Gläubiger befriedigt.

D. Restschuldbefreiung

1. Antrag auf Gewährung von Restschuldbefreiung[1]
(§§ 283 ff. InsO)

An das
Amtsgericht
– Insolvenzgericht –[2]

in ......   (Ort, Datum)[3]

Geschäfts-Nr.

In dem am ...... (Datum) eröffneten[4] Insolvenzverfahren[5] über das Vermögen der Frau B nehme ich zunächst Bezug auf die bereits anläßlich der Insolvenzantragstellung überreichte Verfahrensvollmacht[6] und beantrage[7],

> der von mir vertretenen Schuldnerin die Restschuldbefreiung zu gewähren.

Begründung:

Gegenüber der als redlich[8] anzusehenden Schuldnerin ist die Gewährung von Restschuldbefreiung im vorliegenden Falle geboten.

So liegen Umstände, die zur Versagung der Restschuldbefreiung führen könnten, nicht vor[9].

Die Schuldnerin ist weder vorbestraft noch hat sie sich jemals finanzielle Mittel erschlichen. Die Insolvenz wurde auch nicht durch ein verschwenderisches Verhalten der Schuldnerin begünstigt. Schließlich hat sich die Schuldnerin seit Anordnung der vorläufigen Insolvenzverwaltung stets kooperativ verhalten und das laufende Verfahren in jeder Hinsicht tatkräftig unterstützt.

Eine Abtretungserklärung der zukünftig pfändbaren Bezüge für die Wohlverhaltensperiode[10] ist in der Anlage beigefügt[11]. Die Schuldnerin, die nach der Einstellung des Geschäftsbetriebes ihres Unternehmens eine Halbtagstätigkeit aufgenommen hat, wird sich weiterhin intensiv bemühen, eine Vollzeitbeschäftigung[12] zu finden. Zur Verbesserung der Bewerbungsaussichten besucht sie zur Zeit eine Fortbildungsveranstaltung[13] ...... (wird ausgeführt).

Die Voraussetzungen zur Erlangung der Restschuldbefreiung nebst den insoweit bestehenden Obliegenheiten[14] wurden der Schuldnerin vom Unterzeichner im einzelnen erläutert.

Rechtsanwalt   *Anlage*

Anmerkungen

Nach langen rechtspolitischen Diskussionen ist nunmehr in § 1 Satz 2 InsO die **1** Restschuldbefreiung für redliche Schuldner zum eigenständigen Verfahrensziel des

Insolvenzverfahrens erklärt worden. Obwohl im Grundsatz nach wie vor in § 201 InsO das freie Nachforderungsrecht der Insolvenzgläubiger nach Verfahrensaufhebung normiert ist, werden von der Neuregelung grundsätzlich zwei verschiedene Wege aufgezeigt, um die natürliche Person als Schuldner eines Insolvenzverfahrens in den Genuß einer Restschuldbefreiung gelangen zu lassen. Einerseits ist insoweit immer denkbar, daß die Restschuldbefreiung auf Grundlage eines Insolvenzplanes unter Ausnutzung der privat autonomen Gestaltungsalternativen von der Gläubigerschaft in dem Planverfahren akzeptiert wird bzw. bei Verbrauchern ein Schuldenbereinigungsplan in dem vereinfachten Verbraucherinsolvenzverfahren, der eine Enthaftung des Schuldners enthält, zur Annahme gelangt.

Andererseits stellt das Gesetz nunmehr in den §§ 286 ff. InsO ein gesetzliches Restschuldbefreiungsverfahren zur Verfügung, das zur Erlangung dieser Rechtswohltat nicht auf eine Zustimmung der Gläubigerschaft angewiesen ist. Diese gesetzliche Möglichkeit bezieht sich sowohl auf die Regelinsolvenz als auch auf das Verbraucherinsolvenzverfahren.

Die Erlangung der Restschuldbefreiung ist im internationalen Vergleich an hohe Anforderungen geknüpft, die auch bei einem Verbraucher nicht erleichtert wurden. Anders etwa als das amerikanische Rechtssystem, wo – wenigstens einem Verbraucher – ein schuldenfreier Neuanfang dann ermöglicht werden soll, wenn er entweder sein pfändbares gegenwärtiges Vermögen in einemm Liquidationsverfahren nach Kapitel 7 des Bankruptcy Code zur Gläubigerbefriedigung bringt oder nach Kapitel 13 des Bankruptcy Code drei bis fünf Jahre lang sein verfügbares, laufendes Einkommen abgibt, verlangt das deutsche Recht sowohl die Verwendung des gegenwärtigen Vermögens als auch die grundsätzliche siebenjährige Auskehr des verfügbaren, zukünftig erwirtschafteten Einkommens.

Gleichzeitig knüpft die Neuregelung die endgültige Gewährung der Restschuldbefreiung an eine Vielzahl von Wohlverhaltensregelungen und Obliegenheiten.

Verfahrensrechtlich ist mit der Neuregelung denjenigen Diskussionsstimmen eine Absage erteilt worden, die zur Ermöglichung eines wirtschaftlichen Neuanfanges für den Schuldner das in Anlehnung an das Schweizer Recht normierte Regelungsmodell des § 18 Abs. 2 Satz 3 GesO übernehmen wollten, wonach nach Durchführung eines Gesamtvollstreckungsverfahrens Zwangsvollstreckungsmaßnahmen aus der Nachhaftung nur zugelassen sind, sobald der Schuldner über ein angemessenes Einkommen hinaus Neuvermögen erlangt.

Ob es im Hinblick auf die Regelungsdichte und der hohen Anforderungen einer Vielzahl von Schuldnern gelingen wird, auf diese Weise in den Genuß einer Schuldbefreiung zu gelangen, muß ex ante bezweifelt werden. Gleichzeitig ist zu betonen, daß die Anknüpfung der Restschuldbefreiung an ein durchgeführtes Insolvenzverfahren die „ärmsten der armen Schuldner" – insbesondere im Verbraucherbereich – dem Damoklesschwert der endgültigen Haftung ausgesetzt läßt.

In verfahrensrechtlicher Hinsicht bestehen bei einem wirksamen Antrag des Schuldners gegenüber den Gläubigern lediglich Mitteilungspflichten des Gerichtes, das diese nach § 289 Abs. 1 InsO im Schlußtermin zum Restschuldbefreiungsantrag des Schuldners anzuhören hat. Im Anschluß an die Anhörung hat das Gericht durch Beschluß (§ 289 Abs. 1 Satz 2 InsO) über den Antrag auf Gewährung der Restschuldbefreiung zu befinden. Bei einer gerügten Unredlichkeit des Schuldners ist die Restschuldbefreiung zu versagen, worauf der Schuldner sofortige Beschwerde einlegen kann (§ 289 Abs. 2 Satz 1 InsO). Liegen solche Versagensgründe i. S. des § 290 InsO nicht vor, wird die Restschuldbefreiung angekündigt. Für diesen Fall stellt das Gericht nach § 291 Abs. 1 InsO fest, daß der Schuldner die Restschuldbefreiung erlangt, wenn er den Obliegenheiten nach §§ 295 InsO nachkommt und die

Voraussetzungen für eine Versagung nach den § 297 f. InsO nicht vorliegen (werden). Ein Gläubiger, der die Versagung der Restschuldbefreiung beantragt hatte, kann den Ankündigungsbeschluß mit der sofortigen Beschwerde angreifen (§ 289 Abs. 2 Satz 1 InsO).

Nach Rechtskraft der Entscheidung des Insolvenzgerichts wird das Insolvenzverfahren aufgehoben (§ 289 Abs. 2 Satz 2 InsO). Gleichzeitig gehen die Lohn- und Gehaltsforderungen, für die der Schuldner die Abtretung erklärt hat, auf den im Ankündigungsbeschluß durch das Gericht bestimmten Treuhänder über. Der so für die Einziehung verantwortliche Treuhänder hat die Beträge mit dem sonstigen abzuliefernden Vermögen einmal jährlich entsprechend dem Schlußverzeichnis an die Gläubiger auszukehren (§ 292 Abs. 1 Satz 2 InsO). Gleichzeitig sind Einzelzwangsvollstreckungsmaßnahmen und Sonderabsprachen mit diesen Gläubigern nach § 294 InsO unzulässig. Für das fünfte, sechste und siebte Jahr der Wohlverhaltensphase sieht das Gesetz einen steigenden Selbstbehalt des Schuldners von 10, 15 und 20 % der abzuliefernden Beträge vor, die der Schuldner bei der Ausschüttung vom Treuhänder zurückerhalten soll.

Neugläubiger, deren Ansprüche erst nach Abschluß des Insolvenzverfahrens gegen den Schuldner begründet werden, werden bei der Verteilung durch den Treuhänder nicht berücksichtigt; diese können sich daher allein an den nicht abzuliefernden Teil des Neuerwerbes halten, der regelmäßig unpfändbar sein dürfte. Das Restschuldbefreiungsverfahren ist daher – wenigstens für die ersten vier Jahre – im Hinblick auf das Fehlen eines dem Vollstreckungszugriff offenstehenden Neuvermögens des Schuldners für Neugläubiger und damit die Teilnahme des Schuldner am Rechtsverkehr problematisch, sollte es nicht ausnahmsweise zu einem Hinzuerwerb gem. § 295 Abs. 1 Nr. 2 InsO kommen.

Kommt es während der Wohlverhaltensperiode nicht zu einer Versagung der Restschuldbefreiung (vgl. §§ 296 bis 298 InsO), so entscheidet das Gericht am Ende der Wohlverhaltensperiode über die Restschuldbefreiung (§ 300 InsO). Wird die Restschuldbefreiung gewährt, bleibt ein Widerruf durch das Insolvenzgericht gem. § 303 InsO denkbar. Der Widerruf setzt einen vorsätzlichen Obliegenheitsverstoß des Schuldners voraus (§ 296 InsO).

Mit der Erteilung der Restschuldbefreiung erlöschen die Forderungen, soweit sie weder im Insolvenzverfahren noch während der Wohlverhaltensperiode erfüllt worden sind, gegenüber allen Insolvenzgläubigern – auch gegenüber solchen, die ihre Forderung nicht zur Tabelle geltend gemacht haben (§ 301 InsO) –, soweit es nicht um Verbindlichkeiten des § 302 InsO geht.

Entgegen dem Grundsatz der Rechtspflegerzuständigkeit im eröffneten Verfahren **2** sieht die Neufassung des § 18 Abs. 1 Nr. 2 RpflG durch Art. 14 EGInsO im wesentlichen die Zuständigkeit des Insolvenzrichters für das Restschuldbefreiungsverfahrens vor. Dem Rechtspfleger verbleiben danach nur noch die Zuständigkeit für den Beschluß zur Ankündigung und Erteilung der Restschuldbefreiung sowie die Aufsicht über den Treuhänder. Wegen der Tragweite aller übrigen Entscheidungen sind diese entsprechend dem Richtervorbehalt dem Insolvenzrichter zugewiesen.

Vgl. zur Restschuldbefreiung allgemein *Vallender*, InvO 1998, 169 ff.

In zeitlicher Hinsicht ist der Antrag auf Gewährung von Restschuldbefreiung im **3** Regelinsolvenzverfahren spätestens bis zum Berichtstermin zu stellen (§ 287 Abs. 1 InsO); er kann jedoch auch bereits mit dem Insolvenz(eigen)antrag verbunden werden (§ 287 Abs. 1 Satz 3 InsO). Lediglich im Rahmen des Verbraucherinsolvenzverfahrens ist der Antrag auf Gewährung der Restschuldbefreiung wegen des dort gestrafften Verfahrens bereits mit dem Insolvenzantrag zu stellen (§ 305 Abs. 1 Nr. 2 InsO).

4 Die Gewährung der Restschuldbefreiung setzt voraus, daß es überhaupt zur Eröffnung eines Insolvenzverfahrens kommt, das nicht vor seiner Aufhebung nach § 207 InsO eingestellt wird. Lediglich für den Fall der Masseunzulänglichkeit gilt die Sonderregelung des § 289 Abs. 3 InsO, die die Gewährung der Restschuldbefreiung nach Anzeige der Masseunzulänglichkeit bei einer Verteilung und Einstellung nach § 211 InsO zuläßt.

5 Das vorliegende Muster bezieht sich auf ein Regelinsolvenzverfahren, wo der Antrag auf Gewährung von Restschuldbefreiung nicht mit dem Insolvenzantrag verbunden wurde, sondern vor dem Berichtstermin gestellt wird.

6 Es dürfte sich zukünftig empfehlen, in die Verfahrensvollmacht die Vertretungsbefugnis für das Restschuldbefreiungsverfahren ausdrücklich aufzunehmen.

7 Vom Grundsatz her hält die Insolventordnung in § 201 Abs. 1 InsO am freien Nachforderungsrecht der Insolvenzgläubiger fest, dessen Anwendungsbereich primär für die im Rahmen des Restschuldbefreiungverfahrens zu begünstigende Gläubigergruppe der natürlichen Personen praktisch wird. Dem Schuldner soll eine Restschuldbefreiung nicht aufgezwungen werden, so daß die InsO diese sowohl für das Regelinsolvenzverfahren als auch für die Verbraucherinsolvenz an einen entsprechenden Antrag des Schuldners knüpft.

8 Nach der Zielvorstellung des Gesetzgebers soll die Restschuldbefreiung auf den redlichen Schuldner beschränkt sein (vgl. § 1 Satz 2 InsO).

9 Zwingende Gründe, die zur ermessensunabhängigen Versagung der Restschuldbefreiung bei einem entsprechenden Gläubigerantrag im Schlußtermin führen, sind in § 290 Abs. 1 InsO normiert. Hiernach darf der Schuldner grundsätzlich nicht

- wegen einer Insolvenzstraftat rechtskräftig verurteilt sein,
- finanzielle Mittel unlauter erschlichen haben,
- bereits innerhalb einer 10-Jahresfrist in den Genuß einer Restschuldbefreiung gelangt sein,
- verschwenderisch gehandelt haben,
- während des laufenden Insolvenzverfahrens Auskunfts- oder Mitwirkungspflichten nachhaltig verletzt haben,
- im Rahmen des Verbraucherinsolvenzverfahrens in mindestens grob fahrlässiger Weise unrichtige Vermögensangaben gemacht haben.

Dementsprechend liegt es nahe, bereits im Antrag auf Gewährung von Restschuldbefreiung zum Nichtvorliegen entsprechender Gründe vorzutragen.

10 Die Wohlverhaltensperiode ist vom Gesetzgeber auf sieben Jahre festgelegt worden (vgl. § 287 Abs. 2 Satz 1 InsO).
    Nach Art. 107 EGInsO verkürzt sich die Wohlverhaltensperiode für solche Schuldner von sieben auf fünf Jahre, die bereits vor dem 01. 01. 1997 zahlungsunfähig waren (vgl. im einzelnen *Vallender*, ZIP 1996, 2058).

Geht der Antrag des Schuldners ohne die Abtretungseinwilligung ein, ist das Ge-   11
richt nach *Haarmeyer/Wutzke/Förster, Handbuch,* § 10 Rdn. 64 verpflichtet, ihn unter
Fristsetzung zur Nachreichung aufzufordern.

Dem Schuldner werden in § 295 InsO während der Wohlverhaltensperiode Oblie-   12
genheiten auferlegt, bei deren schuldhafter Verletzung das Insolvenzgericht gem.
§ 296 Abs. 1 InsO die Restschuldbefreiung auf Antrag eines Insolvenzgläubigers zu
versagen hat. Unter den normierten Obliegenheiten steht die Verpflichtung des
Schuldners, eine angemessene Erwerbstätigkeit auszuüben und, wenn er arbeitslos
ist, sich um eine Erwerbstätigkeit ernsthaft zu bemühen, im Vordergrund. Nach den
Vorstellungen des Gesetzgebers hat der Schuldner auch berufsfremde Tätigkeiten,
auswärtige Arbeiten, notfalls auch Aushilfs- und Gelegenheitsarbeiten aufzunehmen; der Erwerbslose darf es nicht bei der Meldung beim Arbeitsamt bewenden lassen, sondern muß aktive, eigenständige Bewerbungsbemühungen unternehmen.
Einschränkend ist jedoch der Schutz der Familie gem. Art. 6 GG zu berücksichtigen.

Nach den Vorstellungen des Gesetzgebers sind dem Schuldner auch Aus- und Fort-   13
bildungsmaßnahmen zur Steigerung seiner Erwerbschancen zumutbar.

2. Abtretungserklärung der pfändbaren Schuldnerbezüge für die Wohlverhaltensperiode (§ 287 Abs. 2 Satz 1 InsO)[1]

Abtretungserklärung

**In meiner Eigenschaft als Schuldnerin in dem am ...... (Datum) eröffneten
Insolvenzverfahren über mein Vermögen erkläre ich bezugnehmend auf den
vorstehend überreichten Antrag auf Gewährung von Restschuldbefreiung,**

> **daß ich für die Dauer von sieben Jahren[2] ab Aufhebung[3] des Insolvenz-
> verfahrens den jeweils pfändbaren Teil meines Einkommens an einen
> vom Gericht zu benennenden Treuhänder abtrete.**

Gleichzeitig rege ich an[4],

> **Frau Steuerberaterin A, ..., zur Treuhänderin zu bestimmen.**

**Pfändungen oder Abtretungen von Lohn- bzw. Gehaltsansprüchen existieren
nicht/bestehen wie folgt[5].**

**Die vorgeschlagene Treuhänderin hat sich bereit erklärt, daß Amt kostenlos
wahrzunehmen[6].**

(......)
Schuldnerin

Anmerkungen

Gemäß § 287 Abs. 2 Satz 1 InsO hat der Schuldner seinem Antrag auf Gewährung   1
von Restschuldbefreiung bereits die Erklärung beizufügen, daß er seine pfändbaren

Forderungen auf Bezüge aus einem Dienstverhältnis oder an deren Stelle tretende laufende Bezüge für die Wohlverhaltensperiode an einen vom Gericht zu bestimmenden Treuhänder abtritt. Ermangelt es an einer solchen Abtretungserklärung, wird das Gericht den Schuldner unter Fristsetzung zu einer Nachreichung aufzufordern haben (vgl. Formular D. 1. Anmerkung 11).

2 Zur abgekürzten Wohlverhaltensperiode in Altfällen vgl. Formular D. 1. Anmerkung 10.

3 Neben der Aufhebung des Insolvenzverfahrens im Anschluß an den Schlußtermin genügt hier nach der Sonderregelung des § 289 Abs. 3 InsO auch die Einstellung nach § 211 Abs. 1 InsO.

4 Nach § 288 InsO können sowohl der Schuldner als auch die Gläubiger eine geeignete natürliche Person als Treuhänder vorschlagen. Nach der Begründung des Rechtsausschusses ist ein solcher Vorschlag insbesondere dann zweckmäßig, wenn eine Person bekannt ist, die das Amt des Treuhänders zur Geringhaltung der Verfahrenskosten auch unentgeltlich wahrnimmt.

5 Nach § 287 Abs. 2 Satz 2 InsO hat der Schuldner in seiner Abtretungserklärung darauf hinzuweisen, wenn er zukünftige Lohn- und Gehaltsforderungen bereits vorher an einen Dritten abgetreten oder verpfändet hat. Gemäß § 114 Abs. 1 InsO ist eine solche Verfügung nur für den Zeitraum von drei Jahren nach dem Ende des zur Zeit der Verfahrenseröffnung laufenden Kalendermonates wirksam. Die Abtretungserklärung des Schuldners erfaßt dann nur die Bezüge für den Rest der siebenjährigen Wohlverhaltensperiode, was die statuierte Hinweispflicht erklärt. Art. 107 EGInsO enthält wiederum zum Ausgleich der verspäteten Inkraftsetzung der Insolvenzordnung Erleichterungen für Altfälle, wonach die Dauer der Wirksamkeit von Verfügungen für zukünftige Lohn- und Gehaltsforderungen von drei auf zwei Jahren begrenzt werden. Schließlich sind nach § 287 Abs. 3 InsO Abtretungsausschlüsse oder ähnliche Regelungen in Arbeitsverträgen für unwirksam erklärt, als sie die für die Restschuldbefreiung geforderte Abtretungserklärung behindern.

6 Die Bereitschaft eines (vorgeschlagenen) Treuhänders, das Amt unentgeltlich wahrzunehmen, verhindert auch die Versagung der Restschuldbefreiung während der Laufzeit der Wohlverhaltensperiode auf Antrag des Treuhänders, wenn dessen Mindestvergütung über einen längeren Zeitraum durch die abgeführten Beträge nicht gedeckt ist und der Schuldner den fehlenden Betrag trotz Fristsetzung nicht eingezahlt hat (§ 298 InsO). Danach kann es zu einer Versagung der Restschuldbefreiung kommen, wenn der Schuldner trotz ordnungsgemäßer Erfüllung seiner Obliegenheiten ohne sein Verschulden kein ausreichendes pfändbares Einkommen erwirtschaften kann und dem Treuhänder ein weiteres Arbeiten ohne Vergütung nicht zumutbar ist (vgl. hierzu kritisch *Hess/Pape*, Rdn. 1236).

E. Schuldenbereinigungsplan

Muster eines Schuldenbereinigungsplanes

Schuldenbereinigungsplan[1]

als Anlage[2] ...... zum Antrag[3] auf Eröffnung des Verbraucher-insolvenzverfahrens[4] über mein Vermögen.

Nach dem Scheitern einer außergerichtlichen Einigung[5] mit meinen – in der Anlage ...... aufgeführten – Gläubigern[6], schlage ich unter Zugrundelegung des als Anlage ...... überreichten Vermögensverzeichnisses[7] folgende, gerichtlich vermittelte Schuldenbereinigung[8] vor:

1. Für die zu Ziff. 4–23 des Gläubigerverzeichnisses aufgeführten Gläubiger, deren Forderung jeweils weniger als DM 500,00 betragen[9], folgt binnen Monatsfrist nach rechtskräftiger Annahme des Planes eine anteilige Teilbefriedigung aus einem Betrag von DM 3 000,00. Die verbleibenden Forderungsbeträge werden für einen Zeitraum von 9 Monaten gestundet. Danach sollen sie aus dem bis dahin erwirtschafteten Einkommen voll bedient werden.

2. Die zu Ziff. 1 des Gläubigerverzeichnisses aufgelisteten Ansprüche des Vermieters werden durch Zahlung eines einmaligen Teilbetrages von DM 2 000,00 nach rechtskräftiger Annahme des Planes abgegolten, wobei zukünftig im Falle des Auszuges die angebrachten Einbauten ...... (wird ausgeführt) ...... entsprechend dem Wunsch des Vermieters ersatzlos in der Wohnung verbleiben sollen.

3. Die zu Ziff. 2 des Gläubigerverzeichnisses aufgeführten Ansprüche der Hausbank aus Kontoüberziehung und Konsumentenkredit sollen wie folgt reguliert werden:

   Binnen Monatsfrist nach rechtskräftiger Annahme des Planes erfolgt eine Sondertilgung von DM 10 000,00. Für einen Zeitraum von 3 Jahren werden monatliche Beträge, im 1. Jahr von DM 300,00, im 2. Jahr von DM 400,00 und im 3. Jahr DM 500,00 aus dem laufenden Einkommen an die Hausbank abgeführt; insoweit wird die Hausbank ggf. durch eine Gehaltsabtretung gesichert. Die dann noch verbleibende Restschuld wird erlassen.

   Die Hausbank entläßt meine Ehefrau, Frau B, mit rechtskräftiger Annahme des Planes aus der für den Konsumentenkredit übernommenen Bürgschaft[10]. Im Gegenzug hierzu verbürgt sich mein Vater, Herr C, in Ansehung der vorstehend aufgeführten Ratenzahlungsverpflichtung unter Verzicht auf die Einrede der Vorausklage selbstschuldnerisch.

4. Die zu Ziff. 3 im Gläubigerverzeichnis aufgeführte Forderung der Kfz.-Finanzierungsbank soll folgendermaßen bereinigt werden:

   Zunächst wird an die Bank innerhalb eines Monats nach Rechtskraft der Planbestätigung eine einmalige Zahlung von DM 5 000,00 geleistet. Der zukünftig anfallende Zins- und Tilgungsdienst wird von mir erbracht. Gleichzeitig verzichtet die Bank auf die Geltendmachung ihres Absonderungsrechtes aus der Sicherungsübereignung.

5. Die zu Ziff. 4 des Gläubigerverzeichnisses aufgeführte Forderung meines Bruders, Herrn D, wird vollständig erlassen. Sollte ich jedoch zukünftig neben meinem Bruder als Miterbe berufen werden, soll diese Forderung wieder aufleben.

6. Mein Vater, Herr B stellt zur Durchführung der so vorgeschlagenen Schuldenbereinigung einen Betrag in Höhe von DM 15 000,00 nach rechtskräftiger Planbestätigung zur Verfügung.

7. Alle Gläubiger verzichten auf die Geltendmachung von Zisansprüchen und Nebenleistungen.

8. Sollte ich mit der Planerfüllung in Verzug geraten, so sollen die im Plan erlassenen Forderungen meiner Gläubiger nach schriftlicher Mahnung und 2-wöchiger Nachfristsetzung wieder aufleben. Ebenso bleibt das Absonderungsrecht der Kfz.-Finanzierungsbank für den Fall der Nichterfüllung der Planvorgaben erhalten[11].

Die Auswirkungen der vorstehenden Planvorgaben auf meine Gläubiger sind im einzelnen aus der folgenden Schuldenregulierungsübersicht ersichtlich.

(. . . . . .)
Schuldner   *Anlage*

Schuldenregulierungsübersicht

Gläubiger	Forderungshöhe DM	Soforttilgung	Jahr 1 DM	Jahr 2 DM	Jahr 3 DM	insgesamt DM	Bemerkungen
1.	5 000,00	2 000,00	–	–	–	2 000,00	Verzicht auf Mietereinbauten
2.	30 000,00	10 000,00	3 600,00	4 800,00	6 000,00	24 400,00	–
3.	10 000,00	5 000,00	2 000,00	2 000,00	1 800,00	10 800,00	–
4.	15 000,00	–	–	–	–	–	Erbrechtlicher Vorbehalt
5.	500,00	300,00	200,00	–	–	500,00	–
...							
...							
20.	440,00	270,00	180,00	–	–	450,00	–

(. . . . .)
Schuldner

Anmerkungen

Nach § 305 Abs. 1 Nr. 4 InsO hat der Schuldner seinem Antrag auf Eröffnung des   **1**
Verbraucherinsolvenzverfahrens einen sog. Schuldenbereinigungsplan beizufügen.
Nach den Vorstellungen des Gesetzgebers soll der Schuldenbereinigungsplan,
gleichsam als vereinfachte Form des Insolvenzplanes, ein universelles Instrument der
gütlichen Einigung zwischen Gläubiger und Schuldner darstellen, für den – jedenfalls explizit – keine inhaltlichen Mindestanforderungen normiert werden. Wiederum soll entsprechend dem Grundsatz der Privatautonomie lediglich ein Rechtsrahmen aufgezeigt werden, der in den Grenzen der §§ 138, 826, 242 BGB jede
theoretisch denkbare Möglichkeit zur Schuldenbereinigung enthalten kann. Nach
den Vorstellungen des Gesetzgebers sollen etwa Stundungen, Ratenzahlungen,
(Teil-)Erlasse, sonstige Regelungen, Wiederauflebensklauseln, Anpassungsklauseln,
Schonungsabreden Bestandteil des Schuldenbereinigungsplanes sein können. Auch
die Einbindung Dritter bleibt möglich.
§ 305 Abs. 1 Nr. 4 2. HS InsO enthält dabei Hervorhebungen wichtiger Umstände. Während sich die Berücksichtigung der Vermögens- und Einkommensver-
hältnisse – wenigstens solange Dritte nicht in die Planregelungen eingebunden werden – des Schuldners zur Wahrung realistischer Annahmechancen des Planes von
selber versteht, bringt das Gesetz mit dem Rekurs auf die Familienverhältnisse des
Schuldners die bevorzugte Berücksichtigung von Unterhaltsverpflichtungen (vgl.
Art. 6 GG) zum Ausdruck. Daneben ist aber auch die Berücksichtigung der Gläubigerinteressen als Zielvorgabe für den Plan aufgenommen. Schließlich ist nach
§ 305 Abs. 1 Nr. 4 3. HS InsO der Einfluß des Planes auf Sicherheitsrechte aufzuzeigen, die sich bei fehlender Regelung im Falle der Planbestätigung und bei Lei-
stungsstörungen hinsichtlich der Planerfüllung nach den Planvorgaben richten würden.
Verfahrensrechtlich ist der Schuldenbereinigungsplan in die gestraffte und vereinfachte Abwicklung des Verbraucherinsolvenzverfahrens einbezogen. Danach hat
dem Insolvenzantrag des Schuldners ein außergerichtlicher Einigungsversuch mit
den Gläubigern über die Schuldenbereinigung vorauszugehen, der zum einen bereits ebenfalls auf einer Plangrundlage stattzufinden hat, und zum anderen von einer
geeigneten Person oder Stelle begleitet wird (§ 305 Abs. 1 Nr. 1 InsO). Erst nach Erfüllung dieser Eingangvoraussetzungen eröffnet der ordnungsgemäße, d. h. unter
Beifügung der in § 305 Abs. 1 InsO aufgeführten Anlagen gestellte Insolvenzantrag,
der zugleich das Insolvenzantragsverfahren gem. § 306 Abs. 1 InsO zum Ruhen
bringt, einen weiteren Verfahrensabschnitt, der als gerichtlich vermitteltes Schuldenbereinigungsverfahren bezeichnet werden kann.
Zur erleichterten Durchführung dieses Verfahrensabschnittes sind zunächst umfassende Mitwirkungsbefugnisse der Gläubiger statuiert. So bestimmt § 305 Abs. 2
S. 2 InsO, daß die Gläubiger auf Verlangen des Schuldners auf ihre Kosten verpflichtet sind, diesem eine schriftliche nach Hauptforderungen, Zinsen und Kosten ge-
gliederte Aufstellung über ihre Forderung zu übermitteln, auf deren Grundlage der
Schuldner sodann das notwendige Gläubigerverzeichnis i. S. des § 305 Abs. 1 Nr. 3
InsO erstellen kann.
Dieser Verfahrensablauf dürfte in der Praxis zum einen dazu führen, daß der vor-
zulegende Schuldenbereinigungsplan sich im wesentlichen an dem bereits außergerichtlich abgelehnten Modell orientieren dürfte. Zum anderen rechtfertigt dies unter ceteris paribus Bedingungen die Erwartung, daß nach dem außergerichtlichen
Scheitern einer Einigung auch in dem gerichtlich vermittelten Schuldenbereinigungsverfahren eine einvernehmliche Gläubigerzustimmung nicht erfolgt.

Um in diesem Verfahrensabschnitt dennoch das Verfahrensziel der Schuldenbereinigung zu erreichen, werden vom Gesetz neben einem Obstruktionsverbot zur Ersetzung der Gläubigerzustimmung weitgehende Präklusionsfolgen statuiert. Das schriftlich durchzuführende Vermittlungsverfahren beginnt nach § 307 InsO mit der förmlichen Zustellung der Antragsanlagen an die Gläubiger zur Stellungnahme binnen Monatsfrist. Gleichzeitig hat der Gläubiger in dieser Frist die Angaben über seine Forderungen im Forderungsverzeichnis zu überprüfen und erforderlichenfalls zu ergänzen. Erfolgt danach keine Gläubigerreaktion, wird das Einverständnis des Gläubigers mit dem Schuldenbereinigungsplan fingiert (§ 307 Abs. 2 InsO). Auch ist die vom Schuldner angegebene Forderungshöhe des Gläubigers ohne Korrekturmöglichkeit maßgeblich (vgl. § 308 Abs. 3 S. 2 InsO). Über diese Rechtsfolgen wird der Gläubiger belehrt. Mit Rücksicht auf diese Regelung kann einem Schuldner bei streitig gebliebenen Forderungen nur empfohlen werden, seiner Ansicht nach nicht bestehende Forderungen mit einem Nullwert in das Verzeichnis aufzunehmen, um ggf. in den Genuß dieser Präklusionsfolgen zu gelangen.

Kommt es im Rahmen dieses schriftlichen Verfahrens – wie regelmäßig zu erwarten – nicht zu einer vollständigen Zustimmung oder Zustimmungsfiktion sämtlicher Gläubiger, kommt es zu einer Annahme des Schuldenbereinigungsplanes nur dann, wenn das Gericht die fehlende Gläubigerzustimmung gem. § 309 InsO ersetzt. Voraussetzung hierfür ist zunächst, daß mehr als die Hälfte der benannten Gläubiger zugestimmt hat, und die Summe der Ansprüche der zustimmenden Gläubiger mehr als die Hälfte der Summe der Ansprüche der benannten Gläubiger beträgt. Die Zustimmungsersetzung ist ausgeschlossen, wenn ein nicht zustimmender Gläubiger nicht angemessen beteiligt wird oder wenn er schlechter gestellt wird, als er bei Durchführung des Insolvenzverfahrens mit anschließender Restschuldbefreiung stünde (§ 309 Abs. 2 InsO). Das Obstruktionsverbot, das verhindern soll, daß wirtschaftlich sinnvolle Maßnahmen am Widerstand einzelner Gläubiger scheitern, beinhaltet daher auch eine Wertgarantie der Gläubigerposition.

Der angenommene Schuldenbereinigungsplan hat sodann die Wirkung eines Vergleichs i. S. des § 794 Abs. 1 Nr. 1 ZPO. Mit der Annahme gelten die Anträge auf Eröffnung des Insolvenzverfahrens sowie auf Erteilung von Restschuldbefreiung als zurückgenommen. Die Ansprüche der Gläubiger bestehen nur noch nach Maßgabe des Plans (arg. § 308 Abs. 1 S. 2 InsO). Im Plan nicht aufgeführte Gläubiger behalten – wie oben dargelegt – ihre Anspruchsposition nur, wenn sie nicht die Berichtigung des ihnen übersandten Forderungsverzeichnisses versäumt haben (§ 308 Abs. 3 InsO). Kommt es hingegen nicht zur Annahme des Schuldenbereinigungsplans, wird nunmehr über den Verbraucherinsolvenzantrag entschieden, der ggf. zur Eröffnung des vereinfachten Verbraucherinsolvenzverfahrens führt.

Hervorzuheben ist, daß die Gläubiger nach § 310 InsO keine Kostenerstattung verlangen können, womit wiederum eine konstruktive Mitwirkung der Gläubiger an der Schuldenregulierung begünstigt werden soll.

In der Diskussion ist derzeit umstritten, ob auch sog. „Null-Pläne" zulässig sind (vgl. etwa *Thomas*, Kölner Schrift zur Insolvenzordnung, S. 1205 ff.; *Huyer*, JR 1996, 314, *Haarmeyer/Wutzke/Förster*, Handbuch, 10/34). Ein solcher Null-Plan, der keinerlei Leistungen an die Insolvenzgläubiger vorsehen würde, soll nach den Vorstellungen der Befürworter geboten sein, um Schuldnern, die über keinerlei finanzielle Mittel verfügen, einen wirtschaftlichen Neuanfang zu ermöglichen. Teilweise wird weitergehend noch diskutiert, inwieweit möglicherweise Prozeßkostenhilfe durch entsprechende Schuldner beantragt werden kann (vgl. *Thomas*, Kölner Schrift zur Insolvenzordnung, S. 1205, 1210 ff.; *Haarmeyer/Wutzke/Förster*, Handbuch, 10/25 a. E.; vgl. auch *Pape*, ZIP 1997, 190 in anderem Zusammenhang). Ist es jedoch nach

wie vor Primärziel der Insolvenzordnung, zu einer bestmöglichen Gläubigerbefriedigung zu gelangen, so scheint viel dafür zu sprechen, zur Zulässigkeit eines sog.
Null-Planes eine ausdrückliche gesetzliche Regelung zu verlangen, zumal vielfältige
Regelungen des Gesetzes richtungsweisend auf eine Gläubigerbefriedigung zuge-
schnitten sind (vgl. etwa §§ 289 Abs. 3, 287 Abs. 2, 305 Abs. 1 Nr. 4 InsO).

Fehlen die in § 305 Abs. 1 InsO aufgeführten Anlagen, so wird der Schuldner durch   **2**
das Gericht zur Nachreichung aufgefordert; kommt er dieser Aufforderung nicht
binnen Monatsfrist nach, so wird die Rücknahme des Insolvenzantrages fingiert
(§ 305 Abs. 3 InsO). Ein Muster eines gerichtlichen Aufforderungsschreibens findet
sich bei *Haarmeyer/Wutzke/Förster*, Hdb., 10/27.

Hier liegt stets ein Insolvenzeigenantrag zugrunde, da das Insolvenzgericht gem.   **3**
§ 306 Abs. 3 InsO im Falle eines Gläubigerantrages dem Schuldner Gelegenheit zu
geben hat, ebenfalls einen Antrag zu stellen.

Vgl. zum vereinfachten Verbraucherinsolvenzverfahren das Formular B. 15. nebst   **4**
Erläuterungen.

Das Scheitern der außergerichtlichen Einigung ist nach der Gesetzeskonzeption   **5**
Eingangsvoraussetzung des Verbraucherinsolvenzverfahrens.

Die Kreditorenaufstellung ist nach § 305 Abs. 1 Nr. 3 InsO dem Insolvenzantrag   **6**
beizufügen.

Das ebenfalls erforderliche Vermögensverzeichnis muß neben dem vorhandenen   **7**
Vermögen auch das (regelmäßige) Einkommen des Schuldners enthalten.

Der mit vollständigen Anlagen versehene Schuldnerantrag auf Eröffnung des Ver-   **8**
braucherinsolvenzverfahrens bringt das mit dem Antrag eingeleitete Insolvenzeröffnungsverfahren zunächst gem. § 306 Abs. 1 InsO zum Ruhen. Während der Ru-
hensphase versucht das Insolvenzgericht im Anschluß an die gescheiterte
außergerichtliche Einigung im zunächst schriftlich geführten Verfahren die Annahme des Schuldenbereinigungsplanes herbeizuführen.

Anders als für den Insolvenzplan ist beim Schuldenbereinigungsplan eine Gruppen-   **9**
bildung nicht vorgeschrieben (§ 222 InsO). Diese bleibt jedoch zulässig und vielfach
sachgerecht.

Nach § 305 Abs. 1 Nr. 4, 2. HS InsO ist in dem Plan aufzunehmen, ob und inwie-   **10**
weit Bürgschaft, Pfandrechte und andere Sicherheiten vom Plan berührt werden
sollen. Verhält sich der Plan hierüber nicht, kommt es entgegen den Regelungen
der §§ 254 Abs. 2, 301 Abs. 2 InsO für den Insolvenzplan bzw. die Restschuldbefreiung zum Verlust dieser Sicherheiten entsprechend der Behandlung der zugrunde
liegenden Forderungen (vgl. *Bork*, Bd. 418, Fußnote 19; a. A. wohl *Schmidt-Ränsch*,
MDR 1994, 321, 324).

Das Absonderungsrecht bleibt hier zur Sicherung eines bedingten Anspruches, der   **11**
ggf. aus der Wiederauflebensklausel folgt, erhalten.

Sachregister

Sachregister

Sachregister

Hinweise zur CD-ROM

Breuer, Insolvenzrechts-Formularbuch, 2. A. © 1999 Verlag C. H. Beck

Nutzung, Weitergabe und Verkauf der CD-ROM und der auf ihr gespeicherten Dateien sind nur in Verbindung mit dem gedruckten Buch zulässig.

1. Technische Hinweise

Die Formulare und sonstigen Mustertexte des Buches sind auf dieser CD-ROM in dem Dateiformat *Word für Windows* (Version 6.0) gespeichert.

Vor der Bearbeitung sollten Sie die gewünschte Datei in Ihre Textverarbeitung bzw. auf Ihre Festplatte kopieren und dort – ggf. unter einem anderen Namen – speichern.

Wenn Sie mit *Word für Windows* (Versionen 6.0 oder höher) arbeiten, wählen Sie die gewünschten Dateien mit der Dateinamenerweiterung „.doc".

2. Wichtige inhaltliche Hinweise

Die Textdateien sollen Ihnen ersparen, die Mustertexte abschreiben zu müssen, bevor Sie sie Ihren persönlichen Zwecken anpassen. Die Lektüre des Buches können und sollen die Dateien nicht ersetzen. Bitte verwenden Sie die Diskette nur zusammen mit der gedruckten Ausgabe, denn nur sie enthält die vollständigen Einführungen und Erläuterungen, die für den Gebrauch der Muster notwendig sind.

Bitte bedenken Sie, daß in den Mustern nicht alle denkbaren Besonderheiten des Einzelfalls berücksichtigt sein können. Deshalb sollten Sie stets überlegen, welche Änderungen und Ergänzungen noch notwendig sein können.

Die Mustertexte wurden mit größtmöglicher Sorgfalt erstellt. Da jedoch Änderungen der Rechtslage, abweichende Rechtsansichten und Fehler des Autors oder des Verlages niemals ganz ausgeschlossen werden können, erhebt keine der in den Mustertexten enthaltenen Formulierungen Anspruch auf uneingeschränkte Rechtsgültigkeit. Der Verlag und der Autor übernehmen daher keine Haftung für den Inhalt der Mustertexte.